O direito da sociedade

O direito da sociedade
Niklas Luhmann

Tradução
Saulo Krieger

Tradução das citações em latim
Alexandre Agnolon

martins fontes
selo martins

© 2016 Martins Editora Livraria Ltda., São Paulo, para a presente edição.
© 1993, Suhrkamp Verlag, Frankfurt am Main.
Todos os direitos reservados e controlados por Suhrkamp Verlag, Berlin.
Esta obra foi originalmente publicada em alemão sob o título *Das Recht der Gesellschaft* por Suhrkamp Verlag, Berlin.

Publisher *Evandro Mendonça Martins Fontes*
Coordenação editorial *Vanessa Faleck*
Produção editorial *Susana Leal*
Capa *Douglas Yoshida*
Preparação *Rhamyra Toledo*
Revisão *Juliana Amato*
Renata Sangeon
Julio de Mattos

Dados Internacionais de Catalogação na Publicação (CIP)
(Câmara Brasileira do Livro, SP, Brasil)

Luhmann, Niklas, 1927-1998.
O direito da sociedade / Niklas Luhmann ; tradução Saulo Krieger ; tradução das citações em latim Alexandre Agnolon. – São Paulo : Martins Fontes - selo Martins, 2016.

Título original: *Das Recht der Gesellschaft*
ISBN 978-85-8063-256-9

1. Direito 2. Filosofia I. Título.

16-00756   CDD-100

Índices para catálogo sistemático:
1. Filosofia   100

Todos os direitos desta edição reservados à
Martins Editora Livraria Ltda.
Av. Dr. Arnaldo, 2076
01255-000 São Paulo SP Brasil
Tel.: (11) 3116 0000
info@emartinsfontes.com.br
www.emartinsfontes.com.br

SUMÁRIO

	Prefácio	**7**
1	Uma posição inicial em teoria do direito	**11**
2	O fechamento operativo do sistema do direito	**51**
3	A função do direito	**165**
4	Codificação e programação	**219**
5	A justiça como fórmula para a contingência	**285**
6	Evolução do direito	**319**
7	O lugar dos tribunais no sistema do direito	**397**
8	A argumentação jurídica	**451**
9	Política e direito	**545**
10	Acoplamentos estruturais	**589**
11	A autodescrição do sistema jurídico	**667**
12	A sociedade e seu direito	**741**
	Índice remissivo	**793**

PREFÁCIO

Segundo a classificação científica, o texto deste livro pode ser lido como sociologia do direito, mas num sentido a um só tempo amplo e estrito. O contexto deste trabalho encaixa-se em uma teoria da sociedade, e não em uma sociologia especial limitada a determinados parágrafos, que emprestam seu nome a seções de sociedades sociológicas ou a alguns seminários. Ninguém pode duvidar que o direito ocupa um lugar importante na sociedade. Portanto, uma teoria da sociedade tem de se dedicar ao direito da sociedade. E, uma vez que as figuras mais ambiciosas do direito se encontram na sociedade — e somente na sociedade —, isso vale até para as conexões mais sutis da semântica jurídica e para toda e qualquer decisão que venha a ser tomada no direito — mesmo que digam respeito somente ao diâmetro de maçãs ou aos ingredientes dos tipos de cerveja que possam ser vendidos. Nenhum conhecimento esotérico, nenhuma peculiaridade que possa ocorrer deve ser excluída do campo de relevância da sociologia. A seleção obriga somente a teoria sociológica.

Certamente, isso pode ter significados diferentes. Por mais que se eleja a sociedade na condição de sistema abrangente, a abarcar todo social, temos uma limitação, entretanto, ao se comparar as formulações de uma teoria das instituições a uma teoria da ação ou a uma sociologia das profissões. Limitação não quer dizer que conceitos de outra proveniência não sejam permitidos, mas que a distribuição de seus lugares encontra-se condicionada pela teoria social. Os conceitos (como fechamento operativo, função, codificação/programação, diferenciação funcional, acoplamento estrutural, autodescrição, evolução e outros) são escolhidos de modo que possam ser empregados também em outros âmbitos funcionais da sociedade moderna (se podem fazê-lo com êxito é algo a se verificar). Se um exame assim tão geral do uso de conceitos abstratos chega a esferas disciplinares altamente diversificadas, como política e religião, ciência e educação, economia e mesmo o direito, somos levados a suspeitar que tal concordância na diversidade nada tem de casual, mas expressa a peculiaridade da sociedade moderna precisamente porque esse resultado não se pode seguir da "essência" do direito ou de nenhum outro "valor" que seja.

Tendo diante de nós esse objetivo de demonstração, as investigações a seguir compreendem a comunicação juridicamente orientada como realização da sociedade. Por isso, mesmo quando for afirmado explicitamente, estaremos trabalhando com o pressuposto de dois sistemas: o sistema do direito e o sistema da sociedade. Com essa orientação, elas dão sequência a investigações sobre a economia e a ciência já publicadas[1]. Uma inclusão dessas várias investigações está planejada para mais adiante.

Meus esforços sobre o tema do sistema do direito vão muito mais longe. Originalmente pensados como uma publicação paralela a uma sociologia do direito disposta segundo uma teoria da evolução, os aspectos relativos à teoria dos sistemas

---

1. Cf. Niklas Luhmann, *Die Wirtschaft der Gesellschaft*, Frankfurt, 1988; idem, *Die Wissenschaft der Gesellschaft*, Frankfurt, 1990.

tinham de ser expostos, mas não seriam explanados de maneira suficiente[2]. Nos últimos tempos, sobretudo durante as estadas na Law School da Northwestern University, em Chicago, e na Cardozo School of Law da Yeshiva University, em Nova York, houve a possibilidade de me familiarizar com o modo de pensar do *Common Law*. Agradeço aos colegas norte-americanos por esse apoio e estímulo, e ressalto que as críticas me foram proveitosas sobretudo por ocasião dos seminários e colóquios. Além disso, declarações de teor crítico ao conceito ainda inacabado de uma "autopoiese" do direito influenciaram na dosagem da argumentação deste livro[3]. Espero ter conseguido desfazer equívocos que então se difundiram com muita rapidez. É evidente que toda e qualquer teoria, até por suas distintas peculiaridades, suscita rechaços bem fundamentados. Mas neste caso vale recordar uma peculiaridade da exegese do direito judaico: é importante trazer dissensos para um nível razoável e preservá-los como tradição.

Bielefeld, junho de 1993.
Niklas Luhmann

---

2. Cf. Niklas Luhmann, *Rechtssoziologie* (1972), 2. ed., Opladen, 1983.
3. Cf., sobretudo, Gunther Teubner (org.), *Autopoietic Law: A New Approach to Law and Society*, Berlim, 1988, e o caderno 13/5 (1992) do Cardozo Law Review.

CAPÍTULO 1

UMA POSIÇÃO INICIAL EM TEORIA DO DIREITO

I

No mundo do direito, esforços teóricos não são nada incomuns. Tanto a tradição do direito civil romano como a do *Common Law* desenvolveram teorias jurídicas de diferentes tipos[1]. Isso se deveu a uma necessidade premente no ensino do direito e também, de maneira então preponderante, à necessidade da própria prática do direito. No início, a questão eram os argumentos usados pelas partes em processos legais; mais tarde, e tanto mais, centrou-se nos argumentos utilizados nas fundamentações de decisões judiciais e, nesse contexto, em seu uso consistente nos tribunais. Experiências de casos e conceitos tinham de receber o devido tratamento para fins de reutilização e para que ficassem à disposição para uso futuro. Essa necessidade tem uma dupla estrutura, conforme analisaremos em detalhes mais adiante. Por um lado, conceitos e teorias teriam de estar condensados para que fossem identificáveis num uso futuro. Por outro lado, a reutilização se daria em situações distintas, quando cada caso seria um novo caso. Entretanto, também aí as estruturas de sentido deveriam ser confirmadas na invaria-

---

1. No *Common Law* encontra-se *corpus* equivalente, sob a designação talvez mais apropriada de "*rules*".

bilidade de sua forma. Ora, isso produziria uma redução, mas também um enriquecimento, um condicionando o outro.

No entanto, as teorias jurídicas que se autoproduzem na prática do direito não mantêm aquilo que o conceito da teoria prescreve no contexto do sistema da ciência. As teorias advindas da prática acabam sendo mais subproduto da necessidade de chegar a decisões sustentáveis. Pode-se falar, sem exagero, numa precedência metodológica em relação a considerações de ordem teórica. As teorias classificam o tema em questão e organizam o material opaco com que se defronta a prática jurídica, relacionando-os segundo conjuntos de problemas e casos, que podem então limitar e conduzir o processo decisório. Quando se tratar, por exemplo, de uma colisão de interesses *reconhecidos como legais* (e pode-se pensar, aqui, no direito de expropriação, no direito de emergência, na responsabilidade objetiva), esse processo é recomendável, a fim de que se desenvolvam regras para "ponderação de interesses". Essas regras não classificam de antemão os interesses das partes como ilegítimos. E, quando se trata de transferir um "enriquecimento ilícito" para a parte lesada, a prática jurídica prontamente passa a navegar em águas turvas, nas quais não se pode comandar nenhum curso orientado por princípio. No entanto, é preciso desenvolver regras aplicáveis, que têm de ser fundamentadas por pontos de vista generalizáveis[2].

Uma segunda fonte essencial da abstração conceitual e da sistematização teórica encontra-se no ensino do direito.

---

2. Como exemplo disso, cf. Charles Fried, "The Artificial Reason of the Law or: What Lawyers Know", *Texas Law Review* 60 (1981), p. 35-58.

Com relação à prática jurídica, seu significado pode ser avaliado de maneiras bem diversas³. Para todos os casos, a formação no sistema educacional prepara pessoas para trabalhar como profissionais do direito. Ela pode produzir mais abstração, mais juízos comuns e, também, mais "filosofia" do que poderia ser utilizado, algum dia, em um local de trabalho.

Desenvolver teorias para finalidades pedagógicas tem conduzido, não raro, a um malogro quanto ao pleno reconhecimento da dependência entre argumentos jurídicos em textos da área e em casos — isto é, tem levado a uma subestimação do caráter "local" (intrínseco) da racionalidade jurídica⁴. Mesmo assim, toda e qualquer evolução de teorias jurídicas deve considerar a aceitação no sistema. As escolas de direito norte-americanas mantêm estreito contato com a American Bar Association. Na Alemanha, as provas de acesso ao exercício da advocacia são os exames de Estado. Aquilo que for produzido nas universidades, seja em ações humanas, seja em forma de texto, pode sugerir alterações à prática do sistema jurídico; eventualmente, manuais de direito e monografias são utilizados em decisões jurídicas, contanto que se trate de uma alteração aplicável ao sistema ou uma modificação de algo que já existia. É claro que a pesquisa científica tem de considerar limitações semelhantes, mas num contexto completamente diferente.

---

3. Em R. B. M. Cotterrell, "Jurisprudence and Sociology of Law", in William M. Evan (org.), *The Sociology of Law: A Social-Structural Perspective*, Nova York, 1980, p. 21-9 (23), lê-se (para o caso da Inglaterra): "A jurisprudência deriva tal unidade, uma vez possuída de seu lugar dentro da educação jurídica".

4. Um paralelo seria, na economia, a dependência de balanço ou orçamento por parte da racionalidade própria a decisões em economia.

As "teorias do direito", que surgem na prática ou no ensino, são, juntamente com os textos em vigor, a forma pela qual o direito se apresenta como resultado de interpretações. Nesse sentido, são o produto da auto-observação do sistema jurídico. Porém, de modo algum isso significa que sejam teorias reflexivas, que descrevem a unidade do sistema, o sentido do direito, sua função e assim por diante para, então, extrair consequências e com elas suscitar expectativas.

Assim, não se deve entender o trabalho interno em sistemas jurídicos na teoria do direito, na dogmática jurídica e nos princípios e conceitos do direito como se se tratasse exclusivamente de uma defesa profissional contra a crítica, uma justificação de suas próprias ações ou um processo simbólico de legitimação de funções[5]. O que há, em vez disso, são esforços para se obter consistência conceitual, tendo em vista uma verificação de princípios, conceitos ou regras de decisão e, portanto, a "amplificação"[6] e então a correção de generalizações que foram muito ampliadas, sobretudo pelo esquema de regra e exceção. Internamente ao sistema, isso pode ser entendido, de maneira precisa, como trabalho da Justiça, e assim pode ser atribuído um conceito de valor que elucide para os juristas o sentido de sua ação. O problema de legitimação só se produz

---

5. Essa concepção motivou, durante algum tempo, o movimento a que se chamou *Critical Legal Studies* (estudos críticos legais) nos Estados Unidos. Hoje em dia, contudo, cada vez mais ele tem sido substituído por um interesse pela relevância social de formas legais, que já não mais se compreende irrefletidamente "crítico da ideologia". Cf., por exemplo, Alan Hunt, "The Ideology of Law: Advances and Problems in Recent Applications of the Concept of Ideology to the Analysis of Law", *Law and Society Review* 19 (1985), p. 11-27, e Stewan Field, "Without the Law? Professor Arthurs and the Early Factory Inspectorate", *Journal of Law and Society* 17 (1990), p. 441-68.

6. Cf. Christian Atias, *Epistémologie juridique*, Paris, 1985, p. 86 es.

a partir das seleções necessárias, portanto, somente a partir da contingência de resultados que, assim, se torna visível.

Apenas nas três últimas décadas houve esforços que nitidamente transcenderam esse estado de coisas, sem se limitar por teorias dogmáticas ou pela "filosofia do direito". Foram iniciativas que designaram suas aspirações como "filosofia do direito" (no singular)[7]. Com essa rubrica, busca-se associar aspirações lógicas e hermenêuticas, institucionais (pós-positivistas) e teoria dos sistemas, teórico-argumentativas e retóricas (ou, pelo menos, contribuições com base em tais abordagens). Por ora, ainda não é possível discernir um perfil claro, mas, enquanto isso, a diferença entre teorias dogmáticas do direito e da teoria do direito pode ser aceita[8]. Contudo, essa falta não fez que a tendência a associar teoria do direito a perspectivas internas do sistema jurídico fosse abandonada. Porém, sobretudo na teoria geral do direito, o conceito de norma como *conceito básico* é indispensável[9]. "Conceito básico", aqui, significa conceito definido por si mesmo, como autorreferência ao modo de um curto-circuito. A norma prescreve o que deve ser. Isso torna

---

7. Cf. especialmente o periódico *Rechtstheorie* (desde 1970), bem como numerosas publicações de seu redator-chefe Werner Krawietz, que trazem um trabalho de exploração do terreno, por exemplo: *Juristiche Entscheidung und wissenschaftliche Erkenntnis: Eine Untersuchung zum Verhältnis von dogmatischer Rechtswissenschaft und rechtswissenschaftlicher Grundlagenforschung*, Wien, 1978, e *Recht als Regelsystem*, Wiesbaden, 1984. Na França, já antes se falava em teoria geral do direito e assim se tinha em consideração, essencialmente, um esclarecimento de princípios e conceitos do direito, que deviam corresponder às exigências de cientificidade positiva no sentido de Comte.

8. Cf. Krawietz, op. cit. (1978), p. 210 es.

9. Cf. especialmente Werner Krawietz, "Staatliches oder gesellschaftliches Recht? Systemabhängigkeiten normativer Strukturbildung im Funktionssystem Recht", in id. Michael Welker (Org.); *Kritik der Theorie sozialer Systeme: Auseinandersetzungen mit Luhmanns Hauptwerk*, Frankfurt, 1992, p. 247-301. Retomarei essa questão ao tratar do conceito de norma (Capítulo 3).

indispensável a decisão de normas e fatos também como distinção e diretriz, e temos como fato o que, visto a partir da norma, é julgado/avaliado como desviante ou conforme. Com essas determinações, a teoria do direito atribui a si o sistema jurídico[10]. Trata-se, contudo, de uma teoria reflexiva do sistema jurídico, impelida pela busca de contato interdisciplinar segundo a antiga tese fundamental. Segundo ela, normas não podem ser "deduzidas" de fatos e tampouco podem ser descritas como fatos se o objetivo for fazer jus a seu próprio valor, a seu pleno sentido e a seu caráter de reivindicação. E isso também pode ocorrer quando se elimina a iminência de sentido da normatividade. Porém, a partir do acontecido, a teoria do direito passa a se identificar como esforço de reflexão que pretende descobrir de que modo o direito se vê a partir de seu próprio entendimento.

Os filósofos, desde sempre, se ocuparam com questões tão abstratas que seria difícil supor que juristas ou leigos com trânsito pelas questões do direito se interessassem por elas. Citemos, por exemplo, a pergunta sobre o porquê de o indivíduo sentir-se obrigado a obedecer ao direito[11]. Sem dúvida, trata-se de uma pergunta cuja resposta positiva precisa ser encontrada no sistema jurídico, caso contrário o sistema entraria em colapso. No entanto, há casos limítrofes ou de exceção (o direito de resistência!). Também para esses casos seria útil um esclarecimento teórico das questões do direito, ainda que no funcio-

---

10. Ainda que isso seja negado de maneira veemente por Krawietz, op. cit. (1992).

11. "Quem se importa?", pergunta, por exemplo, Philip Soper em *A Theory of Law*, Cambridge Mass., 1984, na introdução à sua pesquisa voltada a essa questão. E a resposta: a filosofia dificilmente chega a se mostrar satisfatória por conduzir à questão seguinte, sobre como a filosofia pode conhecer a relevância dessa questão e por que ela não pode simplesmente (como se poderia esperar) responder à questão na negativa.

namento prático do sistema isso só ocorresse sob determinadas circunstâncias (aqui, a validade se encontra circunscrita a cada caso individualmente).

Essa tendência à abstração de uma teoria recebe outros impulsos de esforços que têm em vista a comparação de diferentes ordenamentos legais e suas respectivas famílias — como as do Common Law e as das codificações em importantes áreas do direito. Para o exercício de comparação jurídica, é importante se distanciar das valorações vigentes em algumas ordenações legais e, contudo, fazer-se coparticipante da autoafirmação do direito; por exemplo, não questionar o fato de o direito impor que nesse ou naquele caso certa lei tenha de ser concretizada, havendo fundamentações boas e não tão boas para determinadas interpretações do texto[12]. De modo rudimentar, pode-se observar o surgimento de uma cultura mundial do direito, que deixa ampla margem de manobra para as diferenças, mas que dispõe valor segundo seus próprios parâmetros e não admite, quanto a isso, interferência externa.

Também se falou em teoria do direito. Uma análise estritamente científica tem de fornecer ao conceito da teoria

---

12. Sobre essa crença declarada em tais valores residuais do direito (um pouco diferente de perspectivas ideológicas ou meramente privadas), cf. o artigo "Rational Reconstruction" (como adjunto do método) em D. Neil MacCornick/Robert S. Summers (org.), *Interpreting Statutes: A Comparative Study*, Aldershot, Hants, Inglaterra, 1992, p. 18 es. Nesse artigo, não se põe em dúvida, por exemplo, que justificativas sejam necessárias e avaliáveis no curso de sua fundamentação: "para a reconstrução racional, há também um elemento normativo na medida em que a estrutura subjacente reconstruída racionalmente pressupõe um modelo de boa ou aceitável justificação das decisões dos seres racionais" (p. 22); e uma afirmação como "a interpretação ocorre por meio de uma questão que implica valores fundamentais da lei" (p. 538) obviamente também é aprovada por aqueles que concluem suas pesquisas com tal confirmação (e quem seria capaz de julgar diferente quando já se está formulado assim?).

outra função, uma função constitutiva do objeto. Todo e qualquer esforço científico deve, de antemão, assegurar-se de seu objeto. Tem de caracterizá-lo, ou seja, poder distingui-lo. Isso se dá independentemente do modo como se opta em questões de teoria do conhecimento, quer se adote teorias realistas, idealistas ou construtivistas. A definição do objeto, num contexto pluralista de ciência, envolve, ao mesmo tempo, a possibilidade bastante verossímil de que distintas teorias e mesmo diferentes disciplinas definem seus objetos de maneira diferente, razão pela qual não podem se comunicar uma com a outra. Elas falam sobre coisas diferentes, mesmo quando usam os mesmos nomes — aqui, para o nosso caso, "direito". Podem até ser escritas páginas e páginas com "análises" sem que se chegue a lugar algum, ou, na melhor das hipóteses, o esforço acaba servindo para afiar suas próprias armas. Fala-se por reflexões cruzadas.

Isso se evidencia, sobretudo, na relação da ciência do direito com a sociologia. Para a ciência do direito, trata-se de um ordenamento normativo. Já a sociologia, a depender da tendência teórica, ocupa-se do comportamento social, das instituições, dos sistemas sociais — portanto, de algo que é como é —, e, assim, lança desafios a prognósticos e explicações. Podemos nos dar por satisfeitos com essa diferença, mas é preciso conceber que as disciplinas e, dentro delas, diferentes teorias nada terão a dizer uma à outra. Uma teoria geral do direito, ou, ao menos, a que é ensinada nos cursos introdutórios deve limitar-se a representar um pouco de tudo o que existe: realismo jurídico em suas variantes americanas ou escandinavas, teoria analítica do direito, jurisprudência analítica, jurisprudência sociológica e sociologia do direito, correntes do direito racional e positivista, além de suas respectivas e diferentes debilitações de fases tardias, que são a análise econômica do direito e a teoria de sistemas. Ora, é preciso renunciar a um denominador comum a elas. Ou será que não?

Talvez hoje se possa chegar a um mínimo acordo sobre o seguinte ponto: não vale a pena discutir acerca da "natureza" ou da "essência" do direito[13] se a questão interessante é a que versa sobre os limites do direito[14]. Assim nos deparamos com o conhecido problema sobre se esses limites são determinados de maneira analítica ou concreta, ou seja, se o serão pelo observador ou pelo objeto. Se respondermos "analítico" (e há muito consideram equivocado ser impelido a isso pela teoria científica), para qualquer observador assim se concede o direito à sua própria objetividade, tornando sempre a se encontrar onde só se pode constatar a impossibilidade de um diálogo interdisciplinar. Por isso, nós respondemos: "pelo objeto". Isso implica dizer que o próprio direito determina onde se encontram seus limites; determina também o que pertence ao direito e o que não lhe pertence. Assim, a ênfase é deslocada, podendo incidir sobre as diferenças de concepção, e então surge a pergunta: *como* isso acontece?

O esforço voltado a um ponto de partida interdisciplinar e internacional comum pode ser levado adiante a ponto de o âmbito de escolha para teorias tornar-se pequeno demais para que se possa dizer algo a respeito.

---

13. Uma nova visão geral sobre tais tentativas com resultado, com a consequência de o resultado se manter ambivalente, pode ser encontrada em Manuel Atienza, *Introducción al Derecho*, Barcelona, 1985, p. 5 es.

14. André-Jean Arnaud. "Droit et societé: Un carrefour interdisciplinaire". *Revue interdisciplinaire d'études juridiques* 10 (1988), p. 7-32 (8). Cf., também, do mesmo autor, "Essai d'une définition stipulative du droit", *Droits* 10 (1989), p. 11-4.

Isso é algo que podemos resumir em quatro aspectos:

1. A teoria que descreve como algo produz seus próprios limites em relação a seu ambiente é, atualmente, a teoria dos sistemas. Ela pode proporcionar outras gamas de teorias, mas quando já existem em si as outras teorias já bem resguardadas[15]. Por isso tampouco (ainda não) se pode decidir se se deve modificar o repertório da teoria dos sistemas ou se é o caso de reconhecer uma alternativa concorrente.

2. Por esse modo de proceder, recusa-se a determinação "puramente analítica" do direito, mas nem assim se deve omitir a constatação de que tudo o que é dito é um observador quem diz[16]. Outra teoria que deixa a determinação dos limites do objeto ao próprio objeto é a teoria de um observador. Mas esse observador tem de organizar sua observação num plano de segunda ordem, independentemente de ele querer satisfazer a um objeto que se determine em seus próprios limites ou de admiti-lo apenas como tema. Ele tem de observar seu objeto como um observador, e isso significa observá-lo como um objeto que se oriente pela distinção entre sistema e ambiente.

---

15. Não obstante, uma teoria cibernética da observação de segunda ordem, que excede muito a teoria dos sistemas, é a intentada por Ranulph Glanville, *Objekte*, Berlim, 1988. Hoje em dia, há toda uma série de abordagens teóricas versando sobre a palavra-chave "o observador", e elas parecem independentes das formulações em teoria dos sistemas. Cf., por exemplo, Niklas Luhmann et al., *Beobachter: Konvergenz der Erkenntnistheorien?*, Munique, 1990. Também se poderia pensar na teoria dos jogos, mas, se esta pode duradouramente se distinguir de uma teoria dos sistemas de aplicação construtivista, é algo que até agora não pudemos vislumbrar. A esse respeito, cf. o caderno 17-18 (1991) do periódico *Droit et Société*; também François Ost, "Pour une théorie ludique du droit", *Droit et société* 20-21 (1992), p. 89-98, bem como Michel van de Kerchove/François Ost, *Le droit ou les paradoxes du jeu*, Paris, 1992, com indicações para debates mais recentes.

16. Para essa formulação, recorre-se a Humberto R. Maturana, *Biologie der Kognition*, cit. segundo o próprio in *Die Organisation und Verkörperung von Wirklichkeit: Ausgewahlte Arbeiten zur biologischen Epistemologie*, Braunschweig, 1982, p. 34.

3. Sobre o conceito do sistema observante, a teoria dos sistemas explora o acesso a uma epistemologia construtivista considerada em termos muito gerais. Nessa epistemologia, não devem ser entendidos apenas sistemas especialistas em cognição[17], mas sistemas de todo tipo, que estabeleçam observações autoproduzidas a fim de regular sua relação com o ambiente — para o qual ela não tem acesso direto mediante suas operações —, tampouco sistemas como religião, arte, economia, política e mesmo o direito[18]. A associação de construções tão distintas e policontextuais tem de ser produzida por uma teoria de observação de segunda ordem.

4. Do ponto a que se chegou, é possível vislumbrar duas possibilidades e, de maneira equivalente, um modo de observar jurídico e outro da sociologia do direito (sempre: o direito como um sistema auto-observante). O sociólogo observa o direito de fora, o jurista o observa de dentro[19]. O sociólogo é atrelado unicamente por seu próprio sistema, que dele pode exigir, por exemplo, "investigações empíricas"[20]. O jurista, por sua vez,

---

17. Sobre essa questão, cf. Niklas Luhmann, *Die Wissenschaft der Gesellschaft*, Frankfurt, 1990.

18. Sobre a possibilidade de garantir a orientação interdisciplinar da teoria do direito no seio de uma epistemologia construtivista, cf. também André-Jean Arnaud, "Droit et Société: du constat à la construction d'un champ commun", *Droit et société* 20-21 (1992), p. 17-27. Cf. também Gunther Teubner, "How the Law Thinks: Towards a Constructivist Epistemology of Law", *Law & Society Review* 23 (1989), p. 727-57.

19. A distinção interno/externo tornou-se corrente a partir de Hart, e de lá para cá seu léxico amadureceu. Cf. referências a respeito no *Dictionnaire encyclopédique de théorie et de sociologie du droit*, Paris 1988, p. 197 es. Tem-se ainda François Ost/Michel van de Kerchove, "De la scène au balcon: d'où vient la Science du droit", in François Chazel/Jacques Commaille (org.), *Normes juridiques et régulations sociales*, Paris, 1991, p. 67-80. A discussão carece de um contexto devidamente elaborado em teoria dos sistemas.

20. Para que isso aconteça ou não, e há proponentes que o defendem com veemência (por exemplo, Hubert Rottleuthner, *Rechtstheorie und Rechtssoziologie*, Freiburg, 1981), tudo depende de quão estritamente seja apreendido o cânone de métodos e de quantos tópicos,

obedece somente ao seu próprio sistema; o sistema aqui, contudo, é o próprio sistema do direito. Assim, uma teoria sociológica de direito acabaria por ser uma descrição externa ao sistema do direito; não obstante, seria uma teoria adequada se descrevesse o sistema como algo que se descreve a si mesmo (teoria que, nos dias de hoje, tentou explicar-se somente pela sociologia do direito). Já uma teoria jurídica do direito seria uma autodescrição do sistema de direito, e essa autodescrição teria de levar em conta que auto-observações e autodescrições de seu objeto só podem apreendê-lo se o distinguirem de outros objetos. Teriam de identificá-lo e, portanto, distingui-lo, para poder associar-se a ele. Quanto a isso, o que se tem hoje são apenas fórmulas problemáticas, como "direito e sociedade", que acabam operando mais como incentivo ao equívoco de pensar que poderia existir direito fora da sociedade[21]. Por esse motivo, o título de nosso livro é cuidadoso ao dispor "direito e sociedade".

Essas poucas observações atuam no sentido de um diálogo interdisciplinar que acontece já no centro de questões teóricas não solucionadas. É preciso interromper o raciocínio, aqui, para dar lugar à observação segundo a qual uma teoria sociológica do direito poderia se valer das vantagens de uma

---

considerados relevantes para a realidade do direito, sejam então excluídos da sociologia do direito.

21. Contra essa "falácia da distinção", cf. também Csaba Varga, "Macrosociological Theories of Law: From the 'Lawyer's World Concept' to a Social Science Conception of Law", in Eugene Kamenka/Robert S. Summers/William L. Twining (org.), "Soziologische Jurisprudenz und realistische Theorien des Rechts", *Rechtstheorie Beiheft* 9, Berlim, 1986, p. 197-215 (198 es.). Mas isso não pode significar que seja preciso renunciar à distinção entre "dentro" e "fora"; é o caso apenas de a distinção ser fundamentada com uma formulação teórica diferente.

descrição externa, que não estaria obrigada a respeitar normas internas, convenções e premissas para o entendimento do objeto. Ela pode, ou melhor, ela *deve* trabalhar com perspectivas incongruentes. Entretanto, ela não se pode equivocar quanto ao seu objeto, e isso significa que há um objeto que se auto--observa e se autodescreve. A consumação do compromisso com a auto-observação e a autodescrição do objeto é condição de possibilidade para uma descrição científica, apropriada, realista e até mesmo empiricamente adequada, ou alguém teria de ousar negar que, no sistema jurídico, existem auto-observações e autodescrições.

II

Por essas reflexões, somos levados a reconhecer que o que existe como teoria do direito nasceu quase sempre em conexão com as autodescrições do sistema jurídico. São esforços teóricos que, apesar da disposição para a crítica, em primeiro lugar respeitam o direito e comprometem-se com as vinculações normativas equivalentes. Isso vale tanto para teorias jurídicas no sentido estrito, que se desenvolveram a partir da prática casuística e relacionam suas regras a pontos de vista gerais, como para o princípio de defesa da confidencialidade, bem como para teorias de reflexão do sistema jurídico que representam o valor intrínseco da produção do direito e do sentido de sua autonomia. Se tais tendências, que resultam quase naturalmente da prática, forem formuladas como mandamento normativo, isso implicará a exigência de decisões *consistentes*.

Isso pode ser formulado como defesa contra influências externas ("seja lá quem for") ou, também, como norma jurídica interna da legalidade, ou seja, tratamento igual para casos iguais. Evidentemente, tais critérios exigem outras distinções, como as que se tem entre características pessoais relevantes e irrelevantes ou entre casos iguais e desiguais. Valendo-se disso, e com o auxílio de conceitos e teorias, elabora-se algo como a fixação de condições de atribuição causal para a qualificação dos componentes subjetivos do agir (premeditação, negligência) ou para a distinção de diferentes formas de erro, que podem surgir por ocasião da celebração de contratos ou em sua execução. O material completo desse desenvolvimento teórico provoca no espectador uma impressão ao mesmo tempo racional e caótica.

Hoje em dia, os próprios juristas tendem a tomar distância disso. Eles avaliam construções jurídicas a partir de suas consequências e, portanto, o fazem com a pergunta "o que virá daí?". Mas isso é algo que eles, que persistem em se ater a consequências empíricas, obviamente não podem saber. Nesse sentido, a atitude de se orientar pelas consequências nada mais é que um indicador da positividade do direito: da competência, segundo a própria avaliação, de decidir. Em todo caso, aí não se tem um princípio regido pela teoria.

Os problemas relativos à consistência em princípio nada mais são que problemas de *redundância de informação*. Não se anseia por uma consistência lógica, nem mesmo por uma ausência de contradição autogarantida. Trata-se muito mais de reduzir, mediante informação, outras demandas de informação, a fim de minimizar um efeito supressivo de decisões, reunir informações e fazer que se possa adivinhar a quais decisões elas conduzirão. O direito deve ser maximamente previsível e, também, um instrumento cujos efeitos sejam passíveis de cálculo. Em casos ideais, uma palavra-chave acaba por produzir a decisão, assim como a análise exata de um osso permite a constatação sobre o animal a que teria pertencido.

A redundância vai de encontro à variedade de circunstâncias de vida e de casos jurídicos. Quanto mais variadas forem as circunstâncias de vida, que entram no campo de observação do sistema do direito, mais difícil se torna a manutenção de uma consistência suficiente. Por essa razão, o direito antigo atinha-se amplamente a formalidades. Quando sobrevêm "situações de fato", "motivos", "intenções", é necessária uma revisão dos conceitos de controle. O mesmo vale para a extensão de processos jurídicos no sentido de possibilidades de comprovação que exijam mais raciocínio e sejam indiretas. Uma vez que o próprio direito tem de zelar pela comprovação, tanto em questões de fato como em questões de validade, uma análise detida revelará que, do ponto de vista histórico, tem-se aí uma exigência espantosa que a ele se impõe, pois trata-se da dissolução de um paradoxo, de auto-organização, de implementação de autonomia social. Ao que tudo indica, a ruptura se deu no século XII[22]. Desde a Idade Média, esse desenvolvimento conheceu enormes êxitos, tendo como

---

22. Cf. Harold J. Berman, *Recht und Revolution: Die Bildung der westlichen Rechtstradition*, tradução alemã, Frankfurt, 1991, p. 252 es., com foco na metodologia do procedimento de comprovação e na introdução de suposições (a serem refutadas). Sobre o problema de um paradoxo nesse contexto, cf. Roberta Kevelson, *Peirce, Paradox, Praxis: The Image, the Conflict, and the Law*, Berlim, 1990, p. 35 es.

contrapartida perdas de garantia, às quais era preciso responder com a jurisprudência cautelar, tomando precauções ante problemas de decisão.

No início de nossa investigação, tudo isso nos ocupou de maneira apenas marginal, até porque voltaremos a esses aspectos. No momento, interessa-nos mais uma visão parcial das consequências desse modo de desenvolvimento teórico. Ele produziu numerosas teorias jurídicas, mas nenhuma teoria do direito. Ele conduziu à constituição de sua casuística em teorias específicas de problemas, mas não a um entendimento apropriado do direito como unidade que produz a si mesma. O resultado foi uma miríade de teorias, mas não uma autoconceitualização do direito como direito. Essa abordagem logrou dar conta das necessidades de consistência (necessidades de redundância) suscitadas pela prática legal; suas premissas, contudo, tiveram de ser introduzidas ou pressupostas "dogmaticamente", isto é, com a ajuda de abstrações não analisadas.

Essas apreciações não são aqui pensadas como crítica ao desenvolvimento de teorias, tal como se deu até agora, e ao nível de racionalidade de teorias. Pelo contrário: hoje até seria possível notar mais uma deficiência de assimilação de informação nesse sentido profissional-racional[23]. Portanto, não se trata de um deslocamento de interesses de racionalidade. Em vez disso, limitemo-nos à questão sobre como podemos conceituar o direito como unidade; na sequência, passaremos a aplicar os meios da teoria do sistema, a fim de investigar o que efetivamente está em questão quando se define a unidade do direito como sistema.

---

23. Sobre isso, cf. Niklas Luhmann, *Rechtssystem und Rechtsdogmatik*, Stuttgart, 1974.

Claro que essa não é uma questão nova. Há toda uma série de modos de tratamento característicos que, no entanto — e que isto soe como advertência —, não se mantém como influência considerável na prática do direito[24]. Talvez o construto mais influente, em todo caso o mais tradicional, da unidade do direito, tenha sido assimilado com a representação de uma hierarquia de fontes do direito ou de tipos de direito: direito eterno, direito natural, direito positivo. Esse construto pode amparar-se em um sistema social estratificado e, de modo equivalente, em uma arquitetura de mundo hierarquizada, pois ele postula a necessidade de uma ordenação hierarquizada de modo dogmático e obscurece assim a visão paradoxal da unidade de uma multiplicidade. A unidade então poderá ser apenas uma *diferença* de níveis sociais.

No século XVIII, ante o desmoronamento da ordem tradicional e com a crescente secularização e historicização das descrições de estruturas[25], a diferença unificadora de *ordenamento social* foi reorganizada com base no conceito de *progresso*. O direito é, segundo Hume, Rousseau, Linguet, Kant e outros, a civilização histórica do poder. Darwin, contudo, recusaria categoricamente quaisquer menções a "superior" e "inferior", sabotando, assim, a ideia de progresso. Essa ideia acabou solapada também pela metafísica do espírito de Hegel.

---

24. No entanto, há notáveis exceções. Também as argumentações em direito natural de um Grotius ou de um Pufendorf são utilizadas como textos jurisprudenciais, mas não as de um Hobbes ou de um Locke.

25. Cf. Wolf Lepenies, *Das Ende der Naturgeschichte: Wandel kultureller Selbstverständlichkeiten in den Wissenschaften des 18. Und 19. Jahrhunderts*, Munique, 1976.

Na passagem do século XVIII para o XIX, porém, as teorias do direito deparam-se com uma concorrência inesperada — primeiramente na forma de estatística social e, depois, nas das diferentes ciências sociais, que passaram a se distinguir com rapidez. Até então, os professores de direito tinham-se acreditado responsáveis pela representação da sociedade[26]. Isso os induzia a tratar a "societas" como um conceito jurídico e a pensar a origem da sociedade segundo o padrão de um contrato. Mas a concorrência das ciências sociais mostrou como os professores de direito estavam atrelados ao seu próprio cabedal teórico. A representação da sociedade como instituição de direito já podia ser metodicamente evitada e mesmo rejeitada. Os juristas buscaram refúgio nas teorias do direito positivo e, ao fazerem isso, entravam em choque com os problemas de legitimação. Por conseguinte, a partir de meados do século XIX, passou-se a tratar da *validade* de *valores*, que ninguém contestava, mesmo quando (ou talvez justamente por esse motivo) daí nada resultasse em se tratando de casos concretos[27]. A diferença crucial passa a se evidenciar entre fatos e validação, e para chegar ao válido já não são mais aceitas condições relativas a conteúdo, mas somente as processuais. Desse modo, parecia possível encapsular a unidade do direito em regras de argumentação, ou ainda pior, em um equilíbrio de interesses. Vale notar que todas

---

26. A esse respeito cf., da vertente anglo-saxônica do direito, W. T. Murphy, "The Oldest Social Science? The Epistemic Properties of the Common Law Tradition", *The Modern Law Review* 54 (1991), p. 182-215.

27. Essa datação aproximada não deve impedir que mesmo a crença no desenvolvimento e, com ela, o esquema poder/civilização ainda encontrem adeptos. Tome-se o caso de Walter Bagehot em "Physics and Politics: Thoughts on the Application of the Principles of 'Natural Selection' and "Inheritance" to Political Society", (1869), cit. segundo *Works* vol. IV, Hartford 1895, p. 427-592, que vê o desenvolvimento percorrendo uma "era de discussão".

essas tentativas foram afetadas por um distanciamento do direito bastante peculiar. Isso é compreensível e presume-se que seja inevitável. Afinal, sobre a unidade do direito no próprio direito já não se decidiria, e o que haveria seria apenas a produção e reprodução dessa unidade pelo simples fato de se tomarem decisões sobre questões jurídicas. O que se tem, pela primeira vez, é a chamada análise econômica do direito, parecendo romper essa discrepância entre teorias de problemas jurisprudencialmente úteis e descrições de unidade[28]. Ela proporciona um cálculo de utilidade que é racional em um sentido muito específico e, ao mesmo tempo, de fácil aplicação. Sobretudo nos Estados Unidos, isso gerou uma surpreendente convergência entre teoria e jurisprudência — certamente à custa de simplificações que possibilitaram empregá-la a campos de aplicação dos mais variados tipos —, mas seus efeitos sobre a prática nos tribunais foram muito restritos. Após longa experiência com um utilitarismo entendido de maneira estritamente individualista, com os problemas de agregação de preferências individuais como preferências sociais e com a devida distinção entre utilidade de ação e de regras, foram incorporadas as ressalvas necessárias. A tese, que ultrapassa os conhecidos problemas de agregação, propõe que, com base em um ponto de partida individualista, seja possível calcular uma solução mais ou menos benéfica para o bem comum (obviamente, não vem a ser o próprio bem comum). No entanto, muitos problemas continuam sem resolução. O maior deles talvez seja não se poder contar com o futuro.

---

28. Essa abordagem tem ensejado numerosos manuais de direito na Alemanha. Cf. Hans-Bernd Schäfer/Claus Ott, *Lehrbuch der Ökonomischen Analyse des Zivilrechts*, Berlim, 1986.

Portanto, para a validação legal dos resultados de tais cálculos de utilidade, não será o caso de operar distinção alguma, independentemente de, no futuro, se comprovarem ou não. Como todas as tentativas, a unidade do direito, independentemente da forma que seja introduzida no direito (e forma, aqui, significa diferenciação relevante), reside na dissolução (desdobramento, invisibilização, civilização, assimetrização) de um paradoxo. Aliás, a indiferença última quanto ao que é certo ou errado em relação à comprovação futura de expectativas é traço característico do ato de risco. Desse modo, a análise econômica do direito justifica as decisões legais como modo de assunção de riscos.

Essas considerações nos convidam a, mesmo sem querer entrar em pormenores de polêmicas[29], buscar outras possibilidades de abordagem. Como distinção crucial aparece-nos a distinção entre sistema e ambiente, que subjaz a todas as novas variantes de teoria dos sistemas. Fácil de visualizar, isso traz a importante vantagem pela qual a sociedade (junto de seu ambiente) aparece como ambiente do sistema legal. A análise econômica do direito pode dar conta da sociedade apenas como sistema geral de um equilíbrio de vantagens, ainda que esse equilíbrio tenha sido alcançado por via indireta[30]. A teoria dos sistemas pode elaborar uma descrição de sociedade mais

---

29. Cf., por exemplo, Karl-Heinz Fezer, "Aspekte einer Rechtskritik an der economic analysis of law und am property rights approach", *Juristen-Zeitung* 41 (1986), p. 817-24; id. "Nochmals: Kritik an der Ökonomischen Analyse des Rechts", *Juristen-Zeitung* 43 (1988), p. 223-8. Também nas *Law Schools* americanas há uma cisão tão nítida quanto inconciliável. Para uma visão geral do outro lado, cf., por exemplo, Bruce A. Ackerman, *Reconstructing American Law*, Cambridge, Mass, 1984.

30. Isso significa também que adiamentos devem ser considerados e revelam a teoria em seu aspecto mais vulnerável: a impossibilidade de dar conta do futuro.

concreta e muito mais rica, e isso se aplicar não menos em relação a *outros* sistemas funcionais da sociedade. O ambiente do sistema jurídico interno à sociedade aparece como altamente complexo, e a consequência disso é o sistema jurídico fazer referência a si mesmo: a uma autonomia que lhe é própria, a limites autodeterminados, a um código próprio e a um filtro altamente seletivo, cuja ampliação poderia pôr em risco o sistema ou mesmo dissolver o caráter determinável de suas estruturas.

Assim como a análise econômica do direito, também a análise em teoria dos sistemas tem suas desvantagens. Em comparação com as teorias do direito até então delineadas, ambas são novas, mas atuam de modos específicos e bem diferentes. A desvantagem da teoria dos sistemas (se é que se pode tomá-la como desvantagem) está em sua elevada complexidade intrínseca e no correspondente caráter abstrato dos conceitos. Sua base de referência cognitiva é interdisciplinar e, com os meios habituais das disciplinas científicas (pode-se pensar aqui nas hiperdisciplinas, como física, biologia, psicologia, sociologia), é passível de ser apreendida apenas por segmentos. Não haveria jurista que pudesse estar suficientemente informado a esse respeito, sem falar na dificuldade de manter-se atualizado ante os rápidos desenvolvimentos. Isso não significa que as aplicações práticas estejam fora de questão; elas apenas se farão mais esporádicas e pontuais, ou mesmo casuais, vindo a assumir mais a forma de irritações do que de conclusões lógicas. Por isso, nossa intenção aqui não é apresentar uma teoria que supostamente deveria guiar a prática. O que se pretende, em vez disso, é descrever o sistema jurídico como um sistema que se auto-observa e se descreve, e, portanto, desenvolve suas próprias teorias, procedendo de modo "construtivista", ou seja, sem qualquer tentativa de representar o mundo exterior no sistema.

Além disso, a teoria dos sistemas obviamente trabalha com a distinção que lhe serve de linha mestra, ou seja, a distinção entre sistema e ambiente, e ela tem de indicar sempre a referência de sistema em relação ao qual alguma outra coisa será vista como ambiente. Se se considerar a capacidade de autodescrição de sistemas, inevitavelmente se chegará à diferença entre a autodescrição do sistema jurídico e sua descrição externa. Sob a rubrica "teoria do direito", é possível efetivamente propor uma integração de ambas as perspectivas, mas a partir da teoria dos sistemas é preciso contar com abordagens que tornem a separar uma da outra, tão logo deem conta do que é especificamente requerido por uma teoria.

O sentido desse tipo de descrição em teoria dos sistemas reside, sobretudo, na produção de uma conexão entre teoria do direito e teoria da sociedade — portanto, em uma reflexão do direito em teoria social. A partir da Idade Média, a sociedade europeia passou a desenvolver densidade e intensidade de aplicação de regulamentações legais bastante incomuns, isto é, vemo-las como incomuns quando procedemos a comparações internacionais e interculturais. Pensamos aqui, sobretudo, que já na Idade Média numerosas posições eram ocupadas por clérigos que nem sempre tinham estudado teologia, mas não raras vezes (como grade curricular alternativa) haviam estudado o direito canônico; também somos levados a pensar numa questão estreitamente relacionada a essa, que é a do significado do direito no desenvolvimento do Estado moderno, bem como no significado da propriedade para o desenvolvimento da economia moderna — portanto, nas instituições legais, que analisaremos do ponto de vista dos acoplamentos estruturais com outros sistemas de função na sociedade. A transformação da sociedade estamental na sociedade moderna deu-se com o auxílio do direito (e para tanto a revolução, com a ruptura da legalidade que ela traz em seu bojo, pode ser vista como forma do direito). Não há nada que justifique o pressuposto de que esse tipo de cultura legal, que invade, permeia e regula o cotidiano de uma sociedade moderna esteja aqui para ficar. Mesmo um rápido olhar às sociedades em desenvolvimento (e mesmo aquelas dotadas de indústrias modernas etc.) já é suficiente para suscitar dúvidas[31]. Fenômenos de sobrecarga do sistema jurídico contemporâneo são amplamente debatidos — podem até ser fenômenos passageiros, resultantes do acúmulo de antigas reivindicações quanto à densidade regulatória e às novas condições —, e aqui se tem em mente apenas as dificuldades de fazer a forma do direito chegar a dar conta dos problemas de risco ou de problemas ecológicos. Mas de que modo se pode julgar nessas questões, que tipo de teoria nos pode ajudar, se a questão é reconhecer o valor da posição do direito na sociedade moderna e dar conta das alterações que começam a se delinear? Certamente, não há de ser por um retorno à proveniência aristotélica ou pós-aristotélica (isto é, racionalismo legal), tampouco pela busca de se "fundar" a ética, que por sua vez carece de contornos

---

31. Cf., por exemplo, Volkmar Gessner, *Recht und Konflikt: Eine soziologische Untersuchung privatrechtlicher Konflikte in Mexiko*, Tübingen, 1976; Marcelo Neves, *Verfassung und Positivität des Rechts in der Peripheren Moderne: Eine theoretische Betrachtung und eine Interpretation des Falls Brasilien*, Berlim, 1992.

nítidos[32]. Não serviria nem mesmo a análise econômica do direito, que fornece muito poucas informações sobre a sociedade a que supostamente se aplica.

Atualmente, a análise em teoria dos sistemas, se devidamente compreendida, é o único candidato provido de um conceito pronto para executar a tarefa[33]. Em primeiro lugar ela exige que se substitua a explicação baseada em um *princípio* (legalidade, cálculo de utilidade, violência) pela explicação baseada na *distinção*, e trata-se aqui da distinção entre sistema e ambiente. Cada vez mais se evidencia que isso não é o bastante, fazendo-se ainda necessária toda uma galáxia de distinções que têm de ser suficientemente ajustadas. Além da diferença entre sistema e ambiente, seria o caso de contar com a distinção entre variação/seleção/restabilização, em teoria da evolução; distinção entre informação/mensagem/entendimento, em teoria da comunicação; e, muito mais fundamental, distinção entre operação e observação. O aparato conceitual resultante deve ser aplicado de maneira muito seletiva e apropriada. Para o momento, é o caso de indicar a tipologia da teoria. Uma sociedade complexa só pode ser descrita por uma sociedade complexa, mesmo que assim tenha de abrir mão de uma complexidade estritamente equivalente (*requisite variety*). Tampouco um juízo sobre o direito da sociedade pode ser obtido de outro modo.

---

32. Bem pelo contrário: hoje, essas "análises de ética" ou "comissões de ética" servem à preparação do consenso básico político para a regulamentação legal e devem ao direito a sua confiança de que tudo pode ser mudado se forem adicionadas novas informações ou se a situação for avaliada de modo diferente no futuro.

33. É importante observar o caráter histórico dessa determinação, o que não exclui outras possibilidades.

III

Se tomarmos por base fundamentos gerais de uma teoria do conhecimento, veremos que toda observação e descrição têm de se apoiar numa diferença[34]. Para poder delinear (ter a intenção de, tematizar) alguma coisa, é preciso primeiramente distinguir. E quando se distingue algo de outra coisa, descrevem-se *objetos*. Se, ao contrário, distingue-se algo de um contraconceito determinado (e não de outro), são descritos *conceitos*. Só se chega à formação de um conceito quando se podem distinguir distinções. Um entendimento teórico do direito pressupõe um mínimo desse sentido, esboçado aqui bem despretensiosamente[35].

Se se passar em revista mais uma vez princípios já elucidados sobre uma teoria do direito, fica evidente que eles se valem de diferentes distinções e, portanto, também constroem "formas" diferentes[36], bem como distintos objetos.

O velho direito natural europeu operava com uma arquitetura de mundo estática e, nesse sentido, com a distinção entre cima e baixo compreendida como distinção de classe e de qualidade. Uma hierarquia cosmológica geral da essência das coisas ampara essa hierarquia de níveis (de planos e qualidades),

---

34. Para uma abordagem que desenvolva essa ideia, cf. George Spencer Brown, *Laws of Form*, reimpr. Nova York, 1979; e para implicações dessa relação entre distinção e autorreferência, cf. também Louis Kauffmann, "Self-reference and Recursive Forms", *Journal of Social and Biological Structures* 10 (1987), 53-72.

35. É evidente que a elaboração de *teorias* precisa satisfazer a outras demandas e que a construção de conceitos tem de se dar sob condições específicas. Pode-se pensar aqui nas condições de consistência de consistência (redundância) com uma complexidade cada vez maior.

36. O termo "formas" é usado aqui no sentido de George Spencer Brown, como marcadores para limites que separam dois lados.

e o direito acaba sendo distinguido como essência especial no interior dessa hierarquia. Isso significa que o direito natural não se fia só no conhecimento natural (como a física de hoje), mas também é amparado — juntamente com a hierarquia, que também o ampara — por uma compreensão ontológica do mundo expressa numa lógica binária. Como resultado, esvanece-se o que se poderia ver como o outro lado. O ilícito não é o lícito. A teoria não pode distinguir entre lícito e ilícito (ainda que nem todo agir se ponha como problema legal em razão disso), e essa não distinção, por sua vez, ampara-se na impressão de que um ordenamento jurídico é inevitável.

A filosofia racionalista do direito dos séculos XVII e XVIII, por sua vez, assumiu de maneira mais incisiva uma perspectiva de utilidade (perspectiva de bem-estar) que relativiza a relevância da estratificação. A distinção diretriz já é aqui útil/ inútil/nociva, e o postulado de liberdade tem validade pressupondo-se que haja uma ampla esfera do agir humano na qual o indivíduo poderia prover em seu próprio benefício, contanto que não prejudicasse ninguém. As análises econômicas do direito de nossos dias podem ser vistas como continuação desse conceito em resposta a preocupações que se têm manifestado desde os séculos XVII e XVIII. *O postulado da generalização formulado pela filosofia transcendental refere-se a essa adoção como um princípio.*

Paralelamente a esses movimentos, tem-se a diferença temporal entre violência e civilização, distinção que autoriza o Iluminismo a promover o progresso. Já desde a sua origem essa distinção tem para o conceito de "violência" (*vis*, não *potestas*) uma abordagem especificamente jurídica. E, de modo semelhante, desde Thomasius, o direito natural passou a ser compreendido como direito executório, podendo, assim, ao fiar-se na distinção exterior/interior, ser distinguido da moralidade. Nesse formato, a distinção entre violência e civilização tende a aceitar apenas o direito positivo. Mas o conceito de civilização (recriado no século XVIII)[37], ao incluir o desenvolvimento social total (compreendendo a educação e as vantagens da divisão do trabalho), faz a teoria do direito depender da premissa de um avanço civilizatório. Ao contrário do antigo direito natural — o fato de integrar-se à história e a tendência à redução que se dá ao se aceitar o direito positivo (independentemente de como se controle a racionalidade da argumentação) —, o que se evidencia é uma clara adaptação às condições da sociedade moderna, que começa a se delinear no século XVIII.

A distinção poder/civilização esteve sob ataque já desde o século XVIII, a princípio sem êxito[38]. Com a perda de confiança no progresso, ela se desintegrou — não necessariamente como distinção, mas como teoria fundamental do direito —, sendo substituída pela diferença entre ser e avaliação (de valor). Com o auxílio dessa distinção, o direito pôde apartar-se dos fatos da vida social, afirmar uma existência "espiritual" própria e reivindicar a autonomia de um âmbito cultural peculiar. No âmbito da teoria do direito, isso gera controvérsias doutrinais,

---

37. De acordo com Werner Kraus, *Zur Anthropologie des 18. Jahrhunderts: Die Frühgeschichte der Menschheit im Blickpunkt der Aufklärung*, Munique, 1979, p. 65, o termo "civilização" é usado pela primeira vez por Nicolas-Antoine Boulanger, em *L'Antiquité devoilée par ces usages* (Amsterdã, 1766). O termo *"civiliser"* já é de uso corrente no século XVII.

38. Cf., por exemplo, Simon-Nicolas-Henry Linguet, *Théorie des lois civiles*, ou *Principes fontamentaux de la société*, 2 vols., Londres, 1767, em especial o *"discours préliminaire"*.

por exemplo, a controvérsia entre a jurisprudência de conceitos e a jurisprudência de interesses, além da distinção entre legalidade e legitimidade, na qual se teve a legitimidade definida pela referência a valores.

Com base nesse pano de fundo, não é difícil compreender como a distinção entre normas e fatos amparou escritos anteriores em sociologia do direito, ao mesmo tempo que manteve esses escritos à distância de outras teorias do direito[39]. Para os que exercem o direito, sempre foi evidente que fatos e relações entre fatos teriam de ser julgados, e isso tanto mais quando mais estivessem supostamente envolvidos em *"social engineering"*. Nesse sentido, a redução da ciência do direito a uma ciência de normas conduziu a um postulado de complementaridade de uma sociologia do direito como ciência auxiliar da jurisdição e da legislação, na forma do que muitos hoje referem como "pesquisa de fatos do direito"[40]. Mesmo na própria sociologia, isso não encontrou muita ressonância. A sociologia estava muito mais preocupada em estabelecer uma reivindicação de autonomia de sua disciplina e, assim, apresentou a sociedade como fato que gera normas e, ainda, deve fiar-se nas orientações normativas de outras áreas (religião, moral, direito)[41]. Em todo

---

39. Para uma formulação clássica, cf. Hans Kelsen, "Zur Soziologie des Rechts: Kritische Betrachtungen", *Archiv für Sozialwissenschaft und Sozialpolitik* 34 (1912), 601-14; id., *Der soziologische und der juristische Staatsbegriff: Kritische Untersuchung des Verhältnisses zwischen Staat und Recht*, Tübingen, 1922.

40. Cf., por exemplo, a série de monografias intitulada *Rechtstatsachenforschung*, editada pelo Ministério Federal de Justiça da Alemanha. Para uma visão geral da perspectiva do usuário, cf. Dietrich Strempel, "Empirische Rechstforschung als Ressortforschung im Bundesministerium der Justiz", *Zeitschrift für Rechtssoziologie* 9 (1988), p. 190-1.

41. Algumas relações entre sociologia e teoria do direito foram esboçadas com o auxílio do conceito de "instituição" (em pleno processo de revivescência). Cf., acima, todos os traba-

caso, é completamente impossível para a sociologia (e também para a sociologia do direito) definir o âmbito de objeto da sociologia com o auxílio de uma distinção entre normas e fatos. Após uma história tão longa, na qual são utilizadas muitas distinções, comprovando-se suas peculiaridades e limitações, deparamos-nos com a questão de como se pode reter um conhecimento alcançado e, ainda, como lidar com uma nova formulação da teoria do direito. Poder-se-ia pensar em alguma tentativa de mediação entre as distinções até agora aplicadas. Contudo, a questão seguinte seria: que distinção poderia ter tais qualidades transcendentais para que se pudesse chegar a isso? É claro que juristas estão cientes das consequências de suas decisões e podem julgá-las de modo diferente, a depender dos interesses em jogo. E, é claro, o direito está consciente das distinções entre normas e fatos e entre fatos e validade. É evidente que não se pode aplicar nenhuma dessas distinções, já que um lado caracteriza o direito e o outro caracteriza outra coisa. E é evidente que nenhuma dessas distinções define a forma do direito no sentido de um objeto de observação e descrição. Muito mais é o caso de partir daí, uma vez que o próprio direito produz essas distinções, para, com seu auxílio, orientar-se em suas próprias operações, provendo-se de capacidade de observação. O que a tradição nos fornece não são distinções constitutivas do direito, mas distinções que se autoproduzem no exercício do direito, aplicadas na prática jurídica com resultados limitados.

---

lhos de Santi Romano, *L'ordinamento giuridico*, reimpressão da segunda edição (Firenze, 1962); e Maurice Hauriou, *Die Theorie der Institution und zwei andere Aufsätze*, tradução alemã, ed. Roman Schnur (Berlim, 1965). Essas abordagens podem ter proporcionado conceitos sociológicos para as fontes do direito, mas sem suscitar, na sequência, algum desenvolvimento jurídico significativo.

Tendo chegado a essa questão sobre a distinção *do* direito, podemos dispor nossas cartas na mesa. A tarefa pode ser resolvida se se conseguir descrever o direito como um sistema autopoiético e autodistintivo. Esse programa teórico implica que o próprio direito produza todas as distinções e caracterizações e que a unidade do direito não seja nada mais que o fato da autoprodução, a "autopoiese". Segue-se que a sociedade tem de ser vista como um ambiente social que possibilita essa autoprodução do direito e que, tanto mais, dá sustentação ao direito produzido. Quanto a isso, uma objeção muito comum não tarda — a de que uma completa separação do direito na sociedade acarretaria uma espécie de solipsismo jurídico. O que acontece é justamente o contrário. Ora, só é possível demonstrá-lo se se apresentar uma recepção completa de alguns dos mais recentes desenvolvimentos em teoria dos sistemas. O problema é que tal apresentação seria onerada por um alto grau de complexidade, que, comparativamente, faria todas as teorias do direito até agora parecerem de uma simplicidade quase clássica. Mas, se for mesmo esse o problema, se ele estiver precisamente no amparo em um princípio ou em uma distinção que, estabelecidos pelo direito, pareçam insuficientes, não há caminho a não ser procurar desenvolver teorias que tenham um poder de ordenação e uma complexidade estrutural mais elevados. Isso não necessariamente tem de seguir os fios que faremos puxar nas investigações a seguir, mas, uma vez que o problema é posto nesses termos, toda e qualquer teoria alternativa terá de lidar com o problema assim definido.

IV

Ao contrário das teorias jurisprudenciais, da filosofia do direito ou de outras teorias do direito, que têm como objetivo o próprio uso no sistema jurídico ou que queiram apreender e assimilar o que faz sentido no sistema jurídico, a sociologia do direito dirige-se à ciência e não ao sistema jurídico. Por menor que seja a distância das formulações em teoria do direito (pois, em todo caso, trata-se sempre do direito), não se deve perder de vista essa diferença. Isso significa, sobretudo, que as análises dos capítulos a seguir deverão, rigorosamente, evitar implicações normativas. Os enunciados incidirão, todos, no nível do que a sociologia pode definir como fatos. Nesse sentido, todos os conceitos têm uma referência empírica. Claro que isso não significa que tais enunciados ficarão restritos ao que seja ou possa vir a ser corroborado pela pesquisa empírica no uso de seu instrumental metodológico costumeiro. Para tanto, o alcance dos métodos conhecidos é bastante restrito[42].

Mais importante é dar o devido valor à escolha conceitual, uma vez que os conceitos sempre designam estados de coisas observáveis, mesmo quando no plano dos enunciados assim formulados não for observada a limitação a hipóteses empiricamente verificáveis. Em outras palavras, evitaremos enunciados sobre um mundo das ideias, sobre um peculiar plano de valores,

---

42. Isso, por sua vez, não raro é visto como deficiência da teoria de um sistema jurídico autopoiético, apresentada como segue. Cf., por exemplo, William M. Evan, *Social Structure and Law: Theorical and Empirical Perspectives*, Newbury Park, 1990. Contudo, uma vez que as ideias desse autor excedem de maneira temerária o que a pesquisa empírica pode efetivamente provar com os instrumentos que tem à disposição, melhor seria não fazer certas afirmações.

normas ou um "dever", no sentido de Kelsen, sem referência empírica. Não existe (para os sociólogos) nenhuma "ideia do direito" acima do direito. Tampouco lhes cabe a representação de um "direito supralegal" como um plano de validação especial acima da ordenação prática do direito, com base no qual seria possível examinar se o direito é propriamente direito ou não[43]. Em vez disso, o próprio direito se examina, e, se não o faz, tal avaliação não acontece. Por isso, ao que tudo indica, o que eventualmente se vê no sistema jurídico como "direito supralegal" é passível de ser reconhecido como normas positivas do direito de constituição; sem isso, não seria reconhecível como direito. O conceito da norma relaciona-se com determinada forma de expectativas práticas, que têm de ser observadas ou psiquicamente, ou num sentido suposto e compreensível de comunicações. Tais expectativas são cumpridas — ou não. E se se quiser formular que elas devem se cumprir, não se terá de remontar a um dever normativo no plano do ser, mas, ainda uma vez, às expectativas, em especial aquelas que se fazem quanto à normatividade, já que é quanto às normas que se deve ter expectativas.

Mais do que nunca, entendemos o conceito de validade não num sentido normativo, como se ele fosse implícito, sendo que o que é válido deve valer. Isolamos todo recurso em um "plano mais elevado" de atribuição do valor do dever. O direito vale se o símbolo do valor for designado como vigente — caso contrário, não valerá.

---

43. Como exemplo desse lado jurídico, cf. Otto Bachof, *Verfassungswidrige Verfassungsnormen?*, Tübingen, 1951, em nova impressão in Otto Bachof, "Wege zum Rechtstaat", *Ausgewählte Studien zum öffentlichen Recht* (Königstein, 1979), p. 1-48.

Finalmente, mesmo o conceito de função não contém nenhum tipo de mescla de sentido teológico. Trata-se, primeiramente, de um ponto de comparação limitado e, visto a partir do sistema da sociedade, de um problema cuja solução (com uma ou outra variante do direito) é pressuposta para a evolução de graus mais elevados de complexidade de sintomas.

Mesmo a própria teoria do direito eventualmente ousa se aproximar de uma autodescrição decidida e orientada por fatos, por exemplo, sob a influência do behaviorismo da primeira metade do século XX ou do movimento pela *"unity of science"*. Uma análise mais precisa logo detectará o ponto fraco da argumentação, ou pelo menos suas ambivalências, posicionadas precisamente onde se espera, da teoria do direito, uma compreensão de uma proposição normativa. É assim que Karl Olivecrona introduz sua monografia programática *"Law as Fact"*[44] com o tópico *"The Binding Force of the Law"*, procurando filtrar todas as mistificações do direito natural ou da teoria positivista da vontade do Estado. Mas quem atentasse estritamente à facticidade do direito tal como ele acontece jamais formularia o problema nesses termos. O direito não tem nenhum poder vinculativo, consistindo apenas em comunicações e transposições de estruturas de comunicações, que são cocondutoras de tal proposta de sentido. Também aqui falaremos em "vinculação temporal", mas em um sentido pelo qual se poderia também dizer que a linguagem vincula um tempo mediante a determinação do sentido das palavras, o que inclui seu uso futuro.

---

44. Copenhague/Londres, 1939.

Tem-se ainda outra versão desse traçar de limites diante de uma teoria do direito, que podemos referir como "amistosa ao direito", quando determinamos que a distinção entre normas e fatos é uma distinção interna ao sistema do direito. Por meio da elaboração dessa distinção, a teoria do direito se integra ao sistema jurídico e é subsumida por ele. Para a ciência, essa distinção — na condição de distinção! — não tem relevância. Em outras palavras: quando aqui se fala em distinção entre normas e fatos, o discurso é formulado como um fato, pois no sistema jurídico, por motivos que bem se pode compreender, utiliza-se essa distinção. O sistema da ciência tem a ver com fatos e distingue fatos de conceitos, assim como distingue heterorreferência de autorreferência. Exatamente por isso ele é, no final das contas, de pouca importância para indicar o caráter não normativo dos conceitos e enunciados aqui.

V

Diferentemente da abordagem tradicional da sociologia do direito, que demonstra sua relação com a sociologia sobretudo pelo uso de métodos empíricos e, assim, passa a aplicar teorias sociológicas ao direito, temos como ponto de partida que o sistema jurídico é um subsistema do sistema social[45]. Por essa razão, as análises a seguir devem ser entendidas, em primeiro lugar, como uma contribuição à teoria da sociedade. Além disso, em contraste com as análises correntes em ciência social,

---

45. Para um ponto de vista semelhante, cf. também Adam Podgorecki/Christopher J. Whelan/Dinesh Khosla (Org.), *Legal Systems and Social Systems*, Londres, 1985.

o que nos interessa não são basicamente as influências da sociedade sobre o direito. Um questionamento habitual realizado no âmbito das pesquisas regulares em "*Law and Society*" pressupõe que o direito já se constitui como algo que está sob maior ou menor influência da sociedade. Exatamente por isso a pergunta preliminar, sobre como foi possível o direito na sociedade, não é posta nem respondida.

O capítulo a seguir fará uma elaboração desse questionamento. Assim, pressupomos que a unidade de um sistema só pode ser produzida e reproduzida por esse próprio sistema mediante fatores no próprio ambiente. Isso vale, sobretudo, para a sociedade e também para seu sistema do direito. Para as análises a seguir, será de maneira contínua e consequente que tomaremos como base e referência o "sistema do direito", mas, antes disso, devemos deixar claro que a relação desse sistema com o sistema da sociedade como um todo é multifacetada. Por um lado, a sociedade é o ambiente de seu sistema do direito; por outro, todas as operações do sistema do direito são também operações na sociedade e, portanto, operações *da* sociedade. O sistema jurídico compreende a sociedade, uma vez que ele se diferencia nela. Em outras palavras, com suas próprias operações (que ao mesmo tempo são operações da sociedade), ele dispõe um corte na própria sociedade, e só por meio desse corte surge nessa sociedade um ambiente de direito interno a ela, e em consequência disso pode-se perguntar de que modo a influência desse ambiente se exerce sobre o direito sem que isso concorra para que direito e sociedade não mais se diferenciem.

A problemática que reside aí, atrelada à relação ambivalente entre direito e sociedade, torna-se clara quando se parte de uma abordagem estritamente operacional. Isso significa que a unidade de um sistema (o que inclui estruturas e limites do sistema) faz-se produzida e reproduzida pelas operações do sistema. Falamos aqui também de "fechamento operativo"do sistema. Isso vale tanto para o sistema da sociedade como para o sistema legal. O modo de operação, que o sistema da sociedade produz e reproduz, é a comunicação provida de sentido[46]. Isso permite dizer que o sistema jurídico, à medida que é um sistema-parte da sociedade, utilizado como modo de operação da comunicação, não pode fazer nada que não seja — como meio do sentido mediante a comunicação — compor formas (sentenças). É trabalho do sistema social possibilitar e tornar isso evidente no curso de uma longa evolução sociocultural. No sistema jurídico, isso funciona como garantia de que, por exemplo, nem papel, nem tinta, nem pessoas, nem outros organismos, nem em tribunais, nem em seus espaços, nem aparelhos telefônicos, nem computador, que ali são utilizados, façam parte do sistema[47]. Esse limite externo é constituído já pela própria sociedade. Quando se planeja falar por telefone ("este

---

46. Cf. também Niklas Luhmann/Raffaele De Giorgi, *Teoria de la società*, Milão, 1992, e, para o sistema social em geral, Niklas Luhmann, *Soziale Systeme: Grundriß einer allgemeinen Theorie*, Frankfurt, 1984.

47. Para o âmbito da sociologia do direito, cf., por exemplo, Walter Kargl, "Kommunikation kommuniziert? Kritik des rechtssoziologischen Autopoiesisbegriffs", *Rechtstheorie* 21 (1990), p. 352-73. Mas uma leitura superficial dessas passagens faria depreender que conceitos como "homem", "sujeito" e "indivíduo" são usados no singular e, assim, poupam reflexões sobre o que realmente se tem em mente. Agora, quando se quer levar empiricamente a sério os estados de coisas que esses termos pretendem referir, nesse caso não se deveria falar que a referência a um indivíduo qualquer ("por favor, queira me passar seu nome, idade, endereço, sexo...") pudesse ter utilidade para explicar fenômenos sociais. Aos que polemizam dessa maneira, contra-argumentamos com a objeção de que não levam a sério o ser humano como indivíduo.

telefone, hoje, que não para!"), incorre-se em uma confusão de sistemas, já que só se pode comunicar-se por meio de um telefone.

Consequentemente, o sistema do direito opera na forma da comunicação mediante a proteção de limites erigidos pela sociedade. Contudo, isso significa que o sistema jurídico, de maneira muito peculiar, precisa marcar tudo o que tem de ser tratado como comunicação jurídica no sistema. Esse tema será tratado exaustivamente. Por ora, o que nos interessa é apenas o modo como se pode chegar à posição mediante a teoria dos sistemas operativamente fechados, o que transcende o debate sustentado pelas análises semiótica e linguística já há um bom tempo — debate que, por certo, tem também suas aplicações no direito[48]. No que diz respeito a signos ou linguagem, a tradição francesa fundada nos escritos de Ferdinand de Saussure ressaltou os aspectos estruturais, enquanto a tradição americana, com base em Peirce, realçou os aspectos pragmáticos. Em um dos casos, a dificuldade recai sobre as obrigações estruturais, já que o uso de signos linguísticos está posto (o que os filósofos estão sempre reivindicando para si, com o argumento da autonomia do pensar[49]). No outro caso, a ênfase recai sobre a intenção daquele que fala, nos "*speech acts*", no sentido de Austin e Searle.

---

[48]. Cf., por exemplo, Bernard S. Jackson, *Semiotics and Legal Theory*, Londres, 1985, esp., p. 25 es.

[49]. Isso também inclui Jacques Derrida, "Le supplément de copule", in Jacques Derrida, *Marges de la philosophie*, Paris, 1972, p. 209-46, que, bem à sua maneira, desconstrói essa distinção.

Até hoje, nem a tese estruturalista, nem a análise segundo a teoria da linguagem falada se evidenciaram como produtivas[50]. Está claro que o jurista usa a linguagem comum quanto à fonologia, sintaxe etc. (e aqui residem os interesses fundamentais da linguística) entremeada apenas por alguns termos ou palavras específicas, que no discurso jurídico assumem um sentido que difere daquele que têm na fala cotidiana. A ideia de um discurso jurídico "autônomo" ou de um sistema operativamente fechado seria inconcebível se considerada puramente em relação à linguagem, uma vez que, é claro, essa linguagem e seu discurso têm lugar na sociedade. O problema reside apenas em que muitas vezes ela não é compreendida porque não recebeu formação específica para tal. Assim, ficam excluídas não apenas a compreensão do sentido, mas também, sobretudo, a compreensão da intenção e das consequências de determinadas comunicações.

Passando agora de uma análise com base em teoria da linguagem (linguística) para uma análise em teoria da comunicação, para a teoria do direito e para a sociologia do direito, inaugura-se o acesso a problemas que são de seu interesse. Essa mudança relativiza a controvérsia entre estruturalistas e teóricos da linguagem falada. Ambos os lados dessa querela apreendem apenas aspectos parciais do fenômeno. Nem ações de mediação, nem as estruturas são essenciais para as comunicações, mas a comunicação em si não se reduz às ações de mediação. Ela abrange também informação e compreensão. E entre estrutura

---

50. Cf., para linguística, filosofia da linguagem etc., as conferências do simpósio "Le langage du droit", publicadas nos *Archives de philosophie du droit* 19 (1974).

e operação existe uma relação circular, de modo que estruturas só podem ser construídas e variadas por operações, que, por sua vez, são especificadas pelas estruturas. Quanto a esses dois aspectos, a teoria da sociedade como sistema de comunicação operativamente fechado é a abordagem teórica mais abrangente, e, ao definir o sistema jurídico como subsistema do sistema social, qualquer pretensão à dominância, seja de cunho pragmático, seja estruturalista, pode ser desconsiderada.

Não vem ao caso se tal teoria pode ser chamada de sociologia ou sociologia do direito ao incluir questões controversas da teoria do direito, da linguagem e da semiologia. Uma sociologia desse tipo trabalha com atrelamento tão forte a suas obrigações interdisciplinares que categorizá-la em termos de uma disciplina não faz muito sentido. O decisivo encontra-se mesmo em ousar dar os passos no sentido da abstração. E note-se que, até o presente, da própria sociologia houve bem pouco encorajamento para esses passos.

Capítulo 2

O FECHAMENTO OPERATIVO DO SISTEMA DO DIREITO

I

O tema deste capítulo é tratado na literatura da teoria do direito sob a classificação de "positividade" do direito. Desde a polêmica de ir em direção oposta às teorias de fundamentação abstrusas do *Common Law* até a polêmica da filosofia do direito contra tentativas impraticáveis de fundação de princípios legais e teorias transcendentais (Feuerbach, Hugo), o direito moderno se define como "direito positivo"[1]. O único contencioso é se o direito assim constituindo-se demandaria uma fundamentação ou "legitimação" adicional. Ora, para todos os efeitos, seu estatuto jurídico interno se mantém pouco claro. Obviamente, pode-se falar de uma avaliação política e moral do direito aplicável; mas um sistema de direito, que, além do direito positivo, contenha ainda outro direito, que não necessite de positivação, faria prever um direito de oposição contra o direito positivo, possibilidade que compreensivelmente nos intimida — aliás, só não intimida os extremistas.

---

1. Abordagem especialmente clara em Gustav Hugo, *Lehrbuch Des Naturrechts, Als Einer Philosophie Des Positiven Rechts, Besonders Des Privatrechts*, 1798, reimpr. Vaduz 1971. Cf. também Jürgen Blüdorn, "'Kantianer' und Kant: Die Wende von der Rechtsmetaphysik zur 'Wissenschaft' vom positiven Recht", *Kant-Studien* 64 (1973), p. 363-94.

Discussões teóricas podem efetivamente ocupar-se dessas questões, e neste capítulo vamos nos debruçar sobre as autodescrições do sistema do direito. A verdadeira questão do "positivismo legal" reside não no problema da legitimação, tampouco na diferença entre direito natural e direito racional. De fato, ela reside muito mais na questão de o conceito de positividade não ser teoricamente suficiente. Ele pode servir como conceito no contexto de teorias de reflexão do sistema do direito; mas, para um uso científico, ele carece de uma suficiente capacidade de conexão.

O conceito de positividade supõe uma elucidação pelo conceito de decisão. O direito positivo tem valor de decisão. Isso dá margem à crítica a seu "decisionismo", no sentido de uma possibilidade de decisão voluntária, que dependa apenas de sua força de imposição. Porém, conduz a um beco sem saída, uma vez que todo mundo sabe que, no direito, nunca se pode decidir arbitrariamente. Algo sempre pode dar errado nesse raciocínio, e nós pressupomos que o erro já esteja presente na insuficiência do conceito de positividade.

No contexto da tradição do direito natural, o direito positivo foi, na verdade, descrito como "arbitrário"[2]; no entanto, essa caracterização deve ser lida à luz da diferenciação entre direito mutável e imutável. Se o direito mutável é descrito como "arbitrário", isso significa tão somente que ele não pode ser deduzido do direito imutável (divino, natural), mas, em vez disso, tem de se adaptar a circunstâncias temporais ou situações.

---

2. Cf., por exemplo, Jean Domat, *Les lois civiles dans leur ordre naturel*, 2. ed., Paris, 1697, vol. 1, S. LVI es.

É precisamente essa fundamentação que impossibilita a possibilidade de haver arbitrariedade[3]. A diferenciação mutável/imutável ainda conserva a antiga precedência do direito natural, mas o faz de modo que juridicamente já não mais se justifica. Porém, se a diferenciação direito natural/direito positivo deixar de ser válida e a imutabilidade tiver de ser prescrita no direito positivo mesmo mediante "constituições", isso suprimirá a atual garantia de imutabilidade do direito imutável quanto à "natureza". Isso tampouco significa a permissão de mais arbitrariedade, mas apenas que o direito terá à sua disposição a tarefa de regulamentar a própria mutabilidade.

Poder-se-ia perguntar, afinal, o que deve ser excluído com o conceito de positividade. Isso remete à concepção medieval de uma arquitetura certificada de maneira hierárquica na qual, fora o direito positivo regulado por circunstâncias, nem o direito natural, nem o direito divino estavam previstos. Quando se renuncia a essa concepção, a positividade cabe a um conceito contrário, e tudo o que resta é uma insatisfação com as relações que não se podem articular de maneira satisfatória.

Desde o século XVIII opera-se a distinção entre direito e moral tratando-se de coações externas ou internas[4]. Isso é algo

---

3. Assim literalmente o expressa David Hume, *A Treatise of Human Nature*, Book III, Part II, Sect. I, citado segundo a edição da Everyman's Library, Londres, 1956, vol. 2, p. 190: "Embora as regras da justiça sejam artificiais (diferentemente das naturais), elas não são arbitrárias".

4. Ao que tudo indica, essa versão do problema foi motivada pela recepção tardia do direito natural e racionalista do oeste europeu na Alemanha, e, no processo, o direito natural foi anteposto a um direito fundado no poder coercitivo externo de sanções, enquanto a ética especializava-se em uma teoria da justificação de juízos morais. Cf., por exemplo, Fritz von Hippel, *Zum Aufbau und Sinnwandel unseres Privatrechts* (Tübingen, 1957), p. 42 es.; e Werner Schneiders, *Naturrecht und Liebesethik: Zur Geschichte der praktischen Philosophie im Hinblick auf Christian Thomasius* (Hildesheim, 1971). E só mesmo se a lei, nesse

que se pode aceitar, mas que não contribui absolutamente para a teoria do direito — a não ser, precisamente, na confirmação de que o direito é direito positivo e (sem efeitos jurídicos imediatos) pode ser ajuizado moralmente. No caso, porém, de a insuficiência (teórica) estar contida no próprio conceito de positividade, essa diferenciação (incontestavelmente provida de sentido) entre direito positivo e moral não ajuda, apenas conduz a debates nos quais, por um viés, a diferenciação entre direito e moral tem de ser aceita e, por outro viés, não pode ser aceita[5].

Independentemente de como são avaliadas as tentativas até agora realizadas de abordar o problema da contextualização da positividade do direito, continua aberta a questão sobre se não se poderia avançar melhor e se a insuficiência da designação conceitual da "positividade" não poderia ser formulada de outra maneira. Na sequência, prosseguiremos com o auxílio dos meios de sistemas teóricos. Ao contrário de muitos juristas, por "sistemas" não entendemos uma interconexão de determinadas regras[6], mas uma interconexão de operações factuais, que, como

---

sentido, se fizer mais "dura" é que ela poderá aparecer como garante da liberdade subjetiva com a inclusão da liberdade de escolher a própria moral, embora esta não se oponha ao próprio direito.

5. Para o debate atual, cf., por exemplo, David Lyons, *Ethics and Rule of Law*, Cambridge Engl., 1984; Otfried Höffe, *Kategorische Recthtsprinzipien: Ein Kontrapunkt der Moderne*, Frankfurt, 1990. Alternativas carentes de precisão conceitual são oferecidas pela deterioração do problema em forma de questões jurídicas específicas, como a interpretação da constituição e dos direitos humanos. Ocorre que aí também se dispõe a recusa em posicionar a questão da unidade do direito pela perspectiva da moral.

6. Sobre isso (mas argumentando contra a redução à forma linguística das regras à revelia de seus efeitos sobre o comportamento), cf. Werner Krawietz, *Recht als Regelsystem,* Wiesbaden, 1984. Assim também se deve ter em mente que a lei contém inúmeros textos que, de modo puramente linguístico, não aparecem nem como regras, nem como enunciados

ações de comunicação operacionais, devem ser comunicações, independentemente do que essas comunicações afirmem com respeito ao direito. Ora, isso significa: não buscamos o ponto de partida nem na norma, nem na tipologia dos valores, mas na distinção entre sistema e ambiente.

A passagem para uma teoria sistema/entorno exige a clarificação de uma segunda distinção. As teorias do direito costumam remeter a estruturas (regras, normas, textos) que são classificadas como direito. Isso vale também, sobretudo, para teorias do direito positivo, o que se tem, por exemplo, de maneira explícita, para as regras do reconhecimento na teoria do direito de Hart[7]. A questão sobre o que é direito e o que não é firma-se tendo em vista regras específicas. Mas, se se quiser seguir estímulos contidos na teoria dos sistemas, deve-se operar uma inovação e pensar em operações em vez de estruturas[8]. A pergunta inicial, sobre como operações produzem a diferença entre sistema e ambiente, exige a recursividade de reconhecer *operações* e, entenda-se, o pertencimento ou não desta ou daquela *operação*, com a exclusão das que não pertencem. Na condição de atrelamentos altamente seletivos de operações, as

---

imperativos, por exemplo: *pater est quem nuptiae demonstrant* [o pai é aquele que o demonstram as núpcias]. Aí se tem também um exemplo do fechamento do sistema legal, uma vez que obviamente não há menção ao genitor da criança, normalmente referido como pai.

7. Cf. H. L. A. Hart, *The Concept of Law*, Oxford, 1961. Ainda que essa referência seja clara, à Hart não ocorre, para o manejo dessas regras, fazer referência a, por exemplo, práticas institucionais.

8. Para a teoria do direito, isso não chega a surpreender. Melvin Aron Eisenberg (*The Nature of the Common Law*, Cambridge Mass., 1988) diferencia, por exemplo, teorias com base no texto e teorias geradoras, optando (indo, assim, contra Hart e Raz) pela última versão.

estruturas são altamente necessárias; no entanto, o direito adquire sua realidade não por alguma idealidade estável, mas exclusivamente pelas operações, que produzem e reproduzem o sentido específico do direito. Também partimos do ponto de que essas operações devem sempre pertencer ao sistema do direito (e, claro, podem sempre ser observadas de fora). Isso, e somente isso, é o que afirma a tese do fechamento operativo. Se o desejo fosse ajustar a terminologia, seria possível falar também em "construtivismo operativo".

II

O que pode ser pensado como sistema, ao contrário do que se tem com o ambiente, é debatido na pesquisa em teoria de sistemas. Se se quiser evitar algo semelhante à lei de entropia da termodinâmica, todos os enunciados da teoria dos sistemas terão de ser formulados como enunciados sobre a distinção entre sistema e ambiente ou, no mínimo, deverão partir da forma dessa distinção. Para responder a isso, a antiga teoria dos sistemas propusera primeiramente a forma "sistema aberto". O aspecto mais relevante dessa tese estava na lei da entropia, que trazia em seu bojo a concepção de que sistemas apartados de seu ambiente paulatinamente são assimilados por esse mesmo ambiente e, portanto, se dissolvem, pois perdem energia, e a morte por exaustão é termodinamicamente irreversível. Para a constituição da complexidade, para a produção e conservação de "entropia negativa", faz-se necessário, por essa razão, um intercâmbio contínuo com o ambiente — seja de energia, seja de informação. Descrito de maneira mais formal, esses sistemas transformam *inputs* em *outputs* de acordo com uma função de transformação que lhes possibilita conservar um ganho para a própria conservação em um nível de complexidade alcançado por evolução.

Essa tese não é rejeitada pela teoria dos sistemas operativamente fechados, ainda que, não raro, assuma diferentes ênfases quanto a conceitos (por exemplo, no que diz respeito à "informação")[9]. Já os modelos *inputs/outputs* tinham permitido que um sistema pudesse se utilizar de seu próprio *output* como *input*[10]. O posterior avanço da teoria "internaliza" esse recebimento de *feedbacks* e o explica como condição necessária para sua operação. O progresso da teoria reside na concepção segundo a qual a construção da complexidade própria a um sistema seria possível apenas com base em um fechamento

---

9. Francisco Varela chega a ponto de justapor *input-type descriptions* e *closure-type descriptions* como dois diferentes "tipos complementares de descrição". Como em Hans Ulrich/Gilbert J. B. Probst (org.), *Self-Organization and Management of Social Systems: Insights, Promises, Doubts, and Questions*, Berlim, 1984, p. 25-32. Cf. também id., *L'auto-organisation: De l'apparence au mécanisme*, in Paul Dumouchel/Jean-Pierre Dupuy (org.), *L'auto-organisation: De la physique au politique*, Paris, 1983, p. 147-64. Nesses textos, a distinção, de tão pouco trabalhada, chega a impossibilitar uma crítica. Vamos partir da suposição de que os dois tipos de descrições não são equivalentes, com as descrições do tipo *input/output* devendo pressupor fechamento operativo, caso contrário lhes faltaria o portador da função de transformação; além disso, em pouquíssimos casos os tipos *input/output* são adequados e não o são para o sistema do direito por terem de assumir uma elevada especificação de interdependências com o ambiente.

10. Incluindo aplicações para sistemas legais. Cf., sobretudo, Jay A. Sigler, "A Cybernetic Model of the Judicial Sytem", *Temple Law Quarterly* 41 (1968), 398-428. Como texto introdutório, cf. também *An Introduction to the Legal System*, Homewood, III, 1968, e Charles D. Raab, "Suggestions for a Cybernetic Approach to Sociological Jurisprudence", *Journal of Legal Education* 17 (1965), p. 397-411; Ottmar Ballweg, *Rechtswissenschaft und Jurisprudenz*, Basel, 1970, esp. p. 76 es.; William J. Chambliss/Robert B. Seidman, *Law, Order, and Power*, Reading Mass., 1971, e sob o aspecto de um subsistema do sistema politico, Glendon Schubert, *Judicial Policy Making*, 2. ed., Glenview Ill., 1974, 138 es.

operativo, não raras vezes formulado como condição para extrair "ordem do ruído"[11]. A título de exemplo paradigmático, isso costuma ser demonstrado por referência ao fechamento operacional do cérebro. Uma fundamentação mais teórica para tal poderia indicar que a ultrapassagem de um nível numérico mínimo e a diversidade de elementos é possível somente quando renuncia a um completo atrelamento de cada elemento com cada outro elemento. Todavia, isso requer uma seleção de atrelamentos praticados[12], sendo esse um condicionamento interno dessa seleção. Só mesmo o atrelamento seletivo "qualifica" os elementos, assim como só ele confere sentido ao discurso sobre elementos próprios ao sistema, de fronteiras do sistema ou de sua diferenciação.

Também a teoria do sistema operativo fechado é uma teoria da diferença entre sistema e ambiente. Por isso, "fechado" não deve ser entendido como "isolado". Ele não impede, ainda que realce, à sua própria maneira, relações causais intensivas entre sistemas e seus ambientes e ainda que interdependências de tipo causal se façam estruturalmente necessárias para o sistema. Pode-se pensar aqui, por exemplo, nas condições da vida sobre a Terra, que são complexas e, do ponto de vista físico, altamente

---

11. De acordo com Heinz von Foerster, "On Self-Organizing Systems and Their Environments", in Marshall C. Yovits/Scott Cameron (org.), *Self-organizing Systems: Proceedings of an Interdisciplinary Conference 5 and 6 May 1959*, Oxford, 1960, p. 31-50.

12. Por meio disso, as possibilidades não contempladas tornam-se *potencializadas*, para usar uma formulação de Yves Barel, *Le paradoxe et le système: Essai sur le fantastique social*, 2. ed. Grenoble, 1989, p. 71. Isso significa que elas recebem o estatuto de meras possibilidades de outras combinações, que requerem do sistema a condição de sua possibilidade e eventualmente podem ser transferidas mediante operações de sistema da inatualidade à atualidade como condição para mudanças de estruturas na evolução. Em outras palavras, o sistema lembra também o que ele próprio excluiu.

seletivas. Seria realmente absurdo ignorar o senso comum. Por isso, na teoria dos sistemas, já há muito se aceitou que a abertura (dependência do sistema em relação ao ambiente), com base na matéria ou energia, não estabelece nenhum conflito com a tese de fechamento informacional ou semântico[13]. Assim, diferenciamos fechamento causal (isolamento) de fechamento operativo. Ao definir seu objeto, a teoria do fechamento operativo dos sistemas abstrai-se das relações causais entre sistema e ambiente.

Em primeiro lugar, é necessário esclarecer o que se deve observar (mesmo que se queira examinar interdependências entre sistema e ambiente). Chamamos esses sistemas de "operativamente fechados", pois eles se fiam em sua própria rede de operações para a produção de suas próprias operações e, nesse sentido, reproduzem-se[14]. Usando uma formulação algo menos rígida, seria possível dizer que o sistema tem de pressupor sua própria existência a fim de poder exercer sua reprodução por meio de outras operações no curso do tempo, ou, em outras palavras, o sistema produz suas operações ao remontar suas outras

---

13. Cf., por exemplo, Gerhard Roth, "Die Konstitution von Bedeutung im Gehirn", in Siegfried J. Schmidt (org.), *Gedächtnis: Probleme und Perspektiven der interdisziplinären Gedächtnisforschung*, Frankfurt, 1991, p. 360-70.

14. É importante notar que o conceito de produção *jamais* requer que haja controle sobre *todas* as causas do produto. Por exemplo, a causa mais importante da produção de uma fotografia — digamos, uma fotografia da Torre Eiffel — é a própria Torre Eiffel. Tomada por si, ela é indispensável — a câmera e mesmo o fotógrafo podem ser trocados. Segue-se que a causa mais importante encontra-se fora do processo de produção. O conceito de produção designa apenas o que é necessário para o estabelecimento e a manutenção de uma *divergência* — necessária para cada caso de que venha a se tratar. Outro critério característico é o da *disponibilidade no sistema*. Só mesmo se houver uma provisão adicional para produzir a disposição no sistema pelo próprio sistema é que se poderá falar de um sistema autopoiético em sentido estrito. Porém, essas são exigências adicionais, portanto limitadoras, que de modo algum mudam o fato de que nenhum sistema é capaz de controlar todas as causas, mas somente as que a própria autopoiese sugere. Por isso, a reprodução autopoiética é sempre a reprodução dos *limites* do sistema, os quais separam as causas internas das externas.

operações e recorrer a elas, e só assim pode determinar o que pertence ao sistema e o que pertence ao ambiente.

A inovação a que se chegou ao se introduzir o conceito de autopoiese transfere a ideia de constituição autorreferencial para o nível das operações elementares do sistema (isto é, aquelas que não podem ser resolvidas pelo sistema) e, ao fazê-lo, a tudo o que constitui a unidade para o sistema. O que aqui está envolvido não é mais apenas uma auto-organização, no sentido de controle e mudança de estruturas pelo próprio sistema, e assim não mais apenas autonomia no velho sentido de autorregulação. Essa inovação, o conceito de autopoiese, lança luz nova sobre um problema velho: o da relação entre estrutura e operação (processo), ou norma e ação, ou regra e decisão.

O que chega a irritar no conceito de autopoiese, que dá vazão a uma discussão crítica de amplo alcance, é que o efeito revolucionário do conceito encontra-se inversamente relacionado ao seu valor explicatório. O conceito meramente enuncia que elementos e estruturas de um sistema existem somente à medida que consegue manter sua autopoiese. O conceito nada diz sobre o tipo de estruturas desenvolvidas em cooperação com os acoplamentos estruturais entre sistema e ambiente. Assim, a autopoiese é introduzida como uma "invariável". Ela é sempre a mesma para todos os tipos de vida e de comunicação. E se o sistema do direito é um sistema autopoiético *sui generis*, isso vale, indiferentemente, para todo ordenamento jurídico, com referência tão somente ao código que atribui as operações desses sistemas ao sistema. Todavia, isso não explica quais programas normativos são desenvolvidos pelo sistema[15].

---

15. Portanto, dou razão a todos os críticos que ressaltam que o conceito da autopoiese não pode ser explicado empiricamente. Ocorre que isso vale, sim, para *todo* conceito, mesmo,

Se se assumir que operações são autoproduzidas, vê-se que tudo o que acontece ocorre no presente. Isso também significa que tudo o que acontece ocorre ao mesmo tempo. Também passado e futuro são sempre e tão somente relevantes ao mesmo tempo: são horizontes de tempo de cada uma das operações presentes e, como tais, são discerníveis no momento presente. Sua associação recursiva é estabelecida em suas respectivas operações presentes. Por isso, mesmo quanto às estruturas necessárias para tal, essas operações são acionadas apenas no momento presente — ou não o são. Com o auxílio delas, o sistema oscila de operação em operação — e isso *ao mesmo tempo*, em séries de aplicações muito diferentes.

O mesmo vale para toda e qualquer observação desse estado de coisas, tanto para observações externas ao sistema como para as internas a ele. Pois observações também são operações; um observador observa apenas quando o faz, e não quando não o faz. Ele é capaz de distinguir estruturas constantes de operações eventuais, como o imóvel do que se movimenta, mas *só mesmo quando* o faz ele pode registrar as mudanças de estrutura. Portanto ele é, por sua vez, um sistema atrelado às condições do tempo e efetivamente atrelado ao tempo, que ele constrói a cada tempo presente por meio de suas próprias distinções, que introduz como horizonte de seu observar.

Não há exceções — nem para a ciência, nem para o sistema legal. Por isso, a pergunta pela estabilidade das normas, pela duração de sua vigência e pela sua alteração diz respeito a um fenômeno completamente secundário. Isso só vale para a

---

por exemplo, para o conceito do agir. O sentido das alterações conceituais decisivas não está nas pressões por adaptação, que se exercem no contexto de uma teoria. E só mesmo as teorias podem ser avaliadas em sua referência à realidade.

questão a seguir, sobre se e em que medida o sistema legal, em sua autopoiese — e, assim, em sua estabilidade dinâmica —, é independente de mudanças contínuas de suas estruturas, e se, portanto, ele "sobrevive" às mudanças de estrutura ou pode utilizá-las para executar sua autopoiese. Também essa questão é decidida de momento a momento (e não mediante uma escolha definitiva de estruturas) e, de modo característico, com uma inquestionável segurança de que continuará. Por fim, se persistirem incertezas que tenham de ser mantidas em limites no âmbito dos quais se possa manobrar, a questão a se colocar é: *como*?

As estruturas têm valor de realidade somente quando são utilizadas para a associação de acontecimentos comunicativos; as normas, apenas à medida que são citadas explícita ou implicitamente; as expectativas, apenas à medida que são expressas por meio de comunicação. O sistema tem, por isso, uma imensa e fundamental capacidade de adaptação pelo puro e simples esquecer, pelo não mais se valer de expectativas estruturantes, e assim, de efeitos tanto mais nocivos revelou-se a invenção da escrita. Tão logo a escrita passou a ser usada e as fixações textuais se fizeram possíveis, o sistema foi confrontado com sua própria memória. O esquecer já não era tão fácil, e a todo momento foi preciso contar com normas que, por acidente, tinham sido deixadas de lado. Chegou-se, com a Idade Média e o início dos tempos modernos, a uma animosidade bastante visível, direcionada à forma escrita[16] e, ao mesmo

---

16. Cf. Peter Goodrich, "Literacy and the Language of the Early Common Law", *Journal of Law and Society* 13 (1987), p. 422-44. Cf. também, com mais detalhes, id., *Languages of Law: From Logics of Memory to Nomadic Masks*, Londres, 1990.

tempo, aos desenvolvimentos compensatórios que reagiam a novos problemas, como (1) o desenvolvimento de jurisprudências e competências profissionais para o trato *eventual* com os textos para alguns, dentre muitos casos; e (2) a aceitação de mudanças de normas, realizadas com a ajuda de procedimentos que o sistema proveu para o caso em questão, como equivalente funcional do esquecimento.

Mas tudo isso em nada altera o estado de coisas que o sistema tem de atualidade em suas operações, uma vez que só acontece o que acontece e — tanto no sistema como em seu ambiente — tudo o que acontece ocorre ao mesmo tempo.

Se com isso se quer realizar um programa de pesquisa aplicado à teoria dos sistemas, cumpre satisfazer à acurácia suficiente na caraterização das respectivas operações que realizam a reprodução autopoiética. No âmbito da biologia, pode-se assumir algum consenso com base nas pesquisas bioquímicas — e isso inclui a visão de muitos biólogos, segundo a qual o conceito de autopoiese seria trivial, já que ele confere apenas uma palavra para o que se pode descrever de maneira muito mais precisa no modo de operação[17].

---

17. Diante da crítica incansável à "recepção" desse conceito, pode-se apenas salientar uma vez mais que o uso do conceito de autopoiese não propõe uma analogia, muito menos deve ser pensado metaforicamente. Nesse equívoco incide Hubert Rottleuthner, "Biological Metaphors in Legal Thought", in Günther Teubner (org.), *Autopoietic Law: A New Approach to Law and Society*, Berlim, 1988, p. 97-127. Cf. também Klaus von Beyme, "Ein Paradigmenwechsel aus dem Geist der Naturwissenschaft: Die Theorien der Selbsteuerung von Systemen (Autopoiese)", *Journal für Sozialforschung* 31 (1991), p. 3-24, e, como contracrítica, Walter Kargl, "Kritik der rechtssoziologischen Autopoiese-Kritik", *Zeitschrift für Rechtssoziologie* 12 (1991), p. 120-41. Para nós, é completamente indiferente o conceito ser usado como sistema vivente ou não. Por isso, tampouco vem a ser objeção dizer que o uso em sistemas sociais falseia o sentido dado por Maturana e Varela (cf., por exemplo, Ulrich Druwe, "Recht als autopoietisches System: Zur Kritik des reflexiven Rechtskonstrukts", *Jahresschrift für Rechtspolitologie* 4 (1990), p. 103-20, 115 es).

Não há como pressupor tal consenso para uma teoria dos sistemas sociais: e esse é o caso quando se quer descrever o sistema do direito como um sistema social autopoiético e operativamente fechado. A própria ciência do direito, na condição de ciência baseada no texto, não tem nenhuma necessidade explicativa nesse sentido. A sociologia do direito limita-se, na maioria das vezes, a um vago conceito de ação ou de comportamento e compensa o teor específico do direito por pressupostos sobre as representações e intenções do agir, o "sentido presumido" (Max Weber) da ação. Isso não basta. Não vamos negar que equivalentes psíquicos de operações relevantes se configuram e que (com a conhecida inconfiabilidade) sejam empiricamente questionáveis. Contudo, quem se orienta conscientemente para o direito deve saber bem o que ele tem em mente. Ele pode se relacionar com um sistema social já constituído ou com sedimentos textuais desse sistema. A resposta à pergunta sobre quais operações são produzidas pelo direito como direito tem de ser pressuposta. Sistemas psíquicos observam o direito, não o produzem; ou então permaneceriam profundamente encerrados no que Hegel certa vez chamou de "interioridade sombria do pensamento"[18]. Por isso, não é possível manter sistemas psíquicos, consciência ou mesmo o indivíduo humano em sua

---

De um crítico deve-se exigir que possa ao menos diferenciar entre o sentido abstrato do conceito e sua materialização por operações bioquímicas ou de comunicação. No contexto sociológico, trata-se somente de o conceito da autopoiese conduzir ou não à formulação de hipóteses científicas profícuas (e isso inclui empiricamente profícuas). Essa concepção é compartilhada por Richard Lempert, "The Autonomy of Law: Two Visions Compared", in *Teubner, Autopoietic Law*, 152-90, p. 155.

18. "Vorlesungen über die Ästhetik", vol. I, cit. segundo *Werke Bd.* 13, Frankfurt, 1973, p. 18.

integralidade como parte ou até componente interno do sistema legal[19]. A autopoiese do direito pode ser realizada somente por operações sociais.

Assim, sistemas autopoiéticos são atrelados ao tipo de operação, e isso vale tanto para a produção das operações seguintes como para a formação de estruturas. Em outras palavras, não há nenhuma "diferença de essência" ou "diferença material" entre operação e estrutura. Já no processo vital das células, as enzimas são ao mesmo tempo dados, fatores de produção e programas. No sistema social, o mesmo se aplica à linguagem. Por isso, uma descrição do sistema do direito não pode partir do pressuposto de que normas (e aqui passaremos a distinguir códigos e programas) de outra substância e qualidade sejam como comunicações. Comunicações referentes ao direito

---

19. Esse aspecto é realmente controverso. Cf., por exemplo, Christophe Grzegorczyk, "Système juridique et réalité: discussion de la théorie autopoiétique du droit", in Paul Amselek/ Christophe Grzegorczyk (org.), *Controverses autour de l'ontologie du droit*, Paris, 1989, p. 179-209; Arthur J. Jacobson, "Autopoietic Law: The New Science of Niklas Luhmann", *Michigan Law Review* 87 (1989), p. 1647-89; Alan Wolfe, "Sociological Theory in the Absence of People: The Limits of Luhmann's Systems Theory", *Cardozo Law Review* 13 (1992), p. 1729-43; e David E. van Zandt, "The Breadth of Life in the Law", *Cardozo Law Review* 13 (1992); p. 1745-61. Infelizmente, os que se opõem às consequências do conceito de fechamento autopoiético limitam-se ao argumento trivial de que o sistema não acontece sem o ser humano. Mas isso ainda não decide se os seres humanos concretos, na condição de partes do sistema de direito, são componentes de sua autopoiese — que é uma posição um tanto insólita — ou se, como condições do mundo, eles seriam indispensáveis. Jacobson, op. cit., por sua vez, admite que com "indivíduo" não se está pensando no homem vivo e consciente do sistema: "Os indivíduos são representados na *Common Law* somente quanto ao caráter que eles exibem por meio da interação orientada para os valores expressos em aplicações prévias das normas. Os indivíduos que aplicam normas podem ter hostes de atitudes (personalidade, emoção) na aplicação. As atitudes não importam, mas somente a exibição do personagem nas interações" (p. 1.684). Quanto a isso, só podemos concordar. Porém, esse conceito enxuto de individualidade nada mais é do que o conceito de pessoa, ou seja, uma seleção de critérios produzida por comunicação, e não algo que poderia se explicar pela ação. É justamente a teoria dos sistemas autopoiéticos que leva a sério o indivíduo humano, ao contrário do que acontece com as teorias humanistas. "Levar os indivíduos a sério" é o que se poderia imputar a ela.

têm como operações do sistema do direito sempre uma dupla função, como fatores de produção e como mantenedores de estruturas. Elas pressupõem condições de associação para outras operações, e assim confirmam ou modificam as limitações (estruturas) significativas para tal. Nessa medida, sistemas autopoiéticos são sempre sistemas históricos, que partem do estado imediatamente anterior que eles próprios criaram. Fazem tudo o que fazem pela primeira e pela última vez. Toda repetição é uma questão de fixação de estruturas artificiais. E são históricos também no sentido de que devem suas estruturas à sequência de suas operações, razão pela qual evoluem no sentido da bifurcação e da diversificação[20]. Na condição de observador, é possível diferenciar as funções da determinação de estado e da seleção de estruturas, mas operativamente elas não se separam. A operação tem sua unidade como elemento autopoiético precisamente ao servir a ambos.

Assim, o conceito de operação recebe mais atenção do que geralmente se lhe dá. Num sentido temporal, operações são acontecimentos e, portanto, atualizações de possibilidade providas de sentido que tornam a desaparecer logo depois de realizadas. Como acontecimento, as operações não têm nenhuma duração, ainda que haja duração mínima necessária para

---

20. A determinação encontra-se naturalmente no próprio sistema, e não no conceito de autopoiese. Os críticos que se concentram no conceito de autopoiese e acusam a teoria dos sistemas autopoiéticos de ter escassa força explanatória desconsideram esse aspecto — por exemplo, Walter L. Bühl, *Sozialer Wandel im Ungleichgewicht: Zyklen, Fluktuationen, Katastrophen*, Stuttgart, 1990, p. 189 es; id., "Politische Grenzen der Autopoiesis sozialer Systeme", in Hans Rudi Fischer (org.), *Autopoiesis: Eine Theorie im Brennpunkt der Kritik*, Heidelberg, 1991, p. 201-25. O aspecto importante reside justamente aí, já que não se pretende depreender, ao modo de Hegel, do conceito o movimento. A teoria da autopoiese sustenta que sem fechamento operatório do sistema uma autodeterminação não seria possível nem mais, tampouco não menos do que isso.

sua observação (por exemplo, o tempo para o pronunciamento de uma sentença). Uma vez sem duração, tampouco podem ser alteradas. Todos os componentes, toda mutabilidade e toda estrutura têm de ser produzidos no sistema, por meio de operações providas pelo próprio sistema. Em outras palavras, não existe nenhuma determinação de estrutura externa. Somente o próprio direito pode dizer o que o direito é. Assim, a produção de estruturas engendra-se de maneira circular, já que as próprias operações demandam estruturas a fim de, por referências recursivas, determinar outras operações. Não apenas a produção de operação por operação, mas também, *a fortiori*, a condensação e confirmação de estruturas por operações que orientam tais estruturas são realizações da autopoiese. É desse ponto de vista que passaremos a delinear o sistema do direito também como sistema dotado de estrutura autodeterminada.

De maneira factual, podem-se descrever operações como produtos de uma diferença. Com a operação, algo se faz diferente do que era antes, e pela operação se faz diferente do que seria sem ela. Pode-se pensar aqui numa interposição de recurso ao julgado ou na formulação de uma questão jurídica com relação à vida diária. É esse efeito discriminador da operação que, havendo duração suficiente e uma rede recursiva de sequência de operações, cria uma diferença entre sistema e ambiente ou, como dizemos, diferencia um sistema. Isso não tem de ser entendido como um acontecer puramente factual, independentemente da pergunta sobre quem observa esse acontecer e com a ajuda de quais distinções ele é observado e descrito. Uma operação pode ser observada e descrita de variadas formas — a interposição de um recurso, por exemplo, como afronta, como um motivo providencial para a ruptura definitiva de relações sociais, como assim permitido por lei, como unidade no contexto de uma numeração estatística, como motivo para o registro e a atribuição de um número de auto etc. Quando se quer saber como uma operação é observada, deve-se observar o observador.

Em razão dessa pluralidade de possibilidades de diferenciação e observação, é preciso conceitualmente diferenciar operação e observação. Não obstante, a observação é ela própria uma operação, e também para ela vale o que até agora tem se mostrado aplicável às operações[21]. A observação cria, como operação, uma nova condição do sistema. Também ela contribui para a autopoiese e, assim, para a diferenciação do sistema observante. Temos de contar, além disso, com situações em que as operações basais do sistema impliquem uma operação, e isso significa que, sem a auto-observação concorrente, a operação não pode se realizar. Em tais casos, o esquema de observação não pode se dar arbitrariamente, mas há de ser determinado pelo traço característico da operação. Desse modo, a comunicação já não pode ser lograda se na execução da operação houver diferenciação entre informação, mensagem e entendimento, e o próprio processo de comunicação determinar qual desses componentes ele referirá no momento seguinte[22]. Para o caso de

---

21. Desse modo, uma teoria que trabalha com a distinção entre operação e observação é sempre uma teoria "autológica". Isso significa que ela produz uma descrição que, como operação e observação, diz respeito a si mesma, razão pela qual é a partir de si própria que pode efetuar sua verificação ou, quando menos, não pode ser refutada ao supor a si própria.

22. É claro que isso não exclui outras observações, por exemplo, com relação ao sotaque com que uma pessoa fala. Contudo, essas observações não são indispensáveis para a autopoiese do sistema e permanecem como possibilidades eventualmente contempladas pelo sistema.

operações específicas de direito, tomaremos por indispensável uma auto-observação orientada pela distinção entre direito e injustiça.

Levando mais longe essas considerações, pode-se designar um sistema fechado como autorreferencial. Nessa linguagem, é preciso entender "referir" como "designar" no contexto de uma diferenciação que tem outro lado alternativo (e, em todo caso, capaz de fazer referência) à sua disposição. Nessa medida, implicam-se autorreferência e heterorreferência inversamente. O sistema, que surge por um discriminar operativo (tornando-se, desse modo, visível para o observador) designa a si próprio em contraste com seu ambiente, e assim, pela observação, apreende o que já aconteceu. Desse modo, o próprio observar se mantém uma operação do sistema (ou então tratar-se-ia de uma observação externa), que, no momento de sua execução, só é discriminado ao utilizar essa diferenciação (e nenhuma outra). Como operação, a observação e mesmo a observação com o auxílio da diferenciação entre autorreferência e heterorreferência se mantêm "cegas", já que na execução da diferenciação e da designação não se pode diferenciar e designar a diferenciação necessária para tal.

Os conceitos de observação e autorreferência implicam-se mutuamente. Por um lado, um observador só pode observar se for capaz de diferenciar a si próprio de seus instrumentos de observação, de suas diferenciações e designações, e, portanto, não se confundir duradouramente com seu objeto. Por outro lado, a autorreferência é necessária precisamente para isso. Louis Kauffmann formulou de maneira bastante apropriada:

Pelo menos uma distinção está envolvida na presença da autorreferência. O "auto" aparece, e uma indicação daquele "auto" pode ser vista como separada do "auto". Qualquer distinção envolve a autorreferência de quem a distingue. Portanto, a autorreferência e a ideia de distinção são inseparáveis (portanto, são conceitualmente idênticas)[23].

No entanto, os conceitos de observação e autorreferência adotam formas diferenciadas, já que uma distinção é operada entre eles e seus respectivos contraconceitos. O círculo da definição de conceitos é quebrado. Observar diferencia-se de designar (distinção de indicação) e autorreferência diferencia-se de heterorreferência. Após a execução dessa operação de distinguir entre lados diferentes, diferenciam-se também os conceitos, e com a observação podemos designar o diferente em um caso e outro. O sistema do direito é um sistema no qual se encontram atreladas operações como auto-observação, com a condição de que a diferença entre sistema e ambiente, reproduzida por esse operar, seja reintroduzida no sistema e observada com o auxílio da diferenciação entre sistema (autorreferência) e ambiente (heterorreferência). Por isso, toda observação e descrição externa desse sistema deve ser levada em conta, uma vez que o próprio sistema controla a distinção entre autorreferência e heterorreferência.

Além disso, deve-se asseverar que o autorreferir caracteriza o sistema como objeto, não como conceito. Desse modo,

---

23. Louis Kauffmann, "Self-reference and Recursive Forms", *Journal of Social and Biological Structures* 10 (1987), p. 53-72 (53).

diz-se apenas que o sistema é diferenciado de todos os outros, e não de determinados outros. Isso corresponde à relação do ambiente com o indeterminado (determinável só mesmo por uma redução de complexidade própria ao sistema). O sistema caracteriza-se então não apenas como sistema, como sistema social, como sistema do direito diferentemente de outras entidades, mas também como algo que realiza sua autodesignação, independentemente do que venha a acontecer.

Finalmente, no contexto dessas considerações preparatórias, é importante observar que a autorreferência pode ser atualizada de diferentes formas. Mesmo as operações mais básicas de um sistema requerem o envolvimento da autorreferência se houver dependência da auto-observação e na medida em que houver essa dependência. Um sistema que confronte com um âmbito de escolha de possibilidades de associação (e dizemos: processado com sentido), na determinação da operação associada, pode diferenciar suas operações de outros estados de coisas. Pela execução de sua autopoiese, um sistema social tem de permitir uma coexecução que especifique quais acontecimentos anteriores e posteriores contam como comunicação (mais especificamente, como comunicação no próprio sistema) *e quais não*. A diferenciação entre autorreferência e heterorreferência é, nesses casos, uma exigência da própria autopoiese, e isso significa que, em visão lateral, o sistema opera um ambiente existente *ao mesmo tempo* e se orienta pelos efeitos de suas próprias operações, não apenas com uma espécie de controle cibernético.

Procedemos à diferenciação entre formas mais exigentes de autorreferência, sobretudo as de *autodescrição* do sistema. Desse modo, a identificação do sistema como unidade e descrição de suas propriedades (seu sentido, sua função etc.) é pensada no sistema. Também isso é possível se a autodescrição acontecer como apenas uma entre muitas operações do sistema. Ao fabrico de tais modelos ou textos do sistema chamamos reflexão. Com base nesse anexo de teoria, é fácil admitir que autodescrições desse tipo poderão ter relevância apenas marginal, e uma relevância que irá variar segundo o grau de diferenciação do sistema e as formas de diferenciação que a sociedade permite.

Assim, podemos falar de autopoiese e fechamento operativo apenas se as operações que reproduzem uma à outra — e, consequentemente, o sistema — revelarem certas características. Elas formam *unidades emergentes* que podem se dar apenas mediante o fechamento operativo do sistema e, como tais, produzem uma *redução independente de complexidade* — tanto do ambiente do sistema como do sistema em si mesmo. À facticidade do desempenho subjaz a condição de que nem tudo o que existe pode ser levado em conta. E, no lugar desse completo inter-relacionar, entra em cena o acoplamento seletivo, ainda que sustentável, e a rede recursiva de reprodução autopoiética.

III

Se se quiser determinar as peculiaridades do modo de operação autorreferencial do sistema do direito nos termos assim dispostos, salta aos olhos toda uma hierarquia de especificações[24]. Uma teoria de corte operativo pode dar conta da unidade do sistema do direito não como unidade de texto ou consistência de um conjunto de textos[25], mas apenas como um sistema social. A operação de base, pela qual o sistema social se delimita em relação ao seu ambiente, pode ser designada como comunicação[26]. Assim, também o conceito de sociedade se erige como sistema a abranger todas as comunicações, num ambiente em que não há comunicações, mas somente acontecimentos de outro tipo.

Essa disposição conceitual tem consequências de amplo alcance. Segundo ela, todos os sistemas sociais têm de ser apreendidos como realização da sociedade. Por isso, também o sistema do direito é um sistema que pertence à sociedade e a realiza. Títulos como "direito e sociedade"[27] não remetem a dois objetos independentes e um oposto ao outro, mas têm de ser reformulados segundo a teoria das diferenciações.

---

24. A esse respeito, os leitores deverão selecionar suas objeções de acordo com o nível que têm em vista: se as objeções forem contra a teoria dos sistemas autopoiéticos enquanto tal, contra o conceito definido por comunicação do sistema social, contra o conceito de sociedade ou, então, contra a representação do sistema do direito como um entre muitos sistemas autopoiéticos na sociedade.

25. Daí o conceito de sistema jurídico convencional, com sua tradição que remonta ao início do século XVII. Cf., por exemplo, Claus-Wilhelm Canaris, *Systemdenken und Systembegriff in der Jurisprudenz am Beispiel des deutschen Privatrechts*, Berlim, 1969, e, com ênfase nos valores como fundamentos da formação do sistema, Franz-Josef Pein, *Das Recht als System*, Berlim, 1983. De maneira conciliadora e, por isso mesmo, carente de agudeza, cf. Torstein Eckhoff/Nils Kristian Sundby, *Rechtsyteme: Eine systemtheoretische Einführung in die Rechtstheorie*, Berlim, 1988, p. 41: o sistema do direito consistiria em "normas e atividades".

26. Para mais detalhes, cf. Niklas Luhmann, *Soziale Systeme: Grundriß einer allgemeinen Theorie*, Frankfurt, 1948, p. 191 es.

27. Cf., por exemplo, Stig Jørgensen, *Recht und Gesellschaft*, Göttingen, 1971.

O sistema do direito é, para insistir nesse aspecto crucial[28], um subsistema do sistema da sociedade. Sendo assim, a sociedade não é simplesmente o ambiente do sistema legal. Em parte, ela é mais, à medida que inclui operações do sistema jurídico, e em parte, menos, à medida que o sistema do direito tem a ver também com o ambiente do sistema da sociedade, sobretudo com as realidades mentais e corpóreas do ser humano, e também com outras condições, que podem ser físicas, químicas e biológicas, dependendo dos extratos que o sistema do direito declarar juridicamente relevantes.

Como sistema social e como realização da sociedade, as operações do sistema jurídico têm características que se efetivam não apenas no sistema do direito[29]. Isso vale para todas as características que competem à comunicação como tal, por exemplo, a atualização do sentido e a possibilidade de compreender a diferença entre ações de comunicação e informações; vale especialmente para o mecanismo do acoplamento estrutural de comunicação e consciência e para o ato de captar a atenção, aplicando-se, portanto, à linguagem[30]. À medida que

---

28. Cf. Capítulo 1, V.

29. A título de esclarecimento, isso se dá de forma diferente no caso do sistema da sociedade. A comunicação só existe como execução da sociedade somente como referência recursiva a outras comunicações do sistema da sociedade, e não há nada que corresponda a isso no ambiente do sistema (contanto que se compreenda a comunicação entre animais de outra forma, por certo não como atualização de sentido e tampouco como capaz de engendrar conexão social). Gunther Teubner, "'L'ouvert s'appuye sur le fermé': Questioni aperte intorno all'apertura dei sistemi chiusi", *Iride* 6 (1991), p. 248-52, ressalta, com razão, que a diferença fundamental encontra-se entre o fechamento de operação do sistema da sociedade e o dos sistemas parciais da sociedade. Eu apenas não iria tão longe nas consequências que seguem dessa distinção.

30. A esse respeito também, cf. Niklas Luhmann, "Wie ist Bewußtsein an Kommunikation beteiligt?", in Hans Ulrich Gumbrecht/K. Ludwig Pfeiffer (org.), *Materialität der Kommu-*

o sistema do direito se utiliza da linguagem para comunicar, ele está sempre a comunicar possibilidades de associação fora do sistema jurídico. A imprensa pode informar sobre novas leis e sentenças. Questões legais podem ser objeto de conversas do dia a dia. Se é verdade que o sistema do direito não pode falar com a sociedade como sistema, seus limites para com a comunicação são permeáveis. É por isso que se pode também entender, apreender e assimilar internamente o que na sociedade foi dito sem levar em consideração o direito. O sistema jurídico pressupõe simplesmente que a comunicação funcione e que seja entendida ou mal entendida, podendo provocar aprovação ou rechaço.

A partir desse pano de fundo faz-se premente uma questão sobre as características específicas das operações jurídicas. Nessa perspectiva, recordemos da necessidade, ditada pela teoria, de satisfazer-se os requisitos de exatidão. A teoria de um sistema do direito autopoiético e fechado em sua operação depende de que essa pergunta seja respondida de maneira satisfatória.

Direta ou indiretamente, o conjunto das investigações que seguem está relacionado a essa questão. Por isso, com exceção de algumas elucidações mais detalhadas, devem ser apresentados apenas esboços fundamentais e suas inter-relações. Seu ponto de partida é uma resposta puramente tautológica, formal, vazia de conteúdo, a enunciar tão somente que todas as demais análises se apresentarão como um "desdobramento"

---

nikation, Frankfurt, 1988, p. 884-905; *id.*, *Die Wissenschaft der Gesellschaft*, Frankfurt, 1990, p. 11 es.

de uma tautologia, e não como consequência lógica de axiomas. Desse modo, "desdobramento" significa, seguindo Tarski e Löfgren, ruptura de uma identidade (direito é direito) com o auxílio de distinções, pelas quais a própria unidade da distinção (de maneira distinta da distinção do que foi distinguido) ocupa o lugar da identidade[31]. Antes de tudo, portanto, deixemos estabelecido: a distinção de um sistema do direito operativamente fechado se dá por referências recursivas de operações jurídicas a operações jurídicas. Como todo sistema autopoiético, o sistema opera em autocontato permanente. Para que se possam qualificar as próprias operações como jurídicas, o sistema tem de descobrir o que foi feito até o último momento ou o que se fará mais adiante, a fim de qualificar as próprias operações como jurídicas.

Essa versão, que pode parecer tautológica para um observador, não representa problema algum para a prática do direito. Essa prática pode se orientar pelo direito existente. Mesmo e precisamente quando se trata de modificações jurídicas, admite-se como conhecido ou determinável o que vai ser modificado. A resposta a tal pergunta jamais será "tudo". Tampouco estará em "revoluções". Tampouco o crucial será o princípio, um retorno às origens históricas do direito. No contexto dos mitos de legitimação, portanto, das autodescrições de determinado tipo, a origem do direito pode ter um significado ao modo de um tipo de interrupção da circularidade — por exemplo, a dádiva divina

---

31. Cf. Lars Löfgren, "Unfoldement of Self-reference in Logic and Computer Science", in Finn V. Jensen/Brien H. Mayoh/Karen K. Møller (org.), *Proceedings of the 5th Scandinavian Logic Symposium*, Aalborg, 1979, p. 205-29. Com esse conceito, comumente se pensa uma diferença entre "níveis" hierárquicos, ou seja, linguísticos. Seguiremos outras concepções, ancoradas diretamente na teoria dos sistemas.

dos dez mandamentos como orientação geral para uma sociedade tribal ou, então, a introdução divina do areópago como interrupção do círculo vicioso de uma vingança que transforma justiça em injustiça. A prática do direito opera sempre com o direito historicamente dado, pois de outra maneira nem se chegaria à ideia de se diferenciar como prática jurídica. De modo semelhante, tomando-se uma perspectiva histórica, não existe um início do direito, mas apenas situações em que é suficientemente plausível que já desde tempos imemoriais se procedesse segundo normas jurídicas. Por isso, também a evolução do direito não vem a ser um problema como sistema autopoiético. O tempo necessário para isso é sempre uma construção em pleno transcurso do tempo, no respectivo presente. E, na perspectiva objetivante de um historiador, pode-se perguntar pelas condições sob as quais uma construção foi considerada plausível. Por exemplo, desde sempre deve ter havido conflitos em que o vencedor pôde considerar sua vitória como direito e, assim, afirmar esse direito como vinculativo para o futuro. Ou, para citar o célebre início da segunda parte do *Discours sur l'origine et les fondements de l'inégalité parmi les hommes*: "Aquele que, tendo encontrado um pedaço de terra, pensou em dizer 'isto é meu' e encontrou pessoas simples para nele acreditar, foi o verdadeiro fundador da sociedade civil"[32].

Também em outro sentido o sistema jurídico é uma máquina histórica, uma vez que toda operação autopoiética

---

32. "O primeiro que, tendo cercado um terreno, teve a ideia de dizer 'isto é meu' e encontrou pessoas simples a ponto de lhe dar crédito foi o verdadeiro fundador da sociedade civil." Citado de Jean-Jacques Rousseau, *Oeuvres completes vol. 3*, Ed. de la Pléiade, Paris, 1964, p. 164.

modifica o sistema ao colocar a máquina em outra posição e, dessa maneira, criar condições iniciais modificadas para outras operações. Na terminologia de Heinz von Foerster trata-se, pois, não de uma máquina trivial, que transforma sempre, e de maneira repetitiva, *inputs* em *outputs* (isso quando não comete erros ou não está quebrada), mas de uma máquina que em cada operação põe em jogo o seu próprio estado, razão pela qual a cada operação constrói uma nova máquina[33]. Só mesmo tomando esse pano de fundo é que se tem o sentido do postulado segundo o qual o sistema do direito poderia funcionar de maneira calculável, como uma máquina qualquer, e, de modo correspondente, ser ajustado de maneira artificial (por exemplo, fazendo abstração do tempo).

Essa possibilidade de reconhecer o direito como direito é suficiente para movimentar a administração da justiça como autopoiese social. Porém, ela não é suficiente para que o sistema do direito se feche, ou seja, para que ele remeta exclusivamente ao contato consigo mesmo. O direito encontra-se inserido em ordens sociais gerais e é dependente de estruturas, que, por sua vez, servem a outras funções (por exemplo, a da família ou a da moral encoberta por uma religião), e encontra-se codeterminado, sobretudo, pela estratificação social e pela crucial diferença entre cidade e campo. Os testemunhos que nos foram legados pelas culturas avançadas da Antiguidade permitem reconhecer uma percepção dessa dependência e uma espécie de contramovimento. O rei, ou o tribunal de Justiça

---

33. Cf. Heinz von Foerster, "Principles of Self-Organization: In an Socio-Managerial Context", in Hans Ulrich/Gilbert J. B. Probst (org.), *Self-Organization and Management of Social Systems: Insights, Promises, Doubts and Questions*, Berlim, 1984, p. 2-24 (8 es.).

do Estado, deve proteger os pobres, quando estiverem com razão, contra os ricos. Mas nas aldeias tem-se uma desconfiança em relação à Justiça da cidade, preferindo-se confiar na própria criminalística, nos conhecimentos pessoais e nas pressões locais. Já nas cidades, é com dificuldade que se encontrará alguém que, com base nas relações de dependência (economia familiar, relações de clientela), venha a apresentar queixa contra o senhor ou prestar testemunho contra ele. A argumentação que nos proporciona Aristóteles, propondo a separação entre legislação e administração da Justiça, atesta que é possível levar em conta essas particularidades, já que dificilmente se podem prever as circunstâncias futuras de aplicação da lei. A administração da Justiça encontra-se à mercê das pressões sociais, das amizades e inimizades do juiz e de sua família. Só mesmo no plano da legislação é possível dar conta dessas particularidades, pois, quanto à aplicação mesma da lei, dificilmente é possível prever as situações futuras. Daí a necessidade de prover a legislação e a vinculação do juiz à lei[34]. A incorporação do direito nas estruturas previamente dadas da sociedade só pode ser neutralizada com uma distinção *específica do âmbito do direito* e não por atos de autoridade do senhor ou condicionamento religioso de promessas de salvação. Toda uma série de impulsos críticos e pré-desenvolvimentos semânticos mostra que a administração da Justiça deve estar dessolidarizada da sociedade. Mas como isso pode acontecer?

---

34. Cf. *Retórica* 1354a32-1354b15. Sobre a recepção desse pensamento na Alta Idade Média, cf. Aegidius Columnae Romanus (Egidio Colonna), *De regimine principum* parte II, livro III, citado segundo a edição Rom de 1607, impressão Aalen, 1967, p. 507 es. Esse tema será tratado detalhadamente no Capítulo 7, II.

Primeiramente e sobretudo, pode-se ter tal dessolidarização à medida que o próprio direito reconhece as estruturas sociais dominantes e as copia em forma de distinções relevantes para o direito. Foi dessa maneira que, na velha Europa, a nobreza detinha não só outra posição jurídica e outros direitos, sobretudo o de tipo processual, como também prevalecia a regra geral segundo a qual, no processo entre nobres e burgueses, quando houvesse dúvida em situações pouco claras, a razão seria dada ao nobre[35]. Com a mudança das estruturas sociais, mudam também as maneiras pelas quais o sistema legal, *a partir de si mesmo*, passa a levar em conta essas mudanças[36]. Essas maneiras reduzem a tal ponto a crescente complexidade de isomorfismos e concordâncias semânticas que a referência social a normas é abstraída e, de modo geral, não mais se faz reconhecida em seu fim regulativo. Porém, a forma da solução permanece: o sistema do direito se diferencia a fim de poder dar conta das estruturas sociais, com todos os problemas acarretados por uma completa reconstrução da dependência em relação à sociedade mediante disposições internas ao sistema jurídico.

Para a diferenciação e o fechamento operativo do sistema do direito, tornam-se relevantes duas outras aquisições que se estimulam reciprocamente: 1) a especificação da função do

---

35. Estienne Pasquier, *Les recherches de la France*, Paris, 1665, p. 577 s, traz um relato sobre um caso em que, no decorrer de um processo, um imperador concedeu um título de nobreza a um burguês a fim de lhe dar razão contra um nobre que era parte contrária, e isso em concordância com o direito vigente. Ora, mas quantas vezes, em casos desse tipo, se teria à mão um imperador?

36. Sobre isso, cf. meu ensaio "Die Grundrechte im Hinblick auf die funktionale Differenzierung des Gesellschaftssystems zu interpretieren", in Niklas Luhmann, *Grundrechte als Institution: Ein Beitrag zur politischen Soziologie*, Berlim, 1965.

direito — e isso significa a orientação para um problema social específico; e 2) a codificação binária do sistema por um esquematismo, que provê um valor positivo (lícito) e um valor negativo (ilícito). Ao contrário do que poderia pressupor uma teoria da diferenciação e da especificação funcional mais antiga e orientada para as vantagens da divisão tradicional do trabalho, uma orientação pela função, aqui, não é suficiente. Disso resulta que a função como aspecto de referência é sempre incumbida de manter a vigilância segundo equivalentes funcionais, o que equivale a dizer "para ultrapassar os limites do sistema". Vê-se também que "a função do direito" não desempenha papel algum do ponto de vista da fundamentação na prática. Em todo caso, o que se aproxima é o conceito jurídico-civil de "causa". No entanto, *nomen et causa* foram, no antigo direito, apenas requisitos de justificação; consequentemente, causa é, mesmo hoje, apenas um ponto de vista interpretativo de institutos jurídicos especiais. O direito em si não precisa de causa. Caso um jurista queira reconhecer se uma comunicação pertence ou não ao sistema do direito, ele terá sempre de provar se a referida comunicação se ordena em conformidade ou discrepância com o direito e, por conseguinte, se entra no domínio do código do direito. Só mesmo essas duas aquisições, função e código, tomadas em conjunto, atuam de modo a fazer que as operações específicas do direito se diferenciem claramente de outras comunicações e, nessa medida, com margens de erro apenas marginais, possam se reproduzir a partir de si mesmas.

Nos capítulos a seguir, ambas as aquisições serão apresentadas em pormenores. Para o presente capítulo, uma caracterização *grosso modo* será o bastante. Ela se refere a operações do sistema, sendo reconhecida por fazer operações se orientarem por normas. A codificação binária refere-se à observação de operações do sistema, reconhecida por atribuir os valores lícito ou ilícito. Essa diferenciação atua de maneira aparentemente artificial e é também um arranjo artificial, produzido no próprio sistema. (Observe-se a circularidade da argumentação.) Com a normatividade estabelece-se tão somente que determinadas expectativas, mesmo que não venham a ser satisfeitas, possam continuar atuando. Já aí reside uma diretiva para a distinção correspondente segundo o esquema expectativa/decepção. Nessa medida, toda operação do sistema do direito já é um observar formador e condutor de diferenciação. As operações do sistema não aceitam o que simplesmente sucede. Contudo, só mesmo a observação desse observar, a valoração conforme o esquema legal/ilegal, é o que ordena a intenção de adesão obstinada e contrafactual das expectativas do direito. Podemos também dizer que a diferenciação de um sistema de direito operativo e fechado pressupõe que o sistema possa operar no nível da observação de segunda ordem, e isso não de maneira ocasional, mas contínua. As próprias operações, todas elas, incluindo a discriminação primária e a discriminação das decepções das expectativas, são controladas desse nível[37]. O que não puder ser apreendido com esse esquema de controle legal/ilegal não pertencerá ao sistema do direito, mas a seu ambiente interno ou externo à sociedade.

---

37. Para a gênese desse modo de observação secundária e suas relações com o surgimento da lógica e do procedimento de comprovação científica, cf. Yehuda Elkana, "Das Experiment als Begriff zweiter Ordnung", *Rechtshistorisches Journal* 7 (1988), p. 244-71.

Quando essas exigências são satisfeitas, o sistema do direito se estabelece como sistema autopoiético. Ele constitui e reproduz *unidades emergentes* (incluindo ele próprio) que não existiriam sem o fechamento operativo. Desse modo, o sistema consegue uma *redução de complexidade independente*, uma operação seletiva diante de uma miríade de possibilidades que — ignoradas ou rechaçadas — mantêm-se intocadas, *sem que assim a autopoiese do sistema seja interrompida.*

Harold Berman reuniu numerosas provas para sustentar que a autonomia do sistema jurídico se deu nos séculos XI e XII na forma de uma "revolução" de todo o sistema jurídico[38]. Em uma comparação de âmbito global, isso deveria explicar o "desvio" realizado pela Europa ao conceder ao direito uma importância incomum para a vida cotidiana e o direito social do continente.

IV

Segundo uma proposta de Francesco Varela, pode-se designar o fechamento operativo de um sistema como "autonomia"[39]. E Gordon Pask constatou: "Os sistemas de computação

---

38. Cf. Harold J. Berman, *Recht und Revolution: Die Bildung der westlichen Rechstradition*, tradução alemã, Frankfurt, 1991.

39. Cf. Francisco J. Varela, *Principles of Biological Autonomy*, Nova York, 1979, ou id., *On Being Autonomous: The Lessons of Natural History for Systems Theory*, in George J. Klir (org.), *Applied General Systems Research: Recent Developments and Trends*, Nova York, 1978, p. 77-84.

possuem autonomia para computar suas próprias fronteiras"⁴⁰. No debate em ciências sociais, o que essa conceituação mais fez foi provocar confusões⁴¹. Se conservamos o conceito autopoiético de autonomia, sem tornar a aprisioná-lo, foi porque precisamente a referida confusão nos faz refletir.

Se o desejo é manter a versão do conceito tradicional, associada ao "*nómos*"⁴², o ganho de conhecimento que se tem com a introdução do conceito de autopoiese consistirá na tese (outros diriam "afirmação") de que as estruturas só podem ser utilizadas ou não utilizadas, lembradas ou esquecidas, mediante produção pelas operações do sistema e para cada caso. Autonomia significa então, literalmente, autolimitação. Vista dessa maneira, a autonomia não tem outro significado que não o de ser consequência de um fechamento operativo⁴³.

---

40. O mesmo se tem em *Developments in Conversation Theory: Actual and Potential Applications*, in George E. Lasker (org.), *Applied Systems and Cybernetics III*, Nova York 1981, p. 1326-38 (1327).

41. Para o debate subsequente, cf. Richard Lempert, "The Autonomy of Law, Two Visions Compared", in Gunther Teubner (org.), *Autopoietic Law: A New Approach to Law and Society*, Berlim, 1988, p. 152-90; Gunther Teubner, *Recht als autopoietisches Systems*, Frankfurt, 1989, p. 42 es., 87 es.; cf. também Richard Lempert/Joseph Sanders, *An Invitation to Law and Social Science*, Nova York, 1986, p. 401 es. Também entre os partidários da tese da autopoiese, a crítica que muitas vezes se faz é quanto à *escolha de palavras*. Cf., por exemplo, Wolfram K. Köch, "Autopoiese, Kognition und Kommunikation: Einige kritische Bermerkungen zu Humberto R. Maturanas Bio-Epistemologie und ihren Konsequenzen", in Volker Riegas/Christian Vetter (editores), *Zur Biologie der Kognition*, Frankfurt, 1990, p. 159-88 (179). Não obstante, corresponde precisamente ao sentido original de "nómos" como resultante de uma delimitação, de uma distinção, e deve-se mantê-la livre de implicações causais.

42. Uma tradição, aliás, do período que vai até Kant (e as preferências de Kant pela metáfora jurídica são conhecidas), o conceito estivera dominado pelas interpretações jurídicas e políticas. Cf. as indicações no artigo de R. Pohlmann, "*Autonomie*", in *Historisches Wörterbuch der Philosophie*, vol. 1, Basel, 1971, p. 701-19.

43. Isso diverge também de Varela, que define a autonomia como "a afirmação da identidade do sistema por meio do seu funcionamento interno e autorregulação" (1978, p. 77). Essa

Diante dessa oposição, a tradicional teoria da ciência do direito não parte de operações, mas de pessoas. A autonomia do sistema do direito, assim, é certificada pela independência em relação aos juízes e, eventualmente, aos advogados[44]. Essa independência é definida como liberdade de pressões externas, à qual se chega, quando não de maneira transcendental, por meio de um posto vitalício e isento de subordinação na própria organização[45]. Ninguém contestará a importância institucional e política de tais certificações, não só quanto às experiências de 1933, mas pelo que se vê em todo o mundo. No que diz respeito à autonomia do sistema do direito, a política pode atuar de maneira destrutiva nesses pontos de acesso. Entretanto, isso não significa nada para o conceito de autonomia (afinal de contas, não é o café que tem o gosto ruim, mas o sal que foi posto no lugar do açúcar). A pergunta que se mantém versa sobre o que

---

transposição do conceito para o nível da auto-observação e da autodescrição leva a Jacques Miermont, "Les conditions formelles de l'état autonome", *Revue internationale de systèmique* 3 (1989), p. 295-314, e para tanto é o caso de se apreender a autonomia como produto de uma imaginação do sistema: ela existe apenas como metarreferência da autorreferência e da heterorreferência (mas já não bastaria falar de identidade?). Aqui, a todo tempo será enfatizada uma diferenciação entre operação e observação (como uma operação de tipo especial).

44. Veja-se a relação advogado/cliente, por exemplo, em John P. Heinz, "The Power of Lawyers", *Georgia Law Review* 17 (1983), p. 891-911.

45. Quanto a esse aspecto, compare (mas sem aderir demasiadamente ao tema, que para todos os efeitos é rico em material) Joachim Rückert, *Autonomie des Rechts in rechtshistorischer Perspektive*, Hannover, 1998. Manifestando concordância, Klaus Luig, "Autonomie und Heteronomie der Rechts im 19. Jahrhundert", *Zeitschrift der Savigny-Stiftung für Rechtsgeschichte, romanistische Abteilung* 107 (1990), p. 387-95. Segundo Rückert, tratava-se, na autonomia, da "capacidade e da disponibilidade concreta (de pessoas em um contexto institucional, N.L.), de se comportar diante do existente de maneira crítica ou não crítica", op. cit., p. 35. Pode então o direito, por sua própria vontade, recusar a si mesmo? Ou por "autonomia do direito" de modo algum se trata da autonomia do direito, mas tão somente de um arranjo crítico-social de juristas, que para tal se servem do direito?

efetivamente é a autonomia, de modo que se trata de garanti-la ante os perigos (em nosso exemplo do café, açúcar e sal devem ser mantidos em recipientes claramente distintos).

Os sociólogos tendem a considerar a autonomia das pessoas diante das seduções e das pressões de seu ambiente social como um "mito" ou também como uma ideologia[46]. Mas, quando se carece de explicações conceituais, sai-se do embaraço recorrendo ao conceito, inútil, de "autonomia relativa"[47]. Na sociologia, é bastante comum um conceito gradualizado de autonomia[48], que não oferece, contudo, nenhuma indicação de investigações empíricas (a não ser para evitar absurdos). Na literatura mais recente em sociologia do direito, reage-se a essas decepções com "desvios estatais" ou semelhantes disposições radical-marxistas[49]. O direito se torna relativamente autônomo

---

[46]. De "receding bourgeois ideology of Independence" fala, por exemplo, Magali Sarfatti Larson, *The Rise of Professionalism: A Sociological Analysis*, Berkeley Cal., 1977, p. 177 s., para os médicos e advogados. Cf. também Capítulo 12 (p. 108 es.) sobre "Monopolies of Competence and Bourgeois Ideology".

[47]. Refuto também algumas formulações anteriores como não suficientemente ponderadas. Veja-se, por exemplo, Lempert, ibid. (1988), com a surpreendente tese segundo a qual o conceito de autonomia relativa, que nada exclui, presta-se especialmente bem a pesquisas empíricas. Mas com esse conceito a investigação empírica pode se tornar supérflua, uma vez que essa variável sempre será confirmada. Acerca da "*relativer autonomie*" (como *autoevidente*), cf. também Lawrence M. Friedman, *Total Justice*, Nova York, 1985, p. 27 es., que, no entanto, insiste em que há ali, em última instância, um problema de definição que tangencia os limites do sistema.

[48]. Cf., por exemplo, W. Gouldner, "Reciprocity and Autonomy in Functional Theory", in Llewelllyn Gross (org.), *Symposium on Sociological Theory*, Evanston Ill., 1959, p. 241-70; Fred E. Katz, *Autonomy & Organizations: The Limits of Social Control*, Nova York, 1968.

[49]. Cf. Marc V. Thushnett, *The American Law of Slavery, 1810-1860: Considerations of Humanity and Interest*, Princeton, 1981; id., *American Law of Slavery, 1810-1860: A Study in the Persistence of Legal Autonomy, Law and Society Review* 10 (1985), p. 119-184; Isaac D. Balbus, "Commodity Form and legal Form: An Essay on the 'Relativity Autonomy' of the Law", *Law and Society Review* 11 (1977), p. 571-88 (somente aqui: autonomia com

porque a história de suas próprias decisões o faz complexo[50]. Porém, isso em nada contribui para o esclarecimento do *conceito* de autonomia: o grau de dependência ou de independência permanece uma questão aberta. O resultado tampouco pode ser decidido pelas relações causais, já que, quando se vê de certa distância, causas externas poderiam corresponder a todas as operações internas, e essa concepção destruiria o conceito. Tampouco se poderia falar em "autonomia relativa", uma vez que, desse modo, dependeria do observador selecionar os efeitos que correspondem às causas. Por essa razão, preferimos um conceito de autonomia que se retesa ao se introduzir o termo autopoiese, e isso significa que ou ele se dá, ou não permite tons intermediários. A título de prevenção, excluem-se afirmações do tipo "mais ou menos", mas elas devem ser introduzidas conceitualmente de outra maneira, como quando se tem em vista a complexidade do sistema, que opera autopoieticamente, fechado em sua operação e autônomo.

Aqui se observa com mais precisão que o que provavelmente se pode pensar com "autonomia relativa" é passível de ser escorado na formulação de Lempert. A autonomia relativa do direito seria "o grau em que o sistema legal olha para si mesmo em vez de para os padrões de algum sistema externo, social, político ou ético para a orientação ao fazer ou aplicar as leis"[51].

---

referência às preferências de atores individuais, e não com referência às condições da sociedade capitalista); Alan Stone, "The Place of Law in the Marxian Structure-Superstructure Archetype", *Law and Society Review* 19 (1985), p. 39-67.

50. Da mesma forma, Tushnett, id. (1985), apresentando uma transição que, relacionada a esse aspecto, vai da argumentação analogizante à conceitual.

51. Ibidem, p. 159.

Isso pode ser interpretado de maneiras bem diversas. Mas trata-se, em todo caso, de autonomia em nosso sentido, já que "olhar" é uma operação interna. A pergunta seria então como o sistema do direito consegue equilibrar autorreferência e heterorreferência, que são sempre implícitas. Nossa tese é a de que o sistema do direito, quando leva em conta o ambiente não só como âmbito de fatos, mas também em seus "padrões", requer uma legitimação interna. Voltaremos a isso na seção VI.

V

Se desse modo se descrevem o fechamento operativo, a autorreprodução autopoiética e a autonomia do sistema do direito, pode-se perguntar: que comunicações são assim apreendidas e, consequentemente, onde o sistema traça seus próprios limites?

Na literatura sociológica que faz uso do conceito do sistema do direito (sistema legal), é comum que se pense apenas no exercício jurídico organizado: nos tribunais, nos parlamentos e, eventualmente, nas administrações que regulamentam as relações legais com base em normas de delegação e, também, nos escritórios de advocacia, que canalizam o acesso dos reclamantes aos tribunais. No sistema do direito, encontram-se ativos somente os jurisconsultos[52]. Em última instância, o problema

---

[52]. Muitas vezes também o vago conceito de instituições de direito faz as vezes de marcador de lugar. Ou se pressupõe conhecido aquilo de que se fala, ou simplesmente se reorienta o problema, como Lawrence Friedman em *The Legal System: A Social Science Perspective*, Nova York, 1975, p. 1 ss, para, então, rechaçar toda e qualquer definição.

é que a referência ao conceito de sistemas comumente faz pensar em pessoas como membros ou, ao menos, se pensa em determinados "papéis". Ora, ser atropelado não é papel algum no sistema do direito, ainda que, é claro, seja relevante juridicamente; talvez alguém tenha sido atropelado porque se sentiu (presumidamente) com o direito de atravessar a rua, fazendo-o pela faixa de pedestres, diante da qual o carro deve parar. Seria esse um acontecimento no sistema do direito ou não? E quanto aos contratos, são operações internas ao sistema do direito? Pertence ao sistema jurídico o contrato celebrado de maneira equivocada, crendo-se necessária para tal a sua forma escrita? É uma operação jurídica um criminoso se esconder da polícia? Uma invenção é um ato jurídico para que se possa registrá-la como patente? Perguntas desse tipo resultam da universalidade da relevância jurídica. A todo comportamento cabe ou ser permitido, ou ser proibido, mas nem por isso todo comportamento tem de ser uma operação interna do sistema do direito.

Chegamos a terra firme só mesmo quando nos recordamos que sistemas sociais consistem em comunicações, que de maneira recursiva se referem a outras comunicações e, assim, constroem seu próprio sentido e sua própria capacidade de enlace. A fim de poder dizer que existe uma operação jurídica, deve existir pelo menos uma comunicação e não apenas alguns comportamentos. Tome-se como exemplo a situação de risco de um edifício, o que tornaria necessário que a polícia o interditasse com urgência, ou então o caso das ovelhas que ficam pelas ruas (e isso na Inglaterra recebe avaliação jurídica diferente da que se faz na Escócia). É evidente que não basta qualquer comunicação, já que nesse caso o sistema jurídico estaria de novo em total congruência com a sociedade. Tampouco bastaria o puro e simples uso de conceitos do direito ou de palavras que tenham um fundo jurídico, por exemplo: "A conta, por favor", num restaurante. Nesses usos, o direito é apenas a manifestação de um aspecto de contatos que se travam na vida cotidiana ou em outros sistemas que cumpram alguma função. Ao sistema do direito em si pertence apenas uma comunicação orientada por códigos, apenas uma comunicação que faça valer uma classificação dos valores "legal" e "ilegal"; pois somente uma comunicação dessa natureza busca e afirma uma integração recorrente no sistema do direito; somente uma comunicação dessa natureza toma o código como forma de abertura autopoiética, como necessidade de mais comunicação no sistema jurídico. Na vida cotidiana, isso acontece nas mais variadas circunstâncias. À esposa de um funcionário que veio interceder por seu marido, para que ele obtenha uma promoção, um chefe administrativo diz: "Não tenho o direito de falar com a senhora sobre assuntos profissionais". Ele o diz para se livrar dela, mas esse não é seu único motivo. A própria comunicação é, segundo nosso entendimento, uma comunicação que se realiza no âmbito do sistema do direito. A proposta de uma modificação do direito se converterá tão logo se aponte que norma deve ser modificada, em comunicação no âmbito do sistema do direito — não importa que ela provenha de agrupamentos políticos, associações de interesses ou movimentos sociais. Pense-se, por exemplo, nos esforços em favor da mudança da lei que proíbe o aborto, ou para que seja votado e incluído na Constituição um artigo que regulamente alguma medida de proteção ao meio ambiente, ou no tema dos direitos civis nos Estados Unidos.

Essa ampliação do que se vai incluir no conceito de sistema do direito[53] tem consequências importantes para a prática da investigação. Tomando-se a perspectiva meramente quantitativa, o sistema jurídico opera fora do núcleo interno profissional organizativo. Na cotidianidade do direito, prevalecem condições completamente diferentes das que seriam representadas à visão de um jurista. Também nessa cotidianidade se impõe o caráter pétreo do código: ou lícito, ou ilícito — ou, então, não se poderia reconhecer o direito como direito, por mais que dali em diante as pessoas demonstrassem disposição para chegar a um eventual acordo. Além disso, deve-se levar em conta que o conhecimento jurídico não está ordenado em forma de parágrafos, mas que só é possível aprendê-lo e dele se recordar em contextos específicos. Em meios limitados, tem-se a experiência do que efetivamente regula o direito e possivelmente também dos "*trouble cases*" que se deverá evitar. Qualquer dona ou dono de casa sabe o que é trabalho clandestino — independentemente de este ter efeitos legais como o pagamento de impostos ou de previdência social, ou simplesmente em razão de formalismos burocráticos. Além disso, em razão da ambivalência do código na cotidianidade, o direito se apresenta como algo incerto e não, como pensam ou desejam os juristas, como certo e seguro. Toda e qualquer comunicação efetuada no sistema

---

53. Como aplicável a isso, cf. Walter Kargl, op. cit. (1991), p. 134 s. Entretanto, não posso concordar com Kargl (in Walter Kargl: "Kommunikation kommuniziert? Kritik des rechtssoziologischen Autopoiesebegriffs", *Rechtstheorie* 21 (1990), p. 352-73) quando ele considera que o conceito de sistema político se fez esvaziado, isto é, reduzido à política partidária. Abstraindo do fato de que mesmo na política partidária podem surgir questionamentos jurídicos, trata-se, como bem sabe qualquer versado na questão, de uma ação prática no parlamento, nos escalões mais altos das burocracias, e mesmo nas administrações comunitárias, o que seria completamente impossível se não se pudesse distinguir entre questões políticas e questões jurídicas.

do direito muito rapidamente conduz à incerteza: mesmo a consulta a um advogado ou a ida ao tribunal contém uma segurança apenas de maneira condicionada, que ainda não pode ser prevista de modo definitivo. Mesmo os processos serão vivenciados — e tudo o que se faz confirma isso — como processamento da incerteza. (Segundo a representação jurídica: ausência de preconceitos e imparcialidade do juiz.) Por conseguinte, no cotidiano extrajurídico do sistema do direito não existe nenhum tipo de relação orientada pela distinção caso/norma; o que existe são valorações de experiência no trato com o direito e, sobretudo, experiências que ensinam a evitar os inconvenientes que advêm daí.

No entanto, tudo isso deve ser compreendido como um estado de coisas interno ao sistema do direito, já que tanto a incerteza quanto a imprescindibilidade de contatos específicos com o direito são consequência da codificação binária, e assim só se apresentam quando se faz a pergunta jurídica. O fechamento operativo do sistema confirma-se precisamente pelo fato de que existem diferentes perspectivas internas ao sistema e, por isso, pode haver uma observação organizada dos observadores. O sistema do direito encontra-se e se mantém muito bem estimulável por inúmeras circunstâncias diferentes — todas, porém, atuam apenas internamente. Para usar a expressão de Heinz von Foerster, o sistema jurídico é "codificado indiferenciadamente" com relação às circunstâncias, ou talvez melhor fosse dizer: *"indifferent codiert"*[54]. Portanto, não

---

54. Cf. as teorias do conhecimento e da auto-organização em: Siegfried J. Schmidt (org.), *Der Diskurs des Radikalen Konstruktivismus*, Frankfurt, 1987, p. 133-58.

existe nenhum *input* de comunicação jurídica no sistema do direito, pois não há absolutamente comunicação jurídica fora do sistema do direito. Essa é uma das consequências da transição das *input-type descriptions* para as *closure-type descriptions* (Varela)[55]. E essa é uma das consequências da tese segundo a qual apenas o próprio sistema do direito pode originar seu fechamento, reproduzir suas operações, definir seus limites, *e não existe nenhuma outra instância na sociedade que poderia dizer: "isso é lícito e isso é ilícito"*.

Bem observado: a referência ao valor negativo (ilícito) tem o mesmo efeito de subordinação que a referência ao direito positivo (lícito). O que se evidencia é que a comunicação se subordina à regulamentação pelo código. Mas é claro que isso não chega ao nível das palavras, mas da compreensão do sentido a que se faz alusão.

A garantia de autoimputação de operações ao sistema e, assim, do fechamento operativo do sistema exige de um código único, como é o esquematismo binário, que exclua outras codificações e outros valores (terceiros, quartos, quintos) do código[56], mas é claro que nem todo uso bloqueia demais distinções. Que o código represente a unidade do sistema é algo que

---

55. Cf. nota 9 deste capítulo.

56. Isso se dirige às objeções de Hubert Rottleuthner, "A Purified Theory of Law: Niklas Luhmann on the Autonomy of the Legal System", *Law and Society Review* 23 (1989), p. 779-97 (792 es.). Qualquer concessão a outras distinções no nível da codificação (por exemplo, permitido/proibido, vigente/não vigente) excluiria, mediante qualquer operação, uma determinação clara dos limites, o que provocaria confusões. Talcott Parsons assinalara, aliás, por motivos semelhantes, as vantagens quanto à velocidade, obtidas com as esquematizações binárias na construção de sistemas complexos, o que permite um tabelamento cruzado; no entanto, ele sugeria um tabelamento cruzado, cujas vantagens estariam apenas no âmbito da classificação (formações de tipos).

não está garantido pela representação de uma norma superior, já que isso conduziria a um regresso infinito ou, como ainda veremos, a um paradoxo. O código em si não é uma norma. Ele nada mais é que a estrutura de um processo de reconhecimento e atribuição da autopoiese da sociedade. Sempre que se faz referência ao lícito e ao ilícito, a comunicação é atribuída ao sistema do direito. De outro modo, a comunicação jurídica não se faz reconhecível como pertencendo a um código nem capaz de se atrelar a outras comunicações jurídicas. O direito da sociedade se realiza pela referência a um código e não por uma regra de produção (como sempre, hipotética ou categórica, racional ou factual).

O código legal/ilegal só pode ser manejado no plano da observação de segunda ordem, portanto, só mesmo pela observação de observadores. Essa observação independe que os observadores de primeira ordem — isto é, o que manuseia e sua vítima — classifiquem sua relação com o mundo de acordo com o direito ou em desacordo com ele. Se se imaginam estar ou não em conformidade com o direito e o comunicam, essa mesma situação é algo que o observador de segunda ordem pode julgar de outra maneira. E, se de modo algum estejam pensando em referência ao direito, mas em outro sentido, o observador de segunda ordem pode, da mesma forma, aplicar os valores legal/ilegal. Diferentemente da normatividade das expectativas (certamente indispensável na operação) e da diferença das estruturas historicamente existentes, interpretáveis como direito, o código apresenta duas peculiaridades: é universalmente manipulável, independentemente do conteúdo presente em cada comunicação, e possibilita o fechamento do sistema por meio da reformulação de sua unidade como diferença.

Ocasionalmente, também o processamento normativo de expectativas é possível. Esse processamento busca o consenso no imediato das descrições dos fatos que consideram ter igual sentido. Isso é possível, bem como necessário, no plano da observação de segunda ordem. Um sistema pode observar que outro se comporta de maneira normativa em relação a determinados fatos — como extrair, do aumento da incidência de algas marinhas, a consequência de que o culpado deve ser buscado e encontrado, por exemplo. Um observador desse observador pode tirar suas próprias conclusões: considerar politicamente suspeito (ou ao menos digno de atenção) o aumento desse tipo de observações. Isso varia de acordo com o próprio contexto do sistema. Assim, o sistema se enreda na urdidura mesma em que é observado por outros observadores (também os observados por ele). Contudo, isso conduz tão somente à reprodução da autopoiese da sociedade, e não ao fechamento operativo do sistema do direito na sociedade. O fechamento operativo do sistema do direito na sociedade dá-se *somente* no nível de segunda ordem e *somente mediante um esquematismo que pode ser manejado exclusivamente nesse nível*[57].

Só mesmo quando os produtos dessa forma de observação de segunda ordem (distinção) se referirem uns aos outros de maneira recursiva (e operarem, então, como se tal sempre tivesse sido o caso), o sistema do direito adquirirá sua unidade

---

57. O mesmo vale para a ciência e seu código verdadeiro/não verdadeiro.

de fechamento autopoiético[58]. Certamente, esse foi o caso já em algumas culturas citadinas do antigo Mediterrâneo, e, não por acaso, somente nas cidades. Isso exclui a normatividade "selvagem" (alguns diriam "de crescimento natural"), e tampouco, no campo da ciência, a produção de um nível de observação de segunda ordem deu um tiro de misericórdia na magia[59]. Assim, também a especificação funcional do direito com base unicamente no processamento de expectativas normativas não basta como explicação da diferenciação evolutiva do sistema do direito[60], ainda que essa diferenciação tampouco funcione sem fazer referência a problemas especificamente jurídicos. Somente a codificação oferece um correlato para a universalização do direito[61], isto é, para a possibilidade de que todas as relações de fatos sejam aplicáveis e estimuláveis por toda e qualquer comunicação, independentemente do que teria motivado o observador primário.

---

58. Desse modo, busco outra resposta para a pergunta de Gunther Teubner sobre como se poderia pensar uma evolução de um sistema auopoiético (operativamente fechado!). O conceito de hiperciclo, de Teubner, ao que me parece, transpõe o problema para o âmbito mais restrito da questão sobre como pode evoluir o fechamento de tal hiperciclo. Cf. Gunther Teubner, *Recht als autopoietisches System*, Frankfurt, 1989, p. 61 es., e, a esse respeito, também William M. Evan, *Social Structure and Law: Theoretical and Empirical Perspectives*, Newbury Park Cal., 1990, p. 44 es.

59. Sobre isso, e de maneira convincente, cf. G. E. R. Lloyd, *Magic, Reason and Experience: Studies in the Origin and Development of Greek Science*, Cambridge England, 1979.

60. Procedem a essa argumentação, sobretudo, as teorias que se originaram em codependência com as doutrinas econômicas da divisão do trabalho e que demandam simplesmente uma forma de benefício público para a diferenciação, benefício que acaba sendo obtido na evolução e de um modo um tanto cego.

61. Aqui tenho de corrigir algumas concepções presentes em meu livro *Rechtssoziologie* (1972), que não levaram suficientemente em conta o código do direito. Ali se trabalha, sobretudo, com uma relação de complementaridade entre diferenciação (especificação) e generalização.

O código lícito/ilícito não pode ser aplicado a si mesmo sem que daí se origine um paradoxo, que acabará por bloquear outras observações. No entanto, o código pode distinguir e descrever. Obviamente, pode-se prescindir do uso do código e buscar um acordo fora do sistema. A unidade de um conflito como sistema de interação, a envolver pessoas ou organizações, pode fornecer a base para a decisão de abandonar o sistema jurídico. Porém, essa decisão de abandono também estará amparada pelo sistema jurídico, salvaguardados os próprios interesses. Por exemplo, de modo algum há meio de evitar a participação no sistema jurídico (somos escravizados por ele), e um acordo extratribunal tem de satisfazer também certas exigências legais para que seja válido. Pessoas, interações, organizações tornam possível introduzir comunicações no sistema do direito e novamente retirá-las. Diante disso, o sistema jurídico é indiferente. Ele não persegue nenhum interesse imperialista no sentido de atrair o máximo possível de comunicações e mantê-las no sistema. O direito não é um sistema de atração. Ele simplesmente declara: *se* se trata de se valer do direito, ou seja, de dispor sobre o que é lícito e ilícito, *então há de sê-lo segundo minhas condições*. Só precisamente nesse sentido o sistema é operativamente fechado e determinado em suas estruturas.

Por fim, deve-se levar em conta que nem toda menção aos valores do código, como lícito e ilícito, pode fazer que a comunicação seja uma operação interna ao sistema do direito. Por exemplo, na cátedra de jurisprudência é possível falar sobre os casos legais ou, na imprensa, informar sobre os veredictos do tribunal, sem que a comunicação disponha sobre valores jurídicos. Tal comunicação se encontra em outro contexto funcional, por mais que o professor de direito ou o jornalista expressem sua própria opinião. Logo se vê a diferença quando professores de direito ou jornais falam explicitamente "em causa própria".

Diferentemente do que exigem os lógicos e do que pensava Kelsen, a *unidade* do sistema do direito *não é premissa operativa* do sistema do direito. Ela não pode ser conceituada nem como princípio, nem como norma. Sentença alguma deve mencionar, muito menos comprovar, a unidade do sistema. Lei alguma a nomeia na qualidade de parte constitutiva de suas regulamentações jurídicas. Em qualquer operação, a unidade se reproduz como resultado, assim como a unidade de um sistema vivo se reproduz pelo intercâmbio de células. No entanto, a unidade não pode, ela própria, *ser* uma operação do sistema, pois uma operação desse tipo alteraria o que pertence à unidade pelo simples fato de sua própria execução. Por isso, para a sua execução operativa o direito tampouco requer uma estrutura hierárquica com a função de garantir a unidade do direito mediante uma norma superior capaz de referência, uma lei superior (a Constituição) ou uma instância superior. Tais representações têm sentido como descrições do sistema no sistema; ainda voltaremos a esse ponto. Mas não depende delas chegar a realizar as comunicações no sistema do direito, e isso significa que sejam compreendidas e obedecidas. A unidade *do* sistema não significa introdução no sistema.

Contudo, isso não significa que não haja autorreferência. A referência à unidade será substituída, será "representada", pela referência ao código, à diferenciação entre lícito e ilícito, bem como supõe a vigência normativa das expectativas que haverão de se aplicar para a explicação do código. Em vez da referência direta, surge uma referência indireta, que, entretanto, será suficiente para garantir a capacidade de conexão das operações do sistema no sistema. Em outras palavras, existem indicadores capazes de ser aplicados à unidade, e a diferenciação social do sistema do direito, operativamente fechado, pode assim ser lida, sobretudo, na passagem de uma fundamentação ontológica e natural da vigência da lei em direção a uma positivação total do direito.

Também aqui, não raras vezes, é dispensável o uso dos termos "lícito", "ilícito" e "norma", por considerá-los supérfluos. O tempo em que vivemos não é o de um exercício jurídico formalista e quase mágico, mas é preciso ao menos comunicar e compreender implicitamente que se trata de uma comunicação que exige validade contrafactual e juridicamente amparada; com essa comunicação se pressupõe que o lícito e o ilícito mutuamente se excluem. Ora, isso pode acontecer mesmo na comunicação cotidiana, já que na sociedade moderna não há escravos, e todos têm o direito à inclusão no direito, bem como o direito ao uso de símbolos jurídicos. A decisão vinculativa nas questões jurídicas realiza-se somente por meio da associação com a função política que dá conta das decisões coletivamente vinculantes, que por sua vez garantem o recurso ao poder de imposição. Mas isso, de modo algum, significa que não se realize uma enorme quantidade de comunicações jurídicas fora desse estreito domínio de parlamentos e tribunais, e que não se crie uma enorme quantidade de direito positivo sem que haja conexão com essas instâncias, portanto, sem nenhum controle político da sociedade, como o que se teria precisamente por meio de contratos.

Ainda que a unidade do sistema de modo algum possa ser um componente das operações do sistema (ou seja, ainda que a unidade tenha de ser representada para este fim mediante diferenciações *específicas*), ela pode ser observada e descrita. E só pode se dar mediante um observador, que, por sua vez, terá de ser um sistema autopoiético. Este pode ser um observador externo (a ciência, por exemplo) ou do próprio sistema do direito. De modo correspondente, diferenciamos a observação externa da auto-observação. Também esse tema será tratado detalhadamente mais adiante[62]. No momento, a relação entre auto-observação e autodescrição tem de ser esclarecida em referência ao fechamento operativo do sistema.

Sendo o caso de observar a unidade do direito (portanto, o direito como totalidade de suas operações e estruturas), essa unidade deve ser diferenciada de algo diferente dela. Além disso, a caracterização da unidade evidentemente não pode estar constituída por uma caracterização de todos os elementos e de todas as relações, podendo resultar apenas de maneira resumida e simplificada. Isso vale tanto para as observações externas quanto para as internas. Tanto a distinção, selecionada com o intuito de designar a unidade do sistema, como a simplificação são esforços próprios do sistema que se observa. Com frequência, também se diz que a observação (e só então, por meio dela, determinadas operações de planejamento, controle e reflexão teórica) pressupõe um "modelo" do sistema do direito[63].

---

62. Cf. parte II.

63. Cf. Jean-Louis Le Moigne, *La théorie du système général: théorie de la modélisation*, Paris, 1977. Um dos exemplos de Le Moigne é o produto social bruto como autodescrição de um sistema (p. 56). Ao mesmo tempo, o exemplo mostra quão complexas (e bizarras?)

De qualquer modo, o que é observado não é a realidade completa do sistema. Para que esse tipo de redução se faça adequadamente marcada, queremos aqui nomear *identidade* a unidade como objeto de uma observação e descrição.

Diferentes observadores externos — Heinrich von Kleist, Franz Kafka, Walter Benjamin, por exemplo — poderiam identificar o sistema do direito de maneiras bem distintas. Quando se quer saber como, é preciso observar o observador. O sistema do direito é menos livre em suas auto-observações e autodescrições, mas, para compensar essa falta de liberdade, encontra-se mais bem informado, e de maneira mais segura. É preciso realizar a observação e a descrição com as operações do sistema fechado, o que significa conceder a si próprio um estatuto normativo e uma atribuição segundo o código lícito. O direito pode dizer, por exemplo, que é completamente lícito distinguir entre lícito e ilícito, enquanto observadores externos poderiam ver justamente aí uma ilicitude. Nessa medida, a teoria do sistema autorreferencial de operação fechada não é apenas uma teoria de objetos, mas uma teoria que compreende esforços de reflexão do sistema descrito; ela descreve um sistema como sistema que se descreve a si mesmo.

VI

A descrição dos sistemas como operativamente fechados oferece uma imagem bastante unilateral que agora devemos

---

podem ser as precondições com que se compromete uma formação de modelos dessa natureza.

corrigir. Por meio do fechamento operativo constitui-se uma unidade em um âmbito que *para ela* se torna ambiente. Nem a existência nem a relevância é negada ao ambiente. Ao contrário, a distinção entre sistema e ambiente é precisamente a forma permitida para que um sistema ou o ambiente se caracterizem em referência recíproca. Portanto, a intenção não é nos obstinarmos em afirmar o absurdo de haver direito sem sociedade, sem pessoas, sem condições físico-químicas especiais em nosso planeta. O sistema só pode produzir relações com esse ambiente com base em seus próprios esforços, e apenas na efetivação de suas próprias operações, possíveis apenas graças àquela integração recursiva que designamos como fechamento. Ou, em formulação mais breve: a abertura só se faz possível com base no fechamento.

A antiga doutrina dos sistemas abertos para o ambiente interpretou essa abertura de maneira causal e, para o conhecimento das regularidades causais entre o sistema e o ambiente, pressupôs um observador independente. Quanto a isso não há o que objetar. É evidente que um observador pode determinar, segundo medidas próprias, alguns critérios e algumas preferências pessoais de atribuição, relações causais ou probabilidades nas relações entre sistemas e ambientes, e tome-se como exemplo um tratamento preferencial que, em direito, concede-se aos extratos superiores. Já nós, em vez disso, partimos da questão sobre como o direito opera e como ele observa suas próprias operações e os efeitos delas. Assim se transfere o problema para a questão sobre as formas da "internalização" da distinção entre sistema e ambiente por meio do sistema ou, de maneira mais formal, pela reintrodução da distinção no que já foi distinguido por ela[64] e pelo espaço imaginário de possibilidades que o sistema torna acessível com essa operação.

A fim de claramente realçar o uso interno dessa distinção, distinguimos aqui *autorreferência* de *heterorreferência*; portanto, dizemos que um sistema que dispõe de capacidades de observação adequadas pode distinguir a autorreferência da heterorreferência. Nós mesmos deparamos com essa terminologia (diferentemente do que se tem com as teorias mais antigas de sistemas abertos) no nível da observação de segunda ordem. Nós observamos como o sistema observa e como, desse modo, ele operacionaliza a diferenciação entre autorreferência e heterorreferência.

Diferentemente da compreensão que comumente se tem de autonomia, fazemos uma distinção rigorosa entre questões de dependência/independência causal (que um observador pode julgar dessa ou daquela maneira, a depender das causas ou dos efeitos que selecione) e questões de referência, que sempre supõem o sistema como observador. Por isso, a heterorreferência para nós não vale como limitação da autonomia do sistema, já que a ação de referir se mantém como operação própria ao sistema e se torna possível quando o sistema integra uma rede interna, ou seja, uma rede visível de normas[65]. Assim, a operação da observação caracteriza, com o auxílio da distinção entre

---

64. "*Re-entry*" no sentido de George Spencer Brown, *Laws of Form*, op. cit., p. 56 es., 69 es.

65. De maneira distinta, Lempert, op. cit., p. 159, com a definição acima citada (p. 65 es.). Nessa definição, o conceito de autonomia se adapta à circunstância de o sistema se referir a si mesmo (procedimentos, formalismos, conceitos) ou a seu ambiente. A versão citada simplesmente expressa uma distância maior em relação às determinações causais, que na verdade permitem mais inferir conclusões do que propriamente o que estabelece essas conclusões.

autorreferência e heterorreferência, apenas o próprio sistema, e é evidente que essa caracterização diz respeito ao manejo que o sistema faz de sua própria autonomia.

Conforme dirigimos a atenção à função, fixada no estilo normativo da expectativa, ou ao código legal/ilegal, encontramos diversas formas pelas quais o sistema jurídico separa autorreferência e heterorreferência. Quanto à função, podemos determinar que o sistema do direito opera de maneira *normativamente fechada* e ao mesmo tempo *cognitivamente aberta*[66]. A compreensão dessa fórmula abreviada de separação encontrou dificuldades consideráveis, principalmente no contexto de elucidação de autonomia e dependência causal do ambiente[67], e é por isso que ela requer um comentário mais alentado.

A tese do fechamento normativo orienta-se, sobretudo, contra a ideia de que a moral poderia ter vigência imediata no sistema do direito. Isso já foi excluído pelos formalismos de numerosos ordenamentos jurídicos antigos, sendo logo compensado pela distinção entre justiça e equidade. Na sociedade moderna, contudo, uma impossibilidade de validade imediata da moral é menos possível ainda, por motivos óbvios. O sis-

---

66. Arthur J. Jacobson, "Autopoietic Law: The New Science of Niklas Luhmann", *Michigan Law Review* 86 (1989), p. 1647-89 (1650, 1685), defende que não há nenhuma evidência empírica do uso dessa distinção no interior dos sistemas jurídicos. Essa objeção não é de fácil compreensão. Deveria ser óbvio que o crucial não pode estar no uso das palavras normativo/cognitivo. Não obstante, seria possível facilmente testar a tese de maneira empírica (assim como refutá-la) se fossem reunidos casos em que uma forma de um âmbito extrajurídico se fizesse relevante, sem para isso estar legalmente autorizada; ou então casos em que a mera violação na norma fizesse a própria norma perder o efeito, pois o juiz estaria obrigado a aprender com a violação. Em todo caso, uma prova empírica deve levar em conta a capacidade de resolução de uma teoria, se quiser que seja confirmada ou refutada. Por isso, não basta observar que na vida cotidiana não se utilizam distinções semelhantes.

67. Cf., sobretudo, as cuidadosas ponderações de Lempert, op. cit., p. 178 es.

tema do direito pode garantir consistência suficiente de suas decisões, portanto, nessa medida, pode funcionar como unidade. As valorações morais, ao contrário, são caracteristicamente pluralistas, e em pontos nos quais falta o consenso pode-se recorrer à ajuda da fragmentação de seus partidários, ou seja, a grupos de apoio[68]. Contudo, isso só vale sob a condição de que moralistas não possam se investir de poder jurídico e vale também apenas sob a condição de paz territorial. Dito de maneira mais precisa, o sistema do direito tem de levar em conta o fato de que o *código* moral, como esquematismo binário, é o mesmo ao longo de toda a sociedade, enquanto os *programas* da moral e, portanto, os critérios de diferenciação entre bem e mal, ou entre bom e ruim, já não são passíveis de consenso. Uma crítica moral do direito continua sendo possível, mas não se espera que a moral exija a obediência à lei em todos os casos[69]. Contudo, não se deduz daí que seus argumentos tenham sido juridicamente convincentes; e sobretudo não se deve supor que a moral que se opõe ao direito encontre um consenso universal. Muito mais do que isso, o que se tem aqui é uma moral controversa[70].

---

[68]. Contra a concepção dominante no direito constitucional dos Estados Unidos, sobretudo Robert M. Cover assinalou que também as minorias têm direito a que sua concepção seja aceita como moral, e, por isso, os juízes não podem simplesmente apresentar sua opinião majoritária como sendo *a moral*. Cf. "The Supreme Court, '1982 Term. Foreword: Nomos and Narrative'", *Harvard Law Review* 97 (1983), p. 4-68 e ibidem, "The Folktales of Justice: Tales of Jurisdiction", *The Capital University Law Review* 14 (1985), p. 179-203. Essa concepção fundamenta-se em uma tradição de reconhecimento religioso de opiniões minoritárias no direito judaico do Talmude.

[69]. Sobre isso, cf. Luc J. Wintgens, "Law and Morality: A Critical Relation", *Ratio Juris* 4 (1991), p. 177-201.

[70]. Com relação a esse aspecto, cf. também Niklas Luhmann, "The Code of the Moral", *Cardozo Law Review* 14 (1993), p. 995-1009.

Precisamente, o refinamento da sensibilidade moral depende de que o juízo moral não desencadeie consequências jurídicas imediatas; se assim não fosse, todas as diferenças de concepção moral teriam de ser resolvidas no interior do sistema jurídico. Esse fato é conhecido já desde o século XVIII. Ele se disfarça unicamente pela formulação antropológica (por exemplo, mediante o auxílio da distinção entre obrigação interna e externa), de modo que facilmente se pode ignorar seu significado social. No entanto, é evidente que não se pode negar que ideias de fundamentação ética e jurídica podem convergir. Mas o significado prático dessas convergências (assim como o das correspondentes argumentações) não deve ser superestimado. No montante das decisões dos tribunais, essas coincidências não têm nenhuma importância, e terão muito menos na orientação jurídica da vida cotidiana[71].

Só mesmo quando o direito estiver claramente diferenciado ante os incessantes vaivéns das comunicações morais, e só mesmo quando se estiver de posse de critérios de validade próprios do direito, será possível especificar também as circunstâncias e delimitá-las em relação ao que se poderá depreender como avaliação geral das pessoas, chegando-se, então, aos contextos propriamente jurídicos. A abertura a questões cognitivas depende diretamente do fechamento normativo do sistema, e ela só poderá adquirir caráter mais distintivo e específico caso

---

[71]. Muitas controvérsias em teoria do direito sobre essa questão parecem se sustentar no fato de o problema das relações entre direito e moral se limitar a essa questão. Claro que a sério ninguém contestará que existe sempre certa medida de convergência de fundamentação (um "mínimo ético" do direito). Na fundamentação específica de decisões juridicamente problemáticas convertidas em *hard cases*, esse conhecimento já não é útil, tampouco altera o fato de que o direito tem de se identificar *sempre* como direito em textos jurídicos.

os critérios de relevância para diferentes circunstâncias estejam no próprio sistema.

Se se quiser analisar as combinações que podem ocorrer entre expectativas normativas e cognitivas, e assim, portanto, examinar também as combinações entre autorreferência e heterorreferência, será preciso se remeter ao nível da observação de segunda ordem, o que significa questionar: como se esperam expectativas[72]? Mesmo quando, postando-se no nível de observação de primeira ordem, se fica em compasso de espera normativa ante os problemas jurídicos que possam surgir (de outro modo, a operação não competiria ao sistema do direito), pode-se optar por observar essa expectativa de outra maneira. É possível esperar expectativas normativas ou também cognitivas sempre que se puder separar os diferentes níveis de observação, e isso significa poder especificar as circunstâncias de maneira distinta. Então, por um lado, pode-se esperar, de modo regulamentar, que expectativas normativas se fixem e se imponham, e o apoio social integral ao sistema jurídico depende em grande parte de que isso ocorra. Porém, pode-se esperar que também as expectativas normativas sejam capazes de aprender, isto é, que possam ser alteradas em um contexto cognitivo (por exemplo, tendo em vista as consequências surgidas com a aplicação do direito) ou então que, vistas de um terceiro nível de observação, não devam ser alteradas. Como todo sistema que atende a uma única função na sociedade moderna, o sistema jurídico chega a uma complexidade adequada num nível de observação

---

72. Caso contrário, como asseveram muitos críticos, produzem-se contradições evidentes, quando se afirma que a expectativa cognitiva e a normativa mutuamente se excluem, apesar de serem ambas praticadas ao mesmo tempo.

de segunda ordem. Mas isso não muda o fato de que o nível operativo basal da reprodução autopoiética se fecha no modo de expectativa normativa.

Desse modo, o fechamento normativo não significa apenas que as normas devam se manter estáveis ante às decepções. Uma aprendizagem que se adapta não resulta unicamente de motivos de violação da norma. Ora, isso nos leva diretamente à questão sobre como essa teimosia contrafactual se possibilita e se garante internamente ao sistema. A resposta está na rede de recursividade da autopoiese do sistema. A norma se mantém condensada mediante as sequências operativas da prática que a antecedeu e a sucederá (o que também sempre independe da margem de interpretação). Isso não exclui de maneira concreta o comportamento ilícito no interior do sistema jurídico nem as decisões ilegais dos tribunais. Entretanto, assim, a caracterização "contrária à legalidade" se mantém possível, o que tem consequências para as outras operações do sistema — seja na forma da suspensão de uma decisão ainda desprovida de força jurídica, seja na forma da não consideração, por orientação posterior, das decisões precedentes. Assim, o fechamento normativo consiste no contexto de auto-observação do sistema segundo o esquema legal/ilegal. Disso, tem-se que também a aprendizagem, isto é, a mudança de normas, continua possível por indução interna, uma vez que certas consequências jurídicas já não são aceitáveis, ou mediante avaliação social do sentido de normas específicas. Todavia, o sistema não se vê diante da tarefa de produzir um contexto *de saber* e também de se fechar operativamente, ainda que se veja na necessidade de produzir um contexto de *normas*. Uma abertura para a cognição se dá sempre sob a condição autopoiética da integração do caso particular ou então por norma alterada, na prática decisória corrente e vindoura do sistema. No sistema do direito, um ato de arbitrariedade sustentado por uma "afirmação autoritária" do sistema político seria reconhecível como ruptura do direito — mesmo que daí não se seguisse nenhuma consequência advinda da falta de cobertura pelo poder.

Um sistema jurídico que é frequentemente exposto a tal interferência num amplo espectro de questões — e quem há de negar que isso acontece? — opera num estado de corrupção[73]. Por meio de suas normas, o sistema reconhece não ser capaz de resistir à pressão da política. Ele se mantém simulando legalidade; não renuncia a normas, mas mediatiza o código lícito/ilícito antepondo uma distinção por meio de um *valor de rejeição*, como poderíamos dizer seguindo Gotthard Günther, que permite a subordinação oportunista a elites capazes de se impor. Indagando-se sobre se o direito deve se aplicar nesses casos, surge uma espécie de teste preliminar. E assim chegamos a situações-limite, nas quais o sistema do direito, apenas de maneira ocasional e desconexa, opera como sistema que se orienta por si. Na realidade, o sistema do direito se orienta a si mesmo — e assim é percebido externamente — como mero instrumento de poder. É bem difícil situar abstratamente onde se encontram esses limites, uma vez que confiança e desconfiança estão em jogo como mecanismos generalizantes. Em casos extremos, já não se pode falar de fechamento autopoiético,

---

[73]. Cf., com farta documentação, Marcelo Neves, *Verfassung und Positivität des Recht in der peripheren Moderne: Eine theoretische Betrachtung und eine Darstellung des Falls Brasiliens*, Berlim, 1992.

assim como não mais se pode falar de aprendizagem cognitiva com relação a normas.

    Mesmo em casos extremos ou nos quais devemos considerar nossa cultura jurídica como tal, é possível notar relações de dependência com a administração regular da justiça. Na Alemanha, os nacional-socialistas não suspenderam o artigo 1 da lei constitucional dos tribunais, que garantia a independência do tribunal apesar de todas as declarações acerca da unidade entre Estado e direito e do alinhamento geral ao princípio de liderança. Eles introduziram novos conteúdos, submetendo assim a lei a novas opiniões, suspenderam legalmente os juízes recalcitrantes e instituíram tribunais especiais, mas isso não foi suficiente para tornar a vontade política válida sob o direito. O que importava era manter a superioridade em qualquer conflito político imaginável. Os tribunais certamente se valiam como formas de efetivação da vontade do Führer, e, dessa forma, a disposição das competências correspondentes estava sujeita a intromissões políticas — incluindo a possibilidade de acusação perante tribunais especiais. Mas nem por isso eram permitidas intromissões políticas nos processos em curso. Em um importante manual da época lê-se: "Não existe, nem conceitual, nem essencialmente, jurisdição sem juízes independentes. Toda reputação do tribunal, toda confiança do povo no juiz e no direito serão destruídas com a eliminação da independência dos tribunais ou o atentado contra ela"[74]. Fica evidente que não se tratava de eliminar a capacidade de funcionamento do direito.

---

74. Ernst Rudolf Hubert, *Verfassungsrecht des Großdeutschen Reiches*, Hamburgo, 1939, p. 279.

E, ainda que *nós* possamos pensar que na época não houvesse administração do direito independente, a concepção *de então* era outra: partia-se do pressuposto de uma mudança de orientação no sistema do direito e da possibilidade de uma realização autopoiética dessa mudança[75]. A autopoiese não vem a ser critério político nem ético de aceitabilidade do direito[76].

Essas análises mostram que autorreferência e heterorreferência em forma de fechamento normativo e abertura cognitiva devem atuar em conjunto, tendo, com efeito, o fechamento normativo como base. O sistema pode deixar os ganhos de aprendizagem ao acaso, e isso significa que no sistema o impulso externo não é previsto quando se mantém a possibilidade de praticar as modificações como alterações do direito vigente e integrá-las à rede recursiva de interpretação recíproca de suas normas. As pressões poderão ser suportadas ou reguladas — por exemplo, não perseguir delitos a fim de, de maneira oportunista, se ajustar à promotoria pública e também não executar sentenças por parte dos tribunais em casos de valor jurídico mais elevado, para que sejam evitadas agitações civis. No direito, assim como na sociedade e na vida, a autopoiese do sistema é um princípio bastante robusto — precisamente porque pode fazê-la prosseguir ou parar. Porém, isso não significa que a destruição não seja possível, e do tipo de aprendizagem que se impõe ao sistema do direito é possível perceber sinais de

---

75. A esse respeito, cf. Dieter Simon, "Waren die NS-Richter ,unabhängige Richter'?", *Rechtshistoriches Journal* 4 (1985), p. 102-16.

76. Essa observação tem em vista os esforços amplamente difundidos com vista a expressar a recusa ético-política desse regime por meio de correções feitas à teoria do direito. Disso se poderia depreender que o crucial está na vigilância política e não na vigilância teórico--jurídica.

advertência. Não foi em vão que o Estado liberal, com sua cultura jurídica jamais igualada, difundiu a lenda de que o Estado absoluto havia sido governado pelas "pretensões de poder" do monarca[77] com o único intuito de implantar um princípio jurídico que lhe era oposto, o da divisão de poderes.

Contra as grandes rupturas e ameaças históricas, e mesmo contra a problemática das regiões, casos em que se poderia impor ou não o princípio da diferenciação de um sistema funcional para o direito, não se deve perder de vista o caso normal, compatível com as estruturas, já bastante diversificadas, portanto com conteúdos normativos também bastante diversificados. A forma característica, em que são combinados o fechamento normativo e a abertura cognitiva, é a do programa condicional[78]. Ela exige que as regras de decisão normativas (que, por sua vez, devem ser fundamentadas *apenas internamente ao sistema*) sejam formuladas de modo a tornar possível uma dedução da decisão a partir dos fatos (que, por sua vez, têm de ser determinados cognitivamente): no caso da circunstância x, a decisão y estará de acordo com a legalidade; caso contrário, não estará[79]. As prescrições das realidades que têm esse efeito desencadeador se dão pela formalização das normas e, portanto, por operações internas ao sistema. Já no direito civil romano elas fazem amplo uso da terminologia jurídica,

---

77. Com relação a esse aspecto, cf. Regina Ogorek, "Das Machtspruchmysterium", *Rechtshistoriches Journal* 3 (1984), p. 82-107.

78. Isso será tratado mais detalhadamente no Capítulo 4, IV.

79. Isso deveria ser óbvio, mas fazemos notar de antemão que, nesse contexto, a dedução não é *um método de interpretação*. As exigências de combinação esboçadas no texto, entre autorreferência e heterorreferência, não têm importância para o significado da lógica em questões relativas à interpretação do direito.

que se diferencia do uso da linguagem feito na vida cotidiana[80]. Mesmo formulações que aparentemente invocam a aceitação de valorações morais — por exemplo, a *bona fides* — foram usadas no direito em um sentido especificamente jurídico[81]. Contudo, mediante a norma não há prejuízo quanto aos *fatos* estarem ou não presentes para a introdução do programa condicional, e isso é algo que se decide apenas cognitivamente.

Desse modo, o sistema do direito pode levar em consideração fatos externos, mas somente como informação produzida internamente, isto é, somente como "a diferença que faz a diferença" (Bateson). A diferença no estado do sistema tem de estar relacionada à aplicação da lei e, em última instância, também a seu código. Se o estado do sistema mudou, isso se deve à aplicação do direito ou, em última instância, ao código. Em outras palavras, o sistema do direito não pode atribuir normas ao ambiente, mas deve atribuir-lhe conhecimento. Contudo, mesmo tal cota de saber que o sistema do direito atribui ao ambiente é operação puramente interna, não sendo nenhum

---

80. Sobre esse aspecto, análises detalhadas podem ser encontradas em Antonio Carcaterra, *Struttura del Linguaggio giuridico-precettivo romano: Contributi*, Bari, 1968; id., *Dolus bonus/dolus malus: Esegesi di D. 4.3.1.2-3*, Nápoles, 1970; e *Semantica degli enunciati normativi-giuridici romani: Interpretatio iuris*, Bari, 1972. Contrastando com a ênfase que habitualmente se dá às propriedades da terminologia da disciplina jurídica, Carcaterra sugere que se trata de outra *língua*, que também constrói outra realidade — uma "realidade que é vista e regida pela lei" (op. cit., 1968, p. 210).

81. É de maneira notável que essa jurisdição pode ser demonstrada justamente na transição de *fides* [fé] para *bona fides* [boa-fé]. Por exemplo, no contexto da diferenciação da jurisprudência a partir das antigas *ragione signorile* e com relação a Quintus Mutius Scaevola Aldo Schiavone, *Nascita della giurisprudenza: Cultura aristocratica e pensiero giuridico nella Roma tardo-reppublicano*, Bari, 1976, p. 147 es. Cf. também *Antonio Carcaterra, Intorno ai bonae fides iudicia*, Nápoles, 1964.

processo de transferência de informações. (O conceito dual de informação de Bateson — "a diferença que faz a diferença" — enuncia de maneira precisa que uma informação faz o sistema modificar o seu *próprio* estado.)[82] "Cognitivamente aberto", porém, significa tão somente que o sistema produz as informações correspondentes a partir da posição de heterorreferência e as atribui às diferenças situadas em seu ambiente.

Por isso, a distinção entre normativamente fechado e cognitivamente aberto é praticada somente *no interior* do sistema (e não como circunstância objetivamente dada). O sistema do direito por si converte em lei. Assim, a moral, enquanto tal, não tem nenhuma relevância jurídica — e, aliás, nem como código (bem/mal, correto/incorreto), nem mesmo em suas valorações particulares. *Non omne quod licet honestum est* [nem tudo que é lícito é honesto], já sabia Paulo[83], como o sabia também Oliver Wendell Holmes[84]. Obviamente, o direito pode aceitar metas normativas pré-estabelecidas por parte da moral ou de outras fontes sociais, mas isso se deve dar mediante transforma-

---

82. É óbvio que essa circunstância contradiz a ideia anterior acerca das informações como um tipo de "dados" manejáveis e transferíveis. Por isso, não raro ouvem-se queixas de que a teoria do sistema autopoiético seria, quanto a esse aspecto, pouco clara; ela não mostra como a informação de fora se torna informação de dentro. Cf., por exemplo, William M. Evan, *Social Structure and Law: Theoretical and Empiricial Perspectives*, Newbury Park Cal., 1990, p. 38 es. (42). Nessa perspectiva, ela não seria pouco clara; o que ela faz é apenas excluir conceitualmente processos de transferência dessa natureza.

83. D. 50.17.144. O famoso *juris praecepta sunt haec: honeste vivere...* (D.1.1.10.1, Ulpiano) ou deve ser interpretado no sentido dessa restrição, ou bem deve ser tomado como simples exagero retórico.

84. Cf. a análise sobre a diferença entre direito e moral, no famoso artigo "The Path of the Law", *Harvard Law Review* 10 (1897), p. 457-8. Essa apresentação inaugura o movimento do *"legal realism"*.

ção explícita[85]. O contrário vale para tudo o que é tratado como conhecimento. Desse modo, o sistema do direito depende — nas questões ecológicas, por exemplo — dos resultados da ciência. Isso pode ir da realização de diferentes cálculos estatísticos até o uso de metodologia empírica. Não obstante, avaliações equivocadas do estado da ciência serão relevantes como erro jurídico somente no âmbito do sistema do direito. E para o caso de haver insegurança quanto aos resultados da investigação (que a ciência não terá problemas em admitir), o sistema do direito encontra-se livre para recorrer às "decisões de política", às regulações das liberações de provas etc. Em poucas palavras, ele poderá recorrer aos meios disponíveis[86]. O sistema não pode tratar os fatos, quando juridicamente relevantes, como se fossem fatos. No entanto, os fatos não podem modificar as normas. Dito de outra maneira: do simples fato de que se viole a lei não se segue que o direito não seja direito. Precisamente com base nesse fechamento normativo, o direito se abre a inúmeros estados e acontecimentos do ambiente. Esses acontecimentos

---

85. A esse respeito, podem-se discutir quais exigências seriam cabíveis para uma transformação "explícita"; cf. David Lyons em "Justification and Judicial Responsability", *California Law Review* 72 (1984), p. 172-99. Assumindo posição relativamente radical, para Lyons, do fato de o sistema jurídico obrigar os tribunais a decidir nos chamados casos difíceis, mesmo não se podendo encontrar, no direito vigente, uma regra de decisão inequívoca e dedutivamente aplicável, segue-se que *todas* as decisões jurídicas requerem uma justificação moral. No âmbito da proibição da negação da justiça haveria, então, *implicitamente*, uma referência à moral, o que é discutível. Mas, se Lyons tivesse razão, ainda seria possível dizer que existe uma justificação *jurídica* (e não apenas moral) da relevância da moral para o direito, isto é, da proibição da denegação da justiça. Sobre isso, cf. também, mais adiante, Capítulo 6, III.

86. A esse respeito, amparado em farta documentação, cf. R. Bruce Dickson, *Risk Assessment and the Law: Envolving Criteria by which Carcinogenicity Risk Assessments Are Evaluated in the Legal Comunity*: Vincent T. Covello et al. (editor), *Uncertainty in Risk Assesment, Risk Maganement and Decision Making*, Nova York, 1987, p. 145-57.

obtêm um valor de informação somente pelo sistema e dentro do sistema. O direito pode (e, se preciso for, deve) aprender que determinados sintomas de comportamento são indicadores de uma enfermidade psíquica, o que indica, para o direito, incapacidade de que a culpa seja imputada.

No sistema do direito, por essa razão, a distinção entre normas e fatos adquire um significado como não há em nenhum outro sistema funcional[87]. Bem entendido: não se trata de normas, ou seja, de fatos desempenharem tal papel, uma vez que, em maior ou menor escala, isso vale em todos os âmbitos da sociedade; o crucial é que no sistema do direito essa *distinção* importa como em nenhum outro lugar. Daí também o caráter meticuloso e exato com que ambos os lados se distinguem, e daí se evitarem mesclas. No sistema do direito, pois, a distinção representa diferenças entre autorreferência e heterorreferência, configurando, portanto, o próprio modo como cada operação do sistema reflete o contraste entre sistema e ambiente. Isso, por si, seria algo a impedir (caso houvesse) uma lógica que deduzisse fatos (ainda que fossem fatos de uma consciência racional) de normas ou, inversamente, normas de fatos.

Se na distinção entre autorreferência e heterorreferência leva-se em conta o fato de se tratar da unidade de uma forma, capaz de criar conexões em ambos os lados, conclui-se daí que a reação ante a crescente complexidade social tem de ser encontrada em qualquer dessas partes. Por um lado, o sistema do

---

[87]. A esse respeito, cf. também Vilhelm Aubert, "The Structure of Legal Thinking", in *Legal Essays: Festskrift til Frede Castberg*, Copenhague, 1963, p. 41-63. Para uma reflexão característica da teoria do direito a versar sobre essa distinção, cf. Christian Atias, *Epistémologie juridique*, Paris, 1985, p. 123 es.

direito se torna mais complexo na estrutura de suas normas. Há quem seja da opinião de que isso é reconhecível pelo fato de haver um abandono das generalizações objetivas em favor das regulações de procedimento (procedimentalização)[88]. Entretanto, dessa maneira, enfatiza-se também o lado cognitivo e, nesse âmbito, a referência a critérios externos ao direito. Desse modo, a princípio não faz diferença se a referência é feita a normas externas ao direito (critérios éticos, bons costumes, obrigações locais, determinadas profissões etc.) ou a complexos de saber (estado da técnica, estado da pesquisa científica)[89]. Em todo caso, exige-se um exame minucioso para verificar se, de fato, essa referência está presente. Não se teria tal remissão pelo puro e simples uso de uma terminologia que circula fora do direito e é dotada de significação moral (*bona fides*, lealdade, confiança, prática racional)[90]. Ora, as aparências vão

---

88. Cf., por exemplo, Reiner Frey, *Vom Subjekt zur Selbstreferenz: Rechtstheoretische Überlegungen zur Rekonstruktion der Rechtskategorie*, Berlim, 1989, sobretudo p. 100 s., alinhando-se a Wiethölter.

89. Sobre esse caso, e referimo-nos ao último a ser mencionado, compare-se com Peter Marburger, *Die Regeln der Technik im Recht*, Berlim, 1979; Rainer Wolf, *Der Stand der Technik: Geschichte, Strukturelemente und Funktion der Verrechtlichung technischer Risiken am Beispiel des Immissionsschutzes*, Opladen, 1986. Até onde sei, em parte alguma há registro da semelhança estrutural entre a referência à técnica e a referência aos costumes e à moral. Em todo caso, as metas normativas preestabelecidas para a avaliação da relevância jurídica de regras externas e avaliações de fatos e circunstâncias não são constantes dadas. Elas próprias estão sujeitas a um desenvolvimento jurisprudencial e legislativo do direito. Desenvolvimento semelhante é exigido, por exemplo, por Gerd Winder, "Die Angst des Richter bei der Technikbewertung", *Zeitschrift für Rechtspolitik* (1987), p. 425-31.

90. Assim, no caso específico do direito romano, Yari Thomas, "Le langage du droit romain: Problèmes et méthodes", *Archives de Philosophie du Droit* 19 (1974), p. 103-25, contra a concepção habitualmente defendida (ainda que na realidade essa concepção não tenha sido submetida a análise). Cf. também os comentários sobre "The Autonomy of the Legal Lexicon", in Bernard. S. Jackson, *Semiotics and Legal Theory*, Londres, 1985, p. 46 e es. Sobre caso isolado rico em significação, cf. Antonio Carcaterra, *Intorno ai bonae fidei iudicia*, Nápoles, 1964.

justamente de encontro a essa suposição. O mesmo vale para a referência ao complexo do conhecimento (estado da técnica, estado da pesquisa científica), e tampouco basta que palavras (por exemplo, "risco") sejam empregadas também na ciência. Havendo uma referência, o direito se vê obrigado, por razões que lhe são *intrínsecas*, a se ater aos resultados da investigação da ciência ou ao processamento científico dos dados. Ainda que não haja referência explícita, o direito a tal poderia encontrar-se obrigado a isso. Havendo estatísticas de mortalidade, o juiz já não poderia confiar apenas em seu próprio parecer quanto às expectativas de vida. E, uma vez que haja um procedimento com base no qual se possa decidir sobre o que é lícito (ou ilícito), o "direito consuetudinário" nada mais é do que um reconhecimento interno ao direito e uma referência desse tipo. Hoje em dia, o direito consuetudinário é válido à medida que os juízes se apoiam nesse tipo de decisão. Em cada caso, trata-se sempre de menções gerais sobre circunstâncias altamente complexas do ambiente. A consequência é que, no processo judicial, a opinião dos especialistas e das organizações (os pareceres confiáveis) adquirem um significado decisivo[91].

O que sempre está na ordem do dia é se o direito ne-

---

[91]. Em diversos escritos, Helmut Schelsky tratou das consequências dessa participação dos especialistas — tanto do envolvimento desses especialistas previsto institucionalmente como do que se dá pela obtenção de provas. Cf., por exemplo, *Die Soziologen und das Recht: Abhandlungen und Vorträge zur Soziologie von Recht, Institution und Planung*, Opladen, 1980, p. 39 es. Cf. também Julian L. Woodward, "A Scientific Attempt to Provide Evidence for a Decision on a Change on Venue", *American Sociological Review* 17 (1952), p. 447-52, sobre os problemas relacionados à obtenção de provas legais, no caso de uma averiguação e avaliação puramente científica dos fatos. (Contudo, o caso diz respeito a uma investigação que, se juridicamente é bem pouco característica, politicamente é "excitante": os preconceitos, por motivo de uma sentença de morte contra negros e em razão do estupro de uma mulher branca.)

cessita de uma "fundamentação" moral. A questão é frequente, sobretudo na *Common Law* dos Estados Unidos. Supõe-se que, em caso de dúvida, o juiz deva recorrer ao que ele tem por "aspirações morais" dos colegas juízes[92]. Já fizemos referência aos problemas implicados[93]. Claro está que aí não se aplica o método de investigação empírica sobre as opiniões; trata-se tão somente de o juiz perguntar-se *a si mesmo* o que considera concepção moral *nos outros*. A prova consistiria (e isso só se pode formular de modo paradoxal) em verificar se o direito reconhece uma restrição moral para obedecer às leis, restrição que não resulte do próprio direito. Quando, porém, o direito reconhece restrições, trata-se de restrições do próprio direito; caso contrário, não. Desse paradoxo só é possível escapar lançando mão da figura da *re-entry*, isto é, do reconhecimento das referências externas da moral, como se essas referências fossem parte da operação do próprio sistema jurídico.

Até aqui falamos de critério, padrões, normas a que o direito ocasionalmente recorre por razões internas. Acontece que essas reflexões valem também para ocorrências a ocasiões externas de normatividade jurídica, interesses velados, intenções, propósitos secundários, motivações, sobretudo no âmbito da legislação. Também aqui, internamente ao direito, filtra-se o que se pode (ou não) ocasionalmente aceitar para a interpretação de uma norma. Em uma sentença de tribunal, jamais se lerá

---

92. Sobre muitas delas, cf. David Lyons, *Ethics and the Rule of Law*, Cambridge Engl., 1984, ou (mais moderado) Melvon Aron Eisenberg, *The Nature of the Common Law*, Cambridge Mass., 1988, p. 14 es. Como europeu, um deles se pergunta se os norte-americanos sabem o que querem dizer quando falam de moral.

93. Cf. p. 78 es.

que a lei se deve a uma manobra de enxadrista de um partido político ou à circunstância de ser hoje politicamente correto assumir posição contrária ao *big business*. Ninguém nunca pensou seriamente numa investigação histórica nem mesmo sobre o célebre debate sobre o "objetivo original" como máxima de interpretação da Constituição nos Estados Unidos: tratou-se apenas da pergunta pelos limites de uma interpretação proveniente de zelotes da moral.

Segue-se que nem o fato de consultar regras externas, nem a referência a motivos para legislação que se possam determinar factualmente são passíveis de refutar a tese do fechamento operativo e da autonomia do sistema jurídico. O mesmo vale para o caso de os tribunais se referirem explicitamente ao uso cotidiano da linguagem na interpretação dos textos de leis[94]. Em todos esses casos, não se trata de provas para comprovar a tese da "desdiferenciação" do direito, tampouco de indicadores da perda social de seu significado. Trata-se muito mais de um caso de interpenetração. Isso quer dizer que o direito pressupõe que o ambiente é capaz de estruturar e reduzir sua complexidade e que desse modo se aproveita desses resultados sem a necessidade de analisar sua gênese (quando for o caso, então, sob aspectos puramente jurídicos)[95]. Ora, isso não conduz a uma confusão dos limites do sistema, tampouco à sobreposição dos sistemas, nem necessariamente a que o peso social do

---

[94]. "Nesse sentido, o senso comum é tanto uma construção da lei como um princípio jurídico", observam D. Neil MacCormick e Robert S. Summer, "Interpretation and Justification" in id. (org.) *Interpreting Statutes: A Comparative Study*, Aldershot Hands, Inglaterra, 1992, p. 511-44 (517).

[95]. Sobre esse conceito de interpenetração como conexão global dotada de uma complexidade externa, cf. com mais detalhes Niklas Luhmann, *Soziale Systeme*, op. cit., p. 286 es.

direito se transfira para outro sistema. Trata-se, em princípio, de um processo completamente normal de absorção de incerteza no trânsito entre sistemas (assim como o cérebro utiliza os rendimentos químicos de ordenamento das células nervosas, sem organizá-los como operações próprias). A autonomia, que se mantém intocada, é reconhecida no fato de que as decisões *especificamente* jurídicas geralmente são aquelas necessárias para tal alcance, e, logrando uma conexão estreita com o direito, que nele encontram sua responsabilidade. A autonomia se reconhece também pela circunstância de que a autorização do direito cobre o que a técnica não consegue cobrir, como, por exemplo, no erro de pressupor algo tecnicamente irrealizável. Em todas as operações cognitivas, o direito reconhece que se pode equivocar e reserva para si a decisão do que há para decidir quando o erro se faz evidente[96].

Uma vez que o direito tem de legitimar o que traz do não direito para as decisões jurídicas, tem-se aí uma amostra de que as referências a cognições heterorreferenciais são aspectos de operações internas ao sistema do direito. Ocorre que pesquisas sociológicas do uso do conhecimento no direito levam muito mais longe[97]. Elas permitem reconhecer que o conhecimento dos especialistas em processo perde seu caráter essencial quando usado em processos de decisão político-administrativos, o que pode conduzir a resultados decididos sob pressão de

---

96. Hoje em dia, cada vez mais tais descobertas levam os tribunais constitucionais a impor condições ao legislador. Contudo, isso envolve somente erros de legisladores, e não de juízes.

97. Cf., sobretudo, Roger Smith e Brian Wynne (org.), *Expert Evidence: Interpreting Science in the Law*, Londres, 1989.

tempo e necessidades de simplificação desses processos. No sistema do direito isso significa, sobretudo, que o conhecimento que parte dos fatos pode se transformar em decisões mediante normas jurídicas. Em outras palavras, o conhecimento deve se adequar à forma prevista pelo direito[98].

O direito apoia a pretensão de validade do direito mediante uma apresentação na qual uma decisão, dadas as regras, *segue-se dos fatos*. Mesmo o exercício da ciência sabe da apresentação exagerada dos resultados por parte dos respectivos pesquisadores[99]. No entanto, forma e contexto se distinguem de maneira clara — por exemplo, no modo como uma apresentação interna à ciência faz uso da declaração precisa do escopo de seus resultados e também na admissão dos graus de certeza remanescentes como estratégia para proteger da crítica aqueles resultados de pesquisa. Já sob outro ângulo, o sistema do direito enfatiza a solidez das próprias decisões, podendo prescindir de qualquer insegurança de fundamentação de todo e qualquer conhecimento ou da dependência em relação a decisões teóricas preliminares, uma vez que somente os detalhes juridicamente relevantes interessam. De um modo bem característico, existem, por exemplo, exigências maiores de certeza/incerteza nos enunciados científicos quando as

---

98. Smith e Wynne, *Expert Evidence* 3, observam: "Resulta que as muitas áreas de tomada de decisão legal que se baseiam em conhecimentos científicos ou técnicos valorizam uma empresa de estruturação e classificação dos problemas, as distinções entre o que é e o que não é um problema, as regras de decisão precisas (que conduzem, na medida do possível, as decisões seguintes automaticamente a partir dos fatos de um problema) e eficiência na apresentação e no procedimento".

99. Cf., por exemplo, Susan Leigh Star, "Scientific Work and Uncertainty", *Social Studies of Science* 15 (1985), p. 391-427; Brian L. Campbell, "Uncertainty as Symbolic Action in Disputes Among Experts", *Social Studies of Science* 15 (1985), p. 429-53.

questões dependem de responsabilidade legal, de culpabilidade, de responsabilização e de reparação de danos. Isto é, o nível de exigência com relação aos fatos regula-se de antemão pelas consequências jurídicas esperadas. Por conseguinte, o contexto de aplicação distingue um uso científico e um uso jurídico do conhecimento, e isso leva, de modo correspondente, a diferentes formas de representação, a depender da rede recursiva em que esse conhecimento for reconhecido como aplicável.

A título de precaução, é preciso observar que a distinção normativo/cognitivo não é idêntica à de sistema e ambiente. Por um lado, o direito pode reconhecer como fato a simples existência de normas no ambiente (como os fanatismos religiosos). E também pode, por outro lado, sobretudo no âmbito da argumentação interpretativa ou no das autocorreções legislativas, aprender e, portanto, assimilar informações cognitivamente. Mas isso não muda o fato de a autorreferência ser assegurada mediante o recurso a não aprendizagem, a uma estabilidade contrafactual das normas, e isso sempre independentemente de toda a disposição para aprender que se possa ter. Somente porque existe a norma segundo a qual os contratos podem ser cumpridos é que há exigências de aprendizagem extremamente elevadas referentes a conteúdos do contrato, à real intenção das partes contratantes, à possibilidade de identificar erros etc.[100].

Além disso, sistema e ambiente são sempre dados simultaneamente, e jamais um lado da forma do sistema se dá

---

100. A propósito, esse exemplo mostra também quão importante é considerar os desenvolvimentos históricos. Até o século XIX, o direito não aceitava o alto risco envolvido na interpretação da vontade das partes que celebravam o contrato.

sem o outro. Entretanto, mediante a internalização dessa distinção como distinção entre autorreferência e heterorreferência, o sistema obtém, para suas próprias operações (e apenas para as próprias), a liberdade de uma "mudança de condução" das referências, de uma transposição de centro gravitacional da autorreferência para a heterorreferência e vice-versa. O problema de uma decisão específica pode ser visto ou como questão de investigação dos fatos, ou como questão de interpretação de normas. O sistema pode oscilar de operação em operação e, portanto, entre a referência externa e a referência interna, sem ter de ultrapassar os próprios limites. Assim, pode-se também dissolver (mas jamais suspender) a simultaneidade inevitável entre mundo e operação por meio de uma esquematização temporal do observar. Fatos passados ou futuros podem receber significados no tempo presente. Desse modo, o sistema ganha em capacidade de sincronização.

A autopoiese do direito reconhece a si mesma na incondicionalidade do estilo normativo das expectativas, que estão na base do processamento das comunicações jurídicas. Na prática, isso acontece quando se faz referência ao direito vigente, que orienta as pretensões e as decisões autorizadas. Uma segunda garantia é encontrada na referência ao esquematismo binário de lícito e ilícito. Se, porém, toda atribuição, explícita ou implícita, aos valores do código simboliza a unidade do sistema, de que modo se expressará a distinção entre autorreferência e heterorreferência, entre fechamento e abertura?

Nós respondemos: com a ajuda da distinção entre codificação e programação.

No nível do código, a abertura do sistema consiste unicamente na autorreferência curtocircuitada, ou seja, qualquer operação a qualquer momento pode dispor sobre *ambos os* valores, lícito e ilícito. Trata-se aqui — diferentemente de toda e qualquer teleologia, que se orienta para um fim bom (natural, perfeito etc.) — de uma abertura para a dimensão do tempo. O código não permite que o sistema se feche, mas somente que se conecte. É bem por isso que obrigatoriamente fica aberta a questão sobre como os valores são distribuídos em lícito e ilícito e sobre o que, nessa perspectiva, vem a ser correto ou incorreto. Chamaremos aqui de programas as regras que decidem a respeito (independentemente da margem de interpretação). Como programas, temos em mente as leis do direito, mas também as premissas decisivas do sistema do direito — por exemplo, as auto-obrigações advindas do compromisso com os precedentes da prática dos tribunais. O fechamento operativo do sistema encontra-se certificado por codificação. Contudo, no nível da programação podem-se determinar quais perspectivas do sistema teriam de processar cognições e em que ocasiões. Nas sociedades cada vez mais complexas, isso leva o direito a adquirir uma ampla receptividade em relação às condições não fixas do ambiente. Todavia, isso jamais gera a dissolução da unidade do direito, uma vez que tal unidade se apresenta no interior do sistema por meio de um código (e somente um), que não pode ser usado em nenhuma outra parte na sociedade.

Por fim, poder-se-ia perguntar se não existem casos óbvios nos quais a sociedade obriga o sistema do direito a se modificar[101]. Podem-se pensar aqui nos efeitos do movimento pelos

---

101. Cf. Joel Handler, *Social Movements and the Legal Systems: A Theory of Law Reform and Social Change*, Nova York, 1978. A pesquisa de Handler se concentra no próprio mo-

direitos civis nos Estados Unidos ou na crescente consciência dos riscos relacionados à segurança no trabalho e à proteção do consumidor[102]. E, para formulá-lo no estilo dos estudos críticos legais, não seria o caso de admitir que o sistema do direito, por ser cioso de sua legitimidade, se vê obrigado a ceder a tão poderosa pressão social[103]? Se fosse uma questão de poder e não de mera aprendizagem (cognitiva), tal enunciado não seria inconciliável com o que se entende por regra do direito, e as comunicações correspondentes já não mais apareceriam como comunicações do sistema do direito. Felizmente, nenhum movimento social e nenhuma campanha midiática pode mudar o direito. Uma modificação só seria possível nas formas que o sistema jurídico escolher e com as quais se fizer pender com as mudanças da opinião pública, como no caso da proibição de segregação racial nas instituições públicas ou no caso da responsabilidade de um produtor sobre os produtos que oferece ao mercado. Sob as condições atuais da mídia impressa e da televisão, o que há é uma reorientação muito mais rápida do que a que existia no tempo em que a oscilação do direito se dava sob as condições da economia capitalista[104]. Por isso mesmo, os efeitos são mui-

---

vimento social, e com essa referência de sistema o sistema jurídico aparece como apenas uma das variáveis a explicar o êxito ou não êxito de movimentos sociais que tenham como objetivo a mudança do direito.

102. George L. Priest, "The New Legal Structure of Risc Control", *Daedalus* 119, 4 (1990), p. 207-27, fala precisamente de uma revolução do direito civil norte-americano.

103. Majorie Schaafsma deu voz a essa objeção no artigo que ela apresentou em curso ministrado por mim no outono de 1989, na Northwestern University Law School.

104. A esse respeito, cf. James W. Hurst, *Law and the Conditions of Freedom in the Nineteenth-Century United States*, Madison, Wisconsin, 1956; id., *Law and Social Process in United States History*, Ann-Arbor, 1960; Morton J. Horwitz, *The Transformation of American Law, 1780-1860*, Cambridge, Mass., 1977.

to mais erráticos e demandam uma revisão com mais rapidez. Por isso mesmo, é mais fácil atribuir relação causal entre a mudança de opinião e mudança no direito, ainda que tampouco se deva negar que essa circunstância possa ser descrita de maneira causal. É evidente que isso não nega a possibilidade de uma transformação de temas e tampouco exclui o caso de as dificuldades de adaptação no interior do direito (como ceder ao clamor popular em questões relativas à proteção do meio ambiente, por exemplo) serem grandes a ponto de o sistema acabar por ceder a pressões externas. A autopoiese do sistema do direito não o bloqueia, mas, de um modo ou de outro, continua, isso se não for destruído o próprio sistema a partir do qual a sociedade realiza as modificações no direito. E, da perspectiva do sistema do direito, é preciso que seja construído um filtro por meio do qual as mudanças de opinião sejam tomadas como circunstância de aprendizagem, ou seja, como circunstância cognitiva, e não, por exemplo, como imposição direta de novas normas.

VII

O princípio do fechamento operativo do sistema do direito vale sem exceções. Ele não é um princípio normativo. Violações, que teriam de ser punidas no sistema do direito, não estão previstas. Se uma comunicação não se identifica com o código lícito/ilícito é porque o ilícito é impossível. Ele não é contemplado pelo sistema do direito, mas visto como fato de seu ambiente. (Se é ou não imputado a outro sistema de funções, cabe ao código decidir.) Em outras palavras, a "sanção" reside somente na diferenciação entre sistema e ambiente. Esse caráter isento de exceção vale mesmo para quando se procede à diferenciação do sistema do direito segundo o esquema direito constitucional/outros tipos de direito. Consequentemente, excluiria o direito constitucional — como seria, então, direito? E isso se aplica até mesmo à situação em que a parte restante do direito for coberta pela codificação adicional de constitucional/inconstitucional[105]. O direito constitucional tem uma ampla demanda por necessidade de interpretação, incluindo a interpretação que vai além do sentido fixado no texto. Os intérpretes de constituições sempre deparam com a questão sobre a partir de onde se deve determinar o sentido inferido pela constituição. Pode-se duvidar que os procedimentos de interpretação habituais sejam válidos também aqui ou que a distinção direito constitucional/direito normal também diferencie os pontos de vista sobre a interpretação. Nesse sentido, não raras vezes são feitas remissões a padrões morais ou mesmo éticos mais elevados, pois, de outro modo (ou seja, se se mantiver imanente ao texto), não se poderia chegar a uma decisão[106]. Tudo se passa como se os intérpretes da lei constitucional tivessem sempre de se valer de um direito mais elevado para se livrar de suas inseguranças.

---

105. Voltaremos a essa questão no Capítulo 10, IV.

106. Michael Perry, *Morality, Politics and Law*, Londres, 1988, fala de um recurso às aspirações morais do povo. Já Ronald Dworkin adota um tom mais reservado em *Taking Rights Seriously*, Londres, 1978, ao falar de moralidade constitucional, ou então Neil MacCornick e Ota Weinberger, *An Institutional Theory of Law: New Approaches to Legal Positivism*, Dordrecht, 1986, p. 171-88.

Aparentemente, em contraste (e é verdade o que muitos suspeitam: trata-se mesmo de um contraste ideológico) encontra-se o princípio da não identidade da Constituição, com concepções de sociedade religiosas, morais e ideológicas[107]. Na Alemanha, esse princípio exerce uma atração especial, sobretudo em razão da experiência com o nacional-socialismo, que de modo muito exclusivo rejeitava a distância entre direito e visão de mundo, distância tida pelos nazistas como relíquia do Estado de direito liberal[108]. No entanto, uma análise um pouco mais rigorosa logo nos mostra que essa aparente contradição entre não identidade e remissão a valores não se deixa resolver. A não identidade apresenta-se com outros nomes, como pluralismo. Isso significa, antes de tudo, que a constituição aceita diferentes concepções de mundo no terreno da política e, na condição de texto exclusivo do direito, não se inclina por nenhuma delas. Ademais, encontra-se no texto da Constituição uma pluralidade de diferentes valores *e nenhuma regra consistente para dirimir seus conflitos*. Pensa-se, por exemplo, em liberdade e igualdade. Podemos depreender, então, que a constituição requer um sistema de funcionamento jurídico para o tratamento de tais conflitos, e assim faz referência ao interior do sistema do direito, e não a seu exterior. Desse modo, ela indiretamente confirma (e, na prática, inevitavelmente o faz) que o direito, em tudo o que profere, remete-se a si mesmo, e que todas as referências a

---

107. Cf. Herbert Krüger, *Staatslehre*, 2. ed, Stuttgart, 1966, p. 178 es; Alexander Hollerbach, "Ideologie und Verfassung", in Werner Mailhofer (org.), *Ideologie und Recht*, Frankfurt, 1969, p. 37-61 (52 es.); Reinhold Zippelius, *Allgemeine Staatslehre*, 3. ed., Munique, 1971, p. 112 es.

108. Cf., sobretudo, Ernst Rudolf Huber, *Verfassungsrecht des Großdeutschen Reiches*, Hamburgo, 1939.

valores, seja valores habitualmente em vigor na sociedade, seja valores "mais elevados", só têm serventia para formar um campo de decisão. Elas partem do direito e ao direito retornam.

Tendências desse tipo se fazem notar, sobretudo, na República Federal da Alemanha. Aqui, o Supremo Tribunal de Justiça tem evitado a todo custo que se entenda sua própria opinião como convicção moral do povo alemão. Porém, ele interpretou os direitos fundamentais de corte liberal-clássico em programas gerais de valores, a fim de não perder o controle jurídico do desenvolvimento do Estado de bem-estar orientado para fins. Enquanto por toda parte os conceitos de valor normativo advêm semanticamente de modos (sobretudo, é claro, na filosofia), é curioso que hoje, como antes, os encontremos arraigados nas sentenças da Suprema Corte e nos programas dos partidos políticos. Em ambos os casos, a referência aos valores confere legitimidade, e a conclusão, para o caso de conflito entre valores — portanto, em todas as decisões —, é mantida aberta. Ora, seria possível inferir disso um processo de desdiferenciação na relação entre o sistema jurídico e o sistema político?

De modo algum! Somente no nível da organização a separação se mantém. Mesmo as redes autorreferenciais de atribuição de sentido se distinguem perfeitamente. O sistema do direito segue estritamente as exigências de consistência, que são maiores do que as vigentes no sistema político. Nele, os programas dos partidos encontram-se, ainda que de modo apenas superficial, sintonizados com a oposição, e é precisamente essa diferenciação de sistema que evidencia o problema que daí resulta, uma vez que no sistema do direito, assim como no sistema político, a todo tempo é preciso decidir sobre conflitos de valores. Um exemplo é a questão da "legitimação democrática" do direito constitucional. Nesse nível, o sistema do direito põe-se alheio aos conceitos dogmáticos claros, substituindo-os por uma sujeição de suas próprias decisões ao tribunal, modificadas apenas com muita cautela. No sistema político há efeitos de inércia semelhantes — um compromisso com as formas habituais de absorção de incerteza diante de conflitos conhecidos e de riscos que em outra parte já se aceitou assumir[109]. Numa comparação em âmbito mundial, um autoarranjo desse tipo poderia bem obter a classificação de "satisfatório". No entanto, nem por isso alguém quererá afirmar que as possibilidades de racionalização dadas pela diferenciação funcional de sistemas estejam esgotadas.

VIII

Tal como em outros sistemas encarregados de uma função, também o sistema do direito dispõe de um símbolo com o qual gera a unidade do sistema na alternância de suas operações. Diferentemente das teorias reflexivas, que debateremos no Capítulo 11, tal símbolo não é uma descrição do sistema, mas uma função operativa. O símbolo não produz uma conexão de observações, mas uma conexão de operações — ainda que, é claro, todas as operações no sistema possam

---

109. Acerca disso, cf. também Niklas Luhmann, "Die Unbeliebtheit der politischen Parteien", in Siegfried Unseld (editor), *Politik ohne Projekt? Nachdenken über Deutschland*, Frankfurt, 1993, p. 43-53.

ser observadas e descritas, assim como o próprio símbolo do sistema o pode ser. Essa simbolização operativa atua mais profundamente do que as observações, sendo indispensável o prosseguimento de operação a operação, isto é, para a produção de referências recursivas e para que se encontrem operações a ela enlaçadas — independentemente de como um observador possa vir a distinguir e designar isso. Escolhemos o conceito "símbolo" porque trata-se de conservar e reproduzir a *unidade* do sistema no âmbito da *diversidade* de suas operações. No sistema do direito, a isso se chega pelo símbolo da validade jurídica[110]. Falaremos sucintamente da validade quanto a aspectos que podem suscitar equívocos.

Tal como ocorre com o dinheiro, também a validade é um símbolo sem valor intrínseco. A validade de nenhum modo remete à qualidade de uma lei, à capacidade de regulamentação de uma sentença ou um contrato. Ela se isenta de qualquer ponderação qualitativa, uma vez que isso teria de conduzir a uma "melhor" ou "pior" validade. A terceira regulamentação da comissão da Comunidade Europeia, em Bruxelas, acerca dos procedimentos admissíveis para determinar o gênero dos répteis poderia ser válida ou não, ainda que não estivesse totalmente claro se haveria ou não casos em que essa regulamentação se aplicasse e se os répteis mantidos em zoológicos estariam sujeitos aos termos da regulamentação. "Validade" significa, como o dinheiro, apenas a aceitação da comunicação e, portanto, apenas a autopoiese das comunicações do sistema do direito.

---

110. "A validade é uma qualidade atribuída ao sistema como um todo", diz, por exemplo, Alf Ross, *On Law and Justice*, Londres, 1958, p. 36.

De modo algum isso exclui a possibilidade de validade de contratos imorais ou de leis anticonstitucionais[111] — porém, ainda uma vez, não com base na qualidade intrínseca da norma, mas com base no direito vigente e sob as condições de validade jurídica que ele prescreve.

É quanto a esse aspecto que conviria um debate com Habermas[112]. Habermas insiste que a validade do direito encontra-se escorada em uma qualificação normativa da validade jurídica (talvez até se pudesse formular: a legitimidade da validade), pois só assim o sistema do direito, tal como o político, poderia ser legitimado. À primeira vista isso parece altamente plausível. Mas como se pode satisfazer a essa pretensão? Habermas introduz aqui uma "ética do discurso" elaborada em detalhes. "Válidas são", assim reza a premissa fundamental, "precisamente as formas de ação nas quais todos os possivelmente afetados por essas ações, tomando parte em um discurso racional, poderiam dar seu consentimento.[113]" Contudo, tal critério para a distinção validade/não validade pode ser posto à prova no tribunal. Ele não é justiciável e, no sistema do direito, não é nem mesmo praticável. Um breve olhar às suscetibilidades produzidas pelas questões ecológicas já bastaria para deixar isso bem claro[114].

---

111. E isso com base em reflexões de caráter jurídico. Se se equiparassem a anticonstitucionalidade e a não validade da lei, o efeito seria a paralisação da intenção do tribunal constitucional quanto ao exercício de sua revisão judicial da legislação como preditiva do impacto da legislação — e isso pode ser visto como desejoso ou desvantajoso.

112. Cf. Jürgen Habermas, *Faktizität und Geltung: Beiträge zur Diskurstheorie des Rechts und des demokratischen Rechtstaats*, Frankfurt, 1992.

113. Op. cit., p. 138.

114. No fundo, Habermas generaliza com base apenas na velha regra liberal, segundo a qual todos poderiam aproveitar sua liberdade (levar em conta a validade) até o ponto em que isso não traga prejuízo aos demais (em que os afetados não tivessem motivos razoá-

A qualificação de Habermas poderia funcionar apenas como ficção legal[115]. Supõe-se que sejam satisfeitas as exigências de serem observadas regras de conduta comumente regidas pelo direito constitucional. Partindo dessa suposição, é possível desenvolver melhorias no direito processual — mas mesmo isso, evidentemente, não teria efeitos sobre *a* validade *do* direito. Um sistema de testagem universal, consistindo na validade/não validade normativa para *toda* norma do direito, evidentemente não se deixaria converter em um programa praticável. A validade se fundamenta em uma espécie de idealização do ausente.

O fato inevitável de a legitimidade ficcional se basear em uma ficção jurídica confirma que um conceito de validade que não se sustente em normas — a que se possa, depois, condicionar — é mais apropriado para se lidar com a discrepância de complexidade entre sistema e decisão. Do ponto de vista da história, essa concepção de validade como símbolo da unidade do direito substitui a pergunta pelas fontes do direito e, assim, o ponto de partida para todas as teorias do direito "positivistas"[116]. Com o conceito de fontes do direito, o problema já estaria sendo alçado a níveis bastante altos. A metáfora das fontes da lei, por exemplo, levou Savigny a rechaçar a ideia do

---

veis para objetar). No entanto, é difícil imaginar um único caso em que, sob as condições atuais (palavras-chave: democracia, justa distribuição, afetações ecológicas), essa regra se mostrasse aplicável.

115. Habermas chama isso de "suposição de aceitabilidade racional", ibid., p. 188.

116. No entanto, isso não vale para o discurso normal em teoria do direito versando sobre conceitos e critérios da validade do direito. Esse discurso reflete quase todas as controvérsias atuais em teoria do direito; o que lhe falta é uma delimitação do fenômeno em relação aos demais aspectos da avaliação do direito. Compare-se François Ost/Michel van der Kerchove, *Jalons pour une théorie critique du droit*, Bruxelas, 1987, p. 257 es., e a literatura ali analisada.

contrato como "fonte jurídica"[117]. Além disso, o conceito de fontes do direito sugere uma heterorreferência (para Savigny, "povo", para outra autoridade imposta politicamente, autoridade política), enquanto para a sociologia do direito primeva estaria mais para algo como "*folkways*", "direito vivo", classificações de expectativa previamente dadas, que não alteram o direito prescrito, mas, em todo caso, poderiam reinstitucionalizá-lo[118]. Quanto ao conceito de símbolo de validade pode-se, no entanto, representar uma unidade de sentido puramente interna, que circula no sistema. E, por fim, o conceito de fontes do direito faz as vezes de figura de fundamentação. É usado como critério em situações de aplicação do direito, nas quais se questiona se o direito a que se invoca também vale efetivamente como direito. O símbolo operativo da validade do direito, ao contrário, relaciona-se a alterações do Estado de direito, pois uma mudança, seja por legislação, seja por contrato, só pode ser consumada quando se parte do fato de determinado direito *não* ter sido válido até então.

---

117. Cf. Friedrich Carl von Savigny, *System des heutigen Römischen Rechts*, vol. 1, Berlim, 1840, p. 12. No entanto, isso contradiz o direito civil romano. Foram justamente os romanos que falaram em *lex contractus* (agradeço a Dieter Simon por essa informação), fazendo referência à definição substancial de validade por meio do contrato. Todavia, nas reconstruções de um conceito mais amplo do contrato com base na lei natural, lê-se algo como: "Les conventions tiennent lieu des loix" (Jean Domat, *Les loix civiles dans leur ordre naturel*, 2. ed., Paris, 1697, vol. 1, p. 72). Só mesmo quando se impôs o positivismo da legislação é que, parece, chegou-se a entender que se perdera de vista a estreita relação entre a disposição legal e a contratual. De lá para cá, isso não mudou, o que vale, sobretudo, para o direito trabalhista, ainda que a concepção contrária esteja em debate. A esse respeito, cf. Klaus Adomeit, *Rechtsquellenfragen im Arbeitsrecht*, Munique, 1969, sobretudo p. 77 es.

118. Cf. William Graham Summer, *Folkways: A Study of the Importance of Usages, Manners, Customs, Mores and Morals* (1906), reed., Nova York, 1960; Eugen Ehrlich, *Grundlegung der Soziologie des Rechts* (1913), reimpressão, Berlim, 1967. Sobre a conversão em uma teoria da dupla institucionalização, cf. Paul Bohrmann, "Law and Legal Institutions", *International Encyclopedia of the Social Sciences*, tomo 9, Chicago, 1968, p. 73-8.

É questão empírica a condição de o sistema do direito se valer ou não do instrumento das fontes do direito com o intuito de excluir uma dúvida. Esse instrumento é algo que se pode constatar. O significado da semântica da validade, no entanto, nem assim se esgota. Além disso, é preciso perguntar qual função a forma da validade, isto é, a distinção entre validade e não validade, satisfaz. A transição para uma teoria autorreferencial, para um sistema operativamente fechado, demanda essa revisão da teoria. A validade é um "valor próprio" do sistema do direito, um valor que surge da execução recursiva das operações do próprio sistema[119] e *que não pode ser utilizado em nenhuma outra parte.*

Mesmo que o conceito das fontes do direito ainda seja usado por juristas, na teoria do direito há muito tempo ele tem sido substituído por figuras que poderiam ser caracterizadas como de dissolução de paradoxos (ou de desdobramento de tautologias) com tendência a externalizar referências. Trata-se, aqui, em conexão com desenvolvimentos na lógica e na linguística, de um metanível no qual as regras regulam a validade das regras. A "norma básica" de Kelsen proporciona uma teoria desse tipo; a "regra secundária de reconhecimento", de Hart, é outra. A solução talvez mais convincente de um problema posto nesses termos se dá por referência à linguagem usada na prática por juristas[120]. O ponto de partida dessa reflexão é: todo direito é direito vigente. O direito não vigente não é direito. Portanto,

---

119. Quanto aos aspectos teóricos sociais mais gerais, cf. Robert Platt, "Reflexivity, Recursion and Social Life: Elements for a Postmodern Sociology", *The Sociological Review* 37 (1989), p. 636-67.

120. Segundo Alexander Peczenik, *The Concept of "Valid Law"*, Estocolmo, 1972, também em *Scandinavian Studies in Law* (1972).

a regra que torna reconhecível a validade não pode ser uma regra vigente. No sistema, de modo algum pode haver uma regra que regule a aplicabilidade/não aplicabilidade de todas as regras. O problema tem de ser "gödelizado" pela renúncia a uma base de fundamentação externa. Nessa situação a linguagem, assim como a sociedade, de modo geral, aparece como saída convincente; afinal, o direito é parte da comunidade linguística da sociedade, assim como todas as línguas científicas se encontram incrustadas na linguagem cotidiana. O desdobramento da tautologia "o direito é direito válido" por meio da distinção de mais planos de regulação tem como base de realidade o fato de uma diferenciação social, isto é, da diferenciação de um sistema do direito no âmbito do sistema da sociedade.

O conceito de diversos níveis em si não é logicamente apropriado, porque a distinção de diversos níveis de linguagem ou de regulação facilmente volta a se fazer paradoxal tão logo a questão da unidade da pluralidade de níveis seja suscitada. Contudo, esse é apenas um dos problemas para um observador que tem de usar distinções para definir alguma coisa (aqui, como o direito válido) e que não pode observar a unidade da distinção enquanto faz uso da distinção. Por isso, transferimos o problema para o nível operativo e vemos no símbolo da validade do direito apenas a realização da transição de um estado do direito para outro, isto é, somente a unidade da diferença entre os estados de direito que tiveram validade antes da transição e os que, com ela, passam a ser válidos[121].

---

121. É evidente que, com isso, não fica resolvido o problema do observador. Não obstante, uma vez assegurada a operatividade da autotransformação, isto é, a autopoiese do direito, bem como um procedimento adequado de identificação, pode-se permitir aos observadores defender teorias diferentes.

Como símbolo da unidade do direito, a validade jurídica é algo que transcende a diferença entre perguntas cognitivas e normativas. Com relação a essa diferença, ela tem um estatuto ambivalente. Nessa relação, a validade não é uma condição *a priori* do conhecimento (ainda que, sem validade, o objeto do conhecimento do direito, o direito, não se daria). A validade não tem a forma de uma afirmação cognitiva acerca do direito[122], tampouco é o resultado do efeito de uma causa externa, de um motivo de validade transcendente, transcendental ou imanente-autoritativo ("estatal"). Ela é tão somente a forma a que as operações fazem referência quanto a seu pertencimento ao sistema, já que estão subsumidas no contexto de outras operações do mesmo sistema a partir do momento em que o reproduzem. Ela é a forma da participação na unidade do sistema.

A validade tampouco é uma norma[123], uma norma fundamental ou uma metanorma[124]. Não se trata de uma expectativa esboçada para fazer frente a elas, em forma de proteção, no caso de se frustrar[125]. O que vale no sistema do direito não *deve valer*: ele vale ou não vale. Por isso, o sistema do direito pode alterar o que vale sem se chocar contra suas próprias normas. De todo modo, a mudança no direito não pode ser

---

122. Muitas teorias da validade em teoria do direito operam com base nessa premissa, revelando dificuldade para distinguir a diferença entre validade/não validade e a distinção entre enunciados verdadeiros e não verdadeiros sobre o direito.

123. A teoria das instituições chega ao mesmo resultado com uma terminologia diferente. Cf., sobretudo, Santi Romano, *L'ordinamento giuridico* (1918), reimpr. da 2. ed., Florença, 1962.

124. Muitas teorias da validade teórico jurídicas pressupõem-no e, desse modo, se mostram incapazes de diferenciar a distinção validade/não validade da distinção entre afirmações corretas e afirmações falsas acerca do direito.

125. Sobre o conceito de norma aqui pressuposto, cf., com mais detalhes, Capítulo 3, II.

bloqueada pela pretensão de validade do direito, mas pode pelas normas de procedimento, que regulamentam e, nessa medida, limitam o modo como se pode gerar a validade do direito, ou seja, o direito pode ser modificado. No direito constitucional, chegam a existir normas que determinam que não se podem modificar certas normas, incluindo elas próprias. Isso resulta num paradoxo bastante discutido[126]. A proibição de modificação poderia, por sua vez, ser modificada — e assim seguir, num regresso *ad infinitum*. Por isso, o problema não pode ser controlado normativamente: é o caso de "gödelizá-lo" na direção da política. Dessa maneira, faz-se necessária a vigilância política. Em outras palavras, pode-se desdobrar esse paradoxo da mudança ao distinguir-se normatividade e validade para, então, contar com que se crie *politicamente* um direito vigente ao introduzir uma variante à proibição de modificar a Constituição (assim, o caráter desse processo se fez paradoxal como ruptura de norma, mantendo-se, assim, isento de consequências).

Desse modo, a validade não é norma, mas forma. Como forma, o símbolo de validade marca a diferença de dois lados: validade e não validade. A validade é, no conceito da linguagem conceitual de George Spencer Brown, o lado interno da forma, e a não validade é seu lado externo. O sistema requer tempo para passar de um lado da forma para o outro — do estatuto de

---

126. Cf., por exemplo, David R. Dow, "When Words Mean What We Believe They Say: The Case of Article V", *Iowa Law Review* 76 (1990), p. 1-66. Remetendo à Torá, Dow vê aí um paradoxo por fundamentação religiosa e, justamente por isso, não passível de ser resolvido pela via do pensamento. Compare também com Peter Suber, *The Paradox of Self-Amendment*, Nova York, 1990, com a tese de uma saída democrática participativa (ou seja, política). No texto, fazemos uma argumentação no sentido contrário, uma vez que todo paradoxo pode ser desdobrado mediante distinções adicionais, portanto, não de maneira controlada logicamente e, assim, obrigatória.

validade para o da não validade e o inverso, do da observação e descrição de que as normas são válidas para a observação de que já não são válidas. Em todo caso, a forma existe somente como forma de dois lados, sem que um lado possa existir sem o outro, e ambas as designações — a positiva e a negativa — são resultado de operações internas ao sistema e estão relacionadas com estados internos. Também a não validade (por exemplo, a unidade de um contrato ou de uma lei) é um estado do sistema jurídico e não de seu ambiente. Como exemplo do que acontece com todos os símbolos, há uma contraparte diabólica no símbolo de validade. Pode ser o caso de que as operações transcorram sob a hipótese de determinadas condições de validade e resultem, posteriormente, de algo equivocado. Ou também, por exemplo, pode ser o caso de as decisões serem tomadas sob condições de determinadas validades vinculativas de longo prazo (por exemplo, do capital), enquanto de repente se modifica a lei, e o vigente se converte em não vigente.

Além disso, é necessário observar o fato de, no sistema do direito, o símbolo de validade reagir com uma *dinâmica própria*, e isso só é necessário se o sistema do direito se diferenciar *a ponto de não mais poder se diferenciar a si mesmo*. Já na Idade Média a legalidade do direito (se é que é possível formulá-la dessa maneira) era considerada dada e vista como questão de conhecimento, mesmo que se tratasse de legislação[127]. De modo correspondente, as fontes do direito residiam no convencimento de que aquilo era lícito e fazia parte de uma ordem

---

127. Cf., por exemplo, Juan B. Vallet de Goytisolo, "Del legislar como 'legere' al legislar como 'facere'", in id., *Estudios sobre fuentes del derecho y método jurídico*, Madri, 1982, p. 939-88.

necessária para a convivência humana (*opinio iuris, opinio necessitatis*). Uma importante prática regulatória imperial, principesca e municipal, que então já existia, poderia ser entendida como uma dessas necessidades de ordenamento, e desse modo não foi exceção ao princípio, muito menos razão para relacionar o conceito de validade (ou de fonte do direito) ao de uma produção do direito[128]. Só mesmo o voluntarismo tardio da baixa Idade Média (Okham, sobretudo) pavimentou o caminho para um novo tratamento do problema, que se refere à vontade e à *auctoritas*. Assim, o símbolo hoje utilizado para a validade do direito é um feito semântico da modernidade.

O símbolo da validade será anexado às expectativas normativas do sistema. Ele qualifica normas como válidas ou como não válidas. Contudo, isso só acontece quando se modifica uma situação de direito. Um observador é livre para determinar, no momento que ele escolher, qual direito será válido e qual não será. Nessa medida, *ele vê* a validade como *duração* (temporalmente limitada e passível de ser revogada). As *teorias* da validade que tratam de fundamentá-la num início, numa razão, na vontade de Deus ou em outras instâncias de autoridade, são teorias de um observador desse tipo. Assim, mesmo o sistema do direito pode observar a si mesmo, como na conexão com os registros existentes ou as reformas. Desse modo, porém, jamais se vai chegar à unidade do sistema. Toda observação tem de reduzir a complexidade já produzida, portanto tem de proceder seletivamente. O processo real de permanente revalorização do

---

128. Mesmo historiadores do direito que invocam simplesmente o fato da legislação existente (por exemplo, Joachim Rückert, *Autonomie des Rechts in Rechtshistoricher Perspektive*, Hannover, 1988), nem sempre é claro.

vigente se subtrai à observação. Seria preciso uma boa dose de trabalho teórico para tornar plausível que ali se encontram as raízes da validade.

Uma vez que a validade nada mais é do que um símbolo de atrelamento que se funde a todas as operações, ela não se deixa validar pontualmente, mas apenas recursivamente, isto é, recorrendo apenas ao direito vigente[129]. A validade tem como efeito a capacidade de enlace no sistema. Somente ali reside a sanção, que certamente deve ser pressuposta com todas as demais sanções, se é que devem ser comunicadas como sanções de validade jurídica. Com normas não vigentes não se pode iniciar nada no sistema. A melhor prova: não haveria ninguém que sequer se dispusesse a tentá-lo; ninguém o afirmaria, uma vez que determinadas normas do direito efetivamente não têm validade, por mais que auxiliem na obtenção de direitos. Impulsos dessa natureza automaticamente se convertem em litígio acerca da validade do direito ou de alteração do direito válido. O valor negativo da não validade serve apenas como valor de reflexão para a explicação de condições de validade, e não para a produção de suas próprias possibilidades de anexação. Assim, a forma validade/não validade distingue-se também do código legal/ilegal, estruturado segundo o ângulo do positivo/negativo, mas é capaz de prever que o não direito possa ter determinadas consequências conformes ao direito, por exemplo, penas, prisão por danos causados e ineficiência jurídica

---

129. De modo semelhante, Ost/Van de Kerchove, *Jalons*, p. 225: "À ideia de uma validade concebida como necessidade obrigatória, *a priori*, opõe-se a ideia de uma pretensão de validade que precisa ser confirmada e avaliada". Cf. também p. 228, p. 283, sobre a recursividade, e, sobre "validação", também Michel van de Kerchove/François Ost, *Le système juridique entre ordre et désordre*, Paris, 1988, p. 142 es.

de determinadas ações. Mesmo os presos têm direitos que eles podem fazer valer em certos casos[130], e, aliás, todos têm o direito a determinar, de maneira jurídica, que ele esteja atuando na ilegalidade quando de fato o estiver. Portanto, para cruzar o limite codificado por lícito/ilícito, é necessário um símbolo de validade. Para que se ofereçam possibilidades de enlace, é preciso haver uma referência de direito válida, o que se aplica tanto ao caso de se declarar certas expectativas ou ações como lícitas como para o caso contrário, de ilicitude.

Alinhando-se a Talcott Parsons, a validade pode assim caracterizar-se como um símbolo que circula, já que em cada uso se transfere a operações subsequentes — por exemplo, a solvência na economia e o compromisso coletivo na política. O símbolo é transferido de operação a operação e consiste nessa reprodução permanente. Não se trata do símbolo de uma "existência" ao longo da qual se dá o acontecer jurídico. Na verdade, é um símbolo da estabilidade dinâmica do sistema, que se manifesta na recursão e na antecipação no passado e no futuro. A validade de amanhã é, mantendo-se a função simbólica, outra validade, pois, hoje, algo se decidirá. Já o dissemos: o direito é uma máquina histórica que, com cada operação, transforma-se em outra máquina.

Algo semelhante significa o conceito linguístico do "deslocador". Trata-se aqui de um símbolo (o exemplo privilegiado da linguística são os pronomes pessoais) que só pode ser usado em referência ao processo que o utiliza, razão pela qual ele, de

---

130. Não sem problemas, como bem se sabe pela prática. Cf. Jim Thomas, *Prisoner Litigation: The Paradox of the Jailhouse Lawyer*, Totowa, N. J., 1988.

caso a caso, muda a sua referência[131]. Isso possibilita uma renúncia a referências externas, operando, porém, uma espécie de expressão na ancoragem existencial no sistema, que se utiliza de tais deslocadores, para assim prover o sistema de uma dinâmica controlada, diferenciando-o do ambiente.

No entanto, nem toda comunicação jurídica transporta validade nesse sentido. Por exemplo, não tem validade o puro e simples registro das pretensões legais. É preciso que se trate de decisões de efeito legal. Ocorre que essas decisões não residem apenas nas decisões do legislador e nas dos tribunais, mas também, num âmbito mais amplo, na conformação das corporações e nos contratos que afetam e modificam a situação legal[132]. Bastam declarações unilaterais (testamentos, por exemplo), mas não pura e simplesmente fatos que resultem em consequências legais — por exemplo, a morte de um testador ou de uma ação punível. De modo semelhante ao que se tem no sistema econômico, com o pagamento em dinheiro, tampouco no sistema jurídico a transferência de validade é idêntica à totalidade das operações do sistema. Trata-se de operações que realizam a autopoiese do sistema e sem as quais a diferenciação de um sistema jurídico operativamente fechado não seria possível.

---

131. Cf. Roman Jakobson, "Verschieber, Verkategorien und das russische Verb", in id., *Form und Sinn: Sprachwissenschaftliche Betrachtungen*, Munique, 1974, p. 35-54.

132. A teoria do direito tem aqui de reagir ao fato de, desde o século XVIII, em reação a uma economia financeira diferenciada, indivíduos particulares também passarem a ter acesso ao símbolo de validade, sem, porém, nada ter perdido de sua eficácia: mais uma comprovação para a diferenciação entre o sistema do direito e o sistema político. Cf. também Arthur J. Jacobson, "The Private Use of Public Authority: Sovereignty and Associations in the Common Law", *Buffalo Law Review* 29 (1980), p. 599-665; Morton Horwitz, *The Transformation of American Law 1789-1860*, Cambridge, Mass., 1977, p. 160 es. Abordaremos esse aspecto com mais detalhes no Capítulo 10.

Uma teoria do direito escrita no sistema e para o sistema, vez por outra, se esmerou em alcançar uma forma assimétrica de validade jurídica, a qual só se pode descrever como círculo. Assim, os autores da Constituição dos Estados Unidos, de 1787, apesar de todo o respeito pela nova concepção do conceito e do texto de uma Constituição, deram grande importância ao fato de a Constituição "constituir" a unidade do povo e do instrumento de governo, mas que de modo algum compunham os direitos individuais que se tinham em vista ao redigir todo o texto[133]. Os direitos individuais são reconhecidos no sistema jurídico, e é para o uso nele que são especificados. Ora, ao se descrever esse ponto, é fácil perceber que também isso é apenas uma fórmula com que se dispõe sobre a validade no sistema.

Hart busca uma saída de outro tipo. Reconhece que as hierarquizações imanentes ao direito (teoria de níveis) são insuficientes e incapazes de conclusão, mas também recusa a externalização do problema da validade que se vale de refe-

---

133. Nessa medida, é consequente diferenciar também redacionalmente a *Bill of Rights* e a Constituição — assim, constam da Constituição da Virgínia de 1776 a famosa "*Bill of Rights*" e a "*The Constitution or Form of Government*", que lhe segue. Cf. o texto em Francis N. Thorpe (org.), "The Federal and State Constitutions", *Colonial Charters and Other Organic Laws*, vol. 7, Washington, 1909, p. 3812-9. Também a Constituição da Virgínia, de 1830, cita somente a declaração dos Bill of Rights e diz que ela "deve ser prefixada para esta constituição e ter as mesmas relações que tinha com a antiga constituição dessa comunidade" (op. cit., p. 3820). O conceito enfático de Constituição, que inclui os direitos humanos, por sua vez, permite a suspeita de que esses direitos, de modo correspondente, se desvalorizem e que só o direito positivo possa ser modificado com a própria Constituição. Sendo assim, a Constituição deve ser percebida como autojustificante. Cf. os fortes argumentos de Ronald Dworkin, em *Taking Rights Seriously*, Londres, 1978. Deve-se acrescentar ainda que esse problema não pode ser apresentado formalmente no *Common Law* inglês, uma vez que os limites "constitucionais" do poder legislativo se interpretam por si sós como *resultado* de um amplo desenvolvimento histórico da proteção do direito individual.

rências extrajurídicas ou do direito natural. Sua proposta de substituição consiste na conhecida distinção entre dois tipos de regras: regras de obrigação e regras de reconhecimento. Mas essa solução é compensada como uma renúncia a toda e qualquer reivindicação de validade dessas regras de reconhecimento (pois isso demandaria mais regras de reconhecimento). Uma regra de reconhecimento "pode não ser válida nem inválida, mas é simplesmente aceita como adequada para uso dessa maneira"[134]. Isso tem todas as vantagens e desvantagens de uma solução, que na história da teoria leva o nome de David Hume, e deixa aberto, sobretudo, o modo de se compreender a unidade de um sistema (a "união de regras primárias e secundárias", de Hart) que consiste em obrigações e hábitos, regras válidas e não válidas (mas não inválidas). Essa é precisamente a questão em que se posiciona o conceito da autopoiese. Trata-se, em todo caso — e aqui preferiríamos falar em "práticas de reconhecimento" —, de operações dispostas em rede internamente ao sistema, e ainda que o sistema externalize seus fundamentos de validade, a externalização se manterá interna ao sistema. No nível de uma observação de segunda ordem, não se pode evitar uma definição circular, o que permite, então, apenas assimetrizações *temporais*. A todo momento vale como lícito ou como ilícito o que antes foi posto como validade.

As teorias clássicas da hierarquia da validade pressupõem sempre uma escala duradoura, isto é, que pode ser utilizada em várias ocasiões. O olhar pode vagar de alto a baixo e voltar, a fim de buscar e determinar as razões para a validade.

---

134. Assim, cf. H. L. A. Hart, *The Concept of Law*, Londres, 1961, p. 105 e s.

A teoria da validade temporal que aqui apresentamos omite essa premissa. A validade é, de momento a momento, de novo assimilada como produto do sistema. Por isso, ela se garante exclusivamente mediante a integração recursiva das operações com o menor uso possível de informações (redundância). Isso significa também que o sistema produz a sua própria individualidade, já que o tempo é, com base na seletividade que o coage, um fator individualizante: pode-se mover de 1 a 2 somente uma vez.

A disposição que vai da hierarquia ao tempo permite renunciar a uma fundamentação normativa da validade em uma norma "superior". Qualquer fundamentação normativa da validade se perderia em um regresso infinito, ou, em outras palavras, teria de se pressupor a si mesma. Ela teria de pressupor o seu próprio "e assim por diante". Por isso, a única situação de validade incondicionada se encontra no *tempo*. Mais precisamente, ela reside na simultaneidade de todas as operações factuais do sistema da sociedade e de seu ambiente, portanto, tudo o que acontece acontece *agora* — e não no passado ou no futuro. Os horizontes do tempo são, no que diz respeito à atualidade, horizontes vazios, que servem tão somente para orientar o presente e para que com ele se desloque. Mas a simultaneidade significa que *não se pode influir causalmente nem saber o que acontece nesse mesmo tempo*, daí se depender de suposições, imputações e ficções. Sobre essa base de *incapacidade* se ancora a validade do símbolo de validade. Não se pode fazer outra coisa a não ser imputar, sem necessidade de submeter à prova, uma vez que, em dado momento, também outras operações do sistema do direito, assim como seu ambiente social e psíquico, atestam o símbolo de validade. Por isso, a única prova de validade reside na contínua modificação do estado de validade do sistema, na conexão contínua de operação a operação, na autopoiese do sistema. Como produto colateral desse autoasseguramento do sistema surge o que um observador descreveria como complexidade. Para isso, não há nenhuma razão última a não ser o modo e a limitação do modo de produção.

IX

Além do símbolo formal da validade jurídica, o sistema da validade jurídica dispõe de uma segunda possibilidade de expressar sua unidade operativa, qual seja, sob a forma do *princípio da igualdade*[135]. Desde a antiguidade, esse princípio encontra-se entre as representações fundamentais de toda a cultura do direito. Desse modo, ele é aceito como se fosse, por si mesmo, evidente. A igualdade é a preferência mais abstrata do sistema, o critério último de atribuição, em casos de litígio, do que é lícito e do que é ilícito. Nessa função, adota também o nome de "justiça"[136]. O fato de já não se poder perguntar por outra fundamentação é um indício seguro de que temos diante de nós uma figura da mais alta relevância teórica. Mas o que tem isso a ver com o fechamento operativo?

O que primeiramente salta aos olhos é o fato de não se afirmar que tudo seja igual ou que deva ser tornado igual. Muito mais é a igualdade um conceito-forma, que vive gra-

---

[135]. Comparar também com Raffaele de Giorgi, *Modelli giuridici dell'uguaglianza e dell'equità*, Sociologia der diritto 18 (1991), p. 19-31.

[136]. Voltaremos a abordar esse tema de maneira concentrada no Capítulo 5.

ças ao fato de possuir uma contraparte: a desigualdade. Sem a desigualdade, a igualdade não tem sentido algum — e vice-versa. Se o igual deve ser tratado como igual, o desigual deve ser tratado como desigual; caso contrário, o que é desigual sob determinadas perspectivas não pode, por sua vez, ser tratado como desigual de caso a caso. Se se abandona um conceito normativo de igualdade, chega-se à regra aristotélica segundo a qual a igualdade é que tem de ser tratada com igualdade e que a desigualdade é que tem de ser tratada com desigualdade. Trata-se, portanto, de um esquema de observação que sugere o desenvolvimento de normas e preferências, sem ele próprio chegar a determinar a preferência pela igualdade. (Seria pouco plausível se se quisesse prescrever que todos os criminosos devessem ser punidos da mesma maneira.) Portanto, a forma da igualdade serve para contrastar as desigualdades. Estas, por sua vez, devem receber tratamento igual, até essa igualdade novamente sugerir a observação e a caracterização da igualdade. Como toda comparação, também essa leva à descoberta de diferenças, o que conduz à questão sobre se essas desigualdades interditam ou não que se as trate por iguais. Essa questão é a única que chega a algum sentido prático no desenvolvimento do direito.

A partir dessa posição, a igualdade se transforma de uma forma em uma norma. O tratamento igual passará a valer então como regra, com base na qual se fazem possíveis as exceções, quando a desigualdade dos casos se revelar pronunciada. A simetria da forma bilateral será assimetrizada pelo esquema regra/exceção.

Contudo, essa é a forma, não a norma, que encerra o sistema. "A distinção é a continência perfeita.[137]" A distinção igual/desigual contém tudo, incluindo a si mesma, já que o teorema da igualdade deve-se aplicar por igual a todos os casos. Sob um olhar mais preciso, reconhece-se um programa de dissolução de paradoxos. A universalidade da igualdade significa que em *sua* aplicação existem somente casos iguais e nenhum desigual. Visto dessa forma, o teorema da igualdade representa o sistema no sistema. Ele não requer razões adicionais, uma vez que descreve apenas a autopoiese do sistema. O truque lógico (ou o salto lógico, do paradoxo à assimetria de uma regra manipulável) reside na interpretação da forma como norma[138].

A forma da igualdade é de uma formalidade extrema, a ponto de se adaptar preferencialmente às formas de diferenciação cambiantes do sistema da sociedade. Nas sociedades estratificadas, era precisamente o estatuto social diferente que justificava o tratamento desigual: *unde oportet quod etiam leges imponantur hominibus secundum eorum conditionem* [donde é mister que também as leis sejam impostas aos homens segundo sua condição][139]. Em uma sociedade diferenciada por funções, apenas o ponto de referência muda. A desigualdade passa a ser aquilo que na operação interna do sistema de funções tem de

---

137. George Spencer Brown, op. cit., p. 2

138. Aqui se sugere pensar em uma inversão teológica do juízo final. Deus se utiliza do teorema da igualdade também como programa de resolução de paradoxos, mas em sentido inverso. Trata a todos os pecadores de maneira desigual (mas não se espera que assim seja com todos os pecadores), isto é, como indivíduos. Para essa prática do teorema da igualdade, não existe caso igual.

139. São Tomás de Aquino, *Summa Theologiae* Ia IIae q. 96, art. 2, cit. segundo a edição de Turim, 1952, p. 435.

ser tratado como desigual, para que assim possa cumprir sua função. Desse modo, a forma da igualdade não mais significa o reconhecimento da essência segundo semelhanças e diferenças, mas a dinamização do sistema como um todo mediante a contínua repetição da pergunta sobre se isso é igual ou desigual[140].

Além disso, atualmente é preciso distinguir entre um uso político e um uso jurídico do teorema da igualdade. A política exige que as pessoas sejam tratadas com igualdade. O direito exige que os casos sejam tratados com igualdade. O mandamento constitucional da igualdade, como norma jurídica, pode fazer que a igualdade política seja juridicamente interpretada como igualdade/desigualdade dos casos. Todavia, politicamente isso não é o bastante, uma vez que a política exige de si mesma que sejam absorvidos todos os novos impulsos de igualdade a fim de transformá-los em direito (e só então, assim, em casos do direito).

O esquema igual/desigual gera uma necessidade de critério, mas ele próprio não determina os critérios de que se necessita. A igualdade em si não é critério de igualdade (tampouco a verdade é um critério de verdade). Enquanto no direito

---

140. Assim, por exemplo, Guido Calabresi, *A Common Law for the Age of Statutes*, Cambridge Mass., 1982, p. 13 es, com a ajuda da jurisdição acerca da cláusula à proteção da igualdade: "O motor mais potente de mudança na *Common Law* foi, por incrível que pareça, o grande princípio que, assim como os casos, deve ser tratado da mesma maneira" (13). De modo semelhante — *justitia semper reformanda* —, também Reinhold Zippelius, *Der Gleichheitssatz, Veröffentlichungen der Vereinigung der deutschen Staatsrechtslehrer* 47 (1991), p. 7-32 (31 es.). De modo geral, esse efeito de dinamização é tão óbvio que o olhar se dirige mais às razões (jurídicas e sociais) que dificultam a imposição das modificações legais. Cf. sobretudo Leon H. Mayhew, *Law and Equal Opportunity: A Study of the Massachusetts Commission Against Discrimination*, Cambridge Mass., 1968; Dinesh Khosla, *Untouchability — a Case Study of Law in Life*, in Adam Podgorecki et al. (org.) *Legal Systems and Social Systems*, Londres, 1985, p. 126-73.

natural tendia a partir de princípios de razão, o *Common Law* já desde o século XVI esteve mais fixado na continuidade histórica das distinções. Partia-se (e ainda se parte) do fato de que desde sempre há uma tradição de decisões jurídicas que teriam descartado os casos de tratamento igual ou desigual. Nessa tradição, o juiz encontra o esquema igual/desigual na forma já concretizada. Se ele quiser falar em direito, terá de se ater a essa tradição, e é precisamente isso que o permite, de sua parte, decidir e selecionar os casos a que dispensará tratamento desigual se vier a descobrir, como se poderia dizer, uma desigualdade capaz de igualdade, e disso pudesse dar cabo de maneira convincente. A "racionalidade" dessa prática encontra-se no manuseio da forma bilateral de igual e desigual, que possibilitou, como nos mostra a experiência, uma ligação continuamente renovada entre continuidade e inovação[141]. O direito natural (como direito racional), no entanto, uma vez que é fundado em princípios, enfrentará as dificuldades da inconsistência dedutiva e da indeterminação interpretativa desses princípios, razão pela qual encontra-se inclinado a encarregar o legislador, auxiliado por acadêmicos, da tarefa de codificação e de inovação[142]. Mas, independentemente do caminho que a evolução do direito tome, seus resultados são observados e refinados com o auxílio do esquema igual/desigual. O esquema igual/desigual é um esquema de distinção evolucionária, isto é, um esquema que

---

[141]. A esse respeito, cf. Gerald J. Postema, *Bentham and Common Law Tradition*, Oxford, 1986, p. 3 es; W. T. Murphy, "The Oldest Social Science? The Epistemic Properties of the Common Law Tradition", *The Modern Law Review* 54 (1991), p. 182-215.

[142]. Cf. a tipologia dos juristas de R. C. Caenegem, *Judges, Legislators and Professors: Chapter in European Legal History*, Cambridge England, 1987.

gera mais igualdades e mais desigualdades. Assim, os novos casos, reconhecidos como desiguais, são subsumidos a uma regra que possibilita convertê-los em uma série respectiva de casos iguais. O esquema igual/desigual reproduz-se a si mesmo. Ele serve como princípio da bifurcação do sistema. E bifurcação significa sempre a construção de uma ordem historicamente irreversível. Com o conceito de justiça, será então expressa a autoavaliação desse processo, o que lhe foi conferido pela possibilidade de exigir, aprovar e criticar.

Se, como fundamento, coloca-se uma conceitualização em teoria dos sistemas, vêm à luz aspectos completamente diferentes. Compreende-se então como se põe em marcha uma autopoiese do sistema jurídico em razão do fato de serem recordados não só os materiais de conflito, a solução de litígios em casos isolados, as reivindicações rechaçadas ou aceitas como acontecimentos históricos, mas também que tudo isso se junta e se reflete como requisitos para a prática futura. Uma vez que novos casos podem ser considerados tanto iguais como desiguais, a tradição só não determina as decisões futuras. Porém, o que se deve aceitar é a integração recursiva das decisões anteriores com as posteriores no mesmo sistema — que é precisamente o modo como denominamos fechamento operativo. Só se pode descobrir o que é lícito e o que é ilícito no confronto com decisões anteriores e, em menor medida, na antecipação das possibilidades futuras. Para tanto, a forma bilateral da igualdade vem servir de fio condutor, isto é, na decisão sobre se casos diferentes devem ser tratados como iguais ou desiguais, deve-se levar em conta apenas distinções geradas internamente ao sistema.

Nesse sentido, a igualdade interessa precisamente no diversificado, e, de modo correspondente, a desigualdade é outra coisa que não a diversidade. A diversidade deve ter existido já no Paraíso ou na comunidade original e mítica. De acordo com a representação antiga, ela é um momento de perfeição da criação. A desigualdade, por sua vez, advém somente pelo pecado original ou, segundo a teoria do direito natural, pelo uso diferencial da propriedade[143]. O esquema de observação igual/desigual, diferentemente do puro e simples reconhecer de diversidades, é um esquema universal e, ao mesmo tempo, altamente específico. Ele põe em marcha uma história dos sistemas, conduzindo assim ao estabelecimento (e à alteração) de critérios que só são válidos para o sistema que, de modo correspondente, articula suas próprias decisões. E também nessa medida é válido o que de modo geral se observa no sistema operativamente fechado: não se podem importar estruturas de fora, mas se pode, com o auxílio de suas próprias operações, estabelecê-las, modificá-las ou abandoná-las ao esquecimento.

Por fim, a análise precedente permite ordenar o direito à igualdade no âmbito normativo geral dos direitos humanos, e isso inclui considerá-lo paradigma para os direitos humanos. Assim nos separamos da interpretação jurídica dos direitos humanos, necessária para fins da prática do direito. Os direitos humanos têm que ver com a complexidade das relações e, portanto, essencialmente, com os efeitos da diferenciação funcional. Eles são um correlato perfeito à abertura estrutural da sociedade moderna para o futuro. Se os indivíduos devem

---

143. A esse respeito, de maneira detalhada, cf. Niklas Luhmann, *Am Anfang war kein Unrecht, in Gesellschaftsstruktur und Semantik*, vol. 3, Frankfurt, 1989, p. 11-64.

obter acesso a todos os sistemas funcionais em suas maneiras respectivamente diferentes e se, ao mesmo tempo, sua inclusão for internamente controlada nesses sistemas funcionais mediante a decisão do que é visto como igual e do que não é, com o auxílio de critérios funcionais — se tudo isso é parte e parcela dos imperativos estruturais da sociedade moderna —, é impossível *dizer de antemão o que cada um tem de dizer ou como cada um tem de contribuir*. Sob essas circunstâncias, as hipóteses acerca da "natureza" do homem e sobre direitos que resultam de maneira lógica e concludente dessa natureza são, no melhor dos casos, detalhes pictóricos nas fundamentações de decisão. Em termos de funções sistemáticas, os direitos humanos servem para manter aberto o futuro das reproduções autopoiéticas diversificadas do sistema. Nenhuma subdivisão, nenhuma classificação e muito menos uma seleção política de homens deve limitar o futuro. Afinal, os seres humanos pertencem ao ambiente do sistema, e o futuro, por sua vez, permanentemente impossível de prognosticar, só se produz a partir da autopoiese e da deriva estrutural da sociedade.

As análises até aqui realizadas dizem respeito a um segmento da problemática da igualdade e, poder-se-ia dizer, à semântica da forma da igualdade, que coage o sistema à produção de seus próprios critérios. Independentemente disso, porém, há ainda um segundo problema: a igualdade da competência da ação no sistema. Aqui não se trata de um problema de autonomia[144], mas de um problema de inclusão.

---

144. De outra maneira, por partir de um conceito causal de autonomia, Richard Lempert, "The Autonomy of Law: Two Visions", in Gunther Teubner (org.), *Autopoietic Law: A New*

As possibilidades de êxito no tribunal, como também as de influir na legislação, variam muito de acordo com a estratificação social. Isso se deve precisamente porque a capacidade de falar, de ser competente nos sistemas de interação e de suposta civilidade variam de acordo com o extrato social[145]. Nem se consideradas pela perspectiva da função do direito ou pela da autonomia do sistema as diferenças de acesso ao direito e de competência de atuação no direito terão alguma função. É difícil determinar se e como elas influenciam a evolução do sistema, a não ser que se trate de casos particulares ou de âmbitos específicos de problemas[146]. Os esforços realizados internamente ao sistema do direito, a fim de equilibrar as chances de êxito (o que se pode dar com o auxílio da defensoria pública, quanto as custas processuais), encontram seu limite no fato de ter havido estratificação também na sociedade moderna. Aliás, para o sistema do direito, os interesses das classes menos favorecidas são apenas interesses cuja justificação não resulta nem de seu estatuto diferenciado, nem do interesse enquanto tal. Por isso, um caso jurídico não deve ser decidido de maneira diferente apenas em razão de a parte pertencer a uma camada menos favorecida — a não ser que o próprio direito conte com a previsão de algo nesse sentido.

Approach to Law and Society, Berlim, 1988, p. 152-90 (166 es.)

145. Para uma elaboração teórica, cf. Marc Galanter, Why the "Haves" Come Out Ahead: Speculations on the Limits of Legal Change, *Law and Society Review* 9 (1974), p. 95-160.

146. Sobre isso, contam-se também numerosos documentos. Por exemplo, Marvin E. Wolfgang/Marc Riedel, Race, "Judicial Discretion, and the Death Penalty", *Annals of the American Academy of Political and Social Sciences* 407 (1973), p. 119-33.

X

Dedicamos aqui bastante tempo com uma descrição do fechamento operativo do sistema jurídico. Algo inevitável, enquanto não se pode saber com exatidão, afinal, de que se trata. A teoria dos sistemas eleva as exigências de precisão e o grau de diferenciação das descrições, mas isso não significa que o potencial de estimulações esteja esgotado ou que as investigações sejam dadas por concluídas[147]. No passo a seguir, indagaremos sobre as condições estruturais desse fechamento operativo. O ponto de partida é a suposição de que devem existir dispositivos estruturais que aumentem a probabilidade de satisfação das expectativas normativas, pois, de outro modo, o desenvolvimento não se distanciaria das evidências e se deteria nas estruturas mais elementares das relações humanas[148].

Conformamo-nos até aqui com o debate sobre duas condições diferentes, que no transcurso da evolução do direito se entrelaçam com formas de combinação diferentes, que variam histórica e culturalmente. Por um lado, deve-se especificar o que o direito exige para, então, exigir que se faça possível uma

---

147. A demanda, tantas vezes ouvida, por uma comprovação empírica de uma análise de sistemas teóricos é plenamente justificada; mas é claro que ela não se justifica quanto ao *conceito* de autopoiese, ficando, na maioria das vezes, não especificada, uma vez que é preciso supor que a invocação da empiria é ouvida como reflexo condicionado sempre que alguém se sente atraído para termos desconhecidos. Muito mais apropriada é a queixa que se ouve, em conexão com ela, sobre o grau de abstração da teoria dos sistemas, já que as chamadas pesquisas empíricas se dão, tão somente por razões de método, em um grau de abstração muito maior, só que não o sabem.

148. Sobre o grau de satisfação das expectativas de comportamento em sociedades tribais muito simples (ainda não "colonizadas"), as ideias são hoje bastante céticas. Cf., por exemplo, Leopold Pospisil, *Kapauku Papuans and Their Law*, New Haven, 1958, reimpr. 1964, sobretudo p. 250; Ronald M. Berndt, *Excess and Restraint: Social Control Among a New Guinea Mountain People*, Chicago, 1962.

reutilização, uma repetição de uma expansão que condensa e confirma. Por outro lado, o direito deve ter perspectivas suficientes para se impor, pois, de outro modo, ele acabaria por se vergar ante os fatos. Não pode ser o caso de que a pessoa cujas expectativas de justiça se vissem frustradas se limitasse a asseverar que detinha a expectativa correta[149]. É preciso que aconteça algo em favor de uma imposição real ou compensatória de seu direito.

A especificação das expectativas jurídicas é, em primeiro lugar, uma questão da memória da sociedade, e, assim, cada vez mais uma questão da limitação do que se deve conservar em qualidade de premissa para o tratamento de casos futuros. Ela depende, sobretudo, de uma memória do vivente, da lembrança, e então do registro por escrito. Assim, a memória não é simplesmente a provisão dos fatos passados, mas, antes de tudo, uma organização do acesso às informações. Essa organização, e não o que de fato se deu no passado, é decisiva para a realização das operações concretas do sistema. A reconstrução temporal, com o auxílio de uma distinção entre presente e passado, é apenas um meio auxiliar e se mantém como construção da memória. A memória então legitima o seu próprio produto, e sob certas condições ela o faz mediante referência à origem, ao recurso à duração prolongada, à liberdade condicional, ainda que possa funcionar de maneira simplesmente factual (assim,

---

149. Essa função da pura e simples constatação é cumprida, em certos aspectos, pela religião, que se encarrega do problema de explicar o sofrimento, a injustiça e a infelicidade. De certo modo, a religião parece cristalizar-se no ponto preciso dessa insuficiência da imposição do direito, estimulada pelas expectativas das concepções morais recentes, que devem se manter isentas de sanções jurídicas. Isso é algo que se pode reconhecer contrastando as novas pretensões de motivação em relação aos fatos jurídicos registrados mediante o princípio de retaliação, sobretudo no Antigo Testamento.

não é preciso lembrar que se aprendeu que uma porta se abre com a maçaneta e que, se ela não dá passagem, é porque está fechada; tão simples). Mas também se poderia dizer que a memória põe à disposição os valores próprios[150] do modo de produção recursivo do sistema.

As sociedades que só podem dispor da comunicação oral dependem da memória dos sistemas psíquicos. Dela dependem tanto sua capacidade de recordar como sua capacidade de comunicar, de maneira plausível, o que o outro não viveu ou esqueceu. A velhice transforma-se em autoridade. Sabe-se que essa memória pode sofrer flutuações consideráveis quanto à adequação das normas às novas circunstâncias. A incerteza que assim é bem de se esperar não costuma ser muito alta, já que a margem de ação que se esboça para as normatizações não é das maiores.

Tão logo a escrita se faz disponível, a memória do sistema perde a facilidade de esquecer, descartar ou reconstruir um passado adequado. Pela escrita, a memória se endurece, tanto mais que se descondiciona psiquicamente. Sobre esse problema original da escrita, a discussão mais impressionante encontra-se no direito jurídico[151] e, precisamente, na forma de distinções muito precisas para o sentido que nos ocupa. O direito da Torá foi revelado no Monte Sinai; trata-se, pois, de um texto

---

150. No sentido de Heinz von Foerster, *Gegenstände: greifbare Symbole für (Eigen)-Verhalten, in Sicht und Einsicht: Versuche zu einer operativen Erkenntnistheorie*, Braunschweig, 1985, p. 207-16. Cf. também "Gedächtnis ohne Aufzeichnung", op. cit., p. 133-71, e id., "What is Memory that is may have Hindsight and Foresight as well", in Samuel Bogoch (org.), *The Future of the Brain Sciences*, Nova York, 1969, p. 19-64.

151. Cf., de modo geral, Arthur J. Jacobson, "The Idolatry of Rules: Writing Law according to Moses, with referente to Other Jurisprudences", *Cardozo Law Review* 11 (1990), p. 1079-132.

qualificado pela religião. Foi revelado a Moisés, que ouviu, e ao povo, que pôde *ver* o que tinha acontecido. Essa revelação foi divulgada tanto pela tradição *escrita* como pela *oral*, para que assim a autenticidade da base textual e, ao mesmo tempo, da contínua capacidade de adaptação, bem como o polir das asperezas originais, se fizessem garantidos[152]. Por isso, a tradição deve transmitir tanto o *consenso* como o *dissenso*, tanto a opinião da maioria, que conduz a decisões vinculantes, como as opiniões que são por ela rejeitadas e que, em todo caso, encontram fundamento no texto revelado e têm sua inexatidão comprovada por seu caráter religioso[153]. É evidente que essas distinções são de um tempo posterior, sobretudo do tempo que sucede a destruição do segundo templo. De modo eloquente, elas mostram o desdobramento do paradoxo original do direito e fazem-no mediante distinções que se lhes relacionam de maneira precisa: se se pode comprovar empiricamente a tradição milenar sem necessidade de Estado, revela-se então que ali se encontrou, sob condições muito particulares, uma solução

---

152. Cf. Georg Horowitz, *The Spirit of Jewish Law* (1953), reimpr., Nova York, 1973; Louis Ginzberg, *On Jewish Law and Lore* (1955), reimpr., Nova York, 1977. Geza Vermes, *Scripture and Tradition in Judaism — Haggadic Studies*, 2. ed. Leiden, 1973 (em grande parte exegético); do mesmo autor, *Scripture and Tradition in Judaism: Written and Oral Torah*, in Gerd Baumann (org.),*The Written Word: Literacy in Transition*, Oxford, 1986, p. 79-95; Eliezer Berkowitz, *Not in Heaven, The Nature and Function of the Halakha*, Nova York, 1983, sobretudo p. 50 es; Jose Faur, *Golden Doves with Silver Dots: Semiotics and Textuality in Rabbinic Tradition*, Bloomington Ind., 1986, sobretudo p. 84 e es.; compare também com Ishak Englard, "Majority Decision vs. Individual Truth: The Interpretation of the 'Oven of Achnai' Aggadah", *Tradition: A Journal of Orthodoxe Jewish Thought* 15 (1975), p. 137-52.

153. Cf. Jeffrey I. Roth, "Responding to Dissent in Jewish Law: Suppression Versus Self-Restraint", *Rutgers Law Review* 40 (1987), p. 31-9; do mesmo autor, *The Justification for Suzanne Last Stone, In Pursuit of the Countertext: The Reclaiming of Jewish Sources in Contemporary American Legal Scholarship*, Ms., 1992.

estável de problemas. Mas toda e qualquer tentativa de acomodar essa tradição enreda-se no paradoxo e assim acaba enredando a liberdade de solucionar problemas — seja em razão do consenso, seja em razão do dissenso. A ninguém deve surpreender os autores judeus reconhecerem melhor o paradoxo constitutivo do direito[154].

Desse modo, a escrita parece ter sido a ocasião de reproduzir a unidade do sistema mediante distinções, das quais a unidade, então, apenas paradoxalmente pode ser formulada. Ainda que isso não se possa apreender com clareza, pode-se ver que o sistema do direito reage à fixação escrita por meio de corretivos — seja por liberdades de interpretação, seja pelo estabelecimento de procedimentos de modificação do direito ou mesmo apenas pela expansão para âmbitos ainda não apreendidos[155]. O substrato material da memória do sistema tem, assim, efeitos reconhecíveis no próprio desenvolvimento do direito[156] — mas isso, é claro, somente na medida em que as normas do direito já estiverem suficientemente especificadas. Deve-se recordar unicamente o direito que já foi comprovado e não apenas afirmado, e somente os aspectos normativos de

---

154. Cf., sobretudo, Benjamin N. Cardozo, *The Paradoxes of Legal Science*, Nova York, 1928.

155. Nesse sentido, não parece ser por acaso que o termo "polícia", do início da Idade Moderna, tenha sido introduzido na época em que se começava a difundir a impressão de livros, ou seja, por volta de 1500. "Polícia" significa, precisamente, autorização de regulação de âmbitos que não estavam sujeitos (na época não estavam) à jurisdição e a seus textos estabelecidos.

156. Independentemente do contexto formal acima referido, é claro que existem também conexões semânticas, que dizem respeito à conceitualidade do direito. Cf. os efeitos da escrita alfabética em Eric A. Havelock, *The Greek Concept of Justice: From its Shadows in Homer to its Substance in Plato*, Cambridge, Mass, 1978.

um caso, e não a argumentação a que se procedeu em circunstâncias contenciosas. Portanto, deve-se ter na memória apenas o que realmente serviu para pôr em marcha a autopoiese do direito e que pode ser reutilizado para esse fim. Isso implica um esforço tão altamente seletivo em relação aos acasos da memória e do esquecimento como um todo que o asseguramento institucionalizável dos papéis comprova sua eficácia, e onde ele aparece, na evolução ele se impõe. Além da decisão direta sobre os litígios, essa institucionalização se converte, de maneira mais indireta, em uma função de longo prazo da advocacia[157]. Uma vez dispondo-se dessa aquisição, pode-se pensar também em legislação, isto é, em uma programação vinculativa das decisões do juiz.

Toda especificação das normas dignas de serem conservadas torna, a princípio, improvável a sua imposição no caso da frustração de uma expectativa. Pois de onde devem provir os interesses e as disposições passíveis de amparar aquele que se vir frustrado, uma vez que suas expectativas são determinadas com tamanha precisão que ninguém poderá sen-

---

157. Aqui é secundário saber desde quando e graças a quais circunstâncias especiais a instituição pode decidir de maneira vinculante acerca das disputas legais ou se só influi efetivamente sobre seu acordo. As *rank societies* (sociedades com chefes de tribo) normalmente não funcionam sem um efeito de obrigação juridicamente (ou seja, legalmente) assegurado. (Acerca das *rank societies*, comparar, por exemplo, com Morton H. Fried, *The Evolution of Political Societies: An Essay in Political Anthropology*, Nova York, 1967.) Mesmo para a sociedade relatada por Homero, essa pergunta não pode ser respondida com segurança. Por isso, não se pode decidir com certeza se a instituição gerou o cumprimento da função da estabilização seletiva ou o inverso, isto é, se a função gerou a instituição. Em todos esses casos, o estabelecimento de uma realização depende da evolução, e evolução significa amplificação, produzida circularmente, de um desvio do estado anterior (*deviation amplification*).

tir-se na situação em questão? Portanto, o apoio só pode vir da participação generalizada. Ele tem de ser estendido a um dever de apoiar os que fornecem apoio, tornando hierárquicas as relações de associações menores com as maiores, devendo assim, finalmente, ser trazido à forma de uma salvaguarda diferenciada pelo sistema político[158]. Isso exige uma especificação funcional da política para as decisões coletivamente vinculantes (mesmo em espaços extralegais, como o das decisões sobre guerra e paz) e sua salvaguarda por meio do controle sobre o uso da força física.

Ao contrário do que possa parecer à primeira vista, isso não significa que o sistema jurídico e o sistema político componham um único sistema. Contudo, eles dependem de formas peculiares de acoplamento estrutural e são por elas atrelados. Uma das invenções mais significativas e ricas em consequências nessa área foi a do cargo romano de pretor. Ao pretor cabia formular as condições sob as quais ele receberia uma ação, isto é, cabia-lhe encarregar um tribunal com o papel de resolução de litígios e provê-lo com uma garantia de execução[159]. Com base na reutilização de fórmulas dessa natureza desenvolveu-se o sistema jurídico de ações do direito romano, e com base em

---

158. Amplamente pesquisado com relação à sociedade segmentária. Cf., por exemplo, Max Gluckmann, *Custom and Conflit in Africa*, Oxford, 1955; P. H. Gulliver, "Structural Dichotomy and Jural Processes Among the Arusha of Northern Tanganyka", *Africa* 31 (1961), p. 19-35.

159. Sobre o que há de estranho nessa instituição sob perspectivas modernas, cf. Franz Wieaker, *Vom römischen Recht*, Leipzig, 1944, p. 86 es. Sobre o desenvolvimento da instituição da prática de emitir editos e do *agere per formulas*, cf. também Mario Bretone, *Storia del diritto* romano, Bari, 1987, p. 139 es. Sobre as comparações com condições muito semelhantes da gênese do *Common Law*, cf. Hans Peter, *Action e Writ: Eine vergleichende Darstellung römischer und englischer Rechtsbehelfe*, Tübingen, 1957.

sua interpretação na docência e na prática de casos desenvolveu-se o que hoje conhecemos como direito romano. Como ainda veremos em detalhes, mecanismo funcional equivalente é oferecido pelas Constituições modernas.

Como resultado, esse ramo da evolução cumpre a promessa, semeada dentro dela própria, de conduzir a um sistema altamente complexo de expectativas normativas juridicamente protegidas, que ademais contam com a garantia política de sua implementação. Mas é claro que isso não significa que o nível de felicidade na vida em sociedade tenha efetivamente se elevado, e muito menos que o direito reflita o estado *factual* a que chegou a sociedade. A estrutura contrafactual da normatividade se opõe a isso, e tampouco a garantia política do direito naturalmente pode garantir que todas as expectativas sejam cumpridas. Será preciso operar um desvio para as compensações ao não cumprimento, sobretudo para penas e indenizações. Mas se chegou, indiscutivelmente, à produção da complexidade particular, que está na base da diferenciação de um sistema do direito de fechamento operativo.

Capítulo 3

A FUNÇÃO DO DIREITO

I

A pergunta pela função do direito é feita aqui com referência ao sistema da sociedade. Trata-se, em outras palavras, de ver que problema do sistema da sociedade é solucionado pela diferenciação de normas jurídicas específicas e, por fim, pela diferenciação de um sistema de direito especializado. Nesse processo ficam excluídos, sobretudo, os questionamentos psicológicos e antropológicos[1], mas isso não significa que tenham de ser postos de lado, como se não existissem. O problema é, no entanto, que as pessoas sejam empiricamente consideradas apenas indivíduos e que os enunciados generalizados sobre os seres humanos, sobre a consciência e sobre a pessoa sejam difíceis de controlar. Já com sociedade, ao contrário, pensamos em uma comunicação corrente e que se dá de maneira concreta, uma comunicação empiricamente observável, mesmo quando se tem um sistema unitário altamente complexo. Por isso, não

---

1. Concepção decididamente oposta foi defendida, sobretudo, por Helmut Schelsky, baseando-se em Malinovsky. Cf. "Systemfuntionaler, anthropologischer und personfunktionaler Ansatz der Rechtssoziologie", in Helmut Schelsky, *Die Soziologe und das Recht: Abhandlugen und Vorträge zur Soziologie von Recht, Institution und Planung*, Opladen, 1980, p. 95-146. Cf. Também Norberto Bobbio, "L'analisi funzionale del diritto: tendenze e problemi", in id., *Dalla stuttura ala funzione: Nuovistudidi teoria deldiritto*, Milão, p. 89-121 (111 es.), com uma distinção entre referências sociais e individuais. Na perspectiva individualista (portanto, utilitarista) sobre essa questão, Jeremy Bentham é autor proeminente. Sobre o tema da segurança de expectativa em Bentham, cf. J. Postema, *Bentham and the Common Law Tradition*, Oxford, 1986, p. 159 es.

teremos de buscar e verificar enunciado algum, que se deixarão generalizar pela recorrência a inúmeros sistemas diversos.

Com referência ao sistema da sociedade, pode-se contestar sobre se e em que sentido existem "problemas de referência" e, assim, funções, independentes de uma diferenciação de operações e sistemas de função correspondentes. O risco de uma resposta tautológica é evidente (mas isso não valeria para princípios utilitaristas ou orientados pela necessidade). Esse problema, nós evitamos pela abstração. Descrevemos o problema da referência da função do direito em outros conceitos, mais abstratos do que o próprio direito. Os lógicos talvez o tomassem por um "desdobramento da tautologia", e isso significa dissolução de um círculo autorreferencial em identidades diferenciáveis. Segundo a hipótese que explicitaremos a seguir, o direito soluciona um problema temporal, o qual se apresenta sempre na comunicação social, quando a comunicação no processo não basta — seja como expressão, seja como "prática" —, sendo, pois, guiada por expectativas numa extensão temporal de seu sentido, e o direito expressa essas expectativas. A função do direito está relacionada a expectativas; com efeito, se parte da sociedade e não de indivíduos[2], existe a possibilidade de trazer reconhecimento tanto às expectativas de comunicar como à comunicação. Portanto, com "expectativa" temos em mente não um estado de consciência atual de determinado indivíduo, mas um aspecto temporal do sentido de comunicações. Com ênfase na dimensão *temporal* como fundamentação da função

---

2. Em uma perspectiva individualista (e depois utilitarista), o autor mais proeminente para essa questão é Jeremy Bentham. Cf. sobre o tema segurança da expectativa em Bentham Gerald J. Postema, *Bentham and the Common Law Tradition*, Oxford, 1986, p. 159 es.

do direito, encontramo-nos em oposição a uma antiga teoria da sociologia do direito, que destacava a função social do direito, valendo-se de conceitos como "controle social" ou "integração"[3]. Com a escolha desses conceitos, que é central para o entendimento dos sistemas sociais em seus amplos traços, corre-se, porém, o risco de não reconhecer as peculiaridades do direito[4]. A vantagem de uma focalização em uma única (ou, pelo menos, primeira) função é compensada com uma sobrecarga em equivalentes funcionais, com a consequência de que a diferenciação do direito só pode ser apreendida no plano das profissões, ou seja, das organizações.

É evidente que a relevância social do direito não pode ser negada; porém sua função integrativa pode bem ser posta em dúvida. Esse aspecto ganhou o devido relevo, sobretudo,

---

3. Cf. Roscoe Pound, *Social Control through Law*, New Haven, 1942; Talcott Parsons, "The Law and Social Control", in William M. Evan (org.), *Law and Sociology*, Nova York, 1962, p. 56-72; com retrospectiva da correspondente história de uma sociologia do direito que não valorava suficientemente o direito em sua função social, cf. id., "Law as an Intellectual Stepchild", in Harry C. Bredemeier, *Law as an Integrative Mechanism for an Old Profession*, Nova York, 1962, p. 39 es: Manual Atienza, *Introduction al Derecho*, Barcelona, 1985, p. 61 es: Donald Black, *The Social Structure of Right and Wrong*, San Diego, 1993. Hoje em dia, temos de mencionar, sobretudo, Jürgen Habermas como representante de uma função sociointegradora do direito. Cf. *Faktizität und Geltung: Beiträge zur Diskurstheorie des Rechts und des demokratischen Rechtsstaats*, Frankfurt, 1992. Seu tratamento sistemático desse conceito exibe, de modo paradigmático, as dificuldades que resultam de se ter de definir as operações que efetivamente produzem a integração. Trata-se de mero intercâmbio de conjecturas com o qual se *poderia* chegar a uma compreensão comunicativa? Sendo assim, como? Ou simplesmente trata-se dos "círculos comunicativos, dos foros e com unidades, praticamente sem sujeitos" (op. cit., p. 170)? Ou trata-se da eloquente empatia daqueles que, em cada ocasião, expressarem sua qualidade de estar afetados sobre o ser afetado do afetado? Ou de como é possível, para tomar um caso concreto, encontrar uma regulamentação dos problemas da imigração que são "de igual interesse para os membros reais e aspirantes da comunidade" (p. 158) se, primeiramente, é preciso descobrir qual regulamentação poderia ser aceitável a todos os afetados?

4. A isso se refere o termo da "dupla institucionalização" em Paul Bohannan, "Law and Legal Institutions", *Internacional Encyclopedia of the Social Sciences*, vol. 9, Chicago, 1968, p. 73-8. No entanto, o autor se refere mais ao problema do que à sua solução.

no movimento dos estudos críticos jurídicos, assim como por outros críticos, inspirados por Marx. Podemos evitar essa controvérsia mediante a transposição do problema para a dimensão temporal, em que vemos o significado social do direito, que tem consequências sociais, quando as expectativas podem ser satisfeitas na condição de expectativas estáveis no decorrer do tempo.

É claro que operações sociais demandam tempo. Ainda que a comunicação individual dure apenas um breve instante, ou até menos do que isso, esvanecendo-se no momento em que é invocada, ela tem de ser definida no tempo mediante rede recursiva, isto é, referir-se por comunicação já transcorrida e para possibilidades de conexão futuras. Nessa medida, toda comunicação vincula tempo, já que ela determina de que estado de sistema tem de partir a comunicação seguinte[5]. Deve-se distinguir aí a fixação de sentido para uso repetido, por exemplo, a atribuição de sentido a palavras, conceitos e enunciados verdadeiros[6]. A essas autodeterminações de um sistema de comunicação chamamos semântica. Somente o depósito de uma semântica

---

[5]. É possível boicotar essa vinculação temporal de maneira bastante explícita pela interrupção; contudo, isso só faz chamar a atenção para o que de todo modo aconteceria se ela não tivesse sido interrompida.

[6]. Aqui pressupomos que essa ocupação do sentido é feito e mérito da comunicação sistêmica, e não uma representação de situações externas na consciência. Sobre a crítica a tais (certamente frequentes) ideias, cf. Dean MacCannell/Juliet F. MacCannell, *The Time of the Sign: A Semiotic Interpretation of Modern Culture*, Bloomington Ind., 1982, sobretudo p. 152 es; Benny Shanon, "Metaphors for Language and Communication", *Revue international de systémique* 3 (1989), p. 43-59. A posição assumida aqui de pronto obriga a abandonar a ideia de que a comunicação seja a "transferência" de um significado preconcebido em outro sistema.

para uso repetido conduz às vinculações temporais em sentido próprio, tema que será discutido a seguir[7].

O uso repetido de sentido comunicado satisfaz a uma dupla exigência, uma vez que seus resultados em última instância residem num sentido fixado por meio da linguagem e em comunicação socialmente diferenciada. Por um lado, esses usos repetidos têm de condensar a compreensão de uso definida e, assim, garantir que ela se mantenha mesmo em um contexto reconhecível como sendo o mesmo. Desse modo, surgem as invariâncias reidentificáveis. Por outro lado, tais usos precisam confirmar o sentido reutilizado, aplicando de maneira apropriada também em outro contexto. Assim surgem os excedentes de referências, que tornam indefinível toda fixação de sentido concreta, e todo uso futuro dessas referências sofre a pressão de ser selecionado para a devida aplicação[8]. Assim descrevemos, em forma extremamente abstrata, a gênese do sentido[9]. Somente quem compartilhar essa lógica do condensar e do confirmar poderá tomar parte na comunicação linguística e acoplar a consciência nas operações sociais.

Esse fenômeno foi denunciado em uma terminologia altamente vaga como o poder ou a violência da linguagem[10].

---

7. Nesse sentido, Alfred Korzybsky, *Science and Sanity: An Introduction to Non-aristotelian Systems and General Semantics* (1933), 4. ed., Lakeville, 1958, fala da *time-binding* como de uma função da linguagem.

8. Com essa tese de uma dupla exigência, mas não com sua interpretação, alinhamo-nos a George Spencer Brown, *Laws and Form*, cit. segundo a reedição Nova York, 1979, p. 10.

9. Para mais detalhes, cf. Niklas Luhmann, "Identität — was oder wie?", in *Soziologische Auflärung*, vol. 5, Opladen, 1990, p. 14-30.

10. Pierre Bourdieu, por exemplo, fala de "poder simbólico, relatos da força", dominação ante qualquer alternativa de liberdade e coação. Cf., por exemplo, *Ce que parler veut dire: l'économie des échanges linguistiques*, Paris, 1982. Sobre a aplicação de um

Contudo, para pôr a questão nesses termos é preciso responder à pergunta: de que modo a ubiquidade do poder pode ser esclarecida em um sistema altamente complexo? Procuramos evitar palavras tão fortes, bem como os preconceitos a elas inerentes. Mas determinamos que já nesse nível a vinculação temporal não se dá sem consequências sociais. Isso é tanto mais o caso quando nos aproximamos do âmbito das expectativas normativas e, consequentemente, da função do direito.

As condensações e as confirmações que possibilitam e acompanham as repetições limitam o espaço de manobra que seria possível com a arbitrariedade da ligação entre signo e significado. Surgem normas do falar corretamente e, além disso, normas do trato adequado com a linguagem, que são aceitos e seguidos, *ainda que se possa fazer de outra maneira*. Primeiramente, as sanções se encontram apenas nas pesquisas "etnometodológicas", em tentativas de autocorreção da comunicação[11]. Normas limitam a contingência em relação à delimitação da contingência, em especial a consolidação de uma redução aprovada do uso arbitrário de signos. A única alternativa a essa normatividade fundante é a anomia, como Durkheim, sobretudo, enfatizou. A esquematização segundo certo/errado, aceitável/inaceitável, normal/desviante ou simplesmente lícito/ilícito

---

uso linguístico político, cf. Wolfgang Bergsdorf, *Herrschaft und Sprache: Studien zur politischen Terminologie der Bundesrepublik Deutschland*, Pfullingen, 1983, com nítidas reservas em relação às possibilidades de uma manipulação puramente prática. Nesse contexto, também cabe a relevante queixa sobre a "falta de linguagem" das mulheres e de sua desvantagem em razão de certos casos de diferenciação linguística de gênero pela linguagem.

11. Cf. Harold Garfinkel, *Studies in Ethnomethodology*, Englewood Cliffs, Nova Jersey, 1967.

encontra-se já em ambos os lados da diferenciação *no seio* da ordem social. Também o lado da distinção avaliado como negativo se mantém no âmbito do compreensível; é sobre esse lado, em particular, que se pode comunicar. A avaliação negativa de uma possibilidade de desvio já de algum modo dada pela norma define o custo social da vinculação temporal e, ao mesmo tempo, quem terá de suportá-la no caso referido. Esses custos são referidos no sistema e não são relegados ao ambiente, onde seriam, então, ignorados.

É claro que, no sistema do direito, não se trata simplesmente da avaliação comunicativa da comunicação, mas — sobre essa base — da comunicação de todos os modos de comportamento que o direito abarca e normatiza. Mas isso inclui aquela condição de desarbitrarização das caracterizações, e, por isso mesmo, também aqui a vinculação do tempo deve se fazer consciente sob a forma do "ilegal", estabelecida e passível de atribuição.

A problemática social aumenta bruscamente quando, para assegurar essas vinculações temporais, faz-se necessário introduzir determinadas expectativas que não só não correspondem à realidade como podem até mesmo produzir decepções. Quem já não reconhece essas expectativas de antemão deve resolver conflitos sem saber quem tomará parte neles e como o fará. A vinculação temporal prejulga a tomada de partido na sociedade. A liberdade de comportamento é reduzida por antecipação, quando não de fato, ao menos no plano das expectativas. Aqueles que — por razões pessoais, que podem ser circunstanciais ou objetivas — quiserem atuar contra as expectativas estariam prejudicados de antemão. O direito discrimina:

decide a favor de um e contra o outro no âmbito de um tempo futuro que não pode ser previsto. A problemática de tal vinculação temporal obrigatoriamente se faz encobrir, uma vez que o direito atribui a si uma função motivacional. Também isso está incluído na simbologia do "dever" de suas expectativas. Os desprivilegiados pelo direito, e entenda-se os assassinos e ladrões, são considerados capazes de aprender e se adaptar, *ainda que o desprivilégio em questão não esteja relacionado com sua própria vida ou sua propriedade, mas com as dos demais*[12]. No entanto, isso só acontece porque se quer ter segurança quanto a um futuro ao qual a incerteza é inerente.

Essa relação que a função do direito mantém com o futuro explica a necessidade de simbolização de toda ordem jurídica. As normas jurídicas constituem um arcabouço de expectativas *simbolicamente* generalizadas. Desse modo, não só se produzem indicações generalizadas e independentes das circunstâncias, mas os símbolos referem-se sempre a algo que se dá como invisível e que não pode se tornar visível. Por meio das simbolizações, como bem se sabe pela religião, a sociedade produz estabilidades e sensibilidades específicas. Confia-se no símbolo porque não se pode ver o que se quer designar. O signo, como temos pela definição do conceito de símbolo, torna-se reflexivo como signo quando é designado como signo.

---

12. A abertura e a necessidade de delimitação aqui se fazem visíveis, tendo sido reconhecidas e tematizadas, sobretudo, por Thomas Hobbes — como se sabe, sem nenhuma influência sobre a prática jurisprudencial de seu tempo. Conforme mostraremos, para formular o problema sequer é necessário usar a linguagem (ainda que bem próxima ao direito) dos "direitos subjetivos". Com esse passo para a abstração, a visão de uma teoria política formulada ainda no contexto da sociedade civil amplia-se para uma teoria social na qual o sistema político e o jurídico exercem funções dos sistemas parciais.

Mas não se deve descartar de todo, desse modo, a imposição de uma realidade que transcorre de maneira distinta, diante do que, ao final, o indivíduo se verá iludido.

A referência temporal do direito não se encontra, pois, nem na vigência das normas, que se dividem em variáveis e invariáveis, nem na historicidade imanente ao direito[13]. Tampouco residirá na "matéria" do direito, que é a conduta humana, dada no espaço e no tempo. A referência temporal do direito encontra-se na função normativa no intento de se preparar, ao menos no nível das expectativas, para um futuro desconhecido, genuinamente incerto. Por isso, com as normas, varia também a medida com que a sociedade produz um futuro incerto.

O aumento das vinculações temporais na linha de expectativas estabilizadas contrafactuais encontra-se em evidente contradição com o que se poderia supor conveniente no âmbito social. Na dimensão social, uma extensificação e intensificação das vinculações temporais normativas produz novas oportunidades de consenso/dissenso. Produz situações de decisão em que a decisão é definida de tal modo que se tem de decidir a favor ou contra a expectativa. Como dizem os partidários do "*labeling approach*", ela produz desvio, além de, evidentemente, conformidade. O resultado é justamente a forma bilateral (consenso/dissenso) e todas as tensões sociais que estalam nesse processo; é uma divisão, uma bifurcação, com a consequência característica de toda bifurcação: uma história surge a depender do caminho que se tome, e causas iniciais de pouca importância

---

13. Sobre essa questão, cf. em especial Mario Bretone, *Le norme e Il tempo: Fra tradizione classica e conscienza moderna*, Materiali per una storia della cultura giuridica, 19 (1989), p. 7-26.

podem adquirir efeitos importantes no decurso da amplificação do desvio.

  Em termos gerais, essa análise mostra que não se chega a vinculações temporais sem custos sociais. Ou, em termos mais gerais, que as dimensões temporal e social de sentido podem ser analiticamente distinguidas; são implicadas em cada experiência dotada de sentido sem que possam ser empiricamente isoladas uma da outra. Aqui concebemos o direito como forma relacionada às tensões entre as dimensões temporal e social, e isso torna possível lidar com elas mesmo sob as condições de um aumento evolucionário de complexidade social. Por ora, isso não permite decidir sobre os limites desse processo ou sobre até que ponto se pode ir. Contudo, a forma do direito é encontrada na combinação entre duas distinções, isto é, as modalidades de expectativa cognitivas/normativas, e as de codificação lícito/ilícito. Todos os ajustes sociais do direito operam no âmbito dessa estrutura; eles variam o sentido factual, o "conteúdo" das normas legais e os programas que regulam uma coordenação "correta" dos valores lícito e ilícito, a fim de manter a vinculação do tempo e a capacidade de consenso/dissenso em uma zona de compatibilidade recíproca. E é precisamente *em razão da dimensão factual que exerce essa função de equilíbrio que não existe uma definição factual do direito*. A definição factual é substituída pelo "sistema do direito" como sistema de referência.

II

A pergunta pela função do direito, tal como conduzida anteriormente, põe-se em duas diferentes vias, cada qual a depender do problema de referência que é formulado. Visto abstratamente, o direito tem a ver com os custos sociais da vinculação temporal de expectativas. Visto concretamente, trata-se da função de estabilização de expectativas normativas pela regulação de suas generalizações temporais, objetivas e sociais[14]. O direito torna possível saber quais expectativas encontrarão aprovação social e quais não. Havendo essa certeza de expectativas, podem-se encarar as decepções da vida cotidiana com maior serenidade, ou ao menos se tem a segurança de não cair em descrédito em relação a suas expectativas. O indivíduo pode se permitir maior grau de confiança, chegando a correr riscos, ou também de desconfiança, quando se pode confiar no direito[15]. E isso significa que é possível viver em uma sociedade mais complexa, na qual não bastam os mecanismos personalizados ou de interação para obter a segurança da confiança[16], mas assim o direito tem também uma propensão a crises de confiança que não se deixam transmitir simbolicamente. Quando o

---

14. Cf. Niklas Luhmann, *Rechtssoziologie*, 2. ed., Opladen, 1983, p. 40 es. Cf. também, id., *Die Funktion des Rechts: Erwartungssicherung oder Verhaltenssteuerung?*, em id. *Ausdifferenzierung des Recths: Beiträge zur Rechtssoziolgie und Rechtstheorie*, Frankfurt, 1981, p. 73-91.

15. Cf. Bernard Barber, *The Logic and Limits of Trust*, New Brunswick, N.J., 1983, p. 22 es. e passim.

16. Cf. também Niklas Luhmann, *Vertrauen: Ein Mechanismus der Reduktion sozialer Komplexität*, 3. ed., Stuttgart, 1989, p. 50 es; id., "Familiarity, Confidence, Trust: Problems and Alternatives", in Diego Gambetta (org.), *Trust: Making and Breaking Cooperative Relations*, Oxford, 1988, p. 94-107.

direito não é mais respeitado, ou quando, até onde seria possível, ele já não se impõe, as consequências transcendem muito o que de imediato se apresenta como violação da lei, e, nesse caso, o sistema tem de recorrer a formas bastante imediatas de recuperação da confiança.

Em todo caso, partimos da ideia de que o direito se encarrega somente de uma função, que evidentemente pode ser dividida em problemas subsequentes e, portanto, em subfunções[17]. É evidente que, desse ponto de vista analítico, é possível identificar inúmeros problemas de referência, de acordo com a capacidade de comparação que se realiza e conforme se queira tematizar os equivalentes funcionais. Nesse sentido, por exemplo, o direito tem a função de proporcionar aos juristas o pão de cada dia. Mas, quando se trata do processo de diferenciação de um sistema funcional social, só mesmo a suposição de uma única função pode conduzir a resultados indiscutíveis. Qualquer

---

17. Joseph Raz, "On the Functions of Law", in A. W. B. Simpson (ed.), *Oxford Essays in Jurisprudence* (Second Series), Oxford, 1973, p. 278-304, esboça um quadro complexo das funções do direito. Sua diferença básica entre funções normativas e sociais, no entanto, acaba por encobrir justamente o problema de que aqui se trata: a função *social* da *forma normativa* das expectativas. Vincenzo Ferrari, *Funzioni del diritto: Saggio critico-riconstruttivo*, Roma, 1987, p. 87 es., discute três formas distintas do direito, que transcendem muito o direito (*orientamento sociale!*) e, não obstante, rechaça um agrupamento em uma fórmula de unidade, pois, assim, não poderiam ser satisfeitas as exigências conceituais do conceito de função. À parte também se encontra, de maneira frequente, a suposição de que o direito cumpre uma grande quantidade de funções. sobretudo na forma de uma simples listagem. Cf., por exemplo, Davis et al., op. cit. (1962), p. 65 es.; Michel van de Kerchove/ François Ost, *Le sistème juridique entre ordre et désordre*, Paris, 1988, p. 161 s., seguindo R. Summers/Ch. Howard, Law, *Its Nature, Functions and Limits*, 2. ed., Englewood Cliffs, N.J., 1975. (Em tudo isso, não há dúvida de que um observador, a quem não importa o problema da unidade do direito, possa analisar o direito por aspectos funcionais numerosos e diversificados, já que cada norma tem sua própria função.) William J. Champliss e Robert B. Seidman, *Law, Order and Power*, Reading Mass., 1971, p. 9 es., partem do princípio de que o sistema jurídico "desempenha uma miríade de funções, manifestas e latentes" e se declaram (evidentemente) incapazes de selecionar as que são essenciais. Assim se evita o aclaramento do conceito de um sistema jurídico.

pluralidade de funções geraria problemas de interseção social e obscuridades na delimitação do direito. Nossa definição funcional do direito traz consequências para o conceito de norma (ou, para expressá-lo de maneira mais elaborada, para o modo normativo das expectativas). Em contraste com um amplo espectro da literatura em teoria do direito, o conceito de norma não é definido pela especificação de características essenciais e peculiares da norma, mas mediante uma distinção, que é a distinção de possibilidades de comportamento para o caso de a expectativa se frustrar[18]. Quanto às expectativas, há renúncia em caso de não se cumprirem ou elas são mantidas, apesar da frustração. Se se antecipa tal bifurcação, havendo de antemão um compromisso com uma dessas possibilidades, as expectativas se determinam, no primeiro caso,

---

18. Tal é contradito por Werner Krawietz, em "Zur Einführung: Neue Sequenzierung der Theorienbildung und Kritik der allgemeinen Theorie sozialer Systeme" e, do mesmo autor, "Staatliches oder gesellschaftliches Recht? Systemabhängigkeiten normativer Strukturbildung im Funktionssystem Recht", in Werner Krawietz/Michael Welker (org.), *Kritik der Theorie sozialer Systeme: Auseinadersetzung mit Luhmanns Hauptwerk*, Frankfurt, 1992, p. 14-42, 247-301. Segundo Krawietz, essa concepção "behaviorista" do conceito de norma não considera suficientemente a característica da norma como norma. Independentemente do que se entenda por "behaviorista", como sociólogo, não será o caso de renunciar à opinião de que as normas como estruturas de sentido da realidade social existem *de fato*. A alternativa seria dizer: não há normas, trata-se de um erro. Mas nem sociólogos, nem juristas pretenderiam ir tão longe. E mesmo o parecer segundo o qual se trata de uma realidade ilusória ou fictícia não poderia abrir mão de uma base de vivências e comunicações factuais. E ainda, o que Krawietz parece acrescentar: uma vez que a qualidade normativa de normas só pode ser obtida de normas (p. 30), seria preciso comprovar um lugar no mundo real para essa operação mental.

Uma pergunta já bem diferente inquire o *contraconceito* usado para a definição do conceito da norma. Se não é a cognição, que demanda aprendizado, então qual é? A crítica não propõe nenhuma outra solução para esse problema. Ao menos deveria ser possível, e aí está a dificuldade, concordar que o conflito de normas, a violação de normas etc. pressupõem um conceito de norma (só se pode negar o que se concebe como idêntico), e é justamente por isso que tal problema não é solucionado.

como cognitivas; no outro caso, como normativas[19]. Portanto, o conceito de norma determina um lado de uma forma, que tem (também) outro lado, sem o qual a norma não existiria. O conceito de norma necessita desse outro lado para se posicionar diante dele e para que se mantenham abertas as possibilidades de passagem. O conceito de norma é o resultado da opção de um observador, a qual só se atualiza empiricamente, quando alguém distingue fazendo uso preciso dessa forma.

No conceito funcional de norma, entendida como expectativa de conduta que se estabiliza ainda que de maneira contrafactual, não há uma tomada de decisão prévia quanto às motivações pelas quais alguém cumpre (ou não cumpre) as normas. Ao contrário: é bem a isso que se deve renunciar se a norma deve cumprir com sua função. A norma ou se cumpre, ou, por desconhecida, não se cumpre. (Dar-se a conhecê-la poderia despertar motivos para se opor a ela ou para se esquivar dela.) Ela se cumpre porque oferece informação: por exemplo, sobre os riscos próprios a determinadas situações descritas nas leis de trânsito ou pela lei ambiental; e não se cumpre quando se confia mais em sua própria informação do que naquela que é transmitida pela norma. Ainda que seja muito raro, pode ter alguma importância o fato de alguém considerar que a norma é (ou não é) legítima; ou, então, quando se considera que a norma está em consonância com seus valores morais, ou quando nessa perspectiva ela é julgada neutra ou contrária à moral.

---

19. O primeiro a propor essa distinção foi Johann Galtung, *Expectation and Interaction Processes, Inquiry* 2 (1959), p. 213-34.

Uma conduta pode se dar sem que haja necessidade de regulação normativa alguma, transcorrendo como se fosse o que se desejou; por exemplo, a conduta que surge das pressões na interação. E quando se quer influenciar os rumos da conduta, não apenas normas são os meios mais adequados, mas os meios que se tem à mão são, em primeiro lugar, os estímulos positivos ou mesmo as incertezas específicas.

Atualmente, existe um consenso quanto ao conceito de norma não poder ser definido mediante a ameaça de sanção, muito menos mediante a imposição dessas sanções. Ao mesmo tempo, no entanto, a possibilidade de sanções pertence aos instrumentos simbólicos pelos quais se pode reconhecer se a expectativa está no sentido do direito (ou não); e, pelo mesmo motivo, a ausência de sanção, ainda quando se tenha o direito de esperá-la, pode ter consequências drásticas, que vão além do caso particular. Essas consequências se fazem presentes quando há ruptura com os símbolos do que é impossível ver — aqui, nesse caso, o futuro.

Muitas teorias do direito supõem que a norma se constitui a partir das motivações que levam a seu cumprimento[20]; assim, no entanto, movem-se em terrenos bastante movediços. Sem negar a relevância empírica dessas questões e de seu significado para uma política normativa, deve-se insistir em que a função da norma não está na orientação das motivações (ali estariam em jogo demasiadas causalidades e equivalências funcionais), mas, ao contrário, haveria uma estabilização

---

20. Cf., como caso especialmente claro, Karl Olivecrona, *Law as Fact*, Copenhague-Londres, 1939.

contrafactual, mediante garantias. A norma não prescreve uma conduta conforme a norma; não obstante, protege quem tem essa expectativa. Dessa maneira, as normas proporcionam vantagens de interação, sobretudo nos casos em que não é questionada. De muitas maneiras, a norma favorece a sua imposição. A pergunta sobre se as normas podem ser mantidas contra uma realidade fortemente adversa só pode ser adequadamente formulada a partir dessa teoria. A história dos direitos humanos, encetada em uma sociedade escravocrata, os expurgos em massa dos inimigos políticos, as limitações drásticas da liberdade religiosa, enfim, a sociedade americana de 1776, demonstra que isso é possível.

O problema da imposição de normas pode ser tratado como a condição de estabilidade de toda projeção normativa. Sem a menor expectativa de que se cumpra, a norma dificilmente pode prevalecer. Se, além disso, se dá um passo adiante e considera-se a própria direção da conduta como uma segunda função do direito[21], já não se trata unicamente das garantias contrafactuais de expectativas, mas entrariam em jogo muitos (e bem outros) equivalentes funcionais. É difícil imaginar como, em referência a essa função, o sistema autopoiético do direito chegou a se fechar operativamente.

É por isso que o ato de determinar a função do direito como a disposição e estabilização das expectativas normativas não necessariamente nos leva a pensar a relação do direito quanto à conduta. É frequente imaginar que o direito *limita* as possibilidades de conduta. Da mesma forma, porém,

---
21. Assim, cf. Niklas Luhmann, op. cit. (nota 14).

o direito pode adotar a função de *habilitar* uma conduta que, sem o direito, não seria possível. Basta pensar nas possibilidades que resultam no direito privado tomando-se a figura da propriedade, do contrato e até mesmo da pessoa jurídica de responsabilidade limitada. Tampouco o direito administrativo, ainda que "constitucional", pode ser adequadamente compreendido como limitação da arbitrariedade do governante soberano; porém, hoje, a questão é mais a da atualidade de um direito que outorga poderes de negociação (condicionados), que, sem esse tipo de direito, sequer existiriam. Em ambos os casos — no da limitação e no da outorga (e a realidade consiste em combinações) —, pressupõe-se uma estrutura de expectativas. A concordância radica na certeza de que é possível conformar expectativas apropriadas que se mantêm a certa distância do que acontece facticamente caso a caso.

Também em uma perspectiva mais ampla desviamo-nos dos modos de tratamento tradicionais em teoria do direito. Determinamos o direito não mediante certo tipo de normas, e isso significa que não o fazemos de acordo com um cosmos ordenado por essências que se estruturam segundo gêneros e espécies, mas consideramos as normas muito mais como forma de uma função geral de estabilização, que adquire qualidade jurídica unicamente por ser diferenciada como sistema do direito. Isso não é mais do que uma consequência da teoria dos sistemas autopoiéticos, que postula: sistemas desse tipo produzem seus próprios elementos e, por meio deles, suas próprias estruturas[22].

---

22. Encontramos também no contexto de outras teorias de sistemas a concepção concordante segundo a qual se deve partir não do conceito de norma, mas do de sistema, se a intenção for distinguir as normas jurídicas de outras normas e definir sua especificidade. Cf., de

Evidentemente, existem inúmeras expectativas normativas sem qualidade jurídica — assim como existem verdades sem qualidade científica ou inúmeros recursos (por exemplo, o ar puro) sem qualidade econômica, e muito poder sem qualidade política. A formação de um sistema de funções extrai da vida social cotidiana somente as expectativas que de algum modo são problemáticas; ela só reage ante o improvável êxito comunicativo que se incrementa no decorrer da evolução. Formam-se então sistemas autopoiéticos tendo em vista as possibilidades de incremento que podem ser lidas nas estruturas já existentes. A diferenciação evolutiva desses sistemas autopoiéticos pressupõe, como veremos adiante, um terreno previamente preparado. Justamente por isso, os sistemas autopoiéticos se distinguem em relação às evidências da vida cotidiana.

Tendo em vista o incontestável aumento descontrolado das expectativas normativas (como costumes, exigências morais, hábitos, que, ao serem transgredidos, adquirem notoriedade), o direito tem a função de estabilizar a expectativa normativa, e isso só pode resultar quando existe uma seleção das expectativas que vale proteger. A teoria jurídica dominante parte também desse pressuposto. Outro efeito, mais profundo, advém do fato de a moral (ou, em sua forma reflexiva, a ética) não ser apropriada para fundamentar a validade da norma jurídica[23]. Em casos isolados, existem vantagens argumentativas quando se

---

maneira explícita, Torstein Eckhoff/Nils Kirstian Sundby, *Rechtssysteme: Eine systemtheoretische Einführung in die Rechtstheorie*, Berlim, 1998, p. 43 e 121.

23. Assim, no que diz respeito ao resultado, cf. também Jürgen Habermas, *Faktizität und Geltung: Beiträge zur Diskurstheorie des Rechts und des demokratischen Rechtsstaates*, Frankfurt, 1992.

recorre a uma valorização moral supostamente incontestada na sociedade: a moral tem sempre qualidades retóricas decisivas. Entretanto, não se pode invocar a moral quando se trata de prover as possibilidades de êxito e estabilidade das expectativas normativas. Nesse caso, haverá que tornar jurídica a norma que se pretende introduzir nessa zona de segurança; e, quando não se o fizer, havendo possibilidade para tal à disposição, caberá sempre a pergunta: por que não?

Se uma norma é norma jurídica ou não, sua juridicidade só pode ser determinada mediante uma observação da rede recursiva em que ela foi gerada, e isso significa: por meio da observação daquela relação de produção da expectativa que se diferencia por meio de suas operações, como um sistema. É somente por esse uso (repetido no sistema) do lado normativo do esquema normativo/cognitivo que as expectativas normativas — se forem comparadas às simples projeções, com os propósitos ou com os intentos de comunicação — obtêm alguma segurança. Só assim se pode chegar a uma cristalização de certas expectativas estáveis, com as quais é possível se orientar nas situações da vida em que não se tem uma segurança adequada, nas quais ou não há controle suficiente do futuro, ou não se permite um aprendizado gradual de alternativas. Sabemos que as expectativas no modo de normalidade e as do modo de normatividade estão intimamente relacionadas e que mesmo as expectativas que não estão estabelecidas como necessariamente certas não são destruídas por quaisquer distúrbios. Pelo contrário: não será um temporal que vai mudar a imagem de regiões bem conhecidas pelo bom tempo no verão. Em outras palavras, há também formas não normativas de rejeição das possibilidades de aprender. Contudo, na medida em que a conduta de outrem parece ser de livre escolha, e isso é um efeito inevitável e de crescente complexidade, já não há como se satisfazer com um modo misto de normalidade/normatividade. É preciso então diferenciar normas que vigorem contra possibilidades antevistas de outras condutas. Na evolução das sociedades, os estágios de desenvolvimento dependem dessa possibilidade de normatização arbitrária — primeiramente, estão sempre ligadas a uma criação invisível ou mesmo a uma deslegitimação da arbitrariedade no momento de fixar a forma. E é precisamente porque a forma mista normalidade/normatividade (que se distingue do desconhecido, do inesperado, do surpreendente) é algo sempre precedente que o direito pode ler o passado nesses estágios de evolução, como se o direito sempre tivesse existido. O direito jamais "se inicia". Ele pode sempre se enlaçar com tradições que vão sendo descobertas. Se a sociedade possibilita sua diferenciação, o direito se fecha em um sistema autorreferencial e trabalha com o material normativo que sempre esteve à sua disposição.

A função do direito como estabilização de expectativas normativas transcende muito o que se pode apreender com o conceito de uma regulamentação de conflitos. O caso de expectativas entrarem em conflito na comunicação é já excepcional, e um caso excepcional que, em amplo escopo, é regulamentado externamente ao direito[24]. Pode-se atuar frustrando

---

24. Quando se visualiza o problema, o que resulta é uma discussão altamente problemática sobre "alternativas ao direito", em que não mais é possível verificar qual poderia ser função do direito em relação a quais equivalentes funcionais poderiam ser encontrados. Cf., por exemplo, o vol. 6 de *Jahrbuchs für Rechtssoziologie und Rechtstheorie* (1980) sobre o tema: "formas alternativas do direito e alternativas ao direito"; um caso característico

a expectativa, mesmo quando se souber que o outro está em seu direito. Aqui se pode pensar no âmbito do direito penal ou no não cumprimento de contratos por falta de competência. Também nesses casos as expectativas têm de ser confirmadas, uma vez que são legais — e podem sê-lo por uma transformação em outra forma, como no caso de uma pena. Mas seria o caso de, desnecessariamente, forçar demais o conceito de conflito, se nesses casos se quisesse falar de conflito. Essa distinção entre expectativas contenciosas e não contenciosas tem, para a evolução do direito, um significado decisivo, já que o direito desenvolve seu instrumental específico a partir do próprio litígio acerca do direito. O resultado é que o direito não apenas unifica conflitos, mas também produz conflitos; ora, pela invocação do direito pode-se também rechaçar exigências e se contrapor a pressões sociais[25]. Mas o direito pressupõe que a conduta desviante pode sempre ser prevista, por quaisquer motivos, e que seus efeitos conduzam à negação da durabilidade das expectativas. Se se deixasse de lado esse momento especificamente normativo, descrevendo-se a função do direito de modo bastante geral como regulamentação de redes de relação — portanto, como regulação também de meios não normativos —[26], perder-se-ia a especificidade do direito e

---

também se tem em Donald Black, *Sociological Justice*. Nova York: Oxford, 1989, p. 74 es.

25. Acerca dessa natureza "prolegômena" do direito, cf. Julien Freund, "Le droit comme motif et solution des conflits", in Luis Legaz y Lacambra (org.), *Die Funktionen des Rechts*, suplemento 8 do *Archiv für Rechts – und Sozialphilosophie*. Wiesbaden, 1974, p. 47-62; id., *Sociologie du conflit*, Paris, 1983, p. 22, 327 es.

26. Nesse sentido, Karl-Heinz Ladeur, "Computerkultur und Evolution der Methodendiskussion in der Rechtswissenschaft: Zur Theorie rechtlichen Entscheidens in komplexen Handlungsfeldern", *Archiv für Rechts-und Sozialphilosophie* 74 (1988), p. 218-38 (233),

seria possível também considerar, como parte da ordenação jurídica, o planejamento de uma acomodação de mercadorias em supermercados ou de uma rede de computadores para o tráfego aéreo ou ainda, em última instância, a própria linguagem.

Se o problema de referência da análise é diversificado, outras possibilidades aparecem, bem como outros equivalentes funcionais. Havíamos falado sobre os inevitáveis custos sociais de toda e qualquer vinculação temporal, ou, de maneira ainda mais abstrata, de problemas de compatibilidade de determinações na dimensão temporal e na dimensão social. Essa formulação faz compreender que nem todo o peso do problema encontra-se sobre os ombros do direito. No entanto, também aqui é preciso pressupor, sobretudo nas sociedades antigas, formas mistas de crescente complexidade que só no transcurso dos processos evolutivos chegam a se diferenciar. Para isso, há dois exemplos.

Um de seus equivalentes funcionais se organiza sob o conceito de escassez. Quando se imagina que o abastecimento com bens e serviços encontra-se limitado à forma de uma soma constante, qualquer intervenção nesses artigos escassos vai contra outros interesses de intervenção. Quem abastece a si mesmo o faz à custa de outros. Nas sociedades de superabundância do mundo arcaico, é bem possível que a intervenção não resultasse tão nociva, e algumas sociedades em expansão (como a da Idade Média europeia ou as das Américas colonizadas) puderam modificar o problema da constante de soma mediante

---

crê reconhecer tendências evolutivas. Ladeur possivelmente negaria ter renunciado ao conceito de norma; nesse caso, porém, ele teria de explicitar o que entende por norma ou, mesmo, pela estabilização da expectativa contrafactual.

possibilidades de expansão territorial. Mas, na medida em que a economia aceita o uso do dinheiro e, desse modo, o próprio sistema operativamente fechado se diferencia, essas condições se modificam. Por um lado, as possibilidades de acumulação de valores econômicos, como já observava Aristóteles, perdem seus limites na forma do dinheiro. Isso significa também que, com o dinheiro, é possível garantir interesses de longo prazo e muito diferenciados, sem que se tenha de respeitar a situação de escassez atual dos outros. O futuro pode ser fixado já agora em forma indeterminada, diferentemente do que se tem com a propriedade material. Fica suspensa a moral político-econômica, que se cristalizara ao tomar como fio condutor a propriedade de bens de raiz. Contudo, o dinheiro cria constantes de soma de novo tipo e as sanciona por inflações ou deflações. Assim, o respeito social pelos outros assume a forma, por sua vez bastante rigorosa, de que, para tudo o que se pretende adquirir, é preciso pagar[27].

Já consolidada a era moderna, esses problemas de condicionamento social do trato com a escassez foram vistos como problemas jurídicos. A propriedade privada, portanto, o parcelamento das possibilidades de intervenção ao reconhecer as possibilidades dos outros, foi vista como instituto do direito, e a sociedade, como sociedade de proprietários que contratualmente se conduzem na forma de contratos[28]. Mas o trabalho assalariado apenas com muito esforço pôde ser integrado nesse

---

27. Para mais detalhes sobre esse tema, cf. Niklas Luhmann, *Die Wirtschaft der Gesellschaft*, Frankfurt, 1988.

28. Para a derrocada dessa tradição, cf. Niklas Luhmann, *Am Anfang war kein Unrecht*, in id., *Gesellschaftsstruktur und Sematik*, vol. 3, Frankfurt, 1989, p. 11-64.

esquema, pois, independentemente do que se diga, não existe nenhum direito ao trabalho compatível com uma economia de capital. A função econômica da propriedade igualmente se esquiva da condução jurídica, ainda que, como toda conduta, possa ser objeto de jurisprudência. A escassez e a normatização de expectativas de conduta compõem diferentes formas de colisão de nexos temporais e de socialidade, sendo, portanto, também problemas diferentes. Em sociedades que se tornam mais complexas impõe-se a diferenciação. Por isso mesmo, o sistema econômico e o sistema jurídico são sistemas funcionais autopoiéticos, fechados em si mesmos, a partir do momento em que uma sociedade puder realizar a sua diferenciação.

Nosso segundo exemplo é um tanto prematuro. Ele é discutido já há alguns anos, e sua semântica encontra-se ainda em estágio pré-conceitual. Nós o elucidamos usando a palavra-chave "risco". O risco faz referência a decisões que aceitam a possibilidade de que haja consequências desvantajosas, não sob a forma de custos que se tenham de pagar e cujo sacrifício se encontra justificado, mas na forma de danos mais ou menos improváveis que, se materializados, deixariam a decisão ser estigmatizada como causa propulsora, expondo-a ao efeito de arrependimento retrospectivo.

O problema surge porque os danos causados não afetam somente os que tomam uma decisão de risco ou somente aqueles que haurem efeitos positivos de sua decisão. Também aqui temos, portanto, uma forma de vinculação temporal com custos sociais, mas uma forma de tipo bem diferente. Enquanto a normatização produz uma bifurcação segundo o esquema conforme/desviante e enquanto o acesso a bens escassos discrimina segundo o esquema vantajoso/desvantajoso, trata-se aqui da bifurcação entre tomadores de decisão e partes afetadas. As percepções em relação à medida na qual o risco é aceitável e à percepção do risco diferem para aquele que se vê a si próprio como tomador de decisão ou como parte envolvida. E, quanto mais a percepção do futuro da sociedade moderna adentra o horizonte da dependência da tomada de decisões, mais nitidamente pronunciada se torna a lacuna entre tomadores de decisões e partes envolvidas; assim, é preciso reconhecer mais nitidamente que os instrumentos jurídicos e financeiros de regulamentação designados para se lidar com os mais diferentes problemas já não são suficientes[29].

Em todos os casos referidos, especialmente aqui, os respectivos conflitos encontram-se no presente. Não se espera pelo futuro; assume-se agora que se está na licitude ou na ilicitude, assim como se está rico ou se está pobre já, neste momento; e já se tem, agora, uma percepção de risco diferenciada, a depender de se estar em situações de tomada de decisão ou de risco, e não se pode evitar assumir riscos, independentemente da decisão, ou se viverá com medo do que os tomadores de decisão produzem como "acidentes normais"[30], como catástrofes súbitas ou insidiosas, que são mais ou menos evitáveis, ou assim lhes parece. O que se caracteriza como tensão entre perspectivas temporais e sociais é, portanto, um fenômeno contemporâneo. Os custos sociais surgem concomitantemente

---

29. Para maiores detalhes, cf. Niklas Luhmann, *Soziologie des Risikos*, Berlim, 1991.

30. No sentido dado a conhecer por Perrow, cf. Charles Perrow, *Normal Accidents: Living with High Risk Technologies*, Nova York, 1984.

com uma vinculação temporal, mesmo que sua avaliação possa mudar ao sabor de experiências posteriores.

Quanto mais agudas as distinções associadas a esses problemas, mais elas conduzem a distinções na avaliação do futuro. No direito, abstraindo-se das revoluções e dos golpes políticos, todos os direitos adquiridos são respeitados por ocasião de quaisquer mudanças legais. Na economia existe a mobilidade que condiciona a si mesma pela economia, do pobre para o rico ou vice-versa, na conservação ou mesmo na intensificação precisamente dessa diferença. Já na perspectiva de risco, ao contrário, o futuro aparece como bem outro — por um lado, em razão de sua incerteza; por outro lado, em forma de drásticas catástrofes, que em seu "depois" deixam tudo irreconhecível. Essas distinções poderiam indicar que uma diferenciação de sistemas codificados separadamente e fechados operativamente torna-se difícil de ver; como pode alguém reagir pelas consequências sociais de uma conduta de risco com formas similares, formadoras de sistema?

III

Quando se trata de projetar algo que manterá sua validade ainda que não seja realizado, quem poderá fazê-lo? O que é preciso pressupor quando se trata de produzir, manter e validar experiências contrafactuais cada vez mais complexas? Essas perguntas conduzem-nos da definição da função para a sua realização em sistemas, e ela, por sua vez, conduz a dois sistemas de referências contidos um no outro: a sociedade e o seu sistema do direito.

A resposta pressupõe uma distinção estabelecida pelo sistema entre sistema e ambiente. Um sistema que normatiza expectativas, que *a si mesmo* se atesta ao inserir uma diferença *no ambiente*, que existe somente nessa forma deliberada e não pode existir sem o sistema. Isso acontece mediante o estabelecimento de normas, das quais pode ser legítimo ou não apartar-se. Então, para o mesmo sistema estabelece-se uma distinção, a depender de vir a se atuar ou não de acordo com a norma por ele traçada. O sistema se mantém estável no marco de suas possibilidades, não importando como o ambiente opta.

O direito é mantido como sistema autopoiético e operativamente fechado, de modo a garantir sua função. Evidentemente, isso não pode acontecer fazendo que todas as condições empíricas para uma reprodução da operação do sistema gerem a si mesmas no próprio sistema, já que isso significa incluir o mundo no sistema. Da mesma forma, o direito tem de se manter como sistema funcional determinado por estruturas, com capacidade de operação, devendo prever internamente a continuidade do cumprimento de sua própria função. "Internamente", aqui, significa com seu próprio tipo de operação.

Se descrevemos o anterior como observador (externo ou interno), deparamo-nos com formulações tautológicas: o direito é o que o direito determina como direito. Ora, essa tautologia permite-se "desdobrar", ou seja, dividir-se em diferentes expectativas. Se se atenta para o efeito estruturante (que determina expectativas) das operações, assomam relações reflexivas: uma vez que se tem de esperar normativamente, é de maneira normativa que por sua vez se espera. Em outras palavras, o direito não é indiferente para consigo. Tampouco se limita a se invocar para isso, a se levar em conta. Ele faz que a distinção entre expectativa cognitiva e normativa, por sua vez, seja objeto da expectativa normativa. Opera reflexivamente. Assim, o modo de expectativa da expectativa não é deixado ao bel-prazer, tampouco ao sabor da mera conveniência social. Ele próprio se dá previamente no sistema do direito. O sistema comanda a si mesmo valendo-se do plano de observação de segunda ordem — uma condição típica de outros sistemas de funcionamento quanto à diferenciação e fechamento operativo[31]. Assim, o direito não é simplesmente afirmado com o auxílio de poderoso amparo político para então, em maior ou menor grau, se impor. Ao contrário, o direito só é direito quando se pode esperar, uma vez que a expectativa normativa é esperada normativamente. Também nessa medida o direito não é determinado hierarquicamente de cima, mas heterarquicamente — portanto, colateralmente — e determinando vizinhanças em forma de redes.

Assim, pelo menos é possível expor a forma mais geral da autoafirmação circular. Mas o estado de coisas que aqui se afirma pode ser encontrado empiricamente? E seria mesmo esse o caso, ainda que valesse somente com limitações consideráveis?

---

31. Para o sistema econômico, cf. Dirk Baecker, *Information und Risiko in der Marktwirtschaft*, Frankfurt, 1988, com o exemplo da observação da observação do mercado com base nos preços. Para o sistema da ciência, cf. Niklas Luhmann, *Die Wissenschaft der Gesellschaft*, Frankfurt, 1990, tendo em vista a observação das afirmações cognitivas mediante o esquema verdade/inverdade tomando como exemplo as publicações; para o sistema da arte, cf. Niklas Luhmann, "Weltkunst", in Niklas Luhmann/Frederick D. Bunsen/Dirk Baecker, *Unbeobachtbare Welt: Über Kunst und Architektu*, Bielefeld, 1990, p. 7-45; para o sistema político, cf. Niklas Luhmann, *Gesellschaftliche Komplexität und öffentliche Meinung,* in idem, *Soziologische Aufklärung*, vol. 5, Opladen, 1990, p. 170-82; do mesmo autor, *Die Beobachtung der Beobachter im politischen System: Zur Theorie der öffentlichen Meinung,* in Jürgen Wilke (org.), Öffentliche Meinung, Freiburg, 1992, p. 77-86.

A essa pergunta temos de responder mediante uma distinção. Como condição de uma completa observação do observar, de uma codificação universal e plenamente confiável segundo lícito/ilícito, surge no sistema do direito um estreito domínio de decisão juridicamente vinculativa — seja para afirmar, seja para modificar o direito. Trata-se aqui de um sistema parcial organizado, isto é, um sistema que se diferencia pela distinção entre membros e não membros do sistema. Os membros, em sua qualidade de membros, devem produzir decisões que se orientem pelos programas do sistema (que são mutáveis no interior da organização) e, portanto, pelas normas do direito[32]. Para esse sistema decisório do sistema do direito, temos apenas designações para os subsistemas novamente diferenciados, ou seja, tribunais e parlamentos (na teoria da divisão dos poderes: judiciário e legislativo), mas nenhuma caracterização para a unidade desse sistema. Por isso, vamos falar de sistema de organização das decisões do sistema jurídico.

Esse sistema organiza um âmbito próprio de operações dispostas em rede circular. O direito se altera tendo em vista decisões jurídicas futuras, orientando-se segundo o direito então vigente, a partir do qual poderão resultar novas possibilidades de observações e oportunidades de mudar o direito[33].

---

32. Estruturas semelhantes de um sistema funcional de competência universal com um âmbito nuclear organizado encontram-se também em outros casos — por exemplo, o sistema político e a organização estatal ou o sistema educacional e as escolas.

33. Com relação a isso, com o conceito cibernético de acoplamento "pós-conectado", cf. Torstein Eckhoff/Nils Kristin Sundby, *Rechtsysteme: Eine systemtheoretische Einführung in die Rechtstheorie*, Berlim, 1988. Cf. também, do mesmo autor, "The Notion of Basic Norm(s) in Jurisprudence", *Scandinavian Studies in Law* 19 (1975), p. 123-51. Sobre a relação circular entre regra e decisão, cf. também Josef Esser, *Grundsatz und Norm in der richterlichen Fortbildung des privatrechts*, Tübingen, 1956, e, do mesmo autor, *Vorverständnis und Methodenwahl in der Rechstfindung*, Frankfurt, 1970.

Para a diferenciação do condicionamento desse contexto de decisão (e só para esse intuito), esse sistema se descreve como hierarquia — seja ela de órgãos, seja de normas. Em todo caso, o que se tem é uma reprodução circular, recursiva de decisões jurídicas do processo primeiro.

Para esse âmbito, para esse sistema de decisão do sistema do direito, desenvolveram-se formas bem estabelecidas de reflexividade. Essas formas se utilizam do formato bem estabelecido da dupla modalização, normatizam o normatizar, limitam o uso dessa possibilidade nas aplicações requeridas para o sistema. O caso mais conhecido é o da normatização das regras de procedimento, que, quando levadas em conta, conduzem a isso, uma vez que a decisão gerada tem, ela própria, força normativa. O caso limite é uma pura e simples norma de competência como encarnação do princípio de soberania do direito: o que sempre leva a que se tome uma decisão jurídica converte-se em direito. E o outro extremo é a imprescindibilidade dessa norma: independentemente de como se restrinja a decisão mediante as normas jurídicas, a última incerteza (na interpretação jurídica ou na determinação dos fatos) só pode ser descartada por uma norma de competência. *Nessa medida, o sistema de decisões como um todo reside na reflexividade do normatizar.* Não se trata de uma circunstância entre muitas outras que poderia haver. Trata-se de uma representação da unidade do sistema no sistema, portanto, de um correlato da universalidade da competência da função.

A capacidade de função dessa estrutura é óbvia e se faz visível em pessoas, edifícios, processos legais e diretrizes. Assim, a teoria do direito não sociológica se concentra e elabora a positividade desse contexto de geração. Aos sociólogos, porém, pode chamar a atenção que aqui não se fale apenas de um sistema parcial do sistema do direito, que tematize apenas o sistema de decisões do direito, sem considerar outros âmbitos em que também se tenha a dupla modalização do normatizar porque o mesmo fenômeno aparece também no campo da tomada de decisões. Também na vida cotidiana dos que não tomam parte das organizações jurídicas formam-se expectativas normativas a respeito de expectativas normativas. Assim, por exemplo, alguém cujos direitos tenham sido supostamente violados vai esperar que terceiros manifestem apoio à sua causa, ou, ao menos, ele não se deixa convencer pela indiferença factual dos demais, uma vez que eles próprios "deveriam" se responsabilizar tomando partido da licitude contra a ilicitude. Também pode acontecer que terceiros esperem que alguém interceda em favor de seus direitos e não aceitem simplesmente calados a violação desses direitos[34]. O sistema do direito, visto como totalidade, opera na base de segurança de expectativas normativas. Ele se diferencia com base no caráter reflexivo de suas operações. Só assim se pode chegar à compenetração de competências no sistema de decisões do direito que seja socialmente rastreável e aceitável. Só assim as instâncias decisórias do direito puderam ser mais do

---

34. Se a família moderna é um sistema social em que *tudo* o que os membros da família fazem ou vivenciam pode ser tematizado (cf. Niklas Luhmann, "Sozialsystem Familie", in id., *Soziologische Aufklärung*, vol. 5, Opladen, 1990, p. 196-217), aí se teria uma esfera em que se poderia testar empiricamente o alcance e o colapso dessa expectativa normativa. Quando se aceitam pequenos furtos realizados por seus próprios filhos, está-se a lhes tratar de maneira puramente cognitiva ("só não deixe que peguem você!") e, nesse caso, aceitaria-se também uma flexibilidade em relação a violações do direito, por exemplo, por parte de seus vizinhos? E quais seriam os efeitos desse tipo de conduta para as seguradoras? — e assim por diante.

que eram na maioria das culturas clássicas: corpos estranhos de tipo corporativo em uma sociedade ordenada segundo famílias (casas), com a consequência de que um entendimento entre vizinhos ou uma autojustiça de uma aldeia ou interna a um grêmio tinham sempre a precedência sobre a possibilidade de se recorrer a tribunais. Só assim foi possível confiar no direito formal e num uso diferenciado do direito desenvolvido tendo em vista a estruturação dos problemas da vida cotidiana em detrimento de estruturas locais que seriam mais prováveis quanto à evolução.

Contudo, como é possível mostrar empiricamente os fundamentos do direito? E de que condições depende a resposta a essa pergunta?

Supomos aqui a existência de um duplo efeito. Por um lado, a rigidez organizacional e profissional do direito vigente a influir no crescimento espontâneo de projeções normativas, restringindo-as e disciplinando-as. Pode-se afirmar ou fazer que se afirme o que, em um sentido oficial, é lícito ou ilícito. Quanto mais diferenciada a sociedade — e, no mundo antigo, isso significou o processo de formação da cidade —, mais forte a dependência de tais reduções. Por outro lado, a diferenciação de um sistema de decisões no sistema jurídico pode ter efeitos negativos na disposição geral do esperar normativamente pela expectativa normativa, podendo mesmo tender a uma atuação negativa, isto é, à erosão das próprias bases da reflexividade, e só se mantendo, por fim, como organização amparada politicamente. Esse isolamento dos centros de tomada de decisão, que eram indispensáveis e podiam ser claramente observados nas altas culturas da antiguidade, coincide aqui com a forma de diferenciação entre centro e periferia. Mas também na sociedade moderna, quando, em grande medida, se chega à imposição da orientação jurídica na vida cotidiana, a unidade do sistema dificilmente pode ser alcançada mediante uma contínua expectativa normativa da expectativa normativa. O sistema de decisão não pode converter a condição de coexpectativa normativa em forma de premissas de decisão vinculativa. Pode-se, sim, dotar pessoas com direitos e deveres individualmente atribuídos, mas não garantir a coexpectativa de todas as demais (e menos ainda a garantia de expectativa com referência a essas coexpectativas). O sistema de decisão não pode observar essa pressuposição de mútua confirmação em expectativas normativas (e aqui não se trata de "consenso", mas de exigência!), nem pode tratá-la como fatos juridicamente relevantes. Esse sistema de decisão se comporta de maneira indiferente em relação a essa institucionalização da expectativa normativa. Juridicamente, nada se pode fazer. Ninguém pode usar a força (ou a ausência da força) da insistência para que os outros usem o argumento da perseverança das expectativas normativas ou dele reclamem. Os limites do sistema de decisão não deixam passar essas informações, mas as filtram. Ora, esse momento da reflexividade é o que falta na apresentação oficial do "direito vigente". As organizações de tomada de decisão do sistema do direito não podem controlar seu próprio encapsulamento em uma cultura de direito motivacional; por isso mesmo, ao dar início a essa cultura, essas organizações não se dão conta de que começam a expor suas fundações sociais, das quais depende sua atividade, a um processo de erosão.

Nesse mesmo sentido, o sistema de decisão constrói a própria complexidade sem levar em conta essa dupla modalização da reflexividade. Como se não dependessem de nenhuma decisão, os fatos correspondentes não se registram e não se recordam. A reflexividade se mantém desconhecida mesmo para a teoria jurídica que reflete a prática do direito. Em todo caso, ela é mencionada com termos vagos, como "consciência do direito", ou com distinções igualmente vagas, como as que se estabelecem entre direito escrito/direito vivido. Para o tema que nos ocupa, os levantamentos empíricos sobre a disseminação de conhecimentos jurídicos e consciência jurídica entre a população carecem de um posicionamento teórico suficiente[35]. Também logicamente — portanto, como técnica de investigação — os problemas da expectativa normativa encontram-se em desvantagem, já que a lógica normal bivalente, ante as condições de observação de segunda ordem, enfrenta dificuldades quase insolúveis. Tais condições, quando muito, podem ser representadas mediante construções lógico-modais. Desse modo, o problema se esquiva da comunicação, a não ser como fundamento de um conflito de opinião sobre modos de proceder na vida cotidiana.

---

35. Cf., por exemplo, Adam Podgórecki et al., *Knowledge and Opinion About Law*, Londres, 1973. Com relação a pesquisas polonesas e escandinavas, tem-se o relatório de Klaus A. Ziegert, *Zur Effektivität der Rechtssoziologie: Die Rekonstruktion der Gesellschaft durch Recht*, Stuttgart, 1975, p. 189 s. Cf. também a discussão que, sem maiores efeitos para o nosso problema, versa sobre questões teóricas em KOL Forschung (KOL = Knowledge and Opinion about Law [Conhecimento e Opinião sobre a Lei]), in vol. 2-4 (1981-83) do *Zeitschrift für Rechtssoziologie*, ou, como investigação mais recente sobre um problema específico, Jacek Kurczewski, "Carnal Sins and the Privatization of the Body: Research Notes", *Zeitschrift für Rechtssoziologie*, 11 (1990), p. 51-70.

Finalmente, a reflexividade construída no sistema de organização de tomada de decisões serve justamente à descarga da vida cotidiana. Não é possível, e tampouco necessário, basear-se nas expectativas normativas de outros para saber-se do lado da licitude ou da ilicitude. Tudo depende de como decide o juiz. Ante a insistência dos outros, pode-se invocar as possibilidades de êxito do processo ou as dificuldades que haverá para a apresentação de provas — como as que o advogado tem em relação a seus clientes. São posições pragmáticas que provam sua eficácia e controlam se uma comunicação que se refere ao direito deverá ou não ser encetada. Os limites assumidos pelo sistema decisório atuam previamente como limites que se dão em relação às fronteiras externas do próprio sistema jurídico, predispondo a comunicação para que se comprometa quanto a licitude e ilicitude. O próprio direito se põe à disposição do usuário individual, abstraindo-se do contexto social de seus motivos, das pressões sociais a que está exposto ou, inversamente, de suas motivações individuais.

Desse modo, a sociedade tem de pagar por ter apartado o sistema jurídico de seu nicho social e, por isso, tem de declarar um a um como indivíduo. Tem-se um efeito compensatório na composição de fortes expectativas normativas, que se amparam em expectativas normativas de expectativas normativas, mas não podem assumir a forma do direito. Elas se apresentam como exigências políticas e, em alguns casos, como movimentos sociais. Sua semântica se utiliza do conceito de valor e por vezes também — como se se tratasse da distância em relação ao direito — do título "ética". Tudo o que é possível de maneira contrafactual encontra um canal que leva diretamente aos centros de decisões políticas. A tais fenômenos, o sistema do direito só pode classificar ao modo de condutas legais ou ilegais e pode reagir internamente à sua irritação com um instrumental flexível de uma adaptação recíproca de interesses e conceitos, como veremos adiante. Isso pode se dar com maior ou menor êxito, político ou profissional. Contudo, as verdadeiras fontes para a formação do direito, as expectativas normativas direcionadas como expectativas normativas, são jurídica e reflexivamente contornadas.

IV

Uma das consequências mais importantes da forma da norma, na qual se realiza a função do direito, é a da diferenciação entre direito e política[36]. A dependência mútua desses sistemas é evidente, e isso dificulta o reconhecimento da diferenciação funcional. Para a sua aplicação, o direito depende da política, e sem a perspectiva de imposição não há estabilidade normativa que seja, de maneira convincente, imputável a todos. A política, por sua vez, utiliza-se do direito para diversificar o acesso ao poder politicamente concentrado. No entanto, precisamente esse entrejogo pressupõe uma diferenciação de sistemas.

Basta um raciocínio simples para reconhecer o ponto de partida de tal diferenciação. A política se utiliza do meio do poder, e o poder político se articula com um poder indicativo superior, que ameaça com um poder diretivo. Tão logo ten-

---

36. Cf., com mais detalhes, Capítulo 9.

dências políticas sejam integradas numa decisão coletivamente vinculativa em uma espécie de estação de comutação, que traduz os embates de planejamento em decisões implementáveis, seu cumprimento pode então se fazer coercitivo[37]. O "dever" normativo, ao contrário, não pressupõe nenhuma superioridade de poder e, sobretudo, nenhuma superioridade por parte das expectativas correspondentes que se lhe articulam[38]. Já nas culturas da Antiguidade clássica, em especial na Atenas de Péricles e Eurípides, considerava-se que uma função essencial do direito estava em proteger os pobres dos ricos e poderosos, ou pelo menos assim se podia enunciá-la. Na Idade Média, eventualmente se distinguia entre o poder de governar (*gubernaculum*) e a jurisdição (*iurisdictio*) do príncipe. Por menor que fosse a possibilidade de o direito enfrentar o poder, e apesar da recomendação de que, nesse caso, melhor é calar e olhar para o céu, trata-se de diferentes formas de comunicação de expectativas com relação à conduta dos demais.

Desde Hobbes essa diferença entre direito e política é formulada como oposição entre Estado (soberano) e direitos individuais (anteriores ao Estado, portanto, "naturais"). Porém, isso não basta. Contemplado a partir da história dos dogmas, esse idioma do "direito" natural é apenas uma semântica

---

37. Que isso evidentemente seja algo que se possa impedir, ou ao menos dificultar, por meio de uma técnica jurídica politicamente motivada, já é uma segunda questão. Mas também nesse caso a intenção política não aparece como argumento jurídico. Um estudo de caso que bem ilustra esse aspecto é o de Leon H. Mayhew, *Law and Equal Opportunity: A Study of the Massachusetts Commission Against Discrimination*, Cambridge, Mass., 1968.

38. Com esse argumento, cf. D. Neil MacCormick, "Legal Obligation and the Imperative Fallacy", in A. W. B. Simpson (org.), *Oxford Essays in Jurisprudence* (Second Series), Oxford, 1973, p. 100-30, contra a teoria jurídica de John Austin, que afirmara ser "*command*" a fonte da norma.

transitória condicionada pelo tempo, apenas um símbolo para *a construção do Estado não controlado pela política*, que se torna prescindível, pois, para que esse fato aconteça, é preciso que se desenvolvam formas do direito positivo. Isso acontece pela via do reconhecimento da liberdade contratual, da livre propriedade e, a partir do século XVII, passa pelo reconhecimento da capacidade jurídica das corporações que não tivessem sido fundadas por um decreto do detentor do poder político. Se tudo isso estiver assegurado, os "direitos subjetivos" podem ser desnaturalizados e reconstruídos como mero reflexo do direito objetivo (incluindo a Constituição). Mas isso apenas é possível porque as expectativas normativas para sua validade não dependem de posições de superioridade. É possível que, em razão disso, um interesse profissional dos juristas mantenha essa possibilidade de pleito de um estrato mais baixo.

A função de ordenamento do direito conserva sua peculiaridade pela importância de saber o que justificadamente se pode esperar dos outros (e de si mesmo); ou, na linguagem coloquial, com quais expectativas não se cairá no ridículo. A incerteza quanto a expectativas é muito mais insuportável do que experimentar surpresas e desencantos. A anomia, no sentido de Durkheim, diz respeito à incerteza da expectativa, e não aos fatos da conduta factual de outrem. Certamente, expectativa e conduta se estabilizam uma a outra, mas normas produzem maior certeza com relação à expectativa do que aquilo que chega a justificar a conduta, estando precisamente aí a sua contribuição à autopoiese da comunicação social.

Também isso lança uma luz significativa ao tão discutido problema da *imposição jurídica*. Politicamente considerada, trata-se de questionar se uma ação indicada (ou sua submissão) pode ser imposta mediante coação. Essa perspectiva é seguida também por uma sociologia do direito, que se apoia predominantemente no poder da sanção e, segundo esquema proveniente do século XVIII, distingue entre o direito como obrigação externa e a moral como obrigação interna[39]. Isso vale também para uma observação como a de Jeremy Bentham, que vê a segurança da expectativa como a se tratar de uma medida de expectativa. Contudo, numa reflexão mais detida, chamam a atenção algumas peculiaridades. Se a função do direito consistisse em assegurar a execução ou omissão da ação prescrita, a instituição jurídica factual seria continuamente responsável, mas sê-lo-ia preponderantemente por sua ineficiência. O direito resultaria em uma gestão de seus próprios defeitos, ou talvez melhor: estaria relacionado à insuficiência da realização de planos políticos. E para que um código binário lícito/ilícito? Para que, então, a decisão, a imposição do direito, exceção feita ao direito penal, relegada à iniciativa do querelante particular? Para que então a existência de um âmbito decisivo de normas de permissão que deixam a conformação do direito à vontade privada, que se limitam a possibilitar a ela a previsão da relevância jurídica de suas eventuais condutas?

Tais fatos obrigam a transpor o centro do problema da imposição do direito da conduta para a expectativa e assim, ao mesmo tempo, elaborar a diferença entre direito e política

---

39. Isso vale, sobretudo, e com uma série de nuances importantes, para a sociologia do direito de Theodor Geiger. Cf. especialmente *Vorstudien zu einer Soziologie des Rechts*, (1947), reimpr., Neuwied, 1964, e, a esse respeito, o recente trabalho de Heinz Mohnhaupt, "Anfänge einer, Soziologie der Rechts-Durchsetzung und die Justiz in der Rechtssoziologie Gheodor Geiger", *Ius Commune* 16 (1989), p. 149-77.

no sentido de uma imposição efetiva de decisões coletivamente vinculantes. A função do direito consiste apenas em possibilitar a segurança da expectativa, precisamente diante de decepções previsíveis e que não podem ser evitadas. Ocorre que essa mudança de orientação resolve apenas parte do problema. Ora, a segurança de expectativas é posta em risco também quando a conduta de conformidade à expectativa não pode ser alcançada, não havendo a menor possibilidade de cumprimento da expectativa, por mais que ela seja coberta pelo direito. O direito não pode enunciar de forma duradoura: você tem direito, mas infelizmente não o podemos ajudar. É preciso que sejam oferecidos ao menos substitutos para o cumprimento do exigido (multas, indenizações etc.) e que haja a capacidade de imposição desses sucedâneos. O direito não pode garantir nem mesmo que o julgado tenha solvência econômica[40], no que o sistema político não tomaria por seu encargo pagar em lugar do sentenciado para auxiliar na concretização do direito.

Assim, certa síntese das funções da política e do direito se torna inevitável — tendo como fundamento, porém, precisamente, a fundamentação de diferentes funções[41]. Se a política de fato alcançar seu objetivo, impondo de maneira efetiva e

---

40. A esse respeito, cf. Klaus A. Ziegert, *Gerichte auf der Flucht in die Zukunft: Die Bedeutungslosigkeit der gerichtlichen Entscheidung bei der Durchsetzung Von Geldforderungen*, in Erhard Blankenburg/Rüduger Voigt (org.), *Implementation von Gerichtsentscheidungen*, Opladen, 1987, p. 110-20. Cf. também Volkmar Gessner et al., *Die Praxis der Konkursabwicklung in der Bundersrepublik Deutschland: Eine rechtssoziologische Untersuchung*, Köln, 1978, e, mais precisamente sobre estratégias prévias, Kurt Holzscheck, *Praxis des Konsumentenkredits: Eine empirische Untersuchung zur Rechtssoziologie und Ökonomie des Konsumentenkredits*, Köln, 1982.

41. Cf. também Niklas Luhmann, *Rechtszwang und politische Gewalt* e *Ausdifferenzierung des Rechts: Beiträge zur Rechtssoziologie und Rechtstheorie*, Frankfurt, 1981, p. 154-72.

sem exceções suas decisões vinculativas, o sistema do direito vai se encontrar em uma situação paradoxal. De certo modo, não mais se veria um problema, já que não mais se poderia contar com frustrações de expectativas; porém, pode-se presumir que, nesse caso, as suas próprias expectativas seriam frustradas. Em outras palavras, existem bons motivos para limitar a imposição do direito, e isso é necessário para tornar as expectativas resistentes a frustrações, e o restante seria deixado à diferença de função entre sistema do direito e sistema político.

V

A seguir discutiremos, tomando como exemplo o direito, um problema geral relacionado à compreensão da função no contexto da diferenciação funcional e, assim, indiretamente no contexto de uma descrição da sociedade moderna. Não raro nos deparamos com o discurso de uma "perda de função" — algo como uma perda de função da família ou da religião. Contudo, isso não poderia simplesmente consistir numa ilusão de ótica. Projeta-se um conceito de função muito mais amplo, a incluir tudo o que se possa atribuir aos âmbitos sociais discutidos, para depois constatar suas limitações na comparação histórica. O procedimento oculta o aumento das atuações específicas de função, ao qual se chega pela diferenciação dos sistemas correspondentes.

Para o sistema do direito, encontramos essa concepção em Leon Mayhew, que por sua vez se apoia em conceitos da teoria de Talcott Parsons[42]. A função do direito é levada em alta conta na hierarquia — algo que corresponde ao significado comum de regulação normativa no arcabouço teórico de Parsons. O direito garante controle social e inclusão dos indivíduos na sociedade (sobretudo mediante a norma da igualdade). O mesmo problema novamente irrompe, ainda que de maneira diferente, quando hoje se procura resgatar a ideia de uma condução (se bem limitada) da sociedade por meio do direito (em vez de pensar uma autocondução do sistema do direito)[43]; ou quando se pensa que se pode observar uma viragem do sistema do direito não só no plano de seus programas e de sua dogmática, mas também, sobretudo, no plano de sua função[44]. Dependendo de qual conceito de função for explícita

---

[42]. Cf. sobretudo Leon H. Mayhew, "Stability and Change in Legal Systems", in Bernard Barber/Alex Inkeles (org.), *Stability and Social Change*, Boston, 1971, p. 187-210; Talcott Parsons, "The Law and Social Control", in William N. Evan (org.), *Law and Sociology*. Nova York, 1962, p. 56-72.

[43]. Cf. sobretudo Gunther Teubner/Helmut Willke, "Kontext und Autonomie: Gesellschaftliche Selbsteuerung durch reflexives Recht", *Zeitschrift für Rechtssoziologie* 5 (1984), p. 4-35; Helmut Willke, "Kontextsteuerung durch Recht? Zur Steuerungsfunktion des Rechts in polyzentrischer Gesellschaft", in Manfred Glagow/Helmut Willke (org.), *Dezentrale Gesellschaftssteuerung: Probleme der Integration polyzentrischer Gesellschaft*, Pfaffenweiler, 1987, p. 3-26; Gunther Teubner, *Recht als autopoietisches System*, Frankfurt, 1989, p. 81 es. Essas ideias foram recebidas com muito interesse e de maneira crítica. Para um maior distanciamento histórico, atente-se que a discussão já não versa sobre a questão da função do direito, como se fosse evidente que essa função pode ser cumprida mediante "condução da sociedade".

[44]. Combinando prognósticos e recomendações, isso é sugerido por Karl-Heinz Ladeur em diversas de suas publicações. Cf. sobretudo „Abwägung" — *Ein neues Paradigma des Verwaltungsrechts: Von der Einheit der Rechtsordnung zum Rechtspluralismus*, Frankfurt, 1984; "Die Akzeptanz von Ungewißheit — Ein Schritt auf dem Weg zu einem ‚ökologischen' Rechtskonzept", in Rüdiger Voigt (org.), *Recht als Instrument der Politik*, Opladen, 1986, p. 60-85; "Computerkultur und Evolution der Methodendiskussion in der Rechtswissenschaft: Zur Theorie rechtlichen Entscheidens in complexen Handlungsfeldern", *Archiv für Rechts – und Sozialphilosophie* 74 (1988), p. 219-38; "Lernfähigkeit des Rechts und Lerfähigkeit durch Recht (Erwiderung auf J. Nocke)", *Jahresschrift für*

ou implicitamente utilizado, a moderna diferenciação do sistema do direito aparece como problemática. Em contraste com as expectativas tradicionais quanto a uma integração jurídica da sociedade, ela aparece como uma perda de função, como uma "falta de articulação suficiente com os outros sistemas diferenciados da sociedade"[45]. Assim, segundo esse autor, apesar da inequívoca valorização da função do direito, este não consegue se impor de maneira eficiente nos movimentos dos direitos civis, especialmente no campo da igualdade racial, tanto mais que não se encontra acima de interesses econômicos, mas também familiares, comunitários etc.[46]. Sendo esse o caso, ainda assim persiste a questão sobre a necessidade de entendê-lo como perda da função ou, se não seria mais correto (e aqui não se deve desprezar o ponto de visto empírico), revisar a determinação da função, seja a tradicional, seja uma função futura. Apreender uma definição de função que seja ampla e acentue aspectos positivos obviamente conduz a certas relações, que devem ser deploradas. Essa pode ser uma tarefa da sociologia (diferente-

---

Rechtspolitologie 4 (1990), p. 141-7. A função do direito é hoje, diz-se, "a conservação da capacidade de aprendizagem e a flexibilidade dos subsistemas sociais e das redes referenciais organizadas" (id., 1990, p. 142). Quando se supõe uma mudança na função do direito, tudo o que os outros diagnosticam como decadência pode ser mostrado a uma luz mais favorável, e, quanto a isso, a Ladeur se deve ao menos o mérito de ter chamado a atenção para esse desenvolvimento. Entretanto, a referida fórmula da função incluiria excessos — mesmo a provisão para a liquidez em empresas, as habilidades linguísticas, a pesquisa básica —, de modo que já não se poderia falar de um sistema jurídico diferenciado. Cf. também as considerações de Joachin Nock, "Alles fließt — Zur Kritik des strategischen Rechts", *Jahresschrift für Rechtspolitologie* 4 (1990), p. 125-40.

45. Mayhew, op. cit., p. 188.

46. A esse respeito, cf. a abordagem mais detalhada de Leon H. Mayhew, *Law and Equal Opportunity: A Study of the Massachusetts Commission Against Discrimination*. Cambridge, Mass., 1968.

mente da jurisprudência, que censura o conformismo em uma sociedade que se deveria rechaçar). Em tudo isso, fica evidente a manipulação dos conceitos, de modo que os resultados não fazem nada mais que mostrar a parcialidade com que é conduzida a investigação. Mantendo-se nesse nível, a discussão, incluindo as posições contrárias, não será mais do que articulações de outros preconceitos[47].

Não é fácil atenuar essa polêmica de pano de fundo. Uma possibilidade poderia consistir em, com o máximo cuidado, determinar a função e, como apoio conceitual, exigir exatidão no conceito geral. Conceitos como controle social, inclusão, dever, valores, igualdade, consenso, contingência, tempo e estabilização contrafactual, que seriam capazes de contribuir para uma definição da função do direito, não poderiam ser aceitos como abstrações não analisadas, mas, receber maior clarificação e ser integrado a redes mais complexas de conceitos. É claro que isso não impedirá que alguém venha a inferi-lo como tática (apenas mais complexa) de ocultamento, reduzindo a teoria (dos outros) precisamente a isso. Porém, esse prejuízo já seria mais tolerável se, como efeito colateral, contribuísse para o processo de desenvolvimento da teoria científica.

---

47. Ao referido testemunho pode-se acrescentar muitos outros. De especial eloquência é o de Günter Frankenberg, "Unordnung kann sein: Versuch über Systeme, Recht und Ungehorsam", in Axel Honneth et al. (org.), *Zwischenbetrachtungen: Im Prozeß der Aufklärung: Jürgen Habermas zum 60. Gebusrtstag,* Frankfurt, 1989, p. 690-713.

VI

A discussão sobre a "condução pelo direito" poderia tirar proveito de outra diferença que fosse introduzida. Ademais, da *função* do direito deve-se distinguir as *atuações* que o direito proporciona a seu ambiente intrassocial e, sobretudo, as atuações que ele proporciona a outros sistemas funcionais da sociedade. A função resulta da referência que se faz ao sistema sociedade considerado como unidade. Para uma função determinada, o sistema jurídico é diferenciado, e aqui se trata, como já se referiu, de poder confiar em determinadas expectativas como expectativas (e não como prognósticos de comportamento). Não obstante, a essa função atrelam-se expectativas de atuação de outro tipo, resultantes das atuações mais ou menos importantes e mais ou menos difíceis de serem substituídas no ambiente intrassocial do sistema do direito. Só mesmo sob o regime da diferenciação funcional esses dois aspectos, função e atuação, podem ser distinguidos, e isso à revelia do fato de, também aqui, se esperar atuações do sistema que tenha como base a função e não o estatuto ou um *éthos* de um funcionário do sistema, tampouco uma moral social geral[48].

Na análise da função do direito foi necessário postergar a análise de dois pontos de vista que hoje podem ser debatidos como atuações possíveis do direito: o *comando de conduta* e a

---

48. Sobre paralelos com outros casos de diferenciação funcional, cf. Niklas Luhmann, *Funktion der Religion*, Frankfurt, 1977, p. 54; Niklas Luhmann/Karl Eberhard Schorr, *Reflexionsprobleme im Erziehungssystem* (1979), nova impressão, Frankfurt, 1988, p. 34 es; Niklas Luhmann, *Politische Theorie im Wohlfahrtsstaat*, Munique, 1981, p. 34 es; id., *Die Wirtschaft der Gesellschaft*, Frankfurt, 1988, p. 63 es.; *id.*, *Die Wissenschaft der Gesellschaft*, Frankfurt, 1990, p. 635 es.

solução de conflitos. Não só a manutenção de expectativas normativas, mas também de numerosas funções sociais, assim como coordenações de conduta, dependem de os seres humanos se comportarem tal como o direito prescreve; portanto, por exemplo, ao sair do hotel, devem pagar a conta; devem respeitar as leis de trânsito e, sobretudo, se absterem de ameaçar os demais com violência física. Mesmo quando se tem a certeza de que tais expectativas são adequadas, isso por si não é suficiente para se alcançar a normalidade social da complementaridade de condutas. Nesse sentido, outros sistemas de interação, organização ou função da sociedade dependem da subvenção pelo direito.

Uma vez que se trata apenas de uma atuação, evidencia-se que os sistemas não jurídicos dispõem de numerosos equivalentes funcionais para garantir o comportamento desejado como premissa de comportamento complementar[49]. Por exemplo, sem cartões de crédito, determinados serviços já não são oferecidos. Ou, nos Estados Unidos, em postos de gasolina, os serviços para certa quantidade do combustível não são liberados se antes não se pagar a quantia correspondente. É evidente que aqui se trata de formas que apareceram porque o direito já não é capaz de garantir determinada conduta, ou já não pode fazê-lo de maneira suficiente. Em relação ao desvelamento das influências dos grupos primários e da organização informal, a contribuição do direito à determinação de conduta não raro

---

49. Aí se tem, aliás, em formulação distinta, um tema antigo. Antes se discutia com base no questionamento sobre se a vigência do direito residia unicamente em sanções ou se demandaria meios de motivação extrajurídicos. Cf., por exemplo, Goerg Jellinek, *Allgemeine Staatslehre*, 3. ed., 6. reimpr. Darmstadt, 1959, p. 332 es.

tem sido subvalorizada[50], mas isso vale para situações muito específicas. Sob condições da sociedade moderna, é pouco provável que o direito possa ser consideravelmente substituído por tais fontes de motivação.

Para o entendimento do modo de guiar essa conduta como atuação do direito tendo em vista outros sistemas funcionais, é de suma importância ter em mente que não se trata, como supusera Hobbes, de uma delimitação das "liberdades naturais". Trata-se muito mais de o direito produzir liberdades artificiais que possam ser condicionadas por outros sistemas sociais, isto é, que possam ser limitadas à maneira dos outros sistemas. Por exemplo: a liberdade de recusar fornecer ajuda assistencial e pagar impostos, e, em vez disso, acumular capital; a liberdade de se tornar membro de uma organização ou, em caso de condições desfavoráveis, optar por não ser membro; a liberdade de recusar uma esposa (ou esposo) que seja conveniente à família e, em vez disso, casar-se "por amor"; a liberdade de expressar opiniões inconvenientes e expô-las a críticas (apenas retrospectivamente possíveis). Em muitos sentidos, os "meios" que outros sistemas utilizam para a constituição de formas próprias baseiam-se na possibilidade de a recusa estar juridicamente garantida, ou seja, a possibilidade de se esquivar da pressão exercida em nome da moral ou da razão. Não por acaso, nos séculos XVIII e XIX, quando isso já era evidente, a concepção era a de que a função substancial do direito consistia em garantir a liberdade.

---

50. Cf., por exemplo, Richard Lapiere. *A Theory of Social Control*, Nova York, 1954, passim, em especial p. 19 es, 316 es.

Algo semelhante acontece com a atuação na regulação de conflitos. Também aqui a sociedade depende em grande parte de que seus sistemas válidos, em caso de conflitos, possam acionar o sistema jurídico. Isso vale, sobretudo, para o caso de recusa ante expectativas injustificadas e de querelantes serem orientados a entrar com processo jurídico. No entanto, deve-se indicar que o direito não necessariamente resolve conflitos que originalmente se apresentavam, mas apenas os que ele próprio pode construir[51]. As estruturas profundas e os motivos para conflitos no dia a dia, bem como a questão sobre quem os iniciou, permanecem, em ampla medida, não contempladas. Por isso, mesmo os efeitos das resoluções jurídicas ou das arbitragens legais forçadas, em dadas situações de conflito, dificilmente podem ser controlados pelo direito. Além disso, a exigência de uma solução de conflito juridicamente regulada tem, por sua vez, limites estreitos, sobretudo quando as partes possuem interesse em continuar suas relações e temem a juridificação de seu litígio. Por isso há tanta violência corporal ou psíquica em relações íntimas, sobretudo familiares; por isso também, nas relações de dependência social, como no local de trabalho, muitas vezes não se permite comunicar os próprios direitos mediante reivindicação de direitos. Prefere-se encontrar outro tipo de solução, por exemplo, estabilizando o conflito como conflito duradouro, no qual cada uma das partes aproveita suas oportunidades.

---

51. A esse respeito, cf. Johan Galtung. "Institutionalized Conflict Resolution: A Theoretical Paradigm", *Journal of Peace Research* 2 (196), p. 348-97.

O Japão é conhecido pelo aproveitamento em ampla escala de mecanismos extrajurídicos para a resolução de conflitos. E da mesma forma, para a solução de conflitos de maneira extrajurídica, também se pode explicar por que é tão limitado o uso dos tribunais da *Common Law*[52]. Na Inglaterra, assuntos importantes como a caça e a caça furtiva são levados aos tribunais. Com o crescimento do direito legislativo e, sobretudo, com a regulamentação do direito público, têm aumentado também as críticas à estreiteza de acesso aos tribunais do *Common Law*[53]. Supõe-se que esse desencargo do direito esteja relacionado à estratificação social ou à lealdade de grupos experimentada e aceita como ordenamento social. E, quando isso já não for o caso, a inacessibilidade dos tribunais intensifica a diferença de inclusão de grupos pequenos e a exclusão de grupos grandes da população, não só para as atuações, mas também para a função do direito[54]. Voltaremos a esse tema no capítulo sobre sociedade e direito.

A distinção entre função e atuação reside assim, sobretudo, no amplo espectro de ação dos equivalentes funcionais. Para garantir a certificação de expectativas normativas (e, nessa medida, não evidentes), praticamente não há alternativas ao direito. Mas é possível chegar a uma conduta desejada, em ampla medida, mediante estímulos positivos, pelos quais a forma

---

52. Cf. Richard Lempert/Joseph Sanders. *An Invitation to Law and Social Science*. Nova York, 1986, p. 133 es.

53. Cf. Brian Abel-Smith/Robert Stevens. *Lawyers and the Courts: A Sociological Study of the English Legal System 1750-1965*. Cambridge, Mass., 1967.

54. Cf. Volkmar Gessner. *Recht und Konflikt: Eine soziologische Untersuchung privatrechtlicher Konflikte in Mexiko*, Tübingen, 1976.

do direito só se faz relevante nos casos excepcionais em que efetivamente houver um desvio. Os conflitos se tornam suportáveis ou são resolvidos das maneiras mais diversas. O direito é aqui apenas uma das possibilidades, ainda que seja uma possibilidade que assume a função de um sistema monetário alternativo, oferecendo uma espécie de garantia última de liberdade. A diferenciação entre função e ação só se dá como consequência da diferenciação de um sistema jurídico. Nesse sentido, para os casos do modo de guiar a conduta e para a solução de conflitos, deve-se distinguir entre uma sociedade com sistema de direito diferenciado e uma sociedade sem sistema de direito diferenciado. Uma e outra situação são muito diferentes, ainda que se possam comparar situações muito heterogêneas do ponto de vista funcional da resolução de litígios[55].

Nas sociedades tribais, mas também em zonas rurais das sociedades camponesas, que em ampla medida se veem obrigadas a se regulamentar sem uma referência ao direito formal e aos tribunais, as questões jurídicas normalmente são conduzidas a um procedimento de conciliação, e os pontos de vista comunicáveis são subsumidos a esse objetivo. Trata-se de arranjos funcionais para a vida, e não só (ou de modo apenas secundário) de um processo de atribuição do valor do direito/não direito a determinadas exigências[56]. Nesses casos, durante

---

55. No entanto, continua a ser problemático tratar material etnológico com análises empíricas de procedimentos de mediação modernos, sem levar em conta contextos estruturais inteiramente diversos.

56. Cf. a muito citada monografia de Max Gluckman, *The Judicial Process Among the Barotse of Northern Rodesia*, Manchester, 1955; ou Paul J. Bohannan, *Justice and Judgment among the Tiv*, Londres, 1957; cf. também Laura Nader, "Styles of Court Procedure: To make the Balance", in id. (org.), *Law in Culture and Society*, Chicago, 1969, p. 69-92. Para a situação europeia, antes da diferenciação de um sistema jurídico separado, cf. também

o processo pode-se ver com clareza o que localmente se produz como consenso, e as partes em conflito são confrontadas com a pergunta sobre como farão seus acordos se continuarem a viver no local. Num contexto moderno, contudo, os processos de arbitragem são conduzidos à sombra de um iminente processo jurídico. É como, por assim dizer, brincar com fogo — com a incerteza dos resultados, com custos e com adiamentos temporais; mas a possibilidade de proteção jurídico-legal está presente em cada instância, e a forma de um eventual consenso é uma forma de direito válido, que por sua vez inaugura as possibilidades de queixa à escolha das partes. O processo de arbitragem vive de sua função real do direito, de estabilizar expectativas normativas; porém, dessa forma de conciliação o direito adquire uma mais-valia social que favorece, como atuação do direito, aos sistemas psíquicos ou sociais que tiverem sido afetados.

Se se pretende avaliar tanto a função como a atuação do sistema do direito em seu conjunto, dá-se a ver no direito uma espécie de sistema imunológico da sociedade[57]. Com a crescente complexidade do sistema da sociedade, as discrepâncias entre projeções de normas só aumentam, ao mesmo tempo que a sociedade cada vez mais depende de que sejam encontradas soluções "pacíficas" para tais conflitos. De outro modo, a expansão dos meios de comunicação e dos sistemas de funções, assim como o desenvolvimento das "cidades", estagnar-se-ia por toda parte. É claro que isso pode ocorrer, e na maioria dos casos foi

---

Harold H. Berman, *Recht und Revolution: Die Bildung der westlichen Rechtstradition*, Frankfurt, 1991, p. 85.

57. Voltaremos a tratar desse tema com mais detalhes no último capítulo.

o que aconteceu. Entretanto, há também a possibilidade de o sistema se imunizar contra patologias de um tipo mais forte. Continua a ser questão aberta e imprevisível quando e sob que circunstâncias alguém optará por um curso conflituoso, opondo-se a uma norma potencial outra norma potencial. E, como geralmente é o caso em imunologia, não existe resposta pronta e concreta para tais incidentes. O sistema do direito não faz prognósticos a respeito de quando vão acontecer litígios, sobre qual será a situação particular, quem estará envolvido e qual será a força de seu envolvimento. Os mecanismos do sistema jurídico são dispostos para atuar "sem consideração de pessoas" e precisam de tempo para construir a resposta de imunidade. Os fatos seriam complexos demais para sua submissão a uma correspondência ponto por ponto entre circunstâncias do ambiente em seus dispositivos psíquicos e psíquicos situacionais, por um lado, e as soluções propostas ao problema que sejam aceitáveis no sistema social, por outro. O mesmo se pode dizer do sistema de imunização no sentido de que, uma vez encontrada a solução, a probabilidade de novas "infecções" ver-se-ia reduzida, ou seja, seu tempo de assimilação estaria reduzido.

Já no contexto da pergunta pela função do direito, existe uma série de argumentos capazes de demonstrar que a diferenciação de um sistema do direito, uma vez iniciada, conserva-se. Vimos que com a intensificação de projeções normativas descoordenadas chega-se ao ponto em que uma reflexividade de crescimento quase natural já não apresenta nenhuma solução à expectativa normativa da expectativa normativa. Consequentemente, essa descoordenação tem de ser substituída pela diferenciação de um sistema organizado de decisões no direito que direciona o olhar para si mesmo e desenvolve uma rede de normas oficiais vigentes, pela qual o direito se orienta, à medida que encontra suficiente amparo político. Outro ponto de vista foi o de que função e atuações podem ser diferenciadas enquanto se constitui um sistema funcional, e então, no âmbito da atuação, ao contrário do que se tem no âmbito da função, nenhum equivalente funcional (na prática, quase nenhum deles é realizável) encontra-se à disposição para expectativas normativas. Por fim, há boas razões para se argumentar em favor do caso da diferenciação do direito, quando se consideram as vantagens de um sistema de imunização auxiliar, que opera num nível de complexidade mais baixo, no qual remete à própria histórica no caso de incidentes imprevisíveis.

Quando se trata da questão (muito discutida) sobre o porquê do desenvolvimento da sociedade moderna na Europa — e não na China ou na Índia, por exemplo —, ter-se-ia de observar de mais detidamente todos esses pontos de vista. Se nos concentramos na comparação com os séculos XII ou XIII, e na Europa ou na China, os fatores demográficos, do desenvolvimento tecnológico, da disseminação da escrita e do Estado de bem-estar social estarão mais relacionados à Europa. A Europa, tendo base nas contribuições do direito civil romano, tinha uma cultura do direito desenvolvida. Parte expressiva do clero compunha-se de juristas (do direito canônico). Na Inglaterra, foi sobre essas bases que se iniciou um desenvolvimento autônomo de um *Common Law*. Os foros das cidades foram reunidos, codificados e tomados como modelo. A luta pela soberania das cidades italianas foi conduzida, sobretudo, no bojo da autorregulação jurídica. Mais profundamente do que em qualquer outra parte, o direito estava ali integrado à vida cotidiana. Mais do que em qualquer outra civilização, poder-se-ia contar com expectativas de conduta contrafactualmente estabilizadas, em que pesasse a incerteza quanto à conduta factual poder corresponder às expectativas. A ordem social poderia se desenvolver na direção de uma improbabilidade maior, porque se poderiam invocar as expectativas do direito e se poderia prever o momento em que conflitos se apresentariam como legais e, se necessário fosse, seria o caso de resolvê-lo no "mais alto tribunal", qual fosse, a guerra. Independentemente de como se avalie, nesse contexto, a relevância da religião, da economia monetária, da diversificação regional, não se deve deixar de considerar que o direito proporcionou um avanço importante para o desenvolvimento na Europa, que se encontrava juridicamente preparada para um maior grau de complexidade e improbabilidade.

Ainda com tudo isso em mente, não se pode dizer que as vantagens da especificação funcional atuem como um mecanismo que favoreça a evolução. Para dar explicações históricas, é necessária uma teoria da evolução construída de maneira mais complexa[58]. Além disso, da função do direito tomada por si só, não se pode afirmar que o direito pode executar seu fechamento operativo como sistema autopoiético e se reproduzir. Para isso se requer outras estruturas evolucionais bastante específicas. Trataremos delas no capítulo a seguir do ponto de vista (da diferença) entre codificação e programação.

---
58. A esse respeito, cf. Capítulo 6.

Capítulo 4

CODIFICAÇÃO E PROGRAMAÇÃO

I

A indicação da função, por si, não basta para descrever o sistema do direito. Em capítulo anterior, já vimos que não fica claro o modo como o sistema jurídico se orienta quando se reproduz a si mesmo e se delimita em relação a um ambiente. Na teoria sociológica dos sistemas, por essa razão, costuma-se falar de função e estrutura, e as determinações estruturais são consideradas indispensáveis, uma vez que as indicações funcionais deixam muito em aberto[1]. No entanto, deparamo-nos com esse problema na própria teoria do direito. Para Jeremy Bentham, por exemplo, a função do direito estaria, em última instância, na segurança das expectativas; mas o valor de orientação se garante mediante os *commands* — isto é, mediante um legislador politicamente autorizado e com capacidade de comando. Uma ordem produz a diferença entre o obedecer e o não obedecer. Ou, segundo fontes mais antigas: quando Cícero se pergunta em que, afinal, consistiria o direito, o que primeiramente lhe ocorre (mediante a invocação de especialistas na matéria) é "*lex est ratio summa insita in natura, quae iubert ea quae facienda sunt, prohibetque contraria*" [a lei é a suprema doutrina – inseri-

---

1. Cf. Talcott Parsons, *The Social System*. Glencoe Ill, 1951, p. 19 es, 202 es, que introduz como divisa a análise funcional-estrutural.

da na natureza – que determina o que se deve fazer e proíbe o contrário][2]. É evidente que se trata de uma distinção específica do direito. Em nossa exposição a seguir, esse papel assume o conceito de código. O código, em comparação a "comando", deixa aberta a questão das fontes de validade, pois a fonte de validade do direito é, como vimos, o próprio sistema jurídico. O código não só é mais restrito do que o conceito de estrutura (ainda que códigos sejam, de fato, estruturas), como, com a ajuda a distinção entre codificação e programação, faz atentar para o desenvolvimento de estruturas.

A função do direito descrita no capítulo anterior produz um esquematismo binário, segundo o qual as expectativas normativas, independentemente de sua proveniência, ou se fazem satisfeitas, ou frustradas. Ambas as possibilidades acontecem, e o direito reage de modo correspondente. No entanto, fica pendente o modo como devem ser tratados os casos em que a conduta frustrada, por sua vez, projeta normas e afirma estar no direito, sem contar os casos em que uma transgressão se afirma sem fundamento, ou nos casos em que se nega a imputação da ação a determinados infratores. Também nesses casos ambas as projeções normativas podem encontrar apoio social, havendo ainda a possibilidade de se recorrer a mecanismos aleatórios (juízo divino) a fim de regulamentar conflitos onde ambos os lados obtenham amparo social[3]. Entretanto, a satisfação da função do direito é sempre dependente de

---

2. *De legibus* I, VI, 18. Para o uso atual, teríamos de substituir "natureza" por "discurso".

3. Para um exemplo atual, cf. Salim Alafenisch, "Der Stellenwert der Feuerprobe im Gewohnheitsrecht der Beduinen des Negev", in Fred Scholz/Jörg Janzen (org.), *Nomadismus — ein Entwicklungsproblem?*, Berlim, 1982, p. 143-58.

estruturas sociais, que não estão à disposição do direito, ou mesmo de artifícios com os quais essa dependência é eliminada, a custo da previsibilidade dos custos e da possível densidade regulamentadora do direito.

A evolução social ultrapassa esse estado por meio de um ato de abstração que se superpõe à forma da bifurcação ligada a toda expectativa de satisfação e decepção mediante uma distinção diversa. Tal como antes, trata-se de saber se as expectativas normativas são satisfeitas ou frustradas. A observação imediata das circunstâncias exatamente sob esse ponto de vista suporta a função do direito e não pode ser eliminada. Mas — e por isso falamos em "superpor" — esta é complementada por um observar de segunda ordem, que se orienta pelo código jurídico diferenciado para tal e se reserva o direito de verificar se a expectativa ou a conduta decepcionante é (foi ou será) conforme ou não conforme ao direito.

Mesmo quando do ponto de vista *lógico*, o esquematismo binário *lógico* legal e ilegal ocupa um lugar preeminente, pois fundamenta a identificabilidade do sistema jurídico; *historicamente* ele é um desenvolvimento tardio e pressupõe a existência prévia de normas[4]. Não é evidente que se escolha essa solução da codificação binária e que esta se imponha ao longo da evolução. Também é possível que precisamente isso possa ser evitado dado o risco que implica, e em algumas culturas clássicas recomendava-se que, ao se projetar as normas,

---

4. Assim também David Hume, *A Treatise of Human Nature*, Book III, Part II, Section II, cit. segundo a edição da Everyman's Library, Londres, 1956, vol. 2, p. 203 es., para justiça/injustiça. Voltaremos a essa questão mais detalhadamente ao tratar das condições de possibilidade da evolução do fechamento operativo. Cf. Capítulo 6, I.

se exercitasse a prudência — por conseguinte, consideravam negativa a insistência no direito[5]. Nessas culturas, do ponto de vista político, preferia-se o equilíbrio, a unidade da sociedade sendo descrita como harmônica, e não como diferenciada. O sistema jurídico se mantém então como solução técnica de emergência para casos incorrigíveis, mas sem ser diferenciado em um sistema funcional próprio. Seus centros de gravidade se encontram no direito penal e no direito organizacional e administrativo da burocracia no poder. A um membro comum da sociedade parecerá recomendável, então, evitar todo contato com o direito, considerando-o mais como um infortúnio.

Do fato puro e simples de existirem conflitos normativos, que, em vista de terem consequências danosas, motivam esforços para que se encontre solução para conflitos, não é estritamente possível explicar a codificação binária. Pelo contrário: todo e qualquer arbítrio de conflito se esforçará para atenuar a discrepância e buscará evitar definições de situações segundo as quais só um *ou* o outro possa ter razão. Sua superioridade em relação às partes conflitantes e seu ponto de partida apartidário se farão evidentes precisamente onde se está obrigado a finalmente se alinhar a um dos lados e fazer

---

5. Sobre a tradição confuciana, cf. Pyong-Choom Hahm, *The Korean Political Tradition and Law*, Seul, 1967, sobretudo p. 29 es., 53; David J. Steinberg, "Law, Development, and Korean Society", *Journal of Comparative Administration* 3 (1971), p. 215-56. Para o recente debate, cf. Kun Yang, *Law and Society in Korea*: Beyond the Hahm Thesis, Law and Society Review 23 (1980), p. 891-901. Para o caso do Japão, cf. as teses, aliás questionáveis, sobre as condições atuais, de Takeyoshi Kawashima, *The Status of the Individual in East and West*, Honolulu, 1968, p. 429-48. Sobre outras investigações que documentam uma distância entre a rigidez da codificação binária, cf. Zensuke Ishimura, "Legal Systems and Social Systems in Japan", in Adam Podgorecki et al. (org.), *Legal Systems & Social Systems*, Londres, 1985, p. 116-25.

uma opção contra o outro[6]. É justamente a existência de tais conflitos e o significado de terceiros independentes (o mais das vezes superiores na hierarquia) daí resultantes que tornam pouco provável uma codificação estritamente binária do direito, e a evolução, aqui, se dá — como é tão frequente e contra toda probabilidade — quando ela impõe, apesar de tudo, uma codificação binária.

Isso é precisamente significativo para a tradição europeia: que no direito se instale um plano de observação de segunda ordem, e deste, em vez de haver conciliação das projeções normativas imediatas, eis que as submeterá, ainda, a outra distinção. Essa distinção confere ao direito a forma de um sistema codificado, e somente ela disporá o direito para ser usado sob as exclusivas condições que o próprio direito determine.

Em uma retrospectiva conduzida pela via lógica, pode-se descrever a evolução faticamente possível como desdobramento da tautologia; ou seja, descrevê-la como dissolução dos paradoxos do direito. Falaremos também, de maneira breve, da destautologização ou da desparadoxização do direito. Quase poder-se-ia dizer que se apresentam os passos descritos a seguir.

O que sempre foi constituído como direito no mundo, designado como tal e assim diferenciado de outras coisas, (1) faz-se duplicado, desse modo reafirmado tanto mais enfaticamente e, assim, convertido na tautologia "legal é legal".

---

6. Cf. também Vilhelm Aubert, *In Search of Law: Sociological Approaches to Law*. Oxford, 1983, p. 72 es.

(2) Mediante a introdução de uma negação, a tautologia é convertida em um paradoxo; legal é ilegal. (3) No sistema social, isso significa que ambos aparecem em correlação inevitável: o direito de um é o não direito do outro, porém ambos são membros da comunidade social. Mediante outra negação, essa forma conduz a um antagonismo: o legal não é ilegal (4) e assim aqueles que estão em situação legal ou ilegal podem e devem contar com esse estatuto mesmo em uma perspectiva temporal e social. A afirmação de que alguém que se encontra na legalidade está na ilegalidade seria uma impeditiva contradição lógica. Essa contradição, por fim (5), faz-se excluída mediante condicionalizações, e só assim a tautologia se desdobra, isto é, o paradoxo é resolvido. Legal é legal, ou seja, legal não é ilegal, se as condições dadas nos programas do sistema do direito forem satisfeitas. Nesse plano de programação (autoestruturação), o sistema pode se expor a variações temporais e, assim, fazer-se independente da casualidade da ocorrência de conflitos, determinado como sendo o mesmo o que pode ser tratado como conflito sujeito a decisões. Desse modo, o próprio sistema funciona como "atrator" evolutivo de casos jurídicos. Em capítulo posterior, abordaremos como isso gera um aumento da variedade do sistema e uma problematização duradoura das relações entre variedade e redundância.

A título de elucidação, resumimos ainda uma vez, ao modo de um esboço, as seguintes sequências de desdobramento:

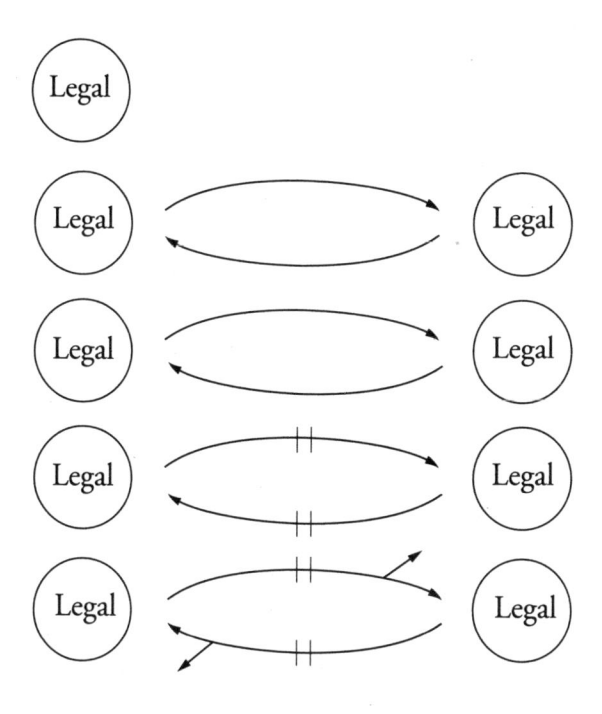

Somente por prevenção, acrescentemos que evidentemente não se trata de passos empiricamente dados na constituição de um sistema, tampouco de estados históricos do sistema jurídico. Trata-se de uma reconstrução lógica da autopoiese do sistema e, com efeito, de uma reconstrução que deve elucidar precisamente a indedutibilidade lógica, mas, ao mesmo tempo, também a improbabilidade empírica da constituição do sistema. Um sistema jurídico não é possível por ser deduzido de axiomas[7] lógicos, mas porque a autopoiese do sistema se inicia mediante condições históricas muito excepcionais. E é assim que se constitui um sistema, que a si mesmo pode descrever com o auxílio das distinções indicadas.

O fato mesmo de se poder distinguir legal e ilegal com tanta nitidez e de maneira inconciliável tem de ser visto primeiramente como algo que chama a atenção, mas não como algo evidente. Então se verá em que medida a evolução do direito resulta da relação com a provocação aí contida. Assim, uma das mais importantes categorias do direito civil romano, a *obligatio* [obrigação], teria surgido uma vez que alguém, fosse *ex delicto* [por delito], fosse *ex contractu* [por contrato/por pacto], encontrava-se em situação *ilegal*, e essa ilegalidade tinha de ser trazida para a forma legal e ser submetida a um *tratamento jurídico* — precisamente como vinculação, como *vinculum* [vínculo], como *adstrictio* [adstrição] com especificação da culpa como resultado produzido[8]. O direito penal e o direito contratual, com suas formas características, surgem como formas de desdobramento de tal *obligatio*, como direito de obrigações.

Isso não quer dizer que legal e ilegal se fundam. Pelo contrário: a cada obrigação há que se constituir novamente qual

---

7. Também isso seria, no mais, como sabe a lógica atual, um círculo fundacional, uma vez que os axiomas só existem para possibilitar as deduções.

8. Não há consenso quanto a se poder supor a origem da *obligatio* unicamente com base no direito penal e antes que surgisse a ideia de que o contrato determinaria o comportamento que sobreviria uma vez encerrado o contrato. Cf. a respeito Giovanni Pugliese, *Actio e diritto subiettivo*, Milão, 1939, p. 73 es., com mais indicações. Porém, digna de nota é, sobretudo, a abstração de uma categoria que realça *ambas* as circunstâncias de surgimento, delito e contrato, e, assim, o desenvolvimento de um direito contratual com base na perspectiva de compromissos — incluindo eventuais e recém-surgidas obrigações "sinalagmáticas" — a serem cumpridos após o término do contrato.

conduta é lícita e qual é ilícita. Deve-se então distinguir ambos os valores do código jurídico (o positivo e o negativo), ainda que ambos estejam continuamente em jogo, e a separação tem de funcionar como modo de atrelamento. É preciso trabalhar com diferenças, embora não se possa fazer ou responder a pergunta (pois ela conduziria a um paradoxo) se a distinção entre lícito e ilícito consistirá em legalidade ou ilegalidade. De repente, no esforço de evitá-la ou de cobri-la, o próprio paradoxo se converte em princípio criativo[9]. Ora, é necessário implementar a distinção entre legal e ilegal mediante outros critérios. Assim, pode haver situações em que o indivíduo é responsabilizável por danos aos bens alheios. É preciso que se torne compreensível quando o perpetrador do dano atua de forma contrária ao direito — de certo modo, como exceção às regras normais *casum sentit dominus* [o dono padece do infortúnio] ou *qui iure suo utitur neminem laedit* [quem se serve do seu próprio direito não é prejudicial a ninguém]. Em outras palavras, o direito não pode proibir seu próprio uso, nem castigar ou demonstrar consequências de responsabilidade. Isso só se pode constituir por um *damnum iniuria datum* [dano causado pela injúria][10]. Isso

---

9. Cf. George P. Fletcher, "Paradoxes in Legal Thought", *Columbia Law Review* 85 (1985), p. 1263-92; Roberta Kevelson, *Pierce, Paradox, Praxis: The Image, the Conflict and the Law*, Berlim, 1990.

10. Cf. a concepção da faculdade de direito de Jena, de junho de 1879, *Seufferts Archiv* 37 (1882), n. 224, p. 312-9, em razão de uma exceção: a indenização pública por prejuízos privados. A outra exceção, de obrigatoriamente conceder a indenização sobre as consequências das ações legais, encontrava-se na lei de calamidade pública. Cf. Rudolf Merkel, *Die Kollision rechtmässiger Interessen und die Schadensersatzpflicht bei rechtmässigen Handlungen*, Estrasburgo, 1895 — também é interessante em relação a suas abrangentes e, em comparação a discussões anteriores, atípicas considerações referentes a uma "ponderação de interesses", como se tais interesses fossem necessários como substitutos em casos nos quais uma questão legal não pudesse ser resolvida mediante o código lícito/ilícito.

é, em princípio, tão evidente quanto razoável. No caso de uma maior dissolução jurídica pela política do direito, refletir-se-á que nessa clara linha de corte muitas condutas teriam de ser proibidas se se pretendesse trazê-las para o escopo da obrigatoriedade da compensação, caso fosse necessário. Em outras palavras, a dogmática que de maneira direta implementa o esquema legal/ilegal é incompatível com o fenômeno do risco[11]. Como resposta a esse problema, o instituto jurídico se desenvolveu como garantia contra risco[12], e isso permitiu que se desenvolvessem condições, regras e razões para a distribuição de danos provocados por conduta contrária à legalidade, ou seja, responsabiliza-se alguém por uma conduta permitida por lei. Isso se justifica da seguinte maneira: a permissão para condutas possivelmente danosas deve ser compensada por meio da aceitação da responsabilidade por quaisquer danos.

Tomamos um segundo exemplo no âmbito da tolerância de ações ilegais cometidas pelo Estado[13]. Já muito e incansavelmente se repetiu a teoria da "razão de Estado", pela qual um príncipe teria de se fazer omisso ante injustiças caso a perseguição por tal injustiça produzisse uma desordem

---

11. Essa visão se dá paralelamente à discussão sobre a *futura contingentia*, que se seguiu ao *De interpretatione 9* de Aristóteles; trata-se aqui da verdade ou falsidade de enunciados sobre acontecimentos contingentes no futuro, que não podem ser decididos no presente, por mais que se tenha de levar em conta o futuro para bem se conduzir no presente.

12. A monografia clássica sobre esse tema é: Josef Esser, *Grundlagen und Entwicklung der Gefährdungshaftung, Beiträg zur Reform des Haftpflichtrechts und zu seiner Wiedereinordnung in die Gedanken des allgemeinen Privatrechts*, Munique, 1941.

13. Para um aspecto importante, cf. Georg Hermes/Joachim Wieland, *Die staatliche Duldung rechtswidrigen Verhaltens: Dogmatische Folgen behördlicher Untätigkeit im Umwelt- und Steuerrecht*, Heidelberg, 1988. Cf. Também Josef Isensee, "Verwaltungsraison gegen Verwaltungsrecht", *Steuer und Wirtschaft* 50 (1973), p. 199-206.

incontrolável, isto é, quando pusesse em risco a paz e o poder[14]. Ainda no século XIX podia-se ler que a paz dependia de um "relaxamento das exigências absolutas de direito[15], e de modo geral é possível dizer que o movimento romântico é passível de ser considerado, provisoriamente, a última oposição dirigida contra o domínio do código binário direito/não direito[16]. Por sua vez, "crimes desinteressados"[17] — portanto, atividades que, em benefício de determinadas ideias, atacam o código jurídico como esquema bivalente — são vistos como curiosidades da época, e atualmente se recomenda, dada a mesma situação problemática, tomá-los pelo delito-bagatela de "desobediência civil". Quando se intensifica esse problema da rejeição do código, caso em que não apenas são rechaçadas certas ideias ou instâncias do código jurídico, aí se tem uma exigência do próprio direito. Mas como? Como alguém que durante muito tempo, contando com o conhecimento das autoridades competentes, agiu de maneira contrária ao direito, por fim pode exigir uma espécie de prazo prescricional ou pelo menos receber voto de confiança? Também aqui o problema torna-se agudo, quando o curso do desenvolvimento histórico faz que cada vez mais as autoridades não conheçam suficientemente o direito (ou as

---

14. Para mais referências, cf. Niklas Luhmann, "Staat und Staatsräson im Übergang von traditionelleer Herrschaft zu moderner Politik", in id., *Gesellschaftsstruktur und Semantik*, vol. 3, Frankfurt, 1989, p. 65-148 (89).

15. Friedrich Schlegel, "Signatur des Zeitalters", in *Dichtungen und Aufsätze* (org. Wolfdietrich Rasch), Munique, 1984, p. 593-728 (700), no contexto de uma polêmica mais geral contra conferir caráter absoluto a pontos de vista.

16. Cf. também Regina Ogorek, "Adam Müllers Gegensatzphilosophie und die Rechtsausschweifungen des Michael Kohlhass", *Kleist-Jahrbuch*, 1988/89, p. 96-125.

17. Schlegel, op. cit., p. 598.

circunstâncias), ou quando não pode impô-lo completamente e desistem de exigir o cumprimento do direito num pacto de negociação com o qual podem conseguir algo que, de outro modo, não seria possível[18]. Tendo em vista tal confluência entre legal e ilegal, é preciso novamente decidir qual misto de legal e ilegal é, em tal caso, legal ou ilegal. Mas então o direito se torna dependente de sua época, já que não é apenas no momento da decisão num tribunal que se pode reconhecer como avaliar juridicamente esse tipo de conduta.

É evidente que o sistema jurídico necessita de tempo caso ele próprio pretenda cruzar os limites do código de legal e ilegal, ou seja, caso queira sabotar a recíproca exclusão dos valores. Portanto, com base em seus próprios programas, o sistema jurídico pode distinguir entre situações jurídicas prévias e posteriores. Vista dessa maneira, a temporalização do símbolo de validade correlaciona-se com a imposição da validade rigorosa do código binário: o que é imposto com a rigidez prática do "ou/ou", para que se possa diferenciar o sistema jurídico, tem de ser compensado por isso pelo uso do tempo, ou seja: da distinção do que é alinhado em sequência. A diferenciação demanda uma dinamização do sistema.

De tais fatos, que, é bom lembrar, sempre se fazem

---

18. Cf. Keith Hawkins, *Environment and Enforcement: Regulation and the Social Definition of Pollution*. Oxford, 1984; e Gerd Winter, "Bartering Rationality in Regulation", *Law and Society Review* 19 (1985), p. 219-50. Como evidência da amplidão desse fenômeno de uma implementação de metas políticas na forma de pacto, cf. também Dieter Grimm, *Die Zukunft der Verfassung, Staatswissenschaften und Staatspraxis* I (1990), p. 5-33 (17 es.); Charles-Albert Morand, "La contractualisation du droit dans l'état providence", in François Chazel/Jacques Commaille (org.), *Normes juridiques et régulation sociale*, Paris, 1991, p. 139-58. Arthur Benz/Wolfgang Seibel (org.), *Zwischen Kooperation und Korruption* (Baden-Baden, 1992).

acompanhar da evolução do direito[19], não se pode depreender a estrita oposição entre legal e ilegal. Isso significaria deduzir da invisibilização do paradoxo a sua não existência. Só se pode compreender a dinâmica evolutiva, tornada visível em tais situações, quando se parte da forma arriscada de uma distinção por codificação binária como uma irritação duradoura do sistema a atuar por meio de si mesma.

II

De um ponto de vista prático, códigos binários são de fácil manuseio. Sem essa vantagem, eles não poderiam ter sido institucionalizados. Com a visão habitual que se tem das formas, pode-se reconhecer dois valores, que se mantêm a vista quando um deles exclui o outro. Então, para fechar o sistema, faz-se necessária tão somente a regra adicional, segundo a qual tudo o que não é legal é ilegal ou vice-versa. No entanto, essa vantagem do esquematismo encobre complexas estruturas lógicas. Queremos aqui caracterizá-las com o conceito lógico-matemático de *re-entry*, como dupla reentrada da forma dentro da forma.

No caso normal, as formas são construídas de maneira que uma *re-entry* só pode ser considerada de um lado (o lado interno da forma), uma vez que o outro lado, como estado não marcado, apresenta-se apenas como meio de conduzir à delimitação. A título de protótipo, isso vale para a distinção

---

19. A esse respeito, cf. Niklas Luhmann. "The Third Question: The Creative Use of Paradoxes in Law and Legal History", *Journal of Law and Society*, 15 (1988), p. 153-65.

entre sistema e ambiente, a qual só pode se realizar no sistema, e não no ambiente[20]. Logicamente, porém, não se tem aí uma assimetria obrigatória, pois o conceito de *re-entry*, por si, significa que um espaço é dividido em dois por um corte (o delineamento da forma) em duas metades. Assim, cria-se de fato um espaço que representa o mundo e então se põe à disposição para uma nova entrada da distinção no que já foi por ela distinguido[21]. Para a função da codificação, a *re-entry* de um só lado não é suficiente, pois isso significaria, em sentido operativo, que o limite da forma não pode ser transposto, uma vez que não se poderia nem sonhar com o ilegal no legal. Toda e qualquer transposição de limite se perderia no espaço infinito da alteridade e jamais faria o caminho de volta. Só mesmo se a possibilidade de *re-entry* se dispuser de ambos os lados, a simetria poderá surgir da autorreferência, para então novamente, mediante condicionamentos, poder ser reassimetrizada no sistema[22].

A assimetria da forma do sistema e a simetria da forma do código têm de coincidir no sistema. A assimetria da forma do sistema assegura o caráter fechado do sistema mesmo quando suas operações são guiadas por referências no ambiente. A simetria do código garante o constante cruzar do limite que marca o código. Quando reconhece o ilegal, o sistema não

---

20. O mesmo vale para outros casos importantes — como para a forma do signo, que só se pode copiar do significado no interior deste.

21. Cf. George Spencer Brown, *Laws of Form*, reimpr. Nova York, 1979, p. 56 es.; Francisco Varela, A Calculus for Self-reference, *International Journal of General Systems 2* (1975), p. 5-24; Louis H. Kauffman, "Self-reference and Recursive Forms", *Journal of Social and Biological Structures* 10 (1987), p. 53-72 (56 es.).

22. Sobre condição à referência, distinção, operações que demandam tempo e *re-entry* para a produção de simetria, cf. sobretudo Kauffman, op. cit.

pode simplesmente deixar esse ilegal ao arbítrio de suas próprias mãos, tendo de encontrar possibilidades de tratar esse ilegal nos termos da legalidade. Em outras palavras, o ilegal é um sinal desencadeante indispensável para operações jurídicas. Não apenas o valor do legal, mas também o valor do ilegal tem de poder ser conceituado como realização do código geral no âmbito codificado, como valor contrário ao valor contrário. Tal estrutura foi também designada como *nested oppositions* [oposições aninhadas][23]. Reside aí, como ainda veremos, a facilidade e a tecnicidade da passagem de um valor para outro e, ao mesmo tempo, a prevenção contra todo conflito de valores no interior do âmbito dos códigos. (Em outras palavras: conflitos entre valores-códigos convertem-se em conflitos entre sistemas, e não no interior dos sistemas.)

Todas essas reflexões pressupõem uma conexão de autorreferência e distinção. Uma só se dá havendo a outra, e vice-versa. Somente sistemas autorreferenciais podem distinguir (observar), pois para tal eles têm de distinguir a distinção, ou o que foi definido com o auxílio dela, de si próprios; e, no sentido inverso, a autorreferência evidentemente tem de pressupor a distinção entre a autorreferência e a heterorreferência. "Portanto, a autorreferência e a ideia de distinção são inseparáveis (logo, conceitualmente idênticas)", como se lê em Kauffman[24]. Nenhuma complicação adicional pode reverter essa condição

---

[23]. Assim (no contexto de uma crítica à concepção, disseminada nos Estados Unidos, da "desconstrução" como método de recusa de distinções), J. M. Balkin, "Nested Oppositions", *Yale Law Review* 99 (1990), p. 1669-705: "oposições aninhadas são aquelas que também envolvem uma relação de dependência, semelhança ou contenção entre os conceitos opostos".

[24]. Op. cit. (1987), p. 53.

elementar, tampouco poderia dissolvê-la "dialeticamente", mas tão somente designá-la. Consequentemente, em toda tentativa de observar a unidade global no mundo, ou melhor, de observar a unidade da distinção em que reside a sua observação, desembocamos em um paradoxo. Por isso, o direito só se deixa fundar pelo desdobramento de um paradoxo e, portanto, pela introdução de distinções identificáveis[25].

Assim, a unidade de um sistema codificado binário pode ser descrita apenas na forma de paradoxo. De modo operativo, o paradoxo se reproduz permanentemente, mas não pode ser observado no sistema — deve ser tratado, então, na forma de construções simplificadoras, como demonstraremos no Capítulo 11. O paradoxo não pode ser observado, pois para tanto se faria necessária a decisão sobre se a distinção entre legal e ilegal seria legal ou ilegal. No direito, como, de outra maneira, também na lógica, o paradoxo é o ponto cego do sistema, e só esse ponto cego torna possível a operação da observação[26]. O paradoxo representa, poder-se-ia dizer, o mundo no sistema, o último tão observável quanto o primeiro. Ele é a base que tem de permanecer invisível, com a consequência de que todo fundamento tem caráter dogmático — incluindo a tese de que a distinção entre legal e ilegal se introduz no sistema de maneira subentendida, pois, de outro modo, não poderia existir nenhuma administração de justiça de caráter ordenado.

Assim, o próprio código já é o primeiro passo para a dis-

---

25. Por meio de um passo intermediário que introduz a norma da justiça, que então se define como tratamento igual *e* como tratamento desigual de casos desiguais.

26. Ou, em uma versão mais poética, "uma luz que, iluminando o restante, permanece enraizada na escuridão" — Maurice Merleau-Ponty, *Le visible et l'invisible*, Paris, 1964, p. 172.

solução dos paradoxos, que para todos os efeitos existe apenas como problema de observação específico do código. Ele exige ser praticado como distinção, e não como unidade do que é distinguido. Entendemos por código que o direito se valha de um esquema bivalente para estruturar suas próprias operações e distingui-las de outros fatos[27]. Códigos são estruturas pródigas em precondições, que, em sua máxima simplificação, podem ser reduzidas à aquisição de *biestabilidade*. Desse modo, são pensados sistemas capazes de tomar dois estados (positivo/negativo, 1/0, ligado/desligado) a partir dos quais suas demais operações se realizam. São sistemas que têm integradas a si uma distinção e também uma forma, e que incluem a possibilidade de que suas operações se conectem indistintamente com um ou outro lado da distinção — para expressá-lo na terminologia de Spencer Brown: operações de *"crossing"*. A aquisição consiste em que o sistema disponha de possibilidade de observação, auto-observação e distinção entre autorreferência e heterorreferência (como evidentemente se tem no sistema jurídico). Já a biestabilidade faz que o sistema, totalmente determinado, possa reagir a um ambiente altamente complexo, *sem ter de se adaptar a ele.* Isso se mantém ao longo de todas as evoluções subsequentes e não mais é alterado. Assim sendo, também os códigos binários,

---

27. Vale mencionar apenas que o termo "código" não é o mesmo que se tem na semiótica. Com "código", a semiótica designa uma função ou regra de atribuição que relaciona uma expressão com um conteúdo comum. Cf., por exemplo, na aplicação do direito, Thomas M. Seibert, "Zur Einführung: 'Kode' Institution und das Paradigma des Rechts. *Zeitschrift für Semiotik* 2 (1980), p. 183-95. Mas quando se trata de uma regra de atribuição (e não dos conteúdos atribuídos tomados em si mesmos), também o uso da linguagem semiótica se baseia em uma estrutura binária, em última instância, e a proposta de termo favorecido só se sobressai à medida que o próprio código é visto como uma duplicação artificial da realidade e, assim, altera o sentido de *ambos* os lados da relação codificada. A questão que então se coloca versa sobre o que se pode obter com a duplicação enquanto tal (ou com a "forma" do código).

como o de legalidade e ilegalidade, têm a forma da biestabilidade, garantindo assim que o sistema possa incluir suas outras operações tanto na determinação do que é legal quanto na do que é ilegal — independentemente da diferença positivo/negativo, que afirma que no sistema só se pode construir posições mediante o que é legal, e não mediante o que é ilegal.

Do ponto de vista lógico, a biestabilidade pressupõe a exclusão de valores (ou designações) terceiros, que não podem ser imputados nem a um valor, nem a outro. Sob esse pressuposto, ambos os valores são convertíveis por pura e simples negação, sem que isso venha a exigir propriamente uma "interpretação" dos valores. No nível operativo, essa exclusão resulta da constituição de um ambiente, para a qual se pode presumir esse "nem um, nem outro". Diferentemente do que se tem em uma aplicação primária do cálculo de Spencer Brown, o outro lado da distinção não é *eo ipso* [pela matéria em si mesma] do "*unmarked space*", que se mantém sempre não especificado; mas o que se tem é o sistema sempre colocando o seu código, sua distinção principal, como forma bilateral em tal "*unmarked space*". O sistema pode então especificar ambos os lados da forma; porém, pode fazê-lo somente à medida que, assim, seja produzido um efeito específico de exclusão, que converte o restante do mundo no sistema como indiscernível de seu ambiente[28].

Graças ao código binário, existe um valor positivo, a que chamamos legal, e um valor negativo, a que chamamos

---

28. A título de advertência, deve-se fazer notar que os conceitos de mundo e ambiente devem ser entendidos aqui em seu exato sentido técnico, devendo ser diferenciados de coisas e acontecimentos no mundo ou no ambiente que, evidentemente, cabe ao sistema especificar na medida em que seu código e seus programas assim o preverem.

ilegal. O valor positivo é empregado quando o fato se mostra concorde com as normas do sistema. O valor negativo é empregado quando um fato viola as normas do sistema. O que chamamos "fato" é construído pelo próprio sistema. O sistema não reconhece nenhuma instância externa que lhe poderia estipular o que é um fato, ainda que esse termo possa designar fatos tanto internos ao sistema como externos a ele. A "jurisdição", que administra a justiça com o reconhecimento dos valores lícito e ilícito, é um arranjo interno ao sistema. Fora do direito não existe nenhuma disposição sobre legalidade e ilegalidade. Essa, aliás, é uma afirmação inteiramente trivial (ainda que as consequências no contexto de sua avaliação teórica não sejam nada triviais). Tal é algo passível de se resumir também com a constatação de que sempre que uma operação dispõe acerca de legalidade ou ilegalidade o sistema a reconhece como uma operação própria, inserindo-a na rede recursiva de suas outras operações. Em todo caso, a pergunta que se pode fazer é até que ponto se pode garantir a consistência (ou a redundância informacional) — na Idade Média, por exemplo, pela relação entre direito canônico, direito civil e costumes jurídicos, na ausência de uma administração da justiça de caráter uniforme.

O efeito de ordenamento e separação da codificação é obtido por sua bivalência. Isso significa, em primeiro lugar, que o sistema não pode ser um sistema dirigido para um objetivo, orientado teleologicamente, para um bom termo e para chegar ao termo de suas operações. Em outras palavras: a *unidade* do sistema não pode se representar no sistema *como objetivo*, como estado final passível de ser alcançado. As orientações para um objetivo determinado não podem se dar *no* sistema, mas apenas para episódios — por exemplo, procedimentos particulares — que conduzem a uma lei ou a uma decisão de um tribunal, ou mesmo a negociações contratuais, tendo em vista finalizar um contrato. Ao se alcançar esse objetivo, concluem-se tais procedimentos ou negociações realizados de maneira interativa. Ao contrário: a divisão em episódios, a sinalização de objetivos, a diferenciação temporal no direito têm como base, justamente, a condição de o próprio sistema jurídico continuar operando e os resultados do processo ou das negociações se integrarem ao contexto das condições das operações seguintes[29]. O direito é, portanto, uma história sem fim, um sistema autopoiético, que só produz elementos para poder produzir mais elementos; a codificação binária é a forma estrutural que garante justamente isso.

Essa garantia também encontra expressão no fato de que cada decisão que venha a confirmar uma condição legal (ou ilegal) pode por sua vez produzir, na aplicação seguinte, mais fatos legais ou ilegais. É ilegal quando alguém, que obteve uma sentença favorável, passa a ter o direito em suas próprias mãos; e alguém que tenha sido aprisionado com justiça ainda tem o direito à alimentação e a ser tratado em condições humanas, mesmo tendo cometido ato ilegal. Toda operação que venha a optar por um ou outro valor inaugura novamente o código, com a possibilidade de julgar todas as operações seguintes sob o aspecto de um ou de outro valor. Isso significa que o sistema, mesmo de um ponto de vista temporal, é também um sistema

---

29. Quanto a esse aspecto, cf. as explicações sobre "atrelamento de episódios" no sistema jurídico em Gunther Teubner, "Episodenverknüpfung: Zur Steigerung von Selbstreferenz im Recht", in Dirk Baecker et al. (org.), *Theorie als Passion*, Frankfurt, 1987, p. 423-46.

aberto, em razão de seu fechamento. A reprodução autopoiética é, nessa perspectiva, a reprodução da reempregabilidade do código. Um sistema jurídico diferenciado, orientado por seu próprio código, é assim caracterizado pelo modo como submete a *regulamentações internas* a contínua conexão da conduta legal com a ilegalidade — e a possibilidade, sempre presente, de se agir ilegalmente mesmo estando em conformidade com a lei —, empregando-as, assim, *para sua autoconfirmação*. Assim, não se trata mais de ordenamentos jurídicos como em tribos, onde se provê reparação a quem foi lesado, mas de contribuir para dirimir conflitos entre grupos.

A bivalência não é apenas uma condição mínima para manter aberto um sistema operativamente fechado (diferentemente da monovalência). Ela é ao mesmo tempo (e diferentemente da polivalência) uma condição para a capacidade de decisão, e, desse modo, uma condição para a jurisdicionalidade (cf. Capítulo 7). Todo e qualquer intento de se ampliar a lista de valores de código com outras denominações complicaria, e o faria com o efeito de um golpe, as situações de decisão, de modo que o sistema, empiricamente e apesar do que venha sustentar uma "lógica polivalente", já não poderia operar com suficiente segurança. Tentativas nessa direção foram feitas na Idade Média e no início da Idade Moderna. Por um lado se reconhecia que, em nome de um bem maior da Igreja ou, ainda, de poderes laicos, permitia-se uma "derrogação" do direito, como se houvesse três valores: o legal, o ilegal e o usufruto comum. Mantinha-se a controvérsia sobre se haveria aí uma norma do direito natural e, em caso afirmativo, se também se justificariam violações ao direito natural[30]. O outro caso era a norma da "razão de Estado", de não perseguir os delitos e ignorá-los (ou dissimular seu conhecimento), caso a perseguição fosse politicamente perigosa, passível de provocar rebeliões, guerra civil ou a oposição de poderosos círculos da nobreza — como se houvesse três valores: legal, ilegal e manutenção do poder político[31]. Mas, ao mesmo tempo, os exemplos mostram que a estrutura não foi ampliada até a forma de uma trivalência reconhecida, já que tal evidentemente levou a uma desorientação da prática jurídica. Em vez disso, o problema foi detectado no interior do direito e acabou domesticado ante o pano de fundo de uma implementação jurídica das mais lacunares — fosse na forma de direitos especiais, de direitos extraordinários ou de dispensas do tipo de um *jus eminens*. O candidato à posição de um terceiro valor não poderia simplesmente se posicionar ao lado do legal e do ilegal na lista de valores. Restava-lhe a possibilidade de submeter-se ao código binário e, não obstante, reclamar ante ele a posição de um valor de rejeição[32], isto é, um valor que lhe possibilitasse, em determinados casos, a decisão entre legal e ilegal, ou a possibilidade de rechaçar a obrigatoriedade dessa opção coagida. Encontramo-nos aqui como que no sopé de um debate antigo e medieval sobre se o direito poderia dispensar a si próprio de sua aplicação. Hoje em dia, sobretudo

---

30. A esse respeito, cf. Niklas Luhmann, *The Third Question*, op. cit., p. 156 s.

31. Cf. nota 14.

32. Esse termo no contexto de uma lógica de operações "transjuntivas" em Gotthard Günther, "Das metaphysische Problem einer Formalisierung der transzendental-dialektischen Logik", e id., "Cybernetic Ontology and Transjunctional Operations", in id., *Beiträge zur Grundlegung einer operationsfähigen Dialektik*, vol. 1, Hamburgo, 1976, p. 189-247 e 249-328.

após a introdução e implementação da proibição da denegação da justiça, essa ideia deve ser rechaçada. Além disso, um valor de rechaço não representa, como na retórica romana ou na teoria do direito medieval, um valor de grau superior[33]. É evidente que, ao rechaçar um código, não se lhe pode impor normas de superiores. Trata-se muito mais e tão somente da forma lógica como o sistema da sociedade tem de operar quando no interior dela existe uma miríade de sistemas codificados de maneira diversa e sem que a própria sociedade possa dispor de um código superior[34].

A permissão para a autorrejeição do código é construída de modo paradoxal, já que a autorrejeição por sua vez torna a fazer alusão à conformidade ao direito (e à não oposição ao direito). Precisamente por isso desdobra-se o paradoxo mediante uma distinção de planos para validade jurídica. É preciso distinguir disso outro caso em que a observação direta assume a forma de uma tautologia. A todo e qualquer sistema funcional é permitido reformular a sua própria bivalência como exclusão de um terceiro valor, e isso significa, no contexto social, rejeitar os códigos de *outros* sistemas funcionais, com base no requisito

---

33. Cf. o material apresentado, e ainda não superado, por Alessandro Bonucci, *La derogabilità del diritto naturale nella scolastica*, Perugia, 1906.

34. Acerca da forma lógica, dever-se-ia acrescentar que, ao levar em conta valores de aceitação ou valores de rejeição, ela rompe com a estrutura clássica da lógica binária. Assim cai também a vinculação de uma visão de mundo ontológica ético-política baseada em uma única diferença direcional, como ser/não ser, ou bem/mal, que, simplesmente por razões lógicas, não poderia abrir ao observador possibilidades de opções estruturalmente mais complexas. Desse modo, e esta era a crítica de Heidegger, não se poderia distinguir a metafísica ontológica entre a verdade (valor de código) e o correto (conformidade com o programa) do conhecimento. E dificuldades semelhantes ainda hoje condicionam a tenacidade com que se buscam — e se mensuram — valores de fundamentação que estão acima do direito.

de aceitá-los sem condições. Contudo, isso limita apenas a opção, e não a relevância de valores, que tem de ser considerada de caso a caso. Como veremos de maneira mais detalhada, no sistema jurídico isso corresponde à diferenciação entre codificação e programação, mediante a qual podem se fazer valer, no nível do programa, aqueles "outros valores", excluídos no nível do código; porém, isso somente acontece com a condição de que sejam usados exclusivamente para determinar uma decisão entre legal e ilegal.

A unidade de um código expressa-se no fato de que não pode haver uma decisão sobre um valor sem se levar em conta o outro. Isso solapa, como se poderia dizer, uma consciência jurídica imediata. É preciso sempre partir da consideração de que também o outro valor pode ser usado, assim como em uma situação determinada pode-se estar convencido tanto da legalidade como da ilegalidade. Dessa forma, a atribuição de valores a situações pressupõe a avaliação e a rejeição da possibilidade contrária — bem como um enunciado no sistema da ciência só pode ser caracterizado como verdadeiro se ao mesmo tempo tiver se provado não falso. Evidentemente, em tais questões não há nenhuma garantia absoluta e também nenhuma instância — e dela quase se poderia dizer: independentemente de si mesma — da qual se pudesse afirmar ser o caso para todos os pontos de vista possíveis. No entanto, esse déficit de definibilidade pode ser compensado no sistema — seja pela aceitação de todas as hipóteses das afirmações científicas, seja pela instituição da força do direito, que impede que a avaliação se repita sob as mesmas premissas.

Dessa maneira, o código "desdobra" o paradoxo que

consiste em que a unidade do sistema esteja conformada por dois valores incompatíveis, isto é, que a distinção tenha *dois* lados que, vistos temporalmente, são relevantes *ao mesmo tempo*, mas não podem ser utilizados *ao mesmo tempo*. A introdução do segundo valor faz que a primeira intuição, que deseja continuar com o enlace de operações do que considera legal, não possa assim prosseguir (ou que o faça por sua conta e risco). Por isso, o segundo valor é um valor negativo, um valor de controle, um valor que atue de modo que toda a legalidade se faça contingente mediante a inclusão também da legalidade. Toda atribuição de valores é, portanto, um resultado contingente de operações contingentes, e por isso tem de se apresentar como uma decisão que em princípio também poderia se dar de outra maneira, *tendo sido essa alternativa levada em consideração*.

Essa tese pode ser reformulada com o enunciado de que a codificação pressupõe a possibilidade da observação de segunda ordem no sistema. Isso não exclui o operar no nível de primeira ordem e, consequentemente, não exclui o operar com afirmações não reflexivas sobre legalidade e ilegalidade. Também essas afirmações são operações do sistema no sistema. Mas o caráter fechado do sistema, como já observamos no segundo capítulo, só se produz se toda observação no sistema estiver sujeita a uma observação de segunda ordem.

O fechamento do código se dá mediante a facilitação da passagem de um valor para o outro, do "transpor" (*crossing*) dos limites. Nesse caso, a legalidade teria mais a ver com a ilegalidade do que com, por exemplo, o amor. Podemos caracterizar essa exigência de codificação efetiva também como *tecnicização* do código. Isso deve significar que tanto o transpor do limite como uma operação técnica podem se realizar, e seu êxito depende de algumas poucas condições, e não do sentido do mundo em geral, nem das características particulares do "sujeito" que transpõe o limite[35]. Os valores de código em si, como já foi dito, não necessitam de interpretação. Mesmo sem conhecimento de causa sobre o mundo e sobre os seres humanos, é possível saber e antecipar as condições que determinam ser algo legal ou ilegal; é preciso então considerar aquelas condições e ter a capacidade de mobilizar os segmentos correspondentes sobre o mundo e sobre os homens que no próprio sistema jurídico são designados como decisivos. Se primeiramente é preciso buscar na legislação, a pergunta que então se faz é: onde?

Não obstante, e precisamente por isso, a tecnicização do código legal/ilegal tem um lado muito humano, pois a maioria dos que estão de posse do direito quer continuar estando — não basta que se lhes confirme estarem em seu direito. Também gostariam que seus adversários não estivessem de posse do direito; e com frequência é difícil dizer o que aqui seja o motivo primário. Mediante o simples (e mesmo técnico) acoplamento de valor e não valor, o código permite que isso se dê quase automaticamente e que não seja o caso de se expor de maneira especial como alguém que está interessado sobretudo em que seu oponente esteja comprovadamente em situação de não direito.

---

35. O termo se refere, com ênfase positiva, precisamente à independência da atribuição concreta e subjetiva de sentido, sobre a qual lamenta Husserl em sua crítica da ciência moderna, idealizada no plano da técnica. Cf. Edmund Husserl, *Die Krisis der europäischen Wissenschaften und die Transzendentale Phänomenologie*, Husserliana, vol. VI, Den Haag, 1954.

A tecnicização pode ser entendida como condição e também como estímulo à decisão racional. Desse modo, no entanto, ficam limitadas as pretensões à racionalidade mediante a forma do código. Assim, pode-se falar especificamente de uma "racionalidade jurídica"[36], mas sem deduzir tratar-se aí de uma racionalidade para toda a sociedade. Assim, o uso do conceito de "razão" nesse contexto torna-se problemático. Mas o que se pode efetivamente lograr é a possibilidade de determinar, no interior de zonas pouco nítidas de tolerância, se se cometeu (ou não) um erro ao se atribuir os valores de legal/ilegal. E isso, por sua vez, sob a condição de possibilidade de que faça sentido organizar dentro do sistema uma hierarquia de controle dos erros, ou seja, uma instanciação especializada. Só desse modo, por fim, pode-se vir em apoio à ideia de que muitos procedimentos transcorrem concomitante e paralelamente, e não obstante podem ser decididos no mesmo sentido, de modo que não se venha a influir (ou, se o fizerem, de maneira mínima) no resultado cujo efeito determinará qual tribunal, qual câmara e qual juiz se ocuparão da tomada de decisão. Essa questão tem chamado a atenção dos juristas e mesmo da sociologia do direito, sendo evidente que ela possa ser relevante, se sob certas circunstâncias. Mas mesmo nesses casos a tecnicização do código opera à medida que sejam tratados como anomalia e que se possa especificar, com base em conhecimentos jurídicos e circunstanciais, se e sob que aspectos específicos pode haver uma

---

36. A teminologia é de Schelsky, "Die juridische Rationalität", in Helmut Schelsky, *Die Soziologen und das Recht: Abhandlungen und Vorträge zur Soziologie von Recht, Institution und Planung*, Opladen, 1980, p. 34-76.

diferença, a depender de quem toma a decisão[37].

Diferentemente das projeções normativas imediatas, o código permite reduzir qualidades muito diferentes a uma forma. Isso torna a avaliação jurídica independente de muitas avaliações sociais, descortinando todo um espectro para a combinação de qualidades. Por exemplo, pode haver homens bons, mas incapazes; ou incapazes, porém maus[38] — diferentemente das possibilidades das altas culturas, já referidas, orientadas para a harmonização (e também diferentemente do conceito de *aretél virtus* de nossa tradição, que depende da concentração de boas ou más qualidades[39]). É claro que isso não significa que uma "correlação" com valores da sociedade não seja possível, mas ela tem de ser legitimável internamente ao sistema, acoplada internamente ao sistema e empregada de maneira autopoiética.

Tudo isso sugere que há sempre ainda duas interpretações possíveis do código. Uma delas trata o código como divisão do mundo em duas metades: a legalidade e a ilegalidade. Tudo o que pode vir a ser o caso ou é legal, ou é ilegal. Em tal observação e descrição, especifica-se um lado do código, o outro sendo mantido como categoria residual, isto é, como o que

---

37. O fato de haver essa possibilidade, ainda que não raro subestimada, é demonstrado por estudos sobre supostas influências das posições políticas dos juízes, sobretudo na prática do direito constitucional. Nesse sentido, os resultados desses estudos foram muito escassos.

38. Cf. Siegfried Streufert/Susan C. Streufert, "Effects of Conceptual Structure, Failure, and Success on Attribution of Causality and Interpersonal Attitudes", *Journal of Personality and Social Psychology* 11 (1969), p. 138-47, sobre os efeitos correspondentes de uma alta complexidade do sistema.

39. Visto de maneira formal, trata-se aqui de um modelo diferenciado para se lidar com variedade e redundância. Retomaremos o tratamento da argumentação.

se mantém *unmarked space* (Spencer Brown) quando se determina a forma do direito. Para isso haverá então, de novo, duas versões. Pode-se tratar o legal ou o ilegal como "lado interno" do código e o outro lado, consequentemente, como "lado externo", como categoria residual. O problema tanto de uma opção como da outra pode assim se fazer corrigido, uma vez que as normas que permitem ou não permitem algo são formuladas de maneira relativamente indeterminada. O "programa" do sistema (aspecto a que retornaremos adiante) pode direcionar seus esforços de especificação mais para um lado do que para o outro do código. Por exemplo, podem lidar com uma posição legal ou sob direito civil ou com uma posição ilegal sob o direito criminal[40]. O lado que é subdeterminado servirá então como *variety pool* [centro de variedade] para fins de interpretação e argumentação. Em que pese o espelhamento da situação, mantém-se uma diferença de apresentação, uma diferença política, uma diferença semântica e também uma diferença para o tratamento jurídico de casos fronteiriços, a depender de se tomar como premissa a permissão ou a proibição.

Contudo, essa versão do código como visão de mundo, como código universal, não é a única possível. Trata-se aqui da versão praticada no próprio sistema jurídico e estruturada somente pela mediação de operações sociais do sistema jurídico (comunicação). A outra versão se oferece quando se parte da suposição de que a sociedade é o sistema que abrange e inclui

---

40. Está aqui subentendido, após longo debate que remonta pelo menos até Bentham, que se trata de uma representação muito superficial da diferença entre direito civil e direito penal. Em todo caso, no direito penal reflete-se o outro lado do código, por exemplo, mediante a doutrina da proteção jurídica da propriedade (cf. Knut Amelung, *Rechtsgüterschutz und Schutz der Gesellschaft*, Frankfurt, 1972).

todas as comunicações. Com base em tal referência ao sistema, existem muitos sistemas funcionando com códigos diferentes, todos eles reivindicando um primado funcional e uma validade universal, mas apenas da perspectiva do sistema parcial. Para se ter exemplos capazes de aclarar esse aspecto, pode-se olhar para o código de propriedade do sistema econômico, para o código de seleção do sistema educacional ou para o código de poder do sistema político. Esses códigos são válidos na sociedade somente com referência a cada sistema especial de funcionamento. A sociedade demanda somente que seja possível distinguir entre as diferentes distinções e seus valores específicos positivos e negativos. A sociedade em si não necessita de nenhum código próprio, dado que seu fechamento operativo e seus limites são assim garantidos e definidos caso a caso para que se possa distinguir entre comunicação e não comunicação. Em vez disso, o problema para a sociedade hoje está em como ela própria deve se descrever como sistema que proporcione toda uma série de códigos universais. Aqui, os meios tradicionais de descrição de uma lógica binária e de uma ontologia, que se estruturam segundo o esquema ser/não ser, já não são suficientes. Tampouco se trata de aceitar o código verdadeiro/não verdadeiro da ciência como forma de autodescrição da sociedade (o que não impede que a ciência, por sua vez, descreva a sociedade), pois também esse código é apenas o código de um sistema funcional da sociedade. A situação que surge daí é não raro representada de modo puramente negativo, como impossibilidade de se representar um âmbito abrangente de qualquer tipo, como se tem com o conceito de pós-modernidade de Lyotard. Seguindo Gotthard Günther, contudo, também se poderia supor que a sociedade deve valer-se de suas operações transjuntivas para as suas autodescrições, visto que todo sistema funcional é ao mesmo tempo um valor de rejeição para a recusa da relevância do código de outros sistemas[41]. Isso constituiria uma observação de segunda ordem, ou seja, a reivindicação de que ao sistema legal seja permitido usar seu próprio código e nenhum outro, a despeito de haver outros códigos no todo da sociedade. Não se deveria ter aí uma aceitação de um terceiro valor no código, à diferença do que se tem com sistemas estritamente orientados para valores múltiplos. De fato, não se teria nada mais que uma reflexão sobre a diferenciação funcional do sistema social no nível de seus sistemas parciais.

III

O código do sistema jurídico possui características que impedem ao sistema jurídico orientar-se exclusivamente pelo seu código próprio. Em outras palavras, o termo do código não é um termo substituto para o velho conceito do princípio; em todo caso, ele aceita a substituição de maneira parcial. Queremos expor essa insuficiência da codificação pura de dois pontos de vista: o temporal e o objectual. Do ponto de vista temporal, o código se mantém invariável. Se o substituirmos por outros valores — por exemplo, a utilidade ou a conservação do poder político —, já estaremos em um sistema distinto. Também a adição de outros valores fica excluída devido a razões de ordem bem mais prática. Nessa medida, o código representa a

---

41. Cf. novamente ambos os estudos citados de Gotthard Günther, op. cit. (1976).

maneira como o sistema produz e reproduz a própria unidade. Ele representa a autopoiese do sistema, que pode ocorrer ou não. O código tem, pois, uma rigidez correspondente. Em outras palavras: o código não oferece nenhuma possibilidade de adaptação do sistema a seu ambiente. Um sistema codificado ou está adaptado, ou não existe.

De uma perspectiva do objeto, o código é uma tautologia e, no caso da autoaplicação, um paradoxo, ou seja: a tautologia resulta de os valores do código serem intercambiáveis com o auxílio de uma negação que nada significa. O legal é o não ilegal. As negações, não obstante, são operações que supõem a identidade entre o negado e o que não devem alterar. Nesse sentido, o código pode ser também denominado uma simples duplicação do valor de preferência. Ele afirma que o que é legal não deve ser ilegal, e que o ilegal não deve ser legal. Só mesmo se isso for assegurado — e como contraexemplo nos servem as tragédias, que refletiam sobre essa aquisição justamente por meio de seu contrário — pode-se falar, no sentido que discutimos anteriormente, de uma tecnicização. Um paradoxo se apresenta quando o código se aplica a si mesmo, portanto, ao se perguntar sobre sua legalidade ou ilegalidade, ao distinguir entre legalidade e ilegalidade. A resposta trivial dos jurisconsultos (e também dos lógicos) de que, sim, isso é evidentemente legal deixa aberta a questão sobre o que nesse caso funciona como termo contrário ao legal, como um ilegal que também é possível. A outra resposta, de que isso é ilegal, produz o mesmo problema no sentido contrário. Em um caso, afirma-se que o direito é juridicamente legítimo; no outro, juridicamente ilegítimo. Mas a pergunta pela *unidade* de ambas as afirmações do código sequer é feita. Como podemos constatar, ela fica invisibilizada. Isso não é mais do que outra versão da tese, muito mais ampla, de que a distinção, mediante a qual se observa, *não pode ser ela própria designada*, mas serve à observação como ponto cego, ou seja, como condição (não racional) de sua própria possibilidade. Um observador desse observador, que não queira admitir esse uso (e isso pode acontecer no próprio sistema jurídico mediante reflexão teórica), verá tão somente tautologias e paradoxos[42]. Assim, destruirá suas próprias possibilidades de observação e só poderá observar precisamente isto: a destruição de suas possibilidades.

Uma longa tradição, que ainda encontra adeptos, pretendeu libertar-se desses problemas, remetendo-se a níveis "superiores" da atribuição de sentido e recorrendo, portanto, à hierarquização. As instâncias superiores convocadas para tal por um lado deveriam estar dotadas de invariabilidade (eternidade, capacidade de autoconservação) e, por outro, produzir, por uma espécie de emanação, diferenças em níveis inferiores. Essa técnica de assimetrização encontra apoio também na lógica e na linguística, sendo formulada com o prefixo "meta". Hoje em dia, contudo, é uma saída que já não se aceita acriticamente[43]. Por isso, devemos buscar de um modo essencialmente outro a solução desse problema.

---

42. A esse respeito, cf. Niklas Luhmann, Sthenographie und Euryalistik, in Hans Ulrich Gumbrecht/K. Ludwig Pfeiffer (org.), *Paradoxien, Dissonanzen, Zusammenbrüche: Situation einer offenen Epistemologie*, Frankfurt, 1991, p. 58-82.

43. Cf. Douglas R. Hofstadter, Gödel Escher Bach: An Eternal Golden Braid, Hassocks, Sussex, 1977, com a tese da inevitabilidade das "tangled hierarchies".

E eis que já o encontramos, na distinção *interna ao sistema*, entre *codificação* e *programação*. A própria codificação pode ser vista como forma de desdobramento da tautologia (ou paradoxo) do direito e também como forma que só faz rearticular o problema. Graças à sua bivalência, os códigos são condições de sucessivos condicionamentos: condições de possibilidade de condicionamentos que regulamentam acerca de qual dos dois valores terá aplicação adequada[44]. Sem eles, os programas não teriam objeto algum. No entanto, da codificação resulta somente uma necessidade complementar, uma necessidade de "suplementos", algo como no sentido de Derrida[45], uma necessidade de instruções suficientemente claras. Uma vez que os valores legal e ilegal não são propriamente critérios para a determinação do legal (e do ilegal)[46], deve haver outros pontos de vista que indiquem como os valores do código legal/ilegal se assinalam ou *correta*, ou *equivocadamente*. A essa semântica adicional chamaremos (tanto no direito como no caso de outros sistemas codificados) *programas*.

---

44. Observe-se que existem outras formas do condicionamento simplesmente indispensáveis para a formação de sistemas, sobretudo condicionamentos que acoplam possibilidades independentes de relação e as sincronizam; isto é, para o caso de estarem dadas as condições, tornam-nas independentes umas das outras. Cf., acerca do significado fundamentado dessa classe de condicionalidades, W. Ross Ashby, "Principles of the Self-Organizing System", in Heinz Von Foerster/George W. Zopf (org.), *Principles of Self-Organization*, Nova York, 1962, p. 255-78; reimpr. in Walter Buckley (org.), *Modern Systems Research for the Behavioral Scientist: A Sourcebook*, Chicago, 1968, p. 108-18.

45. Cf., a título de introdução, Jacques Derrida, *Gramatologia*, São Paulo, Perspectiva, 2013.

46. Já no uso clássico de *kánon, kritérion, regula* estava prevista a referência a um esquematismo binário, ainda que na maioria dos casos com a tendência a encobrir a justificação dos critérios mediante o próprio valor preferencial do esquematismo.

Tomados por si, isoladamente, os códigos não podem existir. Quando uma operação é submetida a um código e, portanto, se subordina a um sistema, inevitavelmente surge a pergunta sobre a qual dos valores deve ser atribuída. E isso significa: um sistema codificado produz a busca por pontos de vista subsequentes. Nesse sentido, ou ele tem êxito, ou se enreda na tautologia (ou paradoxo) de seu código e desaparece. Por isso, "qualquer ponto de vista" basta para manter em movimento a autopoiese mediante a destautologização/desparadoxização; e, de preferência, teriam de ser pontos de vista passíveis de ser tomados da tradição ou que podem ser reconstruídos como tradição[47]. Somente uma programática elaborada há de possibilitar um debate "crítico" que inclua a possibilidade de aceitar ou rechaçar critérios mediante outros critérios[48].

Valendo-se de uma formulação concisa, pode-se dizer que os códigos geram programas[49]. Ou melhor: os códigos são distinções que, no nível autopoiético, só podem se fazer produtivas por meio de outra distinção codificação/programação. Os códigos são um lado da forma, cujo outro lado são os programas do sistema. Só mesmo essa complicada distinção de distinções

---

47. Cf. Capítulo 2, III, onde descrevemos o sistema jurídico como uma máquina histórica.

48. Não obstante, isso se apresentava já desde a Antiguidade, e muito antes que a sociedade moderna descobrisse a "crítica" como sua especialidade. Cf., com alentados exemplos, Dieter Nörr, "Rechtskritik in der römischen Antike", Bayerische Akademie der Wissenschaften, Philosophisch-Historische Klasse, Abhandlungen N.F. 77, Munique, 1974. Parte considerável da crítica jurídica medieval e pré-moderna pode ser remetida a protestos contra a fixação por escrito em idioma estrangeiro: em latim, no *Common Law*, e também em francês.

49. No capítulo sobre a evolução do direito, exporemos que historicamente o processo se deu de maneira invertida, já que os códigos não puderam surgir enquanto não se dispunha de material jurídico programado. Sobre a considerável antiguidade da forma do programa condicional, cf. IV, a seguir.

no sistema pode se iniciar e evoluir, o que um observador chamaria de desdobramento da tautologia/paradoxo do sistema. Nessa medida, os códigos garantem a autopoiese do sistema, ao confrontar toda autofixação do sistema com a possibilidade de seu contrário, isto é, à medida que não permitem nenhum caráter definitivo, nenhuma perfeição. Os códigos não concedem a si mesmos a autofixação, já que sua abertura permite tudo. A autodeterminação autopoiética do sistema só se dá mediante a *diferença* entre codificação e programação.

Também nas sociedades pré-modernas se encontra essa diferenciação entre codificação e programação. Todavia, nessas sociedades ela tem uma relação de uso específica. Na esquematização binária reside o risco da abstração e da imposição de um inflexível isto/aquilo, que é socialmente difícil de suportar e que ainda hoje (sobretudo em países do Extremo Oriente) leva à recomendação de uma não aplicação *in situ*. Não obstante, reside aí a renúncia à juridicização a fundo das operações do sistema social. A partir da Idade Média, a Europa toma um caminho diferente. O risco da codificação legal/ilegal é aceito[50], mas, no nível da programação, ele é utilizado para a reintegração do direito na sociedade. O nível da programação atua então como nível de estabilização para as possíveis discrepâncias entre direito e sociedade. O correspondente produto chama-se "direito natural"[51]. Mediante o conceito de natureza — que,

---

[50]. No entanto, seria o caso de acrescentar: sempre e quando não se opuserem considerações às relações políticas no poder.

[51]. Outras formas de estabilização são encontradas no conceito de *iurisdictio*, que inclui também a possibilidade de se desviar do direito severo e de tomar uma posição de equidade, com a possibilidade de acrescentar uma segunda ordem jurídica, mais elástica, como se emprega sobretudo na Inglaterra.

por sua vez, assume forma normativa (permitindo a distinção entre perfeição e corrupção) —, os pressupostos da sociedade passam a se traduzir em direito, sobretudo quando se trata da diferenciação social ou das vantagens da divisão do trabalho e da propriedade. Ainda que tanto a nobreza quanto a propriedade sejam consideradas instituições de direito positivo por estarem profundamente ligadas a regulamentos especiais, a argumentação que o justifica remete à natureza da convivência social dos homens, e só mesmo as teorias do contrato social do século XVII sinalizam um enfoque capaz de fazer abstração das formações sociais. Nobreza e propriedade são então substituídas por direitos humanos não disponíveis por contrato ou por limites da própria racionalidade, ou por autocorreção do poder impositivo do direito.

A transição de um sistema social com diferenciação funcional plenamente constituída tornou possível prescindir do direito natural nesse sentido. O nível da programação serve agora às exigências esboçadas no próprio código. Os programas, na qualidade de suplemento da codificação, servem para orientar a semântica de condicionamento por um (e somente um) código. Por isso, passa a existir somente o "direito positivo", produzido no âmbito do próprio sistema jurídico. As exigências de uma integração social são relaxadas ou delegadas a processos de tomada de decisão. No mais, existe um fator de correção também no fato de que até mesmo os outros sistemas funcionais se fecham operativamente sob a direção de seus próprios códigos e de seus programas especializados.

Somente mediante a condição da codificação binária podem surgir problemas de correção especificamente jurídicos, visto que somente sob essa condição existe uma contingência especificamente jurídica. O que é correto só pode ser fixado pelos programas do próprio direito. É claro que existe também a opção de rejeitar o próprio código jurídico, deixando a questão ser julgada em outras estruturas contextuais — digamos, os códigos da ciência ou morais. Destes, contudo, não há nenhum acesso ao direito. O direito ficaria mais ou menos completamente suspenso se houvesse necessidade de reavaliação científica ou moral (ou econômica, ou estética etc.). Por isso, para o direito não há nenhum problema de legitimação que o direito em si não seja obrigado a resolver. Existe toda uma hoste de problemas relativos à compatibilidade dos diferentes programas. Existe a regra segundo a qual o direito novo substitui o antigo, e não há exceção a essa regra no interesse da supremacia do direito constitucional. Mas assim novamente se remete apenas aos componentes da estrutura programática do direito. Qualquer pergunta referente à correção dessa estrutura programática não faz nenhum sentido — ou só o faz, ainda uma vez, no contexto de uma rejeição do código jurídico[52].

---

52. Klaus Günther, *Der Sinn für Anwendugsdiskurse in Moral und Recht*, Frankfurt, 1988, p. 332, crê desvelar aqui uma oportunidade, não contemplada por mim, para os discursos de aplicação que só deixem passar o adequado. "O que quer dizer", pergunta-se, "que os programas decidam acerca da atribuição da situação e do valor do código, se essa decisão já não puder ser programada e condicionada univocamente?" A resposta só pode ser a seguinte: essa decisão pode ser programada e condicionada, mas nem sempre de maneira inequívoca, e isso significa: alcançada por meios puramente lógicos. O fato de que programas tenham de ser sensíveis a mudanças e tenham de ser, eles próprios, mutáveis não impede que cumpram suas funções na interpretação favorecida em seu caso. Investigar essa interpretação e, em seu caso, a sua mudança é assunto da argumentação jurídica, e não da fixação do direito à ordem regulativa superior. "Adequado" não é, pelo mesmo motivo, nenhum critério de ordem superior, mas tão somente uma fórmula que pode resumir os resultados da argumentação jurídica para fazer que cumpram sua própria função (Capítulo 8) e especifiquem suficientemente o que se considera adequado e por quê. Pois só assim se pode suportar, por sua vez, a função de programação e, caso necessário, suas várias determinações.

Por meio da diferenciação entre codificação e programação, portanto, é possível resolver o problema da invariância temporal e da capacidade de adaptação do sistema. O sistema só é invariante e sempre adaptado na forma estrutural de seu código. No nível de seus programas, no entanto, ele pode admitir a possibilidade de mudanças sem precisar temer uma perda de identidade. Isso inclui a decisão de inalterabilidade (por exemplo, das normas constitucionais). Assim como a dimensão verdadeiro/falso, também a dimensão alterável/não alterável é levada em conta unicamente para os programas do sistema. No nível da codificação, essas distinções perdem seu sentido, pois aí se trata tão somente de pertencimento ou não pertencimento ao sistema.

Para fins de programação, o caráter unívoco do código, que se encontra apenas em seu estado binário, tem de se abrir. Os valores do código devem ser interpretados como *possibilidades*; ou, em outros termos, como um *meio* que pode aceitar formas diversas. É evidente que isso não pode se dar de maneira arbitrária. Uma vez que o meio só se reproduz mediante suas formas, uma situação original histórica é sempre dada. Qualquer determinação formal é, portanto, uma alteração jurídica, e qualquer alteração dos programas tem de observar as dadas limitações, valendo-se da pertinência do sistema (constatada) historicamente especificada. Os programas devem ser apropriados — ainda que "apropriação" seja um termo aqui muito amplo — para dar instruções à atribuição dos valores legal/ilegal. Evidentemente no direito, mesmo no nível dos programas, trata-se sempre da função do direito, ou seja, de manter estáveis as expectativas normativas. No âmbito dessa exposição, já não estamos diante da hierarquia de direito eterno, direito natural e direito positivo (alterável); mas, de certa maneira, a teoria aqui esboçada se dá como uma oferta de substituição: a invariância e incondicionalidade são representadas pelo código; o caráter mutável e, nesse sentido, a positividade, pelos programas do sistema. Em qualquer um dos casos, trata-se de disposições internas ao sistema jurídico, que não obstante dependem do sistema social includente e de seu ambiente como condição de sua possibilidade. Quanto à adaptabilidade, pode-se afirmar que o sistema, em virtude da capacidade de adaptação que efetua por meio da variação dos programas, encontra-se sempre adaptado.

A distinção entre codificação e programação permite, por fim, distinguir entre duas variantes diferentes do problema geral sobre a *segurança do direito*. A segurança do direito deve consistir, em primeiro lugar e antes de tudo, na segurança de que as circunstâncias, quando assim se desejar, sejam tratadas exclusivamente de acordo com o código do direito, e não de acordo com o código do poder ou de qualquer outro interesse não contemplado pelo direito. Esse problema se tornou agudo sobretudo nas sociedades mais tradicionais e continua a sê-lo em vários países emergentes, mesmo aqueles que já cruzaram a fronteira da industrialização[53]. Então, deve-se distinguir a pergunta sobre se, com base nos programas do sistema, as sentenças dos tribunais se tornam previsíveis. E aqui se está em terreno bastante incerto, sendo preferível buscar vias "alternativas" de solução de conflitos, tendo sempre garantida a possibilidade de decidir um caso legal em conformidade com o código do direito.

---

53. Para o caso do Brasil, cf. Marcelo Neves, op. cit.

IV

Ante os protestos (que são bem de esperar) e ante tudo o que os jurisconsultos se habituaram a pensar, apoiados no *social engineering approach* [abordagem de engenharia social] de princípios deste século, e apesar da euforia pela planificação dos anos 1960, deve-se constatar o seguinte: os programas do sistema jurídico são sempre *programas condicionais*[54]. Somente programas condicionais podem instruir o enlaçamento contínuo entre autorreferência e referência externa[55]; somente programas condicionais proporcionam a orientação do sistema para e de seu ambiente com uma forma que é cognitiva e ao mesmo tempo pode ser avaliada dedutivamente no sistema. O processo romano formal se iniciava com a instrução: *si paret* [se é manifesto]... O modelo contrário de programas de fins revela-se adequado, por exemplo, para decisões de investimento, para decisões de um médico ou para decisões de planejamento de uma administração. Programas específicos de proposta, contudo, não permitem delimitar suficientemente os fatos que deverão ser considerados no procedimento jurídico[56]. Para o sistema jurídico, não se pode levar em conta uma programação orientada a fins; em todo caso, os programas finalísticos podem

---

54. Um bom ponto de partida para esse debate, ao qual ainda não se atentou devidamente, é Torsten Eckhoff/Knut Dahl Jacobsen, *Rationality and Responsibility in Administrative and Judicial Decision-making*, Copenhague, 1960. Cf. também minhas exposições frequentemente criticadas em *Rechtssystem und Rechtsdogma*, Stuttgart, 1974.

55. Cf. Capítulo 2, VI.

56. Problema que, na teoria das decisões econômicas, tem sido respondido mediante o conceito de *bounded rationality* [racionalidade limitada]. No entanto, tal não pode ser aplicado para o sistema jurídico. Para tanto, falta o controle necessário dos limites da atenção, como os que têm as empresas, do ponto de vista econômico, em seus balanços.

ser incluídos somente no contexto de um programa condicional, como veremos a seguir[57].

Os programas condicionais complementam a causalidade "natural" encontrada. Eles põem à disposição mais causas para a produção de diferenças (reforço de divergência), sob a condição de que a produção dos efeitos pode ser assegurada mediante a diferenciação dos sistemas correspondentes. Ao programar-se de maneira condicional, o sistema jurídico se constrói a si mesmo como máquina trivial[58], não obstante (ou precisamente por isto) ter de partir do fato de que o ambiente não opera assim e de que a própria sociedade opera como uma máquina histórica que reflete, em cada caso, seu estado próprio; ou seja, que opera como máquina não trivial[59].

A forma do programa condicional é uma das grandes

---

57. Isso é negado frequentemente, sobretudo na teoria jurídica americana. Veja-se o representativo exemplo de Robert S. Summers, "Pragmatic Instrumentalism in Twentieth Century American Legal Thought — A Synthesis and Critique of our Dominant General Theory About Law and its Use", *Cornell Law Review* 66 (1981), p. 861-948. Tanto mais digno de nota é que Summers distingue duas *substantive reasons*: *goal reasons* e *rightness reasons*, e segue sem esclarecer a relação entre elas (p. 914). Ao que tudo indica, não existe nenhuma fórmula para a unidade ou o enlaçamento entre programas funcionais e programas condicionais. Além disso, a discussão um tanto confusa propicia a observação segundo a qual de modo algum se haverá de negar que os programas orientados para fins, como toda ação, possam ser avaliados juridicamente. No entanto, é preciso então convertê-los em programas condicionais, por exemplo: quando alguém tem o direito buscar determinados fins, de modo equivalente pode atuar sob as condições a, b, c...

58. No sentido de Heinz von Foerster, *Observing Systems, Seaside Cal.*, 1981, p. 201 es.; id., "Principles of Self-Organization — in a Socio-Managerial Context", in Hans Ulrich/Gilbert J. B. Probst (org.), *Self-Organization and Management of Social Systems: Insights, Promises, Doubts and Questions*, Berlim, 1984, p. 2-24 (9 es.).

59. De modo complementar a isso, podem existir também sistemas que tratam de trazer seu ambiente para a forma de máquinas triviais, ainda que eles próprios não se compreendam como tais. O sistema educativo pode nos servir de exemplo. Ele opera segundo medidas de programas de fins em reação ao que é alcançado em cada caso, mas de modo tal que os educandos possam responder corretamente e, por fim, se converter em seres humanos confiáveis.

conquistas evolutivas do desenvolvimento social. Ele apareceu pela primeira vez logo após a introdução da escrita na Mesopotâmia, em textos divinatórios das doutrinas de sabedoria, em textos médicos e em textos jurídicos[60]. Em um mundo que se expande rapidamente, os programas condicionais oferecem a possibilidade de se imaginar a ordem sob a forma de acoplamentos fixos, e isso precisamente nos âmbitos em que (de acordo com os conceitos atuais) se trata de conhecimento ou de regulamentações normativas. Muito antes que existisse a possibilidade de os enunciados lógico-explicativos se remeterem a leis ou princípios, muito antes que existisse esse tipo de pensamentos de dois níveis, já estava funcionando uma ordem garantida em forma de sentenças, isto é, na forma de "se-então" — forma que permite abarcar um espaço possível e pode ser manejada por especialistas na matéria. Assim, pôde existir também uma forma primeva de jurisprudência, que dessa maneira se referia a uma ordem reconhecida e que se legitimava, por assim dizer, pela semelhança formal, no cosmos geral do conhecimento.

Essa forma do programa condicional sobrevive a todas as subsequentes diferenciações sociais mediante uma espécie de mudança de contexto. Possibilita a diferenciação de um sistema jurídico com uma codificação binária, a fim de assumir já nesse sistema a função de regulamentar a atribuição de valores de código a casos. Também aqui prevalece a forma do

---

60. Sobre isso, cf. sobretudo Jean Bottéro, *Le "Code" de Hammu-rabi*, *Annali della Scuola Normale Superiore di Pisa*, 12, 1 (1982), p. 409-44.

"se-então"⁶¹. O programa condicional estabelece as condições das quais depende se algo é legal (ou ilegal): com essas condições, faz referência a fatos passados, atualmente verificáveis. Podem ser também fatos jurídicos, por exemplo, a pergunta sobre se uma lei se propagou de modo eficiente e em que momento. O decisivo é que a atribuição dos valores de direito/não direito dependa daquilo que, no momento da decisão, considere-se passado. Nesse sentido, o sistema jurídico opera sempre como um sistema *a posteriori*, isto é, como um sistema pós-conectado. Isso não exclui a atitude de ter os olhos no futuro: não se pode excluir o futuro, porque o tempo é sempre — ao menos de acordo com a conceituação moderna, a unidade da diferença entre passado e futuro. É verdade que existe uma prática jurídica preventiva, profilática, de aconselhamento jurídico, por exemplo, na formulação de leis e contratos. Mas ali o tempo é considerado em *modo futuri exacti* [à maneira de exato porvir]. Ou seja, imagina-se como se resolverá um litígio jurídico que se inicia com base em algum texto para então se tentar determinar previamente as condições da resolução.

É claro que o programa condicional não significa que de antemão sejam estabelecidas que condições se realizarão. Grande parte do direito consiste em normas de permissão, que deixam aberto se se irá empregá-las ou não. Mas também esses programas são condicionais, porque determinam de antemão

---

61. Sobre o significado dessa forma "se-então" como forma jurídica, cf. Neil MacCormick, *Legal Reasoning and Legal Theory*, Oxford, 1978, p. 45-53 es. MacCormick sustenta que essa forma é indispensável também e sobretudo quando a argumentação jurídica se baseia nas consequências da sentença.

que um comportamento será juridicamente aceitável, a depender do uso que *seja feito*, em cada caso, da permissão (mediante a observação ou desconsideração das limitações incluídas). Os programas condicionais de modo algum são estabelecidos pelas tradições. Segundo a seleção das condições, podem ser programas em alta medida abertos ao futuro.

Pela forma do programa condicional, tão só se exclui que fatos futuros, ainda não determinados no momento da decisão, sejam determinantes para a decisão entre direito e não direito. Precisamente essa é a forma pela qual se determinam os programas orientados para fins. No entanto, a subjetivação do conceito de fim, característica dos novos tempos, conduziu a uma simplificação que requer urgente correção, pois de outro modo não se compreenderiam as reservas que surgem no momento em que são introduzidos programas de cunho finalista no direito. A simplificação consiste em que os fins só se vejam como ideias atuais (intenções), em polêmica oposição com a tradição europeia da Antiguidade (aristotélica), que havia pensado os fins (*téle*) como estados finais de um movimento e, portanto, vistos a partir desse movimento, como futuro[62]. É fácil ver que essa concepção do fim natural teve de ser substituída a partir do momento em que a evolução social descortinou o futuro para mais possibilidades. A forma então aceita do conceito de fim intencional não faz justiça à complexidade da dimensão temporal. Uma vez que a aborda exclusivamente da perspectiva da finalidade, é descrita como estado *atual* de um

---

62. A esse respeito, cf. Niklas Luhmann, "Selbstreferenz und Teologie in gesellschaftstheoretischer Perspektive", in id., *Gesellschaftsstruktur und Semantik*, vol. 2, Frankfurt, 1981, p. 9-44.

sistema orientado a fins. Esse sistema, entre outras coisas, teve a vantagem de ter-lhe sido possível representar as fixações de fins — à diferença de como fazia a tradição — como algo elegível, portanto, como algo contingente. Mas, com essa intencionalização (mentalização) do conceito de fim, esse conceito acaba por ocultar a diferença entre futuro presente e presente futuro; e essa diferença se torna cada vez mais importante à medida que a confiança no progresso diminui e, com ela, a confiança em soluções racionais dos problemas. Desse modo, programas orientados a fins encobrem o problema colocado no futuro: os presentes futuros não vão coincidir com o futuro passível de ser projetado atualmente. A desconfiança que teriam um Max Weber e hoje, por exemplo, um Jürgen Habermas, ante o caráter exclusivo da racionalidade orientada para fins, é inteiramente justificada, por mais que se possa duvidar que essa solução esteja em acrescentar outros tipos de racionalidade.

Queremos abandonar (ao menos por ora) a decisão segundo a qual o conceito de fim esteja referido ao presente e, por isso, vamos falar de *programas* de fins como operações que servem para guiar as estruturas do sistema. Mas então haverá que se observar de maneira mais detida que o conceito de fim se refere a uma dupla diferença, que só pode ser formulada mediante um conceito de temporalidade duplamente modalizado: a diferença entre estados alcançáveis e que se cumprem; a diferença (no âmbito do alcançável) entre futuro presente e presente futuro. Talvez se possa dizer que o conceito de fim venha a marcar a unidade dessas diferenças. Em todo caso, encobre as diferenças correspondentes e possibilita uma decisão racional (mas finalisticamente relativa). Assim, os programas de fins atraem para o presente o risco da paulatina separação entre o futuro presente e os presentes futuros. Há o risco de que os presentes futuros não coincidam com o que se pressupõe como futuro presente. Para compensar esse risco, servem como instrumentos a contínua correção, a formação de reservas (depósitos de liquidez) ou as preferências de segurança na seleção das alternativas. Hoje em dia esse se chama também *risk management*. Os programas do sistema jurídico são erigidos de maneira distinta já desde os fundamentos. Eles não têm nem a função de risco, isto é, não têm a função de realizar oportunidades que são acessíveis apenas mediante a aceitação de um risco[63], nem estão dotados dos instrumentos que, para esse caso, garantam um grau aceitável.

A vinculação da forma do programa condicional relaciona-se à função do direito e, portanto, com a estabilização das expectativas contrafactuais. As expectativas são postas na forma de normas então justamente para esse caso, ou seja, de que não se cumpram. Essa substituição de segurança (das expectativas) por insegurança (do cumprimento) requer compensações estruturais. Não se pode então fazer depender também do futuro se as expectativas, que desde agora devem ser determinadas, terão de se justificar. Quer-se saber se agora, ou, melhor dizendo, quer-se determinar a segurança no momento da decisão, e isso só se pode garantir na forma de um programa condicional.

Apesar de tudo, encontramos no direito programas orientados para fins — os sociólogos do direito de orientação empírica poderiam ter por "refutada" a teoria que aqui se apre-

---

63. Já abordamos no Capítulo 3 a diferença fundamental entre as vinculações temporais normativas e as vinculações temporais de risco, com consequências sociais muito diferentes.

senta[64]. Antes disso, no entanto, o diagnóstico deverá ser analisado com mais exatidão.

É evidente que em caso algum se trata de programas de fins "verdadeiros" no sentido de que só o futuro decidirá sobre o que é legal e ilegal. Precisamente na jurisprudência orientada para a ecologia (que cada vez mais se baseia no desconhecimento), a direção que se tomaria seria a de um desastre jurídico se todas as medidas tiverem de ser consideradas contrárias ao direito para o caso de o fim não ter sido alcançado de maneira prevista, ou se os meios utilizados, no momento dos novos conhecimentos de causa, parecessem justificados. Um dos lados do problema, precisamente o da pergunta com que nos farão deparar os presentes futuros, é excluído. O juiz deve (e tem de) ignorar esse lado do futuro. Ele ampara a sua decisão, seguindo o direito, unicamente no que, no presente de sua decisão, ele vê advir como futuro, isto é, naquilo que, para ele depois de estabelecer com todo o cuidado a situação, é o futuro presente. A esperança seria a de que, para isso, fosse possível apoiar-se em leis empíricas ou, ao menos, em probabilidades elevadas, estatisticamente confirmadas, que fizerem ver, por exemplo, que depois de um divórcio uma criança se sentiria melhor estando com aquele dos pais com quem tiver relações mais sólidas. Com a crítica à teoria científica, é derribado todo um mundo de equivalentes

---

64. Para Helmut Willke, *Ironie des Staates*, Frankfurt, 1992, p. 177 es., a evolução do direito ignorou esses reparos e estabeleceu programas de cunho finalista como instituições de direito e até mesmo os rebaixou, recomendando os "programas relacionais". Mas esse seria o caso de mostrar com mais cuidado como exatamente adquire validade a relevância jurídica dos fins ou das relações. Porque significações políticas desse tipo, que ninguém haverá de negar, como tais não são, em si mesmas, um direito praticável.

de certeza⁶⁵. Após repetidas experiências desse tipo, ainda se duvida se a ciência é capaz de propor relações suficientemente firmes entre passado e futuro nas quais o juiz possa vir a se apoiar — na qualidade de normas — com a intenção de não tomar decisões equivocadas (ou seja, apeláveis). Mas, se nos guiarmos por essa solução, isso quer dizer que o direito faz depender a decisão entre legal e ilegal — decisão que deve ser tomada *in loco* — da pergunta sobre como melhor se pode chegar a um fim previamente dado — em nosso exemplo: o bem da criança?

O juiz pode se converter em terapeuta ao pretender convencer um casamento fracassado de que, pelo menos, o casal cuide conjuntamente do filho. As reformas da jurisprudência infantil e juvenil deste século deram-se por esse ponto de vista moral e terapêutico⁶⁶. Ou pode assumir o papel de um consultor de empresa, que pretende evitar que as empresas, cuja fusão está autorizada, ainda assim consigam uma posição dominante no mercado. Mas logo se percebe que o juiz, ainda que continue sendo juiz, já não opera no sistema jurídico⁶⁷. A instrumen-

---

65. Cf. Jutta Limbach, "Die Suche nach dem Kindeswohl — Ein Lehrstück der soziologischen Jurisprudenz", *Zeitschrift für Rechtssoziologie* 9 (1988), p. 155-60. Sobre os apoios à decisão dos juízes franceses na mesma situação — o consenso dos pais, o desejo explícito dos filhos, o *status quo* dado, isto é, situações que já não se pode determinar —, cf. Iréne Théry, "The Interest of the Child and the Regulation of the Post-Divorce Family", *International Journal of the Sociology of Law* 14 (1986), p. 341-58. Cf. também id. "Divorce et psychologisme juridique: quelques éléments de réflexion sur la médiation familiale", *Droit et Société* 20-21 (1992), p. 211-28.

66. Sobre essa avaliação um tanto cética, sociologicamente fundamentada, cf. Richard Lempert/Joseph Sanders, *Invitation to Law and Social Science: Desert, Disputes, and Distribution*, Nova York, 1986, p. 258 es. Em especial, cf. a afirmação da p. 269 es., segundo a qual, ao contrário de toda intenção terapêutica e levando em conta todos os aspectos da personalidade da criança, impõe-se a codificação binária. Cf. também Anthony Platt, *The Child Savers: The Invention of Delinquency*, Chicago, 1969.

67. Charles W. Lidz/Andrew L. Walker, *Therapeutic Control of Heroin: Dedifferentiating Legal and Psychiatric Controls*, in Harry M. Johnson (org.), "Social System and Legal

tação de programas orientados para um fim, acompanhados de uma cibernética de correção posterior, não se adaptaria ao sistema jurídico; ou então, em cada decisão pendente, só se repetiria o problema de que o futuro não oferece informação suficiente sobre se desde já se pode decidir se algo estará em conformidade com a lei ou se será contrário a ela.

Sobretudo as tendências políticas para o Estado de bem-estar têm levado os legisladores a impor à administração pública e, em menor medida, também aos julgados, formulações orientadas por fins[68]. A orientação por fins pode ser uma perspectiva politicamente sensata. Na aplicação ao sistema jurídico, no entanto, há muitos elementos que vão no sentido contrário: por um lado, a sensibilidade dos programas de fins não pode ser aproveitada nas circunstâncias em que se dá a obtenção de fins. Por outro, os programas finalistas são demasiado imprecisos do ponto de vista técnico-jurídico, como para excluir de maneira eficiente um mau uso, ou até mesmo resistência contra a obtenção dos fins propostos. Isso vale também, e sobretudo, para as leis que se limitam à designação de fins[69]. Do ponto de vista jurídico, nomear um fim só pode significar que as medi-

---

Process", San Francisco, 1978, p. 294-321, analisa tais casos, nos quais as perspectivas de uma situação mudam de uma hora para outra, sob o ponto de vista da desdiferenciação.

68. Para uma visão geral sobre as consequências constitucionais, cf. Dieter Grimm, *Die Zukunft der Verfassung* (Frankfurt, 1991), sobretudo p. 197 e 411. De acordo com Grimm, a constituição só pode cumprir sua função diante de tais mudanças se se ajustar a elas.

69. Como estudo de caso acerca do fracasso de uma lei desse tipo e sobre a subsequente renovação, mediante a instituição de regras, David Schoenbrod, "Goal Statues or Rules Statutes: The Case of the Clean Air Act", *UCLA Law Review* 30 (1983). Schoenbrod ressalta os dois pontos de vista enunciados no texto: o não aproveitamento da sensibilidade de programas orientados por fins para obter melhores resultados quanto aos fins propostos e as dificuldades em superar as resistências dos interessados.

das só são juridicamente corretas no caso de cumprirem com os critérios orientados aos objetivos, por exemplo, critérios da competência causal ou da legitimidade da sensação dos meios. Uma indicação orientada para um fim jurídico ou elaborada na prática jurídica não pode ser mais do que um guia para a determinação das condições que podem suportar a decisão entre a legalidade e a ilegalidade. Nesse caso, o programa condicional tem de consistir (mais ou menos) caso a caso, e as experiências permitem supor que o juiz levará em conta "medidas" estereotipadas, cuja utilidade ele presume. A finalidade lhe permite antever consequências secundárias. Com certa evidência, isso vale, por exemplo, para as medidas nas quais o direito sobre menores de idade pode subsistir à pena. Quanto mais considerações acerca do fim suporta uma decisão, tanto maior será a probabilidade de que esta resulte equivocada, porque o futuro segue desconhecido, mesmo para o juiz. As considerações sobre o fim o expõem a uma crítica empírica, e somente a autoridade do cargo e a obrigação de tomar uma decisão conferem validade a essa decisão.

O contexto decisório do direito, portanto, jamais é um programa finalista que exige buscar os meios adequados para o fim — escolhido livremente ou imposto — e respeitar as delimitações introduzidas no programa, por exemplo, dos custos permitidos ou dos limites legais. Como fundamento do texto autorizado, sempre se tem uma estrutura do tipo "se-então". E só quando se apresentam problemas na interpretação desse texto, o sistema jurídico, como veremos detalhadamente mais adiante, pode partir da consideração de que é a finalidade em função da qual deve servir o programa. No caso, é precisamente a programação condicional que permite liberdades na imaginação de metas — imaginação que, em uma programação por fins, não é permitida a ninguém[70].

No caso extremo, o estabelecimento de condições se reduz então a uma norma de competência. O direito é o que o juiz considera como instância determinante, um meio adequado para o fim. Mas ainda assim continua a ser um programa condicional, porque só é direito se o juiz realiza sua competência no âmbito do direito, isto é, enquanto juiz. Então, a jurisprudência reincide no que o observador descreveria como uma tautologia: direito é o que o direito denomina direito. A função programática mostraria uma tendência para zero. Ainda nesse caso, a autopoiese do sistema jurídico não estaria em perigo, pois continuaria a ficar claro a quem observar e quiser saber o que é legal ou ilegal. A autopoiese se garante mediante o código, e não mediante os programas do sistema. Por isso, a pergunta pode ser unicamente: que consequências estruturais há de se ter no sistema jurídico e nas relações de interpretação com os sistemas de seu ambiente social quando o condicionamento detalhado dos programas jurídicos é substituído por programas construídos de maneira finalista?

A fixação do direito em programas condicionais de modo algum exclui que programas finalistas de outros sistemas funcionais se remetam ao direito: por exemplo, os programas orientados para fins da política que remetam ao direito constitucional; os programas de fins do sistema educativo que remetam à obrigatoriedade do ensino; os regulamentos institucionais e os direitos e obrigações dos pais de família — programas

---

70. Cf. Capítulo 8, nota 4.

orientados para fins da economia, que remetem à propriedade. Mas isso não significa juridicizar as próprias funções ou os fins. Em vez disso, o direito oferece somente garantias sociais (e não se trataria de garantias se não o fossem, porque estão condicionadas) para permitir a outros sistemas uma gama mais ampla na seleção de seus fins. Do ponto de vista da sociedade em geral, o entrejogo de programas de fins e programas condicionais é frutífero[71]. Porém, esse entrejogo pressupõe que os sistemas e os tipos de programas se mantenham separados, e só por isso se podem esperar resultados.

V

A programação complementa a codificação: torna-a plena de conteúdo. A diferença entre codificação e programação permite tautologizar o próprio código, tratá-lo como relação de mudança de valores e, não obstante, abastecer o sistema com a capacidade para tomar decisões. Combina a invariabilidade com a transformabilidade, o que quer dizer também a invariabilidade com possibilidades de crescimento. Uma vez estabelecido o código enquanto tal (sobretudo mediante uma organização jurisdicional), inicia-se também um processo de constituição de regras que assume uma forma autopoiética que se nutre de si mesma.

Nisso pode-se ver um desdobramento do paradoxo original da codificação binária. O jurisconsulto pode se apegar às

---

71. Como veremos mais adiante, hoje em dia tem se mostrado frutífera a ampliação e normalização desse jogo mediante "acoplamentos estruturais".

regras e esquecer que trabalha em um sistema codificado de forma binária. Mas não de todo. O problema da unidade da diferença de valores do código reingressa no sistema. Tal pode se dar em forma de casos que não se pode decidir, e onde Atena tem de intervir no Areópago. Esse programa se integrou na organização jurídica mediante a recusa da decisão, de modo que ele, por sua vez, funciona como princípio de crescimento e de geração do direito do juiz. Retornaremos a essa questão no Capítulo 7. À parte esse caso, da alçada mais do direito pessoal, existe, não obstante, um problema de direito material mediante o qual se pode mostrar como o paradoxo excluído reingressa no sistema, e estamos falando aqui do problema do *abuso do direito*.

Aqui não se trata, como se poderia suspeitar ao passar em revista a literatura jurídica, de um problema secundário e incômodo, do tipo de uma indeterminação que, na prática de um caso, poderia se regulamentar e, assim, ser reduzido a uma bagatela. O simples fato de o problema se apresentar como problema de soberania jurídica[72] indica razões mais profundas. E assim é: no problema do abuso do direito, volta a chamar a atenção o paradoxo da identidade da diferença no sistema, permitindo suspeitar que toda exclusão, todo desdobramento, toda dissolução do paradoxo original não passou de um autoengano.

Para recorrer a Spencer Brown mais uma vez: na terminologia das "Laws of Form" trata-se do caso não calculável

---

72. Cf., para citar toda uma tradição em uma única frase, Ernst Forsthoff, *Der Staat der Industriegesellschaft: Dargestellt am Beispiel der Bundesrepublik Deutschland*, Munique, 1971, p. 12: "A seu portador, a soberania proporciona o monopólio do exercício legal do poder, mas também a única competência da definição do que é lícito ou ilícito, e isso sem sanções no caso de algum abuso".

de uma "*re-entry*" da forma na forma. A distinção legal/ilegal torna a entrar em si mesma do lado do direito. Ou seja, é atualizada duas vezes, não duas vezes de forma paralela e sucessiva, mas *duas vezes* em uma única operação. Como o termo indica, Spencer Brown parece pensar numa divisão sequencial temporal das operações. No entanto, essa separação das operações em uma sequência temporal já é parte da solução, da desparadoxização do problema, pois a *re-entry* cita a distinção de saída e dela se vale ao copiá-la *em si mesma*.

Também essa "repetição do vestígio", consequência do paradoxo excluído, replica o problema do paradoxo[73], mas de maneira mais manuseável. Tal como Spencer Brown, o "*cross*" da distinção original pode se realizar também sem ser observado (de maneira puramente operacional), porém não é esse o caso do "*marker*" da distinção, que retorna a si mesmo. Assim, o jurisconsulto pode desconsiderar que *toda* fixação do direito produz um não direito correspondente e, não obstante, pode ver que, na prática jurídica, há casos problemáticos e que, no caso dado, têm de ser designados como de ilegalidade. Tendo em vista o caráter imprevisível das situações em que se aplicará, o direito deve estar provido de certo excedente de possibilidades, e assim deve permanecer. Também o abuso do direito continua a ser um direito reconhecido pelo direito. Somente determinadas formas de uso têm de ser excluídas. Isso pode se dar, por exemplo, mediante um esquema do tipo

---

[73]. Deixo ao critério do leitor sobre citar corretamente os conceitos de *itérabilité* e *trace*, de Derrida. Ao menos, também esses conceitos trazem uma referência ao paradoxo da forma básica da distinção. Cf., por exemplo, Jacques Derrida, Limited. Inc., Paris, 1990, p. 222 es., 230 es.

regra/exceção ou mediante a tese de que as formas jurídicas servem a determinados fins, podendo ser utilizadas até mesmo no sentido de fins colaterais, mas somente se ficar garantido o fim propriamente dito. Assim, permite-se e legitima-se o uso de impostos para funções de direção político-econômica ou ecológica, sempre e quando se mantiver o fim principal da obtenção de recursos para o Estado. (Nesse exemplo pode-se ver, aliás, que a categoria de fim introduzida como secundária oferece uma elevada, porém não ilimitada, elasticidade no manejo da interpretação.) Da mesma forma, o espectador de uma peça de teatro ou o leitor de um romance podem observar e descobrir como, na história apresentada, as personagens se enganam a si mesmas e entre si; e até se pode saber que, no caso de um romance policial, uma personagem foi enganada para que seguisse uma pista falsa. Mas só poderá observar tudo isso ao não se considerar ao mesmo tempo que a própria narração do engano, a ele não correspondendo realidade alguma. A forma dentro da forma representa a forma, e o paradoxo dessa representação consiste precisamente em que se trata, e ao mesmo tempo não se trata, da mesma distinção.

VI

O paradoxo que se produz com o problema da aplicação do código a si mesmo não se suprime só por meio da programação. A programação que se inicia mediante a codificação complementa a distinção principal do sistema por uma segunda distinção: a da aplicação correta (ou bastante equivocada) para a imputação de legalidade ou ilegalidade. Assim, chega-se à geração de uma complexidade factual. O sistema pode aprender a aprender, pode provar critérios e, em seu caso, modificá-los. Ele cresce na dimensão objectual do sentido (ainda quando utiliza em lugares secundários conceitos temporais, como prazos de prescrição). Só com esses meios, contudo, não é possível decidir (muito menos fazê-lo de maneira lógico-dedutiva)[74]. E isso leva à pergunta sobre se, de maneira totalmente diversa, também se faz possível utilizar, para o desdobramento do paradoxo, a necessidade de chegar a uma decisão.

Isso efetivamente ocorre. O sistema jurídico dispõe de possibilidades para adiar as decisões e operar durante algum tempo na incerteza[75]. Aproveita esse horizonte temporal, uma vez que o futuro se visualiza sempre como algo incerto, para produzir e obter, por sua vez, a incerteza em vista da qual se poderá chegar a uma decisão (que ainda não pode ser determinada). De maneira que, de resto, é bastante semelhante ao âmbito cognitivo no sistema científico, trata-se de uma incerteza autoproduzida, já que não se duvida do mundo em si: põe-se em dúvida unicamente a atribuição dos valores do código como algo que no momento ainda não ficou claro. O sistema jurídico se permite essa incerteza porque ele mesmo promete dissolvê-la

---

[74]. Para uma discussão mais detalhada do que entendemos por "decisão", cf. Capítulo 7, III.

[75]. Cf. também as observações de John Rawls sobre o "véu da ignorância", em relação a sua própria posição e a seus interesses no futuro da sociedade. Em *A Theory of Justice*, Cambridge, 1971, citado da edição alemã: *Eine Theorie der Gerechtigkeit*, Frankfurt, 1975, p. 159 es, Rawls observa aqui uma condição indispensável da disposição a se aceitar uma avaliação sob pontos de vista gerais. A ideia remete a Aristóteles, embora de início tenha sido pensada por um único legislador.

em seu devido tempo. E nessa medida pode também formular condições juridicamente unívocas, que regulam o procedimento sob a condição de uma decisão provisória.

Como se pode ver, falamos de processos juridicamente regulados. Os processos estão organizados na forma de um episódio temporalmente limitado, que se inicia com uma demanda e termina com uma decisão. Princípio e fim são, portanto, momentos constitutivos de todo sistema processual, que se individualiza por meio deles. Princípio e fim são marcas produzidas pelo próprio processo, isto é, são identificados de maneira recorrente no funcionamento do processo. É claro que há também observadores (demandantes, demandados, juízes, tribunais, escritórios, periódicos, curiosos de todo tipo) que duram mais do que o processo e observam, tanto antes como depois, que algo se inicia e, respectivamente, chega a seu fim. Mas o que observam os observadores externos é tão somente a auto-organização do processo, que inclui seu próprio início e fim. Em outras palavras, não são sucessões universais externas ao processo — um acidente, um desgosto pessoal, um crime — que iniciam um processo. Para isso existem iniciativas externas, mas essas só têm relevância como formas que o próprio processo pode identificar como início; somente essas formas *são* as que constituem o início do processo. O processo não começaria se o próprio processo não pudesse determinar que o processo já começou.

Esse caráter artificioso, nós valorizamos especialmente aqui, uma vez que ele ressalta o princípio e o fim do próprio conflito em torno do qual se dá o processo. De todo modo, costuma ser pouco relevante para os litígios quem iniciou a querela: importa quem está em seu direito. A demanda em si não deve ser introduzida no processo, nem como culpa, nem como indicador da situação jurídica (nem mesmo quando o ambiente do sistema jurídico é julgado dessa maneira, e isso acontece não poucas vezes).

Somente se isso for observado com vigor suficiente é possível esclarecer como se relacionam a codificação do sistema e o processo. Somente o código, que pode produzir legalidade ou ilegalidade, mas deixa aberta essa sua própria condição, pode produzir a incerteza da qual vive o processo. Não obstante, o processo faz uso dela como meio para sua própria autopoiese. Utiliza-a para motivar contribuições, para incentivar participações, para oferecer oportunidades (mas não resultados) e assim chamar os participantes à colaboração, isto é, convocá-los para o reconhecimento, até que por fim se convertam em prisioneiros de sua própria participação, tendo poucas perspectivas de posteriormente vir a negar a legitimidade do processo[76]. Seja qual for a situação concreta: a incerteza remanescente é o que se supõe como fator comum para a duração do processo — a incerteza é invariante única à parte o início, o final e os registros de documentos.

O código estritamente binário do sistema jurídico enriquece-se dessa maneira com um terceiro valor, a saber, o valor da incerteza da atribuição de um valor[77]. Portanto, o paradoxo

---

76. Para uma avaliação desses procedimentos, cf. Niklas Luhmann, *Legitimation durch Verfahren*, 2. ed., Frankfurt, 1983.

77. Com referência ao código de verdade, tem-se a discussão, que a isso corresponde precisamente, em Aristóteles, *De interpretatione* 9, sob a voz *de futuris contingentibus* [sobre

da unidade da diferença entre legalidade e ilegalidade não se resolve duplicando o valor positivo (o tribunal tem o direito de determinar o que é legal ou ilegal), tampouco, como no caso das escolhas trágicas, duplicando o valor negativo (legal ou ilegal, de todas as maneiras a decisão será injusta). Muito mais, mediante o valor da incerteza da decisão, designa-se o código como unidade: uma autoindicação nesse sentido estrito. Justamente isso se dá mediante a introdução de uma diferença temporal, pela futurização, isto é, não como a determinação da validade do sistema jurídico, mas tão somente como episódio diferenciado de um processo individual, cujo fim é previsível.

Processos com essa função de produzir incerteza mediante o adiamento da decisão pertencem às conquistas evolutivas mais relevantes. Deixam intacta a codificação binária, isto é, não introduzem no sistema outros valores ou supervalores (como pontos de vista religiosos, juízos divinos etc.). Ao contrário, permitem aplicar a distinção codificada de legalidade/ilegalidade *ao próprio processo*. Para regulamentar a realização do processo, cria-se um direito processual específico, que se distingue cuidadosamente como direito material. Esse direito utiliza suas normas em sentido positivo para incentivar a evolução do processo tendo como objetivo uma sentença objetiva e justa; e a ilegalidade do processo é, portanto, uma infração das normas correspondentes designadas. Mas também essa forma das normas processuais tem outro lado, qual seja, a manutenção da incerteza. Isso, por sua vez, pode ser normativizado de maneira

---

os acontecimentos futuros contingentes]. Também aí a solução não se encontra num abandono da lógica binária, mas no acrescentar de um valor autoindicativo da impossibilidade decisiva nesse momento.

positiva, por exemplo, mediante critérios para a imparcialidade dos juízes; e o crucial, no entanto, é que também todas as normas e medidas que incentivam o processo ajudam na apresentação de um "ainda não"; esclareçam que o processo ainda não está concluído e que o resultado é, todavia, incerto — até o momento em que o processo se declare finalmente terminado.

Portanto, novamente uma distinção, dessa vez entre direito material e direito processual. A unidade do direito deve ser provada então também como unidade dessa diferença. Isso comumente se dá por meio de um conceito processual teleológico, orientado para a finalidade. Assim se adentra, porém, no terreno de todas as debilidades dos conceitos teleológicos que não podem conferir nenhum sentido a seu próprio fracasso, a seu próprio revés. A incerteza quanto a esse fim que está no próprio processo é apenas um fenômeno secundário deplorável, que se deve às dificuldades de se poder tomar uma decisão racional. Desse modo, no entanto, perde-se de vista *o meio* no qual o processo inscreve suas formas. Uma teoria exclusivamente instrumentalista dos processos jurídicos, orientada para fins, faz-se, por isso, muito curta. Mas também as versões idealizantes, segundo as quais o processo procuraria a realização da justiça ou determinaria as condições para obter um consenso racional, iluminam apenas o lado belo dos sistemas processuais. Cada versão desse tipo se depara com a pergunta sobre se os processos que não cumprem com tais expectativas positivas não seriam, portanto, processos. Mas se não são processos, o que então seriam? Somente no interior de uma autodescrição do sistema jurídico podem ser aceitas teorias desse tipo, que expressam sua boa vontade na forma de uma normatização e se conformam com a marcação dos desvios como infração contra a norma ou contra a ideia do processo. Por isso, uma análise sociológica não se fará imobilizada. Sempre perguntará pelo outro lado da forma, pela distinção que se vale de uma observação ao designar algo como processo. Isso então faz a forma regressar a um paradoxo, e aqui se trata de um paradoxo que serve para transformar o paradoxo do código em um formato menor, episódico. E é aí que se percebe o que não se deve contemplar no esquema norma e desvio ou ideal e realidade: a peculiar diversidade de perspectivas; o processamento que não parte de um consenso inicial nem que chega a um consenso final, processo no qual o observador não identifica a identidade da experiência do sentido; além disso, a irritabilidade que acompanha a incerteza; e com tudo isso: as chances de transformações criativas de premissas, das quais parte o sistema jurídico.

Não existe nenhuma outra ordem normativa que tenha desenvolvido uma reflexividade tal que se desenvolva no curso dos processos. Ela se encontra apenas no direito, e não, por exemplo, na moral. É possível que resida aqui o critério de delimitação decisivo dessas duas codificações, critério este que habilite o direito, diferentemente do que acontece com a moral a ser um sistema autopoiético[78]. Só o direito dispõe das regras secundárias tão discutidas desde Hart; só o direito pode duvidar, segundo o próprio direito, de si mesmo; só o direito, em seus processos, dispõe sobre as formas que possibilitam que

---

[78]. Pressupomos aqui que o critério de delimitação introduzido no século XVIII, da pressão externa *versus* pressão interna, não funciona, pois, de um lado, a moral dispõe, mediante o perigo da perda de respeito, de drásticas formas disciplinares de atuação externa; de outro, muitas normas jurídicas servem para possibilitar, e não para proibir ações ou omissões.

alguém se certifique legalmente de sua ilegalidade; e só o direito conhece os valores-limites (incluídos ou excluídos) da indeterminação temporal da questão jurídica. A moral pode tratar problemas de aplicação do código a si mesmo apenas na forma de discursos fundacionais, portanto apenas na forma de uma ética e, portanto, apenas na forma de abstrações semânticas, cujo valor de orientação se mantenha invisível.

VII

Para encerrar este capítulo, deve-se ressaltar mais uma vez um aspecto em que tocamos várias vezes. A autopoiese do direito reside em um modo de operação uniforme, no qual a produção e a manutenção (e alteração) de estrutura podem se distinguir, mas sem se deixar separar[79]. Portanto, códigos e programas (normas) não se apresentam como situações dotadas de qualidade própria, como se, tal como fazem as ideias, conduzissem a uma existência própria acima da comunicação. Só se pode observá-las se houver comunicação. Os códigos tornam possível diferenciar o pertencimento/não pertencimento ao sistema; e os programas que atribuem legalidade e ilegalidade são objeto de juízos sobre a validade ou invalidade. Um observador pode designá-los e descrevê-los como estruturas. Mas desse ponto de vista empírico só estão dados com as operações do sistema: são momentos da autopoiese do sistema, e não entidades existentes por si sós. Tal como na teoria das ideias, de Platão, a concepção contrária deve sua existência à escrita.

---

79. Cf. Capítulo 2, II.

De fato, os textos escritos favorecem essa ideia, como se o escrito, com sua base material do papel, existisse de fato. A teoria das ideias, em consonância com isso, expressa a compreensão de que não se pode bem designar a essência do mundo como papel, não se pode reduzi-la ao papel. De fato, para os sistemas sociais, mesmo a escrita é apenas uma forma de produção de comunicação — com consequências consideráveis para a forma das estruturas que se coproduzem com ela. Só o que a produção e a formação de estruturas podem levar a cabo é uma mesma realização (uma vez que o sistema é sua unidade e a possibilita); compreende-se quando se considera o tempo. Para ganhar tempo (e com o tempo, futuro; e com o futuro, incerteza), o sistema jurídico institui processos. O sistema opera em forma de encadeamento de acontecimentos individuais, constituindo assim um tempo próprio passível de ser mais ou menos sincronizado com os tempos do ambiente. Por isso, a diferenciação do sistema jurídico mediante a codificação e a programação tem também um lado estritamente temporal. O sistema submete os acontecimentos de que se trata no sistema jurídico a regras que se tornam independentes do processo jurídico como e quando se iniciou um litígio ou quem o iniciou. Só importa quem tem direito e quem não tem. De outro modo, os implicados se enredariam nos antecedentes infinitos, que cada um, como dizem os terapeutas, "pontua" à sua própria maneira. Assim, a condição da diferenciação em sentido temporal consiste em que a relevância de fatos passados e sua sequência dependam exclusivamente daquilo que os próprios programas do sistema jurídico incluem e excluem. O modo como algo se inicia já é uma construção do próprio sistema jurídico. (Pode-se pensar aqui em disposições como o registro de propriedade ou prazos de prescrição, que facilitam as provas jurídicas e mantêm as referências aos antecedentes em limites bastante estreitos[80].)

O que vale para o passado vale também para o futuro. Ao menos em se tratando das delimitações próprias do sistema, o passado e o futuro se comportam de maneira simétrica um diante do outro. No que diz respeito ao futuro, pensar-se-á sobretudo na instituição da validade jurídica. Mas também a tão discutida improdutividade das perspectivas teleológicas pertence a esse contexto, pois, se tomadas a sério, elas teriam de adiar todo efeito vinculativo, até a realização do estado a que se aspira. Com essa autojustiça, apodítica e temporal, o sistema jurídico evita interferências imprevisíveis e incontroláveis por parte das condições externas. Ou, em outras palavras: uma ordem que pretende realizar a diferenciação e o fechamento operativo para se constituir assim como sistema jurídico só pode fazê-lo se conseguir controlar o campo referencial temporal das interdependências sociais e recortá-lo segundo suas próprias regras. Não obstante, isso significa também que é preciso aceitar uma considerável medida de desintegração temporal na relação com o ambiente social. No direito, existem outros passados e futuros comparativamente a outros âmbitos da sociedade.

Por outro lado há também instituições compensatórias. Entre elas, contamos, sobretudo, com a capacidade de resposta,

---

80. De modo algum aí se teria uma peculiaridade do sistema jurídico, mas, de diferentes maneiras, é uma exigência da diferenciação dos sistemas funcionais em geral, o que se poderia mostrar mediante análises comparativas. Nesse sentido, cf. Niklas Luhmann, "Die Homogenisierung des Anfangs: Zur Ausdifferenzierung der Schulerziehung", in Niklas Luhmann, Karl Eberhard Schorr (org.), *Zwischen Anfang und Ende: Fragen an die Pädagogik*, Frankfurt, 1990, p. 73-111.

a todo momento, por parte do sistema jurídico, e, no mesmo contexto, com a especificação detalhada sob a qual as questões jurídicas podem ser suscitadas e resolvidas. Nessa medida, mesmo com a mudança constante das situações, isso permite sempre de novo reiniciar e retomar assuntos já resolvidos sob outros pontos de vista.

Capítulo 5

A JUSTIÇA COMO FÓRMULA PARA A CONTINGÊNCIA

I

A unidade do sistema jurídico acontece, em primeiro lugar, na forma de sequências operativas que reproduzem o sistema autopoieticamente. As operações podem observar sua pertinência ao sistema, isto é, têm capacidade de distinguir entre sistema e ambiente. Essa distinção atualiza a autorreferência, portanto atualiza uma designação por meio da qual o sistema se designa a si mesmo, distinguindo-se todos os demais.

Designar a si mesmo dessa forma, como sistema jurídico num ambiente, é complexo para ser apreendido de modo plenamente consciente — trata-se, afinal, de algo dado por operações numa sequência temporal. O círculo de autorreferência que existe em cada operação tem de ser repetido a cada momento. Ele se desdobra em uma infinidade linear no operar sucessivo do mesmo sistema. É da mesma forma que o sistema se refere a si mesmo e aparece então como sistema autorreferencial com autorreferências operativas copiadas em seu próprio interior[1].

---

1. A esse respeito, cf. Louis H. Kauffmann, "Self-Reference and Recursive Forms", *Journal of Social and Biological Structures* 10 (1987), p. 53-72, que deduz tanto a linearidade do processo do sistema como a *re-entry* da forma do sistema em si mesma a partir da autorreferência basal do observador.

O sistema tem de ser capaz de reconhecer, isto é, de identificar operações como as repetidas com o intuito de facilitar essa forma de autorreferência pela repetição. E tem de fazê-lo em situações sempre outras, ou seja, tem de ser capaz de generalização. Spencer Brown compreende esse complexo processo como a unidade de condensação e confirmação das operações recorrentes do sistema[2]. A condensação pressupõe e sedimenta identidades. A confirmação produz a semelhança em situações que são, em cada caso, diversas. No meio do sentido, isso possibilita uma unidade de experiência de identidade e horizonte, um núcleo de atualidade com significado específico a remeter a inúmeras outras possibilidades. Isso, por sua vez, conduz à "experiência" no trato com o sentido, a qual não pode ser de todo apreendida pelo conceito. Como volta e meia se constata em teoria da consciência, o sistema depende de uma relação consigo que não se deixa apreender de todo na reflexão, já que ele é que tem de realizar todas as reflexões, isto é, ele sempre se faz estabelecido, continuamente. A solução desse problema está em recorrer a referências puramente "locais", a textos determinados que, em cada um dos casos, funcionem como "direito vigente". O símbolo formal da validade jurídica facilita, como expusemos anteriormente, a referência sistêmica sem que se caracterize o sistema quanto a seu conteúdo[3].

Ponderando um pouco mais, chegamos a resultado semelhante. Uma vez que cada observação tem de se sustentar numa distinção para poder designar seu objeto, a unidade mes-

---

2. Cf. Spencer Brown, *Laws of Form*, reimpr., Nova York, 1979, p. 10.

3. Cf. Capítulo 2, VIII.

ma de observação se suprime da designação — a menos que se introduza outra distinção, para a qual continuaria a valer a mesma consideração[4]. A observação — e mais ainda, o observador — só tem acesso a si mesma mediante um paradoxo, como unidade do que tem de funcionar como diverso.

Assim, a unidade de um código binário só se pode representar como paradoxo. O paradoxo pode se "desdobrar" de diferentes maneiras, isto é, traduzir-se em novas distinções. Isso se dá, por exemplo, na forma de observação de segunda ordem, portanto mediante a distinção de (outro) observador e de sua instrumentação. Pode-se dizer então (como temos feito) que o sistema jurídico, e somente o sistema jurídico, utiliza o código legal/ilegal. Essa solução tem vantagens importantes. Sobretudo, possibilita especificar enunciados sobre o observador (o sistema jurídico) e seu código (a distinção legal/ilegal) segundo suas necessidades, de modo que, por fim, se possa esquecer que a unidade última do distinguido está sempre dada somente como paradoxo. No processo de seu desdobramento e determinação, o paradoxo se torna invisível.

Um primeiro enriquecimento consiste na distinção adicional entre codificação e programação. Pode-se a isso acrescentar programas condicionais como "suplemento" (Derrida). Isso permite, como já foi mostrado no capítulo precedente, tecnicizar o código, reduzi-lo à relação formal de intercâmbio dos valores (positivo/negativo), uma vez que, adicionalmente, no âmbito do sentido de uma distinção passível de ser distin-

---

4. Cf. também Niklas Luhmann, "Wie lassen sich latente Strukturen beobachten?", in Paul Watzlawick/Peter Krieg (orgs.), *Das Auge des Betrachters — Beiträge zum Konstruktivismus: Festschrift für Heinz von Foerster*, Munique, 1991, p. 61-74.

guida, dispõe-se de critérios factuais para que se pergunte pelo valor positivo ou pelo valor negativo. E aqui aparece então a teoria jurídica completa para esclarecer quais critérios se deverá aplicar, em cada caso, para distinguir entre uma atribuição correta ou falsa dos valores. Dessa maneira, chega-se ao direito positivo, teoricamente sistematizado mediante regras e princípios — e assim alguns poderiam se dar por satisfeitos. Assim, a pergunta tradicional pela justiça do direito perde qualquer significado prático. Não se pode acrescentar nem como terceiro valor à parte os de legalidade e ilegalidade, tampouco designar o valor dos programas do sistema — como se, além do plano diretor, das leis de trânsito e da lei de direitos autorais, houvesse também a lei justa. A consequência é: as perguntas quanto à justiça do direito serão vistas apenas como questões éticas, apenas como questões de legitimação do direito em meio à moral; buscar-se-á então, com enorme esforço, um lugar para a ética no direito[5]. Ou se considerará a justiça como um princípio que afeta toda a sociedade, que tem validade para todos os âmbitos da vida, e que, no direito, simplesmente adota uma forma específica[6].

Por indiscutível que seja a qualidade ética da exigência moral de justiça, a teoria do direito não pode se dar por satisfeita com essa solução. Ela se apresenta, a bem dizer, como a ideia

---

5. Não podemos aceitar a afirmação muito comum de que, sobre a justiça, há de se negociar em um "nível" diferente daquele que se frequenta nas questões jurídicas, pois aqui a evasão do paradoxo leva rápida e evidentemente a um novo paradoxo — a pergunta pela unidade da diferença de "níveis" —, e, portanto, reincidiríamos no problema da auto-observação do sistema.

6. Assim, por exemplo, Heinrich Henkel, *Einführung in die Rechtsphilosophie*, 2. ed., Munique, 1977, p. 394.

da justiça na ética, sendo desnecessário dizer que a ética, por sua vez, acaba por incorporar a justiça. Já reconhecemos que o sistema do direito jurisdiciza as normas morais ao citá-las; mas que tal seja assim é algo que é preciso comprovar valendo-se especificamente de textos jurídicos. Isso não se deduz simplesmente da necessidade de fundamentação das decisões jurídicas. A dificuldade se encontra, *horribile dictu*, no mesmo nível referido por padrões técnicos, ou no mesmo nível do melhor conhecimento especializado possível em regras e regulamentações individuais do sistema jurídico.

Contudo, nem por isso o sistema jurídico tem de desistir da ideia de justiça. O que se deve levar em conta é tão somente o posicionamento da ideia de justiça. Trata-se, e por isso essa introdução tortuosa ao tema, de uma representação da unidade do sistema no sistema. Enquanto no caso da "validade" ela é entendida como símbolo que circula no sistema e que enlaça operações, na lembrança dos resultados de operações para uma reutilização recorrente, no caso da justiça trata-se de uma auto-observação e de uma autodescrição do sistema. Enquanto no nível do código binário a auto-observação e a autodescrição decorrem de um paradoxo (pois caso contrário o código teria de afirmar a identidade de legalidade e ilegalidade), restaria verificar se no nível dos programas do sistema não poderia haver uma projeção de unidade: um programa para os programas. Parece evidente inferir que aqui se localiza o sentido da ideia de justiça. Enquanto em outro sentido as autodescrições se produzem em forma de teoria (o que também significa que são discutíveis)⁷, a ideia de justiça evidentemente requer uma qualidade normativa. Na tradição da antiga Europa, essa norma é compreendida como harmonia social e se refere à sociedade em geral; a sociedade, por sua vez, faz-se entender como convivência juridicamente constituída. Isso não conduz a nenhuma diretiva concretizável, até mesmo pelo fato de que a premissa de uma sociedade juridicamente constituída não é realista. Mas, mesmo que se delineasse a justiça de acordo com um sistema jurídico diferenciado, sua reespecificação continuaria indeterminada. O sistema jurídico pretende-se justo a si mesmo, não importando os fatos. Com o tema "justiça", designa-se também, nessa medida, o ponto de vista do qual se pode superar a diferença entre os modelos tradicionais das teorias do direito jusnaturalistas e positivistas, mediante a pergunta pela forma de autocontrole do sistema jurídico (que nem é natural, nem se introduz por meio de decisão, e, portanto, pode ser revogada mediante decisão)⁸. Mas se o sistema se designa a si mesmo mediante essa norma, ele não pode ao mesmo tempo especificar o que com isso designa sem qualificar operações *próprias* como se *não lhe pertencessem*.

Em primeiro lugar, delimitamos o problema da justiça mediante distinções: trata-se de autorreferência não como operação, mas como observação; não no nível do código, mas no nível de programas; e não na forma de uma teoria, mas na forma de uma norma (com propensão à frustração). Tudo isso

---

7. Cf. com mais detalhes Capítulo 11.

8. Assim também Arthur Kaufmann, *Theorie der Gerechtigkeit: Problemgeschichtliche Betrachtungen*, Frankfurt, 1984, sobretudo p. 31.

significa que podem existir sistemas jurídicos injustos (ou mais ou menos justos). Nem a autopoiese operativa do sistema, nem o código necessariamente invariável podem ser "justos". Essa delimitação é importante para a precisão da formulação da pergunta. Mas o que exatamente assim se determina como positivo? Como se pode especificar essa autoconfrontação mediante uma norma autorreferente? Como pode o sistema expressar a própria *unidade* em um programa normativo, aplicável ao mesmo tempo *no* sistema e *por toda parte* dentro do sistema?

II

Em busca de resposta para essas perguntas, tomamos como ponto de partida que a ideia de justiça pode ser entendida como *fórmula de contingência* do sistema jurídico. Assim, sem que tenhamos de utilizar o conceito de valor, essa fórmula se situa num nível em que pode ser comparada a outras fórmulas de contingência — por exemplo, o princípio de limitação (produtividade das negações) no sistema científico[9], o princípio de escassez no sistema econômico[10], a ideia de um deus único no sistema religioso[11] e ideias como a de formação ou capacidade de aprendizado no sistema educacional[12]. O conceito de fórmula de contingência assume, desse modo, o

---

9. Cf. Niklas Luhmann, *Die Wissenschaft der Gesellschaft*, Frankfurt, 1990, p. 392, es.

10. Cf. Niklas Luhmann, *Die Wirtschaft der Gesellschaft*, Frankfurt, 1988, p. 177 es.

11. Cf. Niklas Luhmann, *Die Funktion der Religion*, Frankfurt, 1977, p. 200 es.

12. Cf. Niklas Lumann/Karl Eberhard Schorr, *Reflexionsprobleme im Erziehungssystem*, 2. ed., Frankfurt, 1988, p. 58 es.

lugar de numerosos outros conceitos centrais na definição de justiça — como virtude, princípio, ideia, valor[13]. Entretanto, ele não substitui completamente esses termos; ora, isso se deve ao fato de só um observador externo poder falar de fórmula de contingência, como pretenderemos mostrar. O próprio sistema tem de definir a justiça de maneira que deixe claro que a justiça tem de prevalecer e que o sistema identifica a ela uma ideia, princípio ou valor. No interior do sistema, a fórmula de contingência se põe como irrefutável; ela se "canoniza", como se poderia dizer, seguindo Aleida e Jan Assmann[14].

O conceito de fórmula de contingência é, primeiramente, consequência da concepção segundo a qual as condições para uma ideia de justiça com base no direito natural não procedem[15]. A natureza em si não é justa, em nenhum sentido compreensível. Ou, em outras palavras, não existe nenhuma inferência que passe do que é "natural" ao que é "justo", como implicitamente se pressupunha na tradição jusnaturalista. Como resultado da evolução, pode haver uma espécie de equilíbrio na natureza, no sentido de compatibilidade. Aplicado ao sistema jurídico, isso poderia talvez significar que a prática jurídica se justificaria de acordo com uma quantidade normal

---

13. Para uma visão geral, que ao mesmo tempo mostra que só na modernidade se faz abstração dos conceitos de justiça relacionados com a virtude, cf. Hans Nef, *Gleichheit und Gerechtigkeit*, Zurique, 1941, p. 58 s.

14. Siehe Aleida e Jan Assmann (orgs.), *Kanon und Zensur*, Munique, 1987; Jan Assmann, *Das kulturelle Gedächtniss: Schrift, Erinnerung und politische Identität in frühen Hochkulturen*, Munique, 1992, p. 103 s.

15. Sob esse conceito jusnaturalista de justiça encontram-se também conceitos utilitaristas, à medida que se referem às inclinações naturais dos homens (Bentham). Distinguem-se do direito natural clássico somente à medida que dispensam inclinações inatas ou adquiridas.

de litígios e delitos. No entanto, daqui não se pode concluir que as normas e decisões correspondentes sejam "justas". A ordenação é um resultado factual da evolução. Toda ideia normativa tem de se manter com certa independência em relação a essa ordem, ou seja, tem de exigir mais do que por si só (segundo a sua natureza) se dá[16]. De outro modo a norma resultaria supérflua, sobretudo como norma[17]. Tendo em vista essa situação seria fatal que, como nos querem fazer crer os adeptos do direito natural, a apelação à natureza seria a única possibilidade de se criticar o direito positivo vigente[18]. Já não é o caso, hoje, de dedicarmos mais tempo a esse estratagema com que o direito natural obtém reconhecimento. O conceito de fórmula de contingência nos mostra um caminho diferente.

No lugar das presunções sobre a natureza, entram suposições sobre a autoespecificação da fórmula. Portanto, as fórmulas de contingência têm a forma de uma conclusão circular — e é precisamente aí que reside a sua originalidade, o que faz que elas se imponham e que não se possa dissolvê-las com facilidade[19]. As fórmulas de contingência se referem à

---

16. Sobre o direito natural como forma da autodescrição do sistema jurídico, retomaremos no Capítulo 11, III.

17. É evidente que esse problema pode ser evitado com o auxílio do conceito de natureza inventado especificamente para fins do direito natural; não obstante, de modo algum ele satisfaz. O conceito de direito natural expressa apenas a decisão de considerar algo como correto. Mas nesse caso se poderia partir de uma vez, e com mais clareza, da autorreferência.

18. É algo bem característico que nesse caso não *se diga*, mas *se pressuponha*, que essa é a *única* possibilidade de uma fundamentação da crítica. A esse respeito, cf. as afirmações críticas de Manuel Atienza, *Introducción al Derecho*, Barcelona, 1985, p. 121-2 s.

19. Com "não mais se pode dissolver" evidentemente não se duvida de que um observador de segunda ordem possa descrever tal situação de maneira diferente. Cf., em conexão com o conceito de *supplément* de Derrida, Jean-Pierre Dupuy/Francisco Varela, "Kreative

distinção entre determinabilidade e indeterminabilidade. Sua função consiste em elas próprias excederem esse limite, para tal se fazendo valer de fatores plausíveis e historicamente dados. O mesmo se pode dizer com o conceito lógico de desdobramento dos paradoxos ou das tautologias. Ou mesmo com o conceito, proveniente da teoria dos sistemas, de capacidade de observar, de tornar observável o inobservável, pela substituição de uma diferença por uma unidade que só pode ser descrita como paradoxo ou tautologia.

Com a dimensão determinabilidade/indeterminabilidade, não nos referimos a fatos atualmente presentes (apreendidos, designados), mas unicamente a outras possibilidades de tratá-los. Daí a fórmula "da contingência". Um sistema que processa suas operações internas mediante informações sempre tem em vista também outras possibilidades. No caso do sistema jurídico, essa orientação por contingência se reforça à medida que o sistema se encontra já imerso na positivação do direito. Ora, concede-se assim que todas as normas jurídicas e todas as decisões, todos os motivos e todos os argumentos podem assumir outra forma — no que não se deve negar que o que acontece acontece do modo como acontece.

As fórmulas de contingência não podem ser legitimadas sem uma função. O transpor do limite do indeterminável para o determinável deve ser realizado de maneira não percebida ou não se realizar. Em outras palavras, a função tem de ser cumprida de maneira latente. Seu desvelamento indicaria o paradoxo inicial e também o paradoxo segundo o qual a

---

Zirkelschlüsse: Zum Verständnis der Ursprünge", in Paul Watzlawick/Peter Krieg (org.), *Das Auge des Betrachters — Beiträge zum Konstruktivismus: Festschrift für Heinz von Foerster*, Munique, 1991, p. 247-75.

determinabilidade e a indeterminabilidade estão compreendidas na mesma fórmula, isto é, que estão sendo tratadas como se fossem a mesma coisa. A função de invisibilização de tais paradoxos fundamentais, por sua vez, tem de se manter invisibilizada, e é precisamente isso que ocorre quando as fórmulas de contingência se instituem a si próprias e se evidenciam por sua capacidade de adequação no sistema.

Assim é, também, com a justiça[20]. Uma vez que o sistema jurídico realiza a função de estabilizar expectativas normativas, parece lógico permitir que também a justiça apareça como norma. No entanto, deve-se evitar que se veja nessa norma um critério de seleção[21] (em nossa linguagem: um programa determinado), pois assim a norma da justiça se colocaria ao lado de outros critérios de seleção do sistema e perderia sua função de representação do sistema no sistema. Isso significa também que se deve aceitar a norma de justiça sem que se possa prever quais decisões resultariam dela e quais interesses ela viria a satisfazer; ainda seria o caso de aceitar que a prática das decisões judiciais em casos individuais e a proposta de soluções legislativas de problemas se orientam mais pela impressão de justiça de certas regras do que pela aplicação das normas de justiça[22].

---

20. Da justiça como *self-justifying ideal* fala também Edwin Norman Garlan, *Legal Realism and Justice*, Nova York, 1941, p. 124 s. No entanto, daí não necessariamente se segue que se trata de uma unificação não apenas nominal, mas função operativa. Ao contrário: o desdobramento de um paradoxo só é possível como operação.

21. Um dos representantes atualmente mais conhecidos dessa ideia de justiça como critério de seleção (ou também como supercódigo sobre o justo/injusto) é John Rawls, *A Theory of Justice*, Cambridge, 1971, tradução alemã, Frankfurt, 1975. Essa teoria impressiona, sobretudo, pela precisão que consegue alcançar.

22. Acerca da construção da ordem jurídica mediante um "senso de injustiça", cf. Edmund N. Cahn, *The Sense of Injustice: An Anthroprocentric View of Law*, Nova York, 1949.

Na tradição da reflexão sobre a justiça, são frequentes as vezes em que essa separação entre fórmula de contingência e critério de seleção é ignorada — sobretudo quando a justiça se apresenta como virtude e exige que aqueles a quem é atribuída a virtude também a realizem. Da mesma forma, é óbvio que a escassez não é critério para a avaliação da racionalidade de decisões econômicas. E mesmo Deus, por fim, é *generator of diversity* (G.o.d.)[23], e não um fator entre outros de um mundo que é diverso — a não ser que alguém venha a se referir à adoração a Deus no mundo, ou ao conselho sacerdotal para que as pessoas levem uma vida que "agrade a Deus" (e que agradar a Deus seja suficiente para determinar essa conduta).

De modo semelhante, tampouco as fórmulas de contingência podem ser compreendidas como fórmulas de incremento ou como indicadores de uma direção evolutiva desejada do sistema — por exemplo, no sentido de mais justiça, mais educação e menos escassez. Essas formulações podem ter sido plausíveis em certos momentos, sobretudo na segunda metade do século XVIII. Porém, hoje, são apenas interpretações históricas, que podem ser válidas enquanto se esteja disposto a ignorar os custos, os efeitos negativos, as disfunções, os riscos, os crescentes desvios no sistema, vinculados ao ato de forçar determinadas orientações de seleção.

Também nesse caso entende-se por norma a exigência de uma validade contrafactual que se sustenta mesmo diante de uma frustração. O problema específico da norma da justiça

---

23. Essa formulação foi encontrada em Pierpaolo Donati, *Teoria relazionale della società*, Milão, 1991, p. 221.

reside na relação entre generalização e reespecificação. Nenhuma operação do sistema — e, menos ainda, nenhuma estrutura — deve ser excetuada da expectativa de ser justa; de outro modo se perderia a referência da norma à unidade do sistema. No entanto, em cada caso individual a norma da justiça deve transmitir uma orientação, e disso não se deve simplesmente concluir, com base no pertencimento da operação ao sistema jurídico, que a norma seja justa.

Em sua forma mais geral, a justiça como fórmula para contingência se evidencia em uma ampla tradição, vigente até hoje, como *igualdade*. Na igualdade observa-se um momento formal genérico que contém todos os conceitos de justiça, mas que significam unicamente regularidade ou consistência[24]. Assim a igualdade se vê, como é necessário para as fórmulas de contingência, como um "princípio" que se legitima a si mesmo; e consequentemente a justiça, por sua vez, não precisa fundamentar-se. Aliás, com o conceito de "fórmulas" de contingência afirma-se que a justiça não inclui nem um enunciado sobre a essência ou sobre a natureza do direito, nem um princípio fundador da validade jurídica e nem, por fim, um valor que fizera aparecer o direito como algo digno de preferência. Em comparação a todas essas suposições, o conceito de fórmula de contingência oferece uma abstração — e justamente por isso corresponde ao princípio formal de igualdade, que tampouco designa a essência de um assunto, nem seu fundamento, nem

---

24. Teoria antiga. Cf., por exemplo, P. A. Pfizer, *Gedanken über Recht, Staat und Kirche*, Stuttgart, 1842, vol. I, p. 57 s.: justiça como "fator formal de todo direito". Ou, entre autores mais recentes, Chaïm Perelman, Über die Gerechtigkeit, trad. alemã, Munique, 1967, p. 27-55.

seu valor. A fórmula de contingência é somente um esquema de busca de fundamentos ou de valores que só são capazes de obter validade jurídica sob a forma de programas. Toda e qualquer resposta à pergunta assim formulada tem de ser encontrada no sistema jurídico, pela mobilização de sua própria recursividade. A resposta não pode ser introduzida do exterior. Com igualdade designa-se, antes de tudo, um conceito formal que subentende e exclui a desigualdade. Porém, em um desenvolvimento posterior, que se iniciou com Aristóteles, é possível também submeter o outro lado dessa forma, a desigualdade, ao princípio da justiça, como exigência de tratar casos desiguais de maneira desigual. Só assim a fórmula do sistema torna-se completa, ou seja, só assim ela se torna relevante para todas as decisões do sistema jurídico[25]. Não obstante, desse modo se desvela agora também o paradoxo que se pretende cobrir mediante a fórmula de contingência; pois se a unidade do sistema doravante irá exigir que se trate o igual de maneira igual *e* o desigual de maneira desigual, a unidade passará a ser expressa pela *diferença* entre o igual e o desigual.

Tanto como desdobramento do paradoxo da unidade da diferença como também na condição de conceito de forma,

---

25. Sobre isso, cf. Capítulo 2, IX. Em geral se reconhece que essa segunda regra, que trata o desigual de maneira desigual, não segue logicamente do princípio de igualdade. Além disso, a afirmação de igualdade em si não é razão alguma para o tratamento desigual. A título de exemplo, cf. Adalbert Podlech, *Gehalt und Funktionen des allgemeinen verfassungsrechtlichen Gleichheitssatzes*, Berlim, 1971, p. 53 s. Trata-se da outra forma da igualdade e de não deixar marcado esse outro lado da igualdade (no sentido de "todos os demais"), mas de designá-lo de modo específico para torná-lo acessível. Justamente por isso podemos dizer que o princípio da justiça é complementado mediante essa segunda regra, tendo em vista a sua função de servir como fórmula de contingência do sistema jurídico.

que torna possível a designação de um dos lados da distinção mediante a não designação do outro, o princípio de justiça, se é que se pode dizê-lo, é absolutamente competente para o sistema. A depender das circunstâncias históricas, essa fórmula pode então assumir características muito diversas. Todas as fórmulas de contingência têm esse significado nuclear; no entanto, sob diferentes condições socioestruturais, cooptam por diversas reespecificações, e isso vale também para o princípio de igualdade da justiça. O conceito aristotélico de justiça distributiva pressupõe, por exemplo, uma sociedade estratificada na qual é irrefutável que os homens se diferenciem pelo nascimento em livres e não livres, assim como segundo seu estrato social[26]. Se for possível partir daí, existirão diferentes critérios para designar aquilo que compete ao ser humano. Então, formulações como *suum cuique* [a cada um o que é seu] adquirem sentido[27], pois o que corresponde a um ser humano não é o mesmo para todos. Se essa condição estrutural se perde[28], a fórmula de contingência é de novo remetida a uma situação abstrata quase meta-histórica, e nesse caso pareceria lógico buscar novos con-

---

26 Para comprovações, cf., por exemplo, Arlette Jouanna, *L'idée de race en France au XVIe siècle et au début du XVIIe*, 2. ed., 2 volumes, Montpellier [98], sobretudo vol. 1, p. 275 s.

27. Sobre as condições de conteúdo dessa fórmula, cf. Wolfgang Waldstein, "Ist das ‚suum cuique' eine Leerformel?", in *Jus Humanitatis: Festschrift für Alfred Verdross*, Berlin, 1980, p. 285-320.

28. Em fins do século XVIII, tal se observou primeiramente na redução da estratificação das relações de propriedade e na nova pobreza praticamente sem direitos, condicionada por tal situação. "Ser justo", lê-se em Jacques Necker, *De l'importance des opinions religieuses* (1788), cit. segundo as *Oeuvres completes*, vol. 12, Paris, 1821, p. 80 s., "não é suficiente quando as leis de propriedade reduzem ao mínimo necessário o maior número de homens." Mas, em vez disso, apostar em uma *bienfaisance* de motivação religiosa é ainda mais anacrônico.

tatos — por exemplo, substituir a referência orientada para a posição pela orientada pelo sistema funcional[29].

Essa relatividade histórica e socioestrutural de exigir decisões demanda ser complementada por outra característica. A consistência poderia ser alcançada por meios relativamente simples se existissem poucos tipos de decisões. Porém, esse não é o caso das sociedades desenvolvidas com uma prática jurídica diferenciada. Assim, só se pode falar de justiça no sentido de uma *complexidade adequada* à tomada de decisões consistentes[30]. O caráter adequado da complexidade resulta da relação do sistema jurídico com o sistema social. Nesse sentido, fala-se também em "responsividade" do sistema jurídico[31]. No seio da teoria

---

29. Recentes investigações politológicas e sociológicas sobre o problema da justiça partem novamente do problema da distribuição, ou seja, mantêm-se no contexto "aristotélico". Para uma divisão temática por âmbitos de bens, cf. Michael Walzer, *Sphären der Gerechtigkeit: Ein Plädoyer für Pluralität und Gleichheit*, trad. alemã, Frankfurt, 1992. Isso pode ser lido como uma intenção de combinar igualdade e desigualdade (precisamente: âmbitos de bens). Para um acesso à literatura mais recente, cf. Volker H. Schmidt, "Lokale Gerechtigkeit — Perspektiven soziologischer Gerechtigkeitsanalyse", *Zeitschrift für Soziologie* 21 (1992), p. 269-83. Além disso, conta-se desde 1987 a revista *Social Justice Research* (Nova York). É digno de nota que até agora as reflexões têm resultado de soluções dos problemas, de acordo com as diferentes situações, mas sem nenhum princípio reconhecível (apenas se quer ver como se faz em cada lugar, em cada caso). Isso não pode ser satisfatório, e além disso suscita a pergunta sobre se o conceito de "justiça" foi selecionado de maneira correta. Parece importante ressaltar aqui a separação terminológica das fórmulas de contingência, que são escassez e justiça. Além disso, a dependência da situação em relação a soluções do problema suscita a pergunta sobre se é possível haver justiça sem sistema (jurídico) e sem indicações históricas (pelas quais se pode reconhecer o igual e o desigual) para decisões de caso.

30. Sobre esse problema, cf., com mais detalhes, Niklas Luhmann, "Gerechtigkeit in den Rechtssystemen der modernen Gesellschaft", *Rechtstheorie* 41 (1973), p. 131-167; reimpr. em id., *Ausdifferenzierung des Rechts: Beiträge zur Rechtssoziologie und Rechtstheorie*, Frankfurt, 1981, p. 374-418.

31. Assim, Philippe Nonet/Philip Selznick, *Law and Society in Transition: Toward Responsive Law*, Nova York, 1978, e sobre isso, Gunther Teubner, "Substantive and Reflexive Elements in Modern Law", *Law and Society Review* 17 (1983), p. 239-83.

dos sistemas autopoiéticos, o termo adequado seria o da "irritabilidade" (perturbabilidade, sensibilidade, ressonância). Em sua própria complexidade, o sistema jurídico não pode dar conta de todas as situações sociais. Ele tem de reduzir complexidade, como todo sistema em relação com o ambiente, e proteger a construção própria da complexidade mediante altos muros de diferença. A reconstrução interna do ambiente resulta mais ou menos complexa. Não obstante, a complexidade interna só corresponde à exigência de justiça enquanto esta se mostra compatível com a consistência, no momento de decisão. Voltaremos a essa questão no capítulo destinado à argumentação com o par de conceitos variedade/redundância.

III

No desenvolvimento histórico, o problema da justiça parece surgir primeiramente na relação com desempenhos recíprocos. Mas se pode exigir mais do que se é merecedor por seus próprios esforços, ou ao que produz o dano só se pode exigir a dívida pelo dano causado. O anterior pode ser deduzido do significado da norma de reciprocidade em sociedades segmentárias[32]. Já Aristóteles tratou esse princípio como um

---

32. Cf., por exemplo, Richard C. Thunwald, *Gegenseitigkeit im Aufbau und Funktionieren der Gesellungen und deren Institutionen, Festgabe für Ferdinand Tönnies*, Leipzig, 1936, p. 275-97; ou, de maneira diferenciada, Marshall D. Sahlins, "On the Sociology of Primitive Exchange", in *The Relevance of Models for Social Anthropology*, Londres, 1965 , p. 139-265.

tipo especial de justiça sinalagmática ou bilateral[33] (a partir da Idade Média: justiça comutativa), e até hoje autores adotam essa classificação[34]. Em sociedades nobiliárquicas, a máxima da reciprocidade pôde ser adaptada a suas diferentes estruturas sociais, atribuindo valor mais elevado aos favores recebidos de indivíduos de classe social mais alta, com o caso extremo de que ninguém poderia ser de fato merecedor da graça de Deus[35]. Em sociedades mais complexas, todavia, a avaliação do valor dos desempenhos, enquanto não estiverem regulados pelos preços de mercado, converte-se em um problema, e, com isso, a norma da reciprocidade perde significado prático. Além disso, inúmeros papéis, sobretudo os papéis profissionais — incluindo os papéis do juiz —, têm de ser extirpados da máxima de reciprocidade[36]. Incluí-los viria a se chamar agora "corrupção". Ou seja: a reciprocidade não pode representar a unidade do sistema através de uma máxima.

Ao mesmo tempo, a prática jurídica orientada por textos, conceitos e dogmas possibilita outra compreensão do problema da justiça. A justiça pode então se relacionar de maneira distinta com a forma da igualdade: na forma de regras que decidem casos iguais de maneira igual (e, portanto, casos desiguais

---

33. Cf. *Ética a Nicômaco*, livro 5, capítulos 5-7, com a conhecida distinção entre justiça distributiva e sinalagmática.

34. Cf., por exemplo, Lon L. Fuller, *The Morality of Law*, New Haven, 1964, p. 19 s. Além disso, há uma rica pesquisa sociopsicológica sobre o significado e a avaliação sociais da reciprocidade.

35. Isso tem como consequência que, na Idade Média, o diabo, aquele que, mais do que qualquer outra coisa, é o que se mostra inclinado a se rebelar contra tudo, apareça como representante da justiça.

36. Assim, Claude Buffier, *Traité de la societé civile*, Paris, 1726, vol. IV, p. 26 s.

de maneira desigual). De maneira abreviada, pode-se caracterizar a justiça como consistência da tomada de decisão.

Em relação à justiça comutativa e à justiça distributiva, que lhe é paralela, chega-se aqui a um passo de abstração que pressupõe a existência de um sistema jurídico diferenciado, que é o que constitui os casos jurídicos. Já não se trata de algo que alguém adquire — pela troca ou pela atribuição — ser medido de maneira justa; agora, o problema reside na questão de saber se um caso concreto, de que se ocupa o sistema jurídico, é decidido de maneira justa. Assim, perde sentido a velha exigência de justa medida e do meio-termo entre duas reclamações extremas. O ponto de vista comparativo passa do "mais ou menos" da avaliação do desempenho ao que é tratado na rede recursiva de reprodução de decisões no sistema como igual ou como desigual. E esse ponto de vista tem de ser abstraído nessa medida. Um caso jurídico adquire sua unidade sempre em relação com determinadas partes do texto, que devem ser interpretadas, e em relação com as partes cujo conflito exige uma decisão. A decisão se baseia na possibilidade de delimitação de tal caso em relação a outros casos, lançando mão de regras de decisão que, por sua vez, podem ser consideradas justas ao se proceder a uma seleção consistente entre casos iguais e casos desiguais. Isso significa que a justiça já não pode ser concebida como "virtude" ou só o pode ser para fins da moral ou da ética.

O princípio de consistência da decisão é desconectado de outros juízos de valor que circulam na sociedade; é desconectado, por exemplo, da questão relativa às partes serem ricas ou pobres, de levarem ou não uma conduta moral irrepreensível, de estarem ou não urgentemente necessitadas de ajuda[37]. Tais pontos de vista contam quando representados na estrutura programática do direito positivo, ou seja, à medida que podem ser considerados "critérios". Caso contrário, não[38]. Enquanto não se desenvolvia de modo sensível aos valores, diferenças e complexidades, essa estrutura programática era acompanhada de um conceito compensatório de equidade (*aequitas*). No entanto, esse conceito pressupôs competências especiais no interior da jurisdição geral do príncipe (ou, então, na estrutura paralela da religião: a possível motivação de Maria[39]). A unidade última de que toma por "soberano" aquele que decide é daí programada sob a forma de um paradoxo desdobrado — justiça *e* equidade; ou, em termos de virtude: *justitia* e *clementia*. Também é possível que, tal como na Inglaterra, a uma jurisdição dual e paralela, uma delas, a equidade, seja de especial serventia para o desenvolvimento jurídico. Não obstante, essa dualidade se

---

37. Essa separação é quase completamente rechaçada na atual filosofia do direito. Também a jurisprudência relacionada à máxima da igualdade contida no direito constitucional legitima sua discriminação mediante enunciados democráticos, isto é, em relação a estimativas supostamente disseminadas. Não obstante, isso permanece sem nenhum controle. Para a filosofia do direito, a consequência é que se chega, assim, a um conceito ético de justiça, que por sua vez não pode ser representativo para a totalidade dos juízos de valor que circulam na sociedade. Como exemplo, cf. a referência às desigualdades sociais e econômicas em Rawls, op. cit. Voltaremos a esse ponto ao tratar do problema da legislação (cf. Capítulo 7, III).

38. É precisamente aqui, e não no esquema igual/desigual, que reside a ruptura com a tradição. Os autores que valorizam a continuação têm sua fala baseada em uma fórmula do "essencialmente igual" ou do "essencialmente desigual", que, revelando-se vazia, demanda conteúdo. Assim, cf. Ralf Dreier, *Recht — Moral — Ideologie: Studien zur Rechtstheorie*, Frankfurt, 1981, p. 277, ou Henkel, op. cit., p. 395 s. Como exemplo de crítica, cf. Nef, op. cit., p. 105 s.

39. Cf. Peter-Michael Spangenberg, *Maria ist immer und überall: Die Alltagswelten des spätmittelalterlichen Mirakels*, Frankfurt, 1987.

tornou em certa medida obsoleta, uma vez que o desenvolvimento do direito conduziu à jurisprudência e os tribunais reclamaram para si uma maior liberdade de interpretação[40].

Na fase atual, a reflexão em torno da justiça torna-se mais saliente na medida mesma do crescimento da legislação. Ao transformar o direito, a legislação encontra-se necessariamente em contradição com a exigência de tomadas de decisão consistentes. Permite decidir casos iguais de forma desigual e casos desiguais de forma igual, a depender de a decisão ser tomada antes ou depois de a lei entrar em vigor. Existem algumas medidas cautelares para a prática desse rompimento da consistência, por exemplo, a previsão para o caso de transitoriedade; mas, em tese, a legislação depende de uma sociedade cujas estruturas mudam com velocidade tamanha que as divergências temporais não são percebidas como injustas (ou quase não o são). A fundamentação para isso é transferida ao sistema político, que se crê capaz de realizar as mudanças com intenções positivas (por exemplo, sob o título de "reforma").

É possível que a tendência de nossos dias, de tomar a justiça como um princípio puramente ético ou apelativo-emocional, ou, unicamente, como um valor que retrocede ao entrar em conflito com outros valores, seja também uma reação contra essa injustiça temporal do próprio sistema jurídico.

---

40. Sobre a situação de transição na Escócia, onde parece especialmente lógico fazer uma comparação com o desenvolvimento do direito inglês sobre a equidade, cf. David Liberman, "The Legal Needs of a Commercial Society: The Jurisprudence of Lord Kames", in Istvan Hont / Michael Ignatieff (org.), *Wealth and Virtue: The Shaping of Political Economy in the Scottish Enlightenment*, Cambridge Engl., 1983, p. 203-31; além disso, com Inglaterra incluída, id., *The Province of Legislation Determined: Legal Theory in Eighteenth-Century Britain*, Cambridge Engl., 1989.

Assim, a exigência de uma tomada de decisão consistente e suficientemente complexa é considerada caracterização suficiente da ideia de justiça[41] (o que não significa que o sistema jurídico não a leve em conta). Desse modo, fazem-se compreensíveis as tentativas de se encontrar formulações para a ideia da justiça que transcendem o sistema jurídico e o sistema político. No entanto, na semântica dos "valores" a justiça se torna apenas um valor entre outros, ou seja, a renúncia do caso individual. O problema da fórmula de contingência no sistema jurídico não pode ser resolvido dessa maneira.

Uma saída poderia estar na possibilidade de se circunscrever a fórmula de contingência unicamente para o centro do sistema jurídico, para o âmbito nuclear da jurisprudência, já que só assim se atualiza o paradoxo de uma possível tomada de decisão sobre o indecidível[42]. Todas as formas marginais de produção de validade jurídica, como a celebração de contratos e a legislação, seriam então excluídas, em razão de seu contato estreito com outras dinâmicas de sistemas, com economia e com política, em que pese a sua validade jurídica no interior do sistema jurídico. Essas formas marginais apoiam-se na disciplinarização de outras proveniências sistêmicas, mesmo quando surgem sem o controle da justiça, de modo algum emergindo arbitrariamente. A impossibilidade de exclusão da proteção judicial, interna ao sistema jurídico, assim como a proibição da denegação da justiça, podem ser condições suficientes tendo em

---

41. Cf., por exemplo Ralf Dreier, "Zu Luhmanns systemtheoretischer Neuformulierung des Gerechtigkeitsproblems", *Rechtstheorie* 5 (1974), p. 189-200, reimpressão in id. (1981), p. 270-85.

42. Para mais detalhes, cf. Capítulo 7.

vista criar para o princípio de justiça uma base de realidade tão ampla quanto o sistema.

Outro motivo para novamente estabilizar a justiça e garantir sua circulação sob as condições atuais resulta da tendência do Estado benfeitor para instituir programas de fins. Os programas de fins legitimam a escolha de meios, construindo assim a desigualdade. Sua legitimação política encontra-se no princípio de inclusão. Tudo o que vier a ser beneficiado pelo programa será considerado favorecido; já prejudicados serão, à medida do possível, todos — na condição de contribuintes, por exemplo. Poder-se-ia pensar em considerar esse gigantesco maquinário político de equilíbrio da redistribuição como um caso de "justiça distributiva", mas certamente lhe faltam as bases do direito natural; em seu lugar entra agora a contingência da decisão política que não pode ser considerada justa pelo simples princípio de redistribuição. Com efeito, esse princípio corresponde a uma convicção amplamente difundida, que se reflete também nos estudos psicossociais, segundo a qual a desgraça ou o bem são merecidos ou fundamentam a reivindicação ao auxílio[43]. Porém, essa simples dicotomização dos problemas complexos, que sobretudo são dependentes das estruturas, sobrecarregam, como é evidente, o Estado intervencionista. Mesmo assim, tal dicotomização parece constituir o correlato individualizado que é necessário, no nível político, para que o Estado de bem-estar não enfrente problemas de aceitação. Ora, essa ideia de justiça remete mais à ideia de Leibniz do *ordo seu perfectio circa mentes*

---

43. Cf. Melin J. Lerner, "The Desire for Justice and Reactions to Victims", in Jacqueline Macaulay/Leonard Berkowitz (org.), *Altruism and Helping Behavior: Social Psychological Studies of Some Antecedents and Consequences*, Nova York, 1970, p. 205-29.

[a ordem ou a perfeição no tocante ao discernimento][44] do que a qualquer outra coisa que o sistema jurídico possa realizar.

Dos problemas daí resultantes se ocupa, pelo menos na Alemanha, a jurisprudência constitucional[45]. Esta é compreendida como controle da avaliação dos valores; no entanto, faz apenas substituir um critério por outro (possivelmente) distinto. Desfaz-se a fronteira entre o sistema político e o sistema jurídico, da qual depende a própria jurisdição constitucional (tanto jurídica quanto politicamente)[46]. Talvez fosse útil recordar que a "suplementação" do código legal/ilegal e, com ela, a reespecificação da fórmula de contingência exigem programas condicionais[47]. A abstração das condições de relevância jurídica é a condição para que se possa diferenciar entre o "igual" e o "desigual" e para lhe atribuir consequências diversas. A programação condicional é não só um apoio cognitivo quanto ao "igual" e ao "desigual", mas também a condição para que a ideia de justiça possa ser vertida na forma de igualda-

---

44. C. J. Gerhardt (org.), *Die philosophischen Schriften von Gottfried Wilhelm Leibniz*, vol. 7, reimpressão Hildesheim, 1965, p. 290.

45. Cf. sobretudo Dieter Grimm, *Die Zukunft der Verfassung*, Frankfurt, 1991. Como visão geral, sobretudo sobre as opiniões jurídicas e a jurisprudência em torno da tese da igualdade, cf. também Reinhold Zippelius, "Der Gleichheitssatz", *Veröffentlichungen der Vereinigung der Deutschen Staatsrechtslehrer* 47 (1991), p. 8-33. Evidentemente, aparecem aqui tendências de análise dos valores materiais, isto é, tendências que lançam luz à importância dos juízos próprios, nos quais a jurisprudência se torna quase inevitavelmente política, mesmo quando acredita estar ela relacionada a "fins normativos".

46. Sobre esse assunto, cf. capítulo sobre os acoplamentos estruturais.

47. Nessa relação de justiça como igualdade e como programação condicional, Kelsen vislumbrou um problema puramente lógico. Cf. Hans Kelsen, "Das Problem der Gerechtigkeit", in id., *Reine Rechtslehre*, 2. ed., Viena, 1960, p. 357 s. (393 s.). Com referência ao conceito de *supplément* de Derrida, queremos indicar que esse não é o caso. Fica evidente que Kelsen simplesmente não registrou os problemas em lógica e paradoxos que eram objeto de debate em seu tempo.

de (normatividade). Por isso, a igualdade não pode ser buscada no interior das relações a que remetem as condições[48] — nem no sentido da velha justiça de mudança e retribuição, nem no sentido de uma comparação entre as relações factuais e as características que as constituem[49]. Em vez disso, a igualdade é dada pela forma como relações condicionadas se relacionam entre si, pelas semelhanças/dessemelhanças dos "ses" dos programas condicionais.

Se tudo isso se aplicar, não se poderá negar que os programas de fins se submeterão ao controle da justiça. No entanto, isso não conduziria a uma avaliação dos valores, mas tão somente à sua recondicionalização. A justiça, então, já não consistiria na finalidade dos programas finalistas, tampouco em suas restrições imanentes — por exemplo, nas vantagens dos custos ou na proporcionalidade dos meios. Seria mais o caso de um condicionamento adicional que determinaria, por exemplo, que características teriam de estar presentes para que se pudesse aplicar um programa de fins; assim, a justiça não estaria na compatibilidade ecológica das medidas jurídicas (permissões, proibições etc.), mas na compatibilidade jurídica da política ambiental.

Diante desse problema, cujo aumento está induzido tanto politicamente quanto pelas ingerências legislativas no direito e pela programação de fins, pode-se compreender por que

---

48. A tese segundo a qual a igualdade não é nenhum programa condicional é lida também em Podlech, op. cit., p. 50.

49. Assim, por exemplo, cf. Karl Engisch, *Logische Studien zur Gesetzesanwendung*, 3. ed., Heidelberg, 1963, p. 22 s.

a crise do princípio de justiça não pode ser resolvida com o direito natural. Essa crise, entretanto, não pode ser sanada nem com o recuo para a ética, nem com a avaliação dos valores. Isso só se transfere à problemática com a pergunta pela "legitimação" do direito positivo. Uma vez que só "é válido" o próprio direito positivo, isto é, só é válido o direito que pode utilizar o símbolo da validade, não se deve perguntar por critérios externos ao direito, mas por critérios internos[50]. Esses critérios são invocados pela pergunta sobre como, apesar da crescente complexidade do direito, ainda é possível tomar decisões consistentes, ou seja, poder distinguir casos iguais de casos desiguais. É completamente possível que, do ponto de vista ético, prefira-se um direito justo. Porém, como uma longa tradição nos ensina, isso não é algo que se subentenda por si só. Uma separação clara entre justiça e juízo moral, isto é, reflexão ética, é apenas uma questão da autonomia do sistema jurídico. Ela garante também a independência do direito em relação à avaliação moral do direito e, não por último, garante a possibilidade de dissenso moral na avaliação das questões jurídicas. Além disso, ela é a condição de possibilidade para que de algum modo se possa saber de que trata determinado assunto quando se pergunta pela qualidade moral e ética da justiça.

---

50. Ao menos em uma de suas correntes, a tradição da antiga Europa tendia para a adequação do conceito *ético* da justiça, quanto a seu *conteúdo*, ao direito — por exemplo, no sentido de que a justiça se refere à ação externa (*operactiones*, *actus*) em vista de outros (*ad alterum*) e ao que era devido de acordo com a lei (*sub ratione debiti legalis*), como se conhece pelas fórmulas da escolástica.

IV

A forma da pergunta pela igualdade/desigualdade é perpassada por uma tradição de mais de dois mil anos. Como forma encontrada nos textos, ela se mantém idêntica. Isso dificulta a possibilidade de reconhecer mudanças na fórmula, as quais devem ter se realizado na transição histórica que vai das sociedades antigas até a sociedade moderna — esta que se encontra estruturada de maneira totalmente diferente. Por isso, para resumir nossas análises, voltemos, ainda uma vez, para o problema do direito natural.

No contexto do direito natural, seria possível partir do fato de que as coisas se diferenciavam de acordo com sua essência, isto é, que eram em si iguais ou desiguais. Sobre as essências não era possível dispor. Em todo caso, era possível reconhecê-las — e como um modo de observação de primeira ordem. Quem julgasse de maneira distinta só poderia estar equivocado. O problema, então, residia apenas em descobrir (por exemplo, pelo emprego do método dialético ou mediante a técnica medieval da *quaestiones*) quem estava errado e quem estava certo, amparando-se no conhecimento de causa e na autoridade.

Já o direito racional moderno, entendido como direito natural, rompe com essa tradição. Ele generaliza e singulariza os direitos individuais da liberdade e igualdade, transformando-os em "direitos humanos" fundamentais, inatos. O que agora se supõe como "natureza" não contém (ao contrário do conceito de natureza das ciências naturais) nenhuma informação sobre as restrições imanentes à natureza. Ao contrário: a ideia de uma superioridade natural de alguns homens sobre outros (que, pelo que mostra a experiência, parece evidente) é rechaçada mediante os princípios inatos de liberdade e igualdade. Todavia, esses princípios não servem para a interpretação do direito vigente[51]. Muito mais, entram em contradição com o conjunto do ordenamento jurídico, uma vez que as normas jurídicas só podem ser formuladas como delimitação da liberdade[52] e como ensejo para o tratamento da desigualdade. A liberdade nega a necessidade, com o intuito de adquirir a possibilidade de se determinar por meio de casualidades, ou seja, de coincidências históricas. Mas isso pressupõe sistemas ordenados, isto é, sistemas limitados que possam se determinar a si mesmos em razão das oportunidades que se apresentam. A pura liberdade seria o mesmo que a necessidade — portanto, um conceito paradoxal. A igualdade em todos os sentidos neutralizaria a identidade que deve ser pressuposta para que se possam tomar decisões sobre o igual e o desigual, e, assim, também a liberdade seria uma ideia paradoxal, que a si mesma se declararia impossível.

---

51. Pense-se aqui na compatibilidade que se suporia sem mais entre igualdade e escravidão nos Estados Unidos. Sobre essa "distância jurídica" do direito da igualdade natural e seu significado político constitucional por volta de 1800, cf. Ulrich Scheuner, *Die Verwirklichung der Bürgerlichen Gleichheit*, in Günter Birtsch (org.), *Grund- und Freiheitsrechte im Wandel von Gesellschaft und Geschichte: Beiträge zur Geschichte der Grund- und Freiheitsrechte vom Ausgang des Mittealters bis zur Revolution von 1848,* Göttingen, 1981 p. 376-401.

52. Das numerosas variações em torno desse tema, mencionemos um único exemplo: em sua teoria da constituição de normas sociais, Émile Durkheim menciona duas variáveis irredutíveis: o desejo (*désir*) e a restrição (*sacré, sanction*). Cf. o tratado "Détermination du fait moral", in Emile Durkheim, *Sociologie et Philosophie*, Paris, 1951, p. 49-90, e, sobre isso, François-André Isambert, "Durkheim et la sociologie des normes", in François Chazel/Jacques Commaille (eds.), *Normes juridiques et régulation sociale*, Paris, 1991, p. 51-64. Isso quer dizer (talvez com algum exagero, uma vez que Durkheim não esclarece o conceito de norma e pouco o utiliza) que as avaliações dos valores não podem surgir em uma liberdade ilimitada, e as normas são formulações dessa relação entre condicionamento e aumento.

Na modernidade, a forma mais importante assumida pelo desdobramento desses paradoxos trabalha com uma diferença histórica. Ela se expressa na distinção de estado natural e estado de civilização. No nível dos direitos humanos universais, a liberdade é exclusão de restrições externas, e a igualdade é exclusão de desigualdade. Só dessa forma esses direitos podem ser compreendidos *in abstracto* como distinções e designações. Contudo, isso nos remete ao velho paradoxo do direito natural, no sentido de que o direito só pode se apresentar como desvio do direito. A solução do paradoxo se encontra, então, em uma *re-entry* da distinção no que é por ela distinguido. A liberdade tem de aceitar limitações legalmente aceitas; a igualdade tem de aceitar distinções legalmente aceitas. O "outro lado" da liberdade e da igualdade é incluído no direito: a própria diferença se converte em objeto de regulamentação jurídica que pode dispor de ambos os lados das duas distinções. Assim novamente se confirma a diferenciação do sistema jurídico, uma vez que a regulamentação tem de se realizar no interior do sistema jurídico; é preciso que se trate de restrições introduzidas de maneira juridicamente válida (isto é, não só das restrições que se referem à razão), e é preciso que se trate da desigualdade dos casos jurídicos, e não da desigualdade dos homens. Com esse desdobramento do paradoxo, no entanto, todo o direito é postulado como contingente, ou seja, como positivo, e a formulação dos pontos de partida como princípios ou direitos ou valores serve unicamente para encobrir esse fato[53]. A base do direito não

---

53. O encobrimento do paradoxo por uma *re-entry* fica mais claro quando, no estilo do direito racional moralista, distingue-se a liberdade não só de seu contrário, mas de si mesma na separação entre *liberty* e *licentiousness* (liberdade e libertinagem). A diferença entre

consiste em uma ideia que funcione como princípio, mas em um paradoxo.

Quando se ergue o véu que encobre o paradoxo, torna-se claro como o postulado da justiça vem servir como fórmula de contingência. Ao aceitar a contingência em sua formulação correspondente, é possível se valer das mudanças jurídicas. A isso corresponde que o direito a si mesmo se exponha à observação de segunda ordem, a fim de poder decidir de maneiras diferentes nos contextos da liberdade/restrição ou da igualdade/desigualdade. O mesmo se aplica à sociedade moderna em geral como forma penetrante de sua autodeterminação operativa. Em estrito paralelo com o processo de diferenciação dos sistemas funcionais como forma de diferenciação dominante, a sociedade se reorientou para um modo de observação de segunda ordem: para não perder o foco em situações, mesmo as artificiais, devem-se observar os observadores. É provável que isso valha para todos os sistemas de funções[54]. Vale também para o

---

libertas/licentia era um bem comum do direito natural da época, desenvolvido em razão da polêmica contra Hobbes, e depois pôde ser usado também para legitimar a insistência em tais direitos civilizatórios de liberdade e, assim, diluir as considerações políticas. Cf., por exemplo, Christian Wolff, *Jus naturae: methodo scientifica pertractatum,* Paris I, §§ 150 s., cit. segundo a edição Frankfurt/Leipzig, 1740, reimpr. Hildesheim, 1972, p. 90 s.; id. *Grundsätze des Natur- und Volkrechts,* § 84 (aqui: Freiheit/Frechheit: liberdade/atrevimento), cit. segundo a edição Halle, 1754, reimpr. Hildesheim, 1972, p. 52. Como se pode ver, nas passagens mencionadas, é possível que esse paradoxo da *re-entry*, da reintrodução da diferença na diferença, possa ser usado tanto para fins radicais e críticos como para fins mais conservadores e analíticos. Sobre isso, cf. Richard Price, *Observations on the Nature of Civil Liberty, The Principles of Government, and the Justice and Policy of the War with America,* 2. ed., Londres, 1776, p. 12 s. Entretanto, mesmo a teoria crítica se tornou conservadora: Jürgen Habermas, *Faktizität und Geltung: Beiträge zur Diskurstheorie des Rechts und des demokratischen Rechtsstaats,* Frankfurt, 1992, p. 51, seguindo a tradição de Kant (sem se referir ao direito natural), distingue a liberdade arbitrária e autonomia.

54. Cf., por exemplo, para o caso da economia, Dirk Baecker, *Information und risiko in der Marktwirtschaft,* Frankfurt, 1988; para o caso da família, cf. Niklas Luhmann,

que se poderia chamar de discurso intelectual da modernidade. E vale também para o sistema jurídico.

Toda decisão sobre questões jurídicas — ponto que retomaremos com todos os detalhes no Capítulo 8, dedicado à argumentação — tem de se encontrar no contexto de outras decisões. A decisão tem de observar como outros observadores observam o direito. Nesse sentido, pode-se tratar de legisladores, então tudo depende da intenção, por parte do legislador, de transformar; ou bem se tratar de decisões de tribunais, e nesse caso tudo depende de como o tribunal define o problema do caso e com quais considerações fundamenta a decisão. Uma investigação cuidadosa, debatida também no nível teórico, de tais *ratione decidendi* foi desenvolvida sobretudo pelo *Common Law*, como consequência da vigência de seu precedente vinculativo.

Nesse contexto, a distinção igual/desigual e, portanto, a pergunta pela decisão justa em cada caso adquirem uma função nova, contemporânea. A princípio, poder-se-ia pensar que um sistema que opera no nível da observação de segunda ordem tem de se tornar conservador; isso significa decidir do modo mesmo como decidirão os observadores observados, pois, partindo-se da natureza do assunto, não se espera nenhuma opo-

---

"Sozialsystem Familie", in id., *Soziologische Aufklärung*, vol. 5., Opladen, 1990, p. 196--217; para as ciências, cf. Niklas Luhmann, *Die Wissenschaft der Gesellschaft*, Frankfurt, 1990, em especial p. 318 s., 362 s. Em todo caso, dever-se-ia discutir se o sistema de tratamento de doentes configura uma exceção. Aqui, a observação do médico é dirigida ao corpo do paciente. O médico observa primeiramente como o corpo do paciente reage aos medicamentos. Isso significa: como o corpo do paciente discrimina, ou seja, como o corpo do paciente observa o modo pelo qual é observado. É nesse contexto que os processos psicossomáticos podem ser considerados. Mas esse tipo de convivência social do médico continua a ser extremamente difícil e, pode-se até dizer, insensível.

sição; e, se tudo é contingente, isto é, se tudo poderia ser de outra maneira, é igualmente possível continuar fazendo tudo como até o presente se fez. Isso vale em maior grau para o sistema jurídico, que diferenciou o mecanismo de transformação na forma de leis e contratos e que na organização dos tribunais dispõe de uma hierarquia que sugere, ou até mesmo obriga, que as instâncias inferiores se orientem pelas instâncias superiores da jurisdição. Essa tendência a se orientar por decisões precedentes, particularmente bem estabelecida no direito, faz-se corrigida pela fórmula de contingência.

Precisamente porque as decisões devem ser tomadas como contingentes, ou seja, como decisões, há uma provocação contida na pergunta sobre se em relação às decisões precedentes está dada uma relação de igualdade ou de desigualdade, e para a de desigualdade será o caso de tomar uma decisão. O esquema igual/desigual em certa medida introduz uma bifurcação no sistema, que com boas razões (por exemplo, a da segurança do direito) tende à repetição. Sobretudo um sistema operativamente fechado para fora tem de evitar fechamentos em seu interior. É evidente que a isso se chega, sobretudo, por meio de mecanismos que mudam as condições de validade — precisamente, legislação e contratos. Mas trata-se de mecanismos que dependem de suposições muito incertas sobre um futuro muito incerto. Por isso, faz-se necessária uma segunda correção, uma correção de maior alcance, que situe os casos concretos no contexto dos casos já passados, e assim novamente produza situações abertas para a tomada de decisão. A comparação do ponto de vista igual/desigual com relação a distinções, que sempre de novo têm de ser encontradas, parece satisfazer a essa função.

A avaliação da intenção do legislador ou de quem celebra um contrato é então uma única sonda possível, mediante a qual se pode examinar se a interpretação da "vontade" (como sempre reconstruída) dos legisladores encontra-se alinhada à sua intenção (portanto, se lhe é igual) ou não. Além disso, é possível realizar comparações retrospectivas ou prospectivas acerca das decisões, com o intuito de comprovar a consistência da mudança e, assim, expor as decisões a outros processos de observação.

Nesse sentido, a justiça encontra-se muito especificamente ajustada com o modo de observação de segunda ordem. Faz todo sentido, então, afirmar que se trata, sobretudo, de um esquema de observação pensado para o tribunal, para o qual o legislador fornece sempre material novo a ser examinado.

Capítulo 6

EVOLUÇÃO DO DIREITO

I

Sobre a história do direito, desde a Antiguidade, estamos relativamente a par. Contudo, as fontes disponíveis não foram trabalhadas de uma perspectiva teórica. Segundo uma concepção corrente em nossos dias, para essa tarefa os conceitos adequados são os da teoria da evolução. Porém, na literatura especializada (incluindo aí a literatura especializada do direito), o conceito de evolução é posto de maneira bastante vaga[1]. Sobretudo os pontos de partida da teoria da evolução encontram-se distorcidos. Já no século XVIII, com Hume, Lord Krames e Ferguson, podem-se encontrar as descrições evolutivas do direito, com características bem semelhantes às das teorias modernas da evolução (falta de planejamento, reconhecimento só *a posteriori* das conquistas evolutivas, desenvolvimento gradativo, estímulos acidentais, acúmulo de sabedoria ocasionada pelas decisões dos casos particulares); entretanto, não há neles

---

1. Para uma visão geral historicamente mais ampla, mas linguisticamente limitada, cf. E. Donald Eliott, "The Evolutionary Tradition in Jurisprudence", *Columbia Law Review* 85 (1985), p. 38-94. Cf. também o caráter heterogêneo dos escritos mais recentes a que remete Gunther Teubner, *Recht als autopoietisches System*, Frankfurt, 1989, p. 61, fazendo constar a necessidade de um esclarecimento conceitual. Cf. também John H. Beckstrom, *Evolutionary Jurisprudence: Prospects and Limitations of Modern Darwinism Throughout the Legal Process*, Urbana III, 1989, sem contestar de maneira unificada a pergunta pela referência sistêmica da qual se parte, chegando mesmo a se questionar o ponto de partida sociobiológico.

uma estrutura teórica clara da diferença. Algo semelhante pode-se dizer da escola histórica do direito da primeira metade do século XIX[2]. Na literatura atual, salta aos olhos o modo como as contribuições que lidam com questões relativamente concretas em direito ou com a "evolução" das instituições jurídicas[3] usam o conceito de evolução sem nenhum tipo de precisão teórica. Todavia, a aplicação do esquema variação/seleção/estabilização[4] de Darwin ao sistema do direito não foi suficientemente especificada. Empregaremos aqui o conceito de evolução de Darwin, o qual, por mais que ainda possa ser melhorado, é uma das conquistas mais importantes do pensamento moderno[5]. No entanto, não empregaremos essa denominação etimológica como um argumento analógico, e sim como referência a uma teoria geral da evolução que pode encontrar aplicações em campos bastante diversos[6]. Damos preferência a essa teoria porque ela parte de um conceito teórico da diferença. Seu tema não é a unidade da história como desenvolvimento de um princípio dos primórdios até hoje, mas algo já mais restrito: as condições

---

2. Para comparar a evolução da linguagem e a do direito nessa escola, cf. Alfred Dufour, "Droit et langage dans l'École historique du Droit", *Archive de philosophie du droit* 19 (1974), p. 151-80.

3. Cf., por exemplo, Robert Charles Clark, "The Morphogenesis of Subchapter C: An Essay in Statutory Evolution and Reform", *Jale Law Journal* 87 (1977), p. 90-162; Robert A. Kagan et al., "The Evolution of State System Courts", *Michigan Law Review* 76 (1978), p. 961-1005; Ronald A. Heiner," Imperfect Decisions and the Law: On the Evolution of Precedent and Rules", *Journal of Legal Studies* 15 (1986), p. 227-61.

4. Proposto, por exemplo, pelo sociólogo Albert G. Keller, "Law in Evolution", *Yale Law Journal* 28 (1918), p. 769-83.

5. Assim, de maneira bastante enfática, Ernst Mayr, *Evolution und die Vielfalt des Lebens*, Berlim, 1979.

6. Da mesma forma também Keller, op. cit., p. 779.

de possibilidade das mudanças estruturais não planejadas e a explicação da diversificação ou do aumento da complexidade.

Os mais recentes desenvolvimentos da teoria dos sistemas não tornam mais fácil planejar e resolver esses problemas; pelo contrário, dificultam-no. Se se parte do fechamento de operação dos sistemas e da determinação das estruturas, fica difícil entender (1) como pode haver mudanças estruturais e (2) por que é de modo aleatório (mas não necessariamente, ou seria necessário?) que se podem conhecer as mudanças — por exemplo, como no sentido da diversificação das espécies ou no aumento de complexidade do sistema da sociedade. Mas, levando em conta a clareza de como são postos os problemas, as exigências aos aparatos teóricos demandados para sua solução também aumentam, como se tornam mais rigorosos os critérios para que uma hipótese seja caracterizada como teoria da evolução. É claro que a evolução só se realiza se tanto a *diferença* quanto a *adaptação* entre sistema e ambiente se mantiverem; caso contrário, desaparece o objeto da evolução. Assim, no entanto, ainda não é possível resolver o problema da possibilidade da evolução.

O modo pelo qual esse problema se explicita é a distinção entre variação e seleção. Essa distinção — se se encontra estabelecida como diferença real (por exemplo, como distinção de, por um lado, mutação ou recombinação genética, ou, por outro, duração de sobrevivência) — produz forçosamente uma multiplicidade de formas. Essas formas geram desvios no ponto de partida e na relação das espécies entre si, e estas, por sua vez, na qualidade de condições diferenciadas do ambiente, tornam a influir na evolução. Todo o restante, e até mesmo o dogma da seleção natural, tão importante para Darwin, consideramos algo secundário. O problema da elaboração desses e de outros aspectos da teoria da evolução cada vez mais se transfere à pergunta pela relação entre a teoria da evolução e a teoria de sistemas, ou, mais exatamente, são transferidos para a relação entre os esquemas de variação/seleção e sistema/ambiente como formas diferentes de seleção como diversificada escolha de formas por parte de uma teoria necessitada de coordenação[7]. Só é possível falar em seleção natural no sentido de uma seleção externa ao sistema se se definir previamente qual sistema se encontra exposto à seleção pelo ambiente.

Desse modo, pergunta-se pelas características do sistema que possibilitam a evolução. Queremos aqui responder a essa pergunta fazendo referência ao fato de o sistema estar condicionado a realizar uma seleção, a qual resulta do fechamento operativo do sistema e de sua própria complexidade limitada na relação com o mundo. Deixando de lado outras questões, se no âmbito da física com relação à formação dos átomos, dos sóis, das galáxias e das moléculas químicas também se pode falar de evolução, o conceito de sistema autopoiético nos servirá de fio condutor. Ora, aqui é fácil ver que a conservação da autopoiese como condição *sine qua non* de toda evolução pode ser alcançada mediante uma mudança de estruturas, isto é, mediante uma mudança que seja compatível com as estruturas. Consequentemente, a evolução se dá quando diferentes condições são

---

[7]. O recente "flerte" da teoria da evolução com a teoria dos jogos é apenas um exemplo dessa afirmação, a começar com R. C. Lewontin, "Evolution and the Theory of Games", *Journal of Theoretical Biology* 1 (1961), p. 382-403. Para a teoria dos jogos no seio de populações, cf. também John Maynard Smith, *Evolution and the Theory of Games*, Cambridge Engl., 1982.

satisfeitas e quando elas se acoplam entre si de maneira condicional (não necessária), a saber: (1) a *variação* de um *elemento* autopoiético relativamente aos padrões de reprodução que até então eram vigentes; (2) a *seleção* da *estrutura* que assim se faz possível como condições de outras reproduções; e (3) a *estabilização do sistema*, no sentido de mantê-lo dinamicamente estável para que seja possível a reprodução autopoiética dessa forma estruturalmente determinada que passou por alteração.

Dito ainda uma vez de maneira abstrata: a *variação* diz respeito aos elementos do sistema; a *seleção* diz respeito às *estruturas*; e a *estabilização* diz respeito à unidade do sistema, que se reproduz autopoieticamente. Todos os três componentes constituem um estado de coisas necessário (não há sistemas sem elementos, elementos sem sistema...) e, em última instância, a improbabilidade de toda evolução reside na *inobstante possibilidade* de um acesso diferenciado a esses componentes. Mas como?

Não podemos investigar aqui se a evolução da sociedade pode ser explicada por essa teoria. Nós o pressupomos[8]. A pergunta deve versar então sobre se no interior de um sistema social que evolui pode haver ainda outras evoluções, por exemplo, a do sistema do direito[9]. Esse problema se apresenta paralelamente à pergunta sobre se pode haver subsistemas auto-

---

8. A esse respeito, cf. Niklas Luhmann/Raffaele De Giorgi, *Teoria della società*, Milão, 1992, p. 169 s.

9. Também a biologia se defronta com esse problema ao se perguntar se só pode haver uma evolução global da vida que tenha levado à criação de uma variedade de espécies, sustentada por um procedimento de reprodução que, no sentido químico, é, em princípio, do mesmo tipo; ou se é possível falar também numa evolução de algumas espécies ou populações quando as condições de reprodução bissexual excluem tais sistemas.

poiéticos em sistemas autopoiéticos em sentido estrito ou se o fato de isso depender de um ambiente que, por sua vez, representa o ambiente interno de um sistema autopoiético contradiz o conceito de autopoiese. Formulado em termos concretos: desse modo, a sociedade se comunica com o ambiente externo e em relação a ele se delimita. O sistema jurídico também se comunica e, nessa medida, realiza a autopoiese da sociedade. A sociedade faz uso da linguagem, como também o sistema jurídico em todo caso o faz, com leves variações das condições de compreensibilidade. A sociedade depende do acoplamento estrutural com os sistemas de consciência. O direito também. Assim, essas dependências mútuas excluem a suposição de uma evolução autônoma em relação ao sistema jurídico[10]?

A tese de uma autopoiese independente do sistema do direito leva-nos a afirmar também uma evolução autônoma em relação ao sistema jurídico[11]. E repetimos aqui ainda uma vez que o conceito de fechamento operativo não exclui uma evolução. A evolução não é uma gradação paulatina, contínua e

---

10. É precisamente nesse ponto (mas, afinal, por que só com relação a essas dependências?) que frequentes vezes se nega que possa haver uma autopoiese dos sistemas parciais. Para a economia, cf., por exemplo, Josef Wieland, "Die Wirtschaft als autopoietisches System — Einige eher kritische Überlegungen", *Delfin* X (1988), p. 18-29, para a ciência, cf. Wolfgang Krohn/Günther Küppers, *Die Selbsorgarnization der Wissenschaft*, Frankfurt, 1989, p. 21 e s.; para o sistema do direito, cf. William M. Evan, *Social Structure and Law: Theoretical and Empirical Perspectives*, Newbury Park Calif., 1990, p. 44 s. Nele, o argumento (isento de uma reflexão teórica) das demonstrações "empíricas", a saber, a representação de que a ação só pode ser observada a partir do homem, desempenha um papel importante. Não obstante, mesmo para as sociedades que não conhecem a escrita, seria o caso de pôr em dúvida. Seja como for, quando se argumenta dessa maneira, exclui-se qualquer aplicação da teoria da evolução, tal como aqui a apresentamos, a fenômenos outros que não os biológicos.

11. Cf. também Huntington Caims, *The Theory of Legal Science*, Chapel Hill N. C., 1941, p. 29 s.; Richard D. Schwartz/James C. Miller, "Legal Evolution and Societal Complexitiy", *American Journal of Sociology* 70 (1964), p. 159-69.

ininterrupta da complexidade, mas um modo de mudanças estruturais inteiramente compatíveis com convulsões bruscas ("catástrofes") e amplos períodos de estancamento (*"stasis"*)[12]. É evidente que, para que de súbito haja uma nova formação, devem ser satisfeitas inúmeras precondições: avanços preadaptativos[13]. Isso vale também para a possibilidade de um sistema jurídico se estabelecer em um nível de observação de segunda ordem, possibilidade que surge da experiência já de longa data na arbitragem de conflitos normativos, pelo que se lança mão da codificação lícito/ilícito.

Muito antes que o código se tornasse estritamente binário e, assim, fosse tecnicizado logicamente, já existia material jurídico suficiente, caracterizado na forma de programas condicionais[14]. Sabe-se, portanto, o que se tem em mente (e o que não se tem em mente) quando os observadores são instruídos a se ater ao sistema jurídico, assim como se sabe por que os programas condicionais já praticados servem para regularizar a atribuição em termos de lícito e ilícito, para que essa função então amadureça. Outro impulso evolutivo sobrevém quando o sistema do direito tem de defender sua autonomia no novo

---

12. Talvez isso seja até mesmo o caso característico. Cf. Niles Eldredge/Stephan Jay Gould, "Punctuated Equilibria: An Alternative to Phyletic Gradualism", in Thomas J. M. Schopf" (org.), *Models in Paleobiology*, San Francisco, 1972, p. 82-115.

13. As análises de Hegel referentes aos problemas de transição impostos por sua teoria podem ser lidas precisamente nesse sentido, por exemplo, como a apresentação do início de uma estética simbólica em suas *Vorlesungen über Ästhetik*, cit. segundo a ed. Frankfurt, 1970, vol. 1 (*Werke*, vol. 13), p. 418 s. Para os avanços pré-adaptativos de uma autopoiese do sistema da arte, cf. também Hans Belting, „*Bild und Kult*": *Eine Geschichte des Bildes vor dem Zeitalter der Kunst*, Munique, 1990.

14. Cf. com mais detalhes no parágrafo dedicado aos programas condicionais Capítulo 4, IV.

contexto da diferenciação funcional do sistema da sociedade[15]. Quando um sistema autopoiético se fecha pela primeira vez ou afirma seu fechamento num contexto social radicalmente modificado, isso não se dá como uma reorganização ao modo de um plano, mas por uma reconstrução evolutiva das instalações já existentes[16].

Ocorre que essa compatibilidade da teoria dos sistemas com a teoria da evolução por si só não é suficiente. É preciso poder mostrar *como* se realiza a evolução nesse nível do sistema. E se a explicação se mostra satisfatória, ao mesmo tempo aí se tem outro argumento em favor da autopoiese independente do sistema jurídico.

II

Para começar a investigar como, no caso do sistema do direito, encontram-se diferenciadas as funções evolutivas de

---

15. Também nesse difícil tempo de transição da "nacionalização" do sistema político, a autopoiese do sistema de direito se opõe de maneira evolutiva. A esse respeito, cf. Rudolf Stichweh, "Selbstorganisation und die Entstehung nationaler Rechtssysteme (17.-19. Jahrhundert)", *Rechtshistorischer Journal* 9 (1990), p. 254-72.

16. No âmbito da discussão teórico-jurídica existe, aliás, um problema estrutural exatamente igual ao que se tem na questão sobre se se pode falar (e reconhecer) que o direito consuetudinário é algo que surge ou se altera, ainda que, segundo a concepção geral, uma prática que se desvie do direito não pode constituir direito e ainda que o equívoco em direito esteja excluído como fonte do direito. (D. 1.3.39: *Quod non ratione introductum, sed errore primum, deinde consuetudine opetentum est, in aliis similibus no optinet* [o que não é introduzido pela razão – mas, primeiro, foi conservado pelo erro e, depois, pelos costumes – não prevalece em outros casos similares]). Cf. também Friedrich Carl von Savigny, *System des heutigen Römischen Rechts*, vol. I, Berlim, 1840, p. 14: "O fato indubitável é que em qualquer parte em que se debata e se tome consciência de um Estado de direito existirá, muito antes disso, uma regra para tal, ou seja, não é necessário nem é possível inventá-lo só agora".

variação, seleção e estabilização, temos antes de esclarecer como se mantêm fixas as estruturas do sistema do direito, para que se mantenham acessíveis à evolução. O mais óbvio aqui é pensar na fixação por escrito, mas, à medida que se torna mais precisa a indagação, surgem questões já bem mais complicadas[17].

A escrita como memória social funciona com a vantagem de manter disponível, de maneira não obrigatória, o conhecimento para situações imprevisíveis, de livre escolha. Mesmo antes do descobrimento da escrita havia memória na sociedade. Frequentemente se supõe que as sociedades arcaicas dependiam da memória psíquica dos indivíduos. Não é bem assim. Muito mais é o caso de que a memória social residia na conservação tradicional dos conhecimentos e, portanto, na capacidade de *retardar o tempo* da memória psíquica, ativando-a sucessivas vezes, para assim conservar um conhecimento que se sobrepujasse ao tempo, mesmo à medida que ele passava[18]. Essa forma de memória apenas temporal apresentava desvantagens consideráveis, que se fizeram notar em áreas nas quais era importante relacionar incerteza ou conflitos com algum corpo complexo de conhecimentos inquestionáveis, ou seja, as artes divinatórias e o direito. Por isso, de imediato houve mudanças nesses campos, orientadas para o armazenamento do conhecimento: para situações imprevisíveis, registros escritos podiam ser reativados mediante um acesso específico.

---

17. Para uma primeira orientação, cf. Jack Goody, *Die Logik der Schrift und die Organisation von Gesellschaft*, trad. alemã, Frankfurt, 1990, p. 211 s.

18. Cf. "A demora da transmissão" como modalidade de uma memória temporal in Klaus Krippendorff, "Some Principles of Information Storage and Retrieval in Society", *General Systems 20* (1975), p. 15-35 (19 s.).

A escrita, a exemplo dos sons da comunicação verbal, é, de maneira bastante efêmera, um mecanismo de acoplamento estrutural (físico, perceptivo e comunicacional) entre a realidade física, a psíquica e a social. Nesse sentido, a escrita realiza muito mais do que expressa, o que significa que ela produz um processo de diferenciação dos textos, que logo pode servir de base *idêntica* para a criação de *diferentes* opiniões. A escrita pressupõe, assim, um espaço em branco como uma marca íntima e infinita[19], portanto, um *unmarked space* que possa ser excedido por um *marked space*, no que a marca efetua uma distinção, com a marcação sendo a um só tempo produzida e distinguida[20]. Somente no meio são possíveis as marcações, e as possibilidades de combinação das marcas acabam por ser um meio para aquela conformação das formas que então, por sua vez, aparecem como texto.

Essa meio-físico/forma-forma proporciona à escrita a constância que independe do uso comunicativo — caso contrário, a escrita se dissolveria. Por suas propriedades físicas, a escrita é parte do ambiente do sistema de comunicação. Em razão dessas características, a escrita não pode ser um componente da comunicação social. O sistema de comunicação só "assimila" a escrita ao utilizá-la como informação[21]. A assimilação refere-se tão somente ao sentido, e não à parte física da

---

19. Cf. essa formulação em Julia Kristeva, *Semeioitikè: Recherche pour une sémanalise*, Paris, 1969, p. 325.

20. Isso na terminologia de George Spencer Brown, *Laws of Form*, reimpressão, Nova York, 1979.

21. Como nos últimos tempos muito se tem ressaltado, isso vale também para os casos em que a forma da escrita, a configuração óptica etc. desempenham um importante papel na comunicação.

escrita²². É bem por isso que a escrita pode garantir uma constância que não impede uma lembrança de informação no contexto fechado da comunicação do sistema e que torna possível para o sistema condensar suas próprias identidades na reutilização do sentido. A escrita facilita o permanente acesso ao teor do sentido e dificulta o esquecimento (que em si é de todo benéfico)²³.

A escrita faz que a comunicação se torne independente do momento da comunicação, e assim, em grande parte, torna-se independente das intenções do emissor. Se a intenção é relevante ou não, isso já não é questão da interpretação. As evidências situacionais e intencionais não procedem; devem ser substituídas pela clareza da informação e pelas diretivas de interpretação. Todos os que tomam parte na comunicação, incluindo os próprios emissores, não comunicam e devem ser considerados "ausentes"²⁴.

Muito antes do uso da escrita para a comunicação, ela já era empregada para fixar informações dignas de serem memorizadas. As situações jurídicas são parte dos casos mais

---

22. Distinção semelhante tem lugar também na membrana celular. Os objetos físicos que não mudaram integram-se no contexto fechado da utilização e da reprodução da célula. Cf. Jean-Claude Tabary, "Interface et assimilation, état stationaire et accommodation", *Revue international de systémique* 3 (1989), p. 273-93.

23. Dizemos "dificulta", uma vez que também os textos jurídicos fixados por meio da escrita podem cair no esquecimento ou se tornar obsoletos. Isso deve ser observado sobretudo para a época anterior à invenção da imprensa. Cf. Mario Brentone, *Le Norme e Il tempo: fra tradizione classica e coscienza moderna. Materiali per una storia della cultura giuridica* 19 (1998), p. 7-26.

24. Derrida se vale dessa ideia como trampolim para radicalizar o conceito de "écriture". Cf., em especial, Jacques Derrida, *De la Grammatologie*, Paris, 1967; id., "Signature événement contexte", in id., *Marges de la philosophie*, Paris, 1972, p. 365-93, sobretudo p. 376.

antigos em que o desenvolvimento e o uso da escrita pareceram o mais adequado[25]. De acordo com os conhecimentos atuais, essa evolução se deu não tanto pela promulgação de leis, já que para isso um conceito de cultura escrita deveria estar bem sedimentado, mas pelas transações, de todo tipo, que eram relevantes para o direito: fixar o cumprimento das obrigações, dos contratos, dos testamentos — em suma, para tudo o que uma vez se tratou no direito sob o conceito de mudanças de validade. Investigações mais recentes apontam para uma estreita conexão entre escrita incipiente e práticas divinatórias[26], por meio das quais se tratava de responder a perguntas pelo desconhecido a partir de situações de vida as mais diversas[27]. Em parte se supõe que a escrita surgiu para conservar as interpretações da adivinhação[28], e em parte seu uso em contextos divinatórios foi o que a disseminou pela sociedade até a passagem para a fonetização, na Mesopotâ-

---

25. Quanto ao registro das transações, é provável mesmo em um lapso de tempo que já havia começado milênios antes do descobrimento da escrita em sentido próprio, ou seja, que remonta aos primórdios do neolítico. Sobre isso, cf. Denise Schmandt-Besserat, "An Archaic Recording System and the Origin of Writing", *Syro-Mesopotamiam Studies* 1 (1977), p. 1-32.

26. Damo-nos por satisfeitos com o termo *divinatio* [adivinhação ou artes divinatórias], ainda que em alemão possa se dispor também do termo *Weissagung* [profecia].

27. Cf. sobretudo Jean-Pierre Vernant et al., *Divination et Rationalité*, Paris, 1974.

28. Assim para a China, Léon Vandermeersch, "De la torture à l'achillée: Chine", in Vernant et al., op. cit., p. 29-51. Aqui há um bom exemplo da evolução da escrita. Caracteres eram originalmente gerados pela imitação de padrões encontrados em ossos e tartarugas, quando preparados de modo conveniente. Eram lidos em grande número de sinais carregados de sentido, então como ideogramas, e transformados em escrita independente. De outro modo, não é possível explicar o súbito surgimento de uma escrita tão complexa. Como avanço pré-adaptativo, isso pressupõe uma prática de adivinhação racionalizada que intervêm em muitas situações da vida.

mia[29]. Em tais culturas antigas e altamente desenvolvidas, os problemas de caráter jurídico se apresentavam como problemas de adivinhação: ao detectar os problemas e saber o que se deu, a culpabilidade (ou a inocência) era imputada numa analogia bastante estreita com as circunstâncias favoráveis e desfavoráveis[30]. Desse modo, o direito participa da complexificação, da racionalização e da competência profissional da arte divinatória. Os testemunhos escritos, como o famoso Código de Hamurabi, não constituíam leis no sentido que temos hoje, nem fixações de validade instituídas pelo direito. Na forma do se/então, correspondiam de maneira precisa às regras normais da adivinhação, e nesse contexto serviam também à solução de casos problemáticos e também da prática jurídica[31]. A casuística generalizante e a codificação binária de signos favoráveis/desfavoráveis foram criadas basicamente para fins de adivinhação. Mas esse aumento de complexidade obtido juntamente com todos os conhecimentos que traziam à escrita finalmente resultou também em benefício para o direito.

---

29. Cf. Bottéro, *Symptômes, signes, écritures en Mésopotamie ancienne*, in Vernant et al, op cit. (1974). p. 70-197, cf. mais contribuições especiais em id., *Mésopotamie: L'écriture, la raison et les dieux*, Paris, 1987, p. 133 s., 157 s.

30. Bottéro, op. cit. (1974), p. 142, fala de "identidade formal entre justiça e adivinhação".

31. Sobre isso, cf. Jean Bottéro, *Le "Code" Hammu-rabi, Annali della Scuola Normale Superiore di Pisa*, 12, Y (1988), p. 409-44; reimpr. in id., Mésopotamie, op. cit., p. 191--223. Bottéro interpreta o Código de Hamurabi como uma autoglorificação do rei, como uma espécie de testamento político que demonstra como era garantida a ordem mediante decisões jurídicas.

Em outras palavras, muito antes de a fixação pela escrita ter condição de validade, já havia se desenvolvido, pela escrita, uma cultura jurídica, com seus respectivos especialistas. Mesmo a *stipulatio* romana foi uma explicação unilateral vinculante e vertida verbalmente, mas para fins de comprovação também se podia anotar. A fixação por escritos não levou imediatamente à renúncia dos testemunhos presenciais[32]. A escrita, no entanto, teve a grande vantagem — o que pode explicar sua pronta aplicação aos assuntos jurídicos — de *tornar reconhecíveis os desvios* que, pelo nervosismo do litígio, poder-se-ia deixar passar com muita facilidade. A escrita, atenta a esses desvios, serve para fixar o acontecido e assim, de maneira antecipada, evitar conflitos. (Contudo, na discussão antiga, é frequente se fazer menção a que a escrita proporciona maiores possibilidades de falseamento e engano do que a comunicação verbal entre presentes.) Já relativamente bem mais tarde, a versão escrita assume a função de "publicação" e de manifestação do direito para todos. Para que os desvios se fizessem visivelmente concretos, bastavam alguns especialistas conhecedores da forma escrita. A função da publicação pressupõe uma cultura de literalidade amplamente difundida.

Enquanto as culturas orais dependiam, em sua memória, da repetição fidedigna (como sempre, pois, fictícia), por

---

32. Diferentemente da situação de Roma, em Atenas esse estágio parece ter sido alcançado em meados do século IV a.C.; à época, Atenas era cidade de pujante comércio, devidamente inserida no comércio de longa distância e voltada para ele; as testemunhas eram, é claro, instituição de direito que servia apenas ao âmbito local. Cf. Friz Pringsheim, "The Transition from Witnesses to Written Literacy in Athens", in *Gesammelte Abhandlungen*, vol. 2, Heidelberg, 1961, p. 401-9. Cf. também William V. Harris, *Ancient Literacy*, Cambridge Mass., 1989, sobretudo p. 68 s., e, para a história da escrita do direito grego em geral, Michael Gargarin, *Early Greek Law*, Berkeley Cal., 1986, p. 51 s., 81 s., 121 s.

exemplo, das formas rituais, os textos escritos teriam maior liberdade de uso em situações imprevistas, sempre a depender de um maior cuidado na redação dos textos, que deveriam ser compreensíveis por si mesmos, necessitando também impor limites aos espaços de interpretação. Sobretudo, deveriam evitar as contradições e velar pela suficiente consistência. Jan Assmann chama isso de "passagem do domínio da repetição para o domínio da representação, e da coerência ritual para a coerência textual"[33]. Desde muito cedo, remontando ao início da cultura escrita, a escrita passou a ser empregada em assuntos de direito: para esclarecer e tornar reconhecíveis os possíveis desvios, como já mencionamos. Isso é algo que se mantém em todas as culturas que dispõem da escrita. Para tal fim, bastava a conservação dos documentos em prazos relativamente curtos, cuja duração era a do contexto em que tais documentos se mantinham atuais. Por isso, de início a forma escrita não tinha o sentido de manter à disposição um texto para uso futuro e imprevisível, ou seja, para uma interpretação livre e ativa[34]. Só mais tarde a escrita veio a assumir função de maior alcance: evidenciar a mudança jurídica ou confirmá-la, e só então, por ser relativamente fácil de reconhecer, a escritura se faz também *condição de validade* do direito. Apenas nesse sentido é que ela se distingue entre leis escritas e leis não escritas, sobre as quais bem podem existir anotações

---

33. Jann Assmann, *Das kulturelle Gedächtniss: Schrift, Erinnerung und politische Identität in frühen Hochkulturen*, Munique, 1992, p. 17 s. e 18 s. (cit. p. 18).

34. Sobre a lentidão desse desenvolvimento, supondo que o alfabeto já estivesse constituído, e para os problemas de arquivamento em Atenas, cf. Rosalind Thomas, *Oral Tradition and Written Record in Classical Athens*, Cambridge Engl., 1989, p. 34 s, Harris, op. cit. (1989).

escritas, protocolos jurídicos, conjuntos de pareceres etc.[35]

Já antes de qualquer cultura do direito, e aqui se pode pensar nos dez mandamentos, as "leis" eram fixadas por escrito e, por isso mesmo, de maneira literal. Desse modo fizeram-se necessárias medidas adicionais a fim de se excluir as dúvidas que, precisamente nas propostas escritas, não podiam ser evitadas (pelo simples fato de que deixavam muito tempo para a reflexão). Para resolver esse problema, injeta-se nos textos uma semântica adicional de caráter religioso, sobretudo na referência a uma fonte de validade inacessível (ou passada, ou seja, a que já não se pode ter acesso), com seus correspondentes mitos de fundação. No lugar da semântica de fundo para todas as práticas divinatórias, que buscam o conhecido no desconhecido, tem-se uma nova religião, que mede a ação humana em

---

[35]. Já em Atenas, essa diferenciação servia de crítica à forma escrita do direito (entre outras coisas, em atenção às possibilidades de falsificação e aos problemas de interpretação), daí o direito oral encontrar-se rodeado da aura de um "valor superior". Cf. John Walter Jones, *The Law and the Legal Theory of the Greeks: An Introduction*, Oxford, 1956, p. 26 s.; Jacqueline de Romilly, *La loi dans la pensée grec des origins à Aristote*, Paris, 1971, p. 27 s. Mas, hoje, uma doutrina correspondente se encontra no direito judeu. No monte Sinai, o direito teria sido revelado tanto para a tradição escrita como para a oral. Javé, que segundo a forma de sua essência seria tempo, portanto também futuro, desde a origem atribuíra importância à elasticidade da adaptação, ou seja, ao interpretável, ao levar em conta uma evolução não concluída e possivelmente controversa. Cf. George Horowitz, *The Spirit of the Jewish Law* (1953), reimpr., Nova York, 1973; Eliezer Berkowitz, *Not in Heaven: The Nature and Function of Halakha*, Nova York, 1983; Geza Vermes, "Scripture and Tradition in Judaism: Written and Oral Torah", in Gerd Baumann (org.), *The Written Word: Literacy in Transition*, Oxford, 1986, p. 79-95. Supõe-se aí que a lei da doutrina e a tradição oral não excluem o registro de opiniões em forma de apontamentos, glosas e comentários. Para uma nova edição dessa diferenciação no *Common Law*, cf., por fim, o escrito póstumo de Sir Matthew Hale, *The History of the Common Law of England*, 1713, cit. segundo a edição de Charles M. Gray, Chicago, 1971, p. 16. A lei escrita é definida como "estátuas de leis do Parlamento, em cuja formação original são reduzidas à escrita e estão tão preservadas em sua forma original e no mesmo estilo e palavras nas quais elas foram primeiramente feitas". Com relação às leis não escritas, é evidente que pode existir também material escrito, mas isso não é determinante para a identidade e significação do sentido, mas somente como forma de sua tradição.

conformidade com a vontade de Deus, e a aceita ou recusa. De modo diverso ao que se tem nas relações comerciais terrenas, para essa religião a escrita se torna um texto familiar, a simbolizar o não familiar no familiar, o que é mistério na revelação, o transcendente no imanente[36].

A fixação por escrito de leis "políticas", de Sólon, por exemplo, é produto tardio do processo evolutivo. Esse esforço de conservação pressupõe um procedimento que o legitima, mas suscita todos os problemas que podem resultar de um texto que seleciona suas palavras de maneira por demais inequívoca, razão pela qual não chega a cobrir o que efetivamente se reivindica com o direito. Por isso, a contar da experiência com as leis de Sólon, é desenvolvida a doutrina das ágraphoi nómoi, às quais se atribui posição mais elevada[37], e, em consequência de tudo isso, desenvolve-se no âmbito do direito uma ampla tradição de busca de fundamentos "mais elevados" ou "supralegais". É evidente que só com a invenção da escrita é que se pôde falar de uma tradição oral – não importando como se avalie a sua

---

36. Sobre essa forma de apresentação do sentido religioso, cf. também Niklas Luhmann, *Die Ausdifferenzierung der Religion*, in id., *Gesellschaftsstruktur und Semantik*, vol. 3, Frankfurt, 1989, p. 259-357. O grego *symbólaion* (juntamente com o *syngraphé*, mais comum) significa também algo como um contrato escrito; entende-se com isso a unidade de algo separado ou também a demonstração possível dessa unidade.

37. O caso talvez mais conhecido de exigência de um direito não escrito de nível mais elevado é o de Antígona. Contudo, essa exigência dirige-se precisamente contra os tiranos "modernos". De maneira explícita para o tema do uso do idioma antigo das leis escritas a exigir uma interpretação, isto é, uma distinção entre texto e sentido, cf. Lysias, *Against Theomnestus* I, 6-7, cit. segundo a edição de Loeb Classical Library, Londres, 1957, p. 106 s. Em Lysias, porém, na diferenciação entre leis escritas e leis não escritas encontra-se indicado (ainda que por razões retóricas) um sentido de fundo religioso, no momento em que é enfatizado, em *Against Androcines*, op. cit., p. 121, que a penitência por ter violado as leis deve ser paga também aos deuses. De resto, fica subentendido que de um "direito escrito" só se pode falar em uma cultura escrita.

importância; ou seja, só se pode falar de tradição oral quando se dispõe da distinção escrita/oralidade[38]; nessa medida, qualquer insistência enfática, qualquer canonização da tradição oral vem a ser uma retrospectiva histórica de uma sociedade que dispõe da escrita (a tradição oral da Torá, por exemplo, é uma evocação do Talmude).

Que o direito adquira validade como escrita (e tenho em mente aqui "validade" no sentido elucidado no Capítulo 2, VII) diante de um uso anterior nas sociedades orais, tal deve ter sido uma "catástrofe", no sentido de adaptação a outro princípio de estabilidade, acompanhada de mudanças profundas no horizonte do sentido, entre elas uma mudança de tipo novo, de cunho religioso, com o intuito de descartar e readmitir a contingência. É um passo bastante curto deduzir daí que o emprego da escrita segue em paralelo com a transformação do modo de diferenciação da sociedade, passando-se de uma diferenciação segmentária a uma estratificada, com a escrita favorecendo esse processo. Por essa via chega-se a uma concentração inusitada de recursos materiais e simbólicos (retóricos) nas classes altas ou, em estratificações menos marcadas, na burocracia de domínio[39]. Mesmo assim, obtém-se apenas uma explicação relativamente superficial que, ademais, nas condições de hoje, diz muito pouco. Pois se entende já quase *per se* que as formas de comunicação guardam estreita conexão com as correspondentes formas

---

38. Sobre isso, cf. Niklas Luhmann, "The Form of Writing", *Stanford Literature Review* 9 (1995), p. 25-42.

39. Peter Goodrich, *Reading the Law*, Oxford, 1986, deduz daí uma conexão de cunho restritivo entre direito, escrita e uso político, simbolicamente repressivo, do poder, com a tendência a depois, naturalmente, mistificar o próprio conceito de poder.

de diferenciação do sistema social. Pois a ordenação das questões do direito no contexto das práticas divinatórias, a transição para a formação das cidades e para a estratificação, a criação do império e a endogamia de estratos específicos estão longe de ser razão suficiente a explicar o processo de diferenciação do sistema do direito em especial, o qual só surge com o direito civil romano, e então, novamente, com a sistematização do direito na Idade Média. Contudo, se a escrita se torna disponível numa forma facilmente compreensível (fonética, alfabética), então, e somente nesse caso, ela é um meio, e um meio criado, pelo qual os textos legais podem se diferenciar de outros tipos de texto. Só então o direito se torna autônomo no sentido de que não apenas faz uso da escrita, como passa a se assentar em um gênero de textos que se delimita de outro tipo de textos. Tendo em vista essa situação histórica tardia, deve-se analisar de maneira mais exata o que se conseguiu com a escrituração do direito.

Quando um teor de sentido é fixado por escrito, ele fica entregue a um processo de leitura destinado à repetição e, consequentemente, à condensação e à ampliação de seu sentido. "O sinal original e a sua leitura constituem uma estrutura ampliada. A cultura expandida é composta pelo sinal e por alguma forma de resposta a ela. Este é o cerne da evolução cultural.[40]" Graças a essa expansão, os mecanismos da evolução podem se fixar e selecionar. Sobre o contexto condicional da interpretação dos textos (hermenêutica) em referência à evolução (Darwin)

---

40. Assim, Dean MacCanell/Juliet F. MacCannell, *The Time of the Sign: A Semiotic Interpretation of Modern Culture*, Bloomington Ind., 1982, p. 26-7. Mais adiante, os autores chamam isso de "a autoleitura da cultura".

há pouca pesquisa[41], mas é quase óbvio ver, na circularidade do desenvolvimento hermenêutico do sentido e na autopoiese dos sistemas, a possibilidade de reagir com rapidez (ainda que de maneira abrupta) às mudanças que se manifestam em seu ambiente.

De um modo ou de outro, com a escrita ampliam-se os meios de acesso, como também se restringem e se concentram — e a partir daí a pergunta que se faz é: para quem? Com a escrita, o direito se fecha e se diferencia como forma. Nesse momento já é fácil *distinguir* o que tem validade como legal, o que não significa que seja fácil provar que tem validade legal. O direito já não está disponível para fundamentar as expectativas normativas que possam encontrar amparo em situações sociais. O direito já não se dá a conhecer simplesmente pelo número de "juramentadores" que as partes possam ter à disposição. "O código codifica a lei, ele a isola de um modo novo e a protege com uma nova classe de intérpretes.[42]" Contudo, a função da escritura consiste precisamente em sua condição de deixar adivinhar que os signos da escrita não são o direito em si mesmo, mas apenas o expressam. Assim como a evolução da linguagem, também a evolução da escrita produz uma diferença. A escrita depende de que o processo de diferenciação funcione; depende de que se evite a confusão entre signo e sentido, e de que nas relações sociais se possa calcular que os demais sejam capazes de lidar com essa diferença. É muito fácil copiar à escrita ou tam-

---

41. Cf., pelo menos para algumas sugestões, L. L. Salvador, "Evolution et herméneutique: vers une écosystémique de la cognition", *Revue internationale de systémique* 6 (1992), p. 185-203.

42. Goodrich, op. cit. (1986), p. 27.

bém destruí-la, de modo a conferir relevância aos signos. Dessa maneira, por que a escrita? Para que a duplicação, por meio de signos, da linguagem já falada? Ou, de modo mais preciso: onde reside o "valor próprio" dessa *diferença* que se estabiliza na comunicação escrita *e* oral?

É válido perguntar, primeiramente, a que necessidade se reage com a escrita, e veremos então que, além do interesse em se adiantar às lembranças, foram os problemas de *tipo normativo* que desataram a necessidade da escrita. A escrita está relacionada com a *antecipação das frustrações* — o que, na verdade, é a razão de a expectativa ser comunicada num estilo normativo. Assim surge uma diferença temporal aguda, que se deverá conciliar. Uma informação a implicar que determinada expectativa é lícita ou ilícita tem de servir, na condição de informação, duas vezes (ou mais), no momento de sua projeção e sempre que se torne aguda a ação que se vê frustrada. Esses esforços devem ser registrados, ainda que o sejam na linguagem dos nós, dos incas, para que depois não surja nenhuma dúvida de que a expectativa tinha sido produzida. Desse modo, as leis servem para que possam ser usadas *sempre novamente* como informação, ainda que, no caso normal, a informação perca seu valor informativo à medida que mais e mais seja comunicada. Em outras palavras: a estabilidade precária e contrafactual da qual se crê capaz a expectativa normativa se equilibra por meio da forma escrita. Uma vez que não se pode saber se as expectativas se cumpriram, e uma vez que não se quer ceder, aprendendo, no caso de as expectativas não se cumprirem, mostra-se sempre vantajoso poder renovar a informação sobre o que é lícito.

Portanto, seria uma percepção por demais simplista crer que se pudesse satisfazer com essa referência a estabilidade dos signos escritos. No sistema autopoiético de comunicação da sociedade, dinamicamente estabelecido, não há nenhum interesse na estabilidade do sentido em si. O problema está em que *a mesma* informação deve prever o interesse *renovado*, e não simplesmente acreditar que o duradouro é melhor do que o transitório. A projeção da norma é o que, em primeiro lugar, torna aguda a necessidade de acoplamento entre o agora e o depois, enquanto o uso da escrita no plano das expectativas normativas se dá bem posteriormente (no sentido da *alétheia*: subtrair o esquecimento), pressupondo já uma elevada adaptação dos signos linguísticos à diversidade da linguagem falada — por exemplo, nas escritas fonéticas.

Com tudo isso, não se quer dizer que a escrita garante ao direito a segurança pretendida. Se tivesse sido assim, não teria havido evolução no sistema do direito. A insegurança quanto a que as expectativas normativas não sejam reconhecidas como validadas caso alguém não as cumpra não é eliminada, apenas se transforma. A escrita apenas substitui uma nova diferença, que é a de signo e sentido. Uma vez que o texto escrito se faz incrustado no contexto na comunicação de sentido, isto é, uma vez que pode ser lido e citado, ele nada mais faz do que abrir-se a remissões de sentido possíveis e organizar-se nelas. Aí se tem um duplo processo de redução e produção de complexidade, de produção de complexidade por redução. No "meio" do sentido duplica-se a diferença entre meio e forma. Novas distinções aparecerão, nas quais o texto ocupará um lado e fará acessível o outro: a distinção entre texto e interpretação, entre texto e contexto, entre sentido verbal e sentido pensado. E são essas distinções, que com tal força se entrecortam, que expõem o direito, fixado pela escrita, à evolução — também e especialmente quando se tem um *corpus* escrito tradicional e transmitido intacto.

O texto fixado pela escrita é motivo de contínua reobservação por meio de novas distinções. Essas distinções delimitam a tarefa da interpretação, e é dessa forma que se faz justiça à validade do direito. Por exemplo, a validade não pode modificar, interpretando, um sentido que tenha sido fixado de maneira unívoca (digamos, um prazo determinado). No entanto, a questão sobre se esse sentido foi fixado de maneira unívoca é, em si, uma questão de interpretação[43]. Por conseguinte, a interpretação é soberana quanto à sua autolimitação. Ela se aplica ao direito como um todo, e não apenas às partes onde os registros são fixados de maneira pouco clara.

Segue-se que todo direito assegurado por meio da escrita é um direito que requer interpretação. Tão logo se o reconhece, dos próprios textos se exige que autorizem sua interpretação, ou seja, quem deverá fazê-lo e de que modo. Ao selecionar esse "quem" e esse "como", o direito, incluindo-se aí o direito escrito, adapta-se às mudanças evolutivas da sociedade, mesmo quando dispõe de legislação escrita a prescrever a mudança dos textos também na forma escrita[44]. Todo texto que se considera atual

---

43. Sobre isso, cf. Karl Clauss, "Die Sens-clair-Doktrine als Grenze und Werkzeug", in Hubert Hubien (org.), *Le raisonnement juridique: Actes du Congrès Mondiale de Philosophie du Droit et de Philosophie Sociale*, Bruxelas, 30.8-3.9.1971; Bruxelas, 1971, p. 251-5.

44. O problema culmina, evidentemente, onde a legislação não chega ou onde só dificilmente chega: na interpretação das *codificações* e, cada vez mais hoje em dia, na interpretação das *Constituições*.

expõe-se à interpretação: ele só é texto no contexto de interpretação. Nessa medida, o texto se constitui em novo meio, isto é, na totalidade das interpretações a ele referidas. Nesse meio condensar-se-ão novas formas, seja na forma de fascinantes controvérsias que monopolizam a atenção (a controvérsia do intento original da interpretação da Constituição dos Estados Unidos), seja como teorias obtidas por força da interpretação, ou então aceitas pela "opinião prevalecente".

É só na sociedade moderna que, com repercussões difíceis de divisar, começa a predominar a evolução do direito; e toda a evolução do direito, sobretudo a evolução, de caráter único, do direito civil romano durante 2 mil anos só foi possível pela diferença entre texto e interpretação, o que exerceu um efeito decisivo sobre a forma de seus resultados.

III

Assim como os próprios sistemas autopoiéticos, também as condições da evolução são produto da evolução. Isso vale para a diferença entre texto e interpretação de que acabamos de tratar. Mas também a amplitude das influências sobre os elementos (variação), as influências sobre as estruturas (seleção) e a adaptação da autopoiese no contexto da reprodução dos sistemas complexos (reestabilização) são um produto da evolução social. O limiar da autonomia de uma evolução do direito reside no fechamento operativo do sistema jurídico. Não se deve perder de vista essa historicidade da história quando se apresentam os diferentes mecanismos de evolução.

A variação, decisiva para a evolução do direito, está relacionada a expectativas normativas inesperadas. Certamente, isso quase sempre se dá *a posteriori*, por ocasião de um comportamento que, se visto de maneira retrospectiva, demonstra que sua expectativa foi frustrada. É o caso que torna visível a norma, esta que antes do caso não existia como estrutura de comunicação social[45]: *ex facto ius oritur* [o direito se origina a partir de um fato]. Isso acontece tão logo exista alguma expectativa, portanto, em todas as sociedades que podem ver sua história em retrospectiva. Uma variação desse tipo não depende nem mesmo de que a sociedade opere a distinção entre regras e ações. Basta que a qualidade do comportamento se reconheça como razão para o rechaço e que isso possa se expressar como êxito. A conformação e a transformação da estrutura são quase inseparáveis, para o caso de serem destacadas repercussões na estrutura. As sociedades arcaicas resolvem esse problema construindo uma história que se adapta sob medida a tais acontecimentos-problema. Nelas, variação e seleção não podem ser distinguidas, e o que se impõe como expectativa depende de uma série de condições situacionais e socioestruturais. Mesmo hoje, quando, por qualquer motivo, exclui-se o direito vigente como princípio de orientação, encontra-se precisamente essa estrutura — entenda-se, a tendência a se criar ambivalências por meio de acusações e contra-acusações — e acaba-se por incluir outros fatos, procedendo-se a um realinhamento da atribuição de causas. Desse modo, a tendência é trabalhar no

---

45. Utilizaremos essas reflexões quando se tratar da evolução dos "direitos humanos" na atual sociedade mundial. Cf. Capítulo 12, V.

sentido contrário ao do pressuposto de que apenas uma parte se encontra na legalidade, e consequentemente a outra está na ilegalidade[46]. O que subjaz a isso é que essas acusações, do outro lado da forma, são ao mesmo tempo autojustificações e vice-versa. Esse mecanismo elementar solapa o código lícito/ilícito, aparentemente estável e objetivo, produzindo a ambivalência na pergunta sobre qual norma realmente vem a ser o caso. O ponto de partida para uma evolução que procura reduzir a pressão para a clarificação pode residir nessa tendência indutora de pressão a fim de tornar ambivalente a referência a normas.

Em condições muito simples, é difícil distinguir se aquele que perturba a ordem — sejam quais forem os motivos — simplesmente o faz ou o faz por crer estar em seu direito. Quando pego, ele tentará de algum modo se defender, e desse modo tomará parte na restituição ou modificação de uma ordem esperável[47]. Contudo, na falta de uma estrutura jurídica plenamente diferenciada e disposta em textos escritos, dificilmente é possível distinguir os conflitos legais das meras

---

46. A esse respeito, cf. (com um panorama geral das pesquisas relevantes) Heinz Messmer, *Unrecht und Rechtfertigung*, tese de doutorado, Bielefeld, 1993. A investigação trata das tentativas de evitar, mediante a chamada compensação entre criminoso e vítima, os processos penais contra os jovens.

47. Na literatura sociológica, situações semelhantes para o caso de atos criminais têm sido tratadas com a palavra-chave "neutralização". Certamente, o culpado reconhece a diferença entre lícito e ilícito, e assim se sujeita ao ordenamento jurídico; não obstante, busca argumentos (cumplicidade da outra parte, outra apresentação de causalidades etc.) que nesse caso "neutralizem" a diferença. Cf. sobretudo Gresham M. Sykes/David Matza, "Techniques of Neutralization", *American Sociological Review* 22 (195), p. 664-70; David Matza, *Delinquency and Drift*, Nova York, 1964 (por exemplo, p. 184, sobre *moral holiday*). A razão para essa forma de apresentação é a de que o culpado, ao assumir papéis diferentes, atua sempre em conformidade com a norma e quanto a isso depende, sobretudo, de que os outros façam da mesma maneira.

frustrações sem a reivindicação ao direito por parte daquele que parece atentar contra a ordem. As instituições sociais (sobretudo as consideradas naturais de tipo familiar ou religioso) têm um contexto multifuncional que dificulta a criação de regras, uma vez que as situações dessas instituições são de tal maneira distintas que não é possível estabelecer um fio condutor para a comparação[48]. Num primeiro momento, isso nada tem a ver com as regras de procedimento insuficientes e com a tendência, da parte dos processos, de chegar a uma conciliação oportunista para o litígio, mas, pelo contrário, os conflitos decorrem da inclusão multifuncional de todos os pontos de vista que lhe conferem sustentação. Para o observador de nossos dias, resulta daí a impressão de que nessas sociedades não existe o direito ou só existe o direito repressivo, o direito penal[49]. Por isso, o uso da escrita não começa "de cima", com

---

48. Tal foi compreendido de maneira muito precisa por Sally Falk Moore, "Descent and legal Position", in Laura Nader (org.), *Law in Culture and Society*, Chicago, 1969, p. 374-400 (376): "... quanto mais complexas as relações sociais, mais há contingências que podem afetar qualquer ato ou transação particular. Essa multiplicidade não só dificulta o estabelecimento adequado de normas, como, algumas vezes, pode tornar impossível, uma vez que a gama de contingências pode variar muito de um caso para outro". É bem verdade que também nessas sociedades existem regras de qualidade quase jurídica, e são elas que dizem respeito à pertinência das pessoas aos sistemas parciais da sociedade (inclusão). Mas essas regras fazem-se então evidentes como qualidades inatas ou adquiridas da pessoa e, de sua parte, não têm consequências jurídicas imediatas.

49. A investigação sobre o direito nas sociedades primitivas se deixou conduzir, sobretudo, pela pergunta sobre se se pode falar em direito quando não existem regras fixas e, até mesmo, quando muitas vezes sequer existe a possibilidade de distinguir entre qualidades da ação e regras. Valendo-se dessa abordagem, antropólogos sociais abordaram a questão sobre como conflitos são tratados e resolvidos em litígios —com ou sem regras, que são evidentes de caso a caso. Cf., por exemplo, Max Gluckmann, *The Judicial Process Among the Barotse of Northern Rodesia*, Manchester, 1955; Paul J. Bohannan, *Justice and Judgment Among the Tiv*, Londres, 1957; Lloyd Fallers, *Law Without Precedent: Legal Ideas in Action in the Courts of Colonial Busago*, Chicago, 1969; Philip Gulliver, "Structural Dichotomy and Jural Processes Among the Aruscha of Northern Tanganyka", *Africa* 31 (1961), p. 19-35; id., "Dispute Settlements Without Courts: The Ndendeuli of Southern

a fixação das regras ou leis mais importantes, mas "de baixo", isto é, com a retenção dos acontecimentos capazes de comprovação, como as promessas ou o cumprimento delas. Tanto mais impressionante se torna o desenvolvimento prematuro, na Ásia antiga, de um direito de tráfego que rompia com todos esses limites e, algum tempo depois (ao que parece, de maneira totalmente independente) do direito civil romano.

A evolução do direito se assenta na distinção, de difícil efetivação, entre casos de frustração contenciosos e casos de frustração não contenciosos. Só mesmo quando os conflitos se verbalizam, quando os perturbadores se defendem e buscam o reconhecimento das situações excepcionais e quando alegam seus próprios direitos é que pode surgir uma observação de segunda ordem: só então se pode decidir quem tem razão ou quem não tem. Só mesmo situações semelhantes são as que gradativamente levam à culminação do posicionamento dos problemas ou ao desenvolvimento do esquema regra/exceção. É tendo isso em vista que nas sociedades arcaicas surgem procedimentos de negociação e, desse modo, a necessidade de tomar uma decisão, mesmo quando não há autoridade "política" para decisões coletivamente vinculativas, e mesmo quando não há redes de argumentação recursivas, orientadas por textos escritos.

Em uma versão mais abstrata, sobre essa situação inicial pode-se fazer uma apresentação na qual as conquistas

---

Tanzania", in Laura Nader (org.), op. cit., p. 24-68; Leopold Pospisil, *Kapauku Papuans and Their Law (1958)*, reimpr., New Haven, 1964. Cf. também, sobre condições ainda mais primitivas, Ronald M. Berndt, *Excess and Restraint: Social Control Among a New Guinean Mountain People*, Chicago, 1962.

evolutivas da linguagem e do direito não apenas aparecem adaptando a sociedade ao seu ambiente de maneira *estrutural*, como se se tratasse de uma população de organismos viventes, mas que, além disso, possibilitam também que a sociedade se adapte *com adaptações transitórias a situações transitórias*. Os conflitos que irrompem de maneira abrupta devem ser resolvidos caso a caso ou, pelo menos, ser desarmados. Isso não requer regras de decisão rigidamente conservadas e que tenham sido transmitidas em cada um dos casos, e muito menos normas com um grande sentido de adaptação a seu ambiente. Só mesmo uma maior densidade dos problemas conduz à necessidade de orientações mais estáveis, que podem acontecer de múltiplas maneiras: em forma de uma arte divinatória ou em forma de princípios normativos. Em ambos os casos, o contexto explicado anteriormente resulta da evolução da escrita. As conquistas evolutivas que dão bons resultados devem ser capazes de fazer frente aos problemas passageiros de modelos de solução tradutíveis (redundantes) e, portanto, podem combinar variabilidade e estabilidade.

Assim, a condição prévia a qualquer desenvolvimento posterior é o processo de diferenciação dos sistemas de interação, nos quais se podem negociar as soluções dos conflitos normativos[50]. Então, torna-se possível uma comunicação que, de pronto, simplesmente persiga fins de conciliação (não muito diferente das negociações que levam a uma rescisão

---

50. Doravante deixaremos de lado as artes divinatórias, que são, num primeiro momento, um equivalente funcional. Não obstante, recordamos que se deve levar em conta que as sociedades (como a China) que cuidam dessa orientação e constroem sua escrita por ela tiveram, paralelamente, motivos para desenvolver uma elaborada cultura do direito.

contratual)[51] e que, em condições diferentes, persiga também o fim de constatar de que lado está a lei e de que lado ela não está. Trata-se, então, de algo mais do que aplacar a ira de Aquiles. Trata-se de procedimentos que devem dar lugar a uma decisão quanto a licitude e ilicitude. Nessa tarefa, o sentido se constitui consolidando aspectos invariáveis e reutilizáveis de uma situação, com os quais o direito se confirma no ensejado pelas variações. As expectativas são importantes precisamente porque revelam capacidade de persistência. Somente no caso dos desvios as expectativas se tornam normas, e somente no caso da variação surge um interesse pelos pontos de vista reutilizáveis da seleção.

Para isso não há nenhum correlato "natural" na mente dos homens, como se poderia supor no antigo direito natural. Nenhuma sociedade pode amparar o direito no consenso se por consenso se entende que todos aprovam, em qualquer momento, todas as normas. Tal fixação de estados de consciência nem é possível, nem seria, se fosse alcançada, comprovável. Portanto, o consenso não pode ser condição para a validade do direito e, além disso, excluiria toda e qualquer evolução. A evolução depende, *em vez disso*, de como o problema da conciliação social é resolvido. É precisamente para isso que tende a evolução das normas de competência e os procedimentos que as delimitam. Antes disso, operava-se com o consenso e com a ignorância, bem-sucedida, do dissenso. Adicionalmente, os procedimentos

---

51. É o que demonstram investigações exaustivas sobre as sociedades tribais que existem ainda hoje (referências na nota de rodapé da p. 49), que, contudo, raramente trazem as marcas de suas condições originais, sendo sociedades que (sobretudo na África) vivem sob a influência de culturas muito avançadas e, mais recentemente, sob a influência de regimes colonialistas, sendo, por essa razão, parte da sociedade global.

possibilitam que seja suficiente que *alguns* (os juízes, os legisladores) considerem obrigatória *para todos* a validade das normas, e assim o decidam. Em comparação com as puras suposições do consenso, esse princípio de "alguns no lugar de todos" possibilita uma maior especificação das normas e uma sensibilidade elaborada para problemas jurídicos e para as insuficiências de uma situação normativa existente. Assim, não é o caso que as suposições de consenso se tornem supérfluas. Trata-se somente de esclarecer (e assim, caso necessário, questionar) quem as formula e a quem elas devem fazer referência.

É evidente que os procedimentos e o princípio de "alguns no lugar de todos" não surgem sem prévios condicionamentos. Esses procedimentos pressupõem sociedades de classe com papéis de destaque, quando não sociedades estratificadas com famílias proeminentes, e em tais sociedades as possibilidades de mudança na ocupação dos papéis se dá dentro da mesma classe social dominante (nobreza, patriciado urbano). No transcurso posterior da evolução agregam-se a esses condicionamentos a escrita e o domínio que se tenha sobre ela. Apenas indiretamente, mediante as estruturas clericais da Idade Média, o papel dos juristas torna-se cada vez mais independente das origens, e portanto se torna acessível à ascensão individual. E apenas sob os auspícios da diferenciação por funções da sociedade é que o princípio de "alguns no lugar de todos" é substituído pelo princípio neutro, que é o sistema jurídico para a sociedade.

Mas talvez estejamos nos adiantando. Primeiramente a evolução leva, do procedimento — no sentido de episódios procedimentalmente diferenciados e orientados para a obtenção de decisões no sistema do direito — a uma maior clareza dos processos de seleção. Com isso, separam-se as funções evolutivas de variação e de seleção. A variação assume a mutação do direito (o mais das vezes sem êxito, mas por vezes com capacidade de confirmação). Sem ela não há mudanças evolutivas. A seleção assume a tarefa de definir qual concepção corresponde ao direito.

A ruptura decisiva com as formações sociais mais antigas ocorreu quando, nos procedimentos jurídicos, diferenciados tendo em vista a seleção de decisão, os argumentos já não mais se dão exclusivamente *ad hoc*, tampouco *ad hominen*. Tais argumentos, bastante adequados para solucionar conflitos e para adaptação a situações passageiras, foram desincentivados, quando não proibidos. Percebidos como não condizentes com o direito, acabaram sendo rechaçados. Desse modo, mesmo a instituição de confirmação de reivindicações legais, com juramentos e os que prestam juramento, perdeu a validade. A partir de então, e isto é algo que se deve observar e apreciar, as pessoas puderam renunciar a toda vantagem de elasticidade que somente uma adaptação transitória poderia oferecer. Desse modo, a supressão de argumentos *ad hoc* e *ad hominem* fez-se inicialmente improvável — e é justamente por isso que se tem aqui um limiar decisivo da evolução, pois o lugar dos antigos argumentos é ocupado pela formulação (e pela lembrança da formulação) de conceitos e regras de decisão especificamente jurídicos. A invocação de leis antigas (a reforma de Sólon, as leis populares de Roma) até podia ser útil, mas, para o funcionamento do direito, essa referência logo se revelaria mais ou menos ilusória. Decisivo não é o modo como se chega à legitimação, mas o fato de que, não importa como, consiga-se afastar os argumentos *ad hoc* e *ad hominem*. Foi dessa forma que se chegou a fazer frente à influência demasiado direta das estruturas sociais externas ao direito: status social dependente da estratificação, das relações de parentesco, de amizade, de clientelismo. Mais do que em qualquer outra parte, reconhece-se o processo de diferenciação do sistema do direito nas formas admitidas de argumentação e nas restrições formalistas e tradicionais. A diferenciação do modo de proceder do direito é apenas uma condição da possibilidade; a especificação do tipo e do modo como, no sistema do direito, faz-se referência argumentativa aos materiais jurídicos é o que constitui o verdadeiro portador da evolução do sistema do direito. Assim, instaura-se uma cultura de direito independente e diferenciável, ainda que contra a moral e o senso comum e também em sentido contrário ao uso cotidiano das palavras[52].

Como podemos então resumir, se já *não* se deve *argumentar ad hoc* e *ad hominem*, surge uma argumentação diferente, que satisfaz de outro modo à necessidade de fundamentação, sobretudo à medida que se liga às reservas das normas identificáveis e ao desenvolvimento dos conceitos e das regras de decisão, consideradas válidas também para outros casos. Somente quando essa prática é posta à prova pode o sistema jurídico se aceitar como um conceito de justiça pautado pela exigência de que os casos iguais sejam tratados como iguais e os desiguais

---

52. Relativamente pouca pesquisa histórica tem sido feita sobre esse processo de diferenciação, e ironicamente a adoção da ciência social tem motivado uma ênfase na direção oposta, qual seja, a da ênfase nas conexões e não nas diferenças. Contudo, sobre direito romano, cf. Antonio Carcaterra, *Intorno ai bonae fidei iudicia* (Nápoles, 1964), e sobre o *Common Law*, Oliver W. Holmes, "The Path of the Law", *Harvard Law Review* 10 (1987), p. 457-78.

como desiguais. Ao sistema do direito cabe determinar quais regras decidirão o que se deverá considerar igual ou desigual[53]. Considerado em longo prazo, o resultado é a separação de uma reserva de termos e máximas, de princípios e regras de decisão que — ao serem manejados de maneira em parte formal e em parte crítica — chegarão a constituir os materiais que possibilitarão ao juiz rechaçar os argumentos *ad hoc* e *ad hominem*[54].

Em um único caso, o do direito civil romano, chegou-se, com base nessa fundamentação, às abstrações que situaram o direito em sua conceituação autorreferencial e fizeram-no independentemente dos fatos concretos; isso possibilitou ao direito uma evolução própria[55]. Como consequência, chega-se a um desenvolvimento que em vão se procuraria nas culturas de direito do Oriente Próximo, mesmo em Atenas: a diferenciação

---

53. Nosso argumento em favor da diferenciação confirma que a ética *jamais* conseguiu resolver esse problema. A decisão entre o que é igual e o que é desigual exige uma orientação por distinções que já foi empregada de maneira bem-sucedida pela autopoiese do sistema jurídico. Uma argumentação meramente ética e moralmente pura conduziria à arbitrariedade, que por sua vez levaria à injustiça. Mas é claro que isso é questionável. Cf. David Lyons, "Justification and Judicial Responsibility", *California Law Review* 72 (1984), p. 178-99; id., "Derivability, Defensibility, and the Justification of Judicial Decisions", *The Monist* 68 (1985), p. 325-46; e também Neil MacCormick, "Why Cases Have Rationes e What These Are", in Laurence Goldstein (org.), *Precedent in Law*, Oxford, 1987, p. 155-82 (166 s.).

54. Não se pode negar que há exceções. Parte das primeiras experiências do autor deste livro como estagiário de direito foi atender ao desejo do juiz de um tribunal local, que no rascunho do julgamento anotara, sobre um acidente automobilístico, que o culpado fora condecorado, durante a guerra, com uma Cruz de Ferro de Primeira Ordem. O rascunho corrigido continha a menção de que os portadores de altas condecorações de guerra provavelmente superestimam sua capacidade ao volante, guiando de maneira imprudente, quando não de forma agressiva. Nem isso satisfez ao juiz. A condecoração de guerra deveria ser mencionada somente como característica da pessoa, sem consequências jurídicas (controláveis).

55. Sobre isso, cf. Joseph C. Smith, "The Theoretical Constructs of Western Contractual Law", in F. S. C. Northrop/Helen H. Livingston (org.), *Cross Cultural Understanding Epistemology in Anthropology*, Nova York, 1964, p. 254-84.

dos papéis especiais dos versados em direito, os juristas. Eles aparecem primeiro na nobreza romana, portanto, sem a condição prévia de cargos públicos ou as formas de rendimento específicas para certos papéis[56]. Uma profissionalização plena, incluindo a econômica, e equipada com o monopólio dos cargos só será encontrada mais tarde, sobretudo no âmbito do direito canônico da Idade Média, na *Common Law* e nos incipientes Estados territoriais modernos.

O impulso para um desenvolvimento distinto, ponto de partida de uma evolução própria do direito, deve ter se enraizado na diversidade das práticas de caso romanas: o funcionário competente dava instruções diversas, que serviam como premissas de decisão aos juízes que ele próprio nomeava. Esse material instrutivo era colecionado em forma de editos, razão pela qual podiam ser novamente redigidos e refinados, se necessário. Essa complexidade, que cresceu gradativamente, tornou necessária uma especialidade a que acorriam os implicados (que obviamente não eram juristas no sentido atual). Daí se tem que, no início, a jurisprudência não foi mais do que o reconhecimento do que acontecia, com a intenção de classificá-lo, e, mais tarde, com a ajuda de formulações epigramáticas (*regulae*), pôde-se ter uma visão abrangente a respeito. Não seria o caso de pressupor que no âmbito das abstrações úteis haveria uma ordem compreensível em si, ainda que na Idade Média

---

56. Cf. Wolfgang Kunkel, *Herkunft und soziale Stellung der römischen Juristen*, 2. ed., Graz, 1967; Mario Bretone, *Storia del diritto romano*, Roma, 1987, p. 153 s. Com relação ao precedente tratamento retórico-político de questões do direito em Atenas, cf. J. Walter Jones, *The Law and Legal Theory of the Greeks: An Introduction*, Oxford, 1956, p. 128 s.; Hans Julius Wolff, *Rechtsexperten in der griechischen Antike, Festschrift für den 45. Deutschen Juristentag*, Karlsruhe, 1964, p. 1-22.

tenha-se começado a ler todo o material assim produzido, para, como tal (portanto, de maneira independente das exigências da prática jurídica), submetê-lo a provas de consistência sempre novas. Uma ideia como validade enquanto sistema foi afastada do direito civil romano, e assim se manteve. Mas pelo menos a tendência a condensar o material conceitual em proposições jurídicas (brocardia) foi desenvolvida de modo a que se pudesse ter um atrelamento com a Idade Média; e só a partir daí a dogmática do direito se tornou fator estabilizante, *que começou a afetar a própria evolução do direito*[57].

O impulso do direito civil romano para desenvolvimentos mais complexos do direito, mediante afinações mútuas entre conceitos e casos, encontra-se, sobretudo — e certamente não por acaso —, entre aqueles conceitos jurídicos que logo passaram a fazer parte do acoplamento estrutural entre o sistema do direito e a economia, ou seja, entre propriedade e contrato[58]. Um conceito específico de propriedade até então quase não se fizera sentir, uma vez que todo o básico necessário à vida podia ser incluído no conceito de "família": mulher, filhos, escravos, animais, terra[59]. Durante muito tempo bastou

---

[57]. Com argumento semelhante, Harold J. Berman, *Recht und Revolution: Die Bildung der westlichen Rechtstradition*, trad. alemã, Frankfurt, 1991, situa o corte decisivo somente nos séculos XI/XII. Também aqui o motivo não se encontra em um sistema jurídico ainda não criado, mas na oposição da Igreja a uma possível teocracia do império e contra o despotismo político-religioso.

[58]. Para mais detalhes, cf. Capítulo 10, III.

[59]. Originalmente, a propriedade não era particular, mas propriedade por descendência. Somente as coisas móveis, que se podia abarcar com as mãos, eram as *res mancipi*. No entanto, isso muda com os efeitos da formação das cidades. É quando passa a fazer falta um conceito de propriedade mais perdurável, e mesmo uma distinção entre direito de coisas e direito de pessoas. Distingue-se, por exemplo, entre *res mancipi* (e, consequentemente, *mancipatio, emancipatio*) e *res nec mancipi* (por exemplo, animais de pequeno

conceber a propriedade como posse, como domínio sobre seus próprios, e protegê-la de intervenções, ou seja, descobrir e castigar o criminoso, obrigando-lhe a devolução ou a reparação. Só relativamente mais tarde chega-se a uma diferenciação decisiva entre propriedade e posse: uma construção puramente jurídica do que se encontra atrás das relações de posse visíveis e que merecem proteção. Só então, com o auxílio da proteção da simples posse factual, o direito já não se justifica pela violenta criação do (suposto) Estado de direito, mas esta deve se impor unicamente pela via legal. Só assim os títulos de propriedade tornam-se independentes da força e do poder de combate do titular do direito[60]. Apenas dessa forma se tem a nítida separação entre direito civil e direito penal, possibilitando que a propriedade se faça ponto de referência para as mais diversas relações contratuais e, sobretudo, para o crédito. Pôde-se então instaurar um processo para determinar quem é o proprietário de algo, independentemente da questão da posse.

Não se é proprietário unicamente com relação a quem venha a perturbar a ordem, mas em relação a qualquer pessoa

---

porte, *pecus, pecunia*). As distinções têm uma relação estreita com a conservação de uma ordem social que, no entanto, é segmentária; ou seja, uma relação com o que se considera importante (ou não tão importante). Isso vale também para a falta de acesso à aquisição de propriedade pelos estrangeiros sem *ius commercium*. Não obstante, a jurisprudência republicana tardia, altamente desenvolvida, vê o direito romano sobretudo do ponto de vista do lar, da "família". Cf., para Quintus Mutius Scaevola: Aldo Schiavone, *Nascita della Giurisprudencia: Cultura aristocrática e pensiero giuridico nella Roma tardo-repubblicana*, Bari, 1976, p. 116 s.

60. Sobre isso, cf. Robert C. Palmer, "The Origins of Property in England", *Law and History Review* 3 (1985), p. 1-50, para o período de 1153 a 1215. A propriedade no sentido moderno é aqui claramente descrita como resultado de um desenvolvimento evolutivo, como "parte da lei desenvolvida acidentalmente; por atos que tiveram consequências não intencionais" (p. 47). O motivo estava em solucionar primeiro os conflitos políticos entre vassalos e entre senhores e vassalos, conflitos que estavam presentes no contexto feudal.

que seja parte do sistema do direito e que esteja obrigada a respeitar a propriedade, podendo ter a eventual possibilidade de adquiri-la ou de valer-se de outros direitos contratuais, como o direito de uso. Por conseguinte, a universalidade da propriedade, e nesse sentido sua relação com o sistema jurídico, não está no arbítrio do tratamento (incluindo o abuso) das coisas próprias. Foi isso o que garantiu ou reconheceu como fato o *manus* em qualidade de domínio sobre a coisa. A universalidade encontra-se mais na relação com o sistema: no fato de que cada qual deve respeitar o proprietário como proprietário, a não ser que o próprio sistema do direito preveja restrições. A universalidade consiste, então, em todos os demais serem, com relação a essa propriedade, não proprietários.

Desatrelamentos semelhantes evoluem no campo do direito contratual. A dificuldade aqui reside em ver que o contrato é considerado, finalmente, componente constitutivo da obrigação, e não simples transação de mão a mão. O contrato se torna sinalagmático (bilateral) e poder-se-ia dizer: torna-se um princípio de regulamentação das partes contratantes e, sobretudo, um princípio regulador para o caso de haver perturbação em seu cumprimento. A transação em si já não interessa, ou, no caso dado, interessa apenas como condição jurídica para a realização de determinados tipos de contratos (contratos reais). O contrato em si ocupa a posição do escambo e regulamenta a própria realização.

Que isso funcione em termos gerais ainda hoje, e que é mais fácil poder recorrer a leis atuais vigentes do que ir às regras de decisão que tinham se desenvolvido, sendo passíveis de emenda, na prática do direito, é algo de que dificilmente se duvidará. Essa sensação de naturalidade, no entanto, aproxima-se perigosamente dos argumentos *ad hoc* e *ad hominem* como "a ponderação de interesses", que é o cavalo de Troia de toda dogmática jurídica.

Não se trata, nem na valoração, nem na seleção, de um processo de inovação do direito induzido do exterior. Evolução não é processo de planificação. Pode-se chegar ao litígio por motivos muito distintos, e não raro (ou mesmo na maioria dos casos) em razão de situações não esclarecidas. O sistema do direito não exerce nenhum controle sobre os motivos que levam ao litígio e que tornam necessárias as decisões. Os procedimentos jurídicos não servem à transformação do direito, mas tão somente a mudanças de estrutura de caráter pontual: *They declare the Law*, como se diz no *Common Law*. Mesmo quando há regras de decisão buscadas e encontradas, e quando se tem consciência de que a prática do direito de até então já não se mostra satisfatória em razão da mudança de condições, só o que acontece no direito são mudanças estruturais pontuais, mas não uma planificação ou um controle do sistema como sistema. Nessa medida, a transformação gradual do direito não decorre de atividades orientadas para fins, mas resulta da diferença entre variação e seleção que incessantemente se reproduz, constituindo um resíduo da entrada em vigor da diferença evolutiva. Por isso, não é o caso de integrar a mutabilidade do direito na autodescrição do direito. Não é necessário refletir sobre isso. É algo que se dá por si.

De modo correspondente, a decisão de litígios de modo algum é obtida por meio de uma decisão entre o direito antigo e o novo. O mito de Antígona estiliza uma situação de exceção.

A ideia de que o direito moderno poderia ser melhor do que o antigo é reflexão bastante tardia sobre uma prática introduzida há muito tempo. Trata-se, em primeiro lugar, mesmo na jurisprudência já existente, de uma cautelosa ampliação, de um argumentar por analogias[61], de uma extensão de experiências a casos novos. Aqui, como alhures, a evolução não é resultado de um processo que se dirige para uma meta, mas um produto colateral não intencionado: um resultado epigenético que se depara[62]. O sistema social, ao realizar esse tipo de funcionamento jurídico, é que já instalou um nível de observação de segunda ordem que torna possível o processo de diferenciação de um sistema jurídico. Nos procedimentos dos tribunais existe um nível em que se confirmam ou se rechaçam as expectativas normativas, a depender de corresponderem ou não ao direito. A codificação lícito/ilícito já é utilizada, e também aqui surge um efeito de tal codificação, como se pode prever: o sistema do direito armazena uma semântica de programas a que se recorre quando demanda critérios para atribuir valores jurídicos[63]. Contudo, a função da seleção não se distingue dos problemas de reestabilização do sistema. A seleção opera com relação a um direito que se supõe estável, recorrendo à justificação a um

---

61. Poder-se-ia acrescentar até mesmo alegorias relacionadas ao direito judeu. Cf. Luis Ginzberg. *On Jewish Law and Love* (1956), reimpr., Nova York, 1977, p. 127-50.

62. Isso vale também para a evolução dos sistemas orgânicos, sobretudo se a indicação de direção no sentido de "graduação da autocomplexidade dos sistemas" é tomada por uma característica da evolução. A esse respeito, cf. G. Ledyard Stebbins, "Adaptive Shifts and Evolutionary Novelty: A Compositionist Approach", in Francisco Ayala/Theodosius Dobzhansky (org.), *Studies in the Philosophy of Biology: Reduction and Related Problems*, Londres, 1974, p. 285-306 (302 e s.). Cf. também, id., *The Basis of Progressive Evolution*, Chapell Hill N. C., 1969.

63. Cf. Capítulo 4.

direito antigo, e, onde isso não é suficiente, remete a uma ordem dada por Deus. Mesmo quando há uma ampla prática de decretos imperiais (*constitutiones*) que intervêm no direito, como foi o caso no Império Romano tardio, o sistema do direito, com todos os sinais de vacilação, concede um estatuto especial a esse fenômeno[64].

Independentemente de os conceitos que possibilitam o acesso ao processo legislativo estarem mal articulados, a prática, tal como se efetua nos tribunais e na doutrina que a acompanha, cada vez mais dissolve a referência à estabilidade do direito já existente. Isso se inicia na época republicana tardia de um *Quintus Mutius Scaevola*, logo que uma geração anterior de juristas procedera a registrar por escrito os produtos de sua consultoria. Iniciam-se os primeiros esforços tendo em vista conceitos de tipo dialético (abstração de "genus"), acompanhada por uma doutrina que não se orienta apenas pelos casos particulares[65]. Note-se que, precisamente graças à fixação por escrito dos ditames jurídicos (e não apenas das leis), passa-se a entender que o direito tradicional já não mais se adapta[66], e assim se busca

---

64. Essa compreensão, aqui expressa em forma de concessão e que recebeu célebre formulação por Ulpiano "*Quod principi placuit, legis habet vigorem* [o que aprouve ao Príncipe tem força de lei]" (D. 1.4.1.1.), só em inícios da era moderna foi elevada à categoria de máxima de soberania; e ainda ali se tinha de partir do fato de que a um soberano virtuoso não pode convir o que simplesmente lhe agrada, pois nesse caso não seria um soberano, mas um tirano a quem, com toda razão, alguém pode opor resistência.

65. Sobre isso, cf. Schiavone, op. cit., sobretudo p. 69 s.

66. Schiavone fala de saltos qualitativos na jurisprudência, e isso precisamente em razão de uma vinculação intensamente cultivada com a tradição, ou seja, "nascida da jurisprudência romana como prática intelectual definida, dotada fortemente de uma autoprodução e de um quadro conceitual e mecanismos lógicos que lhe garantem um estatuto teórico muito específico, um respeito autônomo independentemente de outras formas de conhecimento e com tendência a se manter constante" (op. cit., p. 86 s.).

conservá-lo mediante a sistematização conceitual — prova característica da tendência conservadora da inovação evolutiva[67]. Esses esforços são complementados com materiais de textos, que no período clássico de jurisprudência romana aumentam rapidamente — graças ao descobrimento de conceitos jurídicos e regras de decisão que deveriam se aplicar aos casos concretos. Em uma sociedade em que as normas e ditames jurídicos já estejam fixados pela estrutura, mas em que grande parte da tradição se conserva oralmente — uma vez que não há livros suficientes e, portanto, fala-se de antes da disseminação da imprensa —, esses conhecimentos jurídicos adotam frequentemente o caráter de regras para a lembrança, de uma paronímia, com máximas reunidas em coleções, onde podem ser aprendidas na retórica jurídica verbal[68]. Dessa maneira, as inflexões jurídicas, que em parte provêm do *corpus juris* e em parte são trazidas de outras fontes de autoridade, tornam-se máximas jurídicas passíveis de ser aprendidas e usadas, como ideias aparentemente antigas, para a implementação de petições inovadoras[69].

---

67. Frequentemente também chamado "princípio de Romer", segundo Alfred S. Romer, *The Vertebrate Story*, Chicago, 1959.

68. Hoje em dia reconhece-se amplamente que também nas chamadas sociedades "letradas", que já dispõem de um elevado grau de cultura escrita, a comunicação em geral acontece oralmente, e as formas necessárias para tal continuam a ser preservadas em textos escritos. Para o caso do direito, em especial, cf. Peter Goodrich, "Literacy and the Language of the Early Common Law", *Journal of Law and Society* 14 (1987), p. 422-44. Algo semelhante se pode constatar para o campo da medicina e de seus estados. Cf., sobretudo, os textos da escola de medicina de Salerno, impressos em *The School of Salernum: Regimen Sanitatis Salerni: The English Version by Sir John Harrington*, Salerno, Ente Provinciale per Il Turismo, o. J. Essa versão inglesa foi redigida para impressão em 1607.

69. Isso pode ser lido nas argumentações jurídicas que antes de Bodin já tinham declarado o domínio do soberano no direito. Em Jacobus Omphalius, *De officio et potestate Principis in Reipublica bene ac sancte gerenta libri duo*, Basileia, 1150, encontram-se em fórmulas habituais como: *Princeps legibus solutus est* [o Príncipe é isento de leis], *Princeps Lex*

Os conhecimentos jurídicos que lhe conferem estabilidade na prática desenvolvem-se por meio das experiências obtidas de casos: comparações cautelosas entre casos antigos já decididos e novos casos. Entre os critérios para a comparação estão as classificações conceituais, as atribuições bem-sucedidas imputadas aos institutos jurídicos já fundados e as regras de decisão comprovadas, que foram usadas mais de uma vez. No essencial, o método consiste em provar sempre novamente o alcance das deduções analógicas — portanto, nem dedução de princípio, nem generalização indutiva, já que a meta não é encontrar as regras que podem ser generalizadas, mas chegar a decisões fundadas em casos. Nesse procedimento, a iminente e nova decisão não necessariamente se encontra já determinada pelos conhecimentos jurídicos prévios. É possível que justamente em razão do repertório de casos existentes reconheça-se a novidade de um deles sobre o que agora se deve decidir.

---

animata in terris [o Príncipe é a lei animada na Terra], *Principis voluntas pro ratione habeatur* [considere-se a vontade do Príncipe no lugar da doutrina]. Ou também a fórmula citada na nota 64, ainda que na situação jurídica real da época nem os textos isentavam o soberano de suas obrigações perante a lei. Como exemplo de criação de máximas sem contexto, e por isso mesmo falseando o seu sentido, pode-se cf. também Adhémar Esmein, "La máxime 'Princeps legibus solutus est', dans l'ancien droit public français", in Paul Vinogradoff (org.), *Essays in Legal History*, Londres, 1913, p. 201-14; para a história dessa fórmula, de maneira pormenorizada, cf. Dieter Wyduckel, *Princeps Legibus Solutus: Eine Untersuchung zur frühmodernen Rechts- und Staatslehre*, Berlim, 1979. Outro exemplo é o uso de uma formulação em D 45.1.108, na qual, no texto citado, resolve-se um complicado caso de dote. Diz o texto: *nulla promissio potest consistere, quae ex voluntate promittentis statum capit* [não se pode firmar promessa alguma que logra sua condição a partir da vontade do promitente]. Jean Bodin, em *Les six livres de La République*, Paris, 1583, reimpr. Aallen 1967, p. 132, cita-o de maneira equivocada, em vez de *promissio obligatio*, deduzindo daí a doutrina, repleto de consequências, segundo a qual o próprio soberano não poderia se comprometer por razão de direito natural. E um último exemplo: a sentença *Quod omnes tangit omnibus tractari et approbari debet* [o que toca a todos deve ser cumprido e aprovado por todos] refere-se originalmente a um caso que pressupõe uma maioria de tutores; não obstante, na Idade Média ela é utilizada como argumento na discussão sobre o princípio de representação em corporações.

Como é característico nos contextos evolutivos, o resultado consolidado é a conclusão de uma fase evolutiva, como também a condição para reconhecer e especificar a variação seguinte.

Quando a prática do direito se fecha em uma continuidade temporal e se deixa guiar pelas regras que ela própria determinou, e quando a tarefa consiste particularmente em mensurar o caso com as regras e as regras com o caso, a seleção evolutiva adquire uma forma bastante peculiar. Dever-se-á então perguntar se o caso, visto do ponto de vista das regras, é igual a outros casos. Se (e somente se) for igual, pode-se "subsumir". Se for diferente, ter-se-á de desenvolver uma nova regra, partindo do caso. Essa prática é a que dá ensejo a que se conceba a justiça não simplesmente como *ideia* de igualdade, mas como a forma normativa da igualdade. Ou seja, como preceito que distingue o igual do desigual e que trata o igual como igual e o desigual como desigual.

A depender de como se toma essa decisão (e precisamente essa!), a evolução do direito se orienta no âmbito de suas próprias redes de comunicação para um *feedback* negativo ou positivo. Ou o sistema legal se mantém estável em virtude das regras existentes, que sempre novamente podem ser aplicadas, ainda que possam desencadear tensões, ou o sistema do direito se desvia do ponto de partida existente e constrói maior complexidade mediante novas decisões *distinguishing* [distintivas] e *overruling* [anuladoras] (para dizê-lo na terminologia do *Common Law*). Só mesmo nesse último caso é que se chega a ter problemas de reestabilização estrutural (e não apenas processual). Ou seja, a questão é saber se e como o sistema, em sua crescente complexidade, ainda funciona de modo autopoiético e, por exemplo, se continua a ser um sistema suficientemente atrativo para o usuário, no sentido de ainda produzir casos de direito.

A orientação do conhecimento legal efetivo por fórmulas estereotipadas, que de início eram providas e implementadas por transmissão oral, desapareceu com a influência crescente da literatura impressa. Cada vez mais o direito da Idade Média, com suas glosas e comentários, seus privilégios e obrigações pactuadas, sua estrutura dos processos (pela qual se orienta o direito material) de *writs* [citações] e *actiones* [ações], manifesta-se cada vez mais como algo intrincado. A imprensa oferece a oportunidade de serem difundidos outros tipos de textos. Os textos jurídicos, que até então eram transmitidos oralmente, agora são escritos para serem impressos. Isso também possibilita reuni-los, fixá-los e difundi-los de maneira seletiva[70]. Somente com a imprensa abre-se a possibilidade e, assim, a necessidade de simplificar, sistematizar e proceder metodicamente, o que acabará por caracterizar a ciência jurídica continental[71].

---

70. É célebre, sobretudo, a redação oficial das *coutumes* francesas, o uso que se instaurou em inícios do século XV, isto é, antes da imprensa, tendo logo sido difundida, melhorada, passado por revisão jurídica e modernizada mediante o auxílio da impressão. Para uma revisão rápida, cf. Philippe Sueur, *Histoire du droit public français XVe-XVIIIe siècle*, vol. 2, Paris, 1989, p. 39 s.

71. Na Itália tem início uma crítica humanista (talvez melhor: histórica) sobre o tratamento característico dado a textos jurídicos da Idade Média, na primeira metade do século XV, isto é, já antes da introdução da imprensa. Nessa crítica são ressaltadas, num primeiro momento, as questões estilísticas; os meios seriam providos pela tradição retórica já recuada no tempo. Cf., por exemplo, Domenico Maffei, *Gli inizi dell'umanesimo giuridico*, Milão, 1956, reimpr. 1968. Para as consequências provocadas imprensa, que só no século XVI torna um problema, cf. Hans Erich Troje, "Wissenschaftlichkeit und System in der Jurisprudenz des 16. Jahrhunderts", in Jürgen Blühdorn/Joachiem Ritter (org.), *Philosophie und Rechtswissenschaft: Zum Problem ihrer Beziehungen im 19. Jahrhundert*, Frankfurt, 1969, p. 63-88, id., "Die Literatur des gemeinen Rechts unter dem Einfluss der Humanismus", in Helmut Coing (org.), *Handbuch der Quellen und Literatur der neueren europäischen Privatrechtsgeschichte* II, 1, Munique, 1977, p. 615-795 (741 s.). No âmbito do

Ao mesmo tempo, porém, a imprensa abre a possibilidade, da qual se vale, sobretudo, no *Common Law*, de se recuperar a particularidade e a artificialidade com que a prática jurídica se orienta pelos casos e o contexto de legitimação entre historicidade e racionalidade, passando, pois, de uma fase de auto-observação e autoadmiração ideológica dessa prática para a autoadmiração "nacional" no século XVIII[72].

Em resumo, pode-se agora falar de uma dogmática jurídica que atenta para a sistemática conceitual e para a coerência histórica. Esse material semântico que faz abstração da prática casuística (mas de modo algum é insensível a ela) oferece possibilidades para a elucidação das questões de construção. Essas perguntas são utilizadas para que se rechacem as decisões impossíveis, mas também para fundamentar as decisões que já de há muito correspondem ao uso conceitual habitual. Desse modo, em não poucos casos, mediante um processo evolutivo característico de "reforço de desvio", chega-se a uma expansão de alcance dos conceitualmente chamados "institutos

---

Common Law encontram-se, com o mesmo motivo, incitações estéreis de uma orientação pela tendência retórico-humanista do continente. Sobre isso, cf. Peter Goodrich, *Languages of Law: From Logics of Memory to Nomadic Masks*, Londres, 1990, sobretudo p. 70 s.; além disso, tem-se a iniciativa, igualmente estéril, da parte de Francis Bacon, de reagir, na via da legislação, com novas compilações e uma abordagem metódica e científica da legislação. Cf. *De augmentis scientiarum* 8, 3, aforismo 59 s., citado pela tradução inglesa em *The Works of Francis Bacon*, Londres, 1857 ss., vol. V (1861), p. 10 s.; id., *A Proposition to His Majesty... Touching the Compilation and Amendment of the Laws of England*, Works, op. cit., vol. XII (1872), p. 57-71, e sobre isso também Barbara Shapiro, "Sir Francis Bacon and the Mid-Seventeeth Century for Law Tradition", *American Journal of Legal History* 24 (1980), p. 331-60.

72. A esse respeito, e para os contramovimentos de Bacon, passando por Hobbes e Blackstone até Bentham, cf. Gerald J. Postema, *Bentham and the Common Law Tradition*, Oxford, 1986; David Liebermann, *The Province of Legislation Determined: Legal Theory in Eighteenth-Century Britain*, Cambridge Engl., 1989.

jurídicos"[73]: de pequenos inícios, que respondem a exigências, surgem disposições de alcances consideráveis; sua importância dificilmente pode ser descrita em forma de definições, pois reúnem inúmeras experiências, e só os que se dedicam à prática "entendem" a sua relevância.

Somente em fins do século XIX passa-se a rechaçar essa jurisprudência conceitual e, de maneira cada vez mais desprotegida, justificar as inovações, como execuções de normas de competência seja do legislador, seja, e em escala crescente, também do juiz. O instrumento geral das distinções pode agora ser manejado de modo muito mais livre, muito embora venha a ter efeitos consideráveis no que, em consequência disso, foi depositado como semântica jurídica com funções de programa.

Por meio da diferenciação da dogmática jurídica, que por suas inconfundíveis características é parte do sistema do direito (e não deve ser confundida com o direito natural, ensinado nas escolas de latim), diferencia-se também a função da estabilização. É possível que os procedimentos jurídicos incorporem as variações e atribuam um significado estrutural para as futuras sentenças. Porém, mesmo que isso fosse alcançado, restaria ainda a dúvida se isso exerce alguma influência sobre a dogmática jurídica ou se apenas faz parte do sistema como um direito que a qualquer momento pode ser modificado, ou seja, se não é mais do que um resultado das decisões precedentes do tribunal. Em outras palavras, o que se diferencia

---

73. Para exemplos, sobretudo do direito de fiança e da cláusula de processo legal nos Estados Unidos, cf. Lawrence H. Friedman, *Total Justice*, Nova York, 1985.

são as funções de seleção e estabilização, e o que serve à estabilização emite impulsos próprios de inovação. Contudo, no século XVII o sistema político é sempre advertido sobre as inovações que trazem consigo a resistência, a rebelião e a guerra civil[74]. O sistema jurídico ali já alcançou a estabilidade dinâmica que possibilita, com consequências de amplo alcance, por exemplo, o conceito de propriedade, o de direitos subjetivos, a margem para se chegar a acordos por contratos celebrados informalmente e, por último, a ideia, inovadora em comparação com o que se tinha na Idade Média, de um "direito público"[75].

Somente mediante uma dogmática jurídica elaborada pode a estabilização e a reestabilização do direito passarem da validade simples (e quase sempre de fundamentação religiosa) às normas de sua *consistência*. A dogmática garante que o sistema jurídico conserve a si mesmo como sistema em sua própria alteração. Por isso também se falava de "método sistemático"[76]. Contudo, isso não demanda reflexão alguma

---

74. Cf., por exemplo, Iustus Lipsius, *Politicorum sive civilis doctrinae libri sex*, cit. segundo a ed. Antwerpen 1604, p. 96; Jean de Marmix, *Résolutions politiques et maximes d'Estat*, ed. ampliada, Bruxelas, 1629, p. 286 s.; Johann Hieronymus Im Hof, *Singularia Politica*, 2. ed., Nuremberg, 1657, p. 241 s.; Estienne Pasquiser, *Les Recherches de La France*, reedição, Paris, 1665, p. 678 ("Não há nada que devemos temer tanto numa República como a novidade").

75. Para um período posterior, também nos Estados Unidos pode-se constatar que as precondições para uma ordem econômica moderna (capitalista) tinham sido criadas no sistema de direito e não no sistema político. Sobre isso, cf. Morton J. Horwitz, *The Transformation of Law*, 1780-1860, Cambridge Mass., 1977. Com relação a esse aspecto, cf. a abordagem crítica de A. W. B. Simpson, *The Horwitz Thesis and the History of Contracts*, in id., *Legal Theory and Legal History*, Londres, 1987, p. 203-71 (contesta a contribuição que é própria do *Common Law* e faz alusão à adoção da tradição do direito civil). Cf. também, id., *Innovation in Nineteenth Century Contract Law*, op. cit., p. 171-202.

76. Alinhando-se a Nicolai Hartmann, Heino Garn, *Rechtsproblem und Rechtssystem*, Bielefeld, 1973, p. 28, sobre o ajuste contínuo entre sistema e soluções de problemas.

sobre a unidade do sistema, não requer nenhuma orientação quanto ao sentido geral do sistema no sistema[77], mas unicamente um esforço para encontrar a solução consistente com base em casos "semelhantes". O direito tradicional, da mesma forma que o direito que passou por alterações, é válido quando mantido num contexto de ideias jurídicas relacionadas. A possibilidade de uma construção dogmática de uma solução de caso pode servir como prova de consistência. Isso, por sua vez, possibilita identificar situações onde uma construção não se faz possível, como possibilita ter a consciência de que há um problema quando o resultado encontra-se em descompasso com uma percepção modificada de justiça ou contradiz o que um olhar jurídico treinado aceitaria como solução razoável. É precisamente uma dogmática jurídica, ou os conhecimentos amplamente elaborados pela *ratio decidendi*, no âmbito de uma multiplicidade de decisões tomadas no tribunal, que dão a perceber os defeitos e fazem buscar, nem sempre com êxito, melhores possibilidades de construção. O direito tem a oportunidade de amadurecer mediante os próprios defeitos, por exemplo, no reconhecimento do princípio de culpabilidade, algo que se reconhece desde o princípio e que se encontra fixado legalmente, num escopo limitado de responsabilidade e também sem admitir a culpa — seja porque subjetivamente não o é, ainda que tenha provocado uma situação perigosa, seja por dispor de possibilidades de controle e alternativas que poderiam contribuir para que danos

---

[77]. Esta é apenas outra versão da constatação de que, para determinar as decisões do sistema, não basta a orientação pela função do direito.

fossem evitados[78]. Em razão de reconstruções dogmáticas, na baixa Idade Média chegou-se a ter a ideia de que o princípio de *bona fides* [boa-fé] poderia preencher todas as lacunas do sistema contratual romano e dos correspondentes no direito de estabelecer a queixa (*actiones*); qualquer contrato que não infringisse a lei poderia ser reconhecido como título; unicamente do contrato surge a obrigação (*ex nudo pacto oritur obligatio*). Da mesma forma, o interesse em acumular capital e as limitações da responsabilidade no século XVIII faziam que se buscassem formas de direito para pessoas jurídicas que já não podiam ser acomodadas nos antigos direitos de privilégio até então concedidos às corporações. Tudo isso pode ser concebido como adaptação do sistema do direito às necessidades cambiantes, mas de forma alguma quer dizer que o ambiente determina o sistema de direito. Em vez disso, o que quer dizer é que o sistema reconhece seus defeitos em sua própria tela e, para remediá-los, só se pode valer de meios próprios e adequados[79]. É possível que o ambiente provoque irritações e distúrbios no sentimento jurídico, mas tais irritações são formas de proposição do problema

---

78. Sobre esse aspecto e desenvolvimentos jurídicos semelhantes no *Common Law*, cf. Edward H. Levi, "An Introduction to Legal Reasoning", *University of Chicago Law Review* 15 (1948), p. 501-74.

79. Cf. Alan Watson, *The Evolution of Law* (Baltimore, 1985), com bons exemplos da evolução do direito contratual romano. Aqui, é interessante pensar a formação de tipos de contratos para contratos não pecuniários (*mandatum, depositum*), já que esta dificilmente pode ser explicada pelo desenvolvimento econômico, e a explicação plausível (juridicamente imanente) é a de que o direito tem de garantir o direito de proteção também e sobretudo nos atos de amizade — justamente onde a insistência numa fixação formal de direitos e deveres é percebida como um embaraço. Além disso, na instituição do contrato se tem um bom exemplo do fato de problemas legais não serem inerentes ao equilíbrio de desempenhos recíprocos, que podem ser deixados para o sistema econômico, mas na persistência da conexão "sinalagmática" e no controle de distúrbios que podem ocorrer inesperadamente *após a celebração do contrato*.

internas ao sistema, e é evidente que as soluções estão atreladas a ela, o que, no contexto do direito vigente, acredita-se poder construir.

Da perspectiva do direito, nessa forma da inovação por meio da compensação dos defeitos inclui-se a legislação. É percebida como anomalia. A questão é: pode-se remediar sem alterar o direito? Uma regra "ofensiva" como essa, ao menos como máxima de interpretação, vale no *Common Law* ainda hoje[80]. Essa regra exige que o direito se veja como sistema, como totalidade de soluções aplicadas de maneira consistente, selecionando uma delas para o problema existente; exige que na interpretação da lei se suponha que o legislador queira proceder de certa maneira e que, no caso de não se poder encontrar nenhuma regra, o juiz introduza uma que seja adequada ao caso e que se possa generalizar. Nesse sentido, o direito vigente se motiva para a inovação, mas também para a conservação de estabilidade/consistência/justiça. Em todo caso, a evolução do direito que procede dessa maneira não pode ser apreendida como cega ou como intencional[81], muito menos como reação ponto por ponto aos impulsos exteriores. Ante os impulsos exteriores a evolução opera de maneira circular e reage em parte com variação, em parte com estabilização para tornar a motivar as inovações: variação > seleção > estabilização.

Esse modelo de evolução não sequencial mas circular

---

80. Cf. Peter Goodrich, *Reading the Law*, Oxford, 1986, p. 55 s., 117.

81. Cf., por exemplo, W. Jethro Brown, "Law and Evolution", *Yale Law Journal* 29 (1920), 394-400, sobre a recusa a tal distinção. De uma perspectiva sociológica, a distinção entre intenção/não intenção resultaria numa distinção crucial, relacionada à transição da teoria da ação social para a teoria dos sistemas.

permite formular a questão sobre as mudanças evolutivas das condições de evolução do direito. O que se deve observar, sobretudo, é que as disposições para a estabilização ou reestabilização do próprio direito se tornam dinâmicas e operam, por sua vez, a variação no direito. O direito não espera que as pessoas entrem em conflito para logo encontrar uma solução justa, que coincida com a lei. Em vez disso, valendo-se de intervenções regulatórias na vida cotidiana, ele produz situações que logo serão motivo de conflitos: o direito se exerce — a si mesmo.

De modo concreto, as ocasiões de mudanças nas formas de evolução deveriam ser buscadas sobretudo no estabelecimento maciço que se deu nas legislações dos séculos XIX e XX. Isso se encontra estreitamente relacionado com a democratização do sistema político e com a canalização constitucional da influência política na legislação. A política, com sua imensa quantidade de novas diretrizes, provoca no sistema do direito um impacto enorme, afinal o direito tem de integrá-las, compreendê-las, processá-las. Por meio de procedimentos que implicam conhecimentos especializados, será possível constatar se os desejos políticos se fazem cumprir com o desejo vigente ou se nele mudanças devem ser pressupostas. Nessa medida, o direito continua a ser parte do jogo, e, tanto agora como antes, o que provoca a variação é o que o sistema percebe como irritação, para o qual ele encontra uma forma. Mas, desse modo, o mecanismo da variação mudou. O "ruído" da política já é outra coisa, e atualmente se faz constituído em ocasião que suscita a predominância da variação. Já não são apenas os conflitos que fazem variar o direito e, eventualmente, fornecem a circunstância para que novas regras sejam preferidas, mas também a política que persegue seus próprios objetivos e cria as diferenças que eventualmente se tornarão conflitos. Se um Estado exige que se preencha certo formulário de entrada no país, como é o caso dos Estados Unidos, no qual são feitas perguntas sobre etnia, isso não é uma solução para um conflito, mas a criação de uma posição desfavorável para aquele que quiser fazer dessa pergunta um conflito. Sem normas não haveria conflito. O mecanismo de variação do direito mediante conflitos autoproduzidos põe lenha na fogueira circular, e a norma em si já indica como se deve resolver o conflito.

Ante essa situação, a evolução do direito tem de se apoiar na interpretação. A interpretação realiza uma prova de consistência ao examinar qual compreensão de uma norma cabe no contexto de outras. Na maioria dos casos — à diferença do que se teve nas grandes codificações dos séculos XVIII e XIX —, as leis já não se interessavam pela consistência. Diante disso, a função jurisdicional concedeu a si maior liberdade de interpretação. No entanto, ela não pôde se valer dos textos existentes para recuperar a consistência. Existe, e isso também mostra o grande abismo que se criou, uma discussão bastante ampla acerca dos métodos de interpretação das leis[82] que, não obstante, não adquiriram nenhuma relevância para fundamentar as decisões dos casos particulares (por que os tribunais deveriam decidir por um método determinado?). A saída estava

---

82. Para um ponto de vista comparativo e a tipificação resultante, cf. D. Neil MacCornick e Robert S. Summers (org.), *Interpreting Statues: A Comparative Study*, Aldershot, 1991.

em uma maior tolerância à ambiguidade, num abrandamento da dogmática tradicional, nos conceitos jurídicos indefinidos e nas fórmulas de ponderação. Com tudo isso, os tribunais podem chegar a soluções *ad hoc* aparentemente adequadas, mas não, precisamente, a uma prática jurídica consistente. E o legislador adota tais fórmulas, pois ele próprio não pode reconhecer sob que restrições a consistência poderia continuar a se conservar, apesar das novas normas.

Que as normas já quase não representem interesses de consistência significa, ao mesmo tempo, que elas podem ser facilmente modificadas se consideradas normas particulares. A mudança das leis se torna normal, o prazo de validade médio das normas diminui e, não raro, as normas entram em vigência apenas temporária ou mantêm a expectativa de uma melhor compreensão para um momento posterior. O que já não se pode alcançar como consistência objetiva é compensado por meio da inconsistência temporal (o que talvez seja menos doloroso e menos injusto).

Para Karl-Heinz Ladeur[83], sob tais circunstâncias não se pode garantir a unidade do direito, esta sendo substituída por um conceito jurídico (em seus valores e interesses) pluralista. A essa concepção se opõe o fato de que o sistema do direito, hoje como ontem, reproduz-se de modo autopoiético e não pode ser confundido com nenhuma outra ordem. Numa terminologia que abordamos de modo mais preciso no Capítulo 8, pode-se formular que o sistema do direito adquire

---

83. Cf. K. H. Ladeur, *Abwägung — Ein neues Paradigma des Verwaltungsrechts: Von der Einheit der Rechtsordnung zum Rechtaplularismus*, Frankfurt, 1984.

variedade (número e heterogeneidade das operações possíveis), mas perde em redundância (economia de informação, investigação, capacidade de reconhecer os erros). É possível que, diante dos erros, o sistema se torne mais robusto e, nesse sentido, mais "generoso"[84]. Ao mesmo tempo, porém, perde a transparência e a segurança para os sistemas do ambiente que queiram recorrer a ele. Precisamente por isso hoje sempre se torna a perguntar com desesperança pela legitimidade do direito — com uma sobrecarga de valores e cólera e, também, com imprecisão.

Como resultado dessa evolução, para o sistema do direito — e filósofos da moral podem avaliar de modo diferente — existe somente o direito positivo; ou seja, só existe o direito que entra em vigor mediante o próprio direito, pelo símbolo da validade jurídica. Isso vale independentemente da conformação concreta das tradições jurídicas. Vale tanto para o direito civil continental como para o direito da *Common Law*. Vale também, independentemente da escala de medida que o legislador empregue, para criar um novo direito ou para codificar o antigo. No *Common Law*, por exemplo, isso se manifesta na consolidação das conexões com os casos precedentes do século XIX, portanto, também ali onde o positivismo jurídico recomendado por Bentham e Austin não pôde ser

---

[84]. A tendência já debatida (Capítulo 4, IV) de buscar razões para decisões nas *consequências* das decisões, as quais ainda não são conhecidas no momento da decisão, mas de algum modo têm de ser avaliadas, é evidência clara dessa tendência a uma maior "amistosidade a erros". Tendo em vista a força da lei, não faz diferença a avaliação das consequências ser equivocada ou não. Cf. também o veredicto sobre a aparentemente precisa "análise econômica do direito" por Anthony D'Amato, "Can Any Legal Theory Constrain Any Judicial Decision", *University of Miami Law Review* 43 (1989), p. 513-39.

consumado[85]. É claro que o direito vigente não pode ser concebido como sistema lógico totalmente fechado: nenhum sistema lógico pode ser fundamentado como sistema, livre de contradições. Mas a resposta a esse problema de imperfeição não se encontra na garantia de validade externa, mas na contínua produção de textos jurídicos, nos quais se pode reconhecer o que é válido como direito e o que não é. E a "razão" do sistema não reside na bondade assegurada dos princípios, mas na pergunta que se faz em cada situação se o direito vigente deve ser alterado diante de perspectivas descortinadas pelo problema. Consequentemente, a validade do direito não se estabelece na unidade, mas na diferença. A validade não se pode ver, não se pode "encontrar": ela simplesmente se encontra na reprodução contínua.

IV

O abrangente capítulo que precede, ao apresentar a evolução do direito até sua culminância em um fechamento sistêmico operativo, demanda ser corrigido em um aspecto importante. Pode ser mantida a tese de que o direito evolui a partir de si mesmo e que o ambiente social traz a ele impulsos casuais que desencadeiam as variações e seleções eventualmente inovadoras. A resposta do sistema ao ambiente mostra-se por institutos jurídicos especiais: como a sensibilidade registrada pelo direito penal, ou nas formas do direito civil, com sua preferência

---

85. Sobre esse desenvolvimento na Inglaterra dos séculos XVIII/XIX, cf. as contribuições de Gerald J. Postema e Jim Evans in Laurence Goldstein (org.), *Precedent in Law* (Oxford, 1987).

por prover possibilidades de litígio, ou, enfim, paralelamente ao desenvolvimento do Estado territorial moderno, na criação do direito público (que no início quase não podia ser diferenciado do direito civil e do direito natural), e que encontra seu ponto culminante no direito constitucional moderno. Todavia, tampouco há condições sociais que, para além dessa multiplicidade de direitos, sejam decisivas para que o sistema do direito possa se fechar em sua operação? Não existem condições sociais pelas quais o sistema do direito especifique suas próprias estruturas mediante operações exclusivas e que, não sendo possível mudá-las, o faça por motivos reconhecíveis internamente pelo direito?

Suspeitamos que o problema que Hobbes havia assinalado, da onipresença da violência física, representa tal condição. Em uma formulação positiva, isso significa que o direito deve pressupor que a paz esteja assegurada, se é que sua resposta pretende ser algo mais do que mero condicionamento à violência física. E isso remete a que a evolução do direito depende da evolução de um sistema político, que se dá em paralelo, já que com uma espécie de expropriação primária o sistema político subtrai à sociedade a disposição do poder de violência física e, sobre essa base, consolida seu próprio poder[86].

Em um sentido muito incipiente, o direito sempre esteve relacionado à solução de conflitos que possivelmente teriam solução violenta. Isso é mais evidente quando o próprio direito se transforma em fonte de conflitos de primeira classe, já que

---

86. A esse respeito, no contexto de uma teoria simbolicamente generalizada dos meios de comunicação, cf. Niklas Luhmann, *Macht*, Stuttgart, 1975.

muitas vezes — e quanto mais se desenvolve, maior a frequência — conduz a conflitos nos quais as partes se remetem à lei. Foi precisamente isso que o levou à conquista evolutiva dos procedimentos nos quais o direito, em certa medida, assenta-se no tribunal consigo mesmo. No entanto, isso por si só não levou à separação entre direito penal e direito civil, e fez que os procedimentos judiciais se tornassem dependentes da pergunta pela decisão que deveria prevalecer. Um indicador dessa situação poderia ser o número de "jurados" convocados pelas partes e o fato de ter ficado visível a prontidão operacional para a imposição do direito. À parte algumas ilhas de paz em cidades da antiguidade e no Império Romano, a sintomática incorporação da violência ao direito deve ser vista como normal até a Alta Idade Média e como barreira ao desenvolvimento posterior da semântica jurídica e da autorreferencialidade jurídica[87]. Nesse sentido, em sua prontidão para a violência, o direito esteve e se manteve atrelado às estruturas de seu ambiente social, que ele não podia controlar, mas se manteve atrelado, acima de tudo, às ligações familiares e de clãs em sociedades segmentárias. Isso forçosamente impediu o refinamento da semântica jurídica, o condensar e o confirmar de experiências de caso em casos sempre novos, bem como a atenção jurídica (com impactos sobre as decisões jurídicas) sobre uma consistência dogmática conceitual, tudo isso tendo repercutido na decisão dos tribunais.

Uma superação desse obstáculo nas evoluções posteriores só foi possível quando a política (mas na Idade Média era antes de tudo a Igreja, organizada com seus meios do direito

---

87. Cf. sobretudo Berman, op. cit. (1991).

canônico) assumiu o controle da violência física e prometeu a paz. Isso implicou, ao mesmo tempo, que as pretensões legais, tendo constatado a sua legalidade, também pudessem ter se imposto[88]. O problema do acoplamento estrutural pode então se especificar e se restringir à relação entre política e direito — independentemente de esses sistemas de função serem concebidos como uma unidade que converte para cima ou se acoplarem mediante a instituição especial da Constituição[89]. Poder-se-ia dizer que a evolução "busca" soluções para o problema do acoplamento estrutural do sistema jurídico, para que não lhe sejam obstáculos; ou, o que faria incorrer no mesmo: a evolução busca estruturas possíveis de complexidade, que possibilitam uma evolução especial do sistema jurídico.

Se essa abertura tem seu ponto crítico no problema da violência, deve-se observar que essa dependência da violência assume outra forma com o empuxo da evolução. E de fato foi esse o caso. A ação penal, agora, não será concebida em primeiro lugar como lesão perpetrada a uma vítima, que se pode defender ou sobre a qual se pode exigir satisfação, mas como violação da própria lei penal. Desse modo, no século XVII e, sobretudo, no XVIII, um empuxo de criminalização de proporções inéditas veio a suscitar — no interesse público, pode-se dizer — um estímulo às teorias criminalísticas modernas

---

88. Ainda no século XVII houve exceções a uma forma que era como que concentrada, precisamente em favor da aristocracia; elas são encontradas ainda hoje, quando a política se recusa a agir por motivo de "segurança e ordem pública", e isso significa: a fim de evitar maiores distúrbios.

89. Sobre essas duas soluções, que por sua vez devem ser novamente distinguidas de acordo com o grau de liberdade que elas permitem aos sistemas acoplados, cf. adiante capítulos 9 e 10.

(Beccaria etc.), no que se passou a exigir as colônias de detenção; além disso, a sociedade burguesa se viu obrigada a sanear a si própria mediante a ética do trabalho e da indignação moral. A proteção dos bens jurídicos entra no direito unicamente pela mediação do legislador. Por isso, também passa a valer: *nulla poena sine lege* [não há pena alguma sem a lei]. O direito original de responder à violência com violência foi rompido: o Estado é o único ator autorizado a fazê-lo. De início, o Estado recorre às razões de execuções sem processos, reivindicando a fundamentação quase médica segundo a qual *le mal se guéri par le mal* [o mal é curado pelo mal][90]. Mas, no decorrer do século XVII, com a pacificação normal dos territórios, essa reserva do direito de sentenciar sem processo tornou-se supérflua, ao menos enquanto a paz jurídica fosse mantida.

Poder-se-ia dizer que no transcurso da diferenciação de um sistema jurídico autoevolutivo o direito rompe a sua paz com violência? O caso é que agora o direito que só se refere a si mesmo manifesta-se como paradoxo — e se formula desse modo[91]. Uma referência externa — a violência factualmente dominante — deve ser podada e substituída pela autorreferência que logo deverá se resolver de maneira diferente com o ambiente, isto é, com a vontade central dos detentores do poder político.

---

90. Essas formulações se encontram em Pierre Ayrault, *Ordre, formalité et instruction judiciaire* (1576), 2. ed., Paris, 1598, p. 90 e 97. A obra se refere aos processos penais.

91. "Não há nada tão justo que não possa ter seu oposto como justo", lê-se em Ayrault, op. cit. (1598), p. 91 s. Por exemplo, o parricídio e o matricídio no caso de Orestes. A dissolução do paradoxo se dá então de maneira puramente jurídica, mediante o esquema regra/exceção. No mais, é preciso levar em conta que na retórica do Renascimento tardio é comum o culto às formulações paradoxais, o que não deve ser visto como um erro de conhecimento, mas como exortação para que se continue refletindo. Cf., com muito material, Rosalie L. Colie, *Paradoxia Epidemica: The Renaissance Tradition of Paradox*, Princeton, 1966.

Desde o século XI desenvolve-se na Europa um direito civil separado do direito penal e amparado por textos do direito civil romano, que *grosso modo* se subdivide entre direito canônico e direito civil profano, com as jurisdições correspondentes[92]. Também nesse âmbito deve-se bloquear o acesso imediato da violência por parte daquele que se sentir prejudicado em seus direitos. A violência deverá ser compensada mediante o acesso aos procedimentos judiciais — compensação que evidentemente só convence se as sentenças judiciais forem efetivamente executadas e se o veredicto não vier a ser distorcido pela antecipação de relações de poder. Também aqui, para constatar a improbabilidade evolutiva do direito, deve-se observar outro fato notável: o próprio *direito* tem de constatar e eliminar as *infrações contra o direito*. O teste de poder, com o qual o direito assegurara a sua adaptação ao ambiente, será substituído por procedimentos comprobatórios autorregulados — um paradoxo integrado ao *sistema*: constatar o ilegal mediante as regras estabelecidas pelo direito. O paradoxo da unidade do código lícito/ilícito tem de ser "gödelizado", não dissolvido mediante uma externalização, mas desenvolvido no interior do direito.

As soluções nos são tão conhecidas que quase não reconhecemos o problema hoje em dia. No entanto, já nos primórdios da era moderna (por exemplo, por ocasião das guerras camponesas de 1525 e da reação de Lutero), essa relação entre jurisdição operante e jurisdição não operante e a busca violenta pelo direito estavam completamente

---

[92]. Com mais detalhes, cf. Berman, op. cit. (1991).

presentes[93]. Na atualidade, esse problema pode ser reconhecido na persistente anomalia do direito de legítima defesa/de estado de emergência. Contudo, permanecem casos residuais, casos limites, nos quais o direito, sob condições juridicamente regulamentadas, permite que se viole o direito. Não é casual a existência de casos em que se permite a aplicação da violência física e em que fica excluída a referência, característica do direito, a um procedimento jurídico. *Sempre que a violência está em jogo, aparece o paradoxo da codificação do direito, mas de forma tal que o paradoxo se desenvolve no interior do direito mediante certos condicionamentos, e assim o paradoxo se torna invisível.*

Traduzido na linguagem da teoria da evolução, essa análise confirma o nexo entre autopoiese e acoplamento estrutural como condição prévia a qualquer evolução. A evolução só pode utilizar a autopoiese dos sistemas que ela tiver de pressupor. Por isso, nas diferenciações clássicas da teoria da evolução (variação/seleção/estabilização), as formulações circulares são inevitáveis e os impulsos do ambiente aparecem como casualidades que afetam sistemas já evoluídos, e esses acidentes são renovados pelo sistema num desenvolvimento dirigido. Se, além disso, introduz-se o conceito de acoplamento estrutural (o que abordaremos de maneira sistemática em um capítulo posterior), faz-se possível descrever as formas que canalizam as "casualidades" como irritações e problemas para os quais o sistema pode fornecer soluções adequadas ao sistema (que funcionam autopoieticamente). Para a evolução do direito, ao que tudo indica,

---

93. Cf. Winfried Schulze, *Bäuerliche Widerstand und feudale Herrschaft in der frühen Neuzeit*, Stuttgart, 1980.

o problema da violência física satisfaz a essa função crítica de função possibilitadora ou bloqueadora.

V

Reflexões precedentes não oferecem nenhuma resposta a um problema que desempenha um papel importante no debate sobre a teoria da evolução, ou seja, a questão sobre se há como reconhecer padrões determinados pela evolução na edificação ou no desmonte das estruturas, ou se isso se dá de forma totalmente casual. A ideia de progresso era usada para responder a essa questão. Mas agora ela é posta novamente, uma vez que já não se vê a evolução como progresso. Se a evolução fosse entendida como progresso, haveria a necessidade de se oferecer uma conceitualidade de sucessão ou a teoria da evolução completamente desacoplada de toda e qualquer descrição de uma ordem originada pela evolução.

Seguindo o esquema conceitual de Darwin, é frequente uma atitude de conformidade quando se explica, por meio da evolução, como a sociedade chegou a uma cultura do direito tão altamente desenvolvida e diferenciada[94]. As instituições surgidas dessa evolução (propriedade, contrato, capacidade jurídica das corporações, direitos subjetivos, formas de procedimento) são dadas como pressupostas e já não são mais analisadas. A teoria da evolução explica de que modo conquistas tão pouco prováveis e discrepâncias tão amplas com relação ao estado inicial

---

94. Assim, ainda que com uma teoria da evolução pouco elaborada, Alan Watson, op. cit., 1985, tendo em vista a tradição do direito civil romano.

acabaram por resultar possíveis, podendo ser praticadas como algo normal. Ao mesmo tempo, tal explicação implica, por sua vez, que tudo isso não tenha sido possível sem a evolução e que todas as intenções de planejamento e melhoria do direito contribuem efetivamente para a sua evolução, mas sem que se possa determinar o resultado de maneira definitiva (e, quando se pode, somente o faz de maneira destrutiva).

As teorias que buscam ser mais eloquentes frequentemente parecem sugerir que há algo semelhante ao progresso. Não raro, o argumento da evolução serve de camuflagem a uma preferência teórica aceita sem mais. Comprova-se que as estruturas da teoria teriam sido favorecidas e incentivadas pela evolução. A obra de Ronald Heiner[95] pode aqui servir como exemplo do problema causado pela informação incompleta, assim como a de Robert Clark, sobre a concepção segundo a qual a evolução incentiva instalações que poupam custos de transação e outros custos[96]. Em todas essas teorias assomam problemas que são velhos conhecidos (e talvez por isso a teoria da evolução econômica do direito busque amparo na sociobiologia), sobretudo o fato de os participantes não calcularem no sentido previsto e de não se saber ao certo como se produzem em suas

---

95. Op. cit. (1986).

96. Cf. Robert C. Clark, "The Interdisciplinary Study of Legal Evolution", *Yale Law Journal* 90 (1981), p. 1238-74. No nível do detalhe dessa análise econômica do direito, são muitos aspectos discutíveis. Entre eles, a formulação exata do princípio de seleção. Cf. também as contribuições de Paul H. Rubin, "Why is the Common Law Efficient", Journal of Legal Studies 6 (1977), p. 65-83, e Jack Hirshleifer, "Evolutionary Models in Economics and Law: Cooperative versus Conflict Strategies", *Research in Law and Economics* 4 (1982), p 1-60, que certamente não permitem avançar na direção da pergunta pelo critério do êxito, mas, além de levar em conta as vantagens econômicas da cooperação, consideram também as vantagens de cultivar os litígios judiciais, já que a contestação de regras ineficientes tem de valer a pena economicamente.

mentes as conclusões quantitativas[97] e, além disso, tudo o que está relacionado ao desconhecimento do futuro e aos inevitáveis gastos sociais de toda vinculação temporal[98].

Com pontos de partida na teoria dos sistemas, não se obtém nenhuma distância em relação à própria teoria, mas um instrumental mais complexo de análise[99]. Pode-se partir do pressuposto (e isso é bastante comum) de que a evolução possibilita a formação e a manutenção de sistemas altamente complexos, juntos dos quais (ou nos quais) podem sobreviver mesmo os sistemas de mais simples estruturação. Sem que aí esteja implicado um sentido ou um télos especial, a evolução conduz à morfogênese dos sistemas que, no entanto, podem realizar sua autopoiese mesmo em condições de maior complexidade estrutural, e com a correspondente multiplicidade e diversidade das operações. Consequentemente, os sistemas devem ter a capacidade de discriminar internamente. Evidencia-se, assim — e precisamente a evolução do sistema jurídico vem aqui servir de comprovação —, o surgimento involuntário de uma maior complexidade, e o resultado é que no próprio direito já começam as queixas sobre a complexidade, tendo se iniciado a busca pelo remédio: a evolução começa a reagir a seus próprios resultados. Mas teria isso algum "sentido mais elevado" ou

---

97. Cf., por exemplo, Jean Lave, *Cognition in Practice: Mind, Mathematics and Culture in Everyday Life*, Cambridge Engl. 1988.

98. Esses argumentos não são pensados como refutação, mas simplesmente convidam a uma maior precisão quanto à apresentação de provas empíricas e a uma argumentação teórico-evolutiva mais clara.

99. Outro ponto de comparação seria: a análise do direito quanto à teoria dos sistemas pode gerar e suportar referências a si mesma (autologias) em melhor medida do que as análises econômicas.

simplesmente acontece assim? Realiza-se desse modo a "civilização" como se pensava sistematicamente no século XVIII ou realiza-se até mesmo o "espírito"?

Em nossos dias já é difícil sustentar que a complexidade possa melhorar as oportunidades de adaptação de um sistema. Para tal hipótese, seria o caso de encontrar argumentos adicionais que também levem em conta as dificuldades autoinflingidas acarretadas pela complexidade. Conformamo-nos com o fato indiscutível segundo o qual a evolução possibilita mais complexidade, sendo indubitável que o direito da sociedade moderna, mesmo considerando todas as abstrações, generalizações e simplificações desenvolvidas nos últimos tempos, é muito mais complexo do que o direito das antigas formações sociais.

É apenas outra versão desse estado de coisas que se tem quando se diz que a evolução, enquanto possível, normaliza o improvável — improvável entendido com certo grau de discrepância em relação a um estado inicial[100]. No entanto, com esse tipo de enunciados não se consegue muito mais do que posicionar um problema para posterior investigação, que teria de clarificar como um sistema adapta suas próprias estruturas a essa complexidade crescente; ou, em outras palavras, de que modo a complexidade como coação de seleção produz

---

[100]. Pode-se também defini-lo como a improbabilidade do provável, no que se pode bem esperar pelos protestos dos estatísticos. Isso nada significa além de que, na linguagem, é extremamente improvável que certa sentença seja proferida, ao tempo mesmo que essa improbabilidade é perfeitamente normal, ou seja, é uma característica de cada sentença que é proferida. É precisamente essa a razão pela qual o desenvolvimento da linguagem só pode ser explicado de maneira evolutiva.

estruturas adequadas à complexidade ou como pode impedir evolução posterior.

O fechamento operativo do sistema e a codificação indiferente são as primeiras respostas a essas questões. O ambiente é excluído — a não ser que o próprio sistema, segundo suas próprias possibilidades de processar informação, torne-o digno de ser observado. Para isso o sistema deve desenvolver a capacidade de distinguir autorreferência de heterorreferência. Mais adiante veremos que[101], na atualidade, isso se dá sob a forma da distinção entre conceitos e interesses[102], sob o pressuposto de que uma dogmática jurídica capaz de produzir resultados já se desenvolveu.

Entre outras aquisições de maior complexidade contam a dissociação do símbolo de validade de origens históricas (no sentido de *arché*, fundamento) e das referências externas (no sentido da natureza, ou seja, como razão dada pela natureza). Já havíamos apresentado a diferenciação entre posse e propriedade, entre transação e contrato do ponto de vista da renúncia à clareza. Mesmo na autodescrição o sistema jurídico se faz autônomo. Nesse contexto, sempre desempenhou papel importante a orientação pela distinção, interna ao sistema, entre legislação e jurisprudência; para o legislador, tal orientação teve o dom de dificultar, e para o juiz, apegado à lei, de impossibilitar as concessões a amizades externas, a

---

101. Cf. Capítulo 8, VI e VII.

102. Seja como for, não na respectiva forma transversal da distinção entre normas e fatos, já que o sistema pode incluir também normas externas, remetê-las à norma jurídica e considerar relevantes fatos internos (por exemplo, a publicação de leis que satisfaçam à forma).

relações particulares, a considerações de Estado etc[103]. A dissolução do conceito unificado de *iurisdictio* monárquica e a transição para a doutrina da separação de poderes do século XVIII fazem subsistir essa tendência e reorganizam os circuitos de retroação entre legislação e jurisdição internos ao sistema do direito. Se isso, por um lado, permite mais conceitos jurídicos indefinidos ou "fórmulas de compromisso" político nas leis, por outro se tem um rechaço das inovações jurídicas por parte do juiz, mediante a obrigação de se remeter à legislação competente. Como resultado dessas conquistas evolutivas, o direito, em sua totalidade, pode ser considerado autoproduzido, um direito positivo, enquanto a doutrina das fontes do direito (o que quer que esse conceito possa significar) nos séculos XIX e XX passa por tamanha reformulação que não apenas a legislação, mas também a jurisprudência e o direito consuetudinário, à medida que os tribunais tomam decisões a respeito, e, por fim, a própria dogmática jurídica[104], podem se tornar fontes do direito.

A palavra-chave "temporalização da complexidade" conduz a mais considerações. Em muitos aspectos, as delimitações com relação a pessoas ou ao espaço são substituídas por delimitações em relação ao tempo[105]. O novo direito anula

---

103. De qualquer modo, essa é a concepção de Aristóteles, tão frequentemente levada em conta na Idade Média; cf. Retórica, 1354 b. Cf. também Aegidius Columnae, De Regime Principium, cit. segundo a edição, Roma 1607, reimpr. Aalen 1967, p. 106 ss.

104. Sobre esse aspecto, para a Inglaterra e Escócia, cf. Neil MacCormick, *Legal Reasoning and Legal Theory*, Oxford, 1978, p. 61.

105. Isso exclui a fixação de limites temporais em relação a pessoas, por exemplo, relacionando a validade da lei ou de um contrato com o tempo de vida de pessoas, que teriam aceitado as obrigações correspondentes — um modo quase natural de ver as coisas, do qual, como bem se sabe, a Idade Média teve dificuldade para se desvencilhar.

o direito antigo[106], e, por isso, sequer as inconsistências temporais drásticas devem ser consideradas injustas. As discussões desencadeadas por esse fato se politizam.

Outro mecanismo que abrange a complexidade pode ser descrito com o auxílio da distinção entre variedade e redundância. Disso trataremos de maneira mais profunda no Capítulo 8. No momento, o que importa é demonstrar que o sistema do direito pode tratar de mais e diferentes casos, quando renuncia aos estritos requisitos de consistência nas decisões dos casos (redundância) ou quando encontra novas formas que sejam compatíveis com uma variedade mais elevada. Desde sempre, nesse contexto foi um requisito regulador importante a decisão de permitir que os afetados por uma decisão pudessem recorrer a um tribunal. A lei romana limitava o número e a classe de *actiones* que poderiam ser consideradas pelo tribunal. A possibilidade de litígio de todas as ações legais (um conceito do século XIX) e o amplo reconhecimento da relevância jurídica da vontade do particular adaptaram o direito às exigências da sociedade moderna. À medida que se considerou a vontade particular como base para a determinação do direito, pensou-se que se poderia renunciar à exigência de consistência (entenda-se: justiça). O protesto que se fez insurgir contra isso conduziu a pressões políticas e a inúmeras leis limitadoras da liberdade, e aqui basta que se pense no direito do trabalho ou na legislação sociopolítica. Como consequência disso, contudo, a

---

106. Isso tem a consequência notável de que para as Constituições deve-se conceder uma exceção, pois se assim não fosse as novas leis viriam gradativamente solapar a Constituição; e a resultante que se tem daí: a mudança no sentido das Constituições deve se realizar, em ampla medida, por meio da interpretação.

consistência de numerosas leis individuais acabou por se tornar um problema. Mesmo antes que se experimentasse adequadamente de que maneira, nessas condições, seria possível readquirir redundância, um novo problema se apresentou — a saber, o problema da "ação popular" de indivíduos comprometidos com o interesse dos bens públicos, e em especial com o interesse de um tratamento eficaz dos problemas ecológicos.

Como resultado dessa evolução, que torna possível o processo de diferenciação e a construção de complexidade, e os assinala com vistas à posterior evolução tão logo atingidos, no sistema do direito atual há estruturas que divergem consideravelmente das que se tinha na sociedade tribal. A diferença decisiva se encontra na *personalização* das situações jurídicas. Acrescente-se a tudo isso, evidentemente, a mais importante evolução do direito moderno: a figura do direito subjetivo[107]. Por meio dessa figura chega-se a um desdobramento do paradoxo da liberdade (e isso significa a necessidade de limitações da liberdade como condição da liberdade[108]), como o que se tem numa inclusão do excluído e numa juridicização da arbitrariedade. No contexto de seus direitos subjetivos, qualquer pessoa pode agir como bem quiser: suas motivações não podem ser

---

107. Observamos, no entanto, que a forma moderna do "direito subjetivo" representa apenas uma parte dessa personalização. Uma vez que se trata essencialmente das reclamações por violações de direitos ou por outras ações proibidas, elas só podem ser direcionadas a pessoas, e não a grupos nem a um contexto de condições sociais de qualquer tipo que seja. Para os primórdios da dissolução das estruturas do sistema feudal de tipo clã, mas também para a resistência da Igreja diante de uma teocracia política, que na Inglaterra já se delineava desde o século XII, cf. Brian Tierney, "Religion and Rights, A Medieval Perspective", *Journal of Law and Religion* 5 (1987), p 163-5. Cf. com mais detalhes em id., *Religion, Law and the Growth of Constitutional Thought 1150-1650*, Inglaterra, 1982. Cf. também Palmer, op. cit. (1985).

108. Cf. também Capítulo 5, IV.

controladas juridicamente; e, se se quiser restringir esse arbítrio, é preciso (e é possível) fazê-lo dando forma jurídica a uma restrição do direito subjetivo. Outras conquistas, que estão à disposição já em fins do século XVIII, pressupõem tudo isso e dele se valem para dar sequência a generalizações — por exemplo, a capacidade jurídica geral, independente de classe social e de origem, e a positivação do direito, que permitiu que os limites jurídicos da folha em branco fossem reordenados, sempre que houvesse demanda para isso. A acessibilidade geral aos procedimentos jurídicos (e, por meio deles, a inclusão total da população no direito) se baseia nisso, pois para a diferenciação e para o acoplamento do direito material e do direito processual é indispensável depreender quem é o reclamante e de quem se deve reclamar. Também o direito penal prescinde da responsabilidade coletiva e das obrigações ou pretensões de igualdade coletivas, como era corrente e costume nas sociedades tribais. Mesmo as organizações, de qualquer tamanho, encontram-se sujeitas a esse desenvolvimento; para tais organizações põe-se à disposição a modalidade jurídica de "pessoa jurídica", para os que queiram participar como unidade no sistema do direito.

Uma vez que já estamos habituados a essa modalidade, é preciso algum esforço para visualizar com clareza o inabitual e o improvável de sua evolução. Em primeiro lugar, o direito deve proporcionar apoio social às expectativas que se sustentam contrafactualmente. Além disso, é pouco comum um regulador de conflitos privar o indivíduo de qualquer apoio social por parte dos possíveis aliados, amigos, parentes e confederações (das guildas, por exemplo) a que pertence e que dotariam de prestígio e méritos. Primeiramente se isola o indivíduo, confrontado sozinho com o tribunal, para logo remetê-lo exclusivamente ao auxílio do próprio sistema do direito. Os dispositivos de correção (no direito material, por exemplo, os fundos fiduciários, que limitam o controle do indivíduo com o intuito de proteger interesses familiares; no âmbito dos processos, como nos seguros de proteção jurídica ou mesmo conceitos ético-profissionais supervisionados pelas ordens de advogados) devem pressupor essa personalização e se unir a ela. Sem essa dissolução dos laços sociais, das obrigações e das expectativas de auxílio mediante a personalização das situações jurídicas, não se pode chegar a um processo de diferenciação do sistema do direito. E somente quando esse padrão tiver se imposto no desenvolvimento da evolução, as influências diretas sobre o juiz serão percebidas como corrupção e as influências sociais sobre o direito, como problema de caráter geral não passível de ser legalizado, tendo sido descoberto pelos métodos estatísticos da sociologia[109]. No sistema do direito, como em tantos outros sistemas de função, o desvio, mediante um processo de isolamento de "pessoas", e os correlatos semânticos do individualismo moderno fazem-se valer como precondições para a formação de sistemas de funcionamento complexo e de sua capacidade de controlar decisões de inclusão/exclusão.

    O que no sistema jurídico em maior ou menor escala evoluiu de maneira satisfatória, quando comparado à dureza do modelo original, torna-se um problema à medida que o sistema político tenta se utilizar do direito como instrumento de regularização. Os fins políticos compactados devem se decompor

---

109. Sobre isso, cf. novamente Capítulo 10, I.

em formas que se refiram a pessoas com capacidade jurídica. No entanto, sobretudo na transformação dos problemas ecológicos e nos objetivos regulamentatórios dos direitos do meio ambiente, vê-se quão pouco a inevitável personalização realiza em comparação com o que está em questão nesse contexto. Isso tem a ver, sobretudo, com as dificuldades da atribuição causal: são atribuídas repercussões ecológicas a ações que se encontram socialmente condicionadas; essas ações excluem todo efeito "essencial" que tenha de se orientar por obrigações e direitos individualmente motivados. Por isso se discute, por exemplo, e sem maiores êxitos, sobre a "ação popular" do interesse público, sem que a isso correspondam posições definidas no direito material[110]. Esse exemplo demonstra de modo contundente o quanto a forma da personalização é um produto próprio da evolução do direito, e não algo como um ditame do ambiente, seja ele interno ou externo à sociedade. Esse exemplo comprova nosso postulado teórico pelo qual a evolução de sistemas autopoiéticos serve mais para pôr à prova a margem de manobra à disposição da autopoiese para a formação de ordenamentos complexos do que para ajustar o sistema a um dado ambiente.

Essa discussão tem de se manter assim esboçada. Não se deve antecipar, aqui, os resultados de uma investigação mais detalhada. Devemos nos bastar com a introdução da hipótese de que não é a eficiência econômica, mas a complexidade, a variável interferente que traduz as mudanças estruturais evolucionárias em ajustes no interior do sistema.

---

110. Para se ter uma visão a partir da perspectiva constitucional, cf., por exemplo, Dieter Grimm, *Die Zukunft der Verfassung*, Frankfurt, 1991, sobretudo p. 190 ss.

VI

Para o final deste capítulo, reservamos uma das perguntas mais difíceis com relação a uma discussão histórica da lei. Afinal de contas, é possível afirmar que a consequência da dinâmica própria do sistema do direito originada pela evolução tenha aumentado a sua importância social e, sobretudo, sua dimensão? Se se tomar a pergunta como fazendo referência a números absolutos, isto é óbvio: há hoje mais advogados e leis do que antes, ainda que isso dependa da região, como há de se reconhecer se se comparar Japão com Estados Unidos[111]. Consequentemente, existe um crescente fastio: queixas sobre o excesso de regulamentações jurídicas que estrangulam qualquer iniciativa livre, demandas de regulamentação, solução de conflitos pela via extrajudicial e o clamor em favor de uma desburocratização. A isso facilmente se poderia contra-argumentar, lembrando que tais hipertrofias, ao menos é o que parece, podem ser observadas em todos os sistemas funcionais: do político ao educativo, da investigação científica até o meio "do dinheiro", na economia. Jürgen Habermas, ainda que num contexto diferente, chamou esse desenvolvimento de colonização do mundo da vida. Em outras palavras, aumenta o significado cotidiano dos sistemas funcionais e, em muitos sentidos, aumentam contramovimentos de "retorno à vida natural" — que, no entanto, pouco podem lograr de suas metas. De modo geral, surge daqui o fenômeno paradoxal segundo o qual esses contramovimentos devem recorrer a meios estruturais dos

---

111. Para estudos de casos regionais, cf., por exemplo, Vilhelm Aubert, *Continuity and Development in Law and Society*, Oslo, 1989.

sistemas de funções, como se fosse uma espécie de cultivo de bioplantas. As simplificações administrativas exigem instruções e procedimentos de controle que exerçam um peso adicional na administração.

A impressão de que "já é demais" confirma-se superficialmente. Mas o problema está menos nos números absolutos e mais nas relações. Sobretudo porque alguns recursos, como obviamente o tempo, encontram-se disponíveis de maneira apenas limitada. Seria o caso de comprovar se o crescimento de alguns sistemas funcionais demanda mais tempo, mais dinheiro, mais recursos naturais, energia, motivação etc., que poderiam ser canalizados para outros usos. Isso conduz à investigação empírica de problemas que dificilmente se pode resolver. Pois como se pode determinar que uso seria destinado aos recursos se esses não estivessem tão sobrecarregados pela hipertrofia do direito? Mas, sobretudo, o que seria irreal numa investigação desse tipo seria partir do pressuposto de uma soma de constantes, pois a sociedade, em conjunto, cresceu em tamanho e complexidade. E, com o aumento das possibilidades sociais de comunicação, também aumenta a possibilidade de satisfazer necessidades.

A sociologia empírica convencional poderia calcular o número de habitantes e examinar o número de advogados ou de acontecimentos jurídicos (por exemplo, leis, processos jurídicos) *per capita* da população[112]. Isso conduziria também a problemas consideráveis, já que as unidades que devem se

---

112. Assim, por exemplo, cf. B. Lawrence M. Friedman, *Total Justice*, Nova York, p. 6 ss. No entanto, contradizendo isso, cf. também a importante perspectiva segundo a qual a atividade de algumas poucas pessoas pode provocar a impressão de mudanças consideráveis (p. 97), e isso resulta justamente da importância da comunicação.

correlacionar (tão ampla a prática do advogado, tão importante a lei e tão complexo o processamento jurídico) só podem ser determinadas arbitrariamente. E, sobretudo, tendo em vista o desenvolvimento dos meios e das técnicas de comunicação, o número de habitantes já não é um indicador relevante. O que importaria seria o número de unidades comunicativas, e aqui também não faria sentido avaliá-los quantitativamente sem levar em conta qualidade e resultados. Ainda que predomine a impressão de que o sistema do direito tenha crescido de maneira explosiva e que tenha se infiltrado em cada vez mais âmbitos da vida antes determinados pelos costumes (pela falta de alternativas, pela socialização, pelo controle social), ainda assim são poucas as possibilidades para se verificar essa impressão como uma hipótese científica.

Considerando o nível atual das investigações, isso poderia dar ensejo a renunciar, no contexto das mudanças evolutivas, a afirmações que façam referência à unidade do sistema do direito. É evidente que se pode comprovar que as estruturas do sistema do direito tenham se modificado no transcurso da evolução, que se tenha realizado novas conquistas evolutivas, as quais, possivelmente, tenham aumentado as expectativas de juridicização de situações; assim como é evidente que, por exemplo, formalismos possam ser reduzidos, ou mesmo suprimidos, mediante técnicas aperfeiçoadas de procedimento e comprovação; que o estado de coisas "interiores" (motivações etc.) possam se tornar juridicamente relevantes. Nesse sentido, seria o caso de entender a tese de Friedman[113]: as expectativas

---

113. Op. cit. (1985).

de justiça fizeram-se deslocar para a função de igualação pelo destino. Porém, generalizando mais, poder-se-ia dizer que o processo de diferenciação do sistema do direito conduz a uma universalização do próprio código e não há nenhum estado de coisas (por exemplo: assuntos internos familiares) que não leve em conta as regulamentações jurídicas[114]. O que resolve ou não resolve juridicamente, e os tipos de regulamentações que estão em vigor, é agora assunto exclusivo do próprio sistema do direito. O mesmo vale, *mutatis mutandis*, para os outros sistemas que se diferenciaram por funções. As restrições só podem se realizar como autolimitações. Ainda que todas essas afirmações sejam e continuem a ser afirmações sobre as estruturas do sistema e suas variações, não permitem deduzir nenhum aumento ou redução da importância social do direito. No capítulo final abordaremos novamente essa questão[115], porém sem chegar a um prognóstico. O próprio conceito de evolução exclui o prognóstico.

---

114. Por curiosidade, e em atenção aos interesses feministas, deve-se observar que há apenas cem anos uma sociedade que tratava de interpor o direito para restringir a violência do chefe de família podia ser caracterizada como sociedade escravocrata, ao menos na Espanha. "O povo em que o chefe de família não pode cuidar dos assuntos domésticos sem pedir permissão ao juiz ou sem recorrer continuamente às leis é um povo escravo. O que ganharemos sendo reis no Parlamento se não podemos ao menos reinar em nossa casa?" é o que se lê em Félix M. de Falguera, "Idea general del derecho catalán: Su espíritu y principios que lo informan", in Conferencias del derecho catalán, Barcelona, 1883, cit., segundo Juan B. Vallet de Goytisolo, *Estudios sobre Fuentes de Derecho y Método Jurídico*, Madri, 1982, p. 51.

115. Cf. Capítulo 12, sobretudo V.

Capítulo 7

O LUGAR DOS TRIBUNAIS NO SISTEMA DO DIREITO

I

As reflexões de caráter geral sobre a teoria dos sistemas, assim como as pesquisas empíricas, sugerem a hipótese de que o processo de diferenciação de um sistema demanda ao mesmo tempo uma diferenciação interna que se desenvolva enquanto o sistema se desenvolve[1]. A diferenciação do sistema social, constituída por pura comunicação, só se faz possível, mesmo nos inícios mais primevos e antes de qualquer formação segmentária das famílias, se houver diferença entre interação dos presentes e sociedade; e ainda que a relevância social das interações entre os ausentes deva ser levada em conta, deve sê-lo de maneira apenas seletiva. Por isso somos levados a suspeitar que também um sistema jurídico só possa ser diferenciado como sistema internamente diferenciado. Entretanto, ainda não se chegou a uma decisão sobre a forma da diferenciação interna.

Por "forma de diferenciação interna" deve-se entender a forma pela qual as relações entre os sistemas parciais (subsistemas) expressam o ordenamento do sistema total, por exemplo,

---

1. Para uma análise do caso histórico, cf. Rudolf Stichweh, *Zur Entstehung des modernen Systems wissenschaftlicher Disziplinen: Physik in Deutschland 1740-1890*, Frankfurt, 1984.

como ordenamento das classes hierarquizadas. Diferenciação interna quer dizer também, mas não só, que, da perspectiva do sistema parcial, tudo o que pertence ao sistema é ambiente. Isso é algo dado já com o conceito de sistema, razão pela qual para a teoria de sistemas tal fica subentendido. Além disso, o ordenamento próprio da diferenciação interna exige que estejam já regulamentadas também as relações entre os subsistemas, seja na base da igualdade (segmentação), seja na base da desigualdade (a classe é uma delas). A ordem geral do sistema unitário (em nosso caso o sistema do direito) manifesta-se no fato de a relação sistema/ambiente dos subsistemas encontrar-se limitada pelas disposições que ordenam as relações de sistema a sistema. Essas disposições podem prever diferentes graus de liberdade, isto é, diferentes graus de densidade da integração, a depender da complexidade a que se chega e se comporta na evolução do sistema como um todo. Só mesmo um nível muito baixo de complexidade se harmoniza com a segmentação. Existe uma multiplicidade de tribunais que se assemelham e se devem respeitar como iguais. Mas, para além disso, já de há muito se constituíram formas de diferenciação apoiadas na desigualdade — como tribunais e advogados, tribunais e parlamentos legislativos, que, com base na desigualdade, introduzem mais distinções e, assim, maiores graus de liberdade no sistema. O exemplo mostra que diferentes formas de diferenciação de modo algum se excluem entre si[2]. À forma de desigualdade dominante

---

[2]. Isso é ressaltado por Karl Otto Hondrich (ainda que outra concepção jamais tenha sido defendida) em "Die andere Seite sozialer Differenzierung", in Hans Haferkamp/Michael Schmid (org.), *Sinn, Kommunikation und soziale Differenzierung: Beiträge zu Luhmanns Theorie sozialer Systeme*, Frankfurt, 1987, p. 275-303.

incumbe então regulamentar sobre onde e sobre quantas outras formas de diferenciação são necessárias e admissíveis: nas sociedades feudais, por exemplo, as famílias eram estratificadas, porém iguais no interior de sua classe.

Tomando-se essas disposições, perguntamos pelas formas de diferenciação internas ao sistema do direito. Essa pergunta não pode ser respondida fazendo-se uma alusão aos distintos campos jurídicos e à transformação histórica das distinções correspondentes; tampouco se trata de distinções como entre direito público e direito privado, direito administrativo e direito constitucional, direito de propriedade e direito das obrigações, e muito menos de princípios de divisão na matéria jurídica, como o esquema do direito romano *personal/res/actio*. Ainda que divisões semânticas desse tipo não se desenvolvam independentemente do nível de complexidade do sistema, elas não chegam a explicar as formações operativas do sistema no sistema do direito.

Também não seguiremos a habitual divisão em legislação e jurisprudência. Segundo a sua forma, essa distinção é determinada pela teoria do direito positivo que posiciona a discussão sobre se se deve partir de uma ou de mais fontes do direito. Isso é discutível, mas, para se chegar a uma decisão, não se poderá dispensar fundamentações teóricas mais abstratas. Desse modo, será o caso de supor que uma abstração teórica mais relativiza o questionamento do que ajuda na deliberação sobre a questão das fontes do direito. Do ponto de vista da teoria da diferenciação, importa-nos, em primeiro lugar, o posicionamento dos tribunais como um sistema parcial diferenciado do direito. Mas a pergunta que se faz é: qual *forma de diferenciação* se impõe ao sistema do direito quando se é obrigado a diferenciar tribunais?

II

Obtemos um primeiro ponto de referência com a distinção, que é proeminente para a autodescrição do sistema, entre legislação e jurisprudência. Aí se tem algo particularmente oportuno, uma vez que a velha tradição europeia justificava-se explicitamente a partir do processo de diferenciação. Em passagem textual[3] sempre retomada na Idade Média, Aristóteles via o problema da independência da justiça no fato de o juiz se apartar dos laços de parentesco e amizade, fazendo-se, portanto, independente da diferenciação segmentária em uma sociedade que já se sabia diferenciada por estratos e segundo a dicotomia cidade/campo. Para Aristóteles, a solução estaria na peculiar diferenciação da administração de justiça entre legislação e jurisprudência. O legislador se encarregaria de prover as normas gerais, cujos efeitos, para os amigos ou para os inimigos, para os próximos ou para os distantes, não poderiam ser antecipados, precisamente em razão do grau de generalidade das normas e de sua indeterminação com relação a futuros casos de aplicação. Bastaria então vincular o juiz à lei, a fim de impedir que ele favorecesse os amigos ou desfavorecesse os inimigos. Ora, isso nada mais é do que a expressão da fórmula: "sem consideração de pessoa".

---

3. Retórica I 1354 b. Sobre isso, cf. Aegidius Columnae Romanus, *De regimine principum* (1277/79), cit. segundo a edição Romae 1607, p. 506 s.

Em Roma, como se sabe, havia uma diferença adicional entre legislação popular e condicionamento da execução judicial por parte do magistrado responsável (pretor); ou seja, havia uma determinação jurídica na qual o poder político teria de ser posto à disposição do direito. Assim, as influências dos estratos deslocaram-se, essencialmente, para o conhecimento do direito, em especial para as consultorias realizadas pelos especialistas (que de início pertenciam à nobreza). Isso levou à concepção, que persistiu até os tempos modernos, de que legislação e jurisdição seriam duas variantes de uma só e mesma tarefa, a *iurisdictio*, que pertencia ao poder político, isto é, ao soberano de um estado territorial[4]. Nesse sentido, a diferenciação do direito se mantinha na dependência da autonomia política precária dos respectivos sistemas políticos, em contraste com a ordem dominante de classes e famílias[5]. A questão sobre se, e diante de quem, far-se-ia implementar o direito continuava a depender de constelações situacionais. Desse modo, a jurisdição local estabelecia-se nas mãos da nobreza (ainda que muitas vezes ausente) ou dos tribunais das cidades[6].

Indícios de uma constelação mutável se fazem notar desde a segunda metade do século XVI, sobretudo no século

---

[4]. Cf., por exemplo, Pietro Costa, *Iurisdictio: Semantica Del potere politico nella pubblicistica medievale* (1100-1433), Milão, 1969; Brian Tierney, *Religion, Law, and the Growth of Constitutional Thought 1150-1650*, Cambridge Engl., 1982, p. 30 s.; Edward Powell, Kingship, *Law and Society: Criminal Justice in the Reign of Henry V.*, Oxford, 1989.

[5]. Sobre isso, cf. a visão geral de Shmuel N. Eisenstadt, *The Political System of Empires*, Nova York, 1963.

[6]. A crítica se faz somente à base da nova concepção de soberania do Estado. Assim, com especial argúcia, tem-se o jurista C.L.P. (Charles Loyseau, Parisien), *Discours de l'abus des iustices de village*, Paris, 1603.

XVII. Esses indícios, que se encontram na *potestas legislatoria* [poder legislatório] como componente do conceito de soberania do início da modernidade, são então revalorizados, e a eles se recorre com maior frequência para impor a ideia do ordenamento do Estado territorial moderno[7]. De maneira quase imperceptível, a compreensão legislativa passa do contexto da *iurisdictio* (as leis dizem o que é conforme ao direito) no contexto da soberania, e nesse processo fundem-se, durante séculos, as ideias de soberania jurídica e as de soberania política. A eminência do conceito de lei exige que na competência legislativa sejam incluídas outras competências parciais — assim, a competência de anular e mudar a lei, a competência de revogar em determinados casos (derrogação), de conceder privilégios que revoguem leis e, não por último, a competência de interpretar a lei no que então passou a se chamar *hard cases*[8]. Tudo isso conduz à necessidade de reformar e unificar a administração da justiça nos estados territoriais.

Assim, em primeiro lugar deve-se novamente redefinir a ideia unitária da responsabilidade pelo direito. As mudanças

---

[7]. Cf. Heinz Mohnhaupt, "Potestas legislatoria und Gesetzesbegriff im Ancien Régime", *Ius Commune* 4 (1972), p. 188-239; Michael Stolleis, "Condere leges et interpretari: Gesetegebungsmacht und Staatsbildung in der frühen Neuzeit", in id., *Staat und Staatsräson in der frühen Neuzeit: Studien zur Geschichte des öffentlichen Rechts*, Frankfurt, 1990, p. 167-96. Como prova contemporânea, cf., por exemplo, o resumo da *promulgatio*, *interpretatio* e *executio* das leis como componentes do direito de sua majestade, in Johannes Althusius, *Politica methodice digesta* (1614), cap. X, reimpr. dos Harvard Political Classics, vol. II, Cambridge Mass., p. 94 ss.

[8]. Sobre esse "recourir au Prince", também chamado *référé legislatif*, para o caso de a interpretação não permitir nenhum resultado claro, cf. passagem proeminente de Jean Domat, *Les loix civiles dans leur ordre naturel*, 2. ed., Paris, 1697, vol. 1, p. 25. Cf. também a sinopse sobre a prática europeia nos séculos XVII e XVIII em Mohnhaupt, op. cit. (1972), p. 220 ss.

que operam a passagem de um Estado estamental a um absolutista produzem variações terminológicas que acabam gradativamente solapando o direito antigo. Apenas no século XVIII essa condição vai mudar radicalmente, e só então a diferenciação entre legislação e jurisprudência adquire a proeminência que hoje conhecemos. Interessado no contexto das reformas judiciárias, Jeremy Bentham exigiu uma separação clara entre legislação e jurisprudência, sem que sua proposta tenha provocado impacto considerável no *Common Law*[9]. O abrangente conceito de *iurisdictio* como competência foi descartado sem que houvesse um substituto. Por consequência, pensa-se então no direito positivo, independentemente do que as figuras causais da natureza ou da razão possam significar. A um olhar retrospectivo, tem-se a impressão de que o risco da tomada de decisão inerente a todo direito tinha de ser distribuído em duas instâncias (jurisdição e legislação) para, assim, tornar-se tolerável. O problema não está no processo de diferenciação, mas na contingência do sistema já diferenciado, que reage à distinção entre legislação e jurisprudência.

A distinção entre legislação e jurisdição depende da diferenciação dos procedimentos correspondentes, isto é, da evolução de normas de competência e de seu condicionamento restritivo. Ela pode ser vista de ambos os lados da distinção e, como tal, pode entrar em cena como assimetria utilizável de ambos os lados. Com essa sustentação interna, o sistema do

---

9. Quanto a isso, cf., incluindo fontes inéditas, Gerald J. Postema, *Bentham and the Common Law Tradition*, Oxford, 1986, sobretudo p. 191 s.; David Liebermann, *The Province of Legislation Determined: Legal Theory in Eighteenth-Century Britain*, Cambridge Engl., 1989.

direito — sem ter de abandonar a sociedade — pode renunciar à sustentação externa e realizar sua autonomia. O juiz aplica as leis de acordo com as instruções da legislação. O legislador empreenderia uma "viagem às cegas" (Esser) se não levasse em consideração o modo como as novas leis viriam a se integrar no conjunto das premissas de decisão dos tribunais. Isso é o que permite representar a diferença entre jurisdição e legislação como uma espécie de círculo cibernético no qual o direito observa a si mesmo com uma observação de segunda ordem. O juiz deve procurar entender a intenção do legislador, ou seja, o modo como este observou o mundo. De acordo com isso, é desenvolvida a metodologia correspondente para "interpretar" a vontade do legislador. Contudo, o legislador também deve imaginar como os casos serão vistos e trabalhados no tribunal. No entanto, o século XVIII, tendo por base um conceito de Estado "civil social" que não se diferenciou ante a sociedade, escolhe um modo de representação diferente. A arquitetura hierárquica do mundo da antiga cosmologia ainda lançava suas sombras, e, nesse contexto, *lex* e *imperium* ainda não se deixam pensar apartados. A relação entre legislação e jurisdição se constrói sobre um tipo de hierarquia, concebida como hierarquia de instruções (não como hierarquia de inclusão, não como relação entre o todo e as partes). O tribunal é concebido como órgão executivo da competência legislativa, e a metódica jurídica, como simples dedução. A conexão deve ser garantida mediante a lógica e, consequentemente, pela axiomatização das conexões normativas. Projetos desse tipo já eram discutidos desde Leibniz. Hoje se sabe que a realidade não corresponde a essa interpretação[10], mas ao mesmo tempo é compreensível que os contornos mais precisos da distinção entre legislação e jurisdição só pudesse ser percebida e proposta com a ajuda de um conceito unitário que correspondesse a essa situação. Por isso, o direito se acentua como sistema no sentido de que sua multiplicidade poderia ser construída a partir de um princípio; por isso se ressalta que o método é uma dedução que não tolera desvios; por isso se exige o referente legislativo como recurso para os casos que apresentam problemas de interpretação; e por isso não era problema algum conceber o sistema do direito paralela ou mesmo identicamente à ordenação política.

Porém, a realidade de pronto contradiz esse conceito de diferenciação[11]. Ainda assim, talvez se possam reconhecer os efeitos posteriores dessa concepção hierárquica de divisão de poderes no estilo de argumentação das decisões dos mais altos tribunais — sobretudo na França[12]. Não se pode subtrair aos tribunais a competência de interpretar as leis e, de modo correspondente, a autodeterminação das tomadas de decisão. O "apego à lei" se torna objeto de interpretação jurídica. Os tribunais devem decidir até que ponto podem resolver os casos amparando-se na interpretação e até que ponto, no caso de as

---

10. Cf. Regina Ogorek, "De l'esprit des legendes, oder wie gewissermassen aus dem Nichts eine Interpretationslehre wurde", *Rechtshistorisches Journal* 2 (1982), p. 277-96; id., "Zum politischen Selbstvertändnis der Rechtsprechung am Vorabend der bürgerlichen Zeitalters — eine Fallstudie", *Ius Comune* 10 (1983), p. 69-95; id., "Richterkönig oder Subsumtionsautomat: Zur Justiztheorie im 19. Jahrhundert", Frankfurt, 1986, p. 13 e s.

11. A esse respeito, cf. Hermann Conrad, *Richter und Gesetze im Übergang von Absolutismus zum Verfassungstaat*, Graz, 1971.

12. Cf. Michel Troper et al., *Statutory Interpretation in France*, in D. Neil MacCormick/ Robert S. Summers (org.). *Interpreting Statutes: A Comparative Study*, Aldershot Hants, Inglaterra, 1992, p. 171-212. Cf. também a resenha comparativa, op. cit., p. 487 e s., 496 ss.

soluções não serem satisfatórias, devem exigir mudanças jurídicas por parte do legislador. *Somente essa concepção de tarefa jurídica possibilita que se chegue a proibir a denegação da justiça e exigir que os tribunais decidam sobre todos os casos que se lhes apresentem.*

A partir do século XX, o modelo hierárquico tem sido enfraquecido em razão das mudanças, cada vez em maior número, porém sem chegar a radicalmente pôr em questão o modelo, e muito menos substituí-lo por outro modelo de diferenciação. Em relação ao legislador, os poderes de interpretação do juiz têm aumentado — e, para esse efeito, não foi de pouca importância o envelhecimento das grandes codificações. Os tribunais cada vez mais se ocupam em interpretar os contratos (ou seja, interpretar a vontade dos contraentes). Discute-se a pluralidade de métodos nas interpretações das leis, e cada vez menos se fala em uma dedução estrita. O juiz depara com uma dupla exigência: decidir sobre cada caso e decidir de maneira justa, o que, no mínimo, quer dizer aplicar a igualdade nos casos particulares, isto é, aplicar as mesmas regras. Aqui, a interpretação da lei, que na competência judicial desenvolve suas próprias regras, deve ser justa. A obrigação de *decidir* e a *liberdade* que surge precisamente ao serem buscadas razões (sempre questionáveis) para se chegar a uma decisão acabam *restringidas* pelos pontos de vista sobre a justiça. E é essa tríade entre obrigatoriedade, liberdade e restrição que produz o direito. Com mais legislação, sempre surgem mais decisões tomadas pelos juízes.

De início, para tal desenvolvimento, havia no século XIX a hipótese protetora, pela qual o legislador atuava racionalmente, e seus textos deveriam ser interpretados de modo correspondente[13]. Isso possibilitou manter a hierarquia na relação entre legislação e jurisdição, ao mesmo tempo que o juiz podia tomar parte na produção de textos. A ênfase recai no método como garantia de coincidência entre o de cima e o de baixo. Vieram outras construções, sobretudo a doutrina da perfeição do ordenamento jurídico (ausência de lacunas) na forma de uma ficção útil e da distinção entre a letra da lei e o espírito da lei, com a função de libertar, como se ainda ocorresse de maneira velada, um direito baseado nas decisões dos juízes. Por fim, ao se aceitar a tópica e a retórica como métodos, chega-se à formulação de uma crítica segundo a qual as teorias do direito conferem peso excessivo aos métodos[14]. Advém daí (sobretudo na doutrina mais realista, dos Estados Unidos) a concepção segundo a qual só é válido como direito o que os tribunais consideram como tal. A "jurisprudência" é aceita como fonte *sui generis* do direito[15]. Por consequência, a relação entre legislação e jurisdição é entendida de maneira cada vez mais circular: restrição recíproca, não de maneira assimetricamente linear, mas

---

13. Cf. François Obst/Michel van de Kerchove, *Jalons pour une théorie critique du droit*, Bruxelas, 1987, p. 355 s. (cf. também p. 97 ss.).

14. Cf. (mas com ideias de delimitação ainda bastante vagas) Martin Kriele, *Theorie der Rechtsgewinnung, entwickelt am Problem der Verfassungsinterpretation*, Berlim, 1967, 2. ed., 1976. Vale ler, sobretudo, a disputa com Larenz e a tentativa de substituir o conhecimento dos métodos pela responsabilidade da decisão. Na França, isso corresponde à crítica à "l'école de l'exégèse". Cf. Julien Bonnecase, *L'Ecole de l'exégèse en droit civil*, 2. ed., Paris, 1924.

15. Sobre isso, a disputa relacionada à questão se o direito do juiz é uma fonte de direito própria; cf. Josef Esser, "Richterrecht, Gerichtsgebrauch und Gewohnheitsrecht", *Festschrift für Fritz von Hippel*, Tübingen, 1967, p. 95-130 (contestando-o), ou Heinrich Wilhelm Kruse, *Das Richterrecht als Rechtsquelle des innerstaatlichen Rechts*, Tübingen, 1971 (afirmando-o). Sobre o problema da disseminação de fato de que existe uma "jurisprudência" especial, cf. também Eduard Picker, "Richterrecht oder Rechtsdogmatik — Alternativen der Rechtsgewinnung?", *Juristenzeitung* 43 (1998), p. 1-12.

circular, como delimitação recíproca do espaço de decisão[16]. Apesar de tudo, a ideia de uma superioridade hierárquica do legislador sobre o juiz ainda parece prevalecer, já que o juiz — e dever-se-ia acrescentar: como todas as pessoas, incluindo o legislador — está sujeito à lei. E como se poderia falar de "democracia" se esse não fosse o caso?

Como se explica esse descompasso entre a descrição e as condições existentes? Suspeitamos que a posição especial dos tribunais no sistema do direito não tenha sido bem compreendida. E é por isso que nos debruçaremos sobre essa questão a seguir.

III

A proeminência da distinção entre legislação e jurisprudência é demonstrada pelo fato de a peculiaridade da prática do tribunal se determinar primeiramente, quando não de maneira exclusiva, no âmbito dessa distinção. Trata-se, diferentemente da legislação, da "aplicação" do direito mediante decisões aplicadas aos casos particulares[17]. Se, por motivo dessas decisões, desenvolvem-se (ou se confirmam) regras de decisão, axiomas, princípios e teorias jurídicas, isso acontece

---

16. Cf. Torstein Eckhoff, "Feedback in Legal Reasoning and Rule Systems", *Scandinavian Studies in Law*, 1978, p. 39-51; Michael van de Kerchove/François Ost, op. cit. (1987), p. 205 e s.; id., *Le systhème juridique entre ordre et desordre*, Paris, 1988, p. 102 ss.

17. Para esse "self-concept" dos tribunais, em contraste com a realidade muito mais complexa e sociologicamente reconhecível, cf. Klaus A. Ziegert, "Courts and the Self-concept of Law: The Mapping of the Environment by Courts of First Instance", *Sydney Law Review* 14 (1992), p. 196-229.

por, como se poderia dizer, uma mão desconhecer o que a outra faz, e por se limitar a cumprir a lei, que por sua vez demanda que se fundamentem as decisões (§ 313 ZPO). Nenhum tribunal deve, ele próprio, dar início a um processo, ainda que as calamidades só façam aumentar em seu redor. Desse modo, garante-se que a tomada de decisão do tribunal seja algo concreto e que o desenvolvimento de regras se dê paralelamente, ainda que se possa ver de maneira clara que em alguns campos a "jurisprudência" pode ser mais importante do que a legislação.

Com o auxílio da relação assimétrica entre legislação e jurisprudência, e de meios conceituais derivados (como a doutrina das fontes do direito), pretende-se evitar a circularidade que resultaria ao se admitir que o tribunal "cria" o direito mesmo que "se aplica"[18]. A estilização da decisão do tribunal serve, sobretudo, como "conhecimento" do direito — e mesmo a doutrina das fontes do direito toma essas fontes por fontes de conhecimento[19] —, no que se tem a assimetrização

---

18. Na intenção de evitar esse círculo, cf. Josef Raz, *The Concept of a Legal System: An Introduction to the Theory of Legal Systems*, 2. ed., Londres, p. 1980, p. 187s. Cf. também Torstein Eckhoff/Nils Kristian Sundby, *Rechtssysteme: Eine systhemtheoretische Einführung in die Rechtstheorie*, Berlim, 1988, sobretudo p. 134 s.

19. Cf. apenas, com a grande influência que exerceu na história da teoria, Alf Ross, *Theorie der Rechtsquellen: Ein Beitrag zur Theorie des positiven Rechts auf Grundlage domenhistorischer Untersuchungen*, Copenhague, Leipzig e Viena, 1929, p. 290 ss. Está claro que isso serve para evitar o círculo quando, acerca da refutação da concepção prevalecente como "contraditória", lê-se "que considera a lei fonte do direito, porque esta se considera expressão de uma vontade especialmente qualificada como contraditória" (294). Para a formação escolar subsequente, cf., por exemplo, Ronald Dubischar, *Grundbegriffe des Rechts: Eine Einführung in die Rechtstheorie*, Stuttgart, 1968, p. 58 s. Alinhando-se a Ralf Dreier, *Probleme der Rechtsquellenlehre: Zugleich Bemerkungen zur Recthsphilosophie Leonard Nelsons, Festschrift für Hans J. Wolfs*, Munique, 1973, p. 3-36, sobre o preceito de assimetria, é possível fazer também a seguinte formulação: ainda que o juiz devesse ser fonte (de conhecimento) jurídica *para outros*, não o poderia ser *para si mesmo*: o conceito

de uma relação que de outro modo teria de ser representada como circular. Ocorre que o círculo não se daria se os tribunais, onde não puderem "encontrar" o direito, em vez disso pudessem se contentar com um *non liquet* [não está claro]. Porém, isso não lhe é permitido — e não é permitido *do ponto de vista do direito*. O fechamento operativo do sistema e seu descolamento de toda e qualquer participação direta no ambiente corresponde à necessidade, interna ao sistema, de ter de decidir. O estado do sistema não pode ser tomado como resultante do estado do mundo. A diferença sistema/ambiente é experimentada no sistema como um problema aberto; ao final de uma ampla experiência com esse fechamento e, depois, do desenvolvimento das instituições que o tornem possível, o próprio sistema se vê obrigado a decidir.

Convém perguntar agora o que exatamente é isso que os tribunais têm de fazer: tomar uma decisão.

Uma vez que a decisão é um comportamento conhecido de qualquer pessoa e, diga-se, os tribunais decidem em público com dignidade, facilmente somos levados a deixar de atentar à particularidade desse procedimento. A literatura teórica sobre decisão tampouco vai muito além disso: na grande maioria dos casos se ocupa da racionalidade ou das questões empíricas do processo de decisão (no sentido de sequência de pequenas decisões). Além disso, a literatura sobre a argumentação jurídica pressupõe que se trate do fundamento das decisões ou da influência sobre elas, mas a decisão mesma não

---

de fonte do direito deveria ser manejado em relação à situação e segundo a especificação dos papéis (p. 8). Mas então se pode perguntar: por que o juiz é uma figura excepcional? O mesmo argumento não valeria para o legislador?

é tratada como argumento (final). O que, então, se pode fazer a respeito?

Introduzir aqui uma teoria elaborada sobre a decisão extrapolaria o contexto de uma investigação sobre o sistema do direito. Não obstante, uma vez que a decisão do tribunal tem uma posição central em relação a todo o sistema, faz-se importante certa compreensão sobre o assunto: nesse ponto, o sistema se torna um enigma.

A decisão está sempre relacionada a uma alternativa, que consiste em no mínimo dois e não raras vezes mais caminhos que podem ser trilhados, e estes, por sua vez, podem conter situações, acontecimentos e mesmo decisões possibilitados pela decisão. Assim, as decisões subsequentes não poderiam se realizar sem uma primeira, mas elas são previsíveis de maneira apenas limitada e são, tratando-se de uma pluralidade de decisões, definitivamente imprevisíveis. No entanto, a decisão mesma não é um componente da alternativa que se apresenta: ela não é um dos caminhos. Por isso, é preciso supor que a decisão seja o terceiro excluído da alternativa da alternativa. É a diferença que constitui a alternativa, ou, de maneira mais precisa, ela é a unidade dessa diferença. Portanto, um paradoxo. A decisão se dá unicamente quando existe algo que, por princípio, é indecidível (e não apenas indecidido)[20]. De outro modo, a decisão já estaria decidida, e seria o caso apenas de "reconhecê-la"[21].

---

20. Desse modo, cf. Heinz von Förster, *Ethics and Second-order Cibernetics and Human Knowing* 1 (1992), p. 9-19 (14).

21. Que os tribunais selecionem essa forma de apresentação como "reconhecimento" é algo que se deveria ter como um modo de se esquivar do problema e também, possivelmente, como invisibilização e solução do paradoxo. Em todo caso, isso não deveria conduzir ao erro de que os conflitos jurídicos não requerem nenhuma decisão. Não havendo alternativa,

Esse paradoxo reside na relação desse terceiro excluído com a alternativa que ele constrói para ficar excluído (para poder decidir), da mesma forma que um observador não pode ser a distinção com o auxílio da qual assinala algo, mas ele próprio tem de ser excluído como ponto cego de sua observação. A cumular tudo isso, existe o problema do tempo[22]. Em geral se tem como válido que um sistema existe somente no momento em que opera e, por isso, sempre parte de um mundo *simultâneo* (o que sempre significa *incontrolável*) naquele momento de tempo[23]. Uma extensão de tempo só é possível se o presente for inserido como distinção, como unidade da diferença entre passado e futuro. Por isso, o presente é o ponto cego de um tempo que se estende a algo que não é de interesse imediato. Porque isso é possível, pode-se então utilizar o presente como momento da decisão, o que não mais pode ser modificado sendo então o passado, e o que ainda pode ser modificado, o futuro, e assim se traz o mundo simultaneamente existente para a forma de uma alternativa dada. Com relação aos horizontes de tempo passado/futuro, é possível se comportar de maneira seletiva, já que os *horizontes não são necessariamente atuais*, e com essa seletividade pode-se construir uma alternativa que, de sua parte,

---

a decisão do tribunal já teria sido antecipada pelo legislador e pela celebração do contrato; mas mesmo que fosse essa a sua intenção, não raras vezes se descobrem alternativas. Não há nenhuma decisão capaz de invalidar que, em consequência da decisão, sejam necessárias ou possíveis mais decisões.

22. Cf., sobre isso e para o que segue, G. L. S. Schakle, "Imagination, Formalism, and Choice", in Mario J. Rizzo (org.), *Time, Uncertainty and Disequilibrium: Explorations in Austrian Themes*, Lexington Mass., 1979, p. 19-31.

23. Cf. também Shackle, op. cit., p. 20, sobre "a noção do *presente*, o momento em que, sozinhos, temos conhecimento direto, o momento em si, o momento de a realidade abraçar tudo que é, isso é o presente".

permite apreender a situação como situação de decisão. Uma decisão só pode ser levada a cabo quando se a temporaliza dessa maneira. No mais, cabe ao livre arbítrio experimentar o presente do mundo como ele se mostra.

Essa análise do decidir tem consequências significativas, por mais que, para os juristas, possam ser inaceitáveis. A relevância consiste nisto: a decisão *não se encontra determinada pelo passado* (e isso inclui, naturalmente, leis emitidas, delitos cometidos); a decisão opera no âmbito de sua própria construção, que é possível somente no presente. No entanto, a decisão *tem consequências para os presentes no futuro*. A decisão abre ou fecha possibilidades que não existiriam sem a decisão. A decisão pressupõe o passado como invariável e o futuro como variável, *e precisamente por isso ela inverte a relação de determinação*: ela não se deixa determinar pelo passado, mas procura fazer a diferença no futuro, ainda que esse defeito de determinação não possa se efetuar, porque o futuro espera que haja mais decisões. Por mais problemas que se venha a ter com isso, pode-se bem compreender por que os tribunais atentam para as consequências de suas decisões e tratam de legitimá-las por meio da valorização das consequências. Na realidade, as consequências *stricto sensu* de suas decisões não podem ser conhecidas (uma vez que outras decisões interviriam, e a informação ficaria incompleta); talvez isso, mais do que qualquer coisa, esteja na origem da ilusão de que a decisão, no sistema do direito, possa ser determinada pelo passado entendido como procedimento.

Levando em conta tudo isso, a decisão é um paradoxo que não se pode tematizar, mas, na melhor das hipóteses, somente mistificar. A autoridade, as decorações, a restrição de acesso aos mistérios do direito, os textos a que se pode referir, a entrada ou saída de cena — tudo isso ocupa um lugar que impede que o paradoxal da tomada de decisão apareça como paradoxo e denuncie que a razão que decide *com legalidade* sobre o que é legal *e* ilegal vem a ser, também ela, um paradoxo, e que *a unidade do sistema* só pode ser observada como paradoxo.

Pode estar bem aí a base segundo a qual a unidade do sistema do direito só seja capaz de se pôr em operação com o auxílio de distinções. E que distinções como as de lícito e ilícito, normas e fatos, ou mesmo validade (*qua* decisão)/razões (*qua* argumentação), não podem ser reduzidas a um princípio, a uma origem, a uma razão. Desse modo, isso significa que, em relação a consequências, só com esse modo misterioso de decidir o sistema pode dispor de seu símbolo de validade; significa ainda que ele pode se dispensar de muitas decisões, mas também que tem de dispor da possibilidade de se obrigar a decidir quando o paradoxo legal/ilegal não puder ser solucionado.

IV

Tudo isso nos traz a suspeita que nos leva mais fundo e dissolve o nível de discussão a que até agora se chegou. Os contratos não necessariamente devem ser celebrados, as leis não necessariamente devem ser baixadas (salvo determinação em contrário pela Constituição), mas os tribunais devem decidir sobre qualquer caso que se apresente. A norma que corresponde a essa situação é de que se encontra proibida a denegação de justiça — e a dupla negação em sua formulação é, desse ponto de vista da lógica, algo muito revelador[24]. Enquanto o direito romano e também o direito da Idade Média só ofereciam proteção legal às demandas definidas com exatidão (*actio, wit*)[25], durante a transição para a modernidade era ponto pacífico que qualquer demanda fosse respondida com uma decisão, ainda que esta não fosse prevista em lei (por exemplo, o célebre Art. 4 do Código Civil[26]). Só mesmo com essa medida que estipula a *necessidade de conceder* à jurisdição a responsabilidade própria o juiz se emancipou do velho controle imperial da política[27]. Só então pôde parecer sensato tornar essa competência judicial

---

24. Em comparação com a importância estrutural dessa obrigatoriedade de decidir, a literatura teórico-jurídica existente é surpreendentemente escassa — como se o tema pudesse ser neutralizado pela pura e simples negligência. No entanto, cf. Ballweg, *Rechtswissenschaft und Jurisprudenz*, Basel, 1970, sobretudo p. 84 s e p. 108 ss.

25. De modo correspondente, no direito romano, o tema se limitava à negativa do juiz a aceitar uma ação — *vel propter amicitias vel inmicitias vel turpissimi lucri gratia vel per aliud quicquam vitium* [quer por causa de amizades ou inimizades, quer em virtude de mui torpe proveito, quer por qualquer outro vício que seja] —, como se diz numa formulação (notável com relação à teoria da diferenciação), na Coleção das Constituições do Codex Juris Civilis (C. 3.1 de iudiciis 13.8).

26. Segundo o texto: "O juiz que se recusa a julgar, sob o pretexto do silêncio, da obscuridade ou da insuficiência da lei, pode ser processado como culpado de denegação da justiça". A figura jurídica da denegação de justiça já é bem mais antiga; não obstante, tampouco reiteradas dissuasões vinham a ser uma solução. Cf., por exemplo, Pierre Ayrault, *Ordre, formalité et instruction juridicaire* (1576), 2. ed., Paris, 1598, op. 280. Isso pressupõe a ideia de uma superioridade jurídica absoluta (*iurisdictio*) do monarca e, por essa razão, precisou passar por reformulação após a transição para a separação dos poderes constitucionais. A necessidade de formulá-lo de maneira explícita foi motivo para que se decidisse sobre uma pergunta estreitamente relacionada: a pergunta pelo *référé legislatif* em situações nas quais o juiz partia do fato de que o caso apresentado ainda não tinha sido decidido pela lei. Uma consequência da denegação da justiça seria então a recusa do *référé legislatif*. Por isso, na França esse texto do art. 4 do Código Civil serve como ponto de partida do direito positivo para um debate sobre as fontes do direito e sobre problemas de interpretação. Cf., por exemplo, A. Bayart, "L'article 4 du Code Civil et la mission de la Cour de Cassation", *Journal des Tribunaux* 71 (1965), p. 353-5.

27. A historiografia então se ocupava quase exclusivamente dessa neutralização política, bem como da expansão das competências que dela seguiam, pouco tratando da condição prévia estrutural que se tinha na proibição da denegação de justiça.

gradativamente extensiva aos assuntos público-jurídicos[28]. De um ponto de vista meramente factual, a recorrência aos tribunais para decisões em ações judiciais era relativamente rara se comparada à frequência dos problemas jurídicos que se tinha do dia a dia[29]. Mas isso nada tem a ver com uma objeção contra o significado *estrutural* dessa *possibilidade de se recorrer aos tribunais*, pois a possibilidade de apelar aos tribunais faz que apareça a renúncia a se recorrer a ela e a se chegar a um acordo extrajudicial, como solução antecipada do problema, independentemente de como cada qual julgue sua "decisão voluntária"[30].

Que os tribunais se vejam na obrigação de decidir é algo que se formula precisamente no momento em que a filosofia de Kant, sem mais, anunciava o primado da prática sobre o conhecimento: pode ser mera casualidade, ou em todo caso não seria fácil comprovar influências diretas. Não obstante, já não é nenhuma casualidade que com o evidenciar das estruturas

---

28. Para uma visão geral e mais recente sobre esse desenvolvimento no século XIX na Alemanha, cf. Regina Ogorek, "Individueller Rechtsschutz gegenüber der Staatsgewalt: Zur Entwicklung der Verwaltungsgerichtsbarkeit im 19. Jahrhundert", in Jürgen Kocka (org.), Bürgertum im 19. *Jahrhundert: Deutschland im europäischen Vergleich*, Munique, 1998, vol. 1, p. 372-405; id., "Richterliche Normenkontrolle im 19. Jahrhundert: Zur Rekonstruktion einer Streitfrage", *Zeitschrift für Neuere Rechtsgerichte II* (1998), p. 12-38.

29. Cf., por exemplo, William L. S. Felstiner, "Influence of Social Organization on Dispute Processing", *Law and Society Review* 9 (1974), para o significado de decisões *unilaterais* nesse contexto; Erhard Blankenburg, "Mobilisierung von Recht: Über die Wahrscheinlichkeit des Gangs zum Gericht, über die Erfolgsaussichten der Kläger und über die ableitbaren Funktionen der Justiz", *Zeitschrift für Rechtssoziologie I* (1980), p. 33-64; Marc Galanter, "Justice in Many Rooms: Courts, Private Ordering, and Indigenous Law", *Journal of Legal Pluralism* 19 (1981), p. 1-47. Para uma visão mais ampla, que inclui interesses preventivos, cf. Barbara A. Curran, *The Legal Needs of the Public: A Final Report of a National Survey*, Chicago, 1977.

30. "Há uma boa razão para acreditar que muitos assentamentos não foram contemplados pela possibilidade de uma resolução judicial", pensam Richard Lempert/Joseph Sanders, *An Invitation to Law and Social Science*, Nova York, 1986, p. 138.

sociais modernas surja uma consciência de complexidade que exclui a pretensão de elaborar os problemas do mundo de maneira lógica apenas teórica. A condição existencial humana obriga à redução. São necessárias infinitas interpretações do mundo ou dos textos em si. Ainda com a possibilidade de atuar em sentido contrário ao de um melhor conhecimento, é preciso comportar-se como se existisse algo em que se pudesse confiar ou que, em todo caso, justificasse o início da ação. Sobre tal pano de fundo da descrição do mundo no sentido do pragmatismo, a fórmula especial da proibição da denegação de justiça tampouco demanda argumentação mais profunda. E mais ainda: ela se harmoniza também com o positivismo jurídico emergente. Se a coação para que se atue obriga a abreviar a busca de conhecimentos para que uma decisão seja válida, então já não se pode exigir nenhuma constância temporal para a validade da decisão, devendo-se manter a devida abertura para novas dúvidas que possam surgir, para melhores conhecimentos e para a mudança das regras[31].

Nos dias de hoje, já não cabe a menor dúvida de que, de um ponto de vista puramente lógico, não se pode excluir o *non liquet*[32]. O mundo não oferece nenhuma garantia para uma ordenação lógica e sua dedução. A proibição da denegação de justiça tampouco resulta do fato de a força vinculativa da lei não deixar outra opção. Ora, assim como de pronto apareceram problemas insolúveis na busca das leis e de sua interpretação, o

---

31. Para uma apresentação da lógica temporal da aceitação desses signos, cf. a perspectiva bastante atual de Josef Simon, *Philosophie des Zeichens*, Berlim, 1989.

32. Sobre o assunto, cf. Ilmar Tammelo, "On the Logical Openness of legal Orders", *American Journal of Comparative Law* 8 (1959), p. 187-203.

poder discricionário do juiz estaria em constatar as "lacunas no direito" e rechaçar a necessidade de uma decisão. Portanto, de uma provisão institucional se demandará que o sistema jurídico tenha competência *universal* e que *ao mesmo tempo* ele seja *capaz de decidir*. Esse problema combinatório entre universalidade e capacidade de decisão se expressa na proibição de denegar a justiça, o que significa, na forma adequada para o direito, que uma norma, quando for necessário, possa continuar a valer mesmo contra os fatos.

Existe alguma literatura que se ocupa das dificuldades práticas resultantes dessa proibição da denegação de justiça. É evidente que uma regra assim só é posta em prática se as decisões forem mais ou menos formais, sendo aplicadas sem que se adentrem os detalhes do litígio, como se poderia utilizar, sobretudo, nas regras de ônus de provas, nas faltas de observação de prazo, nas incompetências, nas regras de procedimento ou mesmo nas regras substanciais de conveniência (*de minimis non curat praetor* [o magistrado não cuida de trivialidades]) ou da famosa doutrina das questões políticas no direito constitucional dos Estados Unidos[33]. Nesse ponto, os juristas poderiam se perguntar, afinal, quando se chega ao ponto de uma violação da proibição da denegação da justiça (tripla negação)[34]. Porém,

---

33. Especialmente a respeito de Fritz W. Scharf, *Grenzen der richterlichen Verantwortung: Die Political Questions Doktrine in der Rechtsprechung des amerikanischen Supreme Court*, Karlsruhe, 1965; id., "Judicial Review and the Political Question: A Functional Analysis", *Yale Law Journal* 75 (1966), p. 517-97. Deve-se observar que também nessa regra de conflito trata-se de uma autorrestrição do sistema de direito desenvolvida pela Suprema Corte e reconhecida pelos tribunais, não sendo o caso, pois, de uma limitação politicamente imposta.

34. Cf., por exemplo, Louis Favoreu, *Du déni de justice em droit public français*, Paris, 1965.

mais importantes são as análises que relacionam a formação em direito com essa proibição[35]. Pode-se mesmo considerar o discurso moderno sobre os "princípios jurídicos" (os romanos não necessitavam algo desse gênero) como um produto secundário dessa proibição da denegação da justiça[36].

Problema semelhante é discutido no *Common Law* sob a palavra-chave dos *"hard cases"*[37]. O sociólogo deve dar conta da totalidade dos casos que devem ser decididos nos tribunais. Não obstante, para o desenvolvimento jurídico e para a teoria jurídica que o acompanha e o justifica, precisamente esses *"hard cases"* têm um significado crucial. Trata-se de casos nos quais as normas jurídicas existentes, e inquestionavelmente vigentes, aplicadas por meio de métodos dedutivos corretos, não conduzem a decisões inequívocas. Trata-se, por conseguinte, de casos em que não basta o conhecimento do direito vigente isento de dubiedades para indicar quem está de posse do direito e quem não está. *Não obstante, os tribunais devem decidir sobre esses casos.* Isso significa que para a determinação e justificação da decisão devem ser desenvolvidas regras de decisão cuja validade possa ser contestada e continuar sendo contestada. Os tribunais não podem se apoiar no direito vigente inquestionável, mas devem criar, postular e pressupor esse direito sem chegar à garantia de que, para além da

---

35. Cf. Ekkehart Schumann, "Das Rechtsverweigerungsverbot: Historische und methodologische Bemerkungen zur richterlichen Pflicht, das Recht auszulegen, zu ergänzen und fortzubilden", *Zeitschrift für Zivilprozess* 81 (1968), p. 79-102.

36. Sobre a ideia de justiça material, cf. Schumann, op. cit.

37. Como ponto de partida, cf. Ronald Dworkin, *Taking Rights Seriously*, Cambridge Mass., 1977, p. 81 s., p. 99 s. Sobre os demais aspectos, já na escola do realismo jurídico se falava em "casos problemas".

força jurídica da decisão do caso, a decisão possa valer também como programa de decisão. Precisamente por isso foi instituída a *ratio decidendi* de um precedente para o caso de uma vinculação ter sido desenvolvida. Entretanto, isso resolve os problemas apenas em parte, à medida que os transfere à pergunta sobre o que seria essa *ratio decidendi* e como ela poderia ser comprovada[38]. Nesse contexto, discute-se a influência das argumentações morais na decisão dos *hard cases*[39]. Certamente, isso pode conduzir ao problema da "representatividade" dessas regras na decisão, mas não, nas condições atuais, a que se ponha em questão o caráter incontestável de sua validade[40]. Além disso, a invocação à moral tem a desvantagem (difícil de suportar) de ter de negar legitimação moral aos conceitos jurídicos que são rechaçados sob pressão quando se está coagido a tomar uma decisão[41].

O problema dos *hard cases* existia mesmo antes do processo de diferenciação do sistema do direito[42]. À época, nesses

---

38. Para contribuições relacionadas a esse problema, cf. Laurence Goldstein (org.), *Precedent in Law*, Oxford, 1987.

39. Cf., por exemplo, David Lyons, "Justification and Judicial Responsibility", *California Law Review* 72 (1984), p. 178-99.

40. Assim, porém, Dworkin, op. cit., valendo-se da distinção entre regras e princípios. Para o debate sobre os *hard cases* e para a crítica à insinuação de Dworkin, segundo a qual haveria uma única decisão correta para todos os casos, cf. também Aharon Barak, *Judicial Discretion*, New Haven, 1989, com mais referências.

41. Essa objeção (tendo como pano de fundo uma tradição judaica da legitimação religiosa do dissenso) se encontra em Robert M. Cover, "The Supreme Court, 1982 Term – Foreword: Nomos and Narrative", *Harvard Law Review* 97 (1983), p. 4-68.

42. "Quando os elementos do processo não permitem que o juiz decida, ele remeteu as partes no julgamento dos deuses" — afirma Jean Bottéro, *Mésopotamie: L'écriture, la raison et les dieux*, Paris, 1987, p. 151 para a sociedade provavelmente mais antiga em que se constatou um interesse altamente desenvolvido no direito e na justiça. Para mais detalhes, id., "L'ordalie em Mésopotamie ancienne", *Annali della Scuola Normale Superiore di Pisa, Clase di Lettere e Filosofia*, ser. III, vol. XI (1982), p. 1005-67.

casos difíceis decidia-se por juízo divino. Hoje, as convicções morais do juiz, ou melhor, as convicções morais que ele tem e as convicções morais do povo parecem ser um equivalente funcional — do mesmo modo imprevisível, mas com possibilidades já bem melhores de contribuir para a formação do direito e, assim, transformar o imprevisível em previsível. Independentemente do que a teoria do direito possa fazer dessa presunção moral, não se pode submeter os tribunais à pressão de uma tomada de decisões de caráter obrigatório e, ao mesmo tempo, sujeitar a lógica da argumentação dos tribunais a um regresso infinito ou a uma circularidade lógica. Quando eles se atêm a princípios, resta-nos ser indulgentes.

Na prática, os tribunais se limitam ao que é mais necessário para justificar suas decisões. Se de antemão é preciso decidir e justificar, é o caso de fazê-lo com um mínimo de autodeterminação, indispensável para tomar a decisão do caso concreto. Deve-se evitar palavreado inútil. As tão famosas *obiter dicta* (isto é, o exteriorizar que se está aproveitando a oportunidade) são convenientes para indicar as intenções jurídico-políticas do tribunal. Isso vale, sobretudo, para os tribunais de instâncias muito altas, como quem diz: "ao modo de prática de advertência para casos futuros". Em ordenamentos jurídicos que se vinculam ao precedente, distingue-se de maneira clara, ainda que numa análise posterior, entre a *ratio decidendi* e as *obiter dicta*, a fim de restringir o efeito vinculante do que efetivamente produziu validade jurídica. Também essa autodisciplina, que se restringe ao essencial, é explicada pelo contexto em que os tribunais estão coagidos a decidir e pela necessidade de separar com clareza o que é a jurisprudência.

A discrepância entre obrigatoriedade de decidir e possibilidade de chegar a decisões convincentes se expressa, entre outros motivos, pela instituição da *força do direito*. Essa força se manifesta num momento preciso. Por mais questionável que tenha sido e continue a ser a decisão, a força do direito exonera-a de um questionamento contínuo. Isso faz que a inclusão de consequências na busca e na justificação da decisão seja a um só tempo inofensiva e arriscada — inofensiva porque, no momento da decisão válida, as consequências se encontram num futuro desconhecido; e arriscada pelo mesmo motivo. Contra as expectativas, satisfeitas ou não, já não se pode mudar a decisão. É possível que tal decisão posteriormente se evidencie como especulação equivocada, não obstante válida, e, diferentemente do que acontece com as leis, ela não pode ser mudada ao se considerar uma nova mescla de consequências.

Por conseguinte, o puro e simples reconhecimento do "direito do juiz" se mantém na superfície do problema. O mesmo vale para a dissolução da hierarquia clássica, quando se quer fazer vê-la como uma relação circular de influências recíprocas. É óbvio que se trata da pergunta sobre como o sistema do direito pode amortecer sua própria sobrecarga, e mesmo como e onde. Isso remete novamente ao significado lógico-estrutural da proibição da denegação da justiça. O que se tem com essa proibição, que move tantas coisas? Trata-se simplesmente de uma norma entre muitas outras, de uma disposição do direito pessoal?

Que essas perguntas não são suficientes é algo que fica evidente, uma vez que o que se tem é uma prescrição *autológica*, que se inclui no campo de sua aplicação. Autológica é uma afirmação que se aplica a si mesma. Se existe a coação para que se decida, exclui-se tudo o que não é decisão, porque infringe essa prescrição. Ou então, invocando-se essa estipulação, ter-se-ia de poder exigir uma aplicação[43]. Mas quem faz essa aplicação? Ela é feita pelo próprio tribunal?

O estado de coisas autológico remete a algo profundamente paradoxal. Os tribunais devem decidir onde não se pode decidir; ou, em todo caso, decidem fora dos padrões aceitáveis de racionalidade. E, se não o podem, devem se esforçar para poder. Se não se encontra o direito, deve-se inventá-lo. Mais adiante veremos que a argumentação sobre as consequências, as quais não há como conhecer, pois só se apresentarão no futuro, serve como saída. O paradoxo das decisões indecidíveis deve-se desdobrar de um ou de outro modo, ou seja, traduzir-se em distinções que se podem manejar, como decisão e consequência, princípio jurídico e aplicação.

Que os tribunais se vejam na obrigatoriedade de decidir é o ponto de partida para a construção do universo jurídico, para o pensamento jurídico e para a argumentação jurídica[44].

---

43. Com relação a isso, cf. também Ludwig Häsemeyer. "Die Erzwingung richterlicher Entscheidungen: Mögliche Reaktionen auf Justizverweigerungen", *Festschrift für Kalr Michaelis*, Göttingen, 1972, p. 134-50. Cf. Também Art. 29 do *Wiener Schlußakte* vom 15. Mai 1820 (cit. Segundo Gustav von Struve, *Das öffentliche Recht des deutschen Bundes*, Mannheim, 1846, p. 108-28, 117) que, quase pensando em termos da lei de vigilância e na tradição do antigo império, previu, para esses casos, a competência da Assembleia Federal. Cf. (com um dispositivo de notas de rodapé que é também historicamente interessante) Johann Ludwig Klüber, *Öffentliches Recht des Teuschen Bundes und der Bundesstaaten*, 3. ed., Frankfurt, 1831, p. 188 ss.

44. Essas conexões foram investigadas sobretudo por Vilhelm Aubert. Cf. "The Structure of Legal Thinking", in *Legal Essays: Festskrift til Frede Castberg*, Copenhague, 1963, p. 41-63; "Legal Reasoning", in Vilhelm Aubert, *In Search of Law*. Oxford, 1983, p. 77-97; também in id., *Continuity and Development in Law and Society*, Oslo, 1989, p. 111-35.

Por isso a "legitimação", no sentido da relação com valores que transcendem o direito, em última instância não desempenha nenhum papel importante. *Por isso*, tudo depende que as decisões anteriores, segundo as quais foi possível se orientar, possam persistir caso não sejam alteradas; *por isso*, a *res iudicata* é inapreensível, a não ser que sejam aplicadas regulamentações excepcionais não previstas no direito; e *por isso* o direito deve ser apreendido como um universo fechado em si mesmo, no qual, ainda que sob tensões sociais extremas, pode-se praticar a "argumentação puramente jurídica", que por si mesma decide as margens de interpretação que podem ser praticadas e nas quais tem de se rejeitar uma distorção solicitada.

As consequências do caráter compulsório dessa decisão podem ser visualizadas com toda a clareza nas formas como são realizados os procedimentos nos tribunais e, nos casos extremos, na instituição anglo-saxã do interrogatório cruzado. Dois aspectos dominam o cenário: a alta seletividade dos pontos de seleção e a incerteza, cuidadosamente mantida, de como será o desfecho[45]. O sistema se orienta pelas regras de decisão (programas), que servem para especificar os pontos de vista de seleção. A incerteza quanto ao desfecho vem significar que o que importa são os aspectos moralistas, políticos e orientados pela utilidade. Um delinquente é inocente até o momento em que não tiver sido julgado; os juízes, assim como os advogados, devem atentar para não fazer juízo moral antecipado[46]. Do advogado se

---

[45]. Sobre isso, cf., com mais detalhes, Niklas Luhmann, *Legitimation durch Verfahren*, reimpr. Frankfurt, 1983, em especial p. 55 ss.

[46]. Ou, nas palavras de F. James Davis et al., *Society and the Law: New Meanings for an Old Profession*, Nova York, 1962, p. 98 s.: "Não há culpados até que o veredicto tenha sido

espera que represente os interesses de seu cliente, julgado diante dele — independentemente do que pense deste. Instauram-se aí, a um só tempo, as condições do processo de diferenciação do sistema do direito e a pré-estruturação da decisão que se vai tomar, para a qual deve importar unicamente a relação entre código e programas do sistema. De modo correspondente, o sentido último da garantia constitucional para o sistema do direito é encontrado na garantia procedimental, uma vez que, obviamente, não se pode garantir que todos venham a receber a justiça tal como esperam receber.

A debilidade metodológica, a "perda da certeza"[47], a desintegração das diretrizes dogmáticas e sua substituição por fórmulas de equilíbrio e, não por último, a crescente falta de precisão nos limites entre legislação e jurisprudência e os problemas de regulamentação que pendem de um lado para o outro, a depender da constelação em que sejam politizáveis, são consequências tardias da obrigatoriedade da decisão. Em uma sociedade cada vez mais complexa e em face da aceleração nas mudanças estruturais, tudo isso tem repercussões cada vez mais fortes em quase todos os âmbitos. Nessa perspectiva, adquirem maior significado o aumento das críticas aos tribunais e, mais recentemente, o enfoque na pesquisa sociojurídica. Isso vale

---

declarado; a culpa é uma questão de julgamento moral, não apenas de saber se a conduta se encaixa em uma classificação estatutária". Por isso, pode-se dizer também que o direito estabelece suas próprias cesuras temporais e, dessa forma, configura seu próprio horizonte de tempo, diferenciando-se assim da moral. Desse modo, também se vê quão limitado é o alcance da discussão sobre se o problema direito/moral é visto unicamente na questão que, por sua vez, versa sobre as regras do direito necessitarem, ou não, de uma justificação moral.

47. Assim, cf. Görg Haverkate, *Gewißheitsverluste im juristischen Denken: Zur politischen Funktion der juristischen Methode*, Berlim, 1977.

para as antigas queixas relativas ao excesso de trabalho dos tribunais e à dilatada duração dos processos, como também para as investigações mais recentes sobre o *acces to law* (ou seja, acesso aos tribunais e não acesso aos contratos ou acesso ao legislador). Isso vale para a pergunta sobre se os procedimentos jurídicos são, de algum modo, um mecanismo adequado para a solução dos conflitos, quando como consequência direta desse caráter obrigatório de decidir fazem-se justiçáveis apenas segmentos temáticos muito reduzidos, isto é, segmentos de um espectro muito amplo de fatores que provocam, amplificam ou atenuam os conflitos. Isso vale, por fim, para o perfil de "pessoas" individuais (ou vivendo uma mesma situação ou numa corporação) que atuam nos papéis de reclamante e reclamado, não obstante os participantes frequentemente serem representantes de uma classe de casos semelhantes e não disporem dele como se se tratasse de algo individual. É nesse ponto que se inicia uma profícua discussão sobre as alternativas e possibilidades da reforma[48], ainda que esta dificilmente se atreva a atacar o núcleo do problema: o caráter obrigatório da decisão, que distingue os tribunais de todas as demais instituições do sistema do direito.

O paradoxo da decisão que não se pode decidir busca e, se assim se o pode expressar, encontra fórmulas de solução aceitáveis. As formulações com as quais caracterizamos esse desenvolvimento podem soar de maneira negativa, mas não é isso o que se pretende — como se houvesse melhores possibilidades que, no entanto, não foram aproveitadas. A pergunta mais

---

48. Cf., por exemplo, dedicado a esse tema, o volume 6 (1980) do *Jahrbuch für Rechtssoziologie und Rechtstheorie*, sobretudo p. 142 ss.

importante é como se pode descrever o sistema jurídico considerando que o paradoxal de sua autojustificação assoma de modo cada vez mais evidente e considerando que, ademais, cada vez mais se reconhece o lugar onde seu paradoxo é solucionado: a jurisdição.

V

Antes de tudo, voltamos a repetir: nem as leis, nem os contratos se encontram sob a obrigatoriedade de decidir. A validade do direito pode mudar — ou se deixar mudar — com a seleção dessas formas. Quanto a isso, somente os tribunais vivem uma situação de exceção. É possível que, por razões políticas ou econômicas, das leis e dos contratos demande-se uma decisão. Mas, nesse caso, as coações são de outro tipo, e diante delas o sistema do direito se encontra em liberdade de decidir se são juridicamente relevantes. Os tribunais, ao contrário, por razões jurídicas, devem decidir sobre qualquer demanda que neles se apresente. Só a eles incumbe o manejo do paradoxo do sistema — independentemente de como se queira denominá-lo concretamente. Somente eles devem, onde for necessário, transformar a indeterminação em determinação. Somente eles estão coagidos a uma decisão e, por conseguinte, somente eles gozam do privilégio de poder transformar a coação em liberdade. Nenhum outro órgão da administração de justiça tem posição semelhante.

O paradoxo, todavia, é o santuário do sistema, e sua divindade se oferece em múltiplas configurações: como *unitas multiplex* e como *re-entry* da forma na forma, como mesmidade do diferenciado, como determinabilidade do indeterminado, como autolegitimação. A unidade se expressa no sistema mediante distinções que, como diretrizes, têm a função de ocultar o que manifestam. Estruturalmente, isso se dá mediante o processo de diferenciação, por meio da multiplicação no âmbito do sistema, da distinção entre sistema e ambiente. Por isso, a pergunta pelo desdobramento do paradoxo é a chave para o problema da diferenciação, e é a partir da forma de diferenciação que se regulamenta qual semântica adquire ou perde plausibilidade[49].

Se for mesmo o caso de que aos tribunais cabe a tarefa de superar o paradoxo do sistema do direito, como ao mesmo tempo se exige e se camufla com a proibição da denegação da justiça, isso dissolve a possibilidade de descrever a diferenciação do sistema do direito como uma hierarquia de comandos, pois os tribunais não dão nenhuma orientação ao legislador. Quando muito, formulam as condições pelas quais os tribunais possam entender, aceitar e praticar; e isso nada mais é do que fazer valer a sua própria existência. Assim, impõe-se a necessidade de substituir o modelo hierárquico pelo de uma diferenciação entre centro e periferia[50].

---

49. Cf. diferentes estudos de caso a respeito em Niklas Luhmann, *Gesellfschatsstruktur und Semantik*, Frankfurt, 1980, 1981, 1989.

50. O uso desse esquema, mesmo onde os sociólogos participam, encontra-se firmemente nas mãos dos geógrafos. Cf., por exemplo, o volume reunido de Jean Gottmann (org.), *Centre and Periphery*, Londres, 1980. A transferência para contextos institucionais motivou, sobretudo, Edward Shils, "Centre and Periphery", in *The Logic of Personal Knowledge: Essays Presented to Michael Polanyi*, Londres, 1961, p. 117-31. No texto, fizemos abstração de toda e qualquer materialização especial, o que o leitor poderá reconhecer facilmente. Isso porque o espaço é apenas um caso de desenvolvimento do paradoxo mediante dife-

Assim, a organização da jurisdição seria aquele sistema parcial no qual o sistema do direito tem seu centro. Só aqui se pode utilizar a particularidade dos sistemas de organização quanto a decidir acerca da inclusão ou exclusão dos membros, com o fim de produzir vinculações especiais para os juízes, pois a tomada de posse de uma magistratura significa que o juiz se subordina a restrições de comportamento que não são vigentes para qualquer pessoa: produção de regras jurídicas que se atêm aos padrões metodológicos e de conteúdo vigentes[51]. Somente por meio da organização garante-se a universalidade da competência de se poder/dever decidir em todas as questões jurídicas. Todos os demais campos de trabalho (não judiciais) do sistema do direito pertencem à periferia. Isso vale em especial para as atividades que comumente se caracterizam como "privadas", que são a celebração de contratos, mas vale também para a legislação. Para a periferia, não existe nenhuma obrigatoriedade de se decidir. Nelas podem se apresentar interesses de qualquer índole e se impor com todos os meios disponíveis, sem que venha ao caso a distinção de interesses conformes/não conformes ao direito. Precisamente por isso a periferia serve de zona de contato com outros sistemas de funções da sociedade — seja

---

renciações que estão sintonizadas com as inconsistências do processamento de informação neurofisiológica e, nesse sentido, estão disponíveis para os animais e os homens.

51. Salta aos olhos que a legitimação do direito do juiz, dando-se exclusivamente mediante a organização, vale-se bem poucas vezes da literatura. Ao que tudo indica, a teoria do direito hesita em deixar questões de alcance social nas mãos de um mecanismo que só pode funcionar no nível dos sistemas sociais formalmente organizados. Mas veja-se Melvin Aron Eisenberg: *The Nature of Common Law*, Cambridge, Mass., 1988, com a observação, de caráter incidental: "Como um administrador convencional, o juiz é moralmente obrigado, por sua aceitação do cargo, a obedecer às regras que regem a conduta de seu escritório" (p. 3). Poder-se-ia perguntar: apenas moralmente obrigado?

a economia, a vida familiar doméstica ou a política. Como decorrência não raro indireta do direito contratual, prosperam numerosas reformulações de direito produzidas privadamente, sobretudo o direito interno das organizações, os acordos coletivos provisórios entre associações de interesses e grandes organizações, interpretações específicas de regulamentações comerciais e o direito das condições comerciais gerais e assemelhados[52]. E a legislação, de igual maneira, ao ceder à pressão política, é como se vazasse e se infiltrasse, cada vez em maior escala, em "espaços" que antes se encontravam "livres de direito" — por exemplo, o interior da vida familiar, das escolas e das universidades, ou nas relações médico/paciente. Na periferia, as irritações se formalizam juridicamente — ou não. Ali o sistema garante sua autonomia ao não ter de decidir. Assim, garante-se que o direito não funciona simplesmente como extensão, desprovida de vontade, de operações externas ao direito. O centro requer essa proteção — justamente porque a premissa com que opera segue na direção oposta. Por essa razão, os tribunais, se comparados com os legisladores e contraentes, trabalham num autoisolamento cognitivo de intensidade muito maior. Pense-se, por exemplo, nas formalidades dos procedimentos probatórios. Além disso, o acesso aos tribunais deve ser discreto e com a máxima organização seletiva. Apenas um ínfimo percentual de questões jurídicas se apresenta nos tribunais para que sejam decididas. Mas se isso ocorre e se os participantes ali permanecem,

---

52. Sobre esse aumento e abuso, não raras vezes caracterizado como "plural", cf. Gunther Teubner, "Steuerung durch pluralres Recht. Oder: wie die Politik den normativen Mehrwert der Geldzirkulation abschöpft", in Wolfgang Zapf (ed.), *Die Modernisierung moderner Gesellschaften: Verhandlungen des 25. Soziologentages in Frankfurt am Main 1990*, Frankfurt, 1991, p. 528-51.

os tribunais têm de decidir, independentemente de ser fácil ou difícil a decisão e de ser conservador ou criativo o resultado.

Ainda, outro sentido dessa forma de diferenciação segundo centro e periferia reside na criação de um consenso social necessário e suficiente (ou na conservação de uma ficção correlativa)[53]. Se os tribunais se encontram sob a obrigatoriedade de decidir, não podem ao mesmo tempo depender do consenso, já que devem decidir sobre todos os casos, incluindo aqueles em que a validade jurídica não reside em um consenso seguro. As fórmulas de consenso usadas pelos tribunais (aspirações morais das pessoas, sensibilidade dos homens mais justos e equitativos) aparecem insípidas e desprovidas de vigor, e, além disso, não são examinadas no processo, tratando-se, isso sim, de um tipo de ficção jurídica. As requisições de consenso são delegadas da periferia e introduzidas na forma do contrato ou na forma de lei que vem a ser aprovada mediante formação de consenso. Justamente por isso é que os tribunais pressupõem certa moderação na reinterpretação dos contratos e das leis, portanto, uma moderação na reformulação do direito jurisprudencial, sem que se possam indicar os critérios gerais para isso.

Uma vez que um centro não pode operar sem uma periferia, assim como esta não pode operar sem um centro, essa distinção não formula nenhuma diferença de classe ou relevância social. É com uma formulação muito acertada que Habermas caracteriza o procedimento judicial como "ponto de fuga

---

53. Sobre isso, cf. Gunther Teubner, "Ist das Recht auf Konsens angewiesenen? Zur sozialen Akzeptanz des modernen Richterrechts", in Hans-Joachin Giegel (org.), *Kommunikation und Konsens in modernen Gesellschaften*, Frankfurt, 1992, p. 197-211 — em todo caso, com dúvidas consideráveis quanto às possibilidades de consenso nos tribunais.

para a análise do sistema jurídico"⁵⁴. De modo algum se trata de uma inversão no seio do padrão hierárquico estrutural, e a consequência disso é que os tribunais passam a se considerar mais importantes do que os legisladores. É justamente isso que se deve evitar, pois, como em qualquer forma de diferenciação, trata-se de assegurar que o oposto (obrigatoriedade de decidir e nenhuma obrigatoriedade de decidir) se torne possível de maneira simultânea e complementar. A forma de diferenciação garante o desdobramento do paradoxo, e não mais. Disso depende, porém, que o sistema do direito, ao tomar para si uma competência universal, possa se fechar em sua operação para desempenhar uma função específica no sistema social como um todo.

Por fim, para o nível mais elevado da forma de diferenciação centro/periferia é significativo que somente no centro sejam permitidas outras formas de diferenciação: segmentação, mas também superioridade e inferioridade. Somente os tribunais constituem uma hierarquia, somente eles se diferenciam horizontalmente segundo as distintas competências espaciais ou profissionais. Isso, além do mais, contribui para a assimetria da forma de diferenciação, pois a periferia não pode se diferenciar mais, por maior que seja a quantidade de assuntos que se apresentem. Já existem evidentes indícios de legislação delegada e, assim, de uma ordenação hierárquica no interior desse subsistema. Mas com essa legislação delegada tem-se apenas um meio de fazer que comandos sejam passados adiante, e não propria-

---

54. Cf. Jürgen Habermas, *Faktizität und Geltung: Beiträge zur Diskurstheorie des Rechts und des demokratischen Rechtsstaats*, Frankfurt, 1992, p. 241.

mente a produção de subsistemas autopoiéticos independentes. Em compensação, um tribunal municipal pode funcionar sem que haja um tribunal regional; os tribunais superiores julgam com base em seu próprio direito, seja por terem competências especiais, seja porque, como instância tribunalícia, julgue uma petição de recurso vinda de uma instância inferior. Independentemente de como se interprete a diferenciação interna do centro, isso não contradiz a unidade da competência central, mas só faz pressupô-la e reforçá-la.

O principal rendimento dessa remodelação da teoria da diferenciação por parte do esquema de uma hierarquia (com reacoplamentos circulares) a se valer do esquema centro/periferia deveria consistir na paralelização e na reticulação da produção de validade do legislativo e do contratual[55]. Isso se põe em flagrante contradição com a doutrina usual das fontes do direito (com ou sem "direito judicial") que os tribunais aceitam. Desse modo, o contrato (sempre incluídos meios semelhantes de criação privada do direito, como os testamentos, a formação de organizações e outros) é tão somente um instituto jurídico entre muitos outros. Nessa medida, ele pertence à semântica, e não à sintaxe do sistema jurídico. Contudo, faz tempo que isso não mais corresponde à realidade. Já nos anos 1920, o foco do direito estava nas "cláusulas gerais", e falava-se do "direito criado pela economia"[56]. De lá para cá, a grande quantidade

---

55. Cf. sobre isso Charles-Albert Morand, "La contractualisation du droit dans l'état providence", in François Chazel/Jacques Commaille (org.), *Normes juridiques et régulation sociales*, Paris, 1991, p. 139-58; Arthur Benz/Fritz W. Scharpf/Reinhard Zinti, *Horizontale Politikverflechtung: Zur Theorie von Verhadlungssystemen*, Frankfurt, 1992.

56. Cf. essa formulação em contexto "popular" em Hans Grossmann-Doerth, *Selbsgeschaffenes Recht der Wirtschaft und staatliches Recht*, Freiburg, 1933.

de relações entre organizações e confederações (Estados, municípios) tem assumido uma forma que, se for o caso, o sistema do direito pode ler como direito obrigatório vinculante. Além disso, parte considerável da legislação (por exemplo, o direito à formação de cartéis) refere-se a essa esfera da criação do direito. A penetração jurídica na vida cotidiana já não pode ser entendida sem o direito; seria de todo antiquado querer imaginá-lo como um âmbito no qual duas pessoas particulares se encontram e celebram um contrato individual, segundo o programa característico do direito burguês.

Evidentemente nos dias de hoje, como antes, as leis e os contratos se distinguem pela forma e pelo efeito jurídico; se assim não fosse, não haveria sentido em diferenciá-los. Mas de igual ou maior importância é a pergunta sobre os sistemas de função a que o direito se adapta valendo-se dessa sensibilidade da periferia. E os fatores determinantes para tal são a elevada tolerância ante os desequilíbrios e a renúncia ao caráter obrigatório da decisão que caracteriza essa periferia do direito.

VI

A relação que agora se faz evidente entre o caráter obrigatório da decisão, a organização dos tribunais e a posição central dos tribunais no sistema do direito permite que se tenha uma ideia nova do fechamento operativo do sistema do direito, de um ponto de vista temporal e material.

As decisões podem ser concebidas, de maneira muito abstrata, como uma forma mediante a qual a relação entre passado e futuro se interrompe e se restabelece. Onde quer que se venha a decidir, o passado não se prolonga automaticamente no futuro (*qua* essência ou natureza, *qua* impossibilidade ou necessidade), mas a relação é interrompida e será o caso de abrir mão de uma decisão, possível somente no presente e sempre se faz possível de outra maneira. Desse modo, poder-se-ia perguntar: como pode a sociedade se comprometer com tal risco de interrupção? E, mais ainda, como é possível que esse risco fique por conta de um subsistema da sociedade, que aqui é o sistema do direito?

A desculpa é, em certo sentido, a de que por toda parte surgem disputas. O ganhar ou perder fica sempre sem uma resposta definitiva. A ocasião é que coage à atividade. Mas desse modo ainda não está dito como um sistema relativamente fechado em sua operação consegue lograr o reenlace entre passado e futuro.

Os tribunais reconstroem o passado no formato do caso que se faz presente. Só se levará em conta o que for necessário para a decisão do caso, e nada mais. Para a delimitação da necessidade de informação vem em socorro o direito vigente. Esse direito é pressuposto como dado; portanto, como produto do passado. O conceito ideal, pelo qual se poderia deduzir também a decisão do caso, significaria, para a prática, pautar-se apenas pelo passado, deixado o futuro para a possibilidade/impossibilidade lógica. Poder-se-ia calcular o futuro, e desse modo não seria preciso nem mesmo decidir. Sabe-se que isso não é possível. De fato, os tribunais veem-se obrigados a projetar o futuro. Isso ocorre no esboço das regras de decisão às quais o tribunal se aterá em casos futuros do mesmo tipo. Essas regras de decisão podem ser regras de interpretação das leis, ou, como se tem sobretudo no *Common Law*, regras que se adquirem diretamente com base na abstração do caso[57]. Trata-se sempre de inventar delimitações que deverão ser vinculativas no futuro. Isso significa: o sistema se fecha temporalmente ao construir o presente (que de *per se* se esvanece com a decisão) como passado de um futuro presente. A decisão se apresentará como *modo futuri exacti*, conformada por regras, sendo, assim, disciplinada.

Essa forma de mediação entre passado e futuro requer um segundo tempo, isto é, um tempo concentrado e construído no presente, que com ele se modifica. Isso não muda em nada o fato de que na realidade não persistem as margens de manobra inseridas pelas possibilidades, pois o que efetivamente acontece o faz em simultaneidade. Precisamente isso mostra também que o tempo, visto como diferença, é sempre a construção de um observador. Isso significa que a sociedade deve sincronizar diferentes observações de tempo, o que só se consegue impondo-se reduções às possibilidades de enlace, por meio de recursos. Talvez essa seja a razão, abstraindo-se os problemas relativos à dedução lógica, pela qual se exige dos tribunais uma contínua produção de regras para as decisões futuras. "A função de resolução de litígios está voltada para as partes e o passado. A função de enriquecer a oferta de regras

---

[57]. Com relação a discussões teóricas pormenorizadas, faz-se obrigatória, por exemplo, a "metodologia jurídica" referente a procedimentos na interpretação das leis ou à complexa discussão sobre a descoberta de regras de decisão de decisões anteriores com referência ao caso que se apresenta. Não obstante, salta aos olhos o fato de, nas argumentações judiciais das decisões, quase não existirem determinações teórico-metodológicas desse gênero, como se se tratasse de evitar que a autovinculação do tribunal pudesse abarcar tais perguntas.

legais volta-se para a sociedade geral e o futuro.[58]"

Do ponto de vista material, chama a atenção que somente os tribunais tenham a tarefa de supervisionar a consistência das decisões judiciais[59]. Isso se dá pelo modo da observação de segunda ordem, que é o modo de observação de decisões jurídicas (leis, contratos, decisões judiciais) que, por sua vez, já tinham observado o direito. O termo técnico para isso é: interpretação. Mesmo nas reflexões sobre a criação da lei ou dos contratos, a interpretação do direito vigente desempenha seu papel, mas somente para circunscrever os limites da margem de manobra de sua configuração. Os tribunais interpretam num sentido diferente, de maneira argumentativa: para demonstrar a *ratio* de sua própria decisão. Aqui, a observação de segunda ordem é usada para examinar até que ponto a consistência da observação do direito permite que sejam integradas novas informações ou mudanças de preferência. E, se a teoria e pesquisa acadêmicas se interessam pelas "ciências do direito", fazem-no no sentido da reconstrução das decisões que foram tomadas corretamente pelos tribunais. Apesar dos reiterados esforços[60], não foi possível desenvolver uma ciência da legislação convincente,

---

58. Eisenberg, op. cit., p. 7.

59. Os juristas da Europa continental remeteram campos jurídicos inteiros às codificações por meio do legislador. Sobre o querer deixar passar ou não como exceção, é algo que na atualidade já não existe, e mesmo a ideia de reduzir os tribunais, por meio de codificações, a uma simples "aplicação" das leis a meras decisões rotineiras encontra-se refutada pela história.

60. Cf., como resultado de uma vida inteira de dedicação a esse tema, Peter Noll, *Gesetzgebungslehre, Reinbek*, 1973 (p. 9 ss. sobre as razões desse déficit). Cf. também Hermann Hill, *Einführung in die Gesetzgebungslehre*, Heidelberg, 1982, assim como o deslocamento da problemática para uma "politologia jurídica", característico dos anos 1980 (Jahresschrift für Rechtspolitologie seit, 1987).

por mais que juristas e não juristas (como Jürgen Habermas) hoje insistam em que a lei seja a base da racionalidade de todas as decisões jurídicas.

VII

A deusa evolução, ao que parece, tem tido muito mais coragem do que algum dia teve qualquer planificador com suas previsões. A evolução corta na base as determinações sociais da decisão jurídica, sem as repor. Mesmo assim, os tribunais têm de decidir. Não podem fazer que suas decisões dependam da ocorrência de algo elucidativo, nem estar seguros sobre como decidir. Como tal deve se dar?

Em termos formais, os tribunais se comportam de modo que sua decisão, que, sem dúvida, ocorre no sistema do direito, seja determinada tão somente pelo direito vigente. A decisão resultará ou como conhecimento do direito, ou como aplicação do direito. O direito contém regras suficientes (como a regra do ônus da prova) para garantir que isso seja possível em todos os casos. *Que* isso seja possível é algo de que não se pode duvidar. Vê-se pelos textos produzidos. Mas nem assim seria possível responder à candente pergunta: *como* isso se faz possível?

Um sociólogo teria de perguntar mais concretamente: *por meio de que* são substituídas as determinações sociais da decisão jurídica, por exemplo, as considerações sobre o estatuto social das partes envolvidas ou sobre a rede social de suas relações? A resposta (e aqui se deve pensar na totalidade dos estudos jurídicos críticos e de seus paralelos neomarxistas) costuma ser: não se substituem, e são hoje, como antes, determinações efetivas. Essa resposta é precipitada ou, em todo caso, feita sem nenhuma comparação histórica. Independentemente do que se quiser encontrar e tornar evidente com uma "análise da estrutura latente" ou com uma pura e simples reatribuição de surgimentos a causas[61], pode-se perguntar: que determinações sociais são necessárias ou satisfazem às exigências para garantir socialmente a independência e a proibição da denegação de decisão da justiça?

E nós respondemos: a organização e a profissionalização da competência jurídica.

A sociologia dominante do direito vislumbra já nessa passagem os limites do sistema do direito. Para ela, o sistema é diferenciado pela organização e pela profissionalização. O acesso ao sistema estaria nos procedimentos organizados e na assessoria profissional efetiva no sistema. Mas quando se abandona esse conceito, substituindo-o por uma compreensão puramente operativa da formação do sistema e da circunscrição dos limites[62], os fenômenos da organização e a profissionalização ficam em certa medida livres para outra aplicação teórica. Na concepção habitual, o olhar é lançado na direção das influências latentes da sociedade sobre o sistema do direito, em especial sobre aquelas condicionadas pela estratificação. Como poderiam ser pensadas outras fontes de delimitação? Se se tomar como base

---

61. Uma retribuição seria, por exemplo, que o movimento humanitário contra o trabalho infantil no século XIX na verdade teria servido para fortalecer a grande indústria e excluir a concorrência das pequenas empresas. O mesmo se poderia afirmar sobre as imposições da política ecológica do século XXI.

62. Cf. Capítulo 2, V.

um conceito ampliado de sistema, no sentido do construto de uma autopoiese, podem ser vislumbradas fontes bastante distintas de delimitação da margem de manobra da decisão — precisamente a organização e a profissão.

O fato "organização" repercute primeiramente em os juízes, em razão de serem membros da organização, estarem obrigados a trabalhar. Deles se espera, em parte pelo controle do serviço, em parte pelos próprios colegas, que cumpram com suas tarefas[63]. Desse modo, fica vinculada uma estrutura temporal: uma depois da outra. Daí resultam prazos com uma interação concordada (ou "programada"). Ser membro de uma organização significa também que o comportamento interativo possui limites cuja transgressão possibilita uma reclamação relativa ao serviço. Organização significa que os erros devem ser mantidos no marco do "juridicamente aceito". Alguns podem se rebelar contra a opinião prevalecente, provocar os tribunais superiores, mas sempre com argumentos aceitáveis. (Adiantando-nos, vemos aí uma cooperação mútua e necessária entre organização e profissão.) Se os tribunais superiores nos dão a razão, pode-se estar defendendo sempre a mesma opinião discrepante — e isso apenas para forçar as partes a invocar o tribunal superior em cada um dos casos. Um balão pode ser mandado para cima, a título de teste, mas se deve aceitar a possibilidade de ele explodir. Por fim, a organização

---

[63]. Encontra-se aí também um alto grau de autorregulamentação dos tribunais quanto à sua própria carga de trabalho — chegando à possibilidade de rechaçar soluções para possíveis problemas relativos à sobrecarga de trabalho dos tribunais e de todos os demais participantes do processo. Com relação a isso, e com bastante material, cf. Lawrence M. Friedman, "Legal Rules and the Process of Social Change", *Stanford Law Review* 19 (1967), p. 786-840 (797 ss.).

quer decidir que existem postos diferentes, salários diferentes, ou seja, carreiras. E, em se tratando de uma carreira, muita coisa depende de onde e de como as decisões são tomadas — cada movimento sempre requer a cooperação entre autosseleção e heterosseleção. Tais decisões invocam o respeito pelas opiniões e mesmo, possivelmente, motivos e opiniões em relação ao trabalho que excedam o que se pode esperar de um membro da organização.

Entretanto, a organização é importante porque filtra as repercussões das decisões sobre os rendimentos e sobre a posição do juiz. Este pode sobreviver às campanhas de imprensa sem perda de posição e sem sofrer prejuízos financeiros. E sobretudo, à luz da importância que têm na prática moderna os cálculos das consequências, é crucial *que o juiz não se responsabilize pelas consequências de suas decisões*. A organização cobre o risco que existe aqui[64]. De maneira bastante complicada, a irresponsabilidade garantida pela organização facilita que se tomem decisões.

Do ponto de vista das perguntas: como se chega às limitações da margem de possibilidade pela determinação das possibilidades que permitam combinar 1) independência, 2) dependência do texto jurídico (vinculação pelo direito vigente) e 3) a proibição da denegação da justiça, de modo que organização e profissão sejam equivalentes funcionais? Isso torna compreensível que se proceda a uma comparação regional entre formas de organização e expressões de profissionalidade muito

---

64. Retomaremos esse aspecto no Capítulo 12.

diversas⁶⁵. É bastante plausível que, com o tempo, o peso relativo da lealdade organizatória e da solidariedade profissional possa ser transferido — atualmente isso se dá na direção da dependência de organizações de expressões de vocação jurídica diversas[66].

Com frequência, e de modo diferenciado, tem-se escrito sobre a relevância do significado das profissões e da profissionalidade do trabalho jurídico como formas de regulamentação da vida social[67]. Por isso, podemos nos poupar de repetições. Se se considerar a realidade e as investigações sobre a atividade dos tribunais, tornadas possíveis em razão da independência e do caráter obrigatório do decidir, saltam aos olhos duas características: o prestígio do especialista, que permite ao jurista operar no contexto altamente seletivo do juridicamente relevante, rechaçando todos os desejos dos clientes ou das partes em litígio que ele considerar fora de seu controle[68]; e a capacidade

---

65. Objeto importante dos estudos comparativos sociológicos, sobretudo no âmbito da profissão jurídica. Cf., por exemplo, Dietrich Rueschemeyer, *Juristen in Deutschland und den USA*, trad. alemão, Stuttgart, 1976; D. N. MacCornick (org.), *Lawyers in Their Social Setting*, Edimburgo, 1976; ou sobre particularidades regionais, Brian Abel-Smith/Robert Stevens, *Lawyers and the Courts: A Sociological Study of the English Legal System 1750-1965*, Londres, 1967; John P. Heinz/Edward O. Laumann, *Chicago Lawyers: The Social Structure of the Bar*, Nova York, 1982. Com relação a juristas indianos, há material em *Law and Society Review* 3 (1968), caderno 2.

66. Carece-se de investigações empíricas suficientes e mesmo de hipóteses. No entanto, seria possível refletir sobre se a oposição aos regimes reforça o respaldo da profissão e se, também, as crescentes tarefas cautelares unem com mais força a organização, cujos interesses não são defendidos não apenas em controvérsias abertas, mas também a título de precaução. Além disso, o crescimento espetacular do efetivo de profissionais na profissão pode intensificar a pressão da concorrência e, assim, da dependência em relação à organização.

67. Sobretudo a pioneira exposição de Talcott Parsons, "The Professions and Social Structure", *Social Forces* 17 (1939), p. 457-67, reimpr. in id., *Essays in Sociological Theory*, Nova York, 1949.

68. Faz-se necessária uma investigação especial para saber até que ponto esses conhecimentos de especialistas efetivamente determinam a prática (sobretudo da advocacia) na condição de conhecimentos jurídicos, e se mais determinantes não seriam os conhecimen-

de estabelecer contatos formais e pacíficos entre colegas, ainda que quando entre os clientes, ou seja, entre as partes, tenha-se perdido o controle[69]. Certamente a função referida aos tribunais apresenta duas faces, e a segunda se torna cada vez mais importante. Por um lado, os juristas (advogados, mas também os juízes) preparam a decisão formal para o litígio; por outro, no contexto da prática cautelar, ocupam-se de formular os instrumentos jurídicos de tal modo que o litígio possa ser evitado. Esse tipo de trabalho profilático é de longe o mais importante para advogados de empresas, mas sobretudo para juristas em empresas privadas ou no serviço público[70]. Para os sociólogos não deveria causar nenhuma surpresa o fato de também na advocacia se refletir a estratificação social (ainda que em menor escala), por exemplo, em forma de diferentes níveis de rendimento ou em razão do estrato social dos clientes típicos[71]. Apesar de toda sensação subjetiva de independência, o advogado pode cultivar conexões políticas com partidos políticos em alguns aspectos cruciais[72].

---

tos organizacionais e do meio, além da capacidade de estabelecer contatos e das rotinas. Uma hipótese que vai nessa direção é a de Robert L. Kidder. *Connecting Law and Society: An Introduction to Research and Theory*, Englewood Cliffs, Nova Jersey, 1983, p. 240 s.

69. Que isso tenha também seu lado social, que vai muito além da profissão, é o que mostram os "bailes anuais" dos advogados em cidades provincianas.

70. Isso parece ter vigência também para a demanda por capacidades profissionais. Cf., sobre isso, Curran, op. cit., p. 161, tabela 427.

71. Mesmo que isso nem sempre tenha de se expressar sob a forma de diferença de classes. Existem também, se assim se pode dizer, diferenças qualitativas no exercício da advocacia. Lembro ainda do odor das botas bem engraxadas num escritório no qual, em razão da origem nobre do advogado, eram atendidos, sobretudo, proprietários de terras das cercanias rurais.

72. No entanto, pesquisas realizadas em Washington demonstram que há aqui uma tendência maior à especialização dos contatos e à independência profissional dos advogados,

Ao atentar para o lado operacional da autopoiese do sistema do direito e não tanto para o lado institucional, a influência organizatória e profissional com relação ao que se comunica ou se deixa de comunicar erige-se como zona limítrofe a circunscrever a verdadeira atividade jurídica. Protegido pela organização e pela profissionalização, o tribunal faz a apresentação de sua própria decisão como interpretação e aplicação do direito vigente que transforma o direito vigente.

Por fim, os procedimentos jurídicos operam nessa mesma direção[73]. Eles se iniciam com a aceitação, expressamente cuidadosa, da incerteza da decisão, e assim encaminham a colaboração, especificam papéis, contribuições, delimitam pontos de conflito, até que a decisão apareça como resultado "lógico" do procedimento jurídico. Com o estreitamento da comunicação mediante a cooperação dos participantes, também os protestos podem ao mesmo tempo ser absorvidos, com a consequência de que após a decisão só seja possível impugnar à medida que o permitam os mesmos meios jurídicos. Afora isso, só mesmo pela via da política é que se pode sugerir ao sistema do direito uma mudança do direito vigente.

---

e isso mesmo de acordo com as estatísticas mais recentes. Cf. Robert L. Nelson/John P. Heinz, "Lawyers and the Structure of Influence in Washington", *Law and Society Review* 22 (1988), p. 237-300, onde há referências a outras publicações sobre essa mesma pesquisa.

73. A respeito, cf. com mais detalhes Niklas Luhmann, *Legitimation durch Verfahren* (1969), reimpr. Frankfurt, 1983. Acrescente-se a isso que a crítica superestimou o alcance da tese desse livro. Não se trata aqui da disseminada tese da "proceduralização do direito", portanto, tampouco se trata de saber se e de que modo, com o auxílio das condições do procedimento, se poderia chegar ao "descobrimento da verdade" (como antes diziam os processualistas) ou ao reconhecimento das razoáveis pretensões de validade. De modo algum se trata do próprio processo de decisão, mas unicamente das condições básicas para que a disputa social (e mesmo a disputa com altas implicações econômicas, morais ou políticas) de algum modo possa ser levada a termo. E sem essa ajuda seria impossível para o sistema de direito impor a proibição da denegação de justiça.

VIII

Quando a orientação se dá somente pelo sistema da sociedade, a diferenciação entre centro e periferia assume ares de uma forma de diferenciação antiga e, seguramente, pré-moderna. Pode-se pensar aqui na diferenciação entre cidade e campo — no que se é distraído pela geografia[74]. Disso se constata, e com toda a razão, que hoje em dia a diferenciação do sistema da sociedade já não corresponde ao esquema centro-periferia, a não ser que a sociedade seja definida exclusivamente sob a ótica do desenvolvimento econômico e tecnológico[75] (e nesse caso ainda se faz referência à reduzida estabilidade geográfica de tais centros)[76]. Tudo fala em favor de que a divisão da sociedade mundial em centros e periferias se rege (e se ordena) pela forma dominante da diferenciação por funções.

No entanto, isso não exclui, e possivelmente até o facilite, que a forma de diferenciação entre centro e periferia chegue a novamente florescer no âmbito dos sistemas de funções, isto é, à medida que a forma hierárquica se manifeste como um fenômeno bastante restritivo. Se esse for o caso, o resultado no que diz respeito ao sistema do direito não é um caso singular; a

---

74. Para a extensão aos grandes impérios e sua autodescrição como centro do mundo, cf., por exemplo, Mircea Eliade, *Traité d'histoire de religion*, Paris, 1963; Hans Peter Duerr (org.), *Die Mitte der Welt*, Frankfurt, 1984.

75. Isso vale precisamente para as análises históricas do sistema mundial capitalista de Immanuel Wallerstein, às quais muito se tem atentado.

76. Cf., por exemplo, Edward W. Tiryakin, "The Changing Centers of Modernity", in Erik Cohen et al. (org.), *Comparative Social Dynamics: Essays in Honor of S. N. Einsenstadt*, Boulder Col, 1985, p. 131-47.

análise pode se apoiar também na comparação dos desenvolvimentos correspondentes em outros sistemas de funções.

No sistema da economia existem estruturas semelhantes. Nesse sistema, o manejo do paradoxo cabe aos bancos[77]. Somente os bancos têm a possibilidade de vender suas próprias dívidas obtendo disso lucro; só eles se defrontam com o problema de ter de estimular a economia recomendando, ao mesmo tempo, que se poupe e se gaste. A função dos bancos reside em uma situação elementar: a de que as transações econômicas operam com pagamentos, e cada pagamento, a que corresponde um valor monetário, produz ao mesmo tempo solvência e insolvência. Os problemas de tempo que resultam daí são compensados mediante promessas de pagamentos. Portanto, os bancos prometem o reembolso da contribuição, recebendo de volta a promessa do pagamento desse crédito; dessa diferença, obtêm um lucro, ou seja, é desse modo que se mantêm. A isso está ligada, nos bancos, a função de aumentar a quantidade de moeda, isto é, o paradoxo de que na economia a quantidade de moeda é tratada ao mesmo tempo como soma constante e como variável. Isso funciona no contexto de condições marginais, observadas sobretudo pelo banco central.

De modo semelhante ao que se tem na teoria do direito, tampouco na economia se deu a devida atenção a esse fato. Já de há muito se suspeitava que os centros gravitacionais do sistema estavam no comércio, e desde o século XIX também na produção orientada pelo mercado; assim, descuidou-se da teoria monetária. De fato, os bancos de depósito (e nisso se

---

[77]. Cf. Niklas Luhmann, *Die Wirtschaft der Gesellschaft*, Frankfurt, 1988, sobretudo p. 144 s.; Dirk Baecker, *Womit handeln Banken?*, Frankfurt, 1991.

distinguem dos tribunais) são um tipo de organização relativamente nova. No século XVIII, a criação de dinheiro ainda se dava mediante o endividamento do Estado. Enquanto a construção dos tribunais de certa maneira marcou o início do processo de diferenciação do sistema do direito, os bancos (no sistema da economia) são entendidos mais como culminância, como geração de uma autopoiese incontrolável (ainda que capaz de ser incitada e, evidentemente, destruída) no âmbito dos mercados financeiros.

À medida que o cálculo racional do investimento (e seria o caso de acrescentar, aqui, a especulação) já não se sustenta unicamente por fundos próprios, mas por uma mescla de fundos próprios e créditos, o sistema bancário se desenvolve como o centro do sistema da economia. Só assim a economia faz justiça à complexidade sistêmica que alcançou. A produção, o comércio e o consumo são parte da periferia do sistema que, como no sistema do direito, não exclui enredamentos circulares, mas os pressupõem. Também é possível traçar um paralelo com o sistema do direito, uma vez que só mesmo o sistema bancário encontra-se estruturado de maneira totalmente hierárquica por meio da distinção entre banco central, bancos comerciais e clientes, enquanto a produção e o comércio constituem hierarquias apenas no seio de organizações singulares, e não como sistemas funcionais.

Também no sistema político encontram-se condições semelhantes. O centro do sistema é ocupado pela organização estatal. A esta cabe a produção de decisões coletivamente vinculativas. Assim, é preciso dissolver o paradoxo da soberania, mediante a expectativa (que se oculta na palavra "coletividade") de que a decisão deve comprometer também aquele que decide. Quem decide tem de ser capaz de se comprometer, mas também deve estar em condições de dissolver o compromisso e modificar a sua autodeterminação. Atualmente isso se dá mediante a incorporação de uma distância temporal por condicionamentos materiais (sobretudo processáveis) e por requisitos mínimos de consenso político necessários à mudança[78]. Precisamente por isso o Estado, tal como no século XVIII, não é propriamente a sociedade civil, tampouco o sistema político do século XIX. O Estado é unicamente o centro do sistema político, a pressupor processos periféricos dos agrupamentos políticos e o disciplinamento na forma dos partidos, além dos processos que geram consenso e diuturnamente mediam os interesses que se mostram relevantes para a política. Para poder continuar a cumprir sua função de provedor, a periferia política dispõe de liberdade maior do que a do próprio Estado. Não pode ser o caso de que qualquer opinião externada, qualquer tentativa de pressão, qualquer movimento no xadrez político convoquem uma decisão coletivamente vinculante. Também aqui o oposto ao sistema deve ser facilitado como forma complementar, e para isso a forma encontrada foi a diferenciação entre centro e periferia.

---

78. Para o inimaginável de tal vinculação, anterior à formação das correspondentes organizações do Estado constitucional e à criação dos partidos políticos, cf. Stephen Holmes, Jean Bodin: "The Paradox of Sovereignty and the Privatization of Religion", in J. Roland Pennock/John W. Chapman (org.), *Religion, Morality and the Law* (Nomos XXX), Nova York, 1988, p. 5-45 (17 ss.). A autovinculação fora excluída de modo jurídico-natural com o auxílio de uma citação equivocada (cf. Capítulo 6, nota 69), e por isso, como única saída, restaram as teorias contratuais, cujo paradoxo se assentava no efeito vinculativo de tais contratos devendo se basear nos próprios contratos. O contrato social original vincula-se obrigatoriamente à religião, porque sacrifica e exige a renúncia à liberdade. Sobre isso, cf. Peter Goodrich, *Languages of Law: From Logics of Memory to Nomadic Masks*, Londres, 1990, p. 56 ss.

Para a manutenção dessa ordem, fator determinante é a diferença entre centro e periferia. Os limites internos ao sistema são demarcados pelos cargos políticos dos funcionários, e dentro desses limites é como se se reproduzisse o círculo do poder político que pode arrojá-los para fora dos limites demarcados. Se fosse diferente, isto é, se não houvesse centro e periferia, não haveria diferença alguma entre governo e oposição, nenhuma concorrência para se ocupar cargos políticos, portanto, numa palavra: não haveria democracia. Mas se pode ver também pelo sentido inverso: a democratização da política aumenta a complexidade do sistema a tal ponto que o sistema pode se dar ao luxo de ter uma organização hierárquica no "núcleo" do Estado e, como sistema unitário, deve assumir a forma de diferenciação entre centro e periferia.

Exemplos desse tipo podem se multiplicar[79], mas devemos nos bastar com o reconhecimento da forma. Os problemas de complexidade se resolvem pela remissão a uma forma de diferenciação "mais primitiva": pelo reconhecimento da diferença entre centro e periferia. Não seria adequado afirmar que o centro "representa" a unidade do sistema (como no caso grego, em que a cidade representava as possibilidades de uma boa condução de vida e da perfeição humana). Não se trata da representação da unidade, mas do desdobramento do paradoxo do sistema. Para isso, faz-se útil recorrer a formas que não podem ser realizadas como formas do sistema unitário, que são a orga-

---

79. Apenas para fazer atentar: no sistema dos meios de comunicação de massa existem alguns jornais de prestígio que não apenas são os preferidos das "elites", mas também seus temas e notícias recebem mais atenção de jornalistas e editores do que os divulgados por jornais sensacionalistas ou pela TV. No entanto, a demarcação de limites é aí pouco nítida e flutuante. O *New York Times*, sim, *Der Spiegel*, sim, o *Canard Enchaîné* (?).

nização e a hierarquia; e, atrelado a isso, o deslocamento, para a periferia do sistema, de funções e processos que seriam incompatíveis com o manter-se aberto à variedade, às adaptações e às pressões do ambiente. Nem todos os sistemas funcionais seguem esse padrão de diferença, ainda que a sua adaptabilidade não seja posta à prova apenas no sistema do direito. Portanto, a adaptabilidade tampouco se explica pelas peculiaridades encontradas no direito.

Capítulo 8

A ARGUMENTAÇÃO JURÍDICA

I

Também a argumentação é uma forma com dois lados. Claro que aqui não se trata da diferença entre bons e maus argumentos, entre argumentos mais e menos convincentes; ora, em ambos os casos eles já são argumentos. Para que se compreenda a argumentação, é decisivo, antes de tudo, compreender o que argumentos *não podem* alcançar e o que eles *não podem* produzir. E o que não se pode alcançar é: alterar o símbolo da validade do direito. Nenhum argumento, seja lei, contrato, testamento ou uma decisão jurídica provida de força legal, é capaz de mudar o direito vigente. Argumento algum pode conferir validade a novos direitos e obrigações, e assim criar condições que, por sua vez, possam ser modificadas. Esse não *poder* serve de descarga da argumentação: uma dispensa tendo em vista outro tipo de disciplina. Esse depender da validade é, ao mesmo tempo, condição para que a argumentação jurídica se restrinja ao direito filtrado pelo direito e que não possa resvalar nos preconceitos morais ou de outra ordem[1].

---

1. Também Jürgen Habermas, em *Faktizität und Geltung: Beiträge zur Diskurstheorie des Rechts und des demokratischen Rechtsstaats*, Frankfurt, 1992, em especial p. 250 ss., 286 s., sustenta uma concepção semelhante, com o importante argumento segundo o qual se deveria garantir que a argumentação jurídica também pudesse responder a outras premissas morais.

Evidentemente, o movimento da validade e o da argumentação jurídica não opera de maneira independente um do outro, pois nesse caso não se poderia reconhecer que se trata de operações de um mesmo sistema. Essas duas operações irão se atrelar por meio de acoplamentos estruturais, isto é, por meio de *textos*. Em forma de textos, o sistema ganha a possibilidade de coordenar-se mediante suas próprias estruturas sem que, assim, se fixe de antemão quantas e quais são as operações necessárias para a reutilização de determinadas estruturas, para citar determinados textos, para encontrar uma solução para eles, para modificá-los. Só assim se pode fixar e suportar a exigência ideal de que para casos iguais se deve decidir de igual maneira (justiça).

Justamente porque realizam a mediação da argumentação com a validade do direito, os textos são dotados de um significado excepcional para a argumentação jurídica, em especial os textos jurídicos em seu sentido normal (ou em sua especificidade técnica)[2]. Os textos possibilitam a auto-observação simplificada. No curso normal das decisões, o sistema se observa a si mesmo não como sistema (em-um-ambiente), mas como uma aglomeração de textos jurídicos que se remetem uns aos outros. Como se sabe, também a isso os juristas denominam "sistema". Recentemente se tem falado, de maneira um tanto informal, de "intertextualidade". O que é considerado texto será regulamentado por essa função de representação do sistema no sistema.

---

2. Robert S. Summers/Michele Taruffo, "Interpretation and Comparative Analysis", in D. Neil MacCormick/Robert S. Summers (org.), *Interpreting Statutes: A Comparative Study*, Aldershot Hants, Inglaterra, 1992, p. 461-610 (481 s.) oferecem ainda outras razões, mais práticas, para esse predomínio, isto é, para a fácil disponibilidade dos textos em comparação com outros meios de argumentação e a dificuldade de refutá-los.

Pode-se tratar de leis, de seus comentários, mas também de decisões dos tribunais ou de outros documentos estabelecidos e sedimentados pela prática jurídica[3]. O decisivo é que o próprio sistema pode "atualizar" as conexões internas, como também, por meio dessas conexões, restringir as possibilidades da respectiva operação atual. O encontrar do texto relevante para que se tome uma decisão exige uma competência especializada, o que configura um momento central (não raro desconsiderado) do consenso jurídico[4]. Afinal, só se pode interpretar e argumentar uma vez tendo-se encontrado os textos convenientes.

Como observações de primeira ordem — no "nicho" do direito, poder-se-ia dizer —, por meio dos textos as operações do sistema ganham uma segurança (relativa) ao decidir corretamente sobre os casos ou, ao menos, ao informar corretamente, isto é, ao se dispor de perspicácia jurídica (jurisprudência). As operações se deixam guiar pela ideia de que o direito se aplica mediante normas consumadas em forma de textos específicos. O direito vigente é razão suficiente para que se decida no sentido do direito. O sentido literal do texto é o indispensável. A interpretação virá a ser entendida como racionalização posterior do texto ou como cumprimento da premissa de que

---

3. Para as decisões precedentes da *Common Law*, Michael S. Moore, "Precedent, Induction and Ethical Generalization", in Laurence Goldstein (org.), *Precedent in Law*, Oxford, 1987, p. 183-216, nega que se trate de textos. Não obstante, permanece como procedimento interpretativo tão somente a generalização indutiva livre. O autor tem esse propósito — cf. também seus argumentos contra um ceticismo teórico-moral em Michael Moore, "Moral Reality", *Wisconsin Law Review*, 1982, p. 1061-156 —, mas os resultados para a prática do direito não são convincentes, mostrando mais as vantagens de toda argumentação se ater ao texto.

4. É preciso lembrar que as antigas *doutrinas tópicas*, que derivavam da prática em culturas predominantemente orais, teriam enfatizado precisamente essa *inventio* — bem diferente do que hoje se recomendaria sob "tópicos".

o próprio legislador tenha decidido racionalmente[5]. Teorias da interpretação mais antigas partem de que o texto permanece o mesmo ao ser interpretado. E ainda hoje se lê: "A interpretação é entendida como a evidenciação *do mesmo*, mas em outros símbolos"[6]. Certamente, a identidade dos fundamentos do texto é uma questão da interpretação (à medida que a pura materialização do texto não é o bastante). Por isso, em nossos dias, a interpretação é entendida em primeiro lugar como a produção de novos textos com base nos antigos e como ampliação dos fundamentos do texto, com a qual só o texto de saída ainda servirá como referência. Em todo e qualquer caso, a interpretação é a produção de mais texto.

Ambas as versões, que são a forma invariante da interpretação, da ampliação e da reformulação do texto em outro texto, podem ser implementadas no nível de observação de primeira ordem. À argumentação jurídica só se chega pelo nível de observação de segunda ordem, e só então assoma a pergunta sobre *como* se deve manejar o texto na comunicação[7]. Somente

---

5. Com uma formulação mais forte também poderíamos dizer: na condição de alguém que obteve a verdade a partir de falsas premissas, o legislador decidiu racionalmente.

6 Assim, cf. Josef Simon, *Philosophie des Zeichens*, Berlim, 1989, p. 232.

7. De forma relativamente semelhante aplica-o também Jürgen Habermas. Com base em seu ponto de vista, que coincide com o de Max Weber, os textos jurídico-positivistas vigentes, antes de tudo, substituem a argumentação. "O efeito específico da positivização da ordem jurídica consiste em um *deslocamento dos problemas de fundamentação*, portanto, na supressão, no que diz respeito ao manejo técnico do direito, por amplos segmentos de problemas de fundamentação, mas tal não se aplica à *eliminação* dessa problemática de fundamentação" (*Theorie des kommunikativen Handelns*, Frankfurt, 1981, vol. I, p. 354). Mas depois os caminhos se separam. O jurista concebe o déficit de fundamentação como necessidade de uma *interpretação dos textos*, para a qual outros motivos podem ser arrolados. Para Habermas, ao contrário, o problema reside no fato de a "legislabilidade" mesma *ainda requerer uma argumentação,* não de maneira formal ou funcional (já que tal não é possível sem textos), mas quanto ao conteúdo, atendendo a critérios pós-convencionais,

no plano da observação de segunda ordem chega-se ao estabelecimento de regras como a que prescreve que os textos não devem ser entendidos de maneira literal, mas conforme um sentido intrínseco[8]. Então, observa-se a si mesmo (ou aos outros) na leitura dos textos, quando se depara com dúvidas. O que dá ensejo a essas dúvidas é, na maioria dos casos, o fato de a decisão encontrada resultar insatisfatória — seja porque não se harmoniza com interesses próprios, seja porque as consequências dessa decisão não podem, com seriedade, ser atribuídas ao autor do texto. Então, tendo em vista as diversas possibilidades, deve-se buscar a argumentação convincente; deve-se encontrar a razão, a regra decisiva subjacente ao texto, e fundamentá-la[9].

Na interpretação do texto, já é possível colocar-se no lugar de uma observação de segunda ordem precisamente ao se formular a pergunta (que com isso bastaria) sobre o que o texto quer dizer[10]. Assim, o texto deve ser tomado como comunicação, e a suposta racionalidade do texto como racionalidade da

---

ainda que negociáveis. Desse modo, porém, é de maneira significativa que Habermas vai além do que, como responsabilidade jurídica do direito, pratica-se (e pode ser praticado) para se chegar (rapidamente) a uma decisão.

8. Cf. Jean Domat, *Les lois civiles dans leur ordre naturel*, 2. ed., Paris, 1697, vol. 1, p. XCII; e para o debate atual, cf. François Ost/Michael van de Kerchove, *Entre la lettre et l'esprit: Les directives d'interpretation en droit*, Bruxelas, 1989. Stanley Fish ficou conhecido pelos duros ataques a essa regra; não obstante, isso só pode significar, por fim, que todo e qualquer contato com o texto em situações concretas se dá mediante restrições específicas, do que não se segue que as interpretações textuais e em conformidade com o sentido não possam ser distinguidas. Sobre isso, cf. Stanley Fish, *Doing what comes naturally: change rhetoric, and the practice of theory in literary and legal studies*, Oxford, 1989.

9. Neil MacCormick, "Why Cases Have Rationes and What These Are", in Laurence Goldstein (org.), *Precedent in Law*, Oxford, 1987, p. 155-82 (161), denomina-o corretamente *second order justification*.

10. Na teoria alemã do direito, esse aspecto é referido como doutrinas "subjetivas" de interpretação.

intenção criadora do texto (sobretudo a do legislador)[11]. A teoria da argumentação vai muito além disso. Ela avalia argumentos tendo em vista uma força de convencimento para o processo de comunicação e tendo em vista também a capacidade de imposição por parte da comunicação[12]. Isso pode ser facilmente avaliado em muitos casos: no direito encontra-se registrado unicamente que o cachorro deve estar preso à coleira; ninguém poria em dúvida que o seu dono deve estar com a coleira. No entanto, com frequência as dúvidas se resolvem tão somente pela comunicação (e entenda-se: pela antecipação da comunicação). Isso pressupõe que a comunicação é um processo que se observa a si mesmo, e para tal ela instala uma observação de segunda ordem. É preciso aceitar a premissa de um pré-entendimento de um texto e lidar com a tarefa, assim consequente, de assumir uma atribuição de sentido racional, mas nem por isso fica-se comprometido ao que se pode assumir ser a intenção do autor do texto (sem realmente poder observá-lo). Argumentar com a intenção do legislador é algo que continua a ser possível, mas é uma forma de argumentação entre outras.

As distinções primárias com que o direito observa e avalia argumentativamente seus próprios decretos não se deixam reduzir a uma fórmula única, precisamente em razão da dependência do texto. Trata-se, por um lado, de *erros* cometidos na leitura dos textos que representam o direito vigente e, por outro lado, de razões que se tem para optar por uma

---

11. Sobre isso, comparar com François Ost/Michael van de Kerchove, *Jalons pour une théorie critique du droit*, Bruxelas, 1987, p. 97 s, 355 ss., em especial 405 ss.

12. Normalmente se diria: poder de convencimento para outros que tomam parte na comunicação. Porém, de que maneira se o comprovaria, a não ser com a própria comunicação?

ou outra interpretação. Que na argumentação jurídica se trate unicamente desse segundo caso, podendo tratar-se somente de fundamentações, é algo que para os juristas já se encontra decidido com o *conceito* de argumentação, sem exigir nenhuma reflexão posterior[13]. Devemos nos manter por algum tempo nesse modo de observação, uma vez que normalmente o que se firma como "teoria da argumentação" não vai além desse nível de observação. A teoria da argumentação se esforça unicamente por ganhos de qualidade nesse nível.

A um primeiro olhar, chama a atenção que se trata de uma qualidade dual, parecida com a de prazer (razões) e desprazer (erros). Não se trata aí de uma relação simétrica de intercâmbio na qual um dos lados pode ser criado com a pura e simples negação do outro lado (evitar erros não chega a ser uma boa fundamentação, e as boas fundamentações podem bem conter erros lógicos, mesmo que tal não seja aceito de bom grado[14]). Todo componente dessa dualidade torna a ser, por sua vez, uma forma de observação, ou seja, de uma distinção. Aqui se tem algo que logo se verá no caso dos erros. Quanto a esses, podem-se distinguir argumentos equivocados e argumentos não equivocados. Nos argumentos equivocados distinguem-se argumentos que vão frontalmente contra a lógica e premissas factuais que demonstram ser insustentáveis. Aqui (e somente aqui), a lógica desempenha um papel de instrumento de vigilância e controle dos erros, já que, ao descrever a distinção

---

13. Cf., por exemplo, Gerhard Struck, *Zur Theorie juristischer Argumentation*, Berlim, 1977; Robert Alexy, *Theorie der juristichen Argumentation*, Frankfurt, 1978.

14. É o que se tem também na posterior prova lógica dos argumentos científicos teoricamente bem-sucedidos.

entre razões e erros como dualidade qualitativa (irredutível), ela implicitamente contém uma afirmação acerca do papel da lógica na argumentação jurídica. A lógica não pode ser utilizada na fundamentação das decisões, mas tampouco por isso pode-se dizer que ela não tenha significado; ela tem outra função, refere-se a outra forma.

     Mais difícil é fazer afirmações sobre as razões, visto que também aqui se interroga por uma forma de dois lados. Afinal, qual é o outro lado de uma razão? Uma não razão? A não razão? É possível transpor os limites da forma para chegar ao outro lado, isto é, no desprovido de razão, e ali se manter? Esse outro lado não será somente o "valor de reflexão" que torna possível a contingência de todos os fundamentos, ou, ainda, que expressa o caráter não fundamentável de todo fundamento? Não será, pois, esse valor de reflexão que fará possível refletir o paradoxo do fundamentar? Se assim fosse, essa forma de observação de primeira ordem como especificação de razões não teria a desvantagem de confrontar com demasiada rapidez o argumentar com seu próprio paradoxo? Com demasiada rapidez?

     De qualquer modo, vemos que o argumentar (e em seu auxílio vêm as teorias convencionais de argumentação) se conforma com uma *distinção de suplência* que não apenas torna invisível o paradoxo, como também introduz algumas outras confusões: a distinção entre boas e más (ou, a título de cortesia, menos boas) razões. Essa distinção desencadeia a pergunta acerca dos critérios com os quais se reconhecem as razões boas e as menos boas. E com o auxílio dessa pergunta sobre os critérios, a teoria da argumentação põe a si própria no acontecer da argumentação — e entende-se que se põe do lado bom.

Na verdade, também os critérios devem estar fundamentados. Para isso serve o construto da "razão", a que se atribui a propriedade de fundamentar-se a si mesma.

Essas estruturas, juntamente com suas peculiares autologias (a razão é racional, ela é seu próprio predicado), são de tal modo transparentes que, no âmbito desse contexto, já não há muito que dizer. Pode-se nelas se banhar — e desfrutar. Independentemente de muitas outras considerações, esse contexto de racionalidade é uma das aquisições mais seguras do pensamento moderno. No campo do controle lógico dos erros, deve-se crer, como antes, que os axiomas da lógica possam ser introduzidos de maneira unilateral, sem se dever considerá-los componentes de certos cálculos, passíveis de ser substituídos por outros cálculos. No campo do controle empírico dos erros dever-se-ia continuar a partir das ciências naturais clássicas, que pressupunham leis naturais objetivas comprováveis e desconheciam redes circulares de observação (científica) mediante a qual se pudesse construir a realidade[15]. No âmbito da fundamentação mesma tinha-se de renunciar a levar em conta a erosão de todos os princípios e sua substituição por paradoxos e/ou por distinções de partida. A fim de se esquivar desses problemas, teorias da argumentação fundamentada parecem cada vez mais

---

15. Sobre o significado dessa mudança de paradigma para os conceitos de implementação de norma no sistema do direito e acerca da necessidade de levar em conta os "riscos epistêmicos" na argumentação jurídica, cf. Karl-Heinz Ladeur, "Alternativen zum Konzept der "Grenzwerte" im Umweltrecht — Zur Evolution der Verhältnisses von Norm und Wissen im Polizeirecht und im Umweltrecht", in Gerd Winter (org.), *Grenzwerte: Interdiziplinäre Untersuchungen zu eine Rechtsfigur des Umwelt-, Arbeits- und Lebensmittelrechts*, Düsseldorf, 1986, p. 263-80. Comparar também, id., *Postmoderne Rechtstheorie: Selbstreferenz — Selbstorganisation — Prozedualisierung*, Berlim, 1992.

se deslocar para os princípios procedimentais[16]. O que aparecia como "teoria da argumentação" consiste então, essencialmente, em recomendar argumentos para os procedimentos adequados, sem considerar a maneira como os juristas argumentam de fato em situações práticas[17]. Entretanto, já existe um amplo debate sobre a "processualização", o qual se mostra abertamente comprometido com esse programa[18]. Não se trata de uma conversão da teoria em método, ao menos de nenhum método no sentido de que a segurança (não problemática) dos passos esteja garantida e a ordem dos argumentos possa ser estabelecida de antemão, com o que se alcançaria uma meta posta de antemão. Tal como na velha retórica, muito da destreza e da decisão é deixado para o momento ou, simplesmente, para o acaso.

Muito mais decisiva é a inclusão do tempo e sequência, da estratégia e da possibilidade da aprendizagem na definição da situação. Também os princípios que se apresentam à moda antiga fazem-no cada vez mais na qualidade de regulamentos que encobrem comportamentos. Quando, por exemplo, Klaus Günther recomenda a "proporcionalidade" como princípio de verificação da norma em situação de aplicação, ele compreende

---

16. Comparar com Rudolf Wiethölter, "Materialization and Procedualization in Modern Law", in Gunther Teubner (org.), *Dilemmas of Law in the Welfare State*, Berlim, 1986, p. 221-49; Klaus Eder, "Prozedurale Rationalität: Moderne Rechtsentwicklung jenseits von formaler Rationalität", *Zeitschrift für Rechtssoziologie* 7 (1986). p. 1-30; e agora Jürgen Habermas, *Faktizität und Geltung*, op. cit., 1992.

17. "Sem se preocupar com o campo de trabalho e com o inventário jurídico", como observa Josef Esser em *Juristischer Argumentieren im Wandel des Rechtsfindungskonzepts unseres Jahrhunderts,* Heidelberg, 1979, p. 12, sobre Alexy, op. cit. (1978).

18. Cf., por exemplo, a contribuição de Klaus Eder e de Karl-Heinz Ladeur em Dieter Grimm (org.), *Wachsende Staatsaufgaben — sinkende Steuerungsfähigkeit des Rechts*, Baden-Baden, 1990.

a regra da imparcialidade e a consideração de todas as circunstâncias da situação[19]. No entanto, uma e outra não são mais consideradas critérios, mas simplesmente prescrições para procedimento ou conduta para a produção de decisões ainda não definidas quanto a seu conteúdo ou decisões apenas demarcáveis. Chama a atenção, sobretudo, que a plausibilidade dessas regras encontra-se de fato diretamente correlacionada com a sua inaplicabilidade. Ora, como poderiam então ser levadas em conta *todas* as circunstâncias da situação, e por que somente da situação[20]?

Tais teorias, a bem dizer, deslizam sem provocar nenhuma impressão na argumentação jurídica tal como se dá na realidade. A argumentação jurídica nutre-se da diversidade dos casos, e assim chega a uma elevada especificidade, que não se deixa dissolver em princípios gerais (por exemplo, o da justiça). A argumentação jurídica alcança uma elevada sensibilidade aos problemas e a distinções, mas sem, de modo algum, se entender a si mesma como "doutrina aplicada de métodos" (pois isso criaria inúteis distinções de opinião), mas como visibilização operativa de distinções para cada caso específico[21]. Da mesma

---

19. Cf. Klaus Günther, *Der Sinn für Angemessenheit: Anwendungsdirkurse im Moral und Recht*, Frankfurt, 1988.

20. Claro que essa objeção de impraticabilidade é válida somente quando ficam excluídos os argumentos circulares, e isso se constata com referência a uma decisão ponderada, o que nesse caso seria parcial ou imparcial e faria as vezes de critério de decisão que se deveria levar em conta.

21. Aqui me refiro a uma discussão sobre o livro de D. Neil MacCormick e Robert S. Summers (org.), *Interpreting Statutes: A comparative Study*, Aldershot Hants, Reino Unido, 1992, com juízes. A análise comparativa opera num nível de observação de segunda ordem, razão pela qual distingue *tipos* de interpretação metódica. A sensibilidade de casos da prática dificulta a classificação desses tipos, mesmo se deixando guiar por considerações generalizadoras e inclusões recursivas de casos semelhantes.

forma, as teorias éticas (de qualquer tipo) e as análises econômicas (ultimamente na moda) não chegam a compreender os pontos de vista da argumentação jurídica na prática[22]. Com efeito, é certo que a argumentação jurídica frequentemente percorre conceitos muito gerais como, por exemplo, culpa, responsabilidade civil, contrato ou enriquecimento ilícito. Porém, esses conceitos vivem porque são reutilizados em inúmeros contextos muito distintos e porque possibilitam a inserção de razões concretas para decisão em um metacontexto confiável; tais conceitos não podem serem empregados "sem mais" na argumentação jurídica, isto é, sem ser precedidos de uma elucidação concreta. E essa elucidação, a conclusão analógica a constitui na ponte entre a diversidade dos casos[23]. Com a conclusão analógica far-se-á conservada a experiência dos casos e das expectativas já fixadas que de novo se confirmam, ao mesmo tempo que se dependerá, com reservas, de novos contextos; e quando esses não forem convincentes serão tomados como razão para reconhecer a novidade e como liberdade para a constituição de regras tendo em vista situações que ainda não estejam regulamentadas[24].

---

[22]. A esse respeito, cf. sobretudo Charles Fried, "The Artificial Reason of the Law or: What Lawyers Know", *Texas Law Review* 60 (1981), p. 35-58.

[23]. Uma indicação importante a esse respeito se tem em Melvin Aron Eisenberg, *The Nature of the Common Law*, Cambridge Mass., 1988, p. 83 s. (94): é igualmente válido argumentar com a interpretação de uma regra de decisão ou com a analogia de caso; a diferença depende somente de estar formulada, de antemão, uma regra de decisão. Sobre as teorias continentais, cf. A. W. Heinrich Langhein, *Das Prinzip der Analogie als juristiche Methode: Ein Beitrag zur Geschichte der methodologischen Grundlagenforschung von ausgehenden 18. bis zum 20. Jahrhundert*, Berlim, 1992.

[24]. De modo geral se deveria reconhecer que o argumentar usando analogias é um princípio lógico que não demanda justificação, estando mais para um princípio conservador. "É o processo de raciocínio por analogia que facilita a relativa estabilidade na Lei", é o que se lê em F. James Davis et al., *Society and the Law: New Meanings for an Old Profession*,

A argumentação jurídica pode considerar "razoável" o produto integral de sua atividade, mas isso não quer dizer que ela proceda a uma dedução a partir de princípios racionais; tampouco quer dizer que se refira a um potencial de pensamento que esteja disponível na mesma medida para todos os seres humanos. Foi bem isso que Coke pretendeu dizer na réplica, que se tornou mundialmente conhecida, na qual rechaçou a convocação de seu rei (Jaime I), remetendo-se à sua própria razão: deve ter se tratado de uma razão artificial, ou seja, de uma experiência e competência profissionais[25].

Aquele que compreende o fundamentar como invocação de razões ver-se-á obrigado a fundamentar também as razões. Aquele que tem razões para fundamentar necessita de princípios duráveis[26]. Aquele que fixa princípios tem, em última instância, de se remeter ao ambiente do sistema no qual esses princípios são reconhecidos. Isso vale especialmente quando esses princípios se complementam com a "moral", a "ética" ou a "razoabilidade". Quando uma teoria da argumentação se encontra assim estabelecida, não se pode aceitar a tese do fechamento operativo do sistema do direito, e tende-se, assim, a buscar apoio nas próprias razões da prática da argumentação, que falam contra o fechamento operativo. Esse movimento

---

Nova York, 1962, p. 122. Em outra terminologia igualmente esclarecedora, poder-se-ia dizer também que a conclusão analógica concilia redundância e variedade, precisamente por não estar logicamente determinada, e dependendo da ousadia que se tiver (ou segundo o objetivo que se tem em mente) pode-se tender mais para uma ou outra direção.

25. Cf. também o título reelaborado da conferência de Charles Fried, op. cit.

26. Mesmo os especialistas em procedimentos, que tentam se esquivar de tal compromisso, não chegam a evitar a nomeação de princípios de procedimentos ou tomar a própria razão como um princípio a que se possa referir de maneira irrefutável.

de pensamento fortalece-se a um só tempo empírica e moralmente, e isso poderia explicar a rigidez da discussão sobre o teorema do fechamento operativo[27]. Mas podem os princípios renunciar à necessidade de serem distinguidos? Se não podem, quem, se não o sistema, encarrega-se de distinguir? Também se pode supor que, com os princípios (proporcionalidade, adequabilidade, ponderação de valores etc.), frequentes vezes, quando não sempre, chegam-se a fundamentar decisões contrárias e contraditórias. Nesse caso, a indicação de um princípio significa relegar a distinção ao sistema. Por fim, o princípio, em sua formulação estática, oculta a temporalidade das operações do sistema, a contínua repetição e mudança, o condensar e o confirmar, o *distinguishing* e o *overruling* da prática cotidiana do sistema. Isso serve para simular unidade bem onde as regras serão modificadas no decorrer do tempo, e, portanto, trata-se de oferecer inconsistência para a consistência[28]. Também quando se parte do teorema do fechamento operativo do sistema do direito faz-se possível levar em conta o uso de princípios na prática do raciocínio jurídico; e, como há de se aclarar no decurso da análise, os princípios poderiam ser considerados fórmulas de redundância, que parecem ser compatíveis com as medidas de variedade do sistema.

À medida que se reconhece o anacronismo de uma crença em princípios e o caráter impraticável de uma fuga para as diretivas de procedimento, só nos resta uma resoluta

---

27. Sobre isso, cf. as diferentes contribuições no volume 13 (1992), caderno 5 do *Cardozo Law Review*.

28. Devo essa consideração a S. C. Smith.

resignação em silêncio, bem ao estilo da Escola de Frankfurt — ou a busca de outras possibilidades de observação, de mais rica estrutura. Seria possível pensar em formular a pergunta pelas "condições de possibilidade" da argumentação jurídica e, ao mesmo tempo, substituir a autológica da razão por um instrumental mais forte, e que proporcione um distanciamento mais robusto. Mas, para que isso tenha êxito, deve-se indicar com suficiente precisão como (ou com que distinção) pode ser feito.

II

Quando se contempla o que, no passado, com marcados interesses teóricos, fez carreira com a denominação de "teoria da argumentação", encontra-se pouco que seja útil[29]. Os estímulos que são levados em conta no ensino do método jurídico trabalham com um ideário descontextualizado da antiguidade e dos primórdios dos tempos modernos, valendo-se de conceitos como tópico, retórica, dialética ou, finalmente, hermenêutica. Não se considera a dificuldade de estabelecer uma relação dessa doutrina de formas com uma cultura fundamentalmente oral, mesmo que ela já esteja familiarizada com alguns textos escritos e com as primeiras reações de dúvida suscitadas pela escrita. Essa já não é a nossa situação. Uma segunda onda de teorias normativas sobre argumentos normativos, desencadeada pelo *linguistic turn* da filosofia, ainda não bem chegou à jurisprudência e se

---

29. Para um quadro geral, cf. Werner Krawietz, "Juristische Argumentation in rechtstheoretischer, rechtsphilosophischer und rechtssoziologischer Perspektive", in Norbert Achterberg et al. (org.), *Recht und Staat im sozialen Wandel: Festschrift für Hans Ulrich Scupin zum 80. Geburtstag*, Berlim, 1983, p. 347-90.

encontra a uma distância crítica da prática legal. Muito embora pouco se tenha a ganhar com a pura e simples rejeição desses esforços, em todo caso faz sentido ficar atento a outras possibilidades.

Em primeiro lugar, necessitamos de um conceito de argumentação que não contenha de pronto a etapa de sua fundamentação, mas ofereça a oportunidade de se perguntar pelas condições de possibilidade e pela função da fundamentação[30]. No momento, ficaremos com a autodescrição da argumentação, uma vez que ela proporciona razões poderosas e convincentes para a tomada de decisão. Será útil esclarecer, então, que essas razões devem ser oferecidas para seu uso repetido. Tanto nos casos individuais como no momento de seu descobrimento, elas devem estar referidas a uma rede recursiva de considerações que venham em seu apoio. O caso individual tem de ser situado num contexto de decisões: anteriores e posteriores. Isso pode acontecer mediante a construção de analogias ou mediante distinções. O problema pendente tem um corte diferente daquele em que até o momento se havia pensado. Na argumentação jurídica (que se distingue das teorias de reflexão), nenhum dos dois casos, que são a construção de analogias e a sua distinção, contempla o sistema. Usando uma velha terminologia aristotélica, a argumentação não decorre *de toto ad ipsum* [do todo à parte], mas *de parte ad*

---

[30]. Outra razão para essa revisão do conceito está na debilidade característica da construção conceitual teleológica: nela não há lugar para o erro, para a corrupção, para o não se chegar ao objetivo. E mesmo a saída normal, de adequar-se à intenção "subjetiva" do argumentador, conduz a conhecidas dificuldades, ou seja, à distinção entre propósito e motivo.

partem [da parte à parte]³¹. Em termos de filosofia clássica, isso significa: o indivíduo se serve dos exemplos técnicos de orientação, mesmo na retórica e na pedagogia³². Tais exemplos serão buscados entre os casos que estejam à espera de uma decisão, se necessário for, por meio de uma versão bastante própria: a de que não se deduzam sistematicamente. A construção de regras é o resultado, e não a condição dessa maneira de argumentar.

Precisamente porque o caso individual é entendido na rede recursiva de sua própria argumentação, ele não pode recorrer nem se adiantar no vazio. Ele tem de pressupor que já antes houve casos que foram decididos e que na sequência haverá casos a ser decididos. Nesse sentido (diferentemente da referência à unidade do sistema), a técnica do exemplo argumenta também de forma sistemática; ou, se se quiser: em seu nível, ela se estabelece como contribuição à autopoiese do sistema. A própria situação se transforma em razão de sua própria recursividade, já que recorre seletivamente ao passado e ao que virá no decurso do tempo. Só mesmo sob esses pressupostos é possível dizer que regras que se aplicam repetidas vezes devem decidir sobre casos semelhantes. Por isso, a um olhar mais atento, o que se mostra é que a repetição vem a ser um processo significativa-

---

31. Desse modo se tem os filósofos contra os teólogos em Marius Salamonius des Alberteschis, *De Principatu* (1513), citado segundo reimpressão, Milano, 1955, p. 26. Para os antecedentes dessa apresentação, cf. uma inferência de uma parte à outra (*hos méros pròs méros*) sem referência ao todo, de Aristóteles, *Primeiros analíticos*, 69a, 13-5.

32. Cf. também uma das mais impressionantes apresentações dos métodos de argumentação no *Common Law*, que é a de Edward H. Levi, "An Introduction to Legal Reasoning", *University of Chicago Law Review* 15 (1948), p. 501-74.

mente mais difícil e nitidamente mais diferenciador do que o puro e simples copiar[33].

As repetições realizam-se sempre novamente em situações diferentes. Os casos podem ser construídos como casos comparáveis, na medida da exigência da justiça: tratar igual o que é igual e desigual o que é desigual. Porém, essa sonda igual/desigual terá de ser introduzida numa realidade na qual cada situação concreta é outra situação; e isso precisamente em razão de cada situação estar relacionada com outras decisões que a precedem, com outra história. Por isso, as repetições encontram-se sob a dupla exigência (na qual se reflete exatamente o que a justiça exige): identificar regras e confirmar essa identificação, apesar da não identidade da situação em cada caso. A repetição exige condensação e confirmação, redução a identidades determináveis e generalização. É exatamente assim que se procede na prática de casos legais nos tribunais, tanto no que diz respeito ao tratamento de precedências, como na interpretação de textos de leis[34].

Por isso, não se pode esperar como resultado da argumentação o que uma teoria teria de adotar como premissa, ou seja, que a prática dos tribunais consiste na aplicação de regras estabelecidas (mesmo que seja da jurisprudência elaborada pelos próprios juízes). É muito mais a orientação argumentativa que se encontra em constante movimento, já que o

---

33. Cf. também a distinção entre iteratividade e repetibilidade, usada por Jacques Derrida, *Limited Inc.* (Paris, 1990), por exemplo, em p. 230 e 234. Em contraste com a mera repetição, o processo de repetição dá conta das diferenças de situação que resultam meramente da passagem do tempo.

34. Sobre isso, cf. também Levi, op. cit. (1948), sobre alguns desenvolvimentos específicos de regras na prática de tribunais americanos.

asseguramento recursivo move-se ele próprio de situação a situação[35]. É justamente essa a razão pela qual a prática argumentativa dos tribunais se move na direção de um processo de diferenciação de uma semântica jurídica específica; portanto, move-se no sentido da cibernética de fortalecimento da divergência (*feedback* positivo) ou no sentido da linguística de uma hipercorreção do uso habitual da linguagem. Assim, o processo de fechamento operativo é encontrado não só no nível das decisões sobre a validade do direito, mas também no nível da argumentação. Também aqui se trata de evolução.

A partir daqui, não dista muito o passo para uma descrição da argumentação jurídica, com o auxílio de conceitos que não se prestam como argumentos e que, por isso, não podem tomar parte na comunicação argumentativa. Então, formulamos o conceito da argumentação de maneira completamente independente da pergunta sobre as tão boas razões, com o auxílio de três distinções: 1) operação/observação; 2) auto-observação/hetero-observação; 3) controverso/incontroverso. Desse modo, a argumentação jurídica é uma combinação de cada um dos lados dessas distinções, ou seja, é a auto-observação do sistema do direito que, em seu contexto recursivo autopoiético, reage às diferenças de opinião passadas ou vindouras, no tocante à atribuição de valores do código lícito ou ilícito[36]. Assim, com observação trata-se de discriminar casos ou grupos de casos valendo-se de distinções. Trata-se da auto-observação,

---

35. Em Levi, op. cit., lê-se que: "as regras nunca são claras" (p. 501); "regras são refeitas caso a caso" (p. 502); "as regras mudam conforme elas são aplicadas" (p. 503).

36. Esse conceito pode facilmente ser ampliado para a argumentação moral e científica, mas isso se, de modo equivalente, a ele se fizer substituir o código.

porque a operação de auto-observação transcorre no próprio sistema jurídico. E trata-se de comunicação causadora de controvérsia, uma vez que a mera disposição sobre o símbolo de validade, como a pura leitura da lei, deve estar excluída do conceito da argumentação.

Em que pesem todas as restrições, esse conceito pode incluir argumentos que não fariam justiça à função de argumentação. Por exemplo, argumentos do tipo: "o dono da terra, o partido, o militar têm sempre razão". Por isso, devemos perguntar pelas condições que permitem o cumprimento da função da argumentação jurídica[37].

Como sempre, quando se trata de "condições de possibilidade" ou de "funções", entra em jogo um observador de segunda ordem[38]. Nesse plano de segunda ordem, pode-se interpor a pergunta sobre como um sistema possibilita a sua própria autopoiese (incluindo a auto-observação), e a essa pergunta se responde com outro instrumental, o qual não se pode empregar com pleno sentido no nível da observação de primeira ordem.

Apoiados em ponderações que provêm originalmente de teorias técnicas sobre a informação, distinguimos entre *informação* e *redundância*. A informação é o valor de surpresa

---

37. É nesse aspecto que definitivamente nos separamos de teorias que relacionam o conceito de argumentação exclusivamente com critérios de qualidade das razões, por exemplo, a razoabilidade das razões, isto é, dos motivos que fundamentem. *Em seu lugar* buscamos a função do sistema, já que não pretendemos sujeitar nossa análise às razões que queremos fazer flexibilizadas no próprio sistema. É claro que isso não impedirá alguém de observar e avaliar o que juristas tentam razoavelmente ou de bem outras maneiras (elegantes, convincentes etc.).

38. É fácil reconhecer que extraímos estímulos da filosofia de Kant, sem, contudo, assumir a sua distinção entre o empírico e o transcendental. É bem mais fácil renunciar a essa distinção, uma vez que a distinção entre observação de primeira ordem e de segunda ordem nos dispõe uma terminologia do sucessor.

das notícias, dado um número limitado ou ilimitado de outras possibilidades. A redundância resulta (circularmente) de a informação precedente dever ser levada em conta na operação dos sistemas autopoiéticos. Uma operação reduz o valor de seleção de outro valor de seleção, assim como uma frase reduz o âmbito de seleção das contribuições adequadas. Isso produz o efeito de que a seleção de operações de enlace torna-se ao mesmo tempo fácil e difícil — fácil quando o âmbito de seleção é pequeno; difícil quando são introduzidos critérios de seleção difíceis de satisfazer, ou que só o façam mediante uma reabertura cautelosa do escopo de seleção, pela admissão de mais informações. Como mecanismo para a eliminação da demanda para (ou do interesse em) mais informação, a redundância *não é* ela própria *informação*. Ela possibilita a *indiferença* das operações do sistema entre si e possibilita a indiferença com relação ao ambiente.

Que o estilo linguístico do direito desenvolve um alto grau de redundância expresso em fórmulas feitas para a repetição é algo frequentemente comentado[39]. Contudo, essas fórmulas não são mais do que meios retóricos expressivos. De modo algum se deve confundir o estilístico com a precisão conceitual ou com a correta capacidade de definição, de que tantas vezes os conceitos jurídicos carecem. A maneira de falar é muito mais o efeito de um tipo de utilização linguística do próprio sistema. Ele resulta espontaneamente da repetição das fórmulas, condensando com isso um núcleo de identidade que, ao mesmo tempo, é sempre carregado com novos horizontes de sentido extraídos de outras situações. Lemos numa formulação

---

39. Cf., por exemplo, Pierre Mimin, *Le style des jugements*, 2. ed. (Paris, 1970), esp. 99.

clássica: "A ciência da jurisprudência [é]... a razão coletada de tempos, combinando os princípios de justiça original com a infinita variedade de preocupações humanas"[40].

Martin Shapiro demonstrou quão importante é a redundância para a coordenação de decisões independentes (não coordenadas por uma linha hierarquicamente organizada de instruções) no sistema do direito[41], mas não conseguiu, assim, distinguir entre observação de primeira ordem e de segunda ordem. Isso faz que se passe a privilegiar o enfoque no aspecto do reconhecimento e prevenção de erros, importante para as operações de primeira ordem. Sem redundância, a perda de informação produzida pelo mau funcionamento da transmissão de informação no sistema se tornaria irreconhecível e, portanto, incorrigível. Quanto mais informações um sistema tiver de processar, mais ele dependerá da existência de redundância suficiente, sobretudo para evitar erros na consideração das informações relevantes; mas não se poderia dizer também: para legitimar erros? Desse modo, evidencia-se que um sistema evita uma sobrecarga de informação, mas precisamente assim ele pode conquistar novos graus de refinamento para distinguir e definir. Portanto, as redundâncias não só excluem as informações, mas também produzem informações à medida que especificam a sensibilidade do sistema. Assim, no sistema há informações que não podem existir num ambiente que não

---

40. Edmund Burke, "Reflections on the Revolution in France, Works", vol. III, p. 357, citado por David Lieberman, *The Province of Legislation Determined: Legal Theory in Eighteenth-Century Britain*, Cambridge, 1989, p. 2.

41. Martin Shapiro, "Toward a Theory of Stare Decisis", *Journal of Legal Studies* I (1972), p. 125-34; cf. também Giorgio Lazzaro, *Entropia della legge* (Turim, 1985).

esteja proporcionalmente preparado. A redução de complexidade serve ao aumento de complexidade.

Tal desenvolvimento exige que o sistema desenvolva uma elevada indiferença para com seu ambiente. Apenas poucas comunicações que circulam no ambiente têm um valor de informação no sistema jurídico. No entanto, seria muito simples interpretar a necessidade da redundância exclusivamente como proteção ante os ruídos (*noise*) do ambiente. Da mesma forma, as operações particulares do sistema têm de ser isoladas entre si, para que depois sejam conectadas de maneira seletiva. E isso porque mesmo os sistemas de dimensões reduzidas, para não falar do sistema do direito, já não podem conectar suas operações com todas as outras operações. A complexidade estruturada depende sempre da conexão seletiva dos elementos, isto é, da outra face da moeda, da proteção ante um ruído produzido internamente. A informação é uma distinção que realiza uma distinção no sistema e modifica o seu estado (Bateson). E a seleção de tais informações, que devem ter essa capacidade, é função da redundância. Certamente, as operações do sistema, de acordo com a sua intenção, dedicam-se ao processamento da informação, e isso significa que se dedicam a permanentemente transformar informações em outras informações, para outras operações. A reprodução das redundâncias acompanha esse processo como uma sombra. Shapiro fala de um fluxo de garantias, que pode admitir as novas diferenças apenas em número muito reduzido[42]. Numa outra linguagem conceitual, de arcabouço neurofisiológico ou teórico-perceptual

---

42. Cf. ibid., p. 131.

construtivista), poderíamos denominar as redundâncias também como "atratores", que organizam a assimilação da informação[43].

Ainda que o conceito de atratores não esteja claramente definido, seu contexto teórico evidencia duas coisas: por um lado, uma capacidade de operação sob circunstâncias que podem ser pressupostas como "caos" e, por outro, uma referência local que torna prioridades possíveis sem que se tenha de fazer referência à unidade ou à totalidade do sistema. No contexto da teoria da evolução, isso significa que a formação de atratores não pode ser atribuída a um começo ou uma razão configuradora de sentido, mas surgem aparentemente, como que por casualidade, e logo suas consequências se fazem firmemente estabelecidas. No entanto, o sistema é um sistema histórico sem razão última para ser como é. Num contexto teórico referido à consciência (ou à comunicação), isso quer dizer que os atratores atuam como "valores" que seriam preferíveis seguir, pois, de outro modo, a perda da ordem, precisamente o "caos", seria insuportável.

Vista desse ponto de vista da coordenação, a redundância seria a "mão invisível" (*invisible hand*) do sistema[44]. Contudo, a mão visível, isto é, a hierarquia organizada de instruções, não seria o caso contrário, como essa metáfora permitiria supor, mas sim um caso de aplicação: as instruções de uma instância

---

43. Cf., por exemplo, Michael Stadler/Peter Kruse, "Visuelles Gedächtnis für Formen und das Problem der Bedeutungszuweisung in kognitiven Systemen", in Siegfried J. Schmidt (org.), *Gedächtnis: Probleme und Perspektiven der interdisziplinären Gedächtnisforschung*, Frankfurt, 1991, p. 250-66.

44. Shapiro, op. cit., p. 131.

superior se deixam levar pela redundância e conferem à informação que circula no sistema apenas uma forma específica (entre outras, o fato de que não se é responsável por uma seleção de informação que seja coberta por uma referência a uma instrução). Também a mão visível (como a do legislador), por conseguinte, encontra-se a serviço da mão invisível. Em todas as operações deve-se distinguir a seleção pretendida e a reprodução não pretendida da redundância do sistema. Uma operação que não assinale esse duplo aspecto não seria reconhecível como operação pertencente ao sistema e que reproduz a rede recursiva de conexão de operações no sistema. Outros teóricos do direito se utilizam do conceito de *instituição* para designar a imanente delimitação do direito quanto ao processamento das questões jurídicas[45]. Desse modo, no entanto, não se distingue claramente entre delimitação e fundamentação. Ao conceito de instituição se imputa *personalização* e *razão prática*, e ele designa o hábito de a argumentação prática ser orientada pelo razoável. Nessa medida, o conceito de autointerpretação da prática jurídica se mantém comprometido com o nível de observação de primeira ordem. O uso do conceito de *redundância* tem a vantagem de substituir o fato do raciocínio institucional por uma variável que reage a outras variáveis (por exemplo, a variedade de casos que se deve decidir). Além disso, assim se pode evitar a mistura de *personalização* e *razão prática* em um único conceito, e observa-se, a uma distância maior, o desempenho

---

45. Cf., programaticamente, Neil MacCormick, "Law as Institutional Fact", *Law Quarterly Review* 90 (1974), p. 102-29, reimpressão em Neil MacCormick/Ota Weinberg, *An Institutional Theory of Law: New Approaches to Legal Positivism*, Dordrecht, 1986, p. 49-76 (tradução alemã, Berlim, 1985).

dos fundamentos da argumentação jurídica. Pode-se sempre novamente estabelecer que a restrição do âmbito das combinações possíveis (instituição) é condição de possibilidade de fundamentações (instituição), portanto, a redundância é condição de possibilidade da argumentação jurídica.

Depois desses esclarecimentos, podemos renunciar a ver o problema da argumentação jurídica exclusivamente como problema de reconhecimento e de prevenção de erros, por mais que tal possa ser a preocupação primeira dos juristas. Do ponto de vista do observador de segunda ordem, que pretende tematizar a forma de operar do sistema do direito (e não apenas as operações em seus fundamentos, objetivos e condições de exatidão), trata-se da produção de suficiente consistência em relação a uma grande quantidade de decisões recíprocas, onde decisão alguma se encontra na possibilidade de definir e delimitar a quantidade total das outras decisões, a não ser reconhecendo seu conteúdo. Algo deve acontecer "em vez disso" para evitar que o sistema se desintegre numa mera quantidade de decisões isoladas, que nada tenham a ver entre si e que só um observador reconheceria como grupo delimitável sob características por ele próprio escolhidas (por exemplo, gênero ou espécie). A disposição de redundâncias suficientes é a resposta a esse problema. Se a justiça é dada pela consistência de decisões[46], podemos também dizer: justiça é redundância[47]. E isso a distingue de outros

---

46. Cf. Capítulo 5.

47. Ou, recorrendo a vozes oriundas da prática legal (isto é, da visão de julgamento de um observador de primeira ordem), "para manter tão perto quanto possível para a efetividade da lei e a consonância em si própria", que são a de Sir Matthew Hale, dirigida em escrito contra Hobbes no século XVII. Cf. "Reflections by the Lord Chief Justice Hale in Mr. Hobbes His Dialogue of the Law", in William Holdsworth, *A History of the English Law*,

ideais de tomada de decisão, que têm em mente, por exemplo, a otimização de decisões individuais pelo aproveitamento do máximo possível de informações.

Obviamente, um conceito sistêmico de justiça não pode se realizar pontualmente em decisões individuais. Em sentido inverso ao da concepção de quase todos os autores que se ocuparam desse tema, esse conceito sistêmico se esquiva à atribuição moral e à avaliação ética; em vez disso — mais uma vez "em vez disso" —, a questão é como evitar erros, ou seja, como evitar inconsistências óbvias[48]. Assim, erros são indicadores operativos da injustiça possível do sistema. Ao mesmo tempo, servem como forma de conhecimento, que possibilita distanciar-se das decisões de outrem que se tiver por equivocadas, isto é, reagir à impossibilidade de consistência absoluta de todas as decisões[49]. Como sempre, os erros continuam a ser um esquema de conhecimento de observação de primeira ordem — tenta-se evitá-los ou atribuí-los a outrem, mas não se pergunta por suas condições de possibilidade ou pela constituição de redundância. Para um observador de segunda ordem, contudo, a questão relativa à produção e à manutenção da redundância encontra-se no centro de interesse. Fica-lhe claro que há também outros imperativos sistêmicos além desse, da manutenção da redundância. Se assim não fosse, de que outra maneira se

---

3. ed., Londres, 1945; reimpr. 1966, vol. V, apêndice III, p. 500-13, especialmente 506.

48. Assim, encontramos aqui a razão que levou tantos autores à concepção de que a justiça só pode ser explicada *ex* negativo, em certa medida como teologia negativa do sistema jurídico.

49. Sobre esse aspecto, cf. também as observações sobre *mistakes* em Ronald Dworkin, *Taking Rights Seriously* (Cambridge, 1977), p. 118.

poderia explicar o crescimento do sistema do direito ou a tolerância da sociedade (sempre modificada pela crítica) para com o direito?

O problema não residiria então unicamente na restrição à capacidade de processamento de informação, com a qual cada sistema tem de se haver? Tratar-se-ia de uma racionalidade limitada, no sentido de Herbert Simon[50]? Ou da necessidade de um trato descentralizado com a complexidade, no sentido de Hayek[51]? Ou de Limblom[52]? É possível chegar à consistência unicamente em razão de em lugar algum se dispor das informações necessárias para isso (devendo incluir todas as decisões de que dependem as decisões disso e todas as alternativas)? Se assim fosse, a solução estaria numa radical simplificação dos temas de que o sistema se ocupa.

Que essa saída não seja viável fica claro quando se compreende que a redundância não é a única condição de que depende a autopoiese do sistema. A uma segunda condição denominamos variedade, e assim queremos nos referir à quantidade e à diversidade de operações que um sistema reconhece como próprias e pode realizar[53]. Redundância e variedade são, à

---

50. Como ponto de partida para desenvolvimentos de fôlego, cf. Herbert A. Simon, *Models of Man: Social and Rational: Mathematical Essays on Rational Human Behavior in a Social Setting*, Nova York, 1957. Cf. também a coleção de ensaios *Models of Bounded Rationality*, Cambridge Mass., 1982, esp. vol. 2, p. 401 ss.

51. Cf. F. A. von Hayek, *Die Theorie komplexer Phänomene*, Tübingen, 1972.

52. Cf. Charles E. Lindblom, *The Intelligence of Democracy: Decision-Making through Mutual Adjustment*, Nova York, 1965; id. e David Cohen, *Usable Knowledge: Social Science and Social Problem Solving*, New Haven, 1979.

53. A distinção redundância/variedade tem sido trabalhada por Henri Atlan, e nesse contexto os trabalhos de sua autoria servem para esclarecer as condições de possibilidade da "auto-organização" em sistemas vivos. Para uma apresentação clara e geral, cf. Noise,

primeira vista, exigências contrárias: redundância é a informação que já se possui para processar informações subsequentes; variedade é a informação que ainda falta para isso[54]. Quanto maior a variedade de um sistema, mais difícil é deduzir uma operação de outra apenas com um reduzido acréscimo de informação, e mais difícil se torna identificar o sistema ou descrevê-lo adequadamente com base no conhecimento de apenas algumas operações; e tanto mais se produzem surpresas que devem ser processadas; tanto mais amplas são as ligações, e tanto mais tempo se faz necessário no sistema. Contudo, esse contraste abarca muito pouco. A doutrina da administração de empresas já aceitou uma relação de substituição entre vinculação mediante regras e variabilidade[55], mas nós podemos ir mais longe, já que existem diferentes possibilidades para que sejam produzidas redundâncias, e é possível que uma forma de redundância seja compatível com maior variedade do que outras. Isso vale, por exemplo, para os programas condicionais sequenciais do tipo: dados x, y, z, uma empresa encontra-se suficientemente

---

"Complexity and Meaning in Cognitive Systems", *Revue Internationale de Systémique* 3 (1989), p. 237-49, e, sobretudo, *L'organisation biologique et la théorie de l'information*, Paris, 1972; "On a formal Definition of Organization", *Journal of Theoretical Biology* 45 (1974), p. 295-304; *Entre le cristal et la fumée*, Paris, 1979. No entanto, Atlan não define variedade em relação às operações elementares do sistema, as quais inevitavelmente criam surpresas (processamento da informação) não só como consequência da complexidade do sistema, mas diretamente como conceito contrário à redundância, ou seja, como valor de surpresa das informações.

54. É importante relacionar o ter ou o carecer com as exigências de assimilação de informação num sistema. Sem referência a um sistema, o contraste, quando muito, pode ter um significado matemático; assim em Atlan como relação reversível de H (variedade) e R (redundância).

55. Cf. Erich Gutenberg, *Grundlagen der Betriebswirtschaften*, vol. 1, 15. ed., Berlim, 1969, p. 236 s.

fundada como pessoa jurídica; com base nessa capacidade jurídica, ela (como quem quer que tenha algum estatuto jurídico) pode adquirir direitos, se forem cumpridas as condições necessárias para tal; aquele que afirma ter direitos pode entrar com uma ação e ganhar ou perder o processo. O programa sequencial (como mostra o exemplo) conduz a uma rede "heterárquica" de condições que podem ser aplicadas também para outras combinações (em nosso exemplo: funda-se uma sociedade jurídica não apenas para entrar com uma ação em seu nome, mas também para acumular capital e limitar responsabilidades).

É possível que o sistema jurídico venha agora a organizar sua memória a partir de tipos de casos ou de institutos jurídicos, ou de princípio, e tudo isso pode correr lado a lado: para produzir em cada caso um contexto comum, é necessário circunscrever-se a um "acoplamento fraco"[56]. Decisões de um subcomplexo só podem copiar as decisões de outro, apenas em aspectos muito restritos, e, inversamente, a informação necessária acerca do direito em todas as decisões deve ser mantida em limites bastante estreitos, pois de outro modo não se poderia utilizá-las em circunstâncias diferentes e distintas possibilidades de decisão. Ainda que essa exigência não seja uma medida fixa do sistema no sentido de justiça negativa, ela varia, por exemplo,

---

56. Cf. Robert B. Glassman, "Persistence and Loose Couplin in Living Systems", *Behavioral Science* 18 (1973), p. 83-98; Herbert A. Simon, "The Organization of Complex Systems", in Howard H. Pattee (org.), *Hierarchy Theory: The Challenge of Complex Systems*, Nova York, 1973, p. 3-27 (15 ss.); Karl E. Weick, *Der Prozeß des Organizierens*, trad. alemã, Frankfurt, 1985, p. 163 ss.; J. Douglas Orton/Karl E. Weick, Loosely Coupled Systems: A Reconceptualization", *Academy of Management Review* 15 (1990), p. 203-23. Antes disso, já se tinha falado em cibernética também de funções parciais e ultraestabilidade para designar as interrupções necessárias da estabilidade. Cf. W. Ross Ashby, *Design for a Brain: The Origin of Adaptative Behavior*, 2. ed., Londres, 1954, em especial p. 136 ss., 153 ss.

no sentido de uma justiça negativa. E varia muito mais com a complexidade do sistema, enquanto esta seja compatível com a autopoiese e mediante um acoplamento fraco.

Variedade e redundância são, em outras palavras, estados de coisas que podem aumentar simultaneamente. As possibilidades de incremento, como já se disse, revelam-se palpáveis na formação de analogias, com o que se chega à generalização de regras já existentes ou à criação de regras para situações que se têm como novas e, como tais, ainda não incluídas. No decorrer da evolução, vez por outra se logrou encontrar formas jurídicas dotadas de um potencial de combinação mais elevado[57]. Em algum momento se pôde destacar que as redundâncias do sistema, que tão bem se adaptam à grande variedade, contam com tipos de operações (por exemplo, formas de percepção individual sobre o jurídico) que perdem significado ou já não podem enfrentar problemas que, não obstante, adquiriram um significado relevante (por exemplo, "bem público" ou interesse coletivo por haver condições ambientais suportáveis)[58]. Ou então se pode revelar conveniente substituir pontos de vista delimitados, que produzem demasiados casos duvidosos, em razão da pressão da variedade, por outros passíveis de ser generalizados de maneira mais acertada — como substituir a responsabilidade por um

---

57. Nessa mesma linha, mas enveredando para uma duvidosa simplificação, ao dizer: a evolução se dá no sentido de uma redução de custos de transação que de outro modo ocorreria na adaptação às mudanças do ambiente. Cf. Robert C. Clark, "The Interdisciplinary Study of Legal Evolution", *Yale Law Review* 90 (1981), p. 1238-74.

58. A esse respeito, é bem ilustrativa a discussão sobre o problema do desenvolvimento do direito constitucional por Dieter Grimm, *Die Zukunft der Verfassung, Staatswissenschaften und Staatspraxis* (1990), p. 5-33, reimpr. in id., *Die Zukunft der Verfassung*, Frankfurt, 1991, p. 397-437.

objeto em si perigoso pela responsabilidade por periculosidade, como indenização por se ir contra uma proibição, que em todos os demais casos não se poderia permitir[59]. A relação entre variedade e redundância é, portanto, uma ordenação precária e ao mesmo tempo historicamente formada, sendo precisamente por meio dessa relação (e menos pela dos institutos jurídicos tomados individualmente) que o sistema reproduz a adaptação (sempre dada de algum modo) ao ambiente.

Os conceitos de redundância e variedade ultrapassam o contexto disponível para a argumentação jurídica. Esses formulam exigências que não podem ser expressas simplesmente como contradições entre os motivos para decisão. De uma perspectiva incongruente, iluminam o que é comunicado como argumentação jurídica. Ampliam o argumento característico do movimento dos estudos críticos legais, segundo o qual o sistema jurídico postula seus princípios de maneira contraditória para assim melhor se adaptar às relações capitalistas. De modo muito geral, pode-se dizer que um sistema jurídico diferenciado deve garantir, ao mesmo tempo, o fechamento da operação e a elevada irritabilidade, e, no plano de sua auto-observação, a redundância e a variedade. Mas o deslumbramento dessas exigências contraditórias não é levado adiante na forma permanente e repetida da contradição de argumentos. Durante a transferência para possíveis argumentos, esse ponto de partida se oculta e se reformula mediante uma rede de princípios e regras, de tal maneira que os conflitos de decisão apareçam de maneira apenas local e possam ser resolvidos em casos isolados ou em grupos de

---

[59]. Esse exemplo é tomado de Levi, op. cit. (1948).

casos. As teorias jurídicas que se restringem à observação interior e à autodescrição do sistema podem, por isso, prescindir de conceitos como redundância e variedade. Mas desse modo prescindem também do entendimento do construtivismo operativo com que o próprio sistema jurídico reconstrói seu mundo. Justamente aí se encontra o perigo de confundir a terminologia dos fundamentos com denominações que são usuais fora do sistema do direito. Voltaremos ao exemplo do "interesse".

III

A redundância por certo não é uma certeza lógica que se possa averiguar. Pela terminologia de Hegel, ela não pertenceria ao campo da necessidade, mas ao da casualidade, já que com a certeza de uma informação não se pode dar por assentada a certeza de outra informação. Trata-se, não obstante, de uma casualidade preparada de maneira bastante robusta, ainda que se trate de um comprometimento do sistema que demande bem poucas informações. Da mesma forma, tampouco a escritura vem a ser uma determinação do direito suficientemente madura para se tomar uma decisão. Já corrigimos esse preconceito (se é que se trata de preconceito) com a discussão acerca do conceito de texto[60]. A escritura é apenas uma forma que produz uma diferença entre o corpo do texto, a interpretação literal do escrito e o espírito da lei. Não há nenhuma fixação escrita do direito vigente que não origine uma interpretação. Ambas se produzem no mesmo curso, como uma forma de dois lados.

---

60. Cf. I, aqui, e também Capítulo 6, II.

Tão logo os textos são escritos, origina-se, então, um problema de interpretação.

Em que pese a imensa bibliografia sobre os pontos de vista e os procedimentos da interpretação, a qual remonta a tempos recuados na história, podemos tratar o tema sob a rubrica da interpretação. Quando se fala em interpretação, pensa-se no comportamento social de um leitor que se concentra no texto e evidentemente não quer ser perturbado. A esse leitor não se pode envolver na comunicação sem obrigá-lo a interromper a leitura. Ele pode tão somente ler ou, então, tomar parte na comunicação. Hoje em dia se lê, normalmente, em silêncio. E quem lê para os outros atua unicamente como órgão do texto — e não exatamente como intérprete desse texto.

O que o leitor pode pensar nos recônditos de seus pensamentos, se de algum modo ele se desse um tempo para se afastar do texto, é algo que foge ao nosso interesse. Quando ele começa a interpretar, o que faz é preparar uma argumentação[61]. Ele pode fazê-lo, se primeiramente simular a comunicação na forma de uma conversa consigo mesmo (e não na forma de uma conversa com o texto) ou simulada na forma de um pensar

---

61. Com isso não está se afirmando que todos os autores que se ocupam de teorias interpretativas defendam essa concepção ou teriam de defendê-la. No campo das teorias da verdade, por exemplo, cf. Donald Davidson, *Inquiries into Truch and Interpretation*, Oxford, 1984, trad. alemã, Frankfurt, 1986; na teoria linguística, muitos aspectos fundamentais já foram esclarecidos, sobretudo depois do turno linguístico da filosofia analítica. Que todas as declarações linguísticas devam ser interpretadas vale aqui como condição indispensável a uma teoria não circular do significado. Isso não quer dizer (pois tal seria incorrer em circularidade) que a tarefa de esclarecer a interpretação seja satisfeita pela própria comunicação, ou seja, em antecipação a si mesma. No entanto, uma teoria assim deve pressupor como ponto de partida um sujeito não socialmente condicionado, isto é, um sujeito que apenas de vez em quando aceite se comunicar quando possa imaginar algum outro sujeito. Aqui se vê claramente como essa variante da filosofia analítica da linguagem argumenta seguindo posições teórico-transcendentais.

articulado, verbalizado, como uma espécie de ensaio de comunicação. Mas já então prevalecem os critérios do que se pode ser dito de maneira convincente. Trata-se, assim, não mais dos "lugares escuros", mas da questão sobre quais contextos de comunicação podem ser relacionados com determinados textos[62]. Por essa razão, não perdemos nada quando observamos todo e qualquer raciocínio como um comportamento social, incluindo aí a estrita demonstração lógica[63]. Mesmo as doutrinas da interpretação, totalmente orientadas para a relação entre leitor e texto, buscam uma segunda certificação da "objetividade" da interpretação nas relações sociais[64].

A clássica separação entre hermenêutica, dialética e retórica é, por isso, enganosa. Essa divisão clássica enfatiza diferenças que poderiam ser desprezadas. Pode-se supor que a interpretação se encontra somente no texto ou que do texto se extrai o que é argumentativamente empregável para a comunicação. Se o próprio texto pudesse garantir que todos os leitores o

---

62. Semelhante "ruptura de estilo" na tradicional teoria argumentativa é o que faz notar também Esser, em *Juristisches Argumentieren*, op. cit. (1979), p. 5: "De que outra maneira se deve apreender a tarefa do discurso argumentativo e da justificação argumentativa de uma decisão da justiça quando a formação da concepção jurídica, que é a concepção do direito em geral, deve ser entendida como tarefa cognitiva e responsabilidade pela comunicação jurídica e pela avaliação jurídica de um caso, e não como disputa argumentativa sobre o conteúdo verdadeiro de uma proposição jurídica, um texto ou um princípio".

63. Essa abordagem é compartilhada por teorias (sociológicas) do conhecimento. Cf., por exemplo, David Bloor, "The Sociology of Reasons: Or Why 'Epistemic Factors' are really 'Social Factors'", in James Robert Brown (ed.), *Scientific Rationality: The Sociological Turn*, Dordrecht, 1984, p. 295-324. Na Alemanha, isso é muito contestado. Contudo, a razão de ser sobretudo o "social" que Bloor e outros membros da Science Studies Unit, em Edimburgo, têm em mente é considerada muito estreita (tendendo à tautologia), especialmente no que diz respeito a interesses.

64. Cf., por exemplo, Owen M. Fiss, "Objectivity and Interpretation", *Stanford Law Review* 34 (1982), p. 739-63: "Interpretação... é uma interação dinâmica entre o leitor e o texto". Sua limitação resulta da realidade de uma "comunidade interpretativa".

entendessem de igual maneira em todas as situações, nenhuma interpretação seria necessária. Não se interpreta para se autoelucidar, mas para usar o interpretado num contexto de comunicação que contribui para o reconhecimento da autoridade — não importando que os resultados, as razões, os argumentos sejam sempre comunicados seletivamente, e sempre com a certeza de se poder acrescentar argumentos adicionais. Contudo, pressupõe-se que os participantes da comunicação tenham diante dos olhos *o mesmo texto*[65]. A forma linguística absolutamente não garante os limites da ousadia do intérprete, mas garante a *unidade de contexto de um episódio comunicativo*. Ela constitui um meio social para que sejam adquiridas novas formas, isto é, boas razões para determinada interpretação de um texto[66]. Isso por si só constitui a diferença entre um entendimento literal de um texto e um entendimento semelhante, e é possível à medida que a interpretação não destrua a função unificadora do texto.

Há uma particularidade na argumentação/interpretação jurídica que reforça essa relação. A argumentação jurídica tem de ser capaz de propor uma decisão acerca de lícito e ilícito, e de justificá-la. Decisões têm de ser tomadas no âmbito do sistema do direito, e os tribunais não podem se recusar a tomar uma decisão (e isso fundamenta a sua posição central no sistema). Toda e qualquer argumentação jurídica que apresente

---

[65]. Mesmo a controvertida questão sobre se se deveria estar ou não convencido de sua própria argumentação quando se quer convencer alguém já foi objeto de debate, como se sabe, no *interior* da retórica.

[66]. De passagem, mas de maneira acertada, formula Alexander Hamilton, *The Federalist Papers*, n. 78, cit. segundo a edição de Jacob E. Cooke, Middletown Conn., 1961, p. 525: "Em tal caso (no caso de contradições entre leis) é a província dos tribunais que *liquidará e corrigirá* o seu significado e operação" (grifos meus, N. L.).

interpretações de textos faz referência a uma *decisão* e, na verdade, uma referência a decisões em questões *de outrem*. Por isso, a argumentação jurídica *tem de* ser orientada pela comunicação[67].

Isso também explica por que a teoria da argumentação tem no *Common Law* um terreno particularmente fértil. Um jurista na Europa continental, que tenha interpretado a legislação e possa encontrar as "concepções dominantes" em comentários, vê-se a si próprio basicamente como leitor e como intérprete. No direito anglo-saxão, porém, o que importa, acima de tudo, é uma avaliação das decisões precedentes. Em primeiro lugar é preciso descobrir o que é a *ratio decidendi* do caso que já foi decidido antes, pois, mesmo como intérprete, não se está naturalmente vinculado à força jurídica da decisão[68]. E é preciso decidir e raciocinar argumentativamente sobre se o caso que se tem é diferente do precedente, e isso não resulta da regra de decisão, mas de uma comparação de estados de coisas que podem se distinguir ou não do anterior. Ou seja: não é o caso de simplesmente aplicar uma regra, mas *tem-se de decidir* — se é que se quer chegar a *distinguir*. E essa decisão tem de ser fundamentada em termos de distinção e de não distinção.

No entanto, essa distinção entre cultura jurídica da Europa continental e anglo-saxã não deve ser supervalorizada. É

---

67. No mais, isso diferencia o trato de textos jurídicos do que se dá a textos literários; mas também o que se dá a textos sacros, que têm essa qualidade unicamente para os que partilham da mesma fé. O jurista não pode escolher contra quem ou a favor de quem ele vai argumentar.

68. Esse instituto jurídico necessita, em grande medida, ser interpretado, e, ao defini-lo em todos os seus detalhes, pode-se conciliar entre continuidade e descontinuidade, entre redundância e variedade. Uma interpretação notável e ponderada é feita por Neil MacCormick, op. cit. (1968).

evidente que no direito anglo-saxão também se está às voltas com problemas de interpretação das leis[69] e que também no direito continental a argumentação é uma exigência de fundamentação de decisões de casos sempre novos e diferentes. A organização judicial simplesmente obriga, aqui, valendo-se do instituto do recurso de revisão, a uma ocupação constante com decisões que tenham sido tomadas em outros tribunais[70]. O que se tem são sempre motivos manipuláveis de decisão, a um só tempo, *universais* e *específicos*. Universal significa, aqui, tão somente que a regra de decisão seja aplicável a todos os casos de determinado tipo, que tenha sido recursivamente incorporar ao direito vigente e que o número de casos decidido de acordo com essa regra no futuro se mantenha indeterminado[71]. Além disso, essas regras podem ser altamente específicas e se tornar generalizadas apenas pouco a pouco ou, então, de modo algum[72]. Contudo, nem interpretação, nem argumentação em si mesmas alteram o direito. Elas não são formas de uma disposição que possa controlar o símbolo da validade do direito, mas comunicações que esclarecem as condições sob as quais tal disposição pode ser efetuada (com a exclusão das razões econômicas que

---

69. Cf. como Levi, op. cit. (1948), aqui remete a uma teoria da argumentação que inclui precedentes vinculantes, interpretação das leis e a revisão judicial (liberdades específicas para tal) nos Estados Unidos. Em *todos* os casos *inevitavelmente* se apresenta o problema da repetição de regras de decisão em casos sempre novos, sempre diferentes.

70. Comparações entre os usos jurídicos anglo-saxões e europeu-continentais costumam ver aqui diferenças que na prática não existem. A orientação pelos precedentes surge apenas em outros contextos.

71. Isso não é mais do que a versão futura de "autopoiese" expressada nesse contexto. O sistema não pode se propor o seu próprio fim, mas opera "até uma nova ordem".

72. Com MacCormick, in op. cit. (1987), p. 162 ss., deve-se distinguir, nesse sentido, entre universabilidade e generalizabilidade.

possam falar em nome de contratos, ou as razões políticas que possam falar pela legislação). Em razão de sua função meramente preparatória, a argumentação permite um grau maior de liberdade. Ela apenas prepara para a responsabilidade, mas não a assume. Não obstante, argumentos são operações do sistema, à medida que servem para limitar o escopo de decisões que em última instância têm de ser tomadas. A estrutura dupla de textos válidos e as razões argumentativas permitem que a ambivalência normativa de uma argumentação seja traduzida em uma distinção (portanto, definitivamente não no sentido hegeliano de "fundir-se"): a argumentação em si não é um processo normativo — ela pode frustrar e aprender com as frustrações. Mas o que ela produz pode ser destilado como regras ou princípios, e disso resulta que a dogmática jurídica pode em si ser tratada, retroativamente, como "fonte do direito".

A isso corresponde que a argumentação, como consequência de sua autocompreensão, exponha *razões* que dão preferência a determinada interpretação em detrimento de outra. Além disso, essas razões apresentam-se, com ou sem êxito decisivo, como bons motivos, como motivos razoáveis. Na tradição são chamadas *rationes* (*rationes decidendi*; *reasons*). Sobre a fundamentabilidade desse fundamento, como já se demonstrou, o que resta a fazer é continuar informando à "razão", à medida que ela própria se põe em jogo. Como resultado, essa prática da argumentação razoável confere ao direito o caráter de uma meditada razoabilidade, de um condensado de razões boas e comprovadas. Neil MacCormick chama a esse contexto de "instituição"⁷³. Com relação à fundamentação do fundamento, encontram-se implicados ainda outros critérios, além dos designados pela própria argumentação — por exemplo, profissionalismo, elegância e, talvez, o mais importante: evitar o ridículo⁷⁴. O resultado desses órgãos de controle, que servem também para mostrar o que pode dar errado, é uma tradição de princípios, regras de decisão e doutrinas, mas também de construções alternativas rejeitadas, que venham a formar um reservatório do qual a legislação e, sobretudo, a legislação judicial vão haurir seu material. O resultado é, novamente, a escrita — portanto, novamente a interpretabilidade. A realidade desse arcabouço estrutural de referência não reside em uma esfera de ideias, mas nas operações de comunicação de um sistema, que ou são utilizadas — ou esquecidas.

Textura semelhante de pontos de vista de decisão — nós a denominamos dogmática jurídica — pode ser posta em jogo também de maneira inovadora⁷⁵. Mais tarde é possível vir a reconhecer que nas primeiras determinações das regras perderam-se de vista certas constelações, ou, pura e simplesmente, que foram cometidos erros de argumentação. Isso pode dar ensejo a que se reconstrua o sentido comum daquela época ou a que se introduzam novas regras. A responsabilidade por dívidas

---

73. Cf. sobretudo sua contribuição em Neil NacCormick/Ota Weinberger, *An Institutional Theory of Law: New Approaches to Legal Positivism*, Dordrecht, 1986.

74. Alguns, mas nem todos os exercícios conceituais que Rudolf von Jhering (*Scherz und Ernst in der Jurisprudenz*, 2. ed., Leipzig, 1885) reuniu aqui poderiam fazer as vezes de provas. Eles são exemplos não do desvio da "jurisprudência conceitual" (pois de igual maneira poderiam ser colecionados no âmbito da "jurisprudência de interesse"), mas da violação do gosto jurídico.

75. Cf. no contexto de evolução, Capítulo 6, III.

será complementada[76] com a responsabilidade pela indenização por danos. E se se constatar que isso não é o bastante para se distribuir razoavelmente os danos, dever-se-á complementar a responsabilidade de indenizar aquele que tiver as melhores possibilidades de controle para a prevenção de danos. O próprio citar de princípios e regras comprovados serve como argumentação, e a consistência que subjaz a se conservar a tradição confere-lhe peso adicional. Mas o caráter na condição de boa razão de direito vigente não é nenhum caráter indelével, já que pode ser posto em dúvida mediante a argumentação e, em especial, mediante novas distinções, pois o direito, como já sabemos, é o direito escrito. Regras e razões normalmente aparecem formando uma unidade, mas podem se dissociar quando surgem novos problemas ou mesmo quando uma "mudança de valores sociais" faz-se estímulo poderoso para tal. Uma nova solução para o problema sempre aparece, tanto mais quando se apresenta como melhor solução; se assim não fosse não haveria por que substituir a antiga. Para essa melhor solução faz-se necessária sempre uma valoração interna, pois só assim o direito pode expressar a superioridade sobre si mesmo[77]. Invocar impulso externo não é suficiente. As próprias leis não apresentam como argumento ser a melhor solução, mas unicamente fixam

---

76. Para o caso de uma mudança abrupta na legislação ambiental japonesa, em razão da jurisprudência, cf. Helmut Weidner, *Bausteine einer präventiven Umweltpolitik: Anregungen aus Japan*, in Udo Erns Simonis (org.), *Präventive Umweltpolitik*, Frankfurt, 1988, p. 143-65.

77. Cf. também, com Peter Goodrich, *Reading the Law*, Oxford, 1986, p. 123: "A visão de que uma faceta do texto estatutório é absurda não denota uma avaliação crítica do texto de fora da cultura jurídica e da competência profissional, mas, ao contrário, as categorias de doutrina jurídica, ou racionalidade e justiça da lei, para garantir um significado aceitável para o texto, dentro do gênero legal ao qual ele pertence".

o que deve ter validade no futuro. Também a argumentação jurídica é um comunicar completamente interno ao sistema. O pensamento selvagem que se encontra fora do direito não pode reivindicar relevância alguma — simplesmente porque não se encontra sob a pressão de ter de produzir decisões acerca de licitude e ilicitude, e de ser responsável por elas.

Se essas reflexões podem se apoiar em uma ampla discussão teórico-jurídica, histórico-jurídica e metodológica, até agora não se levou em conta que as razões produzem diferenças[78] e que, mediante o que excluem, remetem a si mesmas. Bernard Rudden chama a isso de consequências inerentes[79], mas seus pensamentos não vão muito além. Talvez a concepção por demais estreita de razões dificulte o exame desse estado de coisas, porque as razões não são simplesmente *pontos* de vista significativos, mas complexas ordenações de ideias, que desse modo justificam seus efeitos de exclusão[80]. Só mesmo na perspectiva da reutilização, ou como consequência dela, as razões condensar-se-ão em forma de regras para que, assim, sua identidade se mantenha reconhecível e passível de ser citada.

---

78. Cf., fundamentalmente, Jean-François Lyotard, *Le différend*, Paris, 1983.

79. "Consequences", *Juridical Review* 24 (1979), p. 193-291, em especial 194, 199 s. A consequência inerente é o "efeito de uma regra sobre si mesma".

80. Entre outras coisas, deve-se considerar que com muita frequência a ordem dos argumentos desempenha um papel importante: por exemplo, para a questão sobre que provas devem ser apresentadas, ou seja, em que aspectos o sistema deve buscar contato com o ambiente. Para isso, cf. Laurents Walter/John Thibaut/Virginia Andreoli, "Order of Presentation at Trial", *Yale Law Journal* 82 (1972), p. 216-26, e Michael E. Levine/Charles R. Plott, "Agenda Influence on Committee Decision", *American Economic Review* 68 (1978), p. 146-60. Para um aspecto adicional, cf. Wolfgang Schild, "Der Straftatbegriff als Argumentationsschema", in Winfried Hassemer et al. (org.), *Argumentation und Recht*, n. suplementar N.F. 14 do *Archivs für Rechts- und Sozialphilosophie*, Wiesbaden, 1980, p. 213-29. Pode-se aceitar o conceito feliz de esquema argumentativo mesmo quando não se compartilha a opinião de que assim se deveria tratar de uma "cópia da estrutura ontológica de graus da realidade" (in op. cit., p. 214).

Ao mesmo tempo, a reutilização confirma a razão como adequada para outras decisões, e assim lhe confere um sentido generalizado e enriquecido[81]. Os produtos de tais confirmações podem ser condensados em forma de *princípios*, que nada dizem sobre a relação em que eles por sua vez se distinguem, mas são tratados como pontos de vista definitivos para uma decisão[82]. Para que esses princípios amadureçam é preciso tempo e, mais do que qualquer outra coisa, a experiência de muitos casos. Seu poder de convencimento aumenta por ser posto à prova em circunstâncias heterogêneas. Com tudo isso devidamente desenvolvido, já não fica tão fácil rechaçar essas razões estabelecidas e ricas em tradição e substituí-las por novas razões. A tradição faz ver com bastante clareza o que deveria ser decidido de outra maneira. Portanto, na maioria das vezes o que se fará será acrescentar à tradição novos pontos de vista — exceções às regras que continuam válidas, novos princípios para casos que até então não tenham sido compreendidos ou tenham sido compreendidos de maneira equivocada. Na verdade, direito recente não chegará propriamente a um desenvolvimento futuro em seus princípios, mas, sim, naqueles que parecem excluídos. O que já é vigente será modificado a partir de seu reverso. A argumentação torna o sistema mais complexo, o que acarreta em consequências consideráveis para a sistematização conceitual (dogmático-jurídica).

---

81. Com a distinção entre condensação e confirmação como duas versões de uma distinção ou no curso de sua reutilização, sigo a sugestão de George Spencer Brown, *Laws of Form*, reimpr. Nova York, 1979, p. 10.

82. A necessidade de distinguir entre regras e princípios (que é difícil de explicar conceitualmente) será enfatizada, sobretudo, na literatura sobre o *Common Law* — possivelmente devido à função, ali mais importante, de regras de decisão.

Esse efeito de exclusão se faz altamente visível também na técnica jurídica do *Common Law*, com a desmesurada atenção que dedica às regras (e não somente às leis) que determinam a decisão; as controvertidas defesas dos representantes de partido (*barrister*) contribuem para que as argumentações das sentenças ponderem os prós e os contras de regras opostas. Não será o caso de ocultar as diferenças de opinião no interior do colegiado de juízes, mas estas serão publicadas[83], fazendo que a estrutura da argumentação controvertida se torne disponível para referências futuras. De modo comparativo, a argumentação jurídica continental toma a direção de uma exegese sustentada como correta. Contudo, essa diferença não deveria ser supervalorizada, tanto mais em tempos mais recentes[84]. Além disso, deve-se considerar que as controvérsias referentes a casos isolados, conservadas na memória, de modo algum tornam visível a generalidade do efeito de exclusão de uma regra bem fundamentada.

Desse modo, deve ter ficado claro que as *razões* ocultam algo, que é na verdade sua redundância. As razões usam distinções com referência ao lado significado por elas, e não ao lado não significado. O que não pode ser significado tampouco pode

---

83. No âmbito histórico, deve-se observar que, em tese, precisamente os informes foram publicados, ao passo que a decisão encontrou pouca atenção. Um vínculo formal com o precedente — que tornou necessária outra forma de fixação escrita — desenvolveu-se primeiramente durante o processo da radical positivação do direito, ou seja, não antes de meados do século XVIII, sobretudo a partir dos *Commentaries* de Blackstone, para se estabelecer de maneira definitiva cem anos mais tarde.

84. Cf. sobretudo a robusta interpretação análoga, a partir da *Common Law*, do aperfeiçoamento jurídico do direito em Josef Esser, *Grundsatz und Norm in der richterlichen Forbildung des Privatrechts*, 2. ed., Tübingen, 1964; id., *Vorverständnis und Methodenwahl in der Rechtsfindung: Rationalitätsgarantien der richterlichen Entscheidungspraxis*, Frankfurt, 1970.

ser utilizado. A função de um critério não pode ser considerada algo oculto. Ou pode[85]? Isso conduz à pergunta sobre como o oculto pode ser utilizado para a crítica se não for para a "desconstrução" da argumentação jurídica[86].

Mas isso certamente não será de modo que se diga: "nem eu mesmo sei como". A desconstrução não leva à reconstrução, mas, seguindo a regra do *hit the bottom* [acertar o fundo], à necessidade terapêutica. Pode-se recusar a instrução até, no limite, ver-se desorientado. Mas quem deve tratar terapeuticamente o sistema jurídico? E quem, nesse ínterim, assume a função?

Se, de maneira mais precisa, fixamo-nos no fato de que toda designação depende de distinções, incluindo a definição de desconstrução, chega-se a um terreno já mais conhecido[87]. As distinções permitem o cruzamento. Pode-se perguntar sobre quais decisões foram excluídas por quais decisões, e que razões por quais razões. Pode-se também, no outro lado da distinção, introduzir uma designação para distinguir a própria distinção como instrumento de observação que se especifica em ambos os lados. É certo que isso conduz unicamente à designação da distinção e oculta o outro lado da distinção, que seria necessário para essa designação. E disso então seria possível sempre conti-

---

85. Cf. o capítulo "The Inscrutability of Silence and the Problem of Knowledge in the Human Sciences", in. Steven Fuller, *Social Epistemology*, Bloomington Ind., 1988, p. 139 ss.

86. Aqui seria o caso de se observar que os norte-americanos, com seu sentido prático, consideram a "desconstrução" como um método e buscam aplicá-lo, sobretudo, à ciência literária, mas também a algumas escolas jurídicas. Não obstante, isso contradiz o sentido original do conceito que Derrida, de maneira consciente, deixou impreciso, fazendo, com seus autocomentários posteriores, desconstruir continuamente.

87. Para uma relação possível entre "desconstrução" e "observação de segunda ordem", cf. J. M. Balkin, "Nested Oppositions", *Yale Law Journal* 96 (1987), p. 743-86.

nuar perguntando: em que se distingue a legislação da jurisprudência? Os desconstrutivistas, é claro, jamais ficam desempregados. Mas sob suas vistas o sistema jurídico pode desenvolver, passo a passo, uma arquitetura de distinções, a fim de satisfazer, respectivamente, à tarefa a que ela se atribui a cada vez — mediar entre a variedade e a redundância. Mais perguntas podem ser feitas sempre e quando se especificarem as distinções em ambos os lados, até se vir a reconhecer, com entusiasmo, que haverá sempre algo a conhecer, porque invariavelmente há algo que se oculta. Essa é apenas mais uma versão da tese de que um sistema só pode operar no sistema e não no ambiente.

IV

As razões são distinções introduzidas por um observador. No contexto da argumentação jurídica, o observador observa um texto e, assim, proporciona para si, pela interpretação, um espaço livre para a argumentação, que leve em conta outros pontos de vista relimitadores. O observador pode, então, não se contentar simplesmente apresentando o que considera como melhor. Mesmo uma ponderação abstrata de valores deve se justificar a partir do texto, já que de outra maneira ela não teria, em termos jurídicos, nem pé nem cabeça. A argumentação pode se permitir liberdades interpretativas somente com a intenção de tornar, ela própria, a restringir tais liberdades, com o auxílio do direito. Por si, as boas razões não são suficientes, pois é preciso mostrar também serem providas de consistência no que diz respeito ao direito vigente — por exemplo, dividir uma norma em duas interpretações diferentes para depois reivindicar somente uma delas e apresentar a razão como algo fundamentado. Só mesmo quando a consistência é provada mediante o direito vigente é que interessa, de algum modo, saber quão boas são as razões boas.

Entretanto, desse modo, de maneira alguma se explica qual função é satisfeita pelo argumentar com razões. O observador do texto apresenta essa função como se tratasse de ajudar para que as melhores razões prevalecessem. Como participante do sistema jurídico, o observador está sujeito a apresentar as petições como se fossem algo decidível. Ele não pode se conformar com chamar a atenção para suas preferências ou seus interesses: encontra-se sob uma coação formal específica do sistema, da qual resulta ter o sistema uma codificação binária, sendo reconhecido como código apenas os valores lícito e ilícito. Para o observador, isso pode ser verdade à medida que ele se considere um *insider* [informante]; mas isso não proporciona explicação à pergunta sobre a função do argumentar. A fim de encontrar uma resposta para essa pergunta, observamos o observador do texto com o auxílio da distinção, que aqui introduzimos, entre variedade e redundância. Chegaremos, assim, a um nível de observação de terceira ordem. Observaremos *como* observam aqueles que observam, *como* se compreende da melhor maneira um texto cujo sentido textual não provê nenhuma decisão satisfatória ao observador de primeira ordem. Em tal caso, já não podemos nos dar por satisfeitos com justificações mais ou menos boas, mas faremos a pergunta: afinal, para que servem as justificações? A distinção que se torna necessária para seguir de perto essa pergunta está na distinção, relacionada ao sistema, entre variedade e redundância, distinção que não é aplicável no nível de observação de segunda ordem interno ao sistema, uma vez que o tipo de solução que resultaria daí seria demasiado forte.

As razões são símbolos dirigidos à redundância[88]. Assim como a validade simboliza a (unidade da) autopoiese, possibilitando a unidade de operação do sistema, também as boas razões tornam operativa a consistência (ou, expresso em terminologia de valor, a justiça) do sistema. Essa constatação dificilmente encontrará opositores; não obstante, requer maior elaboração.

Com a pergunta sobre as razões, resolve-se, desdobra-se, destautologiza-se a autorreferência tautológica do símbolo de validade. Isso significa, antes de tudo: o que vale vale porque vale. Para isso deve haver uma razão suficiente, como na sequência se irá supor. A essa suposição pode-se acrescentar a pergunta sobre se isso que vale vale com fundamento. Com base nessa duplicação semântica da validade como razão, que se aplica às normas correspondentes, desenvolve-se a pergunta pelos fundamentos da validade que sejam contestados, por exemplo, na doutrina das "fontes do direito". Apesar de tudo, mantém-se a fórmula de que o que se reivindica sem razão não é válido.

---

88. Assim pode ser rejeitada, sobretudo, a concepção segundo a qual razões servem à finalidade de representar deferência à lei como um comando de razão para que se legitime o poder político que lhe subjaz. Essa é a tendência de pensamento do movimento *Critical Legal Studies,* nos Estados Unidos. Cf. também Goodrich, *Reading the Law*, p. 122. Pessoas que se acham "críticas" deveriam desenvolver uma habilidade maior do que a que se faz possível com o entendimento indiferenciado de tipos de poder simbólico, político e outros. Deve-se admitir, contudo, que boas razões também têm uma dimensão social, e que elas tornam mais fácil assumir que outros seguirão a regra fundamentada por uma questão de convicção. E isso, por sua vez, faz-se compreensível quando se considera que a conhecimento geralmente vem atrelada uma falta de interesse.

Pode-se ir mais além dessa autodescrição do argumentar fundador quando se consegue interceptar o supercritério da justiça. Porém, esse critério é inapropriado para a questão da validade do direito no sentido de auxiliar a tomar uma decisão, motivo pelo qual é tido (apenas) como um critério de ética. O problema da validade será então resolvido recorrendo-se à distinção entre direito e ética, com a consequência de que as exigências de justiça são, na prática jurídica, juridicamente inócuas e, do ponto de vista da argumentação, inutilizáveis. Se, pelo contrário, interpretar-se o postulado da justiça como postulado da consistência da decisão (os casos iguais devem ser tratados de maneira igual e os desiguais, de maneira desigual)[89], pode-se considerar a consistência como redundância e, assim, como um lado da distinção; o outro lado da variedade far-se-á evidente obstáculo para que o justo siga adiante no mundo do direito. O que adicionalmente se ganha com a distinção entre variedade e redundância é o entendimento de que a questão tem também outro lado. Esse outro lado não surge das cada vez menos boas razões ou das decisões desprovidas de fundamento ("decisionistas") que o intérprete do texto viesse a conceber, mas das exigências de uma variedade suficiente (e sob as condições modernas: elevadas) do sistema.

Os casos jurídicos que aspiram à decisão aparecem de maneira concreta e, por isso mesmo, diversa. Cada caso provoca o sistema para que este leve em conta a sua diversidade. A argumentação recebe essa provocação e a transforma em redundância — seja na forma de fazer referência a programas aplicáveis

---

89. Cf. Capítulo 5.

de decisão, seja na forma de seu complemento: regras que, tendo em vista elevada quantidade e possibilidades de aplicação, serão testadas, condensadas e confirmadas. A argumentação, então, opta pela redundância, pela parcimônia com informações e pelas surpresas, porém o faz ao se ocupar do tipo especial de problemas apresentados na prática de casos jurídicos. Como resultado, isso pode desencadear uma evolução no sentido de formas que proporcionem maior variedade com suficiente redundância, fórmula bastante próxima à do melhor dos mundos de Leibniz.

Um sistema que se abandonasse à sua própria redundância renunciaria à possibilidade de reação ante as irritações e surpresas provenientes do ambiente. Com relação a isso, a variedade complementa o sistema e evita um travamento na rede dos trilhos habituais. Mas a maioria e a diversidade das comunicações que dão ensejo a casos jurídicos e seus problemas correlativos não é proveniente do ambiente do sistema. Os casos jurídicos e as comunicações a ele referidas existem unicamente no sistema e para o sistema. Assim como a redundância, também a variedade é uma variável de sistema. A diferença entre variedade e redundância é uma forma como o sistema opera como sistema-em-um-ambiente. À pergunta sobre como o sistema contribui semanticamente para seu ambiente havemos de aqui retornar, com o auxílio de outros conceitos[90].

Para as operações do sistema jurídico, é necessário comunicar o poder de convencimento das melhores razões, independentemente do que os participantes experimentem no

---

90. Cf. VIII, neste capítulo.

âmbito psíquico e da "inautenticidade" com que isso aconteça. O juiz deve prescindir também dos motivos psíquicos[91] — a menos que o próprio direito o tome por relevante, por exemplo, no caso de suspeita de preconceito (sabe-se que não é necessário demonstrar o preconceito, bastando a possibilidade de uma suspeita de preconceito). Também a ética do advogado se estabilizará pelo fato de que na comunicação deverá aparecer sempre como se o advogado estivesse convencido das razões que falam a favor de seu mandante; isso não ocorre com qualquer tipo de razões, mas somente no contexto da argumentação jurídica. No entanto, um observador desse modo de comunicação (portanto, nós) pode ver em duplicidade: vê a forma como a um só tempo necessária e contingente — necessária para o sistema e contingente à medida que a variedade dos casos continuamente obriga a novas reflexões, e o sistema com redundância por si só não sendo suficiente. Desse modo se ganha em entendimento para a necessidade da não necessidade de todas as razões e, assim, também um entendimento de efeito paradoxal e fértil para a escrita.

Quem concebe a argumentação jurídica unicamente como busca de boas razões para não cometer erros descreve um sistema determinado pela argumentação. Só mesmo quando se leva em consideração a variedade introduzida pelos casos jurídicos pode-se apreender o sistema como organizado por si

---

91. Neil MacCormick, op. cit., p. 17, comenta a respeito: "As razões que se estabelece publicamente para suas decisões devem, portanto, ser razões que ... as fazem parecer ser o que elas supostamente seriam". Aqui seria o caso de fazer referência a uma versão sociológica do conceito de motivo, que remonta a Max Weber. Cf. também Austin Sarat/William L. F. Felstiner, "Law and Social Relations: Vocabulary of Motive in Lawyer/Client Interaction", *Law and Society Review* 22 (1988), p. 737-69.

mesmo, como sistema disposto à aprendizagem[92]. Por isso, os antigos sistemas jurídicos são considerados altamente redundantes, seja devido à conceitualidade extremamente formal de aprovação/rechaço da solução dos conflitos jurídicos, seja em razão da conceitualidade extremamente ambivalente que possibilita atrelar tudo com tudo, sem nenhum tipo de surpresa[93]. Mas, à medida que a organização e a aprendizagem se põem em movimento, o sistema começa a trabalhar com a diferença de redundância e variedade e, desse modo, a construir a própria complexidade. Contudo, ainda veremos que esse processo será acelerado pelos acoplamentos estruturais com outros sistemas de funções e, finalmente, que isso levará à internalização da diferença entre autorreferência (conceitos) e referência externa (interesse).

A transição que vai da busca de razões ao esquema variedade/redundância — portanto, a transição que vai da observação de segunda ordem para a de terceira ordem — exclui a manutenção de premissas teóricas da ação, nas quais normalmente se formula a teoria da argumentação e se tem a coação à transição para a teoria dos sistemas. A argumentação já não aparece como ação mais ou menos bem-sucedida (ainda que se deva conceder que mesmo no nível de observação de segunda ordem é possível descrever dessa maneira), mas como um acontecer maciço e simultâneo num sistema complexo — sem linha

---

[92]. A dificuldade que levou Henri Atlan a entender sistemas como ordenamentos de relação de oposição entre redundância e variedade foi precisamente o problema da auto-organização e do aprendizado.

[93]. A diferença parece se expressar na distinção entre *iustitia* e *aequitas*, que só veio a ser definitivamente abandonada no direito moderno. Mas essa observação necessita do amparo da pesquisa histórica.

diretiva clara, com formações de *clusters* [ramos] a partir de determinados textos, mas sem formação hierárquica e sem teleologia quanto ao sistema como um todo. Como de um avião facilmente se vê o mar de argumentos ligeiramente rugoso, um sentido geral não pode ser reconhecível a partir de cada um dos fins das operações particulares nem como agregado de todos eles, mas unicamente como função de fato no sentido de que de algum modo se argumenta. E, assim, logo tem de ser expresso na conceitualidade de variedade e redundância.

V

Que as razões devam ser fundamentadas, já que há boas e más razões, aí se tem algo estabelecido. Além disso, as razões excluem, e essa exclusão requer uma justificação[94]. Contudo, ainda não se definiu *como* razões podem ser justificadas. Não há problema quando o sentido textual do texto é unívoco (limite de velocidade de 100 km/h). Mas, com toda argumentação interpretativa que se lança mais além, interpõe-se a pergunta pelo "como"[95].

No direito europeu antigo, esse problema era resolvido ao se recorrer retrospectivamente à sabedoria e à vontade

---

94. Lembramos ainda uma vez que razões são *sequências* de argumentação condensadas em *pontos de vista* para tomada de decisão somente no processo de sua reutilização ou na antecipação deste.

95. O foco na questão do "como" poupa-nos de ter de lidar com dois círculos temáticos hoje candentes na teoria jurídica, sua literatura e seus congressos, qual seja, a questão sobre quais linhas de argumentação conduzem a resultados razoáveis e sobre se a argumentação jurídica pode ser reconstruída de forma completamente lógica.

de Deus (portanto, pela observação de Deus, competência que era, em primeiro lugar, dos teólogos). Quando isso passou a ser rechaçado, numa indisposição que recrudesceu no início da era moderna, o problema encontrou solução na alusão a um conceito normativo de natureza (portanto, corruptível), que, no que dissesse respeito às pessoas, fazia que se remetessem à sua própria razão. Ademais, para Grotius, Pufendorf, Locke e seus contemporâneos, era evidente, em contraste com as concepções atuais, que a natureza do ser humano era suscetível de que se a conhecesse empiricamente (pela via natural), ainda que ao mesmo tempo pudesse servir como fonte para o conhecimento o direito vigente eterno e suprarregional (*inter nationes*). Contudo, a vigência do direito e o conhecimento jurídico ainda não estavam plenamente historicizados, como vieram a estar com Lord Kames e David Hume. A natureza do ser humano, como toda natureza, seria fonte do conhecimento da vontade de Deus. E isso aconteceu, enquanto ao mesmo tempo se encetava um desenvolvimento jurídico nitidamente nacional que invocava a razão como natureza do homem[96]. Natureza e razão ainda hoje são títulos honoríficos decorativos das fundamentações, uma vez que a verdadeira argumentação se fundamenta, e a um olhar empírico disto não resta dúvida, em juízos sobre as *consequências* das decisões jurídicas; ou, mais precisamente, em juízos sobre as diferentes *consequências*, que adviriam se regras diferentes tivessem sido adotadas. O direito natural já se repo-

---

96. Sobre esse aspecto, cf. Rudolf Stichweh, "Selbstorganisation und die Entstehung nationaler Rechtssysteme (17.-19. Jahrhundert)", *Rechtshistorisches Journal* 8 (1990), p. 254-72.

sicionara para a utilidade social das normas jurídicas[97], muito embora se baseasse na proposição jurídica segundo a qual essa utilidade, em caso de dúvida, fosse dada por subentendida[98]. A utilidade tem sido a fórmula geral para se pensar nas alternativas desde tempos imemoriais, mediante a seguinte formulação: qual seria o caso se não essa, mas outra regra tivesse validade[99]? No contexto da *iurisdictio* do príncipe, a equidade também serviu como corretivo para consequências inaceitáveis de uma justiça administrada estrita[100]. Mas isso dificilmente permitia qualquer margem de manobra a formulações doutrinais no que dissesse respeito às consequências de determinadas construções jurídicas ou de regras de decisão. Em vez disso, serviu como correlato da distinção entre direito imutável e direito mutável. Nesse entremeio, o controle do direito no tocante a resultados desejáveis ou indesejáveis tem prevalecido como único princí-

---

97. Cf., por exemplo, Tomás de Aquino, *Summa Theologiae* IIa IIae q. 57 a.3, com a distinção entre *secundum sui rationem* [segundo sua doutrina] e *secundum aliquid quod ex ipso consequitur* [segundo aquilo que se segue de si mesmo], usando o exemplo dos benefícios da utilidade da agricultura.

98. Cf. Domat, *Les lois civiles dans leur ordre naturel*, vol. I, p. LXV: a justiça do direito positivo é sua justiça particular; e depois, p. XCI, para uma "presunção para a utilidade da lei, apesar das desvantagens".

99. Por exemplo, Alexandre Belleguise, *Traité de noblesse et de son origine*, Paris 1700, p. 145 ss. O que aconteceria se um nobre, tendo perdido o título aristocrático em razão da prática de atividade derrogatória (comércio), viesse depois a reavê-lo ao cessar a prática de tal atividade, mas isso sem as cartas de reabilitação do rei? Nesse caso, no curso de algumas semanas, oscilar-se-ia entre o estatuto de nobre e o de não nobre, a sua situação com os impostos ficaria pouco clara etc.

100. Isso foi meramente questão de interpretação. Cf. Domat, op. cit., vol. I, p. 19: "As leis naturais são mal aplicadas, quando fazem afigurar consequências para a equidade". Ou, com a perspectiva inversa, contra inovações descuidadas (*"qui ad pauca respicit facile pronunciat"* [aquele que se volta a pequenas coisas facilmente reclama a palavra]). Hale, op. cit., p. 504: "O expositor deve olhar mais longe do que a instância presente e ver se tal exposição pode não apresentar um inconveniente maior do que o que ele remedeia".

pio convincente, sendo hoje de um modo geral bem aceito pela teoria jurídica[101] e atestado por análises de decisão cuidadosas[102]. Não obstante, a pergunta permanece: o que observamos quando observamos isso?

Frequentemente, quando argumentos anteveem as consequências das decisões, essa antevisão se confunde com programas de fins em decisões jurídicas. Porém, essa é uma confusão conceitual fácil de evitar, já que os juízes não dispõem nem de meios, nem da disposição para correr riscos, condições necessárias à busca de fins[103]. O mesmo se aplica ao legislador quanto à técnica jurídica, ainda que os legisladores, enquanto participantes do sistema político, estejam livres para buscar fins

---

101. Cf., por exemplo, Adalbert Podlech, *Wertungen und Werte im Recht, Archiv des öffentlichen Rechts* 95 (1970), p. 185-223, sobretudo 198 s.; Wolfgang Kilian, *Juristiche Entscheidung und elektronische Datenverarbeitung: Methodenorientierte Vorstudie*, Frankfurt, 1974, p. 211 s. Gunther Teubner, "Folgenkontrolle und responsive Dogmatik", *Rechtstheorie* 6 (1975), p. 179-204; Thomas Sambuc, *Folgenerwägungen im Richterrecht: Die Berücksichtigung von Entscheidungsfolgen bei der Rechtsprechung, erörter am Beispiel des Paragraphen* 1 UWG, Berlim, 1977; Thomas W. Wälde, *Juristische Folgenorientierung: "Policy Analysis" und Sozialkybernetik: Methodische und organisatorische Überlegungen zur Bewältigung der Folgenorientierung im Rechtssystem*, Königstein/Ts., 1979: Hubert Rottleuthner, *"Zur Methode einer folgenorientierten Rechtsanwendung"*, in *Wissenschaften und Philosophie als Basis der Jurisprudenz*. Suplemento 13 do *Archivs für Rechts - und Sozialphilosophie*, Wiesbaden, 1981, p. 97-118; Hans-Joachiam Koch/ Helmut Rüßmann, *Juristische Begründungslehre: Eine Einführung in Grundprobleme der Rechtswissenschaft*, Munique, 1982, p. 227 ss.; para problemas especiais em direito criminal, cf. Winfried Hassemer, "Über die Berücksichtigung von Folgen bei der Auslegung der Strafgesetze", *Festschrift Helmut Coing*, Munique, 1982, p. 493-524, e sobre a discussão a respeito da reformalização do direito criminal nos Estados Unidos, Joachim J. Savelsberg, "Law that does not fit Society: Sentencing Guidelines as a Neoclassical Reaction to the Dilemmas of Substantivized Law", *American Journal of Sociology* 97 (1992), p. 1346-81.

102. Cf. sobretudo MacCornick, op. cit. (1978).

103. Mais recentemente, tem havido uma conscientização de que uma análise cuidadosa das estruturas meios/fins tem sido negligenciada pela teoria pragmático-instrumental do direito (por boas razões, pode-se imaginar). Cf. Robert Samuel Summers, *Instrumentalism and American Legal Theory*, Ítaca, 1982, p. 60 ss., 240 ss. e 255 ss. Nessa direção, as críticas têm sido crescentes e conduzido a um renovado interesse em jurisprudência analítica.

políticos, com os correspondentes riscos políticos[104]. Uma descrição guiada pela teoria dos sistemas sugere que uma distinção tenha de ser feita, primeiramente, entre consequências internas e externas ao sistema[105].

As consequências internas ao sistema são jurídicas, havendo evidente indicação de que devem ser acatadas. Esse é um fator normal de recursividade em todas as decisões jurídicas que necessitem de uma justificação e devam levar em conta tanto decisões passadas como futuras. Quando há uma discussão sobre razões para decisão e as regras que as generalizam, parte essencial do teste é verificar qual conduta seria lícita ou ilícita se determinada regra fosse adotada[106], como no seguinte caso: se o ato de dispor mercadorias em gôndolas de um supermercado é em si mesmo uma oferta de contrato e, de acordo com isso, se o ato de tomar mercadorias das gôndolas redunda em

---

104. Cf., sobre esse aspecto, Robert Nagel, "Legislative Purpose, Rationality and Equal Protection", *Yale Law Journal* 82 (1972), p. 123-54, que com boas razões critica a tendência dos tribunais em mensurar a legislação com a medida da racionalidade finalista e culpar o legislador por deficiências nesse aspecto (que podem ocultar compromissos políticos). No direito alemão, no qual o argumento da "vontade do legislador" é usado com muito maior frequência e atenta-se bem menos à fixação precisa de regras de decisão, essa advertência é mais necessária. Frequentemente o juiz forja, como resultado da política, um programa de fins que ele próprio não se tenha permitido formular, mas de que ele necessita para a sua decisão.

105. É claro que isso pode ser feito também sem uma explícita conceitualização em teoria dos sistemas. Cf., por exemplo, a distinção entre as consequências comportamentais e as consequências jurídicas em Rudden, op. cit., e a continuidade disso pode se ver em Neil MacCormick, "Legal Decisions and Their Consequences: From Dewey to Dworkin", *New York University Law Review* 58 (1983). p. 239-58. Para a distinção entre as consequências jurídicas e as consequências reais externas ao sistema jurídico, cf. também Niklas Luhmann, *Rechtssystem und Rechtsdogmatik*, Stuttgart, 1974, p. 41; e, com muitos detalhes, Gertrude Lübbe-Wolff, *Rechtsfolgen und Realfolgen: Welche Rolle können Folgenerwägungen in der juristischen Regel- und Begriffsbildung spielen?*, Freiburg, 1981.

106. Com relação a esse aspecto, MacCormick, op. cit. (1983), ajusta de maneira interpretativa argumentos que ainda não tinham sido trabalhados na obra aqui citada de 1978.

aceitação dessa oferta. Segue-se daí que pôr as mercadorias de volta nas gôndolas já não seria juridicamente possível, e, por sua vez, tomar mercadorias da loja sem pagar por elas não seria roubo, mas simplesmente o não cumprimento de suas obrigações contratuais[107]. Mesmo um jurista terá as consequências dessa construção por inaceitáveis, não importando a questão empírica sobre como os clientes do supermercado empiricamente se comportariam se uma ou outra das construções jurídicas fosse aplicada. Tal juízo não demanda nenhum prognóstico empírico, já que não está sobrecarregado com as inseguranças correspondentes. Ele pode ser feito no momento da decisão, com base nos conhecimentos jurídicos disponíveis, com a certeza habitual quanto às concepções jurídicas. Não se trata de nada mais que o cultivo da consistência usual e a provisão de redundância suficiente.

No entanto, a questão é se isso pode ser suficiente ou, de uma perspectiva empírica, se o sistema se conforma a isso. Na maioria dos casos relativos à fundamentação argumentativa, essa questão não é posta de maneira assim precisa. O fato de a distinção entre as consequências internas/externas marcar um limiar significativo é simplesmente desprezado. Mas, ainda que essa distinção fosse tornada explícita a cada uma das vezes, a questão continuaria a ser sobre se uma escolha entre diferentes construções jurídicas poderia sempre ser feita tendo em vista somente as consequências jurídicas, pois como estas deveriam ser avaliadas se as consequências não viessem claramente em apoio a uma ou outra solução particular? A questão seguinte é:

---

107. O exemplo é de Rudden, op. cit.

qual seria o efeito factual de agentes se conformando a uma ou outra regra particular? Com relação a isso, a probabilidade de agentes se conformarem com essa ou aquela regra não pode ser completamente ignorada. Em questões nas quais alguém corre riscos para salvar vidas ou a propriedade de outras pessoas, a pergunta que pode advir é se alguém que salva e sofre como resultado deve ser compensado ou não. Ao que parece, pode ser do interesse da parte afetada que tal regra seja introduzida, pois, se aquele que salva o faz por sua conta e risco, ele pensará duas vezes ao fazê-lo. Ou, como o rebocador num conhecido caso de um petroleiro avariado, aquele que salva tenderá a negociar as condições de assistência até ser tarde demais. Contudo, quem pode garantir que a teoria leiga do juiz sobre a conduta daquele que salva vá mesmo fazer sentido? Basta pensar na dificuldade de se relacionar consequências com causas mesmo em acontecimentos passados (por exemplo, as estatísticas sobre acidentes de trânsito após uma mudança na lei de limite à velocidade) para que se veja o terreno escorregadio no qual o juiz está seguindo. Mesmo se forem aplicados padrões científicos, prognósticos empiricamente sustentados são quase impossíveis[108] ou conduzem a resultados de bem pouca importância[109]. Portanto,

---

108. Aliás, isso é demonstrado também por estudos em sociologia do direito. Contudo, eles são extremamente raros, considerando a importância da questão. Mas cf. James W. Marquart/Sheldon Eckland-Olsen/Jonathan R. Sorensen, "Gazing into the Crystal Ball: Can Jurors Predict Dangerousness in Capital Cases?", *Law and Society Review* 23 (1989), p. 459-68.

109. Por experiência própria: a questão sobre se uma mudança na lei do serviço público na Alemanha, que significaria abandonar o princípio de emprego vitalício, traria consequências para o recrutamento e, em caso afirmativo, quais consequências poderiam ser empiricamente testadas, só pode ser respondida com grande dificuldade ou com indicadores sensíveis ao tempo (por exemplo, um indicador que dependa do mercado de trabalho). Cf. o estudo encomendado pela Comissão para a Reforma da Lei Serviço Público (1970-73), de

é difícil imaginar que um juiz possa examinar, e muito menos interpretar, uma lei provida de sentido sob aspectos de seu exame na condição de meio para determinado fim. No entanto, os tribunais tendem a fazer exatamente isso, e incontestavelmente lhes cabe a competência para conferir a suas opiniões validade jurídica. A orientação pelas consequências das decisões, vista pelo padrão das ciências empíricas, nada mais é do que imaginação com força jurídica.

Da perspectiva da teoria jurídica é tentador descrever, para não dizer lamentar, o uso da lei para a execução das funções de política social como a decadência de um tipo específico de racionalidade jurídica[110]. Essa falta de consideração das consequências, por se estar considerado pelas consequências, eventualmente é abordada também na literatura jurídica[111]. O sociólogo aqui — diferentemente do que acontece com o teórico do direito, comprometido que está com o sistema jurídico — encontra-se na feliz posição de ser capaz de desistir de

---

Niklas Luhmann e Renate Mayntz, *Personal im öffentlichen Dienst: Eintritt und Karrieren* (Baden-Baden, 1973). Isso seria ainda mais aplicável se os autores tivessem incluído outras questões que fossem publicamente debatidas e relevantes para a argumentação política, como os efeitos sobre a ética profissional e a independência dos servidores públicos. A relevância das ciências sociais para a administração da justiça parece ser dada menos pelo fornecimento de prognósticos e mais pela expansão do alcance dos problemas, isto é, pela crescente variedade do direito, que não torna a recuperação da redundância mais fácil, mas mais difícil. Cf., sobre essa questão, com farto material, Paul L. Rosen, *The Supreme Court and Social Science*, Urbana III, 1972.

110. Para um estudo escrito de uma perspectiva mais ampla, N. E. Simmonds, *The Decline of Judicial Reason: Doctrine and Theory in the Legal Order*, Manchester, 1984. Cf. também Helmut Schelsky, "Nutzen und Gefahren der sozialwissenschaftlichen Ausbildung von Juristen", *Juristenzeitung* 29 (1974), p. 410-6, reimpr. in id., *Die Soziologen und das Recht*, Opladen, 1980, p. 196-214.

111. Como comentário geral sobre um jurista e um sociólogo, cf. Hans Joachin Böhlk e Lutz Unterseher, "Die Folgen der Folgenberücksichtigung", *Juristische Schulung* 20 (1980), p. 323-7.

fazer quaisquer recomendações[112]. Sociólogos podem observar tendências de raciocínio no nível da observação de segunda ordem e são livres para considerar que uma tendência para um prognóstico de consequências de caráter empírico serve mais à variedade do sistema do que a sua redundância e que ele atribui responsividade à relação com preferências socialmente disseminadas e mutáveis no lugar que tradicionalmente se chama justiça.

Para o seu longo histórico de reflexão sobre a sua fundamentação, o sistema jurídico reage de maneira perversa, como que ao modo: quanto mais necessidades são buscadas, mais contingências são descobertas[113]. Quanto mais o confronto com o paradoxo do raciocínio tem de ser evitado, admitindo-se a impossibilidade de se encontrar razões para razões, mais a argumentação migra do certo para o incerto, do passado para o futuro, do que pode ser assegurado para o que é meramente provável. Se o que em última instância está em questão é apenas a avaliação das consequências, todo mundo pode estar certo de que também os outros podem não estar certos em suas decisões. Então, o paradoxo do raciocínio é modificado para um paradoxo que é mais fácil de aceitar, ou seja, o paradoxo do tempo ou

---

112. MacComirck, op. cit. (1983), p. 254, ao contrário, chega a uma conclusão diferente: "Assim, no principal, o que eu chamarei de lei de raciocínio consequencialista não está focado tanto na estimativa da probabilidade de mudanças comportamentais, como sobre a eventual conduta e seu certo status à luz da decisão sob escrutínio". Mas ele deve introduzir as categorias morais de *rightness* ou *wrongness*, que têm seus próprios problemas e "o ramo do direito em questão torna relevante" (p. 256) como substitutas para essa arriscada resposta conjuntural.

113. Cf. Raffaele De Giorgi, *Scienza del diritto e legittimazione: Critica dell'epistemologia giuridica tedesca da Kelsen a Luhmann*, Bari, 1979, edição alemã *Wahrheit und Legitimation im Recht: Ein Beitrag zur Neubegründung der Rechtstheorie*, Berlim, 1980.

de tornar o futuro presente. Entretanto, o que realmente acontece aqui, sem que isso proporcione uma razão melhor ou uma nova razão, é que existe um aumento na variedade do sistema e um desafio que se traduz numa reformulação das redundâncias remanescentes.

Poder-se-ia suspeitar que o futuro represente um terceiro valor, cuja codificação binária estaria excluída. Relembrando a discussão *de futuris contingentibus*, que remonta a mais de dois mil anos, isso se aplica ao esquema verdadeiro/falso. A primeira tentativa de introduzir o valor "indeterminável" como um terceiro valor tem suas raízes aqui. No contexto do direito, o hipotético "como seria se" parece ser confrontado com problema semelhante (que obviamente não pode ser posto de lado com uma referência à ciência). A ciência recorre aos prognósticos (passíveis de ser corrigidos); já o direito, contudo, às decisões (não passíveis de ser corrigidas). Isso não pode nem ser inventado, nem contornado por um deslocamento no problema. É igualmente questionável se a estrutura do tempo pode ser formulada como problema de legitimação para o direito, desse modo, como que liberando o gênio da garrafa. O que se deveria fazer é manter diante dos olhos a artificialidade de cada código. O mundo não é gerido por isso — nem pelo ato, nem pelo *logos*, nem pelo texto de sua criação. Sempre que ele, mundo, é observado com o auxílio de distinções, ele recua da observação. Esse modo de ver apresenta pelo menos uma vantagem: permite que contextos de variação sejam vistos onde, se assim não fosse, só um infortúnio configuraria ameaça. A artificialidade da codificação binária do direito tem de ser paga na moeda corrente do "como seria se" e tem de ser reintroduzida no sistema sob essa forma de cálculo hipotético. Eis uma forma de gerenciamento do paradoxo: a codificação binária necessita de mais do que dois valores.

VI

Como já dissemos, boas razões devem sempre estar presentes como interpretações possíveis de um texto, e elas inegavelmente podem ser usadas para se reivindicar validade legal. Toda argumentação jurídica precisa demonstrar consistência com o direito válido, e somente com base num texto adequado (ou num texto tornado adequado por interpretação) é que ela pode trazer à luz a qualidade de suas razões e apresentar seus resultados como um tipo de subsunção lógica. "A dedução vem apenas após a parte interessada do argumento, estabelecendo uma regra no direito, ter sido realizada.[114]" Dizer que advogados deduzem de conceitos jurídicos seria uma descrição particularmente abreviada desse complicado processo.

Os conceitos jurídicos só se desenvolvem durante os processos de argumentação e, acima de tudo, no curso de uma multiplicidade de repetições em situações de tomada de decisão. Os textos não são conceitos legais, mas objetos (muito embora obviamente não possam conferir um conceito para o texto). Os conceitos jurídicos surgem no trato com o texto, à medida que as distinções que os definem vão se tornando por sua vez mais precisas, ou seja, quando elas próprias se distinguem. É isso o

---

114. Cf. MacCormick, *Legal Reasoning and Legal Theory*, p. 157.

que acontece no argumentar. O que importa em determinadas circunstâncias é distinguido do que não importa. E o que não importa não é apenas "todo o restante", mas um entendimento diferente do problema, uma interpretação diferente e uma regra diferente, que poderia conduzir a consequências jurídicas diferentes. O argumentar produz uma sequência de razões e inferências e, como todas as sequências, esta também conserva e reutiliza distinções[115]. Conceitos possibilitam a escolha de acesso a distinções já comprovadas, sem ter de remontar à sequência de sua geração, e também organizam novas e emergentes distinções nesse nível. Assim, pode-se chegar à conclusão de que a contestação de um contrato é possível sob diferentes condições, enquanto outras consequências já resultariam da revogação de um contrato, uma vez que posse e propriedade, intenção e negligência, ilegalidade e culpa têm de ser distinguidas, pois só assim é possível acoplar as condições e consequências (os "ses" e "entãos") de modo diferente.

Com o auxílio de conceitos, as distinções podem ser armazenadas e tornadas disponíveis para um grande número de decisões. Em outras palavras, conceitos reúnem informações, e desse modo produzem a redundância exigida no sistema[116]. Se a um juiz chega uma ação motivada por danos referentes a um vaso quebrado, ele não irá muito longe caso venha a procurar

---

115. Cf., para a correspondente interpretação de causalidade, Francis Heylighen, "Causality as Distinction Conversation: A Theory of Predictability, Reversibility and Time Order", *Cybernetics and Systems* 20 (1989), p. 361-84.

116. Gotthard Günther chega mesmo a afirmar que é capaz de explicar a evolução da consciência como resultado da necessidade de reunir informações. Cf. "Bewußtsein als Informationsraffer", *Grundlagenstudien aus Kybernetik und Geisteswissenschaften* 10,1 (1969), p. 1-6.

no código civil por "vaso"¹¹⁷. O sistema jurídico trabalha com uma organização de elevado grau de redundância, razão pela qual demanda uma terminologia particular ao direito. Onde há uma cultura de terminologia jurídica bem desenvolvida, novos textos têm de ser formulados, com a obrigação de sê-lo de maneira extremamente precisa, ou estariam fadados a ser mal compreendidos. E é assim que a linguagem jurídica acaba se desviando cada vez mais da linguagem cotidiana.

Conceitos são, desse modo, artefatos históricos autênticos, ferramentas para tornar a retomar experiências relativas a casos de direito. Correlativamente, a argumentação mediante conceitos é uma argumentação histórica (mesmo quando não são citados textos antigos), e a jurisprudência conceitual é jurisprudência histórica. Precisamente aí consiste sua função de reforço da redundância. Em função disso, a análise conceitual é motivada pela inovação. Ela advém da dúvida sobre se um caso pode ser decidido de maneira apropriada ao ser subsumido ao sentido usual de um conceito¹¹⁸. No *Common Law*, essa situação é mais difícil de reconhecer que no direito civil continental, mas ela existe em ambos os ordenamentos¹¹⁹.

Tanto para as regras como para os conceitos vale a de-

---

117. O exemplo também nos diz algo sobre a conexão entre a proibição da negação da justiça e a abstração terminológica.

118. Isso não significa negar que explicações de termos também desempenhem funções didáticas e estejam mais no âmbito do ensino do direito (onde casos jurídicos são usados apenas como ilustrações) do que da prática jurídica. Mas o que nos interessa aqui é uma teoria do sistema jurídico e não uma teoria do sistema educacional.

119. Cf. Oliver W. Holmes, "The Path of the Law", *Harvard Law Review* 10 (1987), p. 457--78. Lê-se uma dissertação toda voltada para prognósticos de decisões jurídicas: "O estudo racional da lei ainda é, em grande medida, o estudo da história" (p. 469).

terminação de que devem servir à reutilização no sentido da dupla referência de condensação e confirmação. Os conceitos devem ser identificáveis no sentido de reconhecíveis. Já possuem nomes: *ratio decidendi* e *obter dictum*, delegação, felonia, ato administrativo, responsabilidade direta, efeitos perante terceiros dos direitos fundamentais — e assim aos milhares. Ao mesmo tempo, no processo e sua reutilização, seu sentido sairá enriquecido — entre outros motivos, pelo maior número de regras com cujo auxílio serão reformulados, ou por meio dos problemas que surgem na aplicação dos conceitos, ou por meio de qualquer outra maneira, não co-caracterizada no conceito, que resolva esses problemas. No que diz respeito à "delegação", seria o caso de esclarecer, por exemplo, se é possível uma completa delegação do inteiro escopo de uma competência sem que seja possível uma transferência dessa competência; se, e até que ponto, é necessária uma especificação da competência delegada da validade para fins e eficácia jurídica, e como tal exigência de determinabilidade geral pode ser estipulada; se o poder delegado pode, por sua vez, ser delegado etc. Tais decisões quanto a regras se converteram em componentes do conceito, e se se vê que o conceito não é adequado, escolhe-se outra palavra que se julgue mais apropriada e, se possível, outro conceito. Nesse sentido, no conceito serão armazenadas experiências que estarão disponíveis para que sejam chamadas de novo, mesmo que no próprio conceito essas experiências não estejam formuladas (se fosse assim, o que resultaria seria um texto) e mesmo que só se reatualizem sob dadas circunstâncias.

A discussão sobre os conceitos jurídicos se distorceu porque se pensa que os conceitos devem ser conceitualizados muito pontualmente mediante a determinação de características atribuíveis. De modo correspondente, a razão da validade do conceito foi vista no "sistema" de seu contexto ou no princípio que define a unidade do sistema. Isso poderia dar a impressão de que o conceito é válido por si mesmo, reforçado pela ideia, surgida no século XIX, de que a própria dogmática jurídica era uma fonte do direito. Com a renúncia teórico-jurídica ao conceito de fonte do direito, a relação entre conceitos jurídicos e dogmática jurídica demanda esclarecimento.

É claro que a dogmática não é nenhum "sistema" — tanto no sentido sociológico como no sentido jurídico de uma construção a partir de um princípio. A dogmática deverá ser entendida muito mais como expressão da necessidade de argumentar no direito, mediante conceitos, ou como salvaguarda do conceito ante a limitada questionabilidade jurídico-política; ou seja, uma regra de demarcação ante um raciocinar em busca de fundamento[120]. É óbvio para todos que esse esforço para a consistência possa se converter em "uma imagem de sonho de prática apolítica" e que exista "o risco da alienação jurídica quanto a assuntos e a interesses"[121], mas nada fala contra os conceitos, e sim contra uma igualação mediante conceitos, ou seja, contra uma orientação exclusivamente autorreferencial.

Os conceitos tomados em si não são instruções para a decisão; são elementos constitutivos para as construções do direito, que, por sua vez, estão inseridas em programas

---

120. Para uma brilhante decisão sobre esse aspecto, cf. Josef Esser, *Juristisches Argumentieren*, op. cit., 1979, esp. 20 s. — brilhante quanto à virtuosidade linguística, à sensível apresentação terminológica dos termos e à exatidão no modo de conduzir o problema.

121. Formulação usada por Esser, op. cit., p. 21-2.

condicionais cuja relevância prática produz efeitos retroativos sobre os contornos dos conceitos. A formulação de conceitos ("ação indevida", "enriquecimento ilícito") pode expressar um descontentamento ou sugerir exortações para a ação; mas isso depende sempre das condições que regulam a posição do conceito. Nesse sentido, a dogmática do direito não se atém apenas à sua dogmaticidade. A dogmática jurídica não invoca unicamente a si mesma, à sua comprovação histórica, à sua sensibilidade crítica. Ela se sustenta graças a um contexto de aplicação que seria de difícil sustentação caso não se recorresse à fixação de conceitos como formulação passível de ser repetida. A crítica aos conceitos torna necessário voltar ao problema que se quer regular, e isso conduz diretamente à pergunta pela construção dos equivalentes funcionais.

Assim, ao mesmo tempo fica claro que os conceitos jurídicos não têm a função primeira de possibilitar uma dedução lógica. São muito mais — e pelo menos desde a linguística de Saussure se pode formular assim — distinções. Fazem atentar para as diferenças e assim delimitam o espectro para a argumentação do que pode ser considerado parecido ou análogo. A clássica monografia de Savigny sobre o "direito de posse" (1803)[122], texto que, como nenhum outro, auxiliou a consolidar a "jurisprudência do conceito", teve o mérito da elaboração, para sentido e função, da distinção entre propriedade e posse. Assim, noções legais tornam preciso o que é problemático nas questões da lei, mas não estabelecem um recurso automático que condu-

---

122. Cit. segundo Carl von Savigny, *Das Recht des Besitzen: Eine civilistische Abhandlung*, 5. ed., Stuttgart, 1837.

za a uma decisão sem posterior deliberação. Isso nada tem a ver com lógica. Uma rede conceitualmente elaborada torna os erros reconhecíveis. Não são erros lógicos, mas desvios do sentido fixado de um dos conceitos. Por conseguinte, os conceitos possibilitam o controle de erros, mas, sobretudo, seu rendimento consiste em remarcar as condições de êxito das operações, que vão bem além das delimitações literais. Os conceitos devem ser empregados de maneira consistente com relação a si mesmos e às distinções que neles foram marcadas (assim como as palavras na linguagem). Os conceitos constroem uma rede de segurança de caráter segundo e metatextual, que se faz disponível para a redundância do sistema. Uma vez que os conceitos tenham sido elaborados e que os textos jurídicos se servem de sua linguagem, é quase inconcebível que o argumentar no direito possa prescindir deles. É possível introduzir novas distinções, refinar conceitos, decompondo-os, ou, também, buscar conceitos novos de caráter mais geral, por exemplo, no caso de formas de união civil semelhantes ao casamento. Porém, rebelar-se contra conceitos é algo sem sentido, como todo intento de chegar a um juízo apoiando-se apenas em valores e interesses.

VII

Talvez tenha sido exagerado o interesse na consolidação do direito mediante conceitos no processo da positivação do direito na sociedade moderna, como uma espécie de reação autoimune contra influências externas. Talvez o que os problemas de decisão do sistema tenham percebido seja uma necessidade de mais variedade. Seja como for, uma nova teoria do direito veio à luz por volta de 1900, com *páthos* e trazida por um movimento intelectual mais orientado pelo pragmatismo do que pela clareza dos conceitos, e mais para os fins do que para regras[123]. Na Alemanha, essa proposta teórica fez sua aparição apoiando-se em Jhering, com o título de "jurisprudência dos interesses". Nos Estados Unidos, isso logo foi copiado[124] sob os conceitos de *social engineering, social policy*, instrumentalismo, para mais tarde ser combinado com os de *legal realism*[125]. A função do direito (os "fins" do direito) foram concebidos segundo a fórmula de "proteção de interesses" — e, entenda-se, pela fórmula tautológica: proteção dos interesses justos[126]. Com relação aos direitos do juiz nos Estados Unidos, a validade do direito era vista como uma espécie de autoprognóstico do direito, que possibilitava ao participante experimentado prever quais interesses poderiam ser infundidos à dinâmica do direito, onde e como. Isso, como facilmente se percebe, nada mais é do que

---

123. Para uma seleção de textos importantes, cf. Günter Ellscheid/Winfried Hassener (org.), *Interessenjurisprudenz*, Darmstadt, 1974; cf. também Paul Oertmann, *Interesse und Begriff in der Rechtswissenschaft*, Leipzig, 1931. Uma tentativa anterior do ponto de vista da combinação de terminologia legal e perspectivas de avaliação de interesse com orientação finalista é a de Gustav Rümelin, *Juristische Begriffsbildung*, Leipzig, 1878. Para o contexto mais amplo da discussão de métodos desde o final do século XVIII, cf. também Johann Edelmann, *Die Entwicklung der Interessenjurisprudenz: Eine historisch-kritische Studie* über *die deutsche Rechtsmethodologie vom 18. Jahrhundert bis zur Gegenwart*, Bad Homburg, 1967.

124. Cf., por exemplo, Roscoe Pound, "Mechanical Jurisprudence", *Columbia Law Review* 8 (1908), p. 605-23.

125. De lá para cá, têm aparecido muitos estudos biográficos e muita pesquisa sobre a história dessas ideias. Para uma visão geral com ênfase na revisão crítica do conceito teórico do direito, cf. Summers, *Instrumentalism and American Legal Theory*.

126. Uma elaboração conceitual que repete e resume muitos enunciados anteriores pode ser encontrada em Roscoe Pound, *Jurisprudence*, St. Paul, Minn., 1959, vol. III, p. 3-373.

um interesse na redundância suficiente. Na Alemanha, contudo, ante a codificação do direito civil recentemente adotada, isso esteve mais para uma nova versão da dogmática do direito civil, que logo encontrou ensejo para insistir na supremacia do direito estatutário em detrimento de doutrinas de interpretação mais liberais.

Com esse movimento, chegou-se a novas distinções e a uma visibilidade que se ajustava melhor à teoria até então dominante do direito. Na Alemanha, esse movimento foi rotulado como "jurisprudência de conceitos", servindo-se, como hoje se sabe[127], de uma simplificação maciça da representação polêmica[128]. Nos Estados Unidos, esse movimento se dirigiu, acompanhado de forte conotação "social", contra o construtivismo analítico, contra o darwinismo social e contra as teses de que a função do direito deveria consistir na máxima das liber-

---

127. Cf. sobretudo Horst Jakobs, *Wissenschaft und Gesetzgebung nach der Rechtsquellenlehre des 19. Jahrhunderts*, Paderborn, 1983; Regina Ogorek, *Richterkönig oder Subsumtionsautomat? Zur Justiztheorie des 19. Jahrhunderts*, Frankfurt, 1988; Ulrich Falk, *Ein Gelehrter wie Windscheid: Erkundungen auf den Feldern der sogenannten Begriffsjurisprudenz*, Frankfurt, 1989; id., "Ein Gegesatz principieller Art", *Rechtshistorisches Journal* 9 (1990), 221-40.

128. Em todo caso, não se deve exagerar na polêmica contra a polêmica. Do conceito de Jhering de jurisprudência conceitual, vê-se claramente que *não* está dirigido contra o uso indiscutivelmente necessário de conceitos no direito, mas "contra aquela aberração da jurisprudência atual, que não leva em conta a finalidade prática e as condições de aplicabilidade do direito". A jurisprudência atual só contempla um objeto que estiver contido em si mesmo se se deixar provar, mediante um pensamento lógico, que ele a si próprio cede seu estímulo e sua finalidade. Nesse sentido, é válido que: "toda jurisprudência opera com conceitos nos quais o pensar jurídico e o pensar conceitual têm igual significado; nesse sentido, toda jurisprudência é jurisprudência conceitual, a começar pela romana. Daí o adendo não ser algo que se deva introduzir como primeiro" (Rudolf von Jhering, *Scherz und Ernst in der Jurisprudenz: Eine Weihnachstgabe für das juristische Publikum* (1884), cit. segundo a 13. ed., Leipzig, 1924, reimpr. Darmstadt, 1964, p. 347). O notável aumento na direção de uma jurisprudência conceitual é explicado por Jhering (op. cit., p. 363) com a moderna e penetrante separação entre *doutrina* (universitária) do direito e a prática de *aplicação* do direito.

dades individuais no maior nível possível[129]. Tendo em vista o contraste simplificador entre uma jurisprudência de interesses e conceitos, é importante ter em mente essa polêmica em torno da liberdade. Pode-se ver, então, como a mudança da teoria substitui uma fórmula da determinação externa da lei por outra, qual seja a da liberdade por interesse.

O fato de o conceito de interesse ter sido introduzido na forma de uma controvérsia teórica e de a história da teoria jurídica ainda hoje ser descrita dessa maneira, ainda que de forma mais equilibrada, encobre uma importante questão. Obviamente, interesses não são a única coisa que importa, em especial uma vez que, como é preciso ressaltar, o direito não cria interesses, apenas os reconhece[130]. A pergunta que então se faz é quais interesses o direito considera que se deve proteger e de que modo o direito decide quanto aos conflitos de interesses. Se se quiser sabê-lo deve-se observar o próprio direito *e não os interesses* (os realistas diriam: prever o comportamento do juiz). É preciso que se ponham à disposição as redundâncias necessárias para isso. Não é algo que se aceite de bom grado, mas as fórmulas evasivas revelam-se vagas nessa mesma medida. "Se você perguntar como ele (o juiz) sabe quando um interesse sobrepõe outro, eu só posso responder que ele deve obter seu[131] conhecimento do mesmo modo que o legislador o obtém, a partir da

---

129. Essa ideia de "máximo da livre autoafirmação individual" já foi ultrapassada pelo desenvolvimento social, pensa Roscoe Pound, *An Introduction to the Philosophy of Law* (1922), 2. ed., 1954, reimpr., New Haven, 1959, p. 40s. E assim é, de fato: para isso já não há nenhuma terra disponível na América do Norte.

130. Pound, *Jurisprudence*, op. cit., vol. III, p. 17-21.

131. Benjamin N. Cardozo, *The Nature of the Judicial Process*, New Haven, 1921, p. 113.

experiência, do estudo e da reflexão da própria vida." Já vimos que recorrer à antevisão das consequências torna esse problema mais complexo, mas, em princípio, não o soluciona. A fórmula dos interesses desequilibra a prática jurídica com diretrizes tomadas do ambiente: o melhor direito deve ser aquele que garanta o máximo dos interesses. Ele não teria nenhum "valor próprio" (Eigenwert)[132]. Porém, justamente por isso, não está claro que o direito posiciona os interesses no lado oposto da forma, quando não se aceitam como válidas vaguidades como invocar a experiência de vida do juiz (e quem desejaria estar à mercê disso?).

É claro que se pode contestar: o interesse público, o bem comum, a totalidade dos "bens comuns", são esses os verdadeiros interesses. Mas, nesse caso, o que seria um interesse? Assim, o direito em si se converteria em interesse. E para citar novamente Cardozo: "Um dos interesses sociais mais fundamentais é que a lei deve ser uniforme e imparcial"[133]. O direito, então, a si mesmo reflete no ambiente de seus interesses; ele se observa tal como é observado pelas partes interessadas. O direito tem de se pôr à disposição para uma apreciação de interesses. Mas de que serviria para isso o *common sense* do juiz e sua experiência de vida? E de que serviria levar em conta o interesse do ambiente no direito e, ao mesmo tempo, outros interesses para seu direito? Como resultado, tem-se que muito rigor dogmáti-

---

132. Como crítica dirigida a esse aspecto, cf. Julius Stone, "A Critique of Pound's Theory of Justice", *Iowa Law Review* 20 (1935), p. 531-50. Pound, que frequentemente cita essa crítica, a tem como digna de ser levada em conta.

133. Op. cit., p. 112. Cf. também Philipp Heck, *Gesetzauslegung und Interessenjurisprudenz*, Tübingen, 1914, p. 180, sobre "o interesse em manter a ordenação que já conquistou validade".

co e muito controle conceitual são trazidos a bordo, à medida que as exigências de flexibilidade e sensibilidade de resposta da prática jurídica aumentam. Tendo em vista uma crescente prática decisional do juiz, são palavras de Esser: "multiplicam-se as decisões que utilizam como fundamento os debates puramente situativos e notativos sobre as exigências de responsabilidade e de dever, sem que haja um forte esforço dogmático"[134]. Ou, em outro contexto: "Fica evidente que não se está indo além do estágio de verbalização de valorações"[135].

VIII

Com o instrumental da teoria dos sistemas não é difícil reconstruir os problemas a que se fez alusão. Num sentido muito geral, é possível distinguir entre argumentos formais e argumentos substanciais[136]. Os argumentos formais deparam com uma referência ao sistema, ao texto, aos protocolos (por

---

134. *Juristisches Argumentieren*, op. cit. (1979), p. 22.

135. Assim em: "Argumentations -und Stilwandel in höchstrichterlichen Zivilentscheidungen", *Etudes de logique juridique* vol. VI, Bruxelas, p. 53-77 (61).

136. De modo geral, essa distinção é introduzida ao se invocar Max Weber. Cf., p. e., Richard Lempert/Josef Sanders, *An Invitation to Law and Social Science*, White Plains, Nova York, 1986, p. 9 ss., p. 444 ss. Em todo caso, essa distinção não deveria ser confundida com a distinção entre direito processual e direito material, mesmo quando o direito processual, em razão de sua função de organizar a decisão, revela mais elementos formais do que o direito material. Patrick S. Atiyah/Robert S. Summers, "Form and Substance in Anglo-American Law: A Comparative Study of Legal Reasoning", *Legal Theory and Legal Institutions*, Oxford, 1987, utilizam a distinção formal/substantiva para comparar o *Common Law* inglês, mais formal, com o norte-americano, mais substantivo. Essa distinção desempenha importante papel também para comparar os distintos modos de interpretação das cortes de última instância de diferentes países. Cf. MacCormick/Summers in op. cit. (1992), considerando França (mais formal) e Estados Unidos (mais substantivo) casos extremos.

exemplo, documentos notariais). Esses argumentos formais encontram-se destinados a impedir que haja desvios em relação aos argumentos relacionados a fatos. Em contraste, os argumentos substanciais incluem considerações aceitas também fora do sistema (ao menos assim se supõe no sistema jurídico)[137]. Assim, o sistema pratica a *autorreferência* com argumentação formal e *referência externa* com argumentação *substantiva*. A argumentação formal é, em última instância, predicada com base na necessidade de chegar, em todos os níveis, a uma decisão e evitar a imersão na plena complexidade dos fatos do mundo. Já a argumentação substantiva impede que o sistema se isole na argumentação formal. Quando se olha para essa distinção da perspectiva de um observador de segunda ordem, vê-se que razões substanciais para argumentação formal, que não são incluídas no raciocínio jurídico, certamente existem; e que a argumentação substantiva também provê regras de limitação e recorre à compreensibilidade imediata e à força de convencimento, portanto, às condições que no momento seguinte de novo poderão ser postas em dúvida.

Com o auxílio dessa distinção, podemos descrever a referência a conceitos como argumentação formal, e a referência a interesses, ao contrário, como argumentação substantiva. Conceitos são experiências armazenadas tomadas de casos, que já não são percebidos ou criticamente debatidos como experiências. Os interesses, contudo, fazem referência a catalisadores da auto-organização de referências relevantes para o ambiente.

---

137. Atiya/Summers, in op. cit., p. 65 s. procedem à seguinte formulação: "A razão substantiva pode ser definida como moral, econômica, política, institucional ou outra consideração social".

Apesar dessa dupla referência, a argumentação é e se mantém uma operação interna ao sistema — seja ela uma observação formal ou conceitual, seja uma observação substantiva ou relacionada ao interesse. Portanto, interesses têm de ser preparados e apresentados para o sistema jurídico e para as operações desse sistema, de modo que possibilitem decisões raciocinadas — também e sobretudo em casos conflituosos. Aqueles que comunicam seus interesses de forma diferente, por exemplo, como meras expectativas ou preferências, não se apresentam a si próprios como participantes no sistema jurídico. Vistos da perspectiva do sistema jurídico, os interesses em seu estado de natureza são equivalentes. O sistema homogeneíza, por assim dizer, o que ele percebe como informação sobre interesses e, pretendendo canalizar uma decisão, mantém-se interessado somente em se os interesses encontram-se legalmente protegidos ou não e em quais interesses serão sacrificados, em caso de conflitos. E isso, e tão somente isso, tem de ser demonstrado por argumentos.

Com o conceito de interesse, o sistema constrói uma referência externa para suas finalidades internas. O conceito se refere a algo que tem de ser pressuposto pelo ambiente, mas pressuposto em um acesso compactado, o que corresponde a capacidades de gerenciamento de informação no interior do sistema. A unidade de um interesse poderia ser decomposta mais e mais (por exemplo, para fins terapêuticos), mas ela é e continua sendo um construto interno do sistema[138].

---

138. Fizemos observar, a título de esclarecimento, e repetimos: a *unidade* do interesse. Em outras palavras: a fixação comunicativa do interesse como uma referência em comunicação posterior. Não estamos aqui a contestar que existe uma realidade por trás de todas as coisas, a qual não se pode reelaborar a nosso bel-prazer no sistema.

Isso se aplica à versão reflexiva, bem como aos casos em que o sistema jurídico constrói sua versão do interesse do ambiente no sistema do direito, isto é, um interesse na confiabilidade, na uniformidade, na predicabilidade e na imparcialidade da administração da justiça.

Contudo, a autorreferência das operações do sistema pode também ser um ponto de partida. Essa autorreferência é expressa na forma de conceitos jurídicos que restringem as construções capazes de conexão no sistema e que podem ser associadas com os símbolos de validade em circulação. Isso não significa que sempre que se faça referência a um conceito jurídico se esteja argumentando em círculo[139]. Em última instância, conceitos jurídicos estão baseados numa tautologia e na recursividade geral das operações do sistema. Mas os conceitos legais auxiliam a desdobrar essa tautologia e a decompô-la em identidades passíveis de ser distinguidas, que podem ser usadas como referência para a distinção de problemas jurídicos.

Se cada conceito usado no sistema é um conceito legal e desempenha a função de destautologizar a autorreferência, o que fica claro é que também o conceito de interesse é um conceito jurídico para o sistema jurídico, o que força o sistema (e somente esse sistema) a distinguir entre interesses justificados e injustificados. O sistema pode, se dispuser de formas suficientes para a sua observação (distinções), observar a si mesmo do ponto de vista de seu ambiente ou observar o ambiente de seu próprio ponto de vista. Ele pode assumir uma ou outra dessas

---

139. A argumentação circular é, na verdade, um caso especial, que Julius Stone arrola sob o título geral de "referência ilusória". Cf. Julius Stone, *Legal System and Lawyers' Reasonings*, Stanford Cal., 1964, p. 235 ss. (258 ss.), com os exemplos que o atestam.

referências. E pode reduzir essas possibilidades, se não por referência a uma única possibilidade ("objetiva", por assim dizer), por uma oscilação entre as duas[140], a fim de extrair, daquela que no caso é outra, pontos de vista limitadores, que conduzem a uma decisão fundamentada.

A controvérsia entre a jurisprudência de conceitos e a jurisprudência de interesses tem uma semelhança com a discussão científica entre racionalismo (*a la* Descartes) e empirismo (*a la* Bacon). Ainda que com contragosto se renuncie às "controvérsias", com algum esforço aqui se chegou ao resultado de que o operar de fato do sistema da ciência demanda ambos os lados dessa distinção. O mesmo vale para o sistema do direito.

Já em Jhering ficou claro: a ênfase na proteção dos interesses de modo algum deveria ser entendida como recomendação para julgar sem conceitos. A crítica da "jurisprudência de conceitos" dirige-se mais contra o sistema das ideias do que contra a própria ferramenta dos conceitos. Com esse ponto de vista realiza-se uma inversão, que vai do sistema dedutivo à técnica jurídica — que ao mesmo tempo desvaloriza, mas reconhece[141]. É sabido, ou ao menos era, que somente a partir dos interesses não é possível deduzir decisão alguma[142]. Não obstante, o que não fica bem aclarado na controvérsia é o sentido da distinção. Trata-se, em última instância, de uma distinção de distinções.

---

140. Cf. Stein Braten, "The Third Position: Beyond Artifical and Autopoietic Reduction", in Felix Geyer/Johannes van der Zouwen (org.), *Sociocybernetic Paradoxes*, Londres, 1986, p. 193-205.

141. Cf., sobretudo, François Gény, *Science et technique en droit positif: Nouvelle contribution à la critique de la méthode juridique*, 4 vols. Paris, 1913-30.

142. Cf. Edelman, op. cit., p. 89 s., pela citação de Heinrich Stoll.

Os conceitos serão distinguidos de modo diferente dos interesses; mas em ambos os casos as distinções são propostas a partir do interior do sistema e têm sentido somente para as operações do próprio sistema do direito. Os conceitos ajudam a refinar a *quaestion iuris* e restringir a recorrência a analogias. Em compensação, com os interesses trata-se, em primeiro lugar, de distinguir entre interesses que se favoreçam legalmente e interesses que legalmente se posterguem. Essa distinção tem a vantagem de armazenar na memória do sistema também os interesses postergados, de modo que, se for o caso, pode-se testar se existem novos fatos e se, consequentemente, ainda se justifique a postergação desses interesses[143]. Nas palavras de Yves Barel, poder-se-ia falar de "potencialização" dos interesses[144]. Isso confere um viés paradoxal à decisão como um todo. O conflito de interesses é decidido num nível, e no outro é tratado como indecidível, enquanto os interesses postergados são recordados como interesses com um valor possível, e essa recordação se produz precisamente mediante a sua postergação. Mesmo quando, e especialmente quando, a jurisprudência de interesses entende as decisões do legislador como decisões em favor ou contra os interesses, ela reserva para si, com a fórmula dos interesses, a nova valoração em novas constelações, que não

---

143. Günter Ellscheid "Einleitung", in Ellscheid/Hassemer, op. cit. (1974), p. 5, fala da "importância hermenêutica dos interesses restabelecidos" e a esse respeito observa: "Enquanto na jurisprudência de interesses há indicações metódicas para evitar o desaparecimento dos interesses postergados do horizonte de interpretação, uma ideia mais formal de justiça é convertida em método jurídico". Aqui se deve lembrar o leitor da sábia diretiva do direito judeu para preservar o dissenso na tradição do direito e, então, mantê-lo disponível para novas ponderações; cf. indicação, Capítulo 2, X, nota 153.

144. Cf. Yves Barel, *Le paradoxe et le système: Essai sur le fantastique social*, 2. ed., Grenoble, 1985, p. 71 s., 1985 s., 392 s.

tinham sido levadas em conta pelo legislador. Nesse sentido, a jurisprudência de interesses distingue-se da estrita interpretação teleológica do direito, a qual pergunta somente pelo propósito perseguido pelo legislador para logo realizá-lo em casos de conflito. Mas é precisamente essa reserva da opção de uma reavaliação que pressupõe que o sistema jurídico primeiramente apresente interesses como preferências motivadas pelo próprio sistema jurídico e passíveis de ser distinguidos somente na avaliação jurídica, podendo então ser favorecidos ou postergados.

Dessas reflexões segue-se, dogmática ou metodicamente, e acima de tudo, que a fórmula de "ponderação de interesses" tem de ser abandonada como princípio jurídico[145]. Com a sabedoria de um provérbio latino, poder-se-ia dizer *in hac verbi copula stupet omnis regula* [neste encadeamento de palavras, toda regra resta em suspenso]. Em todo caso, metodicamente a fórmula é malsucedida, uma vez que a esperança depositada nas instruções capazes de operação não foi honrada. Na prática, a fórmula serve como defesa para o que Weber chamou de "Kadi-Justiz"[146]. No direito constitucional, essa fórmula também é problemática, quando não pura e simplesmente inconstitucional. Dos valores expressos nos artigos 1-3 do direito constitucional alemão, segue-se que o juiz tem de ver todos os interesses como iguais, a não ser que o direito (e não o próprio juiz) pro-

---

145. Cf. apenas a crítica de Gerhard Struck, "Interessenabwägung als Methode", in *Dogmatik und Methode: Festgabe für Josef Esser*, Kronberg/Ts. 1975, p. 171-91. Também Heinrich Hubmann, "Die Methode der Abwägung", in id., *Wertung und Abwägung im Recht*, Köln, 1977, p. 145-69, demonstra que a administração da justiça nos casos em que é praticada a ponderação encontra-se muito distante da clareza metódica.

146. Da mesma forma, também Hans-Martin Pawlowski, *Methodenlehre für Juristen: Theorie der Norm und des Gesetzes*, 2. ed., Heidelberg, 1991, p. 24 ss.

porcione avaliação diferente em casos de conflito. Em outras palavras, a fórmula "ponderação de interesses" não é nenhum direito vigente. Ela se refere a problemas de compreensão do comportamento objetivo, mas não à fundamentação jurídica da decisão[147]. Em outras palavras, ela se encontra plenamente no âmbito da referência externa do sistema e não comporta o que tem de ser exigido de cada decisão: a mediação da referência externa pela autorreferência. A transição da jurisprudência de interesses para a jurisprudência da avaliação[148] e da apreciação de interesses para a apreciação de valores ao menos leva em conta a crítica, à medida que a apreciação não pode se basear em interesses, mas em regulamentações jurídicas que o juiz tem, ele próprio, de encontrar[149]. Ou talvez se devesse dizer: teria de encontrar, pois durante a indagação das valorações do direito (no caso de conflito de valores), a prática jurídica encontra-se totalmente sobrepujada pelas exigências — o teórico da decisão vê isso de pronto, mas logo acaba orientando-se pelos interesses. No entanto, de tais valorações encontram-se hoje uma verbalização, não passível de comprovação, mediante fórmulas que se valem de conceitos que produzem suspeitas

---

147. Cf. Struck, op. cit., p. 183, 185.

148. Cf., por exemplo, Pawlowski, op. cit., p. 381 ss.; sobre a ponderação de bens, cf. também p. 351 s., Karl Larenz, *Methodenlehre der Rechtswissenschaft*, 5. ed., Berlim, 1983, p. 117 ss.

149. Outra atenuação estaria em considerar o princípio da ponderação do interesse unicamente como complemento do repertório clássico do método de interpretação. Assim, por exemplo, Reinhold Zippelius, *Einführung in die juristische Methodenlehre*, citado da 2. ed., Munique, 1974, p. 58 s. No entanto, isso pressupõe que se teria de especificar qual é o regulamento válido do direito, no caso concreto. Ou também, a esse respeito, que uma ponderação só seria levada à prática se a situação do direito conduzisse a uma colisão entre normas e deveres. Assim, para a "ponderação de bens", cf. op. cit., p. 388 ss. Mas isso pressupõe ser possível especificar que regulamentos do direito colidem no caso concreto.

(por exemplo, "dano social") sem maiores arrazoados, e o próprio abandono rápido dos argumentos relacionados ao sistema, em especial os esforços das tentativas de ajustar figuras conceituais, fornecidas pela dogmática jurídica, ao resultado desejado de uma decisão inovadora. Além disso, a racionalidade "substantiva" costuma ser definida em relação a valores socialmente aceitos[150]. O componente retórico no raciocínio de fundamentação da decisão recrudesce ao estilo "democrático" da política, que se tenta agradar.

Se existe um pronunciado desequilíbrio histórico entre a prática do direito e a heterorreferência (instrumental, substantiva, referida a interesses) e prática com a primazia na autorreferência (formal, analítica, conceitual), isso é algo que deve ser deixado para as próximas investigações[151]. Seja como for, nenhum sistema nessa forma auto/hétero pode perder de vista um dos dois lados, já que isso anularia a própria forma. Quando à possível margem de manobra da argumentação se reduzir a essa forma (a distinção entre autorreferência — formal — e heterorreferência — substantiva), obviamente não há nenhuma preferência "natural" (de direito natural) pela autorreferência. A velha teoria da *conservatio sui*, que em sua época esteve dire-

---

150. Cf. aqui nota 137.

151. William E. Nelson, "The Impact of the Antislavery Movement: Upon Styles of Judicial Reasoning in Nineteenth Century America", *Harvard Law Review* 87 (1974), p. 513--66, propôs uma mudança da argumentação instrumental para a formal como consequência do movimento contra a escravatura. Contudo, há críticas com relação a contraexemplos em Harry N. Schreiber, "Instrumentalism and Property Rights: A Reconsideration of American 'Styles of Judicial Reasoning' in the Nineteenth Century", *Wisconsin Law Review* (1975), 1-18. Cf. também o estudo de Marc Tushnett, *The American Law of Slavery 1810-1860: Consideration of Humanity and Interest,* Princeton, 1981, recebido com resenhas muito críticas.

cionada contra as teorias naturais de procedência aristotélica, encontra-se alojada (quando se vale da teoria dos sistemas) no conceito de autopoiese (que não assinala nenhuma preferência do sistema, mas tão somente a existência do sistema). Isso confere liberdade para analisar a questão da auto/heterorreferência como um problema duradouro do sistema, que lhe permite conferir pesos diferentes. O que conta é a distinção. Depois se poderá investigar, em relação a determinadas situações históricas do sistema do direito (ou de outro sistema), se é o caso de esperar deslocamentos da tendência — seja no sentido predito por Weber, que vai da racionalidade formal à racionalidade substantiva, seja, em sentido contrário, para o (tão exigido hoje) regresso aos critérios de decisão, de maior intensidade formal, orientados para o direito e para a justiça (igualdade/ desigualdade)[152].

A relação entre autorreferência e heterorreferência, como se pode ler no célebre caso modelo da consciência individual, é um problema básico dos sistemas altamente desenvolvidos a operar no meio do sentido. Isso não é idêntico ao problema da relação entre variedade e redundância. Não obstante, pode-se supor que mediante o conceito de referência externa do interesse, com o qual mesmo o sistema se pode "alienar" a si mesmo, reduzindo-se a um interesse, mais variedade é introduzida no sistema do que, em última instância, pelo esva-

---

152. Que existem menos perspectivas de êxito nos Estados Unidos do ponto de vista *institucional* (o mesmo pode ser afirmado para a República Federal da Alemanha) é o que mostra Joachim J. Savelsberg, "Law That Does Not Fit Society: Sentencing Guidelines as a Neoclassical Reaction to the Dilemmas of Substantivized Law", *American Journal of Sociology* 97 (1992), p. 1346-81.

ziamento da técnica conceitual de distinção. Isso ocorrendo, e não havendo algo como uma rápida sucessão de fatores sociais, religiosos ou políticos a dar inclinação diferente à comunicação de interesses, é fácil entender que a importância cada vez maior da semântica de interesses sinaliza a demanda por uma ordem de variedade maior — isso aconteceu na teoria econômica já há muito tempo, na teoria política do século XVII e na estética do século XVIII, mas na teoria do direito só veio a se dar muito depois, quando começou a se fazer sentir a drástica positivização do direito.

IX

Se interpretação, argumentação e raciocínio são vistos como operações no sistema jurídico, a dedução lógica faz-se então coberta por esse conceito. A dedução lógica é distinguida por um tipo especial de certeza ou, mais precisamente, pela forma logicamente obrigatória/logicamente errada. A dedução lógica manipula a operação de modo que uma atribuição inequívoca possa ser feita a um ou outro lado, respectivamente. Contudo, o controle insuficiente de suas premissas impede que a lógica possa fundamentar. Isso é algo sabido desde Gödel. Não obstante, seria equivocado inferir — inferir! — do problema uma crítica à dedução lógica ou mesmo a irrelevância jurídica da dedução lógica. O que se tem a fazer, porém, é formular a tarefa da lógica de maneira diferente.

No contexto da teoria dos sistemas e, em especial, no contexto da organização de redundâncias, a lógica tem uma função especial. Em formulação negativa, isso torna possível a *prova* dos erros (no outro lado da sua forma). Ela é e se faz sensível a erros. A reconstrução lógica de um argumento jurídico, por essa razão, é uma técnica de refutação, de redirecionamento de razões, fundamentalmente em favor de uma decisão diferente. Para além disso, a dedução lógica tem também uma função positiva. Assim como a predição das consequências de decisões, ela serve para *canalizar irritações*. Quando, e por qual motivo for, as expectativas normativas forem frustradas e se virem sujeitas a dúvida, a lógica pode demonstrar o que mais teria mudado no caso de as expectativas terem mudado. A tradução de expectativas cognitivas para normativas, como é bem conhecido, não pode ser imposta. Uma inferência acerca de normas não pode advir de fatos. Contudo, se normas forem suficientemente irritadas por fatos, com o auxílio da lógica pode-se reconhecer quais consequências adviriam de uma mudança de normas, de um *overruling* do sistema. A lógica proporciona a rede de condução, que não raras vezes vai além do que pode ser compreendido intuitivamente e, por meio disso, produz os argumentos contra uma mudança no direito ensejada por um caso concreto.

Também isso tem outro lado, pois, com a ajuda da lógica, pode-se ver também o que não está em questão. É possível que a extensão do poder de chaves do marido sobre uma mulher rica tenha consequências para o direito matrimonial; mas o teria também para o direito relacionado à venda dos bens? Em outras palavras, a lógica protege o sistema contra os efeitos de longa distância e extremamente complexos da mudança. Isso torna mais fácil a introdução das mudanças.

E torna o sistema *ultrastabil*, no sentido de Ashby[153].

Juntamente com a ideia clássica de uma argumentação "logocêntrica", o postulado segundo o qual a argumentação racional poderia ser projetada na unidade do sistema e com isso garantir o "direito correto" também falha. Em sua dependência de casos e textos, a argumentação pode chegar, na melhor das hipóteses, a uma racionalidade "local". E, de modo semelhante, a racionalidade econômica encontra-se atrelada aos balanços ou orçamentos com suas limitações extremas quanto ao que pode ser alcançado e ao que é provido de sentido em relação à informação requerida. Mesmo quando aplicada com um sentido mais acurado, a argumentação não pode garantir que certa solução vá sempre passar pela prova de ser indubitavelmente a melhor e, assim, conduzir a uma decisão correta. Precisamente na prática de consulta do tribunal evidencia-se que as diferentes decisões podem ser fundamentadas mais ou menos com a mesma qualidade. Tem-se então a mesma situação que não se encontra determinada de maneira inequívoca, mediante a argumentação, mas que permite, na terminologia de Herbert Simon, um comportamento satisfatório[154]. A decisão pode, ou até mesmo deve, ser tomada lançando-se mão de critérios de segunda classe (ou sem se ater a critérios homogêneos, como no caso da decisão por maioria). Em outras palavras: o sistema não pode garantir, nem no todo, nem no detalhe, um estado racional próprio, por mais que seus critérios sejam bem selecionados

---

153. Segundo W. Ross Ashby, *Design for a Brain: The Origin of Adaptative Behaviour*, 2. ed., Londres, 1960, p. 98 s.

154. Cf. Herbert A. Simon, *Models of Man — Social and Rational: Mathematical Essays on Rational Human Behaviour in a Social Setting*, Nova York, 1957, p. 204 s., 252 ss.

— e isso também no que diz respeito às elevadas pretensões de uma argumentação jurídica boa, perspicaz e profissional. Uma teoria do discurso que ignora tal coisa (como a de Habermas) não faz justiça à propriedade tão altamente desenvolvida, provida de meios jurídicos para convencer, e tampouco esse tipo de teoria alcança o objetivo que se propõe. Ela pode tornar a introduzir no sistema a demanda de informação ensejada precisamente pelos argumentos, mas vê-se obrigada a trabalhar com a ficção jurídica de que, em última instância, a razão vencerá se ela se apegar a determinadas condições de procedimento.

Nossa moderação, no que diz respeito à suposição de racionalidade alcançável (e agregável), provém de nos ajustarmos à tese da teoria da evolução segundo a qual a complexidade não é uma meta natural ou racional da evolução, mas um produto colateral que com ela se apresenta[155]. Portanto, a argumentação jurídica tampouco se encontra relacionada com o uso instrumental do recurso da complexidade, mas com a pergunta sobre como o sistema, não obstante a crescente complexidade evolutiva, ainda sempre se organiza, e isso significa: a possibilidade de se reproduzir, com o fechamento de suas operações, em uma relação capaz de continuar em referência ao ambiente.

X

Por fim, retornemos a um ponto de vista que tem sido mencionado reiteradas vezes. Dissemos que a argumentação

---

155. Cf. Capítulo 6, V.

sempre vê a si mesma no contexto de uma observação de segunda ordem. O que importa é sempre a elaboração de um argumento — para outros observadores. Ao preparar-se para uma argumentação (que na prática apresenta-se sempre de maneira abreviada), o sistema jurídico evidencia critérios em geral característicos de todos os sistemas de funcionamento[156]. A economia orienta a sua operação pelos preços porque isso torna possível observar como os observadores observam o mercado. A política orienta suas operações pela opinião pública, para observar a repercussão de suas ações através dos olhos de outros observadores. O artista orienta a sua obra mediante a eleição de formas que a determinam, de modo que os observadores possam observar do modo mesmo como ele observou. No educador supõe-se a intenção de educar, pois de outro modo não haveria como observar a maneira específica pela qual o sistema observa os alunos; ou, em sentido contrário, esses pupilos são apresentados como crianças, e assim se pode apresentar um meio no qual se faz possível observar como o educador seleciona as formas de acordo com que ele irá educar. E muitos mais exemplos poderiam ser dados. Por isso, já não mais parece por acaso que, paralelamente à ascendência de um crescente número de sistemas de funcionamento no século XVIII, a teoria

---

156. Para exemplos usados na discussão a seguir, cf. Dirk Baecker, *Information und Risiko in der Marktwirtschaft*, Frankfurt, 1988; Niklas Luhmann, *Die Wirtschaft der Gesellschaft*, Frankfurt, 1988, esp. p. 93 ss. Niklas Luhmann, "Gesellschaftliche Komplexität und öffentlische Meinung", in id., *Sociologische Aufklärung*, vol. 5, Opladen, 1990, p. 170-82; id., "Weltkunst", in Niklas Luhmann, Frederick D. Bunsen e Dirk Baecker, *Unbeobachtbare Welt: Über Kunst und Architektur*, Bielefeld, 1990, p. 7-45 (23 ss.); Niklas Luhmann, "Das Kind als Medium der Erziehung", *Zeitschrift für Pädagogik* 37 (1991), p. 19-40; id., "System und Architektur der Erziehung", in id. e Karl Eberhard Schorr (org.), *Zwischen Absicht und Person: Fragen an die Pädagogik*, Frankfurt, 1992, p. 102-24; Niklas Luhmann, *Die Wissenschaft der Gesellschaft*, Frankfurt, 1990, esp. p. 362 ss.

da interação — por exemplo, na forma de prescrições para a conversação — muda, passando a observar os observadores.

Quando essa transposição das operações nucleares para um nível de segunda ordem estiver em correlação com a diferenciação dos sistemas de função, pode-se presumir que, do ponto de vista da teoria social, isso seja parte e parcela dos critérios estruturais da modernidade[157]. Nesse caso, as particularidades de cada um dos sistemas que atendem a uma função passam a segundo plano. A pergunta sobre *como* se chega a essa estrutura de observação de segunda ordem encontra diferentes respostas de sistema a sistema (e, não obstante, são respostas comparáveis). *Que* isso aconteça (ou aspire a) tanto num caso como no outro, porém, é algo que pertence às condições do processo de diferenciação do sistema. É *por isso* que tem de haver argumentação no sistema jurídico, pois, sob a condição de diferenciação, o sistema deve procurar encontrar apoio em si mesmo (e não no mundo), e isso demanda o fechamento recursivo no nível da observação de segunda ordem.

Essas afirmações conduzem a questões que dizem respeito ao modo pelo qual as teorias reflexivas dos respectivos sistemas descrevem esse estado de coisas. Ou, de maneira mais precisa: como teorias reflexivas elas se asseguram de que observam de maneira razoável, mesmo quando observam unicamente a sua própria observação. Tais coordenação e autodescrição demandam ênfases das quais já não se pode duvidar, e isso significa: a fixação de *inviolate levels* (Hofstader). Assim, a economia (ou a teoria econômica, se nos pautarmos por Hayek) associa

---

[157]. Para mais detalhes, cf. Niklas Luhmann, *Beobachtungen der Moderne*, Opladen, 1992.

preços condicionados pelo mercado com a racionalidade do processamento de informação; ou a política associa a opinião pública com a democracia; ou os sistemas educacionais associam intenções educacionais com boas intenções. Também a cultura da argumentação no âmbito do sistema jurídico baseia-se em semelhantes regras de conclusão para a sua autodescrição. Essas regras assumem a forma de assimetrias, que já não mais se questionam. Trata-se da "aplicação da norma" e, à medida que uma argumentação se faz necessária, da "interpretação de um texto". São distinções bastante específicas. Após cuidadoso escrutínio relativo ao modo como esse trabalho funciona na prática, círculos são detectados. A norma só vem a ser criada com sua aplicação, ou, em todo caso, somente quando é carregada de um sentido que pode ser identificado. E a interpretação produz um círculo hermenêutico ao definir o que deve ser interpretado primeiro; assim, ao mesmo tempo ela ajusta, de modo que se possam encontrar razões que conferem necessidade a uma interpretação.

Nessa medida, encontramo-nos ainda no terreno já percorrido por nós da moderna discussão de métodos. Mas como tudo isso — círculos e tudo o mais — vem a ser arranjado para tornar possível a observação de segunda ordem? Se essa suposição puder ser confirmada, estamos falando aqui do que é, em última instância, a produção de textos normativos com o intuito de organizar relações de observação. Nesse caso, ter-se-ia de lidar com textos que se encontram "abstraídos do tempo", os quais, ainda que não pudessem garantir uma maneira uniforme de observar por todos os observadores, estaria em condições de prover orientação suficiente mediante o uso de formas específicas (distinções) e mediante a exclusão da arbitrariedade (da decomposição, da entropia). Textos normativos semelhantes, de modo similar a complexos programas de computador, já não permitiriam compreender como as operações transcorrem de maneira concreta e não mais garantiriam um sentido uniforme a ser dado aos resultados da observação, mas poderiam se tornar específicos, como para que se reconhecesse quando se encontra presente uma razão que deliberasse modificar os próprios textos. Esses textos normativos possibilitariam ao sistema reagir às irritações pertinentes, sem a necessidade de ter pleno controle sobre suas operações.

Levando em conta essas considerações, podemos ver que as discussões sobre métodos legais têm tomado um caminho semelhante nos últimos anos. Isso se aplica a noções mais antigas do exame judicial das leis, que fazem uso da interpretação para se esquivar do árduo caminho de repelir legislação e reformular estatutos[158]. Isso se aplica a trabalhos que seguem a doutrina jurídica estruturante de Friedrich Müller[159]. Aplica-se especialmente ao discurso multicontextual, relativista, e a ideias específicas da organização quanto ao uso da lei, desenvolvidas por Karl-Heinz Ladeur[160]. Se se quiser abarcar o campo da sociologia, é o conceito de estruturação de Giddens que logo nos

---

[158]. Cf., por exemplo, F. James Davis et al., *Society and the Law: New Meanings for an Old Profession*, Nova York, 1962, p. 163: "O resultado foi que a construção judicial tornou-se tanto uma parte do estatuto como o texto em si".

[159]. Cf. Friedrich Müller, *Strukturierende Rechtslehre*, Berlim, 1984.

[160]. Cf., por exemplo, Karl-Heinz Ladeur, "Gesetzesinterpretation, ‚Richterrecht' und Konventionsbildung in kognitivistischer Perspektive: Handeln unter Ungewißheitsbedingungen und richterliches Entscheiden", *Archiv für Rechts- und Sozialphilosophie* 77 (1991), p. 176-94.

vem à mente; ou, na filosofia, poder-se-ia pensar no conceito de jogos de linguagem de Wittgenstein (à medida que um jogo de linguagem pode ser entendido como um arranjo de observadores para observadores). Não faltam indícios a comprovar essa tendência. Contudo, o que realmente importa é ver mais além das aparências de dissolução dos cânones clássicos de norma, texto e método. Talvez possamos estar presenciando uma nova forma de ordenamento emergente, que se tenha deslocado inteiramente para o nível de observação de segunda ordem e, a partir dessa posição, determine o que para ela tenha valor de enlace e, por essa razão, conte como realidade.

A isso se deve acrescentar que a profissão do jurista superestima a importância da interpretação e da argumentação, e isso precisamente porque os advogados veem o sistema como pertencendo a um nível de observação de segunda ordem. Deve-se ter em mente que estamos falando aqui de um sistema codificado com um código binário e que as decisões relativas a validade/não validade são, em última instância, operações cruciais. Por um lado, a aquisição da maestria da capacidade jurídica é constituída pela produção de textos a partir de textos, por interpretação e argumentação, e isso é também o caso onde se diz respeito a fatos e questões de evidência etc. Por outro lado, advogados perdem metade de seus processos após argumentar de ambos os lados. Assim como no sistema de saúde sempre morrem alguns pacientes, enquanto outros sobrevivem ao tratamento, aí estando o risco inerente à profissão, da mesma forma o jurista tem de conviver com o fato de sua argumentação, por mais pensada que seja, nem sempre determinar a decisão final. Por isso, eventualmente, no hábito da profissão pode-se ver certo distanciamento irônico das ideias e dos meios de argumentação, ao mesmo tempo que se tem uma atitude de atenção para o que, em última instância, conferir suporte à decisão (por exemplo, convenções do tribunal e a tradição). As razões últimas são sempre apenas razões penúltimas.

Capítulo 9

POLÍTICA E DIREITO

I

Os teóricos do sistema costumam partir da suposição de que se deve fazer uma distinção entre o sistema jurídico e o sistema político[1]. Esses sistemas são tratados como diferentes subsistemas de sociedade. Isso vale, sobretudo, quando abraçamos o conceito de autopoiese e insistimos na autonomia e na individualidade histórica de todos os sistemas sociais. Contudo, há toda uma classe de outros teóricos que rejeita esse ponto de vista em razão da próxima e óbvia relação entre política e direito.

Uma teoria do sistema do direito autopoiético, que é um sistema operativamente fechado, pressupõe esse sistema como capaz de esboçar uma distinção entre si mesmo e outros sistemas em funcionamento na sociedade. Portanto, se houver qualquer observador externo do sistema que queira observá-lo e descrevê-lo apropriadamente, ele acabará por deparar com essa distinção, produzida no próprio sistema. Por mais que, de

---

1. Cf., por exemplo, Jay A. Sigler, *An Introduction to the Legal System*, Homewood Ill., 1968, p. 42 s. (mas em contradição com isso, na p. 150: "O sistema legal, que é um subsistema do sistema político, é normalmente usado como um canal de saída para o sistema político"). Cf. também, segundo Parsons, William M. Evan, *Social Structure and Law: Theoretical and Empirical Perspectives*, Newbury Park, 1990, p. 219. Contudo, tem-se uma concepção diferente em diversas publicações, por exemplo, *Glendon Schubert, in Judicial Making*, 2. ed., Glenview, 1974.

modo muito geral, tal conceito possa parecer plausível, ele apresenta dificuldades quanto à relação entre política e direito. Por uma longa tradição, que remonta ao início dos tempos modernos, somos motivados a ver apenas um sistema político-jurídico unificado, o que é evocado em ampla medida pelo conceito de Estado, que é a um só tempo jurídico e político[2]. Desde os escritos de Francisco Suárez, Thomas Hobbes e Samuel Pufendorf, essa concepção tem sido adotada também pela teoria do direito natural. Entretanto, como vimos no capítulo dedicado à função do direito, é preciso distinguir entre as funções da política e a do direito, bem como entre seus modos de implementação.

Uma das particularidades que distingue o desenvolvimento europeu no âmbito mundial encontra-se na ênfase dada às precondições jurídicas da vida social derivadas das bases do direito civil romano e do direito natural. Na era medieval, isso excluía a ideia de uma unidade entre o direito e a política. Sem essas bases, não poderia ter se dado a revolução da Igreja, organizada em torno do Papa e contra o império, de tendências teocráticas para a teocracia, e tampouco o caráter jurídico vinculativo de um "estado constitucional" não poderia ter sido inventado[3]. De certo modo, o direito já estava presente

---

[2]. Para uma literatura mais recente sobre a história da ideia da realidade do "Estado", cf., por exemplo, Perry Anderson, *Die Entstehung des absolutistischen Staates*, Frankfurt, 1979; Gianfranco Poggi, *The State: Its Nature, Development and Prospects*, Cambridge, 1990; Michael Stolleis, *Staat und Staatsräson in der frühen Neuzeit: Studien zur Geschichte der öffentlichen Rechts*, Frankfurt, 1990. Contudo, essa literatura não chega a ver como problema a unidade entre sistema jurídico e sistema político, que se impõe com o conceito de "estado".

[3]. Sobre esse aspecto, cf., por exemplo, Brian M. Downing, "Medieval Origins of Constitutional Government in the West", *Theory and Society* 18, 1989, p. 212-47.

quando o Estado moderno começou a se consolidar politicamente, em parte na forma de costumes locais e em parte como direito formalmente elaborado que se diferenciava em muitos institutos jurídicos, fixados pela escrita e capazes de ser ensinados e aprendidos. Havia direito feudal, direito das cidades e direito do rei, e, já desde a Alta Idade Média, a separação entre direito canônico e direito civil secular, que encontrava expressão em jurisdições correspondentemente diferenciadas. De um ponto de vista jurídico, não havia "direito público" até o século XVI, assim como nenhum conceito unificador (*dominium, imperium, iurisdictio*) que pudesse representar a pretendida unidade do poder territorial. No entanto, não se podia separar *iurisdictio* e *imperium*, já que isso significaria, no modo concreto de pensar daquela época, um *imperium* em um espaço sem direito e uma jurisdição sem capacidade de imposição. A medida incomum em que se dava o trespassamento jurídico em questões socialmente relevantes ao mesmo tempo debilitou a importância dessa distinção. Também o conceito de "*potestas*" em certo sentido veio a servir de ponte entre esses abismos, sem poder permear com detalhes os instrumentos jurídicos; o mesmo se aplicava à nova compreensão de "soberania".

Já aqui, e com mais razão mais tarde, começam a se distinguir ordenamentos jurídicos em diferentes partes da Europa, com suas diferenças regionais, que se dão se a evolução do direito estiver vinculada primordialmente à prática jurídica nos tribunais, à erudição dos acadêmicos de direito ou à consultoria jurídica prestada ao legislador, ou seja, quer se tratasse do direito jurisprudencial, o dos eruditos, ou de um direito codificado. Para cada uma dessas opções, pode ter havido razões mais ou menos diretas para sua concomitante evolução política; mas a dinâmica própria do direito e a especificidade de sua problemática excluem uma cópia direta das ideias de ordenação política no próprio direito[4]. É claro que a política influencia decisões individuais, porém os efeitos estruturais se fazem notar, sobretudo, no tipo de papéis com que o sistema jurídico estimula a si próprio.

Diante das rápidas e crescentes complexidade e insegurança jurídica daí resultantes, o Estado territorial dos primórdios da era moderna via como sua tarefa primordial a unificação do direito vigente no âmbito de suas fronteiras. De acordo com isso, a organização da administração da justiça no sentido de uma unificação e de uma centralização do controle serve à finalidade de sua própria unidade como Estado[5]. Reside aí o entendimento do Estado como soberano (em contraste com o entendimento que se tinha na Idade Média) e sua consolidação política. Os conceitos de soberania e de "poder" soberano (*potestas*) ocultavam duas ideias um tanto diferentes de poder (polí-

---

4. Sobre isso cf., com mais detalhes, R. C. van Caenegem, *Judges, Legislators and Professors: Chapter in European Legal History*, Cambridge Engl., 1987.

5. Sobre a questão dos Estados territoriais do império (alemão), cf. Dietmar Willoweit, *Rechtsgrundlagen der Territorialgewalt: Landesobrigkeit, Herrschaftsrecht und Territorium in der Recthswissenschaft* (Viena, 1975). Houve equivalentes funcionais para a consolidação territorial, mas também eles dependiam consideravelmente do direito. Isso se aplica acima de tudo a promoções políticas à classe aristocrática e, portanto, à juridificação de um reconhecimento da aristocracia no contexto de isenções de impostos: cf., por exemplo (usando o exemplo de Savoy), Claudio Donati, *L'idea di nobilita in Italia: Secoli XVI-XVIII*, Roma e Bari, 1988, p. 177. Esse procedimento é particularmente interessante, já que permitido para um compromisso temporário com a diferenciação estratificada ainda existente e para uma inclusão de nobres em estratos inferiores, o que ao mesmo tempo possibilita uma nova aristocratização da aristocracia. Mas como isso seria útil sem o motivo pragmático-realista de um esclarecimento quanto ao estatuto dos aristocratas: privilégio nos impostos?

tico) que estavam em jogo: a ideia de uma capacidade *generalizada* de garantir obediência a comandos e a ideia de força legal, que refletia o fato de que o poder se apresentava e se impunha na forma do direito, isto é, em uma forma que esteve sempre já *especificada*. A combinação de ambos os aspectos de poder foi indispensável porque tribunais operavam, sobretudo, no nível da administração local. Portanto, desde a segunda metade do século XVI, soberania passou a significar, em termos práticos, sobretudo o controle político centralizado dos tribunais e a remoção dos direitos feudais, dos direitos da Igreja, bem como de outros direitos corporativos, que se exerciam em jurisdições de direito próprio. Soberania significava, então, o registro e a unificação de direitos regionais especiais, para tal valendo-se já das publicações impressas; soberania veio assim a significar recepção da linguagem e aquisições conceituais do direito civil romano — ao menos se se tomar como base a erudição jurídica, quando não o direito vigente. Ora, isso redundou numa crescente conformidade de legislação[6]. Na feliz formulação de Franz Neumann pode-se falar de um "conceito político de lei"[7] e ver nessa ideia uma espécie de conceito de transmissão entre a razão política e a validade jurídica. A contar, pelo menos, da segunda metade do século XVI, com Bodin, Suárez, Pufendorf e outros, já se partia de uma unidade entre política e direito fundada no

---

6. Sobre esse contexto, cf. a impressionante implementação da soberania política como soberania jurídica na França e Philippe Sueur, *Histoire du droit public français XVe-XIVIIIe siècle*, vol. 2, Paris, 1989, p. 29 (em relação à redação de *coutumes*), p. 164 s. (em relação ao controle da autoridade jurídica) e p. 56 (em relação à legislação).

7. Cf. em *Die Herrschaft des Gesetzes* (1936); trad. alemã, Frankfurt, 1980, em relação a Bodin e a Pufendorf.

direito natural[8]. Essa crença esteve baseada na suposição de que somente por meio dessa unidade o indivíduo poderia ser constituído como sujeito do direito, e como tal essa crença fez-se precondição para o desenvolvimento de uma economia baseada no contrato e na divisão do trabalho. Indivíduos, até mesmo meros corpos, poderiam matar e ser mortos e, de posse da sua razão, agir mediante antecipação, tornando-se indivíduos no sentido de uma segunda natureza, artificial, pela qual "autorizavam" o soberano a impor o direito de maneira arbitrária. Só assim faz-se possível estabelecer uma correspondência entre os direitos e as obrigações. Por conseguinte, o indivíduo deve sua individualidade civil à unidade entre direito e política, e essa unidade encontra-se indissoluvelmente ligada ao ser indivíduo do indivíduo. Ao final desse movimento semântico, que organizou e integrou a política e o direito, encontram-se as grandes codificações dos séculos XVIII e XIX e, finalmente, a ideia de que a função do Estado consistia na garantia de uma liberdade conforme ao direito, isto é, nos limites deste.

O motivo central para essa conexão entre política e direito deve ter sido o problema do *direito de resistência*, que mergulhou a Europa em cem anos de guerra civil. Ninguém o

---

8. Há também muitos autores, que hoje já não são conhecidos, que apoiaram essa ideia de uma unidade entre política e direito com base no direito religioso (desejado por Deus) e no direito natural (como que a lógica dos fatos). Para exemplos, cf. François Grimaudet, *Les opuscules politiques*, Paris, 1580, esp. "Opuscule I: De La Loy". As leis são a "razão soberana, utilizada por Deus, que comanda as coisas que serão feitas e proíbe o fazer contrário e é publicado por aquele que tem o poder de controlar". "Porque a lei é o trabalho do Príncipe" e "O fim da lei é o bem público e a salvação dos homens em geral", o que claramente se distingue do bem de indivíduos, incluindo aí o próprio príncipe. Todas as citações são da fol. 1.

retratou melhor do que Hobbes[9]. Sua compreensão era de que a paz não poderia ser garantida pelo direito puro e simples, com seus próprios recursos provenientes da tradição não escrita, com a razão artificial dos juristas ou com a justificabilidade daquilo que aos indivíduos aparece como seu direito. Se todos pudessem invocar a sua razão natural e encontrar justificações em materiais jurídicos que estivessem amplamente disseminados na imprensa, o direito destruiria a precondição para a sua própria existência, ou seja, a paz. Isso se deu, sobretudo, no bojo de uma precondição socioestrutural que se esvanecia: o declínio da aristocracia, que até então tomava suas próprias decisões sobre o que era lícito e ilícito, com base em seus domicílios (armados). E isso vale tanto mais se se considerar que religião, direito e moral não eram extensões rigidamente separadas no pensamento medieval tardio, estando, sim, integrados num contexto de sentido, de modo que as questões relativas à religião e à moral puderam imediatamente se converter em questões de direito e ser combatidas no âmbito jurídico[10]. E só então se fez implicado um direito de resistência, contanto que se pudessem empregar as propostas teóricas disponíveis – isto é, contanto que se pudesse dizer que o príncipe era também apenas um *civis* e, como tal, sujeito à lei; e contanto que uma distinção pudesse

---

9. Além do Leviatã, cf. também: *A Dialogue between a Philosopher and a Student of the Common Law* citado segundo a edição Chicago, 1971; e *Behemoth, or the Long Parliament*, citado segundo a edição de Ferdinand Tönnies, Londres, 1889; nova edição por Stephen Holmes, Chicago, 1990.

10. Cf. Quentin Skinner, *The Foundations of Modern Political Thought*, vol. 2, *The Age of Reformation* (Cambridge, 1978); Richard Saage, Herrschaft, *Toleranz, Widerstand: Studien zur politischen Theorie der niederländischen und englischen Revolution*, Frankfurt, 1981; Diethelm Böttcher, *Ungehorsam oder Widerstand? Zum Fortleben des mittelalterlichen Widerstandsrechts in der Reformationszeit* (1529-1530), Berlim, 1991.

ser feita entre *rex* e *tyrannus*, e contanto que se pudesse deixar à divisão de poderes na aristocracia a decisão sobre qual dos dois seria o caso. Haveria para esses evidentes problemas outra solução que não a unidade entre política e direito, a não ser a fundação da validade do direito em uma força politicamente implementada, que então adotasse o nome de "auctoritas" para fins legais[11]? E de que outro modo o direito poderia elaborar esses conflitos se não fosse com uma autoatividade baseada na fundamentação da validade politicamente garantida do direito?

Nem mesmo a crítica posterior à argumentação circular para a construção de um contrato social pôde evitar a revivescência do direito de resistência. David Hume, por exemplo, fundou o compromisso do governo quanto a promessas válidas como convenções, ainda que possam, por sua vez, ser ancoradas na natureza humana[12]. O argumento ganhou o campo dos interesses econômicos da propriedade: um governo, diz-se, que não representa nem protege esses interesses — fundamento mesmo da sociedade — deve contar com uma oposição justificada. Tal como antes, a argumentação se apoia no velho esquema de virtude e corrupção[13], mas daí já não mais se extraem

---

11. Contudo, a autoridade — e aí se tem a novidade do argumento de Hobbes — não é uma capacidade superior natural e menos ainda uma competência aristocrática. Ela se baseia em "autorização". No texto do Covenant, no *Leviatã* II, p. 17, cit. segundo a edição da Everyman's Library, Londres, 1953, p. 89, pode-se ler: "Eu autorizo...". Contudo, o argumento baseado na autorização substitui a referência à natureza por meio de um círculo; a autorização assume vigência de direito, que deve ainda ser fundamentado/justificado pela própria autorização.

12. Cf. *A Treatise of Human Nature*, Book III, Part II, Sect. IV, cit. segundo a edição da Everyman's Library, Londres, 1956, vol. 2, p. 250 s.

13. Comparar aqui (em referência a Pocock) com David Lieberman, *The Province of Legislation Determined: Legal Theory in eighteenth-century Britain*, Cambridge Engl., 1989, p. 7 e s.

consequências de direito positivo, mas políticas. Ao mesmo tempo, surge a tendência a descrever tais práticas corruptas como "inconstitucionais" — ainda que inicialmente sem fundamentação textual[14].

À medida que não existe nenhuma Constituição, no sentido moderno do termo, o problema da resistência se configura como problema central do Estado moderno, ou seja, o fato de que o direito se encontra em oposição à política. E é justamente aí que reside o segredo de todas as teorias que se erigiram sobre a unidade entre direito e política. Ou, em outras palavras: uma diferença entre o sistema jurídico e o político pode ser concebida unicamente se forem levadas em conta as premissas dominantes da época, como a resistência justificada contra o exercício do poder político.

Juntamente com a finalidade prático-política de excluir o direito de resistência, a unidade entre direito e política satisfaz também à necessidade de se encontrar uma posição para a autocorreção do direito, seja com o auxílio da velha distinção entre direito rigoroso e equidade[15], seja fazendo-se referência à competência em geral. A unidade entre direito e política satisfaz também à necessidade de legitimar os desvios do direito na forma de dispensas, privilégios e até mesmo violações à lei

---

14. Cf. Niklas Luhmann, *Verfassung als evolutionäre Errungenschaft Rechtshistorisches Journal* 9 (1990), p. 176-220 s. (188 s.)

15. Célebre e rica em consequências é a jurisprudência (de tipo *equity*) inglesa da Court of Chancery. Para reflexões francesas originalmente paralelas, cf. Grimaudet, op. cit. (1580), opuscule II, fol. IIV s. ou François de Lalouette (L'Alouette). *Des affaires d'Etat, des Finances, du Prince et de as Noblesse*, Mets, 1597, p. 88. Na França, tal está direcionado mais à competência de interpretação do próprio legislador (*référé legislatif*), sempre e quando na jurisprudência apareçam casos que ainda não tenham sido decididos pelo legislador.

que eram autoautorizadas[16]. Formulado em termos mais gerais, o paradoxo da diferença autoconstitutiva entre lícito e ilícito já não se externará em relação à situação de circunstâncias de poder factualmente dadas, mas em relação à unidade superior entre direito e política, personificada na "pessoa" do soberano. Evidentemente, isso constituiu apenas uma solução frágil e precária, cuja força de convicção dependia de o soberano ser aquilo que ele devia ser: temente a Deus, racional e aberto para o que o próprio direito lhe proporcionava.

Desse modo, no entanto, não se integravam de fato as diferenças operacionais entre comunicação política e jurídica. Da perspectiva do direito de resistência, o sistema político moderno do Estado territorial não podia aceitar o fato de que os súditos se imiscuíssem na política invocando o direito, ou seja, que perturbassem a paz. O sistema político exigia fechamento com referência a tudo o que, quanto a código e função da política, fosse qualificado como político. Ora, o mesmo valia também para o sistema jurídico. Também o sistema jurídico

---

16. Compare-se, com abrangente material, Francisco Suárez, *Tractatus de legibus ac Deo legislatore*, Lugduni, 1619, Buch II, cap. XIV e XV e XV p. 91 s., para a dispensa de direitos naturais e livro IV p. 368 e s., para a dispensa do direito positivo ou no contexto de um tratamento bastante prudente do tema razão de Estado, Scipio Ammirato, *Discorsi Sopra Corneli Tacito*, Fiorenza, 1598, p. 223 e s. É frequente se discutir a possibilidade de derrogar o direito natural, porém, mesmo quando isso se dá, é de modo característico que se encontra no mesmo texto o parecer contrário. É o que se tem em Jeremy Taylor, *Ductor Dubitantium*, ou *The Rule of Conscience in all her General Measures* (1660), citado segundo *The Whole Works*, Bd. IX e X, Londres, 1851/52, reimpr. Hildesheim, 1970, vol. II, I, op. cit., vol. IV, p. 333 s., em especial 347 s. Dispensa do direito natural somente por meio de Deus, e não "por qualquer poder humano". Mas então: "A exatidão da lei natural é capaz de interpretação e pode ser aliviada pelo patrimônio, pela piedade e pela necessidade". O problema é evitado quando se leva em conta a própria conservação do domínio, isto é, o *ratio status*, como o único direito natural obrigatório a tornar possível qualquer outro direito, já que nesse caso se pode argumentar: desviar-se disso seria autodestrutivo. Assim, por exemplo, Ciro Spontonoe, *Dodici libri del Governo di Stato*, Verona, 1599, p. 122 s.

não aceita nenhum estatuto de exceção. Foi precisamente essa a questão em jogo na querela do parlamento londrino, conduzido por Coke, contra os Stuart. Pois se houvesse apenas uma única instância, independentemente do direito de dispor da vida, do corpo e da propriedade, aos ingleses ficaria suprimido todo direito, já que toda segurança legal ficaria desvinculada do jurídico. Nesse argumento encontram-se as razões para o surgimento dos direitos civis no *Common Law*, e também aí trata-se de nada mais do que o fechamento operativo de um sistema de funções.

No momento temos, então, pretensão (ou tentativa) de fechamento da política contra a pretensão de fechamento do direito. Ao mesmo tempo, porém, encontram-se nessa oposição aspectos relevantes. A compreensão a que se chegou para vincular política e direito fez-se resumir e superar, por fim, no esquema "Estado de direito". Nesse esquema ficou fixado o contexto de condições de direito e liberdade e, assim, também a recíproca capacidade do incremento de direito e liberdade, esquema que, desse modo, tornou-se disponível para a comunicação[17]. Assim, ele reagiu a uma situação histórica (de maneira concreta, após a Revolução Francesa), na qual se tornara mais do que evidente que já não era possível o consenso entre os critérios do

---

17. O conceito de "esquema" pode ser empregado aqui de maneira bastante explícita como forma de fixação de um acordo de contingências de mais alto nível. Ou também, com Novalis, como ação recíproca autorreferencial. Novalis fala da "unidade total do esquema, somente o livre pode ser determinado e, nessa medida, tornar-se necessário. Só o necessário pode ser determinado e, portanto, tornar-se livre". Ou: "O esquema se encontra em ação recíproca consigo mesmo. Cada um é, em seu lugar, somente aquele que é por meio de outro". Ambas as citações são de *Philosophische Studien*, 1795-96, citado segundo *Werke, Tagebücher und Briefe Friedrich von Hardenbergs*, org. por Hans-Joachim Hardenbergs, editado por Hans-Joachim Mähl e Richard Samuel, Darmstadt, 1978, vol. 2, p. 14.

uso da razão e a moral. Em seu lugar apareceu a diferença entre necessidade e liberdade, e suas combinações: parte no esquema da educação (como incumbência do Estado)[18] e parte no esquema do Estado de direito. Como Estado de direito, o Estado era a um só tempo uma instituição de direito e uma instância de responsabilidade política que olhava pelo direito: pela imposição e pelo subsequente desenvolvimento jurídico mediante adaptação às mutáveis circunstâncias sociais e aos fins políticos realizáveis.

Esse modelo de descrição de um sistema político-jurídico deixou-se democratizar graças à transição, dificilmente perceptível, marcada pela "questão constitucional". As formas de "inclusão" "do cidadão" nos contextos jurídicos e nos políticos começam a divergir precisamente porque se descolaram de conceitos gerais e específicos de cada um dos sistemas, como a capacidade jurídica, a nacionalidade e o direito eleitoral[19]. As controvérsias jurídicas e políticas relacionadas a essas questões encontram-se documentadas ao longo do século XIX. Essas controvérsias se referem às formas de direito destinadas a influir politicamente no direito e, ao mesmo tempo, à proteção

---

18. Para essa problemática paralela, que não mais será abordada, cf., por exemplo, Heinrich Stephani, *Grundriss der Staatserziehungswissenschaft*, Weissenfels, Leipzig, 1797; do mesmo autor, *System der öffentlichen Erziehung*, Berlim, 1805; Christian Daniel Voss, *Versuch über die Erziehung für den Staat, als Bedürfniss unserer Zeit, zur Beförderung des Bürgerwohls und der Regenten-Sicherheit*, Halle, 1799; Karl Salomo Zacharie, Über die Erziehung des Menschengeschlechts durch den Staat, Leipzig, 1802. É evidente que se trata de reflexões de reforma, estimuladas pela Revolução Francesa.

19. Cf., com referência a esse pano de fundo, em especial acerca do problema da proteção jurídica contra atos de soberania, Regina Ogore, "Individueller Rechtsschutz gegenüber der Staatsgewalt: Zur Entwicklung der Verwaltungsgerichtsbarkeit im 19. Jahrhundert", in Jürgen Kocka (org.) *Bürgertum im 19. Jahrhundert: Deutschland im europäischeen Vergleich*, Munique, 1988, p. 372-405.

jurídica do cidadão contra o poder soberano, independentemente do estilo político em que o poder era exercido. No momento, essas controvérsias em nada afetam a premissa do caráter estatal do direito e da política, mas são mesmo derivadas dela. O conceito do político já desde o século XIX é compreendido quase exclusivamente como referido ao Estado. Isso torna possível o surgimento dos partidos políticos organizados, delimitados em razão de seu corpo de membros, com vistas ao acesso a cargos públicos para a realização de fins políticos. Ao mesmo tempo, o direito oferece uma gama de possibilidades de conformação no âmbito da política. Além do orçamento financiado por impostos e taxas, o direito se converte no instrumento essencial para a realização de fins políticos. Corresponde a isso a ideia de uma relação de ordenação hierárquica (superior/inferior) entre legislação e jurisdição[20]. O que daí resulta é um intenso incremento do material normativo. As normas jurídicas se convertem em sedimento da política já passada com crescentes dificuldades para tornar a liquidar as novas ambições políticas. O que existe como direito já não é mais resultado da presença de conflitos para cuja solução tiveram de ser desenvolvidas regras generalizáveis; o que se tem é o direito, na intenção de realizar fins políticos, a criar conflitos, mas somente aqueles para cuja solução será invocado o direito. E uma vez que a possibilidade de ativar a política para modificar o direito reproduz-se continuamente na comunicação social, e dado que o próprio direito legitima essa ativação legalizando a atividade legislativa parlamentar, na prática do direito isso resulta da necessidade de

---

20. Esse é um modelo que já havíamos discutido e rechaçado. Cf. Capítulo 7.

distinguir entre a origem das modificações jurídicas por meio da interpretação "ativa" do direito e a espera por uma nova forma de opinião política. Afinal, a positivação do direito e a democratização da política apoiam-se reciprocamente e, com tal força, têm impregnado o que hoje se apresenta como sistema político e como sistema do direito, tornando-se difícil perceber aí dois sistemas diferentes e, mais ainda, dois sistemas livres de coincidências e fechados em sua operação. Mas é precisamente a democratização da política que exige, finalmente, mais proteção jurídica individual do particular, sobretudo quanto a seus direitos constitucionais.

Na realidade, a tese da unidade (entre política e direito) jamais foi levada até o ponto em que se dissesse que o que é permitido juridicamente na política determina-se exclusivamente do ponto de vista da política; tampouco se pode dizer que o direito não é mais do que um momento da inércia própria da política, que serve para que a política não ceda a caprichos demasiado passageiros. Em atenção à tradição do *Common Law* e do direito civil romano, e considerando que se trata aqui de estruturas históricas que se fundamentam na história das ideias do direito, a concepção segundo a qual o direito simplesmente trataria da política de ontem nos parece equivocada. Mas, se assim não fosse, como seria pensada a limitação jurídica da política no modelo da unidade desses dois sistemas? A fórmula "Estado de Direito" manifestamente ocultou esse problema. Essa imprecisão, mais do que as outras, pode ter contribuído para manter viva a ideia de direito natural ou para oferecer aos que não creem nisso a demanda por legitimação do regime político. Hoje, essas construções já quase não encontram argumentos convincentes: poder-se-ia prescindir delas ou, em todo caso, reformulá-las, se se considerasse o direito e a política como dois sistemas funcionais separados.

Assim, indo contra uma plausibilidade consolidada pela tradição, partiremos, neste e no capítulo seguinte, da ideia de que não se trata de um sistema único e passível de ser caracterizado com o conceito de Estado, mas de dois sistemas diversos, cada qual fechado em sua operação, com suas respectivas formas, codificações e programas. A percepção de unidade concebida graças ao conceito de Estado e, em especial, ao esquema de "Estado de direito" é historicamente compreensível. Essa percepção de unidade pode ser mais ou menos adequada para uma fase em que teve de se impor, dentro do sistema jurídico, a positivação do direito mediante a doutrina das fontes do direito que remetessem ao Estado (político); ali, o sistema político ganhou um campo de atividade e o impôs contra estruturas estabelecidas — sobretudo corporativas — para que a política pudesse ser praticada como um processamento contínuo de decisões coletivamente vinculantes. Mas, à medida que a tal se chega, a perspectiva da unidade perde em força de convencimento. O sistema jurídico pode prescindir do soberano, mesmo sob a forma de "Estado de direito". Não teria lugar para ele, nem dele teria necessidade, uma vez que resolve seus paradoxos de outra maneira[21]. Mas o direito também deve decidir sobre as demandas que a ele são dirigidas. O sistema político permite que o paradoxo de seu código culmine na fórmula da soberania

---

21. Por exemplo, na forma de processos. Ou na forma de direitos subjetivos. Comparar com Capítulo 4, VI, e Capítulo 6, V.

e, por último, na fórmula da soberania do povo. No conceito de soberano encontra-se implicado o fato de que não se tem necessariamente de decidir; é-se soberano também com relação ao assunto decidir/não decidir. Na concepção da soberania do povo, o paradoxo implica que o soberano definitivamente não pode decidir. A questão de se e como se vai decidir converte-se em uma questão política. O conceito de Estado se converterá em um parêntese artificial para aquele que, nesse ínterim, se apresentar como dinâmica própria no sistema político e no sistema jurídico. Está absolutamente fora de questão imaginar a política como uma interpretação corrente de uma Constituição juridicamente fixada, apesar de as metas políticas, entre outras, insistirem em produzir *talk*[22] e tópicos disponíveis para mais *talk* em forma de artigos da Constituição (por exemplo, a proteção do meio ambiente como tarefa do Estado). Da mesma forma, não se chega a nenhuma teoria acertada do sistema jurídico quando o que realmente acontece é concebido como implementação de programas políticos, por mais que as decisões jurídicas se orientem para consequências políticas desejadas. Ainda que se trate de eleições políticas ou de nomeação de juízes, só são considerados candidatos idôneos, e as esperanças de submeter os tribunais a uma linha política desejada devem se realizar conforme a especificidade do tribunal, fracassando o mais das vezes na cultura de argumentação interna ao sistema

---

22. Isso no sentido de Nils Brunsson, *The Organization of Hypocrisy: Talk, Decisions and Actions in Organizations*, Chichester, 1989.

do direito²³. Mesmo no caso de surgirem aqui tendências relativamente conservadoras, orientadas para as redundâncias, e mesmo que se componham tendências mais progressistas, abertas à variedade, isso pouco tem a ver com a política comumente exercida e seu espectro partidário.

Em todo caso, chega a ser completamente impossível inserir questões políticas — por exemplo, o momento e as condições para a reunificação da Alemanha, a homogeneização das condições de vida em diferentes áreas etc. — para o sistema jurídico e apresentar uma decisão. O mesmo se aplica a litígios matrimoniais, controvérsias acadêmicas ou religiosas, investimentos financeiros, entre outros. Para citar uma formulação da Constituição americana (artigo III), o sistema jurídico aceita somente casos e controvérsias para a tomada de decisão. Problemas têm de ser transformados em uma forma justiciável para que se franqueie acesso ao direito, o que concretamente significa que eles possam ser definidos de maneira recursiva em relação à condição histórica do sistema jurídico e à condição de validade do direito. O direito não pode ser usado como uma máquina para a investigação de verdades ou para a descoberta de

---

23. Comparar com Jessie Bernand, *Dimensions and Axes of Supreme Court Decisions: A Study in the Sociology of Conflit, Social Force* 34 (1955), p. 19-27; Eloise C. Snyder, *The Supreme Court as Small Group, Social Forces* 36 (1958), p. 232-8. O célebre contraexemplo é, de fato, um caso único: a nomeação de Roosevelt como juiz rompeu com um uso bastante comum da revisão judicial por meio da Supreme Court contra uma legislação socialmente orientada. Isso fez que o tribunal se ativesse ao uso da moderação no século XIX. Para isso, da perspectiva da ciência política, C. Hermann Pritchett, *The Roosevelt Court: A Study in Judicial Politics and Values*, 1937-1947, Nova York, 1948. Para os problemas metodológicos e as inseguranças com as determinações empíricas no âmbito do Triângulo das Bermudas das diferenças ideológicas — "liberalismo" político e econômico, variáveis psicológicas (posições) e categorizações jurídicas das respectivas decisões de casos —, comparar com Glendon Schubert, *The Judicial Mind, The Attitudes and Ideologies of Supreme Court Judges* 1946-1963, Evanston, 1965.

soluções inteligentes para problemas. Se, por exemplo, o sentido de um termo referido em um dicionário tiver poder vinculativo para todos os textos de um país, isso tem de ser estipulado no contrato da editora. Como traço bastante característico dessa limitação tem-se também quando um interesse numa decisão jurídica deve ser postulado na forma de uma violação do direito subjetivo[24]. É inegável que a administração do Estado necessite ser programada em forma jurídica — sobretudo pela legislação do orçamento do Estado; mas o direito só se encontra então ativo e atuante se casos e controvérsias resultarem daí.

Já há muito foi abandonada também a ideia de que o Estado juridicamente soberano constitui a subjetividade jurídica individual, criando-se assim os fundamentos da divisão do trabalho e de uma economia orientada para o mercado. Seguindo as ideias de Hayek e Simon, pode-se ver o problema da economia como residindo no processamento de informação ou na análise da contingência e dos custos de transação no interior de uma organização. Em todo caso, trata-se de um problema específico da economia, e não pode ser deduzido do modo como se constitui a capacidade jurídica de indivíduos, ainda que isso evidentemente se mantenha como condição a ser satisfeita pela contribuição pessoal de outro sistema de funcionamento.

Foi precisamente a implementação do "positivismo legislativo", no século XIX, e o rápido crescimento de uma nova legislação — à primeira vista, indicadores da crescente

---

24. Possibilidades de ampliação que ainda são compatíveis com a lei constitucional são debatidas de todas as maneiras. Cf. somente Dieter Grimm, *Die Zukunft der Verfassung*, Frankfurt, 1991, sobretudo p. 408 s. Precisamente aqui impressiona a cautela dos juristas comprometidos com a capacidade de conexão.

dominação do sistema jurídico pelo sistema político — que conduziram a desenvolvimentos que suscitaram a consciência de que os sistemas jurídico e político eram, de fato, separados. Paralelamente a isso, e tanto no *Common Law*, com respeito a estatutos, como no continente, intensificou-se a conscientização de que a liberdade de um juiz interpretar e mesmo produzir o direito tinha de ser evitada. Evidenciou-se que, mesmo para a mera interpretação de leis, não se tratava apenas de uma reentrada em controvérsias políticas no tribunal após elas terem sido resolvidas por uma decisão que resulte num texto legislativo; tampouco que era questão de ter os juízes investigando e esclarecendo motivos políticos em casos duvidosos[25]. A natureza do compromisso e da "contratualização"[26] da opinião pública, por um lado, e as condições políticas do neocorporativismo, por outro, tornam impossível buscar uma "intenção do legislador" que seja juridicamente útil[27]. Em vez disso, o sistema jurídico desenvolve suas próprias teorias internas de interpretação, nas quais a intenção legislativa desempenha um papel limitado, mas, em todo caso, um papel que se constrói com base no texto.

A separação dos dois sistemas em funcionamento é particularmente evidente em suas diferentes codificações. Mesmo que na implementação do direito ainda se pudesse pensar em

---

25. De todo modo, quanto a isso existem bem pouco nítidos e, além do mais, controvérsias. Cf. F. James Davis et al., *Society and the Law: New Meanings for an Old Profession*, Nova York, 1062, p. 162 s.

26. No sentido de Charles-Albert Morand, "La contractualisation du droit dans l'état providence", in François Chazel/Jacques Commaile (org.), *Normes Juridiques et regulation sociale*, Paris, 1991, p. 139-58.

27. Se há uma intenção nesse sentido, na maioria das vezes ela consistirá em salvar o que se puder após um longo vaivém.

depender de uma codificação político-hierárquica de poder por meio da organização de instalações do Estado, e mesmo que tanto o direito como a política encontrassem sua liberdade na forma do Estado, é evidente que no sistema jurídico não há equivalente à codificação democrática de poder no esquema de governo e oposição[28]. No sistema político surgem ideias quanto a alternativas de decisões tão logo o sistema se observe no que diga respeito a decisões coletivamente vinculativas, que se tornam condensadas na forma de oposições no momento em que posições contrárias possam ser continuadas de uma decisão a outra. Isso se pode observar facilmente nas "facções" marcadamente pessoais da política cortesã do Estado de governo absolutista, e de maneira particularmente clara na disposição de arranjos de uma democracia parlamentarista. Com uma consolidação da organização do sistema de partidos políticos, passa a haver uma garantia organizacional, que, não importa a questão a ser decidida, será sempre uma oposição. A oposição já não é disciplinada por decisões alternativas diferentes, mas pelo prospecto de assumir o governo e ter de apresentar um programa (factível ou, pelo menos, capaz de maioria e que possa encontrar apoio político suficiente). O esquema governo/oposição torna-se a "forma", o "código" do sistema político no sentido de que a forma tem um lado interno e o código tem um lado positivo, capaz de enlace, onde a ação está. Contudo, o lado interno da forma só é o que é por haver o outro lado, onde alternativas se encontram disponíveis. Já no sistema jurídico as

---

28. Cf. Niklas Luhmann, "Theorie der politischen opposition", *Zeitschrift für Politik* 36 (1989), p. 13-26.

alternativas são tratadas de modo bem diferente. Elas são e se mantêm dispersas e dependentes de casos e regras individuais, não havendo o menor rudimento de uma "oposição consolidada". E, ainda que ela existisse, não seria reconhecida como forma do direito, mas como forma da política.

É óbvio que a separação dos sistemas não exclui intensas relações causais entre eles; na verdade, tais relações causais só podem ser encontradas se puderem ser feitas distinções entre os sistemas (e devemos acrescentar que tal só é possível, com base na realidade, se os sistemas puderem se distinguir entre si). A hipótese da separação dos sistemas permite que seja mais bem explicada a ideia de os sistemas serem dependentes um do outro em sua deriva estrutural e em seu desenvolvimento estrutural. Isso será debatido no próximo capítulo, mediante o conceito de acoplamento estrutural.

II

Passemos a examinar agora o conceito conector de Estado de direito[29]. Esse conceito funciona como um esquema a tornar possível definir duas perspectivas *de sentido contrário* como uma *unidade* e celebrá-las como uma conquista da civilização: suspensão jurídica do poder político e a instrumentalização política do direito.

---

29. Cf. também Niklas Luhmann, "Zwei Seiten des Rechtsstaates", in *Conflict and Integration – Comparative Law in the World Today: The 40th Anniversary of The Institute of Comparative Law in Japan Chuo University 1988*, Tokyo, 1989, p. 493-506.

Da perspectiva do direito e de sua função não pode haver áreas desprovidas de direito, nem formas de conduta que não possam estar sujeitas a regulamentação jurídica, tampouco enclaves de arbitrariedade não regulamentada e de atos de violência. O *Common Law* chama isso de "regra da lei"[30], de modo que Herman Finer pôde formular: «a regra e a lei (do direito, N. L.) cobrem o mesmo terreno"[31]. Se a indeterminação jurídica tiver de ser permitida, ela deve ser juridicamente qualificada. Isso é feito ao se declarar tal indeterminação liberdade prevista por lei — seja liberdade de conduta econômica (direito de uso de propriedade, liberdade de contrato), liberdade de decisão política, por exemplo, na forma da doutrina das questões políticas[32], ou, por fim, a liberdade do direito no trato consigo mesmo, isto é, referente à decisão de entrar ou não com ação legal. Visto da perspectiva do direito, o Estado de direito é a consequência da relevância universal do direito para a sociedade (ou, em outros termos, da autonomia do direito, da diferenciação do sistema jurídico). Assim, existe um *framing* jurídico de decisões emanadas do Estado e, assim, um conceito jurídico do Estado como ponto de referência para todas as decisões que

---

30. Comparar, já anunciando uma tendência, A. V. Dicey, *Introduction to the Study of the Law of the Constitution*, 10. ed., Londres, 1968, p. 183 e s., com uma interpretação já bem nacionalista: "peculiar à Inglaterra ou aos países que, como os Estados Unidos, herdaram a tradição inglesa".

31. Assim, em *The Theory and Practice of Modern Government*, ed. revisada, Nova York, 1949, p. 922.

32. Primeiramente na decisão da Suprema Corte, no caso Marbury *vs.* Madison I Cranch (1803), p. 103-80. Cf. também Fritz W. Scharp, *Grenzen der richterlichen Verantwortung: Die Political Questions-Doktrin in der Rechtsprechung des amerikanischen Supreme Court*, Karlsruhe, 1965; "Judicial Review and the Political Question: A Functional Analysis", *Yale Law Review* 75 (1966), p. 517-97.

supostamente sejam vinculativas coletivamente da perspectiva do sistema político. Vistas da perspectiva do sistema jurídico, as decisões têm esse efeito somente se estiverem em conformidade com o direito, mas não o terão quando em contravenção ao direito.

A doutrina alemã do Estado de direito, em especial, raramente tratou da política no sentido próprio do termo ou com os problemas associados à democratização constitucional dessa mesma política e, sobretudo, à proteção dos direitos individuais e da vinculação jurídica da administração pública. Em um dos grandes manuais da doutrina do direito (e trata-se da única passagem em que se encontra indexado o tema do Estado de direito), lê-se: "Um Estado no qual as competências da administração pública encontram-se limitadas pelo direito e no qual só elas podem atuar em inteira concordância com a lei pode ser descrito como Estado de direito"[33]. Consequentemente, o entendimento alemão do Estado de direito é referido como acadêmico e distante em relação ao poder político, tratando-se de um direito "de pensamento bastante estreito" quanto à democratização do sistema político[34]. Isso pode estar relacionado à necessidade, por parte do século XIX, de tornar

---

33. Georg Meyer, *Lehrbuch des deutschen Staatsrechts*, 6. ed. (revisada por Gerhard Anschütz), Leipzig, 1905, p. 27. Em uma anotação encontramos o comentário com referências comprobatórias: "Nesse sentido se usa a palavra na atualidade". A grande controvérsia sobre o Estado de direito do século XIX dizia respeito somente à questão sobre se a revisão das atividades do executivo deveria ser delegada aos tribunais cíveis ou se deveria ser competência dos tribunais especiais.

34. Cf. Ulrich Scheuner, "Begriff und Entwicklung des Rechtsstaates", in Hans Dombois/ Erwin Wilkens (org.), *Macht und Recht: Beiträge zur lutherischen Staatslehre der Gegenwart*, Berlim, 1956, p. 76-88, sobretudo nas páginas 80 e s, em contraposição às tradições inglesa, francesa e suíça.

a ideia do Estado de direito aceitável para círculos conservadores[35]. Contemplando-se em retrospectiva, essa notável abstinência política ao se lidar com o conceito de Estado poderia também ser interpretada como se se estivesse, assim, a se elaborar tão somente o ponto de vista do sistema jurídico.

O sistema político opera em terreno completamente distinto. Ele procura condensar opiniões de modo que decisões coletivamente vinculativas possam ser tomadas. Essas decisões buscam uma forma no meio do politicamente possível, isto é, de acordo com critérios políticos com os quais a política resolve seus problemas, ou seja, desfazendo-se deles. Graças a sua equação de positividade (mutabilidade), o direito proporciona uma possibilidade para a fixação de formas legais e para a despolitização de problemas. Ele garante que os assuntos continuarão sendo tratados sob critérios especificamente jurídicos, ainda que a política, nesse ínterim, passe a tratar de outros problemas. De acordo com a opinião aceita, esse deslocamento se dá no parlamento. Contudo, ele também se dá na prática dos contratos estatais e, com importância cada vez maior, na prática dos contratos estatais que vinculam o direito interno dos Estados. De todos esses casos não se segue, a partir da função do sistema político do decidir juridicamente vinculativo, que a decisão seja conforme ao direito ou contrária a ele. Isso é algo que pode ser examinado com anterioridade, e é assim que, no mais das vezes, se faz. Entretanto, esse exame preliminar, realizado pelos juristas, é então já uma operação interna do sistema jurídico

---

35. Cf. Dieter Grimm, *Recht und Staat der bürgerlichen Gesellschaft*, Frankfurt, 1987, p. 298.

independentemente do contexto organizacional e institucional em que se realize. E é completamente possível pensar que o sistema político decida de maneira involuntária contra o direito ou que — e isso ocorre com frequência — algo esteja sendo posto em risco juridicamente. O risco é um bom indicador de que se está ultrapassando os limites do sistema.

Da perspectiva do sistema jurídico, a fórmula do Estado de direito é uma tautologia grandiosa (e para citá-lo ainda uma vez): "A lei e o direito cobrem o mesmo campo". Mesmo que se trate de uma tautologia "desafiadora" que se volta contra as intromissões da política, o direito, visto do sistema político, é um instrumento que possibilita a realização de fins políticos[36], que possibilita a realização; com isso se quer dizer que o sistema político, na forma como o conhecemos, sequer existiria se o sistema jurídico não mantivesse disponível uma diferença entre meio e forma, na qual a forma, afirmada como direito válido, pudesse ser modificada com base em ímpetos políticos. Ainda que, nessa perspectiva, o direito funcione de maneira autônoma e, portanto, faça apenas o que ele próprio faz, ela é ainda a precondição mais importante que se pode imaginar para o fazer político, à parte o dinheiro vindo da economia. Fazer política significa decidir politicamente qual direito deve ser direito vigente (ou, paralelamente a isso, que uso fazer de uma renda politicamente alocada). Sem isso, a política como sistema

---

36. Disso se ocupa, por um lado, a chamada investigação da implementação e, por outro, com uma perspectiva um pouco mais ampla, uma tendência de investigação que a si própria denomina "politologia do direito". Compare-se, por exemplo, com Rüdiger Voigt (org.), *Recht als Instrument der Politik*, Opladen, 1986, e a publicação anual para politologia do direito, que aparece já desde 1987. Atualmente, a discussão parece estar entremeada de ambiguidades conceituais, relacionadas ao conceito de controle.

entraria em colapso. De nada valeria erigir um aparato gigantesco de partidos políticos e *lobbies* só para decidir como e por que aplicar a força física. A política deve a ampla expansão de seu campo de possibilidades ao direito e ao dinheiro. Mesmo a autorrepresentação da política, a retórica da política, o retrato das boas intenções e os malfeitos cometidos pelos adversários são todos vinho da mesma garrafa.

    A fórmula do Estado do direito é usada pelo sistema jurídico para descrever apenas a si mesmo. Por isso, melhor seria falar de regra da lei. A referência ao Estado no conceito de Estado do direito indica que o direito (em especial o privado) pode se desenvolver somente se a paz se fizer politicamente garantida, ou seja, se a violência puder ser evitada. Existe uma boa razão para trazer esse aspecto à tona agora, tendo em vista quadros que são os de muitas partes do mundo, em especial das grandes cidades do continente americano. Existe outro contexto, contraditório, no qual as violações da lei e a corrupção política podem manter a ordem social, embora em pretensões reduzidas.

    Para o sistema político, que a si mesmo define como Estado, a fórmula do Estado do direito expressa uma precondição adicional para o aumento de complexidade. O direito, como âmbito político de ação, só se encontra disponível se e à medida que o sistema político permitir ao direito realizar-se como direito; ou seja, quando o sistema político deixa de aplicar a força pública ilegalmente. Consequentemente, a fórmula do Estado do direito significa diferentes coisas, a depender de qual sistema a estiver usando. Todavia, ela expressa esses diferentes aspectos em uma fórmula ou — como então se pode dizer — em um esquema e, desse modo, possibilita sua definição. Portanto, é possível afirmar que os sistemas político e jurídico não seriam o que são sem o outro correspondente.

Em resumo, pode-se dizer que a fórmula do Estado do direito expressa uma relação recíproca e parasitária entre política e direito. O sistema político se beneficia da situação de alhures se codificar e administrar segundo licitude e ilicitude, que é o que se dá no sistema do direito. Inversamente, o sistema do direito, que se beneficia com o fato de a paz, diferentemente de poderes claramente estabelecidos, e as decisões poderem se impor pela força, está assegurado em outra parte: no sistema político. O termo "parasitário" aqui não expressa mais do que a possibilidade de crescer graças a uma diferença externa[37].

III

Por meio dessa diferenciação funcional, os sistemas de função são postos em liberdade para que autodeterminem suas condições e estruturas. Isso quer dizer que são gerados tempos especificamente próprios dos sistemas. A questão referente ao que deve ser recordado ou antecipado, e em que espaços de tempo, varia de sistema a sistema. O mesmo vale para o tempo esperado do atrelamento de comunicação a comunicação e para a diferença com que se reage a isso: com mais ou menos pressa. Essas diferenças se fazem notar, sobretudo, onde a comunicação se encontre expressa em forma de organizações. Mas mesmo as organizações por vezes veem-se trespassadas por drásticas suces-

---

37. Cf. Michel Serres, *Der Parasit*, trad. alemã, Frankfurt, 1981.

sões temporais. A velocidade com que a economia reage às mudanças de preços com mudanças de preços contrasta de maneira muito especial com a lentidão com que a ciência apresenta os resultados das investigações desejadas — âmbito no qual predominam a orientação em longo prazo e a surpresa (portanto, o *a posteriori*).

Esse problema comum das desarmonias temporais na sociedade moderna tem especial relevância para a relação entre direito e política. No moderno sistema político, a política encontra-se sob considerável pressão temporal — num espectro de temas que é amplo e quase objetivamente ilimitado (mas determinado por ela própria). Ao manejo dessa diferença, a política reage com aceleração ou retardo, com o apoio de um conhecimento próprio dos *insiders* e na dependência do poder. Comparativamente, o sistema jurídico, no qual se insere a atividade dos tribunais, é bastante lento e, além disso, faz-se estancar em razão das exigências de cautela e justificação. Isso tem importância não só para a resolução de casos, mas, e mais ainda, para os efeitos estruturais, para a modificação do direito por meio da atividade judicial. A conformação e a consolidação da tradição no trato com conceitos e regras demandam séculos. No direito, o espectro temático também é bastante amplo, e a repetição dos casos semelhantes faz-se mais rara quanto mais aumenta a complexidade. Se se comparasse somente a autoinspiração corrente da política, acelerada pelos meios de comunicação de massa, com o desenvolvimento do direito do juiz, as insuperáveis discrepâncias temporais ficariam evidentes. Por essa única razão, seria necessário praticamente romper o contato entre esses sistemas.

Obviamente isso não irá ocorrer, pois o direito é ao mesmo tempo um dos elementos mais importantes da configuração da política e porque as situações novas dos outros sistemas a todo o tempo confrontam a política para que se decida com presteza. Nesse quadro, a legislação se converte em um importante mecanismo de compensação de tempo para a sociedade em seu conjunto. Se houver pressão política suficiente, a legislação pode se pôr em marcha e chegar a termo com relativa rapidez. Para a política, a promulgação de uma lei (isto é, a resposta do sistema jurídico na direção desejada pela política) já é um símbolo de êxito: o triunfo do grupo que no momento em questão se encontra no poder. Para as novas leis, o sistema jurídico encontra relativamente pouca resistência, porque aí não se trata de uma assimilação das experiências próprias, nem da transformação do direito já testado e aprovado, mas de um novo direito. O mecanismo de aceleração da legislação (e, sempre, sua disponibilidade ou indisponibilidade) naturalmente depende de que não se sabe, e não se pode saber, do que sucederá com a lei na prática do direito[38]. O legislador tem suas próprias ideias sobre os "efeitos" possíveis da lei; mas aí se têm ideias, e não informações. A condição essencial que está por trás

---

38. O mesmo se aplica, *mutatis mutandis*, às decisões normativas dos tribunais superiores. Essas decisões são motivadas também pela falta de previsão das consequências e então se convertem em objeto de estudos de impacto. Cf. Stephen Wasby, "The Impact of the United States, Supreme Court: some Perspectives", Homewood III, 1979, ou também os exemplos mencionados por Robert L. Kidder, *Connecting Law and Society, An Introduction to research ant Theory*, Englewood Cliffs, Nova Jersey, 1983, 112 e s. Na qualidade de estudos de caso, cf., por exemplo, Gordon Patric, "The Impact of a Court Decision: Aftermath of the McCollum Case", *Journal of Public Law* 6 (1957), p. 455-64 (que faz referência às classes de religião nas escolas públicas), ou James Croyle, "The Impact of Judge-made Policies: An Analysis of Research Strategies and an Application to Products Liability Doctrine", *Law and Society Review* 13 (1979), p. 949-67.

de toda aceleração aplica-se também aqui: a de que o futuro não pode ser conhecido[39].

O fator tempo dirige e falseia a observação e descrição de sistemas em alto grau. Especialmente na era dos meios de comunicação de massa, existe uma tendência a se preferir o que é novidade. Sobre o cotidiano não se relata. Nessa medida, nada sabemos dos efeitos que terão as leis depois de promulgadas (a não ser que sejam realizados estudos especiais ou que tenhamos algum conhecimento específico do meio local). A todo tempo ouvimos sobre a promulgação de novas leis. Sendo assim, é natural que percebamos o sistema jurídico preferencialmente do ponto de vista da legislação ou por uma relação hierárquica entre legislação e jurisprudência[40]. Ocorre que isso faz que persistam dificuldades "óticas" para se ver o sistema político e o sistema jurídico como sistemas separados. E esta poderia ser uma das tarefas da sociologia do direito: corrigir essa ilusão de ótica. Tal não significa negar a interdependência entre os sistemas ou desmerecê-las, tomando-as por pouco importantes. Pelo contrário: é preciso encontrar formas mais específicas de descrição, que expressem muito mais claramente como e por que política e direito encontram-se tão bem sintonizados na sociedade moderna, razão pela qual desencadeiam desvios estruturais (ainda que sejam tão diversos). A isso contribui a tese segundo a qual a legislação, como lugar de transformação de política em direi-

---

39. Essa reflexão conduz, e aqui será o caso de apenas indicá-lo, à suposição de que a relação com o futuro da sociedade moderna (palavra-chave: "futuro aberto") poderia ter muito a ver com o acúmulo e a aceleração das modificações, ainda visíveis para a sociedade, da estrutura.

40. Uma crítica dessa amputação já foi feita no Capítulo 7.

to e como lugar da delimitação jurídica da política, assumiu a importante função de equilibrar a temporalidade da sociedade em seu conjunto.

Essa visão, que se tem de cima, pode ser complementada com uma visão de baixo[41]. Mesmo o que numa perspectiva jurídica aparece como aplicação da lei tende a ser praticado pela administração pública como comportamento orientado para a resolução de problemas[42]. Sobretudo, uma vez que a administração pública se ampliou imensamente ao se orientar para as funções de bem-estar social e, mais recentemente, para as funções relacionadas a questões ecológicas, cada vez menos se trata de problemas jurídicos que se apresentam sob a forma de casos, e, cada vez mais, de circunstâncias sobre as quais é o caso de exercer influência: purificação da água e do ar, desenvolvimento industrial, evasão escolar ou alcoolismo, controle ou redução do tráfego etc. Se observarmos essas condições de um ponto de vista jurídico, não se tratará de infrações individuais contra a lei, mas, de certo modo, de um desvio contínuo: condições sob as quais dia após dia são repetidas infrações. Aqui o tempo se torna relevante e de maneira que não encontra equivalente nas categorias do sistema jurídico.

Consequentemente, os contatos que a administração pública estabelece com o círculo dos afetados, cuja conduta se pretende influenciar, desenvolvem seus próprios critérios de

---

41. Essa é uma demanda feita por estudos em sociologia da organização, orientados para o processo de tomada de decisão. Cf. Colin S. Diver, *A Theory of Regulatory Enforcement*, *Public Policy* 28 (1980), p. 257-99.

42. Para excelentes análises sociolegais, cf. Keith Hawkins, *Environment and Enforcement: Regulation and the Social Definition of Pollution*, Oxford, 1984.

êxito ou fracasso. Os contatos encontram-se estabelecidos para que sejam repetidos. No processo surgem, entre outros, critérios morais do que se pode exigir e do que se deve respeitar; surgem as condições e os limites da colaboração, e o alcance dos acordos. As tensões e as quebras que se produzem na rede em que se dá essa razoável cooperação conduzem diretamente à intervenção do direito, e disso se espera que sejam feitas as indicações explícitas do que se poderia juridicamente forçar ou não. Aqui, como em todo o resto, o direito serve de rede de segurança para amortecer o fracasso da relação primária. A transição pode ter lugar a partir de motivações juridicamente não objetivas, que são, não raro, também inadmissíveis — por exemplo, quando faltam sinais de respeito mútuo (e, sobretudo, as diferenças de classes entre o burocrata e o cliente podem fazer que a suscetibilidade se exacerbe). Mas as motivações não são argumentos. Elas se mantêm como comunicação latente, antes e depois da juridificação, e em todo o caso poderiam ser inferidas a partir de uma análise sociológica.

Além disso, fica claro para os funcionários administrativos que levar à obrigatoriedade jurídica é algo que pode ter amplas consequências políticas nos casos de defrontamento com interesses que tenham representação política. A indústria local, ou os camponeses, os vinicultores e os pescadores, podem exigir a devida consideração aos interesses que representam, mesmo quando o juiz tiver chegado a uma decisão de consequências incalculáveis; e a administração estará bem assessorada se for desenvolvida uma sensibilidade política, sobretudo nos casos em que a relação entre a violação do direito e o dano não seja imediatamente compreensível ou quando só se lance mão de mensurações artificiais. Para as instâncias mais baixas, a *street level bureaucracy* existe, sendo, assim, uma espécie de "segundo escalão" de comando. Este opera por meio da mídia ou de interessados influentes, e estratégias de proteção têm de ser desenvolvidas, acima de tudo, em forma de relatórios escritos ou formulários, que assegurem que nada acontece quando, na realidade, acontece[43]. Se do ponto de vista jurídico existe uma estreita relação entre legislação e aplicação da lei, que só é transmissível por meio da interpretação ou de problemas comprobatórios, em termos políticos os horizontes de ambos os âmbitos se separam.

Diante desse estado de coisas, seria equivocado considerar que o fundamental da administração política consiste na aplicação das leis. Já não nos encontramos na situação dos primórdios da modernidade, quando na administração local existiam apenas tribunais. A obrigação de observar a lei por parte da administração pública, que se deu no século XIX, continua incontestada; mas essa obrigação oferece a possibilidade de se recorrer ao direito somente no caso de surgirem dificuldades. E mesmo análises atuais, que investigam a "implementação" de programas aprovados juridicamente e que se queixam dos defeitos correspondentes, ou de um procedimento equivocado de caráter tipicamente burocrático, frequentemente partem

---

43. Isso é conhecido, sobretudo, a partir de numerosas investigações policiais. Cf., por exemplo, Jonathan Rubinstein, City Police, Nova York, 1974; Michael S. Brown, *Working the Street: Police Discretion and the Dilemmas of Reform*, Nova York, 1981; David E. Aaronson/C. Thomas Dienes/Michael M. Musheno, *Public Policy and Police Discretion: Processes of Decriminalization*, Nova York, 1984. Para outras áreas, cf. também Richard McClary, *Dangerous Men: The Sociology of Parole*, Beverly Hills, 1978, esp. 145, ou Jeffrey M. Prottas, *People-Processing: The Street-Level-Bureaucrats in Public Service Bureaucracies*, Lexington, 1978.

do preconceito de que as leis deveriam ser "implementadas". O governo estatal, com sua administração, é, não obstante, de cima a baixo, uma organização do sistema político. Esse sistema realiza política e não direito — ainda que com a ressalva de que a qualquer momento possa sobrevir a pergunta sobre se isso se dá de maneira lícita ou ilícita. Mas, com essa pergunta, a comunicação muda o seu sistema de referência.

IV

As teses sobre a separação e a densificação do contato que se realizam entre o sistema político e o direito podem ser empiricamente comprovadas, mediante o exame da influência política dos juristas. Tais investigações deveriam ser preparadas de maneira teoricamente cuidadosa e estabelecer-se num nível não apenas pessoal, mas também operacional. Uma pergunta que se faz é se os juristas, seja por meio de seus estudos, seja por meio de sua atividade profissional, estão especialmente preparados para a atividade política. Outra questão é saber se em contextos políticos os juristas atuam realmente como juristas, ou seja, se atendem primariamente à atribuição valorativa relativa ao código lícito ou ilícito.

Que a política se encontre, na prática, nas mãos dos juristas, tem-se aí algo que frequentemente se supõe, mas raramente se comprova. Alude-se ao chamado "monopólio dos juristas" na carreira da administração pública, ou também ao fato de os lobistas influentes em Washington estarem representados por (influentes?) escritórios de advocacia[44]. Mas com isso ainda não se explica em que tipo de habilidade repousa a influência e em que sistema de funções ela se tornará efetiva. Pode-se reconhecer que os juristas, habituados a lidar com a controvérsia com base no reconhecimento (profissional) da parte contrária, têm uma relação mais aberta com a política do que outras profissões acadêmicas[45]. Contudo, isso não significa uma eventual ascendência jurídica sobre questões políticas. Assim se dá também nas mais elevadas posições da indústria ou na preferência das empresas por certos advogados ou escritórios de advocacia, pois mais importantes do que o conhecimento jurídico propriamente dito são a habilidade ao se apresentar, a capacidade de se conduzir na interação, mesmo por telefone, o conhecimento do meio e sobre a organização, e ser reconhecido nas posições certas. Pode ser — e certamente é o caso mais frequente — que as questões de direito delimitem o contexto do politicamente possível e que, ao serem tocados esses limites, faça-se necessário o auxílio da argumentação jurídica e do decidir jurídico. Mas mesmo nesse caso continua a ser uma questão política o risco jurídico que se esteja disposto a enfrentar[46]. Deve-se notar que

---

44. Cf., por exemplo, o relato de um desses advogados, Charles Horsky, *The Washington Lawyer*, Boston, 1952. Comparar também com Heinz Eulau e John D. Sprague, *Lawyers in Politics: A Study in Professional Convergence*, Indianapolis, 1964.

45. Cf. Elmar Lange e Niklas Luhmann, "Juristen – Berufswahl und Karrieren", *Archivo administrativo* 65 (1974), p. 113-62 (156 s.).

46. Uma boa oportunidade para um estudo de caso foi oferecida pelo informe da Comissão de Estudos sobre a Reforma do Direito do Serviço Público, Baden-Baden, 1973, com os 11 volumes anexos. A julgar pelo nome que lhe deu a comissão, ela se debruça sobre questões jurídicas e de fato e, na verdade, um grande número de relatórios de perícias judiciais, a fim de sondar o espaço livre das reflexões sobre as reformas (garantia institucional de funcionários públicos de carreira etc.). Contudo, a indicação do perito já estava politicamente pré-selecionada, e para as recomendações da própria comissão foram decisivas, com quase exclusividade, as questões de organização e estruturação.

os juristas, nas consultas em que entram em contato a política e o direito, podem, de maneira sucinta e competente, evitar que a política desnecessariamente se imiscua nas questões do direito; mas também se deve notar que está implicado aí algo de natureza bem distinta.

Investigações em empresas de advogados em Washington revelam também que a sua influência na política encontra-se superestimada[47]. Sem dúvida, os clientes abastados podem escolher empresas de advocacia "melhores"; entretanto, ainda assim fica aberta a pergunta sobre se sua influência pode ser atribuída ao argumento jurídico (se é que se chegará a tal) ou à importância política do cliente[48]. Isso indica também que o uso de advogados para que se estabeleçam contatos políticos é algo que se situa mais no sistema político do que no sistema jurídico, e, em todo caso, para isso não são necessários conhecimentos jurídicos profissionais em quantidade significativa. As investigações empíricas documentam discrepâncias notáveis entre autorrepresentação profissional e a rede de contatos reais[49], porém isso não deve levar à conclusão de que os advogados não seriam capazes de distinguir entre questões políticas e de direito. Com o auxílio de análises das redes de contato, é possível também ver

---

47. Cf. Robert L. Nelson/John P. Heinz, "Lawyers and the Structure of Influence in Washington", *Law and Society Review* 22 (1988), p. 237-300. Pelo resumo se tem: "[...] os resultados indicam que os advogados ocupam um nicho relativamente especializado no sistema de representação de interesses, em que lhes é permitido comandar recompensas econômicas substanciais e manter certa independência e autonomia em seu trabalho, mas onde sua influência na formação de políticas é limitada".

48. Cf. Robert L. Nelson et al. "Private Representation in Washington: Surveying the Structure of Influence", *American Bar Foundation Research Journal*, 1987, I, p. 141-200.

49. Cf. Edward O. Laumann e John P. Heinz et al., "Washington Lawyers and Others: The Structure of Washington Representation", *Stanford Law Review* 37 (1985), p. 465-502.

claramente as parcialidades políticas que contradizem a imagem do advogado "imparcial"; não obstante, essas parcialidades não são determinadas por questões jurídicas, documentando somente as autosseleções não jurídicas[50]. O mero estatuto de jurista, afinal, não é nenhum indicador confiável na questão sobre se uma comunicação transcorre mais no sistema político ou no sistema jurídico. Seja como for, nenhum jurista pode operar de maneira bem-sucedida nesse terreno se não diferenciar entre questões jurídicas e políticas ou se incorrer no erro de tomar problemas políticos por jurídicos.

Outra possibilidade para se comprovar empiricamente a hipótese da separação dos sistemas poderia consistir em analisar importantes descobertas jurídico-dogmáticas e perguntar-se se e sob quais condições elas puderam figurar na agenda política e no sistema da política partidária. Por exemplo, a aparência de pleno poder que alguém desperta, tolera ou dela não se dá conta (três variantes!), já que algum outro é dotado por ele de plenos poderes. Ou a *culpa in contrahendo* [culpa em contrair], que possibilita a queixa mesmo em contraposição ao conteúdo contratual acordado. É realmente improvável que tais problemas pudessem ser considerados problemas políticos; mesmo assim, é improvável que os tribunais prescindam de seu próprio desenvolvimento do direito, relegando-o à legislação de cunho político.

Contrariamente a tudo o que permite supor a imagem de um "Estado" comum, no nível operacional tem-se diferenças tão significativas que a melhor opção é supor o fechamento

---

50. Cf. Nelson/Heinz, op. cit., 290 s.

operativo dos sistemas. Se se encontrar conexões individuais, as coincidências dos modos de seleção internos aos dois sistemas são explicadas (independentemente da frequência) como casualidades. Contudo, essa explicação deverá ser factualmente amparada por análises internas do sistema; ela não pode ser incluída sem ser testada. Caso contrário, esse conceito de teoria acabaria por incluir, sem nenhum tipo de comprovação, o caso contrário, ou seja, a sua própria refutação.

V

A indiscutível densidade da relação entre política e direito não justifica, afinal, falar de um único sistema. Ao contrário: sua apropriada representação exige que se parta das referências diversas do sistema.

Desse modo, não se pode excluir que para um observador determinadas operações particulares tenham um sentido a um só tempo político e jurídico. A promulgação de uma lei no parlamento pode ser registrada como êxito político. Nesse ato resultam amplos esforços para se chegar a um sólido consenso, e ao mesmo tempo essa nova lei muda a situação da vigência do direito, servindo como instrução para os tribunais e, além disso, para todo aquele que quiser saber, no contexto apropriado, o que é lícito e o que é ilícito. No entanto, o fato de um observador poder aqui identificar o êxito como unidade nada significa para a unidade do sistema. À medida que se leva em conta a rede recursiva da operação em questão com outras de seu mesmo tipo, novamente se dissolve a unidade do ato particular.

Ela é apenas uma unidade fictícia que não leva em conta o tempo, pois a pré-história política da lei é ato totalmente diverso da preexistente situação jurídica, na qual intervém a lei, pois foi ela que fixou as condições de possibilidade da referida modificação legal. Trata-se, politicamente, de uma história de *talk*[51], de manobras de posicionamento, de operações no âmbito do esquema governo e oposição, de negociações, de declarações públicas de intenções, da intenção secundária da sondagem da opinião pública etc. Politicamente, o assunto chega a seu termo no ato simbólico da legislação, com a possibilidade de que seja citado nos informes como êxito do partido ou do governo. Não obstante, tudo isso independe completamente dos efeitos jurídicos transmitidos efetivamente por meio do direito[52]. Deve-se levar em conta, além disso, a relevância política de não se ter feito uma modificação que o sistema jurídico tenha planejado e proposto, para o que não há nenhum equivalente funcional no sistema do direito.

Nessa não identidade do sistema nada muda, nem mesmo a regulamentação detalhada do procedimento legislativo

---

51. Novamente, no sentido de Brunsson, op. cit. (1989).

52. Para isso, cf. o estudo de caso de Vilhelm Aubert, "Einige soziale Funktionen der Gesetzgebung", in Ernst E. Hirsh/Manfred Rehbinder (org.), "Studien und Materialien zur Rechtssoziologie", caderno especial II da *Kölner Zeitschrift für Soziologie und Sozialpsychologie Köln*, 1967, p. 284-309. A investigação trata de uma lei norueguesa sobre os empregados domésticos, com cuja promulgação foram levadas a termo, de maneira simbólica, controvérsias políticas, sem que se tivesse verificado se ainda existiam, afinal, empregados domésticos e, se existissem, como poderiam ficar a par de seus direitos. Para outro caso de autobloqueio (introduzido politicamente) de novos direitos, cf. Leon H. Mayhew, *Law and Equal Opportunity: A Study of the Massachusetts Commission Against Discrimination*, Cambridge Mass., 1968. Comparar também com Niklas Luhmann, "Reform des öffentlichen Dienstes: Ein Beispiel für Schwierigkeiten der Verwaltungsreform" (1974), citado segundo a edição de Andreas Remer (org.) da *Verwaltungsführung*, Berlim, 1982, p. 319-39.

que foi proposta ou pelo próprio legislador, ou por parte dos tribunais constitucionais[53]. Ela se mantém como estrutura de regulamentação jurídica do sistema do direito, podendo estimular (e irritar) a comunicação política e relegá-la a uma consulta jurídica. Mas, para a política, tal aproveitar-se da falta de nitidez do direito constitui um risco e, além disso, uma infração à lei que em si não teria importância, mas poderia ter caso ao mesmo tempo se tratasse de um fracasso político e contasse como ponto a favor do opositor político. O motivo para essa diferença encontra-se na autopoiese dos sistemas: cada sistema define, por meio da trama de suas próprias operações, o que pode participar como elemento especialmente próprio. Se no direito a doutrina clássica do Estado e de sua soberania assume forma diferente da que se expressa como teoria do positivismo legislativo de base política, cada visão tem de observar como observador do sistema e problematizar seu modo de ver — historicamente, por exemplo, em relação ao sistema social que, naquele tempo específico, emprestou plausibilidade a decisões tão compactas. Contudo, a separação de sistemas é irrefutável se a descrição da teoria dos sistemas for aceita como teoria de sistemas operativamente fechados.

As operações de sistema são identificadas separadamente porque os sistemas se reproduzem e, ao fazê-lo, decidem quanto a suas próprias fronteiras. Isso ocorre com o auxílio de seus próprios códigos. No sistema político, isso é alcançado pela distinção entre poder superior (autoridade) e os subordinados

---

[53]. Para isso, cf. Charles-Albert Morand, "Les exigences de la méthode législative et du droit constitutionel portant sur la formation de la législation", *Droit et Société* 10 (1988), p. 391-406, com outras referências bibliográficas.

(o governante/o governado) e pela codificação da autoridade pelo esquema governante/oposição. No sistema jurídico, a codificação se baseia no tipo de distinção, bastante diferente, entre lícito e ilícito. De modo correspondente, os programas que regulam a atribuição de valores negativo e positivo divergem, como também divergem as condições para o reconhecimento de se pertencer ao sistema no interior de cada sistema, e como também divergem a conectividade no interior do mesmo sistema e a identificação do que é sistema e do que é ambiente. Se essa capacidade de distinguir e fazer referência a sistemas desse modo não existisse, o resultado seria o caos e a extrema simplificação. Toda decisão jurídica, toda celebração de um contrato seria uma ação política, assim como, inversamente, um político poderia interpretar ou modificar as condições do direito valendo-se somente de suas comunicações e, de modo correspondente, teria de se conduzir de maneira cautelosa.

O que também difere é o uso interno de símbolos para a unidade do sistema no interior de cada sistema. Se pertencer ao sistema jurídico é ser simbolizado — mesmo que, e especialmente se, mudanças no direito estiverem em pauta —, faz-se referência ao direito "válido". Esse foi um aspecto que debatemos anteriormente (Capítulo 2, VIII). No que diz respeito ao sistema político, a fórmula para a identificação é chamada de "Estado"[54]. Isso também se torna particularmente relevante quando se quer canalizar a ânsia por mudança na direção dos sistemas. Isso não impede que o conceito de Estado não seja

---

54. Sobre esse aspecto, com mais detalhes, cf. Niklas Luhmann, "Staat und Politik: Zur Semantik der Selbstbeschreibung politischer Systeme", *Sociologische Auflärung*, vol. 4, Opladen, 1987, p. 74-105.

também um conceito de direito válido. Contudo, se juízes e oficiais de política, professores e médicos públicos forem considerados funcionários públicos, a referência é feita não só às leis que regulam as circunstâncias de sua existência, mas também ao fato de sua conduta poder ser tornada tema político — diferentemente da de médicos que exerçam seu ofício em regime particular ou então guarda-costas particulares, casos em que os escândalos só podem, quando muito, provocar uma exortação política para a regulamentação jurídica, que teria de ser endereçada, quando muito, ao Estado.

Ao ponto em que chegamos, se olharmos retrospectivamente para a semântica tradicional do Estado, podem ser reconhecidas as fissuras entre política e direito, em especial no caso de se evitar distúrbios e turbulências públicas, sendo nisso que consiste a paz (interna). Já as doutrinas mais antigas sobre razões de Estado permitiam ao príncipe que ele rompesse com o direito ou ignorasse rupturas com o direito no interesse de manter seu poder (e, desse modo, a paz), o que significa romper com o direito, mas sem incriminação[55]. A doutrina esteve incrustada num contexto jurídico ético-natural, no qual a manutenção da paz (diante das dadas circunstâncias) era tida em alta conta, ainda mais alta do que as violações ocasionais do direito. Mesmo depois da ruptura com tal semântica de legitimação abrangente, em fins do século XVIII, o problema tornou a vir à tona. Já David Hume comentara: "Um único ato de justiça é frequentemente contrário ao interesse público; e se fosse

---

55. Sobre esse aspecto, cf. Niklas Luhmann, "Staat und Staatsräson im Übergang von traditionaler Herrschaft zu moderner Politik", in id., *Gesellschaftsstruktur und Semantik*, vol. 4, Frankfurt, 1990, p. 65-148.

para ficar isolado, sem ser seguido por outros atos, pode, por si só, ser muito prejudicial para a sociedade"[56]. A insistência absoluta nos próprios direitos é vista — se não como ilícita — como distúrbio à paz, e isso com terríveis consequências, como o demonstrado no *Michael Kohlhaas*, de Kleist[57]. E na "Signatur des Zeitalters" [Assinatura de uma era] de Friedrich Schlegel, lê-se: "Nenhuma forma de paz baseada na contínua independência [...] pode ser imaginada sem um mútuo dar e receber na demanda absoluta pelo direito"[58]. O que se encontrava reunido no antigo e moderado conceito de justiça já havia ficado de fora na fórmula, datada do medievo e dos primórdios da era moderna, de *pax et iustitia*. Toda e qualquer referência recente à unidade se perdeu com o colapso da argumentação em direito ético-natural e com o desenvolvimento da autocracia monárquica à qual era endereçada. As "contradições" a si próprias se estabeleceram como tais, independentemente da medida com que o período romântico tentou evitá-lo. O sequestro de Erich Honecker por um avião militar soviético, no intuito de livrá-lo da justiça alemã, e o compreensível protesto

---

56. *A Treatise*, op. cit., vol. 2, p. 201. Pode-se facilmente compreendê-lo como uma contradição no nível dos resultados individuais, com a necessidade de ser compatível com sistemas de operação recursiva. Para Hume, contudo, isso significava tão somente que o uso da propriedade tinha de ser garantido mesmo se fosse contra o interesse público em casos individuais.

57. Já no primeiro enunciado, Kleist descreve o herói de sua novela como "o mais correto e ao mesmo tempo o mais odioso ser humano de seu tempo". No contexto romântico e em sua relação com a implementação compulsória de um novo esquema europeu de legalidade/ilegalidade, cf. Regina Ogorek, "Adam Müllers Gegensatzphilosophie und die Rechtsausschweifung des Michael Kohlhaas", *Kleist-Jahrbuchs* 1988-89, p. 96-125.

58. Citado segundo a edição em Friedrich Schlegel, *Dichtungen und Aufsätze*, Munique, 1984, p. 594-728 (700). E ibidem: "[...] Se houvesse tamanha insistência absoluta no direito, toda guerra seria necessariamente uma guerra de vida e morte".

por parte dos alemães (em março de 1991) demonstram que o problema nada perdeu de sua relevância.

Isso não deve significar que a existência de contradições necessariamente seja, nessa questão, a última palavra. Quando se migra de objetivos como paz e justiça para a análise de sistemas, pode-se chegar a um espectro bem mais amplo de possibilidades combinatórias. A separação de sistemas pode ser vista como precondição para o aumento da interdependência, e a própria sociedade, como sistema, pode ser vista como precondição para a possibilidade dessa conexão. A democratização do sistema político e a positivação do sistema jurídico só puderam ser desenvolvidas pelo recíproco condicionamento e estimulação. Veremos, no capítulo a seguir, que isso não pôde acontecer sem a separação dos sistemas e sem um mecanismo para seu acoplamento estrutural.

Capítulo 10

ACOPLAMENTOS ESTRUTURAIS

I

Quanto maior a ênfase da teoria dos sistemas no fechamento operativo de sistemas autopoiéticos, é de modo mais urgente que se coloca a questão de como as relações entre o sistema e seu ambiente se formam sob essa condição, pois nem a realidade, nem a relevância causal do ambiente são negados (se assim não fosse, não se poderia nem falar em diferença, diferenciação etc.). Fechamento operativo significa tão somente que a autopoiese do sistema pode ser executada unicamente com suas próprias operações e que a unidade do sistema pode ser reproduzida somente com as operações do próprio sistema, e, no sentido inverso, o sistema não pode operar em seu ambiente; portanto, não pode se ligar a seu ambiente usando as próprias operações do sistema.

A vantagem teórica desse ponto de partida é que ele demanda um montante de precisão tão atípico quanto não desenvolvido em proposições acerca das "relações entre sistema e ambiente"[1]. A resposta a essa demanda se encontra no conceito

---

1. Aqui temos em mente um sentido conceitual. O que pode ser alcançado matematicamente é questão, bem outra, que pressupõe o esclarecimento conceitual a que aspiramos aqui.

de "acoplamento estrutural"[2]. Ele é assim chamado em contraste com acoplamentos operativos (acoplamentos de operações com operações) e também para distingui-lo das causalidades em curso que, se podemos expressá-lo dessa forma, ignoram ou transgridem os limites do sistema.

Existem duas variantes para os acoplamentos operativos. Uma é a chamada autopoiese. Ela consiste na produção de operações do sistema por mediação das operações do sistema. A outra reside na simultaneidade que sempre se deve supor entre o sistema e o ambiente. Essa simultaneidade permite um acoplamento momentâneo das operações do sistema com as que o sistema atribui ao ambiente, por exemplo, a possibilidade de cumprir com uma obrigação legal mediante um pagamento ou sugerir consenso/dissenso político decretando uma lei. Contudo, os acoplamentos operativos entre sistema e ambiente, realizados por tais identificações, só são possíveis para o período em que durar o evento. Os eventos não persistem e residem sempre em certa ambiguidade da identificação, pois no fundo a identidade dos eventos individuais é gerada sempre na rede recursiva do sistema individual. Por isso, o aspecto econômico de um pagamento, relacionado com a reutilização do dinheiro, é muito diferente do aspecto jurídico, que se relaciona com a mudança na situação jurídica induzida pelo pagamento.

Em contraste, fala-se de acoplamentos estruturais quando um sistema supõe determinadas características de seu

---

[2]. Com relação a esse conceito, no plano dos sistemas vivos (células e organismos), cf. Humberto R. Maturana, *Erkennen: Die Organisation und Verkörperung von Wirklichkeit: Ausgewählte Arbeiten zur biologischen Epistemologie*, Braunschweig, 1982, p. 150 ss., 251 ss; id. e Francisco J. Varela, *Der Baum der Erkenntnis: Die biologischen Wurzeln des menschlichen Erkennens*, Munique, p. 85 ss., 251 ss.

ambiente, nele confiando estruturalmente — por exemplo, que o dinheiro seja de modo geral aceito ou que se possa esperar que as pessoas sejam capazes de dizer que horas são. Consequentemente, também o acoplamento estrutural é uma forma, ou seja, uma forma constituída de dois lados — em outras palavras, uma distinção. O que inclui (o que é acoplado) é tão importante quanto o que exclui. As formas de acoplamento estrutural são, portanto, *restritivas* e assim *facilitam* a influência do ambiente sobre o sistema. Em suas membranas, as células recebem somente certo tipo de íons (por exemplo, sódio e cálcio) e não outros (como césio ou lítio)[3]. Os cérebros, com seus olhos e ouvidos, acoplam-se ao ambiente num espectro físico muito estreito; em todo caso, não o fazem por meio de suas próprias operações neurofisiológicas; mas, precisamente por isso, tornam o organismo incrivelmente sensível ao ambiente. A restrição é condição necessária para a capacidade de ressonância, e a redução da complexidade é condição necessária para a construção da complexidade.

    O modo como os acoplamentos estruturais ao mesmo tempo separam e atrelam também pode ser entendido ao se expressar a distinção entre processamento *análogo* e processamento *digital*, que se refere às dimensões do tempo[4]. Os sistemas envelhecem juntos em um tempo comum sem ter de mensurar o tempo, e nesse sentido envelhecem de maneira análoga. Ao mesmo tempo, contudo, processam suas próprias relações tem-

---

[3]. Esse exemplo é de Maturana/Varela, op. cit., p. 86.

[4]. Cf., por exemplo, no que diz respeito a essa distinção, Anthony Wilden, *System and Structure: Essays in Communication and Exchange*, 2. ed., Londres, 1980, p. 115 ss. e passim.

porais digitalmente e, de modo correlativo, mais rápida ou mais lentamente, com referências mais longas ou mais breves ao passado ou ao futuro e com períodos mais longos ou mais breves do que é constituído no sistema como um evento individual. O tempo passa para todos da mesma forma, o que é uma garantia da manutenção operativa dos acoplamentos estruturais; porém, nesse tempo simultâneo podem se apresentar diferentes distinções, com a consequência de, por exemplo, os procedimentos legais orientados para fins na economia (ou, também, na política) poderem se revelar, não raro, demasiadamente lentos e, por conseguinte, praticamente inutilizáveis como mecanismos para a tomada de decisão.

Uma vez que o sistema se encontra determinado por suas próprias estruturas e que só pode ser digitalizado (especializado) por suas próprias operações, os eventos do ambiente não podem intervir como *inputs*, independentemente de seu pertencimento ao sistema, nem mesmo no âmbito dos acoplamentos estruturais. Em outras palavras: o sistema não é uma função de transformação que transforma sempre da mesma maneira *inputs* em *outputs*, nem mesmo no caso de o sistema se estruturar a si mesmo por meio de programas condicionais[5]. Desse modo, no próprio sistema os acoplamentos estruturais só podem suscitar irritações, surpresas e perturbações.

---

5. Corrijo aqui minhas opiniões anteriores a esse respeito. Cf. Niklas Luhmann, *Zweckbegriff und Systemrationalität*, reimpr., Frankfurt, 1973, p. 88 s.; id., *Rechtssystem und Rechtsdogmatik*, Stuttgart, 1974, p. 25 s. Como antes, não se deve pôr em dúvida que um *observador* pode, para dar conta dos fatos, empregar o modelo *input/output* como modelo causal altamente simplificado. Aqui, no entanto, optamos por uma teoria mais complexa.

Os conceitos de "acoplamento estrutural" e "irritação" encontram-se condicionados entre si de maneira recíproca[6]. Também a irritação é uma forma de percepção do sistema; mais precisamente uma forma de percepção *sem um correlato no ambiente*. O ambiente em si não é irritado e somente um observador pode formular o enunciado segundo o qual "o ambiente irrita o sistema". O sistema em si mesmo registra a irritação — por exemplo, na forma do problema de quem está de posse do direito num litígio — somente na tela do vídeo de suas próprias estruturas. O conceito de irritação não contradiz a tese do fechamento autopoiético nem nega que o sistema seja determinado por suas próprias estruturas. Trata-se muito mais de o conceito pressupor a teoria.

Em tal caso, porém, o problema está em saber como o sistema é capaz de desenvolver sua capacidade de ser irritado, como ele pode perceber que há algo errado. Para isso faz-se indispensável uma preparação interna, já que mesmo irritações não poderiam ser reconhecidas como tais se não houvesse expectativa em relação a elas. Não obstante, a expectativa por sua vez supõe, em caso de perturbações, a possibilidade de se encontrar soluções rápidas o bastante, que não apenas bloqueiem a operatividade posterior, mas cheguem a sugeri-las.

O conceito de irritação nos faz atentar, sobretudo, para o fato de que, apesar da causa do acoplamento estrutural dos sistemas acoplados, e precisamente em razão dela, os sistemas

---

[6]. Os pares de conceitos concorrentes, que buscam também uma explicação do fenômeno da auto-organização e da aprendizagem nos sistemas operativamente fechados, são os de assimilação/acomodação (Jean Piaget) e os utilizados mais acima, de variedade/redundância (Henri Atlan). Neste momento, não podemos nos ocupar de uma comparação detalhada entre teorias.

reagem de maneira diversa no que diz respeito à celeridade, às irritações. A velocidade de ressonância depende das estruturas do sistema e também, sendo assim, da respectiva história do sistema. Desse modo, os acoplamentos estruturais garantem somente a sincronicidade entre o sistema e o ambiente no evento em questão, e *não propriamente a sincronização*[7]. De modo semelhante, ondas de ressonância podem ter comprimentos diferentes em sistemas acoplados, bem como complexidades diferentes. Assim, mesmo que, como demonstraremos no debate a seguir, o sistema jurídico esteja estruturalmente atrelado aos sistemas político e econômico por dispositivos altamente específicos (constituição, propriedade, contrato), não há garantia de coordenação que não varie com o tempo. Só haverá garantia de especificidade suficiente para que sistemas surpreendam-se reciprocamente.

Os acoplamentos estruturais, com seu duplo efeito de inclusão e exclusão, facilitam a concentração da irritabilidade e mesmo preparam-se, no âmbito de suas possibilidades, para eventualidades. O sistema só pode desenvolver sobre tal base as sensibilidades que permanecem na esfera das operações controláveis. No caso do cérebro e de todas as construções sistêmicas que dele dependem (sistema psíquicos, sistemas sociais), chega-se mesmo a sistemas endogenamente inquietos, continuamente irritados, tanto mais na ausência de irritações. Entretanto, uma codificação indiferente do sistema é também — e precisamente — o pressuposto de um isolamento em relação a todos

---

7. A esse respeito, com mais detalhes, cf. Niklas Luhmann, *Gleichzeitigkeit und Synchronization*, in id., *Soziologische Aufklärung*, vol. 5, Opladen, 1990, p. 95-130.

os estímulos do ambiente que não se apresentam por meio de acoplamentos estruturais.

Nesse sentido, a sociedade como um sistema de comunicação depende de um acoplamento estrutural com os sistemas de consciência[8]. É unicamente por meio da consciência (e não, por exemplo, de maneira química, bioquímica ou neurofisiológica) que a sociedade pode ser influenciada por seu ambiente. Só mesmo desse modo se faz possível construir um alto grau de complexidade no sistema da sociedade, com base na comunicação. A operação da comunicação chega a conter um componente que só pode ser atualizado na forma de surpresa, isto é, de informação. O aniquilamento físico de vida e consciência não irritaria a comunicação, mas poria fim a ela.

A forma normativa da expectativa encontra-se explicitamente ajustada às surpresas. Ela pressupõe o acoplamento (ainda que não precisamente a congruência) de sistemas de consciência e comunicação, sendo preparada para um fluxo incessante de frustrações de expectativas. Dispõe também, na forma do direito, de estruturas de captação que impedem que essa constante frustração conduza à anulação das estruturas. Assim, repetimos e confirmamos o que acima foi dito sobre a função do direito: a conformação do direito é uma função do sistema da sociedade, referida a um problema que resulta do acoplamento estrutural desse sistema com seu ambiente.

A situação se modifica quando, para o cumprimento dessa função, diferencia-se um sistema de direito particular.

---

8. Cf. Niklas Luhmann, "Wie ist Bewußtsein an Kommunikation beteiligt?", in Hans Ulrich Gumbrecht/K. Ludwig Pfeiffer (org.), *Materialität der Kommunikation*, Frankfurt, 1988, p. 884-905; e, do mesmo autor, *Die Wissenschaft der Gesellschaft*, Frankfurt, 1990, p. 11 ss.

Tal como antes, a comunicação social se encontra acoplada a sistemas de consciência, e, como antes, o que pode ocorrer neles é o que irrita a comunicação social. No entanto, em razão da diferenciação do sistema social, surge adicionalmente uma nova relação sistema/ambiente, ou seja, a do sistema do direito com seu ambiente social interno. Também no sistema do direito se comunica; também o sistema do direito é irritado pelos sistemas de consciência; mas, além disso, para o sistema do direito surgem possibilidades de desenvolver novas formas de acoplamento estrutural em relação com os sistemas sociais de seu ambiente intrassocial.

Porém, como sempre acontece nos avanços de complexidade, os acoplamentos estruturais jamais introduzem normas do ambiente no sistema do direito, só fazem provocar irritação. A forma "acoplamento estrutural" não constitui um tema normativo, como se pudesse ser prescrita. As instituições que executam a tarefa de prescrever do ponto de vista do sistema do direito (e ainda falaremos de propriedade, de contrato e de Constituição) efetivamente podem assumir a forma do direito, *mas* não em sua função de acoplamento estrutural. Esta deve se supor como algo dado. Ela se erige ortogonalmente em relação às operações que dão lugar a estruturas próprias do sistema (normas) e se orientam de acordo com elas.

E a regra geral vale também aqui: enquanto o sistema do direito encontra-se submetido de maneira irrestrita às pressões de seu ambiente social, ele é incapaz de se concentrar em determinadas perturbações. Toda e qualquer pressão passível de ser pensada deforma o direito, independentemente de ignorar o direito vigente ou esquivar-se dele, ou de, em certos casos, fazer que o sistema declare o lícito por ilícito ou o ilícito por lícito. Sem acoplamentos estruturais na relação dos subsistemas sociais entre si, o direito, no sentido moderno do termo, permanece corrompido.

Esse conceito possui um sentido claramente pejorativo. No entanto, é preciso ver, para além dele, que o problema não reside exclusivamente no combate à corrupção, nas normas contra a corrupção, nem na imposição destas. A questão crucial é muito mais a de quais acoplamentos estruturais, em relação aos subsistemas, podem substituir a corrupção, ao mesmo tempo permitindo reduzir e, com o estímulo do acoplamento, aumentar a influência do ambiente no sistema do direito.

II

É evidente que dependem da própria forma de diferenciação os acoplamentos estruturais que a sociedade vai instituir para atrelar entre si seus subsistemas e, ao mesmo tempo, para limitar esse atrelamento. Os acoplamentos estruturais que vinculam o sistema do direito com outros sistemas funcionais da sociedade surgirão somente quando a diferenciação funcional do sistema da sociedade tiver alcançado um grau de desenvolvimento em que a separação e conexão dos sistemas funcionais constituam um problema, e no qual o paradoxo da unidade do todo, que se compõe de partes, possa ser transferido aos acoplamentos estruturais, adquirindo forma. Essa teoria pode ser empiricamente posta à prova quando se puder estabelecer que, de fato, são conformados novos mecanismos de acoplamento estrutural no curso da realização da diferenciação funcional[9].

Enquanto a sociedade se diferenciar de maneira segmentária (tribal), o que parece haver é unicamente o mecanismo geral do acoplamento estrutural entre direito e violência, do qual nos ocupamos no capítulo dedicado à evolução do direito[10]. As expectativas normativas não podem ser praticadas sem um olhar de soslaio no caráter realizável, que varia de caso a caso, a depender do acordo com os agrupamentos dos participantes. Os "ajudantes de juramento" podem jurá-lo (e somente isso). A posse deve ser defendida, e o direito é um dos meios para consegui-lo. Consequentemente, não existe nenhum tipo de problema específico de acoplamentos estruturais entre a economia e o direito. A propriedade não se poderá distinguir dos vínculos de parentesco[11] enquanto os contratos, se é que se pode mesmo falar assim, encontrarem-se inseridos nas obrigações gerais de compensação, isto é, no marco das relações de reciprocidade[12]. Os antigos direitos grego e romano ainda apresentam vestígios dessa condição. Um conceito especial de propriedade não é indispensável, já que o par *oíkos*/família é suficiente. E, abstraindo-se as exceções altamente formalizadas, os contatos consistem

---

9. Se e como a novidade pode ser vista pelos contemporâneos, ou ocultada deles, e de como isso acontece. Em especial no século XVIII, a figura do "direito natural" também se presta ao ocultamento da inovação — tanto no direito constitucional como no direito contratual. A seguir, iremos analisá-lo com mais detalhes.

10. Cf. Capítulo 6, IV.

11. Cf. Max Gluckman, "African Land Tenure", *Scientific American* 22 (1947), p. 157-68; id., *The Ideas in Barotse Jurisprudence*, 2. ed., Manchester, 1972.

12. Exemplo disso se tem em T. Selwyn, "The Order of Men and the Order of Things: An Examination of Food Transactions in an Indian Village", *International Journal of the Sociology of Law* 8 (1980), p. 297-317.

na própria transação, após cuja execução não cabe esperar mais problemas, pois evidentemente a conveniência social traz a sua própria contribuição[13].

Quando a sociedade transita para uma diferenciação primária estratificada, os acoplamentos estruturais desse tipo se dão segundo o próprio padrão de diferenciação, mas de maneira limitada. Como acontece em tudo, também no caso do acesso ao direito esses acoplamentos privilegiam as classes mais altas. A questão aqui só pode ser em que medida a propriedade da terra e a "velha riqueza" como fundamentos do poder político são compatíveis com a riqueza comercial, ou seja, com uma riqueza rapidamente adquirida. Essa questão não pode ser decidida no direito, e consequentemente o único caso excepcional que é o direito civil romano, onde o desenvolvimento jurídico se deu à parte dessa questão, vem a ser aqui algo bastante notável[14]. A regulamentação do contato interacional entre os diferentes estratos é, essencialmente, uma questão de economia doméstica (incluindo aqui a economia de bens), e, nessa medida, o peso principal de um acoplamento estrutural desse tipo de sociedade recai sobre a instituição da "casa em sua totalidade"[15]. É apenas

---

13. Quanto à ideia de ter obrigação sem ter responsabilidade formal e sem a possibilidade de imposição processual no direito grego dos primórdios, cf. Fritz Pringsheim, *The Greek Law of Sale*, Weimar, 1950, p. 17. Porém Pringsheim, de maneira explícita, ressalta a impossibilidade de concluir daí um reconhecimento dos contratos informais de consenso como instituto jurídico.

14. Isso se pode inferir a partir dos tipos de contrato que proporcionam não apenas contratos comercialmente relevantes, mas também "bons serviços" não remunerados (por exemplo, *depositum*, *mandatum*), com uma série de possibilidades de litígio e que, de modo apenas relutante, incorporam comércio exterior mediante um *ius gentium*.

15. Cf. o influente trabalho de Otto Brunner, *Adeliges Landleben und europäishcer Geist: Leben und Werk Wolf Helmhards von Hohberg 1612-1688*, Salzburgo, 1949; id., "Das ganze Haus und die alteuropäische Ökonomik", in id., *Neue Wege der Verfassungs- un*

com a transição para a diferenciação funcional que se produzem as condições para um acoplamento estrutural entre os diferentes sistemas funcionais.

As condições para isso parecem residir numa diferenciação entre sistema econômico e sistema político incompatível com a estratificação. Até a Idade Média, a política e a economia dependiam do recurso à propriedade da terra. Na terra se materializa uma variedade de características importantes do ponto de vista estrutural, que são: (1) a divisibilidade artificial e modificável; (2) a estabilidade de um dado estado de coisas; (3) a autorrenovação dos rendimentos e excedentes de rendimentos; (4) um fundamento para uma continuidade familiar que abarcasse várias gerações e (5) a condição de ser afetável por violência, ainda que não seja por roubo ou logro. A fusão dessas vantagens estruturais em uma instituição explica a notável estabilidade da "economia política" dele dependente. Não obstante, na Idade Média se inicia um acelerado processo de erosão dessa unidade, em razão do rápido desenvolvimento da economia monetária. Como exemplo, a terra agora passa a ser requerida como garantia de crédito, e tudo isso modifica as formas jurídicas da propriedade, desse modo forçando o seu caráter inalienável[16]. Porém, o desenvolvimento *conceitual* do

---

Sozialgeschichte, 2. ed., Göttingen, 1968, p. 103-27. Para a história precedente, cf. também Sabine Krüger, "Zum Verständnis der Oeconomica Konrads von Megenberg: Griechische Ursprünge der spätmittelalterlichen Lehre vom Hause", *Deutsches Archiv für Erforschung des Mittelalters* 20 (1964), p. 475-561.

16. Cf. Robert C. Palmer, "The Economic and Cultural Impact of the Origins of Property 1180-1220", *Law and History Review* 3 (1985), p. 375-96 (386 ss.); cf. também id., *The Origins of Property in England*, ibid., p. 1-50; para uma situação de transição, na qual o interesse prevalecente é despojar de sua terra o devedor impossibilitado de pagar, cf. Emily Zack Tabuteau, *Transfers of Property in Eleventh-Century Norman Law*, Chapel Hill NC, 1988, p. 80 s.

dinheiro como instituto jurídico se vê impedido, uma vez que, na economia de doações e de instituições de beneficência da Idade Média, tanto a Igreja como os senhorios seculares têm interesse vital pela propriedade da terra, de modo que jurisdições e sistemas jurídicos competem entre si. Mas o desenvolvimento econômico segue seu curso de maneira transversal a esse conflito, ao adaptar os interesses da terra ao dinheiro e ao valorar de modo puramente econômico a posse da terra como fonte de renda e fundamento de crédito.

A partir da baixa Idade Média, na Europa, os problemas do desenvolvimento monetário (econômico) já não podem ser solucionados no âmbito dos territórios de Estado[17]. Esses fenômenos foram descritos, até o século XVIII, recorrendo-se à hipótese sobre a natureza humana, e a eles se respondeu com uma política "mercantilista" da multiplicação do bem-estar dos Estados considerados individualmente. A autonomia do sistema econômico se havia tornado evidente, em primeiro lugar, no comércio (internacional). O fluxo financeiro, a criação de postos de trabalho, a qualidade do produto e o bem-estar eram, por via de consequência, considerados variáveis independentes. Enquanto exercessem efeitos sobre as finanças do rei — o que, por sua vez, significava liberdade de ação política —, o comércio podia ser descrito também como uma política cambial[18]. A notória "corrupção" do parlamento londrino por parte de Walpole evidenciou claramente que esse tipo de influência

---

17. Sobre o desenvolvimento de uma divisão internacional do trabalho, cf. Immanuel Wallerstein, *The Modern World System*, vol. I, Nova York, 1974.

18. Essa formulação se encontra em Edward Misselden, *The Circle of Commerce. Or, The Balance of Trade, in Defence of Free Trade*, Londres, 1623, reimpr., Amsterdã, 1969, p. 98.

das finanças na política e, portanto, no direito, deveria ser impedido[19], e em seu lugar, ao mesmo tempo, a influência dos interesses econômicos no direito à propriedade, na constituição corporativa e na liberdade contratual, deveria ser objeto de abertura. Tudo dependeria de se constituírem e serem utilizados os canais adequados. Só mesmo quando isso foi alcançado, na segunda metade do século XVIII, foi que se reconheceu e se aceitou uma não identidade de princípio entre o sistema econômico e o sistema político, e foi somente nesse contexto que as instituições assumiram a forma que possibilitou um acoplamento estrutural dos subsistemas.

Até a segunda metade do século XVIII, quando uma perspectiva econômica se impõe, a propriedade e o contrato se justificam, ainda que com base em referências à natureza[20]. A um olhar mais atento, para ambos os casos resulta em certa medida válido o esquema igual/desigual — de certo modo como a distinção que torna operativo o que a natureza exige. Quanto à propriedade, afirma-se que os seres humanos foram criados iguais, ou seja, sem "propriedade", mas o desenvolvimento da sociedade, tendo em vista maiores vantagens, conduziu à

---

19. "Dissertation upon Parties", de Bollingbroke (cit. segundo *Works*, vol. 2, Filadélfia, 1841, reimpr. Farnborough Hants, Inglaterra, 1969, p. 5-172) permite reconhecer que, se até nesse momento a Constituição inglesa podia se encarregar satisfatoriamente dos problemas do meio de poder — na forma de prerrogativas reais e de eliminação dos direitos de rebelião —, segundo o parecer de Bollingbroke ela não podia fazer frente ao uso político do meio dinheiro, e isso por ser mais sutil e mesmo por poder ter consequências desastrosas em longo prazo, uma vez que não é possível se opor a ele mediante uma revolução aberta.

20. Para a evolução jurídico-civil desses conceitos no direito romano, cf. também Capítulo 6, III.

desigualdade[21]. A desigualdade se justifica por razões em parte econômicas (divisão do trabalho, recompensas pela motivação), em parte políticas (necessidade de diferenciação entre governantes e governados). No caso do pensamento contratualista, ao contrário, é mantida a igualdade dos *contratantes*[22], tendo-se em mente a igualdade da liberdade para uma decisão volitiva (ainda que, evidentemente, não a igualdade de propriedade). Será apenas no século XIX que, no âmbito do socialismo, questionar-se-á como seria possível tal liberdade, tendo em vista a organização das fábricas e a dependência do trabalho por parte da classe despossuída. Na tradição do direito natural, ao contrário, da mesma forma que na teoria econômica por ela determinada, era grande a admiração pela estrutura de uma sociedade que pudesse combinar a desigualdade da propriedade e a igualdade dos contratantes. E é bem isso que, na antiga semântica europeia, teria de se tomar como um signo para justiça do próprio da ordem social.

No entanto, é necessário atentar para as restrições que surgem daí. No século XVIII, o conceito de propriedade não inclui a livre utilização das oportunidades que o mercado

---

21. Cf. Niklas Luhmann, "Am Anfang war kein Unrecht", in *Gesellschaftsstruktur und Semantik*, vol. 3, Frankfurt, 1989, p. 11-64.

22. Assim, por exemplo, Hugo Grotius, *De jure belli ac pacis libri tres*, I.II, C.XII, § VIII, cit. segundo a edição de Amsterdam 1720, p. 373: "*In contractibus natura aequalitatem imperat* [Nos contratos, a própria natureza determina a equidade]". Cf. igualmente, ainda que limitado a contratos onerosos, Samuel Pufendorf, *De officio hominis & civis juxta Legem Naturalem libri duo* 1.l.c.XV § III, cit. de acordo com a ed. Cambridge, 1735, p. 226. É preciso pressupor, em primeiro lugar, a igualdade natural de todos os contratantes em todas as teorias do Estado e do contrato social que tenham procurado explicar de que modo, afinal, chegou-se à instituição da desigualdade.

oferece[23]. No contexto da sociedade civil, as conotações políticas do conceito são ainda demasiado fortes. Mesmo que a propriedade já não seja vista como condição indispensável para a conquista do poder político, ela é considerada o único interesse legítimo do cidadão, a justificar a sua participação política mediante representação. Como será demonstrado nos parágrafos a seguir, até por volta de 1800 as instituições legais da propriedade e do contrato não estavam reguladas de um modo que possibilitasse acoplá-las ao sistema político. Quase ao mesmo tempo aparece um conceito novo de Constituição, dando conta da relação entre sistema político e sistema de direito. Enquanto prevalecia a estratificação social estanque, também entre o sistema jurídico e o sistema político nenhum acoplamento estrutural era possível. Havia apenas o reconhecimento, no direito, das diferenças entre as diferentes classes sociais, assim como a regra de que, nos processos entre nobres e burgueses, os nobres obteriam ganho de causa quando a lei ou os fatos estivessem pouco claros[24]. Conflitos entre o ordenamento jurídico e a autoridade política já diferenciada eram regulamentados na forma legal do contrato (ou, em alguns casos, eram interpretados como se tivessem sido regulamentados muito tempo antes). A constituição veio substituir a figura semântica do contrato social ou estatal, incluindo toda a tradição de acordos contratuais

---

23. Cf., para Estados Unidos, por exemplo, *Forrest McDonald, Novus Ordo Seclorum: The Intellectual Origins of the Constitution*, Lawrence, Kansas, 1981, p. 14.

24. Cf. Estienne Pasquier, *Les Recherches de la France*, reedição Paris, 1665, p. 577 s., com o relato de um caso no qual o imperador resolveu os problemas elevando o cidadão ao nível da nobreza, contribuindo, assim, para que este ganhasse a causa.

do tipo da "Magna Carta"[25]. Só então se era livre para descobrir que as velhas doutrinas relativas a contratos sociais tinham desempenhado uma grandiosa tautologia: a criação da vinculação jurídica condicionada à vinculabilidade jurídica de contratos[26].

É notável que ambos os acoplamentos, um com propriedade/contrato, o outro com a Constituição, referem-se ao sistema jurídico, que desse modo ele próprio contribui para a diferenciação entre os sistemas econômico e político. Até o século XX não estava claro que havia um acoplamento estrutural entre o sistema econômico e o sistema político. Isso pode ser visto na instituição dos bancos centrais (que, por volta de 1800, ainda estavam ocultos por trás dos financiamentos a crédito assumidos pelos Estados), bem como dos impostos, que tornaram possível o condicionamento político (isto é, não lucrativo), acarretando consequências políticas sobre a circulação monetária. Porém, esse tema já nos leva para além do contexto presente de nossa análise. Vamos restringir a discussão à apresentação do acoplamento estrutural entre economia e direito (III) e política e direito (IV).

---

[25]. Nessa medida, a exposição histórica "From Status to Contracts" (Maine) aplica-se, no melhor dos casos, ao direito privado, mas não ao direito público. No entanto, deve-se levar em conta que essa distinção só adquire seus contornos modernos no curso do desenvolvimento que aqui esboçamos. Com relação a isso, cf. Gerhard Dilcher, "Vom ständischen Herrschaftsvertrag zum Verfassungsgesetz", *Der Staat* 27 (1988), p. 161-93.

[26]. Cf. John Stuart Mill, *A System of Logic, Ratiocinative and Inductive*, 9. ed., Londres, 1875, vol. II (Livro V, Capítulo VII, § 2).

III

Quando o direito responde a demandas e interesses econômicos, em um âmbito secundário ele já está lidando com a economia. Como vimos, ao discutir a chamada jurisprudência de interesses, o direito tem seu próprio conceito de "interesses"[27], porém isso se aplica exclusivamente à rede das próprias operações do direito. Interesses econômicos tornam-se "homogeneizados" por aquelas operações, são despidos de sua relevância econômica específica (por exemplo, de seu valor monetário) e abstraídos na forma de interesses puros. De modo correlativo, são classificados segundo interesses juridicamente protegidos/juridicamente não protegidos, de acordo com o código jurídico. Isso pressupõe que o sistema jurídico e o sistema econômico encontram-se estruturalmente acoplados no sentido exposto acima, mas não explica como estariam. O conceito de interesse, ainda mais do que o conceito de direitos subjetivos[28], aponta para o fato de o sistema jurídico ter construído uma estação de recepção e transmissão altamente sensível ao noticiário econômico, mas não diz coisa alguma sobre os mecanismos capazes de garantir que um nível tão alto de irritações mútuas possa ser absorvido em ambos os sistemas. Uma sociologia do direito, que investiga somente nesse nível a fim de estudar a influência de interesses econômicos no direito ou, inversamente, o amordaçamento dos interesses econômicos pelo direito, deixa então

---

27. Cf. Capítulo 8, VII e VIII.

28. Sobre essa comparação, cf. D. Neil MacCormick, *Rights in Legislation*, in P. M. S. Hacker/J. Raz (orgs.), *Law, Morality and Society: Essays in Honour of H. L. A. Hart*, Oxford, 1977, p. 189-209.

de considerar a relação constitutiva entre economia e direito, ignorando, sobretudo, as condições sociais da possibilidade dessa diferenciação[29].

O problema reside na diferenciação e no acoplamento da autopoiese de diferentes sistemas funcionais. O meio de comunicação simbolicamente generalizado da moeda faz-se condição determinante para a diferenciação de um sistema autopoiético autônomo da economia[30]. Tão logo podem ser resolvidas as transações em dinheiro, e na medida mesma em que isso ocorra, o caráter regularmente reutilizável do dinheiro (diferentemente da escassa e irregular reutilizabilidade das mercadorias ou dos serviços) torna possível um enredamento autopoiético que permite renunciar, por meio de pagamentos, à capacidade de pagamento, bem como à sua reprodução em outras mãos. Independentemente de qual tiver sido a meta original de sua criação, é somente nesse contexto de pagamento que o dinheiro detém um sentido comunicativo. Quanto a isso, é necessário que exista uma ampla escala de possibilidades de reutilização, portanto, uma multiplicidade de mercadorias, serviços e, enfim, também de mercados, para que valha a pena aceitar o dinheiro. Portanto, os pagamentos em dinheiro são

---

29. Tais investigações, cujas possibilidades e cujo êxito não devem ser postos em questão, satisfazem-se com o obscuro conceito de uma "autonomia relativa", que corta pela raiz todas as dúvidas teóricas que possam surgir. Cf. Richard Lempert, "The Autonomy of the Law: Two Visions Compared", in Gunther Teubner (org.), *Autopoietic Law: A New Approach to Law and Society*, Berlim, 1988, p. 152-90, e cf. também Capítulo 2, IV. À medida que isso é pressuposto incondicionável da investigação empírica, fica assim estabelecida a sua esterilidade teórica, pois como "relativo" pode ser considerado qualquer grau de dependência ou de independência, ou seja, o conceito não exclui absolutamente nada.

30. Para mais detalhes, cf. Niklas Luhmann, *Die Wirtschaft der Gesellschaft*, Frankfurt, 1988.

também um sinal inequivocamente identificável de que se trata de uma operação do sistema econômico, não importando o que, no contexto de transações determinadas, seja pago com dinheiro. Sendo assim, tudo o que segue seu curso sem referência ao dinheiro não toma parte no sistema da economia — desde o árduo cavoucar em seu próprio jardim até o lavar pratos na cozinha de casa, exceto no caso de que se o faça com o fim de poupar gastos com pessoal ou aparelhos.

Uma economia diferenciada do dinheiro apresenta elevadas, mas (e isso seria decisivo) *impagáveis* exigências ao direito. Para que seja possível a economia em forma de uma autopoiese, o direito encontra-se obrigado a realizar, e fazê-lo de maneira eficaz, sua *própria* função, e não a da economia. Consequentemente, o direito não pode pertencer às mercadorias que se pode comprar, nem dos serviços oferecidos pelo sistema econômico. Se assim não fosse, ao usar o dinheiro incorrer-se-ia em um consistente círculo vicioso, uma vez que as condições de possibilidade de uma transação mediada pelo dinheiro teriam de ser, elas próprias, de comércio e pagamento. Precisamente essa condição negativa (e, nessa medida, improvável) é satisfeita graças aos mecanismos de acoplamento estrutural, que devem ser compatíveis com uma separação dos sistemas e com o respectivo fechamento operativo do sistema. As formas descobertas para isso são propriedade e contrato.

Tanto no sistema econômico como no do direito existem condições mínimas para a autopoiese, em relação às quais se faz necessário superar em duração toda mudança de estruturas (por exemplo, os preços) para que a reprodução autopoiética continue. Trata-se aqui, no entanto, de condições factuais, e não de condições normativas. No sistema jurídico, a conformidade, o lícito e o ilícito, que mutuamente se excluem, devem ser diferenciáveis. No sistema econômico, deve-se sempre determinar quem tem e quem não tem capacidade de disposição em relação a certos bens (no sentido mais amplo do termo, que inclui dinheiro e serviços). Assim como o código do direito, como condição da condicionalidade do sistema, transcende a todo programa, também a codificação da economia constitui-se exigência que deve ser compatível com qualquer tipo de distribuição de bens, pois, de outro modo, os bens perderiam a sua qualidade de bens.

É comum designar essa pressuposição de condicionalidade econômica como "propriedade" — ou melhor, considerando suas conotações mais amplas, como *property*, em inglês. A propriedade é uma forma de observação dos objetos baseada numa distinção específica — precisamente na distinção de proprietários distintos, o que pode significar domínio sobre as coisas, possibilidade de disposição ou qualquer outra coisa. Desse modo, o sentido de propriedade reside na *interrupção das exigências de consenso*. Para determinados resultados positivos na comunicação entram em questão a aquiescência do proprietário e *de ninguém mais*. A determinação do âmbito assim especificado de comunicação se realiza por meio do conteúdo do direito de propriedade, novamente, ou por referência a determinados objetos, ou de algum outro modo. O decisivo aqui, formulado em termos da teoria dos sistemas, é a quebra da simetria.

Uma exigência de *distinção* de proprietários é a proibição da expropriação violenta e de esta ser sancionada pelo direito[31]. Contudo, isso não necessariamente demonstra um compromisso com um conceito de direito determinado. O esquema de observação da propriedade possibilita várias formas, tanto no sistema jurídico como no econômico, e é precisamente daí que advém a utilidade da propriedade para o acoplamento estrutural dos sistemas econômico e jurídico. A codificação do sistema econômico constitui os valores especificamente próprios desse sistema e o mantém em funcionamento, a despeito da questão sobre as restrições que vinculem o sistema do direito ao conceito de propriedade e da questão sobre se e como, no esquema clássico, *persona/res/action* (Digesten 1.5.1) se distinguem ou se o faz, como em nossos dias, entre direito de propriedade e direito de obrigações. A economia consolida seu código de propriedade pela pura e simples aplicação: a impossibilidade de distinguir essa distinção conduziria tão só a que não mais existisse sistema econômico.

Por isso, com esse significado duplo, interno tanto em relação ao sistema econômico quanto em relação ao sistema do direito, a propriedade só pode ser adequadamente entendida como um mecanismo de acoplamento estrutural. E "adequadamente", aqui, quer dizer: de uma perspectiva social global. O acoplamento permite que as operações econômicas próprias

---

31. Isso vale desde os primórdios da modernidade e também para o caso, que em si é construído de modo diferente, de uma expropriação por interesse público juridicamente lícita, justificada, por exemplo, por *dominium eminens* [domínio eminente]. A construção estabelece aqui outras exigências (próximas do paradoxal), tendo em vista que o que aqui se apresenta é uma intervenção *segundo o direito*. Por ela, no entanto, será o caso de pagar uma compensação. No curso do século XVII, os juristas explicaram esse caso (como também a *obrigação* jurídica de compensação). Para mais detalhes, cf. Christoph Link, "Naturrechtliche Grundlagen des Grundrechtsdenkens in der deutschen Staatsrechtslehre des 17. und 18. Jahrhunderts", in Günther Birtsch (org.), *Grund- und Freiheitsrechte von der ständischen zur spätbürgerlichen Gesellschaft*, Göttingen, 1987, p. 215-33 (221 ss.).

sejam eficazes como irritações do sistema de direito e que as operações jurídicas próprias sejam-no como irritações do sistema econômico. Mas isso em nada modifica o caráter de fechamento de ambos os sistemas e não altera em nada o fato de que a economia busque lucros ou inversão rentável de capital e que o sistema do direito, sob condições dificultadas pela economia, busque a justiça ou decisões casuísticas suficientemente consistentes. Já na teoria clássica do direito natural, por exemplo, em Locke, claramente se afirma que a propriedade torna injusta qualquer ordenação jurídica, mas com isso há vantagens econômicas.

Por essa razão, a simples garantia da propriedade não constitui em si um mecanismo que conduziria a transição para uma ordem econômica baseada no mercado ("capitalista")[32]. A economia deve se autotransformar para proporcionar o material problemático e casuístico com que o sistema de direito se confronta e se irrita.

Não obstante, abstraindo-se tudo isso, a propriedade é apenas a distinção inicial. Em todas as transações econômicas deve-se distinguir a situação de propriedade antes e depois da transação. Esta requer uma distinção das distinções (e não simplesmente um movimento de objetos), a qual, por sua vez, deve ser suscetível de uma estabilização temporal, ainda que (e precisamente por isso) ela própria seja uma distinção temporal. Em termos mais simples: é necessário que se determine quem é e quem não é o proprietário da transação antes e depois.

---

32. Com relação a isso, cf. o artigo "Capitalism and the Constitution", in Forrest McDonald/Ellen Shapiro McDonald, *Requium: Variations on Eighteenth-Century Themes*, Lawrence, Kansas, 1988, p. 183-94.

Essa exigência tem também um nome jurídico: *contrato*. Na economia, fala-se de mudança. Não existe uma designação neutra do ponto de vista da teoria dos sistemas. Contudo, também aqui se apresenta um mecanismo de acoplamento estrutural, já que os sistemas econômico e jurídico entrariam em amplo colapso (isto é, seriam reduzidos a lidar com a propriedade residual indisponível), caso não funcionasse a possibilidade de distinguir as distinções.

A autopoiese é uma dinâmica do sistema baseada em operações e, no contexto do acoplamento estrutural, na estabilidade dinâmica. O processo de diferenciação não pode, portanto, surgir da pura e simples garantia da posse, que era o interesse predominante nas sociedades estratificadas, mas unicamente mediante a conexão recursiva das transações, isto é, com o auxílio da moeda. Portanto, quando se trata da diferenciação da economia, prevalece o código secundário, diferente do código primário da propriedade; e cada vez mais a propriedade se valoriza do ponto de vista de um possível aproveitamento transacional, isto é, de uma fixação momentânea sem liquidez como capital invertido. Esse desenvolvimento suprime a propriedade de sua relevância política como forma de domínio político semelhante ao domínio caseiro (*oikético*) e obriga o Estado, simultaneamente nascente, a se adaptar: cobrando impostos[33].

---

33. Cf. Joseph A. Schumpeter, *Die Krise des Steuerstaates* (1918), nova impressão in *Aufsätze zur Soziologie*, Tübingen, 1953, p. 1-71. Aqui, o que podemos fazer é sugerir mais uma vez que os impostos proporcionam o acoplamento estrutural entre o sistema econômico e o político.

Essas reflexões conduzem a uma análise histórico-dinâmica dos acoplamentos estruturais entre o sistema econômico e o sistema de direito e, por isso, também em uma investigação histórico-jurídica. O direito, com seus conceitos e programas próprios, reage com indecisão à diferenciação de um sistema econômico que se baseie no dinheiro, entre outros motivos porque, também ele, até a conformação completa do Estado moderno, é o responsável por dar cobertura às funções políticas da propriedade[34]. E sobretudo: a propriedade da terra serve a uma provisão de bens diferenciada por classes, necessária para que se viva nos limites do indispensável; a isso correspondem situações jurídicas diferenciadas em relação a uma mesma porção de terra[35]. Na Inglaterra, já em fins do século XI, tem início um desenvolvimento peculiar que, ainda no contexto de uma ordenação jurídica feudal e legitimada pela propriedade suprema do rei, submete a posse da terra aos indivíduos e provê seu registro por escrito, convertendo-a, enquanto pacote jurídico, em algo

---

34. Também isso, evidentemente, com meios próprios, não como execução de ordenamentos políticos. Dessa maneira, distingue-se entre *imperium* e *dominium*. A esses dois conceitos, cada um com uma conotação hierárquica, ou seja, só operam de cima para baixo e não fundamentam nenhuma exigência ao senhor, opõe-se um conceito do *jus* livre de assimetrias hierárquicas e que expressa uma relação de reciprocidade entre direitos e obrigações. Portanto, quando se fala de *dominium* como *jus*, isso significa, por um lado, uma subsunção sob um conceito mais geral, ao mesmo tempo que constitui, por outro lado, uma indicação de restrições imanentes ao direito, as quais a disposição política pode (e mesmo deve) ignorar, com o auxílio dos direitos de exceção, das faculdades derrogatórias, portanto, com base numa *ratio status*.

35. Isso ocorre até mesmo adentrando-se os primórdios da era moderna. Cf. Renate Blickle, "Hausnotdurft: Ein Fundamentalrecht in der altständischen Ordnung Bayerns", in Günther Birtsch (org.), op. cit., p. 42-64; id., "Nahrung und Eigentum als Kategorien der ständischen Gesellschaft", in Winfried Schulze (org.), *Ständische Gesellschaft und soziale Mobilität*, Munique, 1988, p. 73-93. Ao mesmo tempo, no entanto, evidencia-se a irrupção de uma necessidade de proteção dos interesses de disposição.

que se pode vender[36]. É evidente que um poder real, forte e interessado na implantação de impostos e de um controle jurídico, constitui condição necessária para que um processo dessa índole possa ocorrer. Mas também na Europa Continental podem-se observar desenvolvimentos semelhantes, ainda que mais lentos e, de fato, sem a influência direta do direito romano[37]! As adaptações e os ajustes conceituais se darão bem mais tarde e em outros lugares. Somente na Baixa Idade Média, como fica claro com Bartolus, o traço da *dispositio* resvala, insidioso, à maneira de um cavalo de Troia, da economia monetária para o conceito de propriedade, transformando-as por completo e de dentro para fora. Por mais absurdo que isso possa parecer, o gozo e o usufruto (no sentido de *fruitio, usus*) da propriedade podem consistir precisamente na renúncia a eles. Isso só pode ser elucidado quando se é livre para negociar as condições de uma transação. A disposição refere-se às estruturas do direito contratual, que, como estruturas jurídicas, são muito mais difíceis de ajustar.

Enquanto o desenvolvimento do conceito jurídico civil de propriedade na direção de uma designabilidade e um domínio dispositivo dos proprietários individuais e da expansão desse direito à propriedade da terra tenha demandado

---

36. Para uma exposição breve e nova do estado atual da investigação, cf. Carlo Rosetti, "Diritto e mercato: le origini del capitalismo moderno". *Rassegna italiana di sociologia* 33 (1992), p. 33-60. Com mais detalhes: Alan MacFarlane, *The Origins of English Individualism*, Oxford, 1978, Palmer, op. cit. Com relação ao interesse na precisão *conceitual*, que se dará somente no século XVII (em razão da imprensa?, dos interesses diferenciados de disposição?), cf. G. E. Aylmer, "The Meaning and Definition of 'property' in Seventeenth Century England", *Past and Present* 86 (1980), p. 87-97.

37. Cf. Hans Hattenhauer, *Die Entdeckung der Verfügungsmacht: Studien zur Geschichte der Grundstücksverfügung im deutschen Recht des Mittelalters*, Hamburgo, 1969.

aproximadamente dois mil anos, o caráter dramático desse processo se evidencia, de maneira muito mais drástica, na centenária época colonial dos séculos XIX-XX. As formas de uso do solo, frequentes vezes reiteradamente dividido, legitimadas pelo costume e estabelecidas por escrito, fazem-se nessa medida deslegitimadas, em razão da necessidade de nomear um proprietário e lhe conferir uma nomeação por escrito, quando é o caso de regulamentar os direitos de usufruto, mas também as obrigações fiscais e as possibilidades de crédito[38]. Isso ocorre hoje, frequentemente, sem que haja interesses de aplicação concretos da parte do proprietário, com a consequência de que os que usufruirão da terra, do tipo antigo e do tipo novo, tornar-se-ão *squatters*, sem proteção legal e, portanto, sem acesso à economia financeira. Os acoplamentos estruturais, tal como hoje são demandados, limitam — e delimitam[39].

Observações semelhantes podem ser feitas no que diz respeito a um desenvolvimento que poderíamos chamar de juridificação do contrato. Diferentemente de outras formas de reciprocidade — tanto nas sociedades arcaicas como no

---

38. Sobre o recurso a documentos, ainda que tal seja apenas um fenômeno imediato, cf. Jack Godoy, *Die Logik der Schrift und die Organisation von Gesellschaft*, trad. alemã, Frankfurt, 1990, em especial p. 252 ss.

39. A questão sobre se se chega a ordens jurídicas próprias, não ligadas ao direito estatal, tem sido muito debatida com relação às favelas nas grandes cidades brasileiras. Ao menos nas condições atuais, uma resposta afirmativa a ela é vista com bons olhos. Cf. Boaventura de Sousa Santos, "The Law of the Oppressed: The Construction and Reproduction of Legality in Pasargada", *Law and Society Review* 12 (1977), p. 5-126; além disso, por exemplo, Joaquim Arruda Falcão, *Justiça social e justiça legal*, Florianópolis, 1982; outros ensaios sobre o tema in *Conflito de direito de propriedade: invasões urbanas*, Rio de Janeiro, 1984. Sobre as realidades, cf. o informe Brasil da Amnesty International (Anistia Internacional), Londres, 1990.

"clientelismo" moderno[40] —, a desigualdade das partes contraentes não é incluída na valoração do serviço. A validade jurídica do contrato é independente disso, razão pela qual o contrato faz-se apropriado como mecanismo do acoplamento estrutural.

O contrato é uma das conquistas mais significativas da história social. Sem contratos, a economia não poderia se diferenciar em empresas, por exemplo, e, portanto, tampouco poderia ser tratada de maneira economicamente racional[41]. Mas a que se refere tudo isso? Que tipo de conquista é essa?

Com o tempo, os contratos estabilizam uma *diferença específica* mediante a *indiferença* ante tudo o mais, incluindo aí as consequências do contrato para indivíduos e negócios que dele não tomam parte. Tem-se aí um benefício formal do contrato, ou seja, a sua relação específica de observação: a diferença, que faz diferença, é a informação[42]. Os tribunais exercem vigilância sobre esse efeito gerador de indiferença, e esta é, sobretudo, a razão pela qual no sistema jurídico é tão difícil liberar o contrato enquanto não entram em jogo instrumentos de caráter disciplinar (o mercado).

Independentemente do que se possa saber acerca do direito de trânsito no antigo Oriente, e independentemente da opinião que se possa ter a respeito, os contratos signalamáticos,

---

40. Cf., por exemplo, Luigi Graziano, *Clientelismo e sistema politico: il caso d'Italia*, Milão, 1984; Shmuel N. Eisenstadt/Luis Roniger, *Patrons, Clients and Friends: Interpersonal Relations and the Structure of Trust in Society*, Cambridge Engl., 1984.

41. Cf. Dirk Baecker, *Die Form des Unternehmens*, Habilitationsschrift Bielefeld, 1992, Ms. p. 193 ss.

42. Um jurista experiente acrescentaria aqui: com a esperança de que os tribunais vejam-no de modo semelhante.

como os conhecemos, são resultado de uma evolução de mais de dois mil anos do direito civil romano e, como agora se vê, uma das ideias mais complexas que os juristas foram capazes de produzir. É notável, sobretudo, o deslocamento do problema do contrato de compra de um contexto jurídico relativo a coisas (transferência de propriedade com uma proteção contra a intervenção de terceiros) a um contexto jurídico de obrigações. O problema relacionado a isso consiste na detecção de perturbações e suas sequelas e na distribuição de todas elas com o auxílio de uma construção jurídica que eventualmente possa ser retrospectivamente como contrato. Assim, o conceito de contrato se torna relevante em relação à causa de obrigações, e essa situação, no sistema, foi tratada por teorias contratuais plenamente desenvolvidas[43]. No essencial, tratava-se então de fazer frente às deficiências dos serviços prestados em relações de reciprocidade de maneira equitativa e consonante com as expectativas-padrão no que se referia ao comportamento dos participantes em tais situações[44]. Desse modo, inicialmente não havia conceito geral de contrato, mas unicamente o problema de determinar a que deficiências, em relação ao serviço prestado, deveria se atribuir responsabilidade em uma demanda derivada de um contrato, ou seja, sobre quais deficiências se deveria construir a responsabilidade jurídico-material como fundamento da decisão.

---

43. Cf., por exemplo, a exposição de Robert-Joseph Pothier, *Traité des Oblitations* (1761), cit. segundo *Oeuvres*, vol. 2, 3. ed., Paris, 1890, cap. 1, sec. I.1, que foi determinante para a formulação do Código Civil, tendo influído também no *Common Law*.

44. Em relação ao *Common Law*, ainda no século XVIII, cf. Peter Gabel/Jay M. Feinman, "Contract Law", in David Kairys, *The Politics of Law: A Progressive Critique*, Nova York, 1982, p. 172-84 (173 s.). Os autores ressaltam quão pouco isso corresponde às exigências de desenvolvimento econômico.

Não há, nem no antigo direito grego[45], nem no direito romano, um reconhecimento jurídico geral dos acordos celebrados de maneira informal (*nudum pactum*)[46]. Na realidade, antes da invenção romana de um contrato de compra com validade civil e jurídica não existia nem mesmo uma demanda derivada do não cumprimento de um contrato de compra[47]. Já adentrando a Idade Média, o direito contratual continua a ser um conceito abrangente no que diz respeito às fórmulas de demanda e aos tipos de contrato, que em cada caso têm nomes próprios e são tratados de acordo com suas condições particulares. Nesse sentido, *causa* nada mais é do que outra designação da mesma coisa. O contrato é uma *conventio nomen habens a iure civili vel causa* [acordo que toma o nome do direito civil ou da causa][48]. A adaptação moderna do direito contratual às mutáveis relações econômicas realiza-se, portanto, na forma de uma modificação do entendimento de causa em direção ao propósito contratual e à correlativa vontade vinculante das partes do contrato, até que, finalmente, no direito comum alemão, o que importa é

---

45. Com relação a isso, em detalhe e em oposição a uma velha e amplamente difundida corrente de opinião, cf. Pringsheim, op. cit. (1950), p. 13 s. Sem dúvida, permanecem tanto uma evolução orientada para formas mais facilmente manuseáveis como uma tendência, que se impõe lentamente, a substituir testemunhos, como condição de validade, pela forma escrita.

46. Ou mais exatamente: acordos sem forma podem *modificar* contratos existentes, mas não *fundamentar* obrigações contratuais.

47. A esse respeito, cf. Fritz Pringsheim, "Gegen die Annahme von 'Vorstufen' des konsensualen Kaufes im hellenistischen Recht", in id., *Gesammelte Abhandlungen*, vol. 2, Heidelberg, 1961, p. 373-81; id., *L'origine des contratcts consensuels*, op. cit., p. 179-93. Uma razão para esse desenvolvimento tardio pode ser o fato de os negócios de evasão terem sido algo à disposição. Era possível converter um preço de compra imediatamente em um empréstimo (possivelmente sujeito a taxas de juros).

48. De acordo com Pothier, op. cit., que rechaça essa concepção de *causa*.

somente a declaração da vontade e os motivos dos contratantes. Definido de modo extremamente formal, o contrato agora não é mais do que o coincidir da vontade declarada das partes contratantes[49].

Esse desenvolvimento encontrará seu termo apenas no século XIX. Pode-se então observar que, com certa relutância, os tribunais renunciam aos instrumentos técnico-conceituais com os quais podem impor seu juízo em relação a um processamento justo dos distúrbios de condução após a celebração de um contrato. São substituídos, por fim, por uma interpretação da vontade dos contratantes a partir do que se presume serem seus interesses. A base jurídica para esse desenvolvimento integral, que tem sua origem no direito canônico e desemboca no caráter tornado obrigatório do contrato puramente consensual (mas jamais se tendo o mero *nudum pactum* como declaração coincidente), é, em última instância, a regra geral do "direito natural": a de fazer honrar sua palavra (*fides*).

No *Common Law*, o correlativo desenvolvimento já se dá de modo menos consistente. Na realidade, uma das mais notáveis evidências do caráter independente da evolução do direito é encontrada na circunstância segundo a qual um território como o império alemão, economicamente atrasado, extrai daí consequências mais radicais do que a Inglaterra, mais avan-

---

49. Observe-se que também o direito romano (presume-se que bem cedo, isto é, na época da última República) determina o contrato de maneira excessivamente formal, ainda que se valendo de uma distinção completamente diversa, a saber: a distinção entre *contrahere* e *solvere*. Os Digestos citam Pomponio do *libro quarto ad Quintum Mucium*: "*Prout quidque contractum est, ita et solvi debet*" [consoante ocorre a tudo que é pactuado, assim também deve ser dissolvido] (D 46.3.80). Note-se aqui o *quid que*. No entanto, essa abstração é compatível com uma limitação da licença de tipo de contrato e com as inseguranças existentes quanto à vontade expressa dos contratantes.

çada quanto à economia de mercado e comércio. Isso se explica, sobretudo, em razão de as verdadeiras restrições à liberdade não estarem na ausência de instrumentos de direito privado, mas nas regulamentações de obrigatoriedade da transação de terrenos, da produção de mercadorias, do comércio e do direito de serviços. Na Alemanha, por isso, auxilia-se em primeiro lugar com uma prudente generalização dos privilégios[50]. A demolição de tais restrições se dá, antes de na Europa continental, na Inglaterra[51]. Assim, as diferenças do direito contratual privado no princípio quase não se mostram. Isso talvez se deva, no que diz respeito ao *Common Law*, à poderosa posição dos julgados que tentam preservar seus instrumentos de controle tradicionais, mas sem dúvida também à pouca importância dos estudos universitários e à pouca tradição dos manuais. Também aqui se inicia o desenvolvimento do contrato como instituição jurídica, de maneira paralela a seu desenvolvimento comercial na Idade Média e, mais precisamente, de modo tal que os problemas de infração ao direito sejam transferidos para um direito

---

50. Com relação a isso, cf. Diethelm Klippel, *libertas commerciorum*, e "Vermögens-Gesellschaft: Zur Geschichte ökonomischer Freiheitsrechte in Deutschland im 18. Jahrhundert", in Günther Birtsch (org.), *Grund- und Freiheitsrechte im Wandel von Gesellschaft und Geschichte: Beiträge zur Geschichte der Grund- und Freiheitsrechte vom Ausgang des Mittelalters bis zur Revolution von 1848*, Göttingen, 1981, p. 315-35.

51. Gerald Stourzh, *Wege zur Grundrechtsdemokratie: Studien zur Begriffs- und Institutionsgeschichte des liberalen Verfassungsstaates*, Wien, 1989, p. 31 s., comenta-o servindo-se do feliz conceito de "fundamentalização" — diferente do conceito, que juridicamente é demasiado técnico, de "constitucionalização" dos direitos individuais no *Common Law*, cuja consequência estava no fato de a intervenção não apenas ser contrária ao direito, mas também ser digna politicamente de atenção. Cf. Dieter Grimm, "Soziale wirtschaftliche und politische Voraussetzungen der Vertragsfreiheit: Eine vergleichende Skizze", in id., *Recht und Staat der bürgerlichen Gesellschaft*, Frankfurt, 1987, p. 165-91.

contratual provido de direitos de ação[52]. Em fins do século XVI, com a doutrina da *consideration*, introduz-se no direito contratual um fator relativo aos motivos, a saber: a promessa vinculatória em consideração a um equivalente já previsto ou esperado[53]. Hume, todavia, a uma clara distância da jurisprudência e representante de uma avançada concepção do contrato no contexto de um desenvolvimento histórico da sociedade, considera necessário, por razões epistemológicas, que "a entrega, ou uma transferência sensata do objeto, é comumente exigido pelas leis civis e, também, pelas leis da natureza "[54]. Somente no início do século XIX passam a ser reconhecidos também na Inglaterra os contratos inteiramente orientados para o futuro, isto é, não prejudicados por nenhum tipo de fatos criados e apoiados exclusivamente na vontade dos contratantes[55]. Só então se passa

---

52. Pode-se inferi-lo da história da ação de *assumpsit* [empenhar a palavra]. Para o debate sobre o momento ou duração do desenvolvimento, cf. William M. McGovern, "The Enforcement of Informal Contracts in the Later Middle Ages", *California Law Review* 59 (1971), p. 1145-93.

53. Sobre isso, com detalhes, cf. A. W. B. Simpson, *A History of the Common Law of Contract: The Rise of the Action of Assumpsit*, Oxford, 1975, reedição, 1987, em especial p. 316 ss. No direito contemporâneo, entende-se por *consideration* a totalidade das condições que tornam uma promessa obrigatória. Portanto, o conceito é passível de uma extensão em razão das novas opiniões que tomam casos particulares como ponto de referência. Cf. Melvin Aron Eisenberg, "The Principles of Consideration", *Cornell Law Review* 67 (1982), p. 640-55. Para a comparação com o desenvolvimento na Europa continental, e em particular com a doutrina da causa, cf. sobretudo Max Reibstein, *Die Struktur des vertraglichen Schuldverhältnisses im anglo-amerikanischen Recht*, Berlim, 1932; Eike von Hippel, *Die Kontrolle der Vertragsfreiheit nach anglo-amerikanischem Recht: Ein Beitrag zur Considerationslehre*, Frankfurt, 1963. O fundamento dessa teoria deve ser buscado, sobretudo, na tradicional desconfiança dos juristas com relação a doações.

54. David Hume, *A Treatise of Human Nature*, Book III, Part II, Sect. IV, cit. segundo a edição da Everyman's Library, Londres, 1956, Bd. II, p. 218.

55. Cf. Philip A. Hamburger, "The Development of the Nineteenth Century Consensus Theory of Contract", *Law and History Review* 7 (1989), p. 241-329 — aliás, também uma boa exposição de evolução condicionada por problemas internos e não por exigências de adaptação externas.

a adotar, também na Inglaterra, o substituto jurídico-construtivo das antigas teorias contratuais do antigo direito de ação: que um contrato surja em razão das declarações de vontade coincidentes por oferta e aceitação[56]; só então passam a existir contratos *de vinculação futura, que também têm efeitos jurídicos, apesar de nenhum dos contratantes ter feito qualquer disposição assentada na confiança no contrato;* e só então uma *law of contract* se converte em um tema abrangente, em um possível objeto de análise em manuais[57].

Com a institucionalização da liberdade contratual, o acoplamento estrutural entre economia e direito adquire sua forma moderna (para não dizer perfeita). A economia pode arranjar transações sem que para isso tenha de considerar uma estreita rede de possíveis tipos contratuais[58]. Ela pode se concentrar na observação ou na evasão das proibições quando aparecerem os problemas jurídicos. Inversamente, o sistema jurídico obtém as liberdades respectivas para a continuação da própria autopoiese. Adquire a liberdade de interpretar retrospectivamente a vontade dos contratantes, de ter implicações relativas ao não explicitamente pensado no sentido do contrato[59], de incorporar elementos contratuais acerca da "interpre-

---

56. Cf. Patrick S. Atiyah, *The Rise and Fall of Freedom of Contract*, Oxford, 1979, sobretudo p. 419 s.

57. Para o caso dos Estados Unidos, cf. Lawrence M. Friedman, *Contract Law in America: A Social and Economic Case Study*, Madison Wisconsin, p. 17 s.

58. Sociólogos do direito são afeitos a trabalhar esse aspecto, ignorando o direito; cf., por exemplo, Stewart Macauley, "Non-contractual Relation in Business: A preliminary Study", *American Sociological Review* 28 (1963), p. 55-67.

59. Cf. Jay A. Sigler, *An Introduction to the Legal System*, Homewood Ill., 1968, p. 35. O autor traz o exemplo segundo o qual o controle de risco, em relação ao dano infligido por trabalhadores entre si durante o trabalho, é obrigação do empregador, e isso segundo

tação complementar" ou de incorporá-los como transgressão dos "bons costumes" (§§ 157, 138, BGB) e resultados de tais práticas nos tribunais mediante regulamentações apegadas aos casos, por exemplo, no conjunto das anotações ao § 242 do BGB. Desse modo, é possível resgatar amplamente o controle que se perdera com a concessão da "liberdade contratual". Essa solução enfrentou de maneira bem-sucedida a sua prova de fogo nas crises econômicas ocorridas depois da Primeira Guerra Mundial. Os tribunais, em ampla escala, adaptaram os contratos às condições do momento — por exemplo, equiparando o conceito de "impossibilidade econômica" e de "impossibilidade de desempenho"[60]. Visto da perspectiva do sistema jurídico, o contrato persiste como uma forma para o surgimento de obrigações, que tem de ser avaliada retrospectivamente em caso de litígio, enquanto o sistema econômico muda o seu próprio estado pelo modo de transações, e isso com consequências que dificilmente podem ser controladas, para não falar em "comandadas" pelo direito.

Entre as formas mais notáveis de acoplamento estrutural entre os sistemas jurídico e econômico, que se desenvolveram de maneira quase despercebida como consequência da institucionalização da propriedade e da liberdade do contrato, exceção importante se tem na esfera do direito de responsabilidade, no que diz respeito a danos econômicos deliberadamente provo-

---

o sentido do contrato de trabalho, muito embora tal sentido não esteja expressamente afirmado no contrato (no desenvolvimento do direito na Inglaterra e nos Estados Unidos no século XIX).

60. Cf. Josef Esser, "Argumentations – und Stilwandel in höchstrichterlichen Zivilentscheidungen", *Etudes de Logique Juridique* 6 (1976), p. 53-77 (68 ss.), no contexto de tendências gerais para o desenvolvimento de incalculáveis formulações de justificação jurídica.

cados — um privilégio jurídico prenhe de consequências, que permite danos deliberados a outrem no contexto da concorrência econômica. É possível iniciar um negócio ou abrir uma loja, mesmo que se saiba e se aceite que com isso outros vão sofrer uma perda, podendo até mesmo ter de fechar o negócio, não obstante a proteção legal (no contexto do § 823 BGB) para que se tenha um negócio legalmente estabelecido e exercido. Esse privilégio relativo a danos de outros é garantido tendo em vista que o sistema econômico se baseia na concorrência, sem a qual (ao menos é o que se supõe) não seriam obtidos os mesmos bons resultados. De resto, também esse exemplo mostra a diversidade das formas nas quais esse fato se evidencia nos sistemas do direito e da economia. Para os juristas, isso dificulta a sua compreensão, pois trata-se de um princípio quase no mesmo nível do de instituições como propriedade e contrato, enquanto, inversamente, na economia é precisamente a concorrência que é vista como estrutura fundamental.

 O fato de que o acoplamento estrutural tanto separa como vincula evidencia-se quando se atenta para o manejo diferenciado da conexão entre propriedade e contrato nos sistemas econômico e jurídico. No sistema econômico, o valor da propriedade, sob as condições de uma economia monetária, consiste em ampla medida (para a teoria econômica, quase exclusivamente) no uso de transações. Valor é valor de câmbio. Já os juristas estão habituados a considerar separadamente as demandas jurídicas derivadas da propriedade e as derivadas do contrato. A renúncia a essa divisão viria a revolucionar o direito civil. É evidente que se pode perguntar se também o direito constitucional deve se servir dessa divisão ao interpretar a defesa da propriedade ou se não seria mais conveniente uma abertura maior em relação às realidades econômicas (independentemente de suas consequências jurídicas)[61]. Em todo caso, a divisão do sistema impede uma transferência automática da ótica econômica no direito (em que pesem todas as teorias acerca da "análise econômica do direito"), e pode-se perguntar se uma divisão estrita das demandas de propriedade e das demandas contratuais não passaria de uma tradição no sistema jurídico, que se conserva somente em razão da pouca clareza existente no que diz respeito às consequências de sua alteração, ou se, como ocorreu até agora, existem boas razões jurídicas para que se mantenha a divisão rigorosa.

Um motivo para que se realize essa divisão poderia ser encontrado na circunstância segundo a qual, como fonte de exigências juridicamente válidas, o contrato, no que diz respeito à aplicação da autoridade política, outorga poder à vontade privada. Esta deve estar disponível quando se trata de impor as exigências contratuais, não obstante não ter tido parte na transação. A audácia dessa forma só se evidencia quando se entende que, assim, o sistema jurídico e também, no que diz respeito à aplicação de violência física, o sistema político encontram-se condicionados pela vontade privada, isto é, pela economia. O símbolo "validade jurídica", cuja utilização modifica o esta-

---

[61]. Por exemplo, a decisão do Bundesverfassungsgericht (Tribunal Constitucional Federal) alemão (18.12.1985 — *Arbeit und Recht* 24 (1986), p. 157) recusou-se a proteger o direito do empregador em determinar as horas de trabalho de acordo com o artigo 14 GG (Constituição), já que este se encontra baseado em contrato, não em propriedade. Com uma postura crítica, cf. Rupert Scholz, "Verdeckt Verfassungsneues zur Mitbestimmung?", *Neue Juristische Wochenschrift* 39 (1986), p. 1587-91; Dieter Suhr, "Organisierte Ausübung mediatisierter Grundrechte im Unternehmen", *Arbeit und Recht* 26 (1988), p. 65-77.

do do sistema jurídico, chegando a obrigar também o sistema político ao proporcionar uma cobertura, faz-se assim parcialmente aberto a condicionamentos, que, no que diz respeito a seus motivos, não são objeto de controle por parte do direito. Como consequência, há um enorme incremento da variedade do sistema e, correlativamente, um aumento, apreensível em termos puramente estatísticos, dos processos no direito civil[62]. Ainda assim, aos julgados cabe a última palavra quando se trata de decidir se um contrato foi realizado ou não de modo que tenha efeitos jurídicos. A abertura do sistema reside em seu fechamento operativo. Ela resulta da extensão do acoplamento estrutural entre os sistemas econômico e jurídico, e, com efeito, como mostra a história a que fizemos breve alusão, mediante um modo de funcionamento extremamente cauteloso, que não cede prontamente à pressão dos problemas, mas, com pequenas variações, primeiramente reúne experiências no próprio sistema. Apesar disso, os efeitos dessa reestruturação do conceito de propriedade e do direito contratual são imensos. É possível, além disso, que uma de suas consequências mais importantes esteja no fato de o Estado regulamentador, que reage apoiando-se na democracia, encontrar-se obrigado a conferir a suas intervenções a forma problemática (porque indireta) de uma restrição dos usos da propriedade e da liberdade contratual.

---

62. Cf. Christian Wollschläger, "Zivilprozeß-Statistik und Wirtschaftswachstum im Rheinland von 1822-1915", in Klaus Luig/Detlef Liebs (org.), *Das Profil des Juristen in der europäischen Tradition: Symposion aus Anlass des 70. Geburtstages von Franz Wieacker*, Ebelsbach, 1980, p. 371-97. De lá para cá, a situação da pesquisa tem estado muito mais incerta, sobretudo no tocante a perspectivas de longo prazo, e certamente o quadro tem sido modificado também por outras variáveis, como a solução de conflitos fora dos tribunais. A esse respeito, cf. *Law and Society Review* 24 (1990), p. 257-352.

A consideração do sistema político como sistema funcional adicional mostra especificamente que esse sistema é afetado em ampla medida pela forma do acoplamento estrutural entre os sistemas econômico e jurídico. De modo concreto, isso ocorre porque o condicionamento político de uma considerável circulação de moeda (conceito-chave: impostos) e da legislação são os únicos instrumentos políticos que efetivamente podem atuar sobre os detalhes imponderáveis[63]. Na Idade Média, isso não constituía um grande problema, já que o *dominium* equivalia ao domínio público e, nessa medida, não se diferenciava da *iurisdictio*. Como reação à liberação política da propriedade, o século XVIII produziu dois conceitos diferentes, que pretendiam dar conta das novas relações: (1) a determinação material da violência política "despótica" como administração racional e, assim, limitada da propriedade por parte dos fisiocratas; e (2) a teoria da representação política popular vinculada à propriedade, na Grã-Bretanha, e, de modo ainda mais claro, na América do Norte[64]. Por um breve momento histórico, em que surge o conceito moderno de Constituição, pareceu como se a política tivesse podido se limitar à observação e eventual correção das relações entre direito e economia. Porém, em seguida, a aberta e recíproca irritação dos sistemas jurídico e econômico

---

63. Pode-se ter um controle empírico disso em casos nos quais essas suposições não estão dadas ou não o estão na mesma medida — por exemplo, na China. Li Hanlin, *Die Grundstrukturen der chinesischen Gesellschaft*, Opladen, 1991.

64. Apesar de toda a ênfase com que é representada a soberania popular, está claro que a palavra *people* se refere exclusivamente a proprietários adultos, do sexo masculino, com rendimentos consideráveis. "Representation of the property of the people" é uma admissão da verdade quase por descuido, segundo James Burgh (*Political Disquisitions*, 3 vols., 1774-75, vol. 3, p. 272).

passa a exercer uma atração irresistível sobre o sistema político. Somente em meados do século XIX é que circulará a fórmula "*freedom* (ou *liberty*) *of the contract*"[65], enquanto antes tão só se discutira o efeito vinculante das declarações contratuais; e o novo conceito parece ter sido inventado como defesa ante as intervenções estatais, em particular no direito do trabalho e no direito dos cartéis[66]. O acoplamento estrutural entre o sistema jurídico e o econômico se converte em um meio para o meio do poder político, ou seja, um acoplamento frouxo (*loose coupling*) de possibilidades às quais se podem dar formas politicamente aceitáveis mediante decisões coletivamente vinculantes. Ante os efeitos econômicos esperados, o uso da propriedade e da liberdade contratual é objeto de uma restrição jurídica cada vez mais forte. Já há algum tempo, o sistema político experimenta nos limites dessa possibilidade, o que significa que ele experimenta com a questão de quão longe se pode ir com as intervenções, sem que a autopoiese de cada um desses sistemas, isto é, a força autorregeneradora da moeda e do direito, seja posta em risco. A lição a se extrair disso tudo, e que agora fica clara, é que os efeitos alcançáveis desse modo jamais satisfazem às intenções políticas em razão de serem sempre determinados pelo modo de operação autorreferencial e por serem as estruturas determinadas pelo sistema afetado. Contudo, isso parece não importar muito para a autopoiese do sistema político, já que para ela o que importa é a comunicação coletivamente vinculante das

---

65. Na Inglaterra, um pouco antes, tendo seu auge por volta de 1870 (cf. Atiya, op. cit., sobretudo p. 383 s.); nos Estados Unidos, apenas em fins do século.

66. Com relação a isso, cf. o notável artigo — notável também como documento histórico — de Roscoe Pound, "Liberty of Contract", *Yale Law Review* 18 (1909), p. 454-87.

intenções de intervenção, e não os efeitos factuais de intervenção que poderão ou não ocorrer muito mais tarde.

IV

A expansão dos direitos de propriedade e da liberdade contratual poderia se encarregar de apenas parte dos problemas de uma sociedade que se modernizava e prover irritações somente no âmbito do que viria a ser chamado "direito privado". A relação entre o sistema político e o sistema jurídico produz outros problemas. Em consonância com isso, com o estabelecimento do Estado territorial moderno começa-se a distinguir, com muito mais clareza do que antes, entre direito privado e direito público[67]. A situação, de todo diferente, do sistema político em relação ao sistema jurídico pode ter sido provocada pela circunstância segundo a qual a diferenciação estratificada de Estados territoriais, em que pese o enfraquecimento político destes, limitaram mais seu desenvolvimento político do que o econômico. Enquanto a economia passou a ser dominada pelas relações agrárias, a nobreza se manteve politicamente indispensável para a organização do trabalho e produção de valores no campo. A partir do século XI, o gerenciamento dos Estados

---

67. Que essa distinção tem muito a ver com a diferença entre sistema jurídico e sistema político, mas, na qualidade de divisão de esferas jurídicas, não pode fazer jus a essa diferença, demonstra-o Morton J. Horwitz, "The History of the public/privat distinction", *University of Pennsylvania Law Review* 130 (1982), p. 1423-8. Sobre o desenvolvimento alemão em tempos mais remotos, cf. Rudolf Hoke, "Die Emanzipation der deutschen Staatsrechtswissenschaft von der Zivilistik im 17. Jahrhundert", *Der Staat* 15 (1976), p. 211-30; Dieter Wyduckel, *Ius publicum: Grundlagen und Entwicklung des öffentlichen Rechts und der deutschen Staatsrechtswissenschaft*, Berlim, 1984, esp. 131 ss.; Michael Stolleis, *Geschichte des öffentlichen Rechts*, vol. I, Munique, 1988.

territoriais e, paralelamente a ele, a administração local da justiça, espalhou-se por toda a Europa (com exceção da Escandinávia). Para a economia monetária, quem realizava essa função era o que menos importava. Mas, do ponto de vista político, não se podia ignorar essa posição da nobreza, independentemente de a função ser exercida pessoalmente ou por seus representantes. Não obstante, as relações diferem consideravelmente nos diferentes países europeus — entre outros motivos, em razão dos diferentes graus de comercialização, formação de capital e endividamento público. Sob condições mais evoluídas, poder-se-ia pensar em constituições representativas que outorgassem influência aos proprietários enquanto tais. Na Alemanha, o respeito mútuo entre a dinastia e os Estados territoriais era algo mais ou menos inevitável[68].

A partir do século XVI evidencia-se uma série de desenvolvimentos que não apenas trazem problemas financeiros para a nobreza (tornando-a dependente da política), mas também, com a ajuda de um "Estado" construído de maneira lateral, escapam a toda ordenação estratificatória. Esses desenvolvimentos apoiavam-se na unidade semântica entre política, direito e sociedade, ainda que sem impedir o início de novas formas de diferenciação em domínios funcionais. O resultado de tudo isso é que, em última instância, o "Estado" surge como portador do acoplamento estrutural entre os sistemas político e jurídico — evidentemente, com a condição especial de ele adquirir uma Constituição que permita ao direito positivo se converter num

---

68. Sobre isso, cf. Gerhard Dilcher, "Vom ständischen Herrschaftsvertrag zum Verfassungsgesetz", *Der Staat* 27 (1988), p. 161-93.

meio de conformação política, assim como ao direito constitucional se tornar instrumento jurídico para a implantação de uma disciplinarização política. Essa forma de acoplamento mediante o Estado constitucional torna possível, em *ambos os lados*, para o sistema político e o jurídico, a *realização de graus de liberdade superiores*, assim como uma *notável aceleração da dinâmica própria de cada um desses sistemas*.

Somente em fins do século XVIII — na periferia da Europa e nos Estados norte-americanos — vai se inventar a forma que passará a garantir, de maneira inteiramente nova, um acoplamento estrutural entre os sistemas jurídico e político, ou seja, o que desde então se conhece como *Constituição*[69]. As Constituições são conquistas reais (em contraste com meros textos), por um lado, ao restringir as influências recíprocas entre direito e política aos canais proporcionados pela constituição de um Estado e, por outro lado, nas crescentes possibilidades no contexto desses acoplamentos. Pode-se ver, não obstante, que outras possibilidades são efetivamente excluídas com esse tipo de acoplamento, significando, por exemplo, a exploração de posições jurídicas no sistema econômico (riqueza, controle de opções politicamente importantes) a fim de alcançar o poder político[70], ou o terrorismo político, ou a corrupção política.

---

69. Sobre esse aspecto, com mais detalhes, cf. Niklas Luhmann, *Verfassung als evolutionäre Rechtshistorisches Journal* 9 (1990), p. 176-200.

70. Em tema tão controverso, é preciso solicitar ao leitor especial atenção na leitura. É claro que não se pode nem se deve desconsiderar que as posições jurídicas configuram fator importante no cálculo político; basta pensar aqui na possibilidade, juridicamente garantida, de deslocar instalações de produção, e, assim, postos de trabalho para o exterior. O que se deve excluir pela Constituição como forma de acoplamento estrutural é, unicamente, que essa possibilidade possa ser utilizada como fundamento para a conformação do poder político, com o qual se pode depois buscar finalidade bem distintas, portanto, de modo geral, que se

À medida que o sistema político, por um lado, e o sistema jurídico, por outro, encontram-se vinculados pelo poder "privado" da pressão, do terror e da corrupção, nem um, nem outro sistema, se é que é possível distingui-los, chega a adquirir grau elevado de complexidade. Por meio de Constituições, chega-se então, em razão da *limitação* das zonas de contato de ambas as partes, a um *enorme incremento* de irritabilidade recíproca — maiores possibilidades, por parte do sistema jurídico, de registrar decisões políticas em forma jurídica, mesmo havendo mais possibilidades de a política se valer do direito para implementar seus objetivos. O problema passa a ser então, de ambos os lados, a determinação das formas estruturais com as quais se vai superar tão elevado aumento na variedade. Assim, quase se poderia dizer: a democracia é uma consequência da positivação do direito e das concomitantes possibilidades de modificá-lo a cada momento.

Ocorre que, evidentemente, não foi esse o motivo do descobrimento de tal mecanismo que, desde o último terço do século XVIII, conhecemos como Constituição. Trata-se de algo que nem se tivera desejado nem podido planejar. O descobrimento evolutivo que leva esse nome e assume a função de acoplamento deve-se a uma situação histórica determinada e, não por acaso, também às condições políticas da periferia norte-americana[71]. Na situação pós-revolucionária da América

---

possa fazer política com isso.

71. Também os importantes recursos semânticos e estruturais dos *colonial charters*, importantes para isso, podem ser explicados com base em uma diferença centro/periferia. Cf., por exemplo, Donald S. Lutz, *The Origins of American Constitutionalism*, Baton Rouge, Louisiana, 1988.

do Norte, o que estava em jogo não era somente — nem o era antes de qualquer outra coisa — um direito fundamentalmente novo ou algum tipo de inovação jurídica. O material normativo já existia, a referência ao direito natural era pressuposta como algo dado. Tratava-se, isso sim, de eliminar o vazio surgido com a independência em relação à Coroa inglesa. De modo geral, os Estados soberanos deviam ser, em primeiro lugar, criados como Estados individuais e apenas por fim em âmbito nacional. Uma Constituição estabelecida por escrito era o instrumento adequado, suficiente e imediatamente eficaz. Em comparação com o desenvolvimento de dois milênios do direito civil, essa mutação se deu subitamente e na forma de uma inovação conceitual. É bem verdade que o conceito *constitutio* teve raízes históricas. Em parte ele designava a constituição (sã ou enferma) de um corpo individual ou político; em parte editos imperiais, decretos principescos, estatutos, ordenações etc., aos que se atribuía força legal. Contudo, as terminologias política e jurídica desenvolveram-se paralelamente, e só na Inglaterra se converteu em costume falar de *constitutio* como princípio de sustentação do ordenamento jurídico e político do país[72].

---

72. Sobre o desenvolvimento do uso linguístico, cf. Gerald Stourzh, "Constitution: Changing Meanings of the Term from the Early Seventeenth to the Late Eighteenth Century", in Terence Ball/John G. A. Pocock (org.), *Conceptual Change and the Constitution*, Lawrence, Kansas, 1988, p. 35-54; id., "Vom aristotelischen zum liberalen Verfassungsbegriff", in id., *Wege zur Grundrechtsdemokratie: Studien zur Begriffs- und Institutionengeschichte des liberalen Verfassugstaates*, Wien, 1989, p. 35-54. Heinz Mohnhaupt, "Verfassung I", in *Geschichtliche Grundbegriffe: Historisches Lexikon zur politisch-sozialen Sprache in Deutschland*, vol. 6, Stuttgart, 1990, p. 831-62. É fato indiscutível que o conceito adquire um sentido novo, condicionado pela política contemporânea, no caso, as revoluções norte--americana e francesa. Mas também é fato que não fica claro exatamente *em que* consiste essa inovação. Entre outras coisas, o problema reside em que os conceitos, os postulados e as propostas de organização política adquirem na França sentido completamente diferente do que assumem nos Estados Unidos. Nesse país, não se tratava de um problema de Estados

Só mesmo as transformações políticas, as revoluções na América do Norte e em Paris, bem como a desaparição da vigilância jurídica superior por parte do *Reich* na Alemanha conduzem à unificação dessas duas tradições conceituais. Desde então se passa a entender por Constituição uma lei positiva, ela própria fundando o direito positivo e determinando, a partir daí, como pode ser organizado o poder político e como ele pode ser exercido em forma jurídica com restrições juridicamente dadas[73].

Do ponto de vista jurídico, uma Constituição com esse significado só pode ser um texto autológico, isto é, um texto que se propõe a ser parte de direito[74]. Isso ocorre, por exemplo, na forma de uma regra de colisão, sobretudo porque a Constituição a si mesma excetua da regra pela qual o novo direito viola o direito antigo; também uma vez que a Constituição regulamenta o seu próprio caráter de alterabilidade/inalterabilidade; e também, ademais, porque regulamenta se alguém pode ser controlado, e por quem, e se o direito corresponde a isso ou o viola; e, finalmente, porque a própria Constituição contém a proclamação da Constituição e o externaliza apelando simbolicamente à vontade divina e à vontade do povo. As circuns-

---

territoriais, mas o de uma tradição de *colonial charters* que podia ser adaptada, onde não havia nenhum Estado unificado, e uma nação tinha ainda de ser formada por meio de uma Constituição etc.

73. Para essa mudança de perspectiva jurídica, cf. Dieter Grimm, *Entstehungs- und Wirkungsbedingungen des modernen Konstitutionalisumus, Akten des 26. Deutschen Rechtshistorikertages*, Frankfurt, 1987, p. 46-76; id., "Verfassung", *Staatslexikon*, ed. Görres-Gesellschaft, 7. ed., Freiburg, 1989, vol. 5, p. 634-43; id. "Verfassung II", in *Geschichtliche Grundbegriffe*, op. cit., vol. 6, p. 863-99; ambos reimpr. in id., *Die Zukunft der Verfassung*, Frankfurt, 1991.

74. Pode-se pensar aqui em antigos modelos teológicos, por exemplo, de explicações religiosas de uma ordem universal contendo um componente que explique essa ordem, que é Deus, a fim de cortar um regresso infinito.

tâncias históricas e as intenções do constituinte quando muito reingressam na Constituição, se é que o fazem, por meio das regras de interpretação[75].

Nem mesmo os americanos estavam familiarizados com todos esses elementos incomuns, e eles foram praticá-los na administração da justiça[76]. Precisamente para essas implicações da autologia não havia nenhum modelo na tradição. Aliás, a Constituição punha um fim à antiga abertura para o passado do direito, substituindo-a por uma orientação para o futuro. Em outros termos: também os argumentos com pretensões a validade histórica deviam agora ser mensurados tomando-se como critério a Constituição[77], e, inversamente, a Constituição normalizava o procedimento de modificação contínua do direito. Ela própria prevê para ele uma legislação que será negociada e juridicamente conformada no parlamento[78].

Com boas razões para tal, o sistema jurídico considera a Constituição uma lei validada que deve ser interpretada e

---

75. Cf. a controversa doutrina da *original intent* do direito constitucional norte-americano.

76. Para *judicial review*, cf. Commonwealth *vs.* Caton, 8 Virginia (4 Call), p. 5 s., Cases of the Judges of the Court of Appeals, 8 Virginia (4 Call), p. 135 ss.; Barnard *vs.* Singleton, I North Carolina (I Martin), p. 5 ss., e, no âmbito federal, a célebre decisão Marbury *vs.* Madison, I Cranch (1803) p. 137 ss, sobretudo p. 176 ss.

77. Sobre o caráter insustentável de uma derivação puramente histórica de pretensões de legitimação, cf. Henry Viscount Bollingbroke, "A Dissertation upon Parties, Letter IX", cit. segundo *Works*, vol. II, Philadelphia, 1841, reimpr. Farborough Hants England, 1969, p. 79 ss.

78. No entanto, isso não precisa continuar assim, se é que se parte da separação dos sistemas para a política e para o direito, isto é, de que o sistema jurídico não seja corrompido pelas exigências políticas de modificação. É, sobretudo, nos Estados Unidos que, nos últimos anos, vêm tomando forma, com grande êxito, movimentos sociais que, sem recorrer ao Congresso, podem exigir uma modificação na jurisprudência. Para numerosos casos, cf. Joel F. Handler, *Social Movements and the Legal Systems: A Theory of Law Reform and Social Change*, Nova York, 1978.

aplicada. Do ponto de vista jurídico, então, a inovação reside no caráter positivo dessa lei, na incorporação da diferença entre o direito constitucional e o outro direito ao direito positivo. Isso vale também, em particular, para as regras de colisão e para quaisquer outras proibições no que diz respeito às modificações. O direito positivo pode também realizar uma autoperpetuação — ideia inconcebível para a Idade Média e, em todo caso, questionável. Assim se abandona a hierarquia tradicional das leis: direito divino, direito natural (eterno ou mutável), direito positivo. De qualquer modo, seus fundamentos cosmológicos e religiosos tinham sido desintegrados. Em lugar deles, a Constituição expressa que é no próprio sistema jurídico que se deve dar a responsabilidade de todo direito. Com relação a isso, poder-se-ia crer num princípio, sobretudo no âmbito do direito privado, capaz de se apoiar em formas estáveis da tradição do *Common Law*, isto é, do direito civil, e em especial, é claro, no instituto jurídico da propriedade, ou seja, da propriedade de direito civil. Desse modo, particularmente no século XVIII, o direito civil mantém estreitas relações com o direito constitucional. No entanto, o direito constitucional adquire, mesmo conceitualmente, esse delineamento com relação à autonomia. Ele tem de se fundar somente em si mesmo e incorpora contraprincípios no próprio direito constitucional — por exemplo, o caráter não modificável de um direito que de resto é modificável; ou também intervenções diretas em "valores" ou em princípios "morais" que, de outro modo, só poderiam ser entretidos no contexto de normas do direito jurídico e com base em sua autorização[79].

---

79. É certo que se pode afirmar que isso vale para a própria Constituição, à medida que nela se faz menção à dignidade humana e a outras coisas semelhantes. Mas a forma "é"

O conceito "inconstitucional" aparece já no século XVIII[80]. Mas, tão logo se passa a distinguir constitucional/inconstitucional de lícito/ilícito, a Constituição começa a se pronunciar. Toda norma jurídica pode então ser anticonstitucional — antigo e o novo direito, ordenamentos e leis, não somente a Constituição em si. O direito possui agora, portanto, um mecanismo garantido pela autoisenção de declarar a si mesmo juridicamente improcedente. Não surpreende, portanto, que Thomas Jefferson inicialmente tivesse pensado que o mandato do povo para a promulgação de uma Constituição não iria tão longe[81]; e que modificações jurídicas normais deveriam ser mantidas por leis normais.

---

desse enunciado ("é inviolável") faz pensar. Um olhar à literatura, altamente controversa, sobre a interpretação constitucional demonstra que o recomendável ali são valores, moral etc. em diversas versões (moralidade constitucional, moralidade de aspiração, religião civil), e não apenas como conteúdos de determinadas normas, mas também como enfoques interpretativos gerais ou, de modo mais claro, como regras para o fechamento de um horizonte de argumentação que de outro modo seria aberto. Cf. Ronald Dworkin, *Taking Rights Seriously*, Oxford, 1977, especialmente claro; Michael Perry, *Morality, Politics and Law*, Londres, 1988, sobretudo p. 121 ss. Para todos os efeitos, toda essa literatura, em especial Neil MacCornick, "Institutional Morality and the Constitution", in Neil MacCornick/Ota Weinberger, *An Institutional Theory of Law: New Approaches to Legal Positivism*, Dordrecht, 1986, p. 171-88, carece de clareza na distinção, que mantemos no texto reproduzido anteriormente, entre interpretação constitucional e outros tipos de interpretação das leis. Em todo caso, *essa* distinção é uma distinção *do sistema do direito*.

80. The Oxford English Dictionary (2. ed. Oxford, 1989, vol. XVIII, p. 925, sob a voz "inconstitucional" contém uma evidência de 1734. Cf. também Bolingbroke, op. cit. 11 (*unconstitutional expedients*). Porém, aqui, como fica claro a partir do contexto geral, no âmbito de uma distinção Constituição/governo e não no sentido de uma distinção entre direito constitucional e direito normal. A expressão só é objeto de uma difusão mais ampla no contexto da polêmica norte-americana contra as práticas do Parlamento londrino, que se considera soberano e, nessa medida, jamais acredita poder agir de modo inconstitucional. Somente com o decreto das constituições escritas, o termo passa a se infiltrar também como legitimação para uma revisão judicial. Para o primeiro caso, cf. Commonwealth *vs.* Caton, 8 Virginia (4 Call), p. 5 ss., de novembro de 1782.

81. Em sua polêmica contra a Constituição da Virgínia (1776), que vai em sentido contrário a suas concepções, cf. Thomas Jefferson, *Notes on the State of Virginia* (1787), cit. segundo ed. de William Peden, reimpr., Nova York, 1982, p. 110 s.

É importante fazer notar que a imposição dessa conquista é facilitada pelo desconhecimento de seu conteúdo jurídico específico. Em vez disso, ela é discutida como problema de soberania, como problema da suprema violência política. E, nesse caso, é de maneira bem-sucedida que se pode fazer valer o fato de que os julgados que declararem inconstitucionais certas leis particulares não reclamam para si a condução do Estado, nem mesmo a legislação[82]; elas se mantêm no contexto de sua função especificamente jurídica. A transposição do problema para o sistema político, que tem suas próprias dificuldades com problemas de autorreferência no quesito soberania e seus paradoxos de fundação, permitiu que a revolução lógica do sistema jurídico e o ajuste ao fechamento autorreferencial se iniciasse discretamente; ou, em todo caso, retirou a pressão da reflexão sobre a unidade do sistema da necessidade de considerar essa "catástrofe", ainda antes que os instrumentos especificamente jurídicos para a nova situação fossem desenvolvidos.

O problema em questão fora posto de maneira aguda no sistema político cerca de duzentos anos antes, e para isso em geral se cita Bodin como fonte. A soberania já não era entendida, como ocorreu na Idade Média, como a simples independência do imperador e do papa em assuntos políticos, mas como a unidade do poder estatal territorialmente limitado, isto é, também como uma soberania para o interior. A situação política derivada das guerras religiosas apresentava como necessidade o que os temas relativos à religião, à moral e ao direito não tinham deixado para o juízo particular da nobreza. Esse

---

82. Os argumentos de Alexander Hamilton se encontram em *The Federalist Papers* n. 78, cit. segundo a ed. Middletown Con, 1961, p. 521-34; ou os argumentos de John Marshall em Marbury *vs.* Madison, I Cranch (1803), p. 137-80.

juízo poderia ser mais bem descrito como uma arbitrariedade, que teve como consequência a arbitrariedade se opor à arbitrariedade e, portanto, a arbitrariedade se apresentar somente como arbitrariedade soberana, ou seja, aceitável em um lugar, que era o Estado. Desse modo, incidia-se no problema, de que se ocupa a teoria do Estado desde então, de como se pode evitar que a arbitrariedade desmedida em uma extremidade faça o que lhe apraz (*quod principi placuit ...** já não era entendido tendo-se em mente a virtude do príncipe, mas como carta branca para se fazer o que bem entender) e de como se pode sujeitar o soberano a regras racionais e, sobretudo: a suas próprias promessas. Assim, a teoria do Estado seguia imersa no paradoxo da sujeição de um poder necessariamente não vinculado[83]. A formulação talvez mais feliz a dar conta da qualidade de paradoxo da aquisição de estabilidade dinâmica em condições de crescente irritabilidade deve-se a Friedrich Schlegel: a Constituição representativa "nada mais é do que inquietude fixada, a revolução detida, o Estado absolutamente vinculado"[84].

Não podemos nos ocupar aqui dos detalhes históricos dessa agudização[85]. Apenas observamos que toda posição suprema — a de Deus, tal como a do Estado soberano — depende de uma *regra não formulável*. Mas isso de modo algum significa,

---

83. Com relação a esse aspecto, cf. Stepehn Holmes, Jean Bodin: "The Paradox of Souvereignity and the Privatization of Religion", in J. Roland Pennock/John W. Chapman (org.), *Religion, Morality and the Law*, Nova York, 1988, p. 5-45.

* O que agradou ao príncipe, tornou-se lei. (N. E.)

84. In *Signatur des Zeitalters*, cit. segundo Friedrich Schlegel, *Dichtungen and Aufsätze*, org. por Wolfdietrich Rasch, Munique, 1984, p. 593-728 (713)

85. Para um contexto teórico-social, cf. também Niklas Luhmann, "Staat und Staatsräson im Übergang von traditionaler Herrschaft zu moderner Politik", in id., *Gesellschaftsstruktur und Semantik*, vol. 3, Frankfurt, 1989, p. 65-148.

ao contrário do que se pensava na época do Estado absoluto, que em qualquer situação se possa decidir de maneira arbitrária. É essa interpretação da soberania como arbitrariedade que se abandona no moderno Estado constitucional e que se converte numa divisão de posições com identidades diferentes. Isso ocorre, primeiramente, em razão da diferenciação entre os sistemas jurídico e político, cada um deles se ocupando dos paradoxos de maneira diferente. Faz-se necessário (aqui, como na lógica) abandonar a forma fixa de uma diferenciação hierárquica de planos. Essa forma só pode ser substituída mediante a maior ambiguidade da diferença interno/externo. A Constituição culmina em pontos nos quais se pode formular se tal diferenciação deve sua validade ao sistema ou ao seu ambiente. Mas essa é e continuará sendo uma ambiguidade interna do ponto de vista do sistema, ambiguidade que adquire um sentido diverso no sistema jurídico e no sistema político, a depender do modo com que os sistemas normalizem esse ponto de acesso das irritações. Vista da perspectiva de uma distância sociológica, estabelece-se com isso um mecanismo de acoplamento estrutural que resulta acessível aos sistemas participantes, mas unicamente nas interpretações internas a ele. No contexto mais amplo da semântica dos tempos modernos, isso equivale a um ajuste das distinções acima/abaixo com as distinções interno/externo. Desse modo, a totalidade dos "princípios" converte-se em algo que depende do sistema, isto é, algo contingente. Sua formulação última deve então ser substituída pela regra de informulabilidade da regra, que constitui a unidade do sistema.

    Para o nosso contexto, portanto, o importante é a ideia de que os problemas de autorreferência e os paradoxos sejam postos de maneira diversa em cada sistema, e, no sistema político, de maneira diferente de como o faz no sistema jurídico. Essa é a verdadeira razão pela qual o desenvolvimento das autorreferências correlativas e a resolução dos respectivos paradoxos sejam mediados pelo mecanismo dos acoplamentos estruturais e não por metarregras ou soluções lógicas descobertas nos próprios sistemas. Isso também significa que, para a transparência, o sistema tenha provido a incomunicabilidade e, para a incomunicabilidade, a impossibilidade de tematizar o problema e a sua solução, representando o que se poderia chamar de sentido metaconstitucional da Constituição.

Podemos então dizer, em suma, que a Constituição provê soluções políticas para o problema da autorreferência do direito e soluções jurídicas para o problema da autorreferência política. Trata-se de uma Constituição do "Estado", isto é, supõe-no como objeto real que demanda uma Constituição. Não é só o texto em si mesmo, mas unicamente o Estado constitucional o que desempenha a função de acoplamento — independentemente de esta ser concebida como povo-em--forma, como instituição, como organização ou, simplesmente, como "*government*"[86]. Com relação a isso, a Constituição conformadora e determinadora do Estado assume um sentido diferente em ambos os sistemas: para o sistema jurídico, é uma lei suprema, uma lei fundamental; para o sistema político, é um instrumento político no duplo sentido de política instrumental (modificadora de decisões) e de política simbólica (não

---

86. A falta de clareza semântica com relação a isso é um indicador de que se trata de um mecanismo (diversamente perspectivo) de acoplamento estrutural.

modificadora de situações). Ainda que as duas versões pareçam se contradizer semanticamente, elas são compatíveis graças ao fechamento operativo dos sistemas. Somente na visão própria do sistema as condições se encontram sujeitas a modificações devidas às operações do sistema que lhes correspondam. Assim, é possível que se desenvolvam separadamente o sentido jurídico e o sentido político da Constituição, o que se torna patente num incremento da irritação recíproca. Da mesma forma, é concebível que em muitos países em desenvolvimento se observe que as constituições servem, quase exclusivamente, como instrumento da política simbólica, pois ainda não se conseguiu fechar operativamente o sistema jurídico e torná-lo impermeável à influência da política e de outras forças sociais. No entanto, mesmo em tal caso é possível reconhecer o modelo moderno do acoplamento estrutural, ainda que unicamente como aparência verdadeira (ou seja, funcional). O uso exclusivamente simbólico das Constituições serve à política para que se proceda como se o direito a limitasse e irritasse, e para abandonar as verdadeiras relações de poder à comunicação dos *insiders*[87]. Num sentido pleno, contudo, a Constituição, como aquisição evolutiva, cumpre sua função unicamente sob o pressuposto da diferenciação funcional e do fechamento operativo dos sistemas político e jurídico. E é precisamente o caráter latente dessa premissa, seu desconhecimento, o que torna possível a evolução dessa aquisição. Para a compreensão moderna do conceito, as

---

[87]. Com relação a isso, cf., com uma interpretação um pouco diversa no sentido de uma modernidade não realizada, Marcelo Neves, *Verfassung und Positivität des Recht in der peripheren Moderne: Eine theoretische Betrachtung und eine Interpretation des Falles Brasiliens*, Berlim, 1992. Cf. também o que foi dito no Capítulo 2, IV, sobre o tema da autonomia.

Constituições foram inventadas sob o guarda-chuva protetor da permanente ilusão (medieval) de que a política pode se fundamentar como ordenamento jurídico. Essa ilusão em grande medida encontramos praticada com a função de tornar invisível o fato de que a verdadeira limitação da soberania do sistema político se encontra determinada pelos conflitos de poder e pelos cálculos de poder entre as elites políticas.

O que de fato é acionado com isso é assunto relativo aos efeitos das irritações recíprocas que, se vistas em longo prazo, influem na direção em que os sistemas acoplados se desenvolvem, em razão da composição e decomposição de estruturas. O sistema político se subordina à autoirritação que subjaz à possibilidade de suscitar uma modificação jurídica. A positivação do direito representa um imenso potencial para a ação política, enquanto a política em si se ocupa constantemente da seleção de tais modificações. Suscitar uma modificação jurídica é fazer política. O sistema político pode reagir de maneiras bem diferentes a tais iniciativas, mas não pode deixar de reconhecê-las como operação própria ao sistema. Por isso, para o sistema político, a positivação do direito significa superexigir a política, em particular mediante a decisão estrutural para a democracia.

Assim mesmo, o sistema do direito se encontra exposto a iniciativas políticas das quais é preciso constantemente se encarregar e elaborar, no procedimento de legislação, regulamentação administrativa e jurisdição (incluindo aí a jurisdição de tribunais constitucionais). Mostra-se, de maneira evidente, que isso deforma as formas tradicionais do exame de consistência baseadas em decisões casuísticas de tribunais e no desenvolvimento muito pouco permeável da dogmática jurídica.

Essa ordenação tradicional é sujeita e também mediada por uma interpretação da Constituição que opera com "valores fundamentais" ou (no caso dos Estados Unidos) com intuições morais, mantendo aberta para si uma modificação casuística dos valores de oposição. A ordenação aparentemente fixa dos princípios jurídicos é orientada por uma jurisdição de oposição fluida e sempre provisória; isto é, o relativamente estável é orientado pelo que é, em princípio, instável[88]. Na terminologia anteriormente introduzida, isso significa que a variedade do sistema aumenta e que a conservação da redundância se converte em problema. Para isso, devem ser experimentadas novas formas — por exemplo, as sequelas das cláusulas de ponderação.

O decisivo é — e seria isso a conferir visibilidade ao conceito de acoplamento estrutural — que o reforço da irritação recíproca se mantenha como algo que depende do efeito de exclusão desse mesmo mecanismo. Só mesmo a indiferença recíproca torna possível que se intensifique uma dependência recíproca específica[89]. Sob essa condição, que deve ser entendida como uma diferenciação funcional em relação ao sistema da sociedade, os sistemas dissolvem a estrutura circular de sua autorreferência por meio da externalização. Ao preparar as possibilidades de legislação, o próprio sistema jurídico se vê

---

88. Cf., em Karl-Heinz Ladeur, *Postmoderne Rechstheorie: Selbstreferenz-Selbstorganisation-Prozeduralisierung*, Berlim, 1992, p. 166-7, a ênfase no caráter "experimental, projetivo, disposto à autossatisfação dos 'valores' cujo curso real em última instância é determinado, de maneira provisória, pelo tribunal constitucional, que sempre torna a ser chamado à cena".

89. De resto, o argumento se encontra já no século XVIII, no contexto das primeiras exposições dos *checks and balances* da divisão de poder. Cf. Henry Viscount Bolingbroke, *Remarks on the History of England* (1730), cit. segundo *Works*, vol. I, Philadelphia 1841, reimpr. Farnborough, Hants, Inglaterra, 1969, p. 292-455 (333 s.).

exposto aos atrativos de decidir iniciativas para a alteração do direito. A autorreferência assume então a via indireta, que passa pela inclusão do ambiente no sistema. Desse modo, as assimetrias hierárquicas tornam-se dispensáveis, uma vez que o olhar ascendente perdeu todo o sentido.

Como resultado desse desenvolvimento, hoje se discute se o aparato do constitucionalismo clássico pode ser adaptado aos desenvolvimentos que conduzem ao Estado de bem-estar[90]. Por volta de 1800, já não se tem clareza sobre as formas do direito civil de que se podia partir, tanto no *Common Law* como no direito civil continental. Cada vez mais se modificam as concepções sobre o sentido e a função dos direitos fundamentais na direção de um programa geral de valores que devem ser entendidos como diretrizes da política. Os problemas de decisão então já não se apresentam quando na política se ultrapassam os limites, mas sim na solução dos conflitos de valor que se apresentam sempre de maneira renovada. Com informações sobre como devem ser decididos tais conflitos, o fato constitucional intervém na política cada vez mais, ditando, por exemplo, o que se poderia gastar quando o poupar seria mais conveniente. O próprio desenvolvimento confirma a força política persuasiva do Estado de bem-estar e, sobretudo, a ideia de que os golpes não merecidos do destino devem ser compensados pela comunidade[91]. Com tudo isso se perde de vista a função original da Constituição, que é a de

---

90. Cf. sobretudo Dieter Grimm, *Die Zukunft der Verfassung*, op. cit. (1991).

91. Que mesmo a jurisdição civil se orienta com base em tais concepções e, portanto, submete-se a um clima social mutável foi algo demonstrado por Lawrence M. Friedman, "Total Justice", Nova York, 1985.

limitar a política. Vê-se, com efeito, que o Estado de bem-estar é um participante político por conta própria[92], mas não extrai daí a consequência de que à função de uma Constituição teria de corresponder um *atuar no sentido oposto* a essas tendências. Uma adaptação da Constituição às características de um Estado de bem-estar teria antes de consistir, por exemplo, em garantir a independência do Banco Central e impor limites estritos ao endividamento do Estado.

V

A passagem a uma diferenciação funcional primária do sistema da sociedade requer acoplamentos estruturais de um novo tipo na relação dos sistemas funcionais entre si, ou seja, a de acoplamentos que possam levar em conta a autonomia e o fechamento operativo dos sistemas funcionais. Na sociedade, os sistemas de função são preservados por esses mecanismos; mas, como de qualquer modo têm de operar como sistemas de comunicação, não poderiam sair da sociedade. Portanto, os acoplamentos se desenvolvem em unidade com as novas autonomias funcionais. Um não seria possível sem o outro.

Esta apresentação exclui completamente o fato de que sempre há também acoplamentos estruturais para as relações exteriores do sistema da sociedade, isto é, para a relação desse sistema com os sistemas psíquicos cuja consciência consti-

---

92. Cf. Grimm, op. cit., (1991), p. 325, para indicações de caráter mais amplo e para a constatação de que o Estado social pode renunciar mais facilmente às garantias jurídico--constitucionais do que a outros objetivos de Estado.

tui um ambiente necessário para a comunicação. É evidente que, estando o próprio sistema jurídico obrigado a realizar a comunicação, ele mantém relações diretas com esse ambiente psíquico do sistema social. Impregna-se diretamente na consciência dos participantes (e não, por exemplo, valendo-se da via indireta de qualquer outra instância social). Disso se segue que ele tem de ser capaz de motivar vivências e ações, ou a comunicação correspondente vai estancar por falta de recursos. Pode-se receber justiça, pode-se ter que o próprio sentimento de justiça seja confirmado ou não e pode-se converter num assunto de destino; em todo caso, não é algo que careça de importância. Também quanto a isso a reestruturação orientada para uma diferenciação funcional demanda ajustes nos mecanismos de acoplamento — por exemplo, presença, disciplina, restrição de movimentos, prestar atenção nos autos processuais etc. — e, à parte a linguagem, dificilmente se pode confiar em padrões gerais para a ordem social. O sistema jurídico, ao ter de lidar com subsistemas diferenciados como a economia monetária, as famílias privatizadas, as organizações estatais politicamente programadas etc., vê-se também obrigado a contar com os correlativos acoplamentos estruturais e reformular sua relação com sistemas de consciência[93].

O desenvolvimento jurídico dos novos tempos leva isso em conta ao abstrair a figura jurídica do direito subjetivo, das normas gerais e socialmente fundadas da reciproci-

---

93. Talcott Parsons, *The System of Modern Societies*, Englewood Cliffs, 1971, sobretudo p. 18 s e 82, apresenta argumentos semelhantes, que fazem referência às elevadas exigências dirigidas à função integrativa (isto é, integradora de indivíduos) da *societal community*, que, com o auxílio de um sistema legal, pode se transformar em direitos humanos comuns.

dade[94]. Com isso, a validade jurídica se converte em algo independente das obrigações de tipo jurídico que ultrapassam os contextos funcionais. Desse modo, tal validade se faz também independente do *genius loci* da nobreza, assim como do poder de pressão dos vizinhos, dos quais é possível se proteger com a ajuda do direito. Em lugar disso, a validade jurídica permite apenas condicionamentos por parte da própria história da validade jurídica do sistema de direito. As velhas obrigações de reciprocidade passam a dar lugar a uma moral da gratidão, que agora se converte em objeto de uma abundante discussão[95]. As mesclas concretas de direitos e obrigações se dissolvem. Os direitos que A pode fazer valer contra B não precisam ter de corresponder a direitos que B pode invocar contra A. Essas simetrias de complementação resolvem-se em relações tautológicas de correspondência entre direitos e obrigações — sob o pressuposto (que pode logo ser objeto de uma realização bastante desigual) de que, independentemente das exigências de classe social, toda pessoa pode adquirir os respectivos direitos e tem de cumprir com as respectivas obrigações. Isso exige, como é fácil constatar, uma diferenciação entre direito público e direito privado em esferas em que antes se falava de um direito condicionado pela posição civil (direito civil).

---

94. Com mais detalhes, cf. Niklas Luhmann, "Subjektive Rechte: Zum Umbau des Recthsbewusstseins für moderne Gesellschaft", in id., *Gesellschaftsstruktur und Semantik*, vol. 2, Frankfurt, 1981, p. 45-104.

95. E são aqui enfaticamente mantidas. Cf. por exemplo (Charles de) Saint-Evremond, Sur les ingrats", cit. segundo *Oeuvres*, vol. I, Paris, 1927, p. 153-8: Claude Buffier, *Traité de la société civile: Et du moyen de se rendre heureux, en contribuant au bonheur des personnes avec qui l'on vit*. Paris, 1726, p. 177 s. (leve-se em conta aqui a limitação no subtítulo: *avec qui l'on vit* [com quem se vive]!).

E exige também, de resto, a dissolução das pressuposições do antigo conceito romano de um *ius* que nas relações jurídicas concretas antevia os vínculos referentes aos direitos[96].

É evidente a força com que a transição para a ideia jurídica dos "direitos subjetivos" influiu, desde meados do século XVII[97], nos já mencionados mecanismos de acoplamento estrutural, no direito de propriedade, assim como nas expectativas orientadas para uma Constituição. Enquanto alguém ousar fazer formulações em termos do direito natural, os direitos humanos (ou, em todo caso, os direitos civis — *civil rights*) podem se considerar precondições, que devem ser respeitadas por todo ordenamento jurídico se quiserem se qualificar como

---

96. Sobre isso, cf. a tese de Michel Villey, *Leçons d'histoire de la Philosophie du droit*, Paris, 1957, p. 249 ss., que tem sido objeto de muitas discussões, e, proporcionando um panorama sobre a discussão subsequente, Karl-Heinz Fezer, *Teilhabe um Verantwortung: Die personale Funktionsweise des subjektiven Privatrechts*, Munique, 1986, p. 111 s. Mesmo os romanistas encontram no antigo direito romano poucos pontos de sustentação para uma interpretação do direito abstrata e subjetivamente referida do *jus*. Cf. Max Kaser, *Das altrömische ius: Studien zur Rechtsvorstellung und Rechtsgeschichte der Römer*, Göttingen, 1949, sobretudo p. 96 ss. Observe-se, em especial, a amplitude de sentido do conceito, cujo efeito excludente (manifesto, por exemplo, na distinção entre *jus* e *lex*) é de difícil comprovação. Em certo sentido, o conceito é uma declaração de autonomia da jurisprudência, que deve então decidir a questão legal em disputa. Só o que se tem de certo é que, de maneira clara, essa distinção subjetivo/objetivo não foi a forma em que inicialmente se concebeu o *jus*.

97. Hobbes costuma ser visto como o principal autor a esse respeito. Contudo, ele não exerceu muita influência sobre a jurisprudência de seu tempo. A reinterpretação do *ius* no sentido de *facultas* ou *potentia* teve início já no século XVI, se não antes. Cf. Hans Erich Troje, "Wissenschaftlichkeit und System in der Jurisprudenz des 16. Jahrhunderts', in Jürgen Blühdorn e Joachin Ritter (orgs.), *Philosophie und Rechtswissenschaft: Zum Problem ihrer Beziehungen im 19. Jahrhundert* (Frankfurt, 1969), p. 63-88, em p. 81; Fernando N. Arturo Cuveillas, "'Luis de Molina': el creador de la idea del derecho como facultad", Revista de Estudios Politicos 75 (Cambridge, 1979): Fezer, op. cit., p. 140 s. Para o que ocorreu por volta do ano 1200 (substituição das relações feudais recíprocas por uma garantia *estatal* da disposição de poder do proprietário como consequência da primeira grande inflação), cf. Robert C. Palmer, "The Origins of Property in England", *Law and History Review* 3 (1985), p. 1-50; id. "The Economic and Cultural Impact of the Origins of Property 1180-1220", *Law and History Review* 3 (1985), p. 375-96.

direito. Poder-se-ia pensar que, sem um reconhecimento desses direitos individuais que o direito natural outorga, não haveria direito algum. Em certa medida esse conceito assume, em relação aos movimentos revolucionários do século XVIII, a função da antiga distinção *rex/tyrannus*, que legitimou a resistência à oposição. Nesse contexto, o direito natural à propriedade adquire um estatuto que ao mesmo tempo abarca as exigências econômico-políticas. Em lugar dos vínculos concretos dos usos de propriedades apresenta-se agora a suposição de que o uso individualista e racional da propriedade multiplica por si mesmo o bem-estar geral, pois a racionalidade passa a significar orientar-se de acordo com as condições do sistema econômico. Mas o que se mantém dessa construção quando se desbota a referência à "natureza" ou se a mantém somente como um uso não reflexivo e especificamente jurídico?

Ainda em Kant e em Savigny depara-se com uma velha regra de reciprocidade, mesmo que aí não seja formulada como um mandato de gratidão (pois a ingratidão diante dos sócios econômicos ou diante do Estado, nas questões relativas à verdade ou mesmo nas relativas ao amor, converteu-se justamente em um mandato de conduta adequada do ponto de vista sistêmico), mas como abstração, na forma de uma lei ética geral cuja obrigatoriedade de todo sujeito poderia ser comprovada em si mesma (sem a aceitação de autoridades externas)[98].

---

98. Entre autores contemporâneos relevantes, Jürgen Habermas confere a esse princípio uma abstração adicional, que converte o *a priori* das condições de simetria das análises de uma teoria da consciência aos fundamentos linguísticos. A tese é a seguinte: que a própria linguagem prescreve uma simetria de relações de conhecimento para um uso adequado, justificando com isso as exigências *normativas* da racionalidade social. Para uma exposição detalhada, cf. Jürgen Habermas, *Faktizität und Geltung: Beiträge zur Dirkurstheorie des*

A forma antiga é então generalizada para fazer jus a condições mais complexas. Mas essa solução não pode se sustentar por muito tempo, e já em meados do século XIX ela fracassa diante do problema da relação de validade entre direitos subjetivos e direito objetivo, portanto, ante o problema de unidade do sistema jurídico.

Na realidade, a ideia de uma validade *objetiva* dos direitos *subjetivos* vem a ser um paradoxo encoberto e desdobrado — em todo caso, enquanto se julga como relevante a distinção objetivo/subjetivo. O paradoxo fundamental da mesmidade do que é lícito e ilícito poderia se desviar e se dirigir, assim, a outra distinção, a um paradoxo mais inócuo. Isso funcionou bem enquanto funcionou do ponto de vista técnico-jurídico e à medida que, nos contextos de legitimação, o importante era o problema de que e como a sociedade pode conceder ao indivíduo a liberdade de autorrealização. Diante disso, as dificuldades de construção da teoria do direito perderam interesse. Em tudo isso a teoria via apenas a tarefa de uma construção adequada à matéria.

Somente quando os tribunais tiverem reconstruído direitos subjetivos em questões de direito público e somente quando o Estado de bem-estar se tiver desenvolvido, e só mesmo quando a reciprocidade tiver se tornado um slogan político sob o novo nome de "solidariedade" e um princípio jurídico praticamente sem um perfil claro[99] é que começarão a se evidenciar

---

Rechts und des demokratischen Rechtsstaates, Frankfurt, 1992.

99. Com relação a isso, cf. sobretudo Dieter Grimm, *Solidarität als Rechtsprinzip: Die Rechts- und Staatslehre Léon Duguits in ihrer Zeit*, Frankfurt, 1973. Cf. também J. E. W. Hayward, "Solidarity: The Social History of an Idea in 19th. Century France", *Internatio-*

algumas fissuras nessa dogmática e as máximas de reciprocidade estarão cada vez mais se sustentando como princípios éticos. Pode-se compreender por que a ideia de reciprocidade foi mantida por tanto tempo no raciocínio jurídico quando se olha quão bem ela refletia as condições sociais de seu tempo. Isso pode ser visto, por exemplo, na adequabilidade relativamente alta do modelo contratual para a compreensão da economia ou do casamento moderno e para a ascensão de postulados para participação civil com relação ao governo do "Estado". Porém, essa correspondência estava fora da semântica que poderia ser mobilizada para fins de uma dogmática jurídica. A dogmática só poderia efetivamente relatar suas próprias dificuldades — ao tentar explicar o conceito de natureza que estava pressuposto no discurso sobre o direito natural[100] e definir direitos subjetivos com base na distinção entre eles e o direito objetivo[101]. Podemos esclarecer o que foi pensado mas não pôde ser dito usando a distinção entre referências de sistema e acoplamentos estruturais que se deva distinguir.

O acoplamento geral consciência/comunicação, com todas as suas consequências, como socialização, expectativas individuais, a profundidade da irritabilidade etc., refere-se ao sistema social em todas as suas esferas; pois, sem comunicação e sem participação da consciência na comunicação, nada pode

---

nal Review of Social History 4 (1959), p. 261-84; Jan Mili Lochman et al., *Solidarität in der Welt der 80er Jahre: Leistungsgesellschaft und Sozialstaat*, Basel, 1984.

100. Nesse ínterim se renunciou a isso, entendendo-se por direito natural unicamente a suposição de que pode haver uma decisão quanto aos problemas morais, independentemente da flutuação de opiniões — concepção para a qual logo se procura esgrimir argumentos. Cf. Michael S. Moore, "Moral Reality", *Wisconsin Law Review* (1982), p. 1061-156.

101. Cf., por exemplo, Alf Ross, *On Law and Justice*, Londres, 1958, p. 170 ss.

funcionar. Nessa medida, as transformações dessa relação no desenvolvimento do individualismo moderno situam-se num plano mais fundamental do que o das instituições que regulamentam e limitam a irritação recíproca dos sistemas funcionais individualmente considerados. Na consciência do indivíduo concorrem, então, irritações e efeitos de socialização provenientes de diferentes âmbitos funcionais da sociedade, que por sua vez tornam a irritá-la sem que o indivíduo possa entrar numa relação com a sociedade como um todo e sem que possa se estender a ela como uma espécie de comunidade solitária responsável pelas condições de vida em sua totalidade. Assim, da perspectiva do indivíduo com a sociedade como um todo, as coisas podem ser determinadas, em todo caso, de maneira negativa, e isso inclui todas as vantagens que a distância e a liberdade outorgam. Quanto ao direito, o instituto jurídico do direito subjetivo corresponde a esse estado de coisas, do mesmo modo que a forma jurídica do contrato, que possibilita ao indivíduo uma satisfação altamente seletiva e passageira de necessidades igualmente passageiras sem que seu *status* social seja, assim, diretamente afetado. Na forma dos direitos subjetivos prevista no direito objetivo, o sistema jurídico reclama a sua própria atenção quanto aos problemas de inclusão das pessoas no sistema jurídico — problema que é, precisamente, consequência de se estar excluída a fusão de operações psíquicas e sociais pela conformação de sistemas.

Se esse for o caso, pode-se explicar — de maneira completamente independente das terminologias históricas com que se tenha realizado essa viragem — que também as novas formas de acoplamentos que se desenvolvem e atrelam os sistemas funcionais particulares coincidem com a instituição jurídica dos direitos individuais. À parte a sua função, a Constituição é introduzida explicitamente como um instrumento de governo para a implementação da *Bill of Rights*. A circunstância pela qual o direito de propriedade tenha sido alterado e concebido de maneira individualista também foi exposta com frequência. Há que se dizer que o novo individualismo e o desacoplamento jurídico de direitos e obrigações exercem efeitos também sobre a justificação da imposição de impostos, isto é, no acoplamento dos sistemas econômico e político[102]. Portanto, em ampla medida o sistema jurídico atua, ou ao menos o faz inicialmente, como um sistema de captação de consequências que a reestruturação da sociedade para a diferenciação funcional tem para o indivíduo. O indivíduo é provido de direitos subjetivos como forma de compensação pela perda de todas as posições firmes de que antes dispunha. Nessa linha de compensações, simples direitos de liberdade são complementados com direitos sociais; e os direitos de oposição, com direitos de participação, como se o problema em sua forma jurídica mesma pudesse ser resolvido pelo mero acrescentar de elementos.

Mas é possível partir da consideração de que os indivíduos vivem sua sociedade de maneira positiva e de que se encontram satisfeitos com ela à medida que ela lhes provê direitos e os protege? Até agora, a distribuição de bens, que é injusta, considerando-a como um todo, foi a única a conduzir a essa questão. Hoje em dia, acrescente-se a isso uma crescente

---

[102]. Cf. William Kennedy, *English Taxation 1640-1799: An Essay on Policy and Opinion*, Londres, 1913, sobretudo p. 82 ss.

preocupação no que diz respeito ao futuro, bem como uma perplexidade ante a conduta de risco dos outros, contra a qual há bem poucas possibilidades de defesa. As dificuldades técnico-jurídicas são conhecidas — por exemplo, o caso da causalidade ecologicamente mediada, indireta e de longo prazo, ou quando se trata de interesses relativos à prevenção que ainda não possam ser articulados concretamente com os dados ou presentes ou que configuram ameaça direta. O que se tem a dispor até o momento são as soluções técnico-jurídicas, sobretudo por meio do instituto jurídico paradoxal da responsabilidade por risco, que permite a ação, mas também prevê a responsabilidade pelos danos de origem jurídica que possam advir. Também aqui o direito retrocede em relação à relevância na condução da vida e da informatividade para os particulares. O direito então já não nos diz o que se deve fazer ou deixar de fazer. Só o que nos diz é: se funciona bem, está bem; caso contrário, não está. Os direitos subjetivos só desempenham seu papel na definição daqueles que puderem fazer valer seus danos, ainda que não na forma de direitos de oposição com os quais até os simples temores poderiam ser confiados aos tribunais.

Desse modo, assume maior importância o que se pode denominar "o outro lado" dos direitos subjetivos: o fato de a sua atribuição, o seu uso e, sobretudo, o acesso aos tribunais, e o fato de terem sido exatamente essas limitações que protegeram as pessoas contra intervenções excessivamente eficientes de terceiros. Como marcador de uma forma de dois lados, um direito subjetivo oferece uma garantia de liberdade em um duplo sentido: para o detentor do direito e para aqueles contra os quais, com tais direitos, nada se pode empreender.

O equilíbrio delicado poderia ser quebrado pela pressão maciça exercida pelas ameaças ecológicas. Seria mais provável que tal fosse diminuído em sua importância e substituído, ou pelo menos complementado, por um aumento da atividade regulamentatória da parte dos Estados aos quais a Constituição ou substitua paulatinamente, ou mesmo complemente cada vez mais[103]. Contudo, consequência disso seria que o direito perderia sua importância para o acoplamento estrutural entre consciência individual e comunicação social. E com isso, também, a depender do caso (por exemplo, o caso político), ter-se-ia diminuída a segurança de que o direito pudesse mobilizar a consciência em seu favor. O sistema jurídico requereria escândalos que atrairiam altos níveis de publicidade ou enormes relatórios do tipo "Anistia Internacional" a fim de preservar o Estado de direito — no qual nenhum indivíduo, por iniciativa própria, ainda teria interesse.

Nesse contexto, recobra importância um aspecto relativo aos direitos subjetivos, até agora quase inteiramente desconsiderado na dogmática jurídica e que não pode ser apreendido nem com uma complementação dos direitos de liberdade por meio dos direitos sociais. Nem mesmo com a preocupação com a legitimidade do direito, à qual, segundo Habermas, deveria ser dirigida a figura dos direitos subjetivos[104], ocupa-se de um problema adicional de importância cada vez maior. O direito subjetivo também garante que seja deixada a cargo do indiví-

---

103. Cf., por exemplo, Dieter Grimm, "Die Zukunft der Verfassung", *Staatswissenschaften und Staatspraxis* 3 (1990), p. 5-33; também do mesmo autor, op. cit., p. 397-437.

104. Agora, de maneira detalhada, em Habermas, op. cit. (1992), p. 109 ss.

duo a decisão da questão sobre se seus direitos podem de algum modo ser observados[105]. Em tal decisão podem desempenhar papel importante os pontos de vista puramente psicológicos, como também as distinções nas interconexões sociais, por exemplo, as opiniões de pessoas próximas, as dimensões de um risco financeiro ou do tempo que se está disposto a investir em atividades desgastantes desse tipo. Também a implementação dos direitos humanos incide nesse ponto, à medida que existem possibilidades de influir politicamente na percepção de assumir seus próprios direitos e fazer uso deles. Para um indivíduo, os processos são perturbações da maior importância, e, da perspectiva de uma racionalidade na condição da vida individual, raras vezes faz sentido lidar com isso. *Voice* ou *exit* — eis do que trata aqui a questão[106].

À medida que a violação dos direitos subjetivos constitui uma suposição de litígio em direito, também com relação a esse aspecto cuidou-se para que se tivesse um acoplamento estrutural entre as condições individuais de consciência e as irritações no sistema jurídico. Em outras palavras, o sistema jurídico depende de impulsos que, da perspectiva do direito, devem ser descritos como acidentes; e, tendo em vista o grau de dependência de parte dos resultados do processamento dos problemas factuais

---

105. Discussão semelhante pode ser encontrada em relação ao sistema de religião, sob a palavra-chave "secularização". De acordo com isso, na sociedade moderna a religião se tornou assunto privado e, como tal, uma questão de decisão individual. Sem dúvida, tais decisões estão sujeitas a influências sociais. Contudo, sob as condições de um "individualismo institucionalizado" (Parsons), está claro que essas influências já não atuam de maneira unívoca em favor de determinados vínculos religiosos.

106. Para recorrer à conhecida terminologia cunhada por Albert O. Hirschman, *Exit, Voice, and Loyalty: Responses to Decline in Firms, Organizations, and States*, Cambridge Mass., 1970.

(de problemas de demonstração), seria uma ilusão supor que o direito, em si, tivesse a capacidade de controlar essa dependência dos impulsos. Nesse importante sentido, o direito é certamente algo autônomo, no que diz respeito ao fechamento operativo; mas nem por isso ele é uma máquina cibernética, que, ao menos quando não está com defeito, utiliza seu próprio *output* como *input*.

Os direitos subjetivos justificam a letargia jurídica, a ausência dos afetos. Esses direitos concedem não apenas liberdades no direito, mas, da mesma forma, liberdade de direito. Quanto mais outros sistemas funcionais e, sobretudo, a maquinaria de regulamentação do Estado político buscarem, em suas formas, a segurança do êxito, mais perturbadora poderá ser essa forma de conexão para esse frágil, imperscrutável e subjetivo ambiente.

VI

A antiga tradição europeia havia entendido a sociedade como um contrato, com a ressalva de que fosse um contrato com o qual se corresponderia a natureza do homem como um ente social vivo. Quanto a isso talvez se pudesse interpretar: a pura atividade no contexto de uma socialidade inevitável teria de ser compreendida como o próprio encerramento do contrato, e só se poderia esquivar-se de suas consequências na forma de um *venire contrafactum proprium* [contravir o próprio fato] juridicamente ilícito. Mas, se a unidade da própria sociedade repousa em sua forma jurídica, o direito não pode ser satisfatoriamente entendido como um subsistema do sistema social. Muito mais é a ordenação jurídica que se constrói de maneira paralela à hierarquia da estratificação, como uma hierarquia de leis, como uma estrutura de níveis: direito divino, direito natural e direito positivo.

Desde a alta Idade Média, uma interpretação alternativa reside na metáfora do organismo, onde se tem a descrição da sociedade considerada como um corpo político. A suposição aqui não é a de uma constituição artificial, mas de uma constituição natural. No entanto, o conceito de natureza contém a dupla possibilidade de condições naturais (perfeitas) e condições corruptas, por exemplo, as variantes *rex* e *tyrannus* na estrutura de governança da sociedade. A opção normativa pela perfeição, imanente ao conceito de natureza, foi entendida como direito, e na verdade como direito natural. Tudo isso com base numa unidade entre a origem divina e o caráter razoável da lei, que prevalecia na Idade Média, combinada à percepção disseminada de corrupção[107]. A pressuposição comum, consequentemente, consiste na aceitação, nessas duas construções opostas, a artificial (contrato) e a natural (organismo), de que a sociedade seria uma ordenação jurídica.

Somente no século XVIII ficará claro que esse conceito já não corresponde às condições da sociedade moderna — e, sem dúvida, nesse sentido o pensador mais notável será David Hume. Tal como antes, é impensável uma sociedade sem

---

107. Sobre isso, cf. o estudo de Edward Powell, *Kingship, Law and Society: Criminal Justice in the Reign of Henry V* (Oxford, 1989), sobretudo a p. 38, que chega a parecer poesia popular.

direito, mas a própria sociedade aparece agora como produto de sua história, quando o direito corresponde às alterações de que tudo isso resulta. O direito se desenvolve na e com a sociedade. Quando os grandes ordenamentos modernos da *commercial society* já não permitem um controle social por meio da proximidade, o direito se vê obrigado a adaptar-se a isso e a declarar as promessas como juridicamente obrigatórias, incluindo as promessas feitas por desconhecidos[108]. A obrigatoriedade das promessas não resulta nem da natureza, nem da moral. É uma convenção historicamente tardia. A propriedade foi tornada disponível como a única condição de consenso do proprietário. Em comparação com o uso da violência pura e simples, mas também se valendo de acordos locais com relação à propriedade, uma distribuição melhor, mais flexível, de bens tornou-se possível[109]. A garantia da propriedade passava agora a ser vista como a principal função do direito, já que isso (e, desse modo, a economia) era tido como precondição para a possibilidade da sociedade[110]. O que definimos como formas dos acoplamentos estruturais de direito, propriedade, contrato e, em outro sentido, também a Constituição, são concebidas no período de transição do século XVIII como as formas necessárias de toda sociedade civilizada, e, ao que tudo indica, a

---

108. Cf. Hume, op. cit., Book III, Part II, Sect. V, p. 219 s. Cf. também Annette Baier, "Promises, Promises, Promises", in id., *Postures of the Mind: Essays on Mind and Morals*, Minneapolis, 1985, p. 174-206, sobretudo 181 ss.

109. Cf. Hume, op. cit., Book III, Part II, Sect. IV, p. 217 ss.

110. Hume é bastante claro a esse respeito. No entanto, trata-se aqui de uma concepção amplamente disseminada em seu tempo. Cf., sobre essa questão e para mais referências, Niklas Luhmann, "Am Anfang war kein Unrecht", in id., *Gesellschaftsstruktur und Semantik*, vol. 3, Frankfurt, 1989, p. 11-64.

superestimação constituiu-se efetivamente numa condição de implementação.

Contudo, em comparação com a exatidão do conceito clássico-jurídico de *societas*, agora não fica claro o que se pode entender por sociedade. Apesar de toda elaboração das estruturas internas, falta um conceito para a unidade do sistema. E, ainda que a historicização da sociedade possibilite exposições, ela não pode preencher esse déficit teórico. Desse modo se está obrigado a continuar a falar de *civil society*. A acomodação de uma diferenciação maior requeria uma correspondente generalização dos símbolos que pudessem representar a unidade por trás da diferenciação. Nesses termos, a teoria parecia não acompanhar. Sua relevância se baseava em até que ponto ela demarcava a distância histórica entre as sociedades ancestrais e a definia como resultado do desenvolvimento da sociedade.

Nem mesmo a terminologia relativa à sociedade de classes, cujo uso se estende durante todo o século XIX, oferece resultados satisfatórios, razão pela qual continua a ser objeto de controvérsia. Ela postula que o pensamento dominante é o pensamento dos círculos dominantes e que o sistema jurídico não pode se desenvolver à revelia de tais ideias. Exponhamos aqui a concepção dessa teoria dominante, valendo-nos da extensa citação: "São raros os juízos gerais de valor do estrato dominante da cultura que *contradigam* os juízos de valor legal existentes. Via de regra, o juízo de valor legal encontra eco ao menos em parte da população. As opiniões se dividem. Mesmo nos casos em que se carece de todo juízo legal de valor, a coincidência notoriamente geral não é o que se pode chamar frequente.

A regra é a diversidade do juízo"[111]. Ao se ler a íntegra do texto, fica-se com a impressão de que dificilmente se apresenta a contradição referida na primeira oração, uma vez que "os juízos gerais de valor dos estratos dominantes" ou não existem, ou existem muito raramente. "A regra é a diversidade do juízo": o direito não faz uso de sua própria autonomia para criar e impor uma contracultura própria[112]. O problema é que um juízo de valor geralmente aceito tipifique-se para os valores particulares e se anule no conflito de valores. Mas é precisamente dos conflitos de valores que o direito se ocupa na maioria das vezes. Portanto, a autonomia do direito surge — e isso é algo que pode ser mais bem estudado no direito romano — uma vez que precisamente no caso de conflito é que se põe a *quaestio juris*, que é sobreposta pelo esforço que já não tem a esperança de mediar ou produzir um consenso social de valor. O aparato conceitual e organizativo que se desenvolve quando se considera a tarefa de acionar de maneira consistente a alavanca da *quaestio juris* e de proceder com a maior consistência possível conduz a uma diferenciação do sistema jurídico. Os valores especificamente próprios do sistema jurídico só podem ser alcançados mediante acoplamentos estruturais. Isso significa que o sistema só pode ser irritado em seus valores exclusivamente próprios.

Desse modo, certamente o sistema jurídico não pode se isolar dos juízos sociais de valor que são objeto de aceitação

---

111. Phillip Heck, *Gesetzauslegung und Interessenjurisprudenz*, Tübingen, 1914, p. 292. Uma abordagem sociológica mais recente desse ponto de vista, em relação a sistemas de ciência, é a que se tem em G. Nigel Gilbert/Michael Mulkay, *Opening Pandora's Box: A Sociological Analysis of Scientists' Discourse*, Cambridge, Engl., 1984.

112. Não queremos aqui negar que isso, em princípio, possa ser possível, por exemplo, em grau limitado, na África do Sul ou em Israel.

generalizada. Um desvio, inerente à permissão interna da elaboração do direito, com relação ao qual são permitidos juízos de valor — por exemplo, no âmbito do direito sexual, da vida em casal sem matrimônio, da homossexualidade, do aborto... — provoca irritação no sistema jurídico, ocasionando também uma busca de soluções aparentemente "melhores" para os problemas com base num quadro atual de avaliação. Entretanto, as redundâncias — que também são algo necessário —, isto é, aquilo que no sistema jurídico é cultivado como igualdade do tratamento de caso (justiça etc.), acabam por frear um desenvolvimento desse tipo. Permitir o aborto limita os argumentos que podem ser trazidos à discussão acerca das experiências com material genético humano; nesse caso, a limitação não é necessariamente política, mas jurídica.

O resultado de todas essas ponderações nos leva a renunciar ao grosso da conceitualização do "poder" dos círculos dominantes, no que diz respeito à imposição, com o auxílio do direito, de suas concepções valorativas; mas também à renúncia a uma versão atenuada do conceito de Gramsci de hegemonia e autonomia relativas. Por isso, ainda que essa percepção seja controversa, é questionável que se possa defender a existência de um acoplamento estrutural entre classe, sociedade e lei. Em todo caso, no âmbito dessas teorias faz-se necessário renunciar à terminologia simplista de acima e abaixo ou fins e meios e levar a análise do desenvolvimento ao contexto muito mais amplo de uma teoria evolutiva.

É evidente que o sistema da sociedade se realiza com o auxílio da diferença entre sistemas funcionais autopoiéticos e acoplamentos estruturais, e com isso ele se delimita com um ambiente em relação ao qual outros acoplamentos estruturais inteiramente diferentes (que são os acoplamentos estruturais com sistemas de consciência) são realizados[113]. Por isso, não se pode afirmar que a sociedade se reproduz como soma de seus sistemas funcionais, tampouco ver nas formas em que se realizam os acoplamentos estruturais (em nosso caso: a Constituição ou propriedade e contrato ou, na terminologia do século XIX, Estado e sociedade) como algo representativo do ordenamento social. Decisivo aqui é entender que a realização dos sistemas de funcionamento autopoiético e a instauração de acoplamentos — que a um só tempo aumentem as irritações, dirijam-nas e as excluam – só podem evoluir conjuntamente.

Desse modo, chegamos ao que Maturana chama de deriva estrutural, isto é, a desenvolvimentos estruturais coordenados, por exemplo, no que diz respeito ao nosso tema, tendências no sentido do Estado de bem-estar, à positividade do direito e ao desenvolvimento econômico dirigido e descentralizado, que se valha de balanços e orçamentos. Em todo caso, os sistemas funcionais para a política, para o direito e para a economia (e nosso tratamento aqui não abordou outros) irritam suas possibilidades, enquanto a irritação recíproca intensiva garante a manutenção de uma compatibilidade satisfatória. Em todas as tentativas atuais de modificar as economias socialistas em direção a uma economia de mercado, os sistemas

---

113. Nesse contexto também é notável, sem que isso signifique ter de voltar a uma "teoria orgânica" da sociedade, a semelhança formal com os sistemas vivos. Sem dúvida, os modos de operação da vida e os da comunicação são muito distintos. Não obstante, independentemente disso, também o organismo vivo supõe a existência interna de células viventes autopoiéticas, assim como a de acoplamentos estruturais maciços, ainda que altamente seletivos.

de partido único em direção a um sistema multipartidarista e o direito de planejamento em direção a um sistema de direitos subjetivos (sobretudo da propriedade), evidencia-se quão difícil é alcançar o que surgiu desse modo evolutivo pela via de um planejamento recuperativo.

Capítulo 11

A AUTODESCRIÇÃO DO SISTEMA JURÍDICO

I

Todos os esforços empenhados pelo direito em conhecer e reconhecer se dão na sociedade. Esses esforços se encontram e se mantêm ligados à comunicação e, consequentemente, também na linguagem. Partiram daí as reflexões apresentadas nos capítulos anteriores, as quais, por sua vez, serviram também à linguagem. A referência explícita a isso caracteriza um ponto de vista que nem sempre tem recebido suficiente atenção. Essa perspectiva traz implícita a condicionalidade histórica de toda a comunicação em teoria do direito. A comunicação deve ter a capacidade de fazer-se compreensível sob as condições sociais de cada caso. Não só o seu objeto, que é o direito, é variável, mas ela própria também o é, ou seja, modifica-se com as estruturas com que uma dada sociedade fixa sua comunicação sobre o direito. Hoje em dia, por exemplo, já não se pode ignorar que podemos olhar para trás e vislumbrar uma longa história do direito. Isso exige, de uma teoria contemporânea do direito, que ela não só realize uma abstração extraordinária, a se estender por diversas épocas e sociedades, mas que, ao mesmo tempo, efetue uma compreensão da diversidade histórica que inclua a particularidade dessa necessidade de abstração, historicamente tardia.

Ora, isso não exclui a observação externa do sistema jurídico quando este se diferencia na sociedade, tampouco exclui que com isso se evite qualquer tipo de vinculação com função, código e normas do sistema. Mas em tal caso deve-se escolher outra referência sistêmica e, com ela, outros vínculos. Assim, o sistema jurídico pode ser descrito a partir do sistema político como instrumento da política; ou então, a partir do sistema educacional como problema didático de uma classe de curso acelerado, mas ainda eficaz; ou do sistema da ciência como objeto de investigação. Nenhum modo de descrição pode evitar a vinculação com o sistema nem, portanto, a vinculação com suas distinções. Em todo caso, também uma observação e descrição externas do sistema jurídico encontram-se em dívida com a sociedade, a qual reproduz, ela própria, a comunicação. Em outras palavras, não se pode ignorar, em uma sociedade que diferencia sistemas parciais — e em nosso caso, trata-se do sistema jurídico — que tais sistemas sejam suscetíveis tanto de uma descrição interna quanto externa. Tanto as autodescrições como as heterodescrições são possíveis. A estrutura da diferenciação social torna possível, e razoável, distingui-las. Ao mesmo tempo, tal estrutura permite que as descrições externas influam nas internas e vice-versa, já que a comunicação extensiva se mantém possível realizando operações em sociedade, mesmo que os limites do sistema sejam traçados no interior da sociedade.

A compreensão se converte, nesse contexto, num fato que dificulta ainda mais nossa tarefa. Uma descrição externa, científica, do sistema jurídico só é adequada a seu objeto quando o descreve como um sistema provido de conteúdo teórico, como sistema que se descreve a si mesmo[1]. Isso significa que uma descrição sociológica deve incluir as tentativas de esclarecimento teórico-jurídico das questões fundamentais do direito — por exemplo, a do conceito de justiça. Porém, mesmo a teoria do direito é afetada. Ela tem de se haver com a alternativa de optar por um modo de descrição externo ao direito e de, com ele, responder à questão sobre sua própria fundamentação teórica. Ou então estará obrigada a se ver como autodescrição do sistema, ela própria com pretensões de validade normativa, pois caso contrário ela não seria imputável ao sistema. E nesse caso então se põe a pergunta sobre até que ponto devem se impor essas pretensões de obrigatoriedade se no sistema elas têm o estatuto de uma argumentação entre outras e são observadas enquanto tais.

A fim de dar conta de tamanha complexidade, faz-se necessário o conceito de autodescrição, como se faz necessário provê-lo de possibilidades de distinção suficientes. Para isso devemos distinguir, em primeiro lugar, entre observar e descrever. A auto-observação nada mais é do que a correspondência entre a operação singular e as estruturas e operações do sistema jurídico; portanto ela é, sobretudo, a implicação ou explicação de que em uma comunicação se trata do que é lícito ou ilícito. Isso

---

[1]. O mesmo se dá no contexto de um debate mais amplo sobre os problemas da descrição externa e interna do sistema jurídico. François Ost/Michel van de Kerchove, *Jalons pour une théorie critique du droit*, Bruxelas, 1987, p. 27 s. Para Gunther Teubner, isso é, ao mesmo tempo, condição para a aplicabilidade do conceito de autopoiese. Cf. *Hyperzycklus in Recht und Organisation: Zum Verhältnis von Selbstbeobachtung, Selbskonstitution und Autopoiese*, in Hans Haferkamp/Michel Schmid (org.), *Sinn, Kommunikation und soziale Differenzierung: Beiträge zu Luhmanns Theorie soziales Systeme*, Frankfurt, 1987, p. 89--128. A mim bastaria em tudo ver a exigência de uma descrição adequada dos sistemas autopoiéticos nos casos em que, de fato, possam ser comprovadas as autodescrições em um plano operativo.

não representa nenhuma dificuldade adicional, estando mais para um assunto da comunicação cotidiana. Contudo, os problemas que se há de enfrentar são inteiramente distintos quando se trata de autodescrições, isto é, da representação da unidade do sistema no sistema. Ora, aqui se trata não somente da garantia contínua de capacidade de conexão com o auxílio das referências escolhidas, mas da reflexão da unidade do sistema no sistema, que se reflete a si mesmo.

Como o conceito de descrição em geral prescreve, essa operação pretende a preparação de textos, isto é, a preparação de premissas de uma comunicação adicional que sejam usadas repetidamente. Uma autodescrição (textualização) representa a tematização do sistema no qual a operação da autodescrição se dá. Não se trata, assim, de uma operação qualquer do sistema, mas de uma operação que tem precisamente essa intenção. Nessa medida, podemos defini-la com o termo clássico de reflexão. E trata-se de uma descrição que, além da reflexão, reflete que ela é parte do sistema que descreve e, por conseguinte, tem de satisfazer ao sistema, mostrar consideração por ele, se quiser ser vista como pertencente a ele. Podemos também enunciá-lo com o auxílio de um conceito que tem sua origem na semântica linguística: a autodescrição é a elaboração de um texto tautológico (que se refere a si mesmo).

As autodescrições consideram restrições que resultam de sua pertinência ao sistema descrito. Assim, por exemplo, uma autodescrição do sistema jurídico não pode pôr em questão o fato de o sistema se encontrar justificado ao distinguir entre lícito e ilícito, nem a necessidade de se aderir a normas "válidas". No entanto, isso não necessariamente significa que os textos autodescritivos orientem, como as leis, a prática cotidiana do sistema. Isso está mais para improvável, "e de fato é difícil imaginar muitos JPs (Justiça da Paz, N.L.) folheando a Summa Theologiae após um dia difícil na sessão"[2]. Mas se pode tomar como ponto de partida que a prática jurídica supõe o caráter responsável das perguntas pelo sentido do sistema e que ela subjaz às decisões na forma de uma imputação (e não como informação).

Essas exigências, isto é, a referência à identidade do sistema que descreve a si mesmo, assim como a inclusão autológica da descrição no descrito, distinguem as teorias da reflexão das teorias jurídicas normais, por exemplo, no tocante à irrelevância de erros na formação da vontade para celebrar um contrato e mesmo uma possível exceção para o caso de um erro de reconhecimentos para a parte do contrato. Já na tradição existem distinções claras e também de caráter escolar entre os lugares comuns da teoria do direito natural e o que os juristas apresentam como justificação de suas decisões. Hoje em dia, essa diferença é rubricada pela distinção entre filosofia do direito (ultimamente também chamada "teoria do direito") e ciência do direito. Não adentraremos o âmbito de tais distinções acadêmicas. É necessário estabelecer, no entanto, que a tarefa especial da autodescrição do sistema jurídico não consiste na justificação da decisão altamente diferenciada, mas na representação da unidade, da função, da autonomia e da indiferença do sistema jurídico; na verdade, é reduzido o número de aspectos a tornar

---

[2]. Cf. Edward Powell, *Kingship, Law and Society: Criminal Justice in the Reign of Henry V*, Oxford, 1989, p. 29.

possível uma transição de um contexto a outro, por exemplo, a conexão liberdade/direito subjetivo/legitimidade processual.

Não obstante essas distinções, as autodescrições constituem, enquanto tais, operações cuja execução é concreta, contextual e sistematicamente dependente. Não reproduzem o que "está aí", mas conformam o que corresponde a suas suposições. Nessa medida, não seguimos aqui a teoria da interpretação pragmatista de Stanley Fish, atualmente objeto de intensos debates[3]. De acordo com isso, as autodescrições operam sempre no âmbito das restrições já aceitas, que outro observador pode observar como algo característico das autodescrições. Além disso, elas são obrigadas a estabelecer um limite no interior do próprio sistema que descrevem e, com ele, estabelecer um limite mais além do qual podem observar algo outro e, de lá, a si mesmas. O problema que surge daí é conhecido pelo menos desde Fichte. Trata-se da acumulação de diferença em um sistema que, precisamente dessa maneira, não apenas realiza, mas também se identifica. O resultado é sempre um paradoxo capaz de se desdobrar[4]. Isso requer, como regra geral, um encobrimento dos paradoxos concomitante ao processo, uma

---

3. Para interpretações literárias e jurídicas, cf. Stanley Fish, *Doing What Comes Naturally: Change, Rethoric and the Practice of Theory in Literary and Legal Studies*, Oxford, 1989. Mas se ao texto aqui apresentado subjaz uma perspectiva completamente diferente, isso é porque Fish parte, sem pensar em outras possibilidades, do indivíduo que pensa, descreve e interpreta etc., enquanto para nós a operação básica, portanto, o sistema de referência, é o sistema social, seja o sistema da sociedade, seja o sistema do direito.

4. Com relação a isso, tem-se uma literatura de apoio que reconhece, ainda que de modo lateral, a discussão sobre a teoria jurídica prevalecente. Cf., por exemplo, Benjamin N. Cardozo, *The Paradoxes of Legal Sciences*, Nova York, 1928; George P. Fletcher, "Paradoxes in Legal Thought", *Columbia Law Review* 85 (1985), p. 1263-92; Roberta Kevelson, *Peirce, Paradox, Praxis: The Image, the Conflict, and the Law*, Berlim, 1990; Michel van de Kerchove/François Ost, *Le droit ou les paradoxes du jeu*, Paris, 1992.

parcial invisibilização, uma aceitação da opacidade que a operação mesma produz. No caso do sistema jurídico, a exigência é, sobretudo, a de uma renúncia a ser posicionada em algum ponto do sistema onde tem de findar a busca pela justificação última. Na realização da autodescrição, é o próprio sistema que deve fazer de si um objeto de pressuposição — e de aceitação[5].

É evidente que as autodescrições supõem a escrita como forma para os textos. Uma vez que os livros eram relativamente raros e não facilmente acessíveis, as possibilidades para a diferenciação eram ilimitadas. A postulação de justiça faz referência à sociedade em sua totalidade, à conservação dos locais naturais a que pertence, assim como à conduta do regimento político. Ela vale em relação a qualquer tipo de "corpo", tanto na medicina como no direito. Foi somente com o auxílio da tipografia que pôde surgir uma quantidade de textos que possibilitassem diferenciações adicionais. Antes existiam já os textos especificamente jurídicos, mas só mesmo com a tipografia o sistema jurídico veio a tornar possível uma reflexão diferenciada — de início sob o nome tradicional de filosofia, portanto, como filosofia do direito. A operação da autodescrição é, portanto, publicação impressa; e tudo aquilo que, por uma razão ou outra (que nada tem a ver com o direito), não possa ser impressa não tem, consequentemente, a menor possibilidade de influir na autodescrição do sistema.

---

5. Com um pouco mais de ênfase, Pierre Bourdieu formula situação semelhante como conexão entre descrever e prescrever em *Ce que parler veut dire: l'économie des échanges linguistiques*, Paris, 1982, p. 149 ss.

II

Se em um primeiro contato se quer descrever a autodescrição de fora, é tentador fazê-lo identificando-se com as próprias normas jurídicas. Os participantes, assim se espera, devem se comportar com lealdade ao sistema, independentemente de qual possam ser seus motivos subjetivos, suas reservas, suas ambições. Há também uma infinidade de modos de comunicação socialmente possíveis e que na sociedade podem ser esperados, mas que não devem ser levados em conta quando não podem ser atribuídos ao sistema jurídico; mesmo no interior do sistema jurídico, nem toda comunicação constitui uma contribuição à autodescrição.

Nenhuma descrição pode se permitir deixar de lado seu objeto, mas os vínculos internos da autodescrição vão mais além. A autodescrição tem, ela própria, de ordenar o sistema que ela descreve, e isso só pode ocorrer quando adotados e tematizados os vínculos específicos do sistema. De outra maneira, a autodescrição não pode identificar a si mesma como tal, não pode se diferenciar de uma descrição externa. Em outras palavras, não pode, em tese, contestar a indicação de seguir as normas e de se comportar tal como o sistema jurídico prescreve[6]. A função de estabilização da expectativa é interpretada como uma indicação de comportamento. Mas justamente: ela interpreta. Não se trata de normas adicionais, tampouco de normas

---

6. Esse é o núcleo da chamada tese da neutralização, apresentada como teoria de desvio sociológico. Cf. as referências anteriores (Capítulo 6, III, n. 47). A diferença entre descrição externa e interna evidencia-se também aqui. Obviamente, "neutralização" não é argumento que possa ser usado no sistema jurídico em si, e menos ainda é forma para a descrição da unidade do sistema.

"superiores", mas de razões, fundamentos; não se trata de receitas para uma conduta em conformidade com o direito, mas de prestação de contas. Sobretudo, a distinção entre normas e fatos, que tem um significado central para o sistema, não se identifica no sentido da facticidade, mas no da normatividade. Isso significa que, para o sistema, é inaceitável ver as normas como meros fatos (por exemplo: como expectativas factuais de comportamento). Em lugar disso se privilegia (ante o pano de fundo indiscutível da indefectibilidade das normas para a continuação da sociedade) uma simbolização tautológica da normatividade: as normas designam o que é devido; e à sociologia do direito se reprova um desconhecimento da peculiaridade das normas quando se insiste na mera facticidade destas[7]. Uma vez que a distinção normas/fatos é essencial para o próprio sistema (porque ele se encerra por meio de normas), toda e qualquer "redução" de normas a fatos faz-se inaceitável[8].

Essa exposição demanda uma complementação. Ela dá conta dos programas normativos do sistema jurídico, mas não da codificação binária desse sistema, e é somente essa codificação binária que efetivamente estabelece a identidade do sistema. Sem codificação não se pode estabelecer nenhuma coação à decisão e, desse modo, tampouco uma plena responsabilidade da sociedade para com sua própria função. Sem uma redução a dois valores convertíveis entre si, tampouco lógica alguma será

---

[7]. Cf., por exemplo, Werner Krawietz, "Staatliches oder gesellschaftliches Recht? Systemabhängigkeiten normativer Strukturbildung im Funktionssytem Recht", in Michael Welker e Werner Krawietz (org.), *Kritik der Theorie sozialer Systeme,* Frankfurt, 1992, p. 247-301.

[8]. Isso, aliás, nada tem a ver com a percepção inconteste e frequentemente citada de que a lógica não nos permite extrair de fatos inferências sobre normas.

praticável no sistema[9]. Mesmo a técnica de argumentação usual depende da codificação. Supõe-se tacitamente que, à parte o que é lícito ou ilícito, não existam valores codificados e que ao se pleitear a licitude de certa posição pode-se demonstrar que uma posição oposta é ilícita. Essa técnica pressupõe, por exemplo, que para certos fatos existe apenas uma decisão correta, que tem de ser repetida num caso repetido. Portanto, essa técnica não seria capaz de lidar com a experiência de casos iguais sendo decididos de maneira desigual (ou teria de construí-los como casos desiguais). A autodescrição do sistema não seria capaz de instruir os *insiders* sobre o que deles é esperado pelo sistema.

Em outras palavras, a autodescrição tem de partir do fato de o sistema jurídico estar relacionado a uma comunicação controversa, e isso não no sentido de um defeito a que infelizmente não se pôde evitar, mas como consequência da função e codificação do sistema. Disso resulta uma coação adicional no que diz respeito à exposição a que se deve submeter toda autodescrição. Toda comunicação no sistema tem de ser estilizada para conduzir a uma decisão — e a uma decisão que possa ter boas razões em seu favor — ainda que estas remetam somente ao direito vigente. Não basta simplesmente expor os desejos, interesses e preferências próprias, como ocorre, sobretudo, no caso das transações no sistema econômico[10]. É preciso muito mais buscar e encontrar formas de exposição que insinuem que uma decisão conforme ao sistema — decisão que se poderá logo

---

9. Refiro-me aqui à "praticável" com relação à possibilidade de desenvolver uma lógica de múltiplos valores, que, no entanto, criaria dificuldades intransponíveis na administração cotidiana da justiça.

10. Cf. o debate acima no Capítulo 7, IV, e Capítulo 8, VII e VIII.

chamar racional, razoável ou justa — é possível[11]. O sistema tem de ser abordado como instância de decisão, independentemente de quão controversos sejam ou continuem a ser os fatos, regras e princípios. Para cada norma, uma comunicação pode se ajustar criticamente; mas, para fazê-lo, é preciso apresentar uma proposta substituta. A comunicação não pode simplesmente recomendar a anarquia, o livre-arbítrio ou então abster-se de toda recomendação. Ela tem de respeitar a necessidade de se chegar a uma decisão no centro do sistema, na jurisdição. Portanto, a autodescrição do sistema tem de dar conta também dessa exigência de estilização estilística de todas as controvérsias, ou então não se faria valer como autodescrição. Independentemente de ser o que se busca: é preciso justificá-lo no sistema, recorrendo-se aos meios de argumentação do sistema. Isso não depende necessariamente de haver para toda pergunta, em última instância, uma resposta correta; no entanto, é preciso se comunicar como se a houvesse, *etsi Deus non daretur* [ainda que Deus não se apresentasse].

Diferentemente da comunicação normal do sistema, que fundamenta, ela própria, as demandas de sua decisão (ou decisões), a autodescrição do sistema pode evitar tomar partido. Não é questão para ela decidir se responsabiliza o produtor pelos defeitos das mercadorias ou pelos danos que daí resultem, ou se permite que seja o comprador a assumir o risco. É relativamente simples estar de acordo com uma ou outra solução (acrescente-se a isso a circunstância de que, no caso mencionado, os

---

11. Sobre esse aspecto de "levar a sério" essa exigência, cf. Ronald M. Dworkin, "No Right Answer?", in P. M. S. Hacker/Joseph Raz (org.), *Law, Morality, and Society: Essays in Honour of H.L.A. Hart*, Oxford, 1977, p. 58-84.

custos do seguro são transferidos para o comprador). Somente a recusa a tomar partido diante de controvérsias proporciona à autodescrição do sistema jurídico o seu problema *próprio*, ou seja, esclarecer *o que está implícito quando um sistema antevê uma resposta a todas as perguntas e quando exerce coação sobre todas as operações do sistema, pressupondo que haja uma resposta.*

Meios de argumentação podem mudar, mas a coação à decisão permanece. É preciso descrever o sistema de modo que a busca pela resposta certa continue provida de sentido — mesmo que haja uma dúvida cada vez maior quanto à existência de *uma* resposta certa. Sempre de novo são empenhados esforços para sugerir respostas de princípio — se já não mais a *vontade de Deus*, a maximização do bem-estar. Pode não ser acidental que essas descrições recorram ao ponto arquimediano externo ao sistema jurídico, à *religião* ou à *economia* em nossos exemplos. O mesmo se aplica às sugestões de Jeremy Bentham ou de John Austin, de usurpar a autoridade soberana do legislador político como fonte do direito. Também a *Teoria pura do direito*, de Kelsen, em última instância, incide nesse padrão, ao formular o problema como problema de conhecimento jurídico, e nessa medida tenta resolvê-lo no estilo *científico* de uma proposição sendo introduzida como hipótese. De modo bem diferente, essa dominância da orientação pela ciência revela-se no tipo de reflexões que nas últimas décadas têm sido chamadas "teoria jurídica"[12]. Aqui a autodescrição do sistema jurídico tentou encontrar apoio em abordagens interdisciplinares, como a linguística, a semiologia, a hermenêutica, a sociologia e a

---

12. Cf. também Capítulo 2.

antropologia. Portanto, existem quatro sugestões para descrever a unidade do sistema em referência à religião[13], economia, política e ciência como precondição para a possibilidade de controvérsias, e ao mesmo tempo como precondição para a possibilidade de decidi-las. Todas essas quatro tentativas fazem uso de argumentos plausíveis, postos à disposição pela sociedade moderna, funcionalmente diferenciada, qual seja, a recorrência a outro sistema de funcionamento.

É fácil visualizar como a diferenciação funcional da sociedade é usada aqui para explicar a unidade do sistema jurídico com o auxílio de referências externas. Também a lógica nos ensina, de acordo com Gödel, que um sistema lógico é incapaz de explicar seu estatuto de ser sem contradições (como um símbolo de sua unidade) fazendo referência a si mesmo, devendo encontrar as condições para isso fora de si e à parte de si. Quanto a isso, a autodescrição do sistema jurídico é confrontada com o fato de que, em seu ambiente social, há uma pluralidade de pontos de conexão possíveis em seu ambiente. Mencionávamos a religião, a economia, a política e a ciência como pontos de conexão até agora utilizados em teorias reflexivas do direito. Ora, isso conduz à questão relativa a como decidir entre essas diferentes opções com base no próprio sistema jurídico, ou se podem ser testadas historicamente, uma após a outra, e assim à exaustão. Pareceria razoável substituir esse tipo de externalização por uma referência ao sistema social

---

13. Mesmo em regimes estritamente religiosos baseados na vontade de Deus, esse fator é reconhecido, e o dissenso não pode ser condenado pelo simples fato de ser dissenso. Cf., por exemplo, David Daube, "Dissent in Bible and Talmud", *California Law Review* 55 (1971), p. 784-94. Ou, ainda mais claramente, cf. o mito do forno de Akhnai, como introdução ao livro de Gunther Teubner sobre o direito como sistema autopoiético, op. cit. (1989).

da sociedade como um todo. Contudo, isso teria de significar a implementação da teoria reflexiva de um modo mais complexo, pois o sistema jurídico é um subsistema do sistema social e, ao fazer referência à sociedade, ele faz referência tanto ao ambiente interno à sociedade como a si mesmo. Talvez nessa forma, orientada pela teoria dos sistemas, possamos encontrar uma solução convincente para o problema. Contudo, isso ainda não foi tentado, ao menos não numa forma que pudesse demonstrar seus benefícios às próprias operações do sistema jurídico.

Qualquer que seja o princípio escolhido, a perspectiva *insider* nos diz que já não há alternativas a ele. O princípio pode ser realizado com maior ou menor êxito, mas é possível que a maximização do bem-estar seja tão impossível quanto uma vida sem pecado, na suposição do amor de Deus. Tomado como princípio, entretanto, o princípio não se distingue de outras fórmulas com igual função. Ele tem de ser obedecido "cegamente". Mas o que acontece quando uma pessoa observa que outra segue um princípio?

Para uma crítica baseada na teoria dos sistemas, o problema aqui não será dos maiores. Pressupondo-se a diferença entre sistema e ambiente (o que não é feito pelas teorias acima citadas), é fácil ver que a unidade do sistema não pode ser encontrada nessa distinção. Tampouco pode ser encontrada no sistema ou no ambiente. A busca pelo ponto arquimediano[14] reage à impossibilidade de representar a unidade do sistema de

---

14. No contexto de uma explicação autorreferente de sua teoria utilitarista do direito, cf. Jeremy Bentham, *An Introduction to the Principle of Morals and Legislation* (1789), Nova York, 1984, p. 5: "É possível a um homem mover a terra? Sim; mas primeiro ele deve descobrir outra terra para nela permanecer".

maneira convincente e metacontroversa no sistema. Portanto, buscar localizá-la no ambiente é algo igualmente falho[15]. Visto de fora, o sistema é uma teia de distinções operativamente utilizadas, "polivalência sem unidade possível", nas palavras de Julia Kristeva[16]. E é precisamente esse problema a que se pode reagir com a distinção de operação e observação/descrição, e então apreender a unidade do sistema como resultado do operar não observável na sua execução. Também a autodescrição do sistema, então, é uma entre muitas operações no sistema. Se se quer saber como o sistema se descreve, é preciso observar essa operação e expor-se a ser observado enquanto observa as observações do sistema.

Isso inclui ter de renunciar à ideia de uma solução unitária. Em vez disso, é preciso atentar ao modo pelo qual o sistema restringe a validade e seus meios de argumentação. É precisamente isso que faz a teoria do direito "institucional" contemporânea[17]. E desse modo explica o ponto de que partimos: que a autodescrição do sistema tem de se identificar com suas condições, para as quais tem de haver acordo ao se buscar as soluções do problema no sistema. Isso torna tolerável para

---

15. A solução teológica ao menos tem a vantagem de poder se referir a Deus como um observador do sistema. Infelizmente, isso não é muito útil quando se tem de admitir, no mesmo movimento, que de sua parte esse observador não pode ser observado. Precisamente por isso, Pufendorf, Locke e muitos outros de seus contemporâneos não puderam especificar a vontade de Deus com um tipo de cálculo de utilidade, pressupondo que o bem-estar dos seres humanos seria do interesse de Deus. Desse modo, contudo, não se pode evitar admitir deficiências de construção consideráveis na criação.

16. Julia Kristeva, *Semiotiké: Recherches pour une sémanalyse*, Paris, 1969, p. 11.

17. Cf., por exemplo, como uma contribuição representativa, Neil MacCormick/Ota Weinberger, *Grundlagen des institutionalistischen Rechtspositivismus*, Berlim, 1985.

nós aceitar que tenhamos de viver com um *open texture*[18] e que muitas controvérsias não possam ser decididas pela via da argumentação[19]. O decisivo aqui é que o próprio sistema limita a margem de manobra à qual é preciso recorrer em suas normas de competência, e de modo puramente factual procede-se a disposições sobre os símbolos de validade que então, por sua vez, oferecerão pontos de partida para outras operações[20]. A referência à unidade do sistema é substituída pela referência ao fechamento do sistema.

III

O direito natural da antiga Europa é já de um passado tão remoto e apartado de nós que sequer a distância que dele nos separa se mostra familiar à nossa consciência. Por outro lado, as teorias reflexivas no pensamento jurídico atual só podem ser compreendidas se observarmos que essas teorias se desprenderam do direito natural, se considerarmos o modo como isso se deu e que, ao fazê-lo, depararam com os problemas que definem o debate em nossos dias. Isso também se aplica aos casos em que a argumentação ainda (ou novamente) se refere ao direito natural.

Visto da estrutura social, o direito natural teve um

---

18. Assim, cf. H. L. A. Hart, *The Concept of Law*, Oxford, 1961.

19. Cf., para argumentos contra Dworkin, Neil MacCormick, *Legal Reasoning and Legal Theory*, Oxford, 1978, p. 229 s.

20. Tentei mostrar que esse procedimento tem também um lado factual, de obter aceitação e de isolamento ou politizando protestos, in Niklas Luhmann, *Legitimation durch Verfahren*, Neuwied, 1969, reimpr. Frankfurt, 1983.

importante ponto de partida na discrepância entre as unidades jurídico-políticas, em especial entre as cidades-estados ou entre os pequenos Estados territoriais, e um comércio que em muito superava as fronteiras de todas essas formações. Disso resultam frequentes perguntas quanto ao estatuto jurídico dos estrangeiros na própria cidade, já que não se lhes pode aplicar, sem mais, um direito reservado a seus próprios cidadãos — ou seja, nos termos do direito romano: questões relativas ao *ius gentium*. Algumas proposições legais no Digest da Idade Média vão além ao incluir animais, assim distinguindo entre direito natural e direito dos povos (direito de todos os homens)[21]. Essa referência aos animais é decisiva como prática argumentativa, uma vez que torna possível uma tradição que até hoje subsiste e consiste em fundamentar os desvios de um direito natural quase animal: o matrimônio como desvio do instinto natural de procriação, a escravidão como desvio da liberdade natural, a propriedade como desvio da comunidade natural dos bens; em suma: a cultura como desvio do direito natural. Nessa linha de discussão (e há outras![22]), de modo algum o direito natural pode ser pensado como um direito superior no que diz respeito

---

21. Cf. D.1.1.1.3: *Ius naturale est, quod natura omnia animalia docuit* [o direito natural é o que a natureza ensinou a todos os animais], diferentemente do D.1.1.1.4: *Ius gentium est quo gentes humanae utuntur* [o direito das nações é aquele do qual as gentes se servem]. Talvez o exemplo mais famoso seja o direito à reprodução, constituído por instinto natural, mas não pode ser limitado como direito natural pelo direito internacional e, em maior medida, pelo direito civil, em contraposição ao direito natural. Para uma discussão pormenorizada sobre a glosa de todos esses princípios, cf. Rudolf Weigand, *Die Naturrechtslehre der Legisten und Dekretisten vom Imerius bis Accursius und von Gratian bis Johannes Teutonicus*, Munique, em particular p. 12 ss e 78 ss.

22. Por exemplo, a *aequitas*, instaurada de uma maneira juridicamente inovadora (D. 1.1.11, Paulo) ou o *ius suum cuique tribuendi* [atribuir a cada a sua justiça] (D.1.1.10 pr. e 1, Ulpiano) utilizada para a definição da justiça e em referência direta à estratificação.

aos princípios morais. Na Idade Média utiliza-se preferencialmente a expressão *aequitas* quando se quer fazer alusão a um princípio jurídico de caráter moral[23].

Entrelaçada essa argumentação, encontra-se uma segunda ideia. Apoiando-se em Aristóteles, sobretudo a partir da Idade Média, o direito natural supõe que na natureza existam naturezas (seres) que têm o conhecimento de si mesmas. A razão (*ratio*) encontra seu lugar e se desenvolve como natureza na natureza. Quando, na Idade Média, é apresentada a exigência de autoconhecimento, isso não necessariamente significa um conhecimento da própria especificidade individual ou, de fato, da subjetividade. Trata-se, muito mais, de um conhecimento da natureza própria como analogia *entis*: como um caso particular da alma do mundo, como uma imago *Dei*, como um produto da Criação[24]. Sobretudo a ideia do homem como "microcosmos" sugere que pela autorreflexão o ser humano pode ter acesso à totalidade do cosmos[25]. Contudo, no aristotelismo tardio do protestantismo alemão essa ideia continua viva: tem-se que as normas válidas do ponto de vista teológico-moral-político--jusnaturalista podem ser conhecidas por meio da introspec-

---

23. Essa é, por exemplo, a maneira que com frequência é citada por Johannes von Salisbury no Policraticus, livro IC, cap. 11, cit. de acordo com a edição *Ioannis Saresberiensis... Policratici... libri VII*, Londres, 1909, reimp. Frankfurt, 1965, vol. I, p. 237, referindo-se a *aequitas y al tribuens unicuique quod suum est: lex vero eius interpres est, utpote cui aequitatis et iustitiae voluntas innotuit* [que atribui a cada um o que é seu: seguramente, a lei é seu mediador, uma vez que se lhe deu a conhecer o desejo de equidade e justiça].

24. Só assim se torna compreensível a metáfora do espelho na Idade Média: o espelho não duplica a facticidade pura da peculiaridade individual, mas mostra o que deve ser de acordo com sua natureza (incluindo aí a posição social).

25. Sobre isso, cf. Marian Kurdzialek, "Der Mensch als Abbild des Kosmos", in Albert Zimmermann (org.), *Der Begriff der Repraesentatio im Mittelater: Selbstvertretung, Symbol, Zeichen, Bild*, Berlim, 1971, p. 35-75.

ção[26]. Pufendorf exigiu — mesmo se valendo de um conceito secularizado de natureza, que assim se tornou pouco claro e de uso polêmico — que os homens *conhecessem* seus direitos naturais ao se unir tendo em vista a conformação da sociedade civil; mas aqui, vale notar, já não se trata do conhecimento da própria *natureza*, mas do conhecimento dos próprios *direitos*[27]. Há também outros autores dos primórdios da era moderna, que, com Melanchton, distinguem entre instintos naturais e direitos naturais[28]. É a razão que leva os homens a pensar que eles se encontram sujeitos à vida em sociedade e que dependem da cooperação. Isso conduz ao direito como condição de possibilidade da sociedade. Mesmo assim é fácil reconhecer que tal não significa que todas as questões jurídicas tenham sido esclarecidas. De certo modo, a natureza confere diversos privilégios aos seres humanos individuais ou aos diferentes grupos — mesmo e precisamente tendo em vista a vida em comunidade. Isso é resultado da racionalidade da circunstância de se perseguir alguns objetivos. Segue-se daí que as questões importantes para o bem comum devem ser objetos de regulamentação[29]. Além disso, há

---

26. Cf. Horst Dreitzel, "Grundrechtskonzeptionen in der protestantischen Rechts- und Staatslehre im Zeitalter der Glaubenskämpfe", in Günter Birtsch (org.), *Grund- und Freiheitsrechte von der ständischen zur spätbürgerlichen Gesellschaft*, Göttingen, 1987, p. 180-214.

27. Cf. Samuel Pufendorf, *De jure nature et gentium libri octo* 8.I.II, cit. de acordo com a edição Frankfurt-Leipzig 1744, vol. II, p. 287: *Enimvero heic praesupponi debet, homines in civitatem coituros iam tum iuris naturalis fuisse inteligentes* [Com efeito, deve pressupor-se aqui que os homens, prestes a se reunirem em cidades, já então possuíam conhecimento do direito natural].

28. Cf. Horst Dreitzel, *Protestantischer Aristotelismus und absoluter Staat: Die "Politica" des Henning Arnisaeus* (aprox. 1575-1636), Wiesbaden, 1970, p. 179 ss.

29. Tomás de Aquino, *Summa Theologiae* Ia IIae q. 96 a 3. Cf. também IIa IIae q 57 a.2.

algumas questões para as quais o conhecimento da natureza não proporciona resposta alguma. Essas *adiaphora** requerem regulamentação[30]. Fica claro que seja assim se se considerar a natureza, da qual também toma parte a circunstância de que a ação se orienta para fins e metas, devendo encontrar seu caminho em meio a uma grande diversidade de condições naturais e sociais. Nessa medida, a necessidade de um direito positivo e de uma legislação com autoridade é um produto da própria natureza[31]. *O próprio direito natural produz a diferença entre direito natural e direito positivo.* Assim, o problema da forma de validade do direito resolve-se por meio de uma *re-entry*: a distinção entre direito natural e direito positivo se reproduz no direito natural; e é unicamente sob essa condição que se pode falar com seriedade em uma fundamentação do direito no direito natural. A qualidade jurídica do direito positivo supõe, como frequentes vezes também se formula, a indiferença do direito natural no que diz respeito à correspondente questão da regulamentação. Por isso, na construção cosmológica do mundo da Idade Média, o direito natural é visto como pertencente a um nível superior. No entanto, ao mesmo tempo também o conceito "animal" do direito natural persiste na discussão segundo a qual o desenvolvimento da sociedade humana se dá como um desvio do estado (*jus*) naturalista, isto é, em oposição ao direito natural. Tal vem

---

* *adiaphora* é uma palavra de uso polissêmico, tendo sido utilizada primeiramente pelos estoicos, como algo que não era nem obrigatório nem proibido. Em outros contextos, possui também um sentido de "insignificante". (N. E.)

30. Cf. Aristóteles, Ética a *Nicômaco*, livro V, cap. 10 1134b 18-24. Cf. também Tomás de Aquino, op. cit., Ia IIae, q. 95, a.2.

31. O argumento é o seguinte: *Natura autem hominis est mutabilis. Et ideo id quod naturale est homini potest aliquando deficere* [a natureza do homem, porém, é mutável. E, por isso, o que é natural ao homem pode algumas vezes faltar-lhe] (IIa IIae q.57 a.2 *ad primum*).

a ser também o motivo pelo qual a relação entre direito natural e direito positivo, tanto na autodescrição medieval como na que se realiza no início da era moderna, manteve seu caráter ambivalente. Nessa tradição, que ainda tomava o direito natural muito seriamente, não se encontra o que contemporaneamente se espera dos filósofos do direito: o direito natural *fundando* o direito positivo[32]. Em relação ao direito civil, o direito natural se mostra indiferente ou preparado para aceitar o desvio. E como perspectiva de conjunto serve a ideia de que ambas as formas do direito correspondem ao plano da criação divina.

Mesmo que se concedesse que o direito não é um direito natural em todos os detalhes e que em diferentes países e diferentes épocas pode haver diferentes ordenamentos jurídicos, todos baseados no direito natural, o direito natural era visto como fundamento da validade do próprio direito, uma vez que a natureza da ordenação do mundo e da humanidade exigiu que houvesse direito. Seguiu-se daí que o direito positivo participaria da *ratio*, como seria também algo derivado do direito natural, e inversamente: que não entraria em jogo nenhum tipo de lei em caso de uma violação do direito natural, mas uma corrupção da lei[33]. Se essa corrupção não é nenhum tipo de lei (assim como um tirano não é um rei), ninguém lhe deve obediência, e então a resistência é permitida, quando não obrigatória.

---

32. Talvez se possa arriscar aqui a conjectura pela qual uma suposição dessa índole teria sentido somente quando, além do direito civil, houvesse também o direito público, ou seja, ao menos desde o século XVII.

33. *Unde omnis lex humanitus posita intantum habet de ratione legis, inquantum a lege naturae derivatur. Si vero in aliquo, a lege naturali discordet, iam non erit lex sed legis corruptio* [Donde toda lei humanamente assentada tanto tem razão de lei quanto é derivada da lei da Natureza. Com efeito, se em algo destoe da lei natural, já não será lei, mas corrupção da lei] (Tomás de Aquino, op. cit., Ia IIae q.95 a.2.)

Essa teoria conclui, como se vê, a validade/invalidade de todas as derivações do direito natural com base no esquema jusnaturalista de perfeição/corrupção. De acordo com a opção que se apresenta em favor de um ou de outro lado, a teoria legitima a obediência ou a resistência — ainda que tudo isso sob a suposição de que o que está em jogo não é uma má vontade nem um conflito insolúvel de valores, tratando-se sempre, tão somente, de um problema relativo ao conhecimento correto ou a um erro.

No Estado territorial moderno isso é inaceitável. Certamente, a esperança de que Deus influencie o soberano não desapareceu completamente, e essa expectativa é utilizada como forma final para a fundamentação do direito. Mas, já para fins do século XVI, fica claro que a declaração autorizada do direito deve ser decisiva para todos os fins da vida prática[34]. A religião contribui agora, sobretudo sob a forma de guerras civis, para o desenvolvimento de um direito e de uma Constituição que respondam a isso. Além do mais, e tendo em vista a capacidade impositiva do direito do Estado territorial moderno e de sua necessidade de fundamentação, a existência de um vínculo com a natureza afirma-se apenas em relação à natureza

---

34. Além do aqui muito citado Bodin, cf., por exemplo, François Grimaudet, *Opuscules politiques*, Paris, 1580, fol. II: A lei seria a "razão soberana, empregada por Deus, que comanda as coisas que são feitas e proíbe o contrário, feito e publicado por aquele que tem o poder do controle". E: "Porque a lei é a obra do príncipe". O caráter transitório de formulações tão enfáticas se evidencia pelo fato de exigir-se, de qualquer maneira, justiça do príncipe, com o autor se apegando de maneira inconsequente à distinção *rex/tyrannus* (fol. 3 v – 4 r), acreditando que as ordens contrárias à natureza (diferentemente das transgressões do direito civil) não devessem ser executadas (fol. 5 v ff.). Mas o enunciado inicial faz lembrar John Austin ou outros positivistas jurídicos do século XIX, que, evidentemente, já não apelam a Deus, mas a uma política orientada para a opinião pública e previamente conectada a um processo de instauração do direito.

racional do ser humano. O direito natural converte-se, quase sem solução de continuidade, em direito racional, e por essa transição o conhecimento da natureza da razão paulatinamente é substituído por uma discussão sobre os princípios racionais da fundamentação do direito[35]. Mas o direito natural havia sido sempre um direito revolucionário, e por isso ele poderia ser convertido em direito positivo depois da revolução — ao menos assim se pensava. Tratar-se-ia de um direito que teria de incorporar o direito constitucional. Essa é a razão pela qual a ruptura não se evidenciou tão abruptamente como de fato veio a se consumar. E as circunstâncias foram favoráveis para que as condições sociais das colônias britânicas na América permitissem uma mescla mais intensa de direito natural e direito positivo[36]. Além disso, em uma notável coincidência com o contexto nacional respectivo dos Estados territoriais, a razão aceita, ao que parece, o contexto nacional dos ordenamentos jurídicos de Estados territoriais, como se suas distinções fossem razoáveis. Não obstante, o direito natural constituiria não somente o fundamento da validade do direito natural, mas tam-

---

35. O que dessa maneira ocorre evidencia uma comparação com a tradição que já existia. Em um escrito contra Hobbes, Matthew Hale argumenta, porém, tomando a seguinte base: a razão (*reason, reasonableness*) se encontra na relação das coisas, em congruência, reflexão e dependência, e precede todo exercício das faculdades (*faculties*) humanas. O juiz deve reconhecer essa razão, mesmo diante de um alto grau de não evidência das leis e de desvantagens inevitáveis (*mischiefs*) de todas as soluções dos problemas; deve confiar mais nos 400-500 anos de tradição do que nas próprias teorias. Isso segundo o manuscrito *Reflections by the Lord Chief Justice Hale on Mr. Hobbes His Dialogue of the Law*, publicado em William Hodsworth, *A History of the English Law*, 3. ed., Londres, 1945, reimpr. 1966, vol. V, Apêndice III, p. 500-13.

36. Segundo Gerhard Oestreich, *Geschichte der Menschenrechte und der Grundfreiheiten im Umriß*, Berlim, 1968, p. 58 ss.

bém a fundação do *conhecimento* do direito como um todo[37]. Isso muda à medida que o direito se torna direito positivo. A atividade legisladora aumentou intensamente. Tal foi percebido, mas não como problema da nova fundação do direito[38]. *O direito então passava a reconhecer uma demanda por mudança mensurada exclusivamente em seus próprios termos* (mediante estímulo externo, entenda-se), e uma teoria que intentasse refletir sobre isso só poderia conceber conceitos valorativos ou lançar questões de legitimação, o que demandava novas tentativas de síntese. Por volta de 1800, a nova filosofia do direito positivo (sob a influência de Hume e, em certa medida, um pouco à parte de Kant) procurou então encontrar uma vinculação entre decisões legislativas e princípios empíricos fundamentais da prática jurídica, tentativa em relação à qual se inclui, de maneira secundária, a racionalidade a partir da comprovação histórica[39]. Nesse contexto, é provável que as codificações próprias da época tenham servido como material intuitivo, ao mesmo tempo que como garantia da possibilidade de uma síntese de tal tipo. A controvérsia Savigny/Thibaut é compreensível sob

---

37. Cf., por exemplo, Jean Domat, *Les loix civiles dans leur ordre naturel*, 2. ed., Paris, 1697, vol. I, p. LXXIII s.

38. Cf., com dados quantitativos sobre a Inglaterra, David Lieberman, *The Province of Legislation Determined: Legal Theory in eighteenth-century Britain*, Cambridge Engl., 1989, p. 13 s.

39. Para aspectos terminológicos, cf. Jürgen Blühdom, "Zum Zusammenhang von ‚Positivität' und ‚Empirie' im Verständnis der deutschen Rechtswissenschaft zu Beginn des 19. Jahrhunderts", in Jürgen Blühdorn/Joachim Ritter (org.), *Positivismus im 19. Jahrhundert: Beiträge zu seiner geschichtlichen und systematischen Bedeutung*, Frankfurt, 1971, p. 123- -59 — em particular sobre a relação entre Hume, Pütter e Hugo; e também, com detalhes, Giuliano Marini, *L´opera di Gustav Hugo nelle crisi del giusnaturalismo tedesco*, Milão, 1969.

esse pano de fundo[40]. Na modernidade, todos esses desenvolvimentos adquirem um caráter irreversível. Consequentemente, a prática argumentativa de nossos dias já não fala sobre o que o caráter racional da natureza humana predica como certo, mas mais sobre a conduta razoável e esperada em situações quase completamente regulamentadas pelo direito positivo, como na regulamentação do trânsito ou na relação com a atenção que se espera de um consumidor[41]. Assim, tudo somado, a ruptura com os fundamentos tradicionais do pensamento jurídico não parece ter sido tão abrupta quanto ao suscitar reflexões epistemológicas especiais no âmbito paralelo da cognição[42].

O novo direito natural dos séculos XVII e XVIII, ao enfatizar o direito do indivíduo a ter interesses próprios e proclamar, com base nessa concepção, a liberdade e a igualdade, juntamente com a autodeterminação, como direitos humanos naturais, rebela-se contra a ordem herdada. No contexto histórico, isso se torna compreensível quando se considera que, em razão dos amplos enobrecimentos políticos e dos inúmeros privilégios e dispensas (como exceções ao direito naturalmente vigente), a nobreza já não podia ser entendida como direito natural, mas apenas como instituição do Estado (ainda que se continuasse a enfatizar "berço", "raça" etc. tanto ou mais do que

---

40. Cf., em nova edição, Jacques Stern (org.), "Thibaut und Savigny: Ein programmatischer Rechtsstreit auf Grund ihrer Schriften", Darmstadt, 1959. Sobre isso, cf. também Franz Wieacker, "Die Ausbildung einer allgemeinen Theorie des positive Rechts in Deutschland im 19. Jahrhundert", in *Festschrift für Karl Michaelis*, Göttingen, 1972, p. 354-62.

41. A esse respeito, cf. Jutta Limbach, *Der verständige Rechtsgenosse*, Berlim, 1977.

42. Assim o vê, em todo caso, Christian Atias, *Epistémologie Juridique*, Paris, 1985, p. 45 ss.

antes)⁴³. Isso torna possível formular, com o direito natural à individualidade própria, um princípio neutro do ponto de vista do estrato social, que já não remete ao direito natural, entendido no sentido antigo, mas a restrições do direito positivo e a limites que a Constituição teria de garantir. Assim, a Constituição converte-se em algo necessário para a restrição das restrições da liberdade natural (*wilder*) e da igualdade natural (irrealizável como sociedade)⁴⁴.

Essa modificação, que *grosso modo* se poderia caracterizar com as noções gerais de absolutismo e individualismo, tem também seus efeitos sobre a velha questão da legitimidade dos desvios do direito natural. A solução que agora se lhe dá passa pelas construções contratuais. A liberdade natural se vê limitada, quando não de todo sacrificada, pelo contrato social, pelo contrato do Estado, pelos contratos individuais. A ênfase na liberdade, que inclui uma renúncia à liberdade que é livre

---

43. Para uma breve visão panorâmica da diversidade dos critérios de nobreza, cf. Arlette Jouanna, "Die Legitimierung des Adels und die Erhebung in den Adelsstand in Frankreich (16.-18. Jahrhundert)", in Winfried Schulze (org.), *Ständische Gesellschaft und Mobilität*, Munique, 1988, p. 165-77. Ainda que o direito natural, em sentido estrito, seja assim eliminado, tanto o *ius gentium* como o direito civil poderiam ser concebidos como se representassem a permeabilidade da distinção entre aristocracia e povo. Contudo, o *ius gentium* ainda seria interpretado de acordo com fontes de direito romano. Cf. Klaus Bleeck/Jörn Garber, "Nobilitas: Standes- und Privilegienlegitimation in deutschen Adelstheorein des 16. und 17. Jahrhunderts", *Daphnis* 11 (1982), p. 49-114 (90 ss.).

44. Cf. Benjamin N. Cardozo, *The Paradoxes of Legal Science*, Nova York, 1928, p. 94. "A liberdade como conceito jurídico contém um paradoxo subjacente. A liberdade, em um sentido mais literal, é a negação do direito, para a lei é um sistema de retenção, e ausência de contenção é anarquia." De modo equivalente, o mesmo se aplica à igualdade. Assim, a contestada compatibilidade desses direitos humanos depende, em ambos os casos, da dissolução de um paradoxo; mas isso acontece de diferentes maneiras, gerando contradições. Em formulação um pouco diferente, poder-se-ia dizer que a estrutura paradoxal básica de ambos esses direitos humanos tem a função de manter o futuro aberto para uma fixação e para o intercâmbio de fixação de restrições. Se a isso ainda se chama "direito natural", esse conceito, porém, perde toda e qualquer conexão com o uso convencional.

e mesmo contratual, ao mesmo tempo legitima a renúncia a um direito de sublevação e o da sujeição do sujeito no Estado absoluto[45]. Também aqui as conquistas civilizatórias da liberdade individual e da sociedade ordenada (pacífica) pelo Estado apresentam-se como desvios jusnaturalistas do direito natural e, portanto, como paradoxos.

Outro ponto de modificação diz respeito à racionalidade da atitude individual com relação ao direito. Se se está sujeito ao regime do direito natural, só o que resulta racional é observar o direito e seguir suas indicações. O indivíduo não tem nenhuma oportunidade ante o direito. E isso vale, sobretudo, na mesma medida para todos, sem considerar caráter e circunstâncias. A consideração da individualidade só pode encontrar expressão no direito mesmo, especialmente, é claro, mediante a diferenciação de estatuto dos papéis, das obrigações contratuais. Sob a égide do direito positivo, essa premissa se altera uma vez que o próprio direito já não expressa nenhuma racionalidade obrigatória para o indivíduo. No cálculo utilitarista de um Bentham, para um indivíduo a maior parte da utilidade pode consistir no rompimento das normas jurídicas; ou, ao menos, já não se faz possível deduzir a racionalidade para os indivíduos da racionalidade para todos. Nas teorias contemporâneas da escolha racional, da "nova economia política" ou da análise econômica do direito, podemos assim extrair a conclusão de que a racionalidade do direito tem de ser calculada no nível de uma observação de segunda ordem. O direito só é racional na medida em que se

---

45. Para mais detalhes, cf. Diethelm Klippel, *Politische Freiheit and Freiheitsrechte im deutschen Naturrecht des 18 Jahrhunderts*, Paderborn, 1976.

encontra conformado de maneira tal que, para os indivíduos, seguir esse direito seja algo racional.

Essa reflexão mostra que o processo de positivação do direito encontra-se estreitamente relacionado com as inovações semânticas e estruturais que pretendem adaptar a sociedade a um maior grau de individualidade dos indivíduos, renunciando a uma racionalidade abrangente que dite condições cósmicas, religiosas ou comunais à conduta individual. Também a reformulação dos direitos à liberdade como direitos humanos possui esse mesmo pano de fundo, de um processo de conversão do direito em direito positivo por meio do Estado territorial[46]. Isso vale, com especial extravagância, para a afirmação de que o indivíduo seria o sujeito; vale também para a literatura, em especial para o romance moderno, que confere ao indivíduo uma posição central; vale para a nova demografia e para o conceito de população que substitui também, a contar da segunda metade do século XVIII, por um isolamento gerador explicável pela evolução, o antigo pensamento de gêneros e espécies naturais; e vale também, no mesmo contexto de uma transformação social e por idênticas razões, para o processo de conversão do direito em direito positivo[47].

Considerando tudo isso, a positividade do direito se converte no *topos* da autorrepresentação na sociedade moderna. Por se tratar de um termo da tradição, isso impede

---

46. Sobre isso, cf. Klippel, op. cit. (1976); e também Winfried Schulze, "Ständisch Gesellschaft und Individualrechte", in Günter Birtsch (org.), *Grund- und Freiheitsrechte von der ständischen zur spätbürgerlichen Gesellschaft*, Göttingen, 1987, p. 161-79.

47. Para mais detalhes, cf. Niklas Luhmann, "Individual, Individualität, Individualismus", in id., *Gesellschaftsstruktur und Semantik*, vol. 3, Frankfurt, 1989, p. 149-258.

consideravelmente a reflexão. Nem a conotação depreciativa, nem a expectativa de um sentido "superior" impedem-se de maneira efetiva. A fundamentação humanística e antropológica do direito positivo a partir da "vontade humana" (à diferença da natureza das coisas) perde a sua referência unívoca. A que ou a quem isso se refere? A fórmula de uma vontade geral expressa esse incômodo de maneira precisa. Ainda assim, é difícil renunciar ao voluntarismo da tradição, uma vez que, em última instância, trata-se de decisões que fundamentam e realçam uma validade jurídica, uma vez que a teoria social, em sua totalidade, ainda é formulada em referência a seres humanos. Assim, o problema da arbitrariedade da vontade se mantém como algo não resolvido ou se transfere para o postulado político da democracia representativa. Seja como for, a semântica da "positividade" tem a vantagem de estar colocada no ponto de interseção de variadas distinções e, por isso, de poder "jogar" com a ideia de um intercâmbio de conceitos opostos. O positivo *não é natural*, mas algo dado e que depois, como decisão, deve ser observado. O positivo não é especulativo, mas algo que se encontra demonstrativamente fundamentado em fatos e leis. E o positivo *tampouco é negativo*. Essas distinções, que na demarcação da positividade conservam sua índole aberta, entrelaçam-se no século XIX[48], e talvez resida precisamente aí o segredo do êxito do "positivismo". Fica claro, em princípio, que a diferenciação de um sistema particular de expectativas juridicamente protegidas, provenientes do campo total das formações normativas

---

48. Quanto a isso, cf. a douta discussão apresentada in Jürgen Blühdorn/Joachim Ritter (org.), *Positivismus im 19. Jahrhundert: Beiträge zu seiner geschichtlichen und systematischen Bedeutung*, Frankfurt, 1971, p. 27 ss.

socialmente correntes, só pode ser alcançada mediante a positivação, isto é, por meio do fechamento recursivo do sistema. Diante disso, a única escolha possível será a de tomá-lo como ético, ou como insatisfatório em outros aspectos. Contudo, é-se obrigado a aceitar o ônus da prova e demonstrar como se poderia chegar a uma definição inequívoca de certas normas de um modo diferente, supralegal, e declará-la vinculativa.

Apesar de todos esses desenvolvimentos, quando hoje se fala em direito natural carece-se de todos os pressupostos necessários para tal, tanto no que diz respeito ao conceito de natureza, como nas ciências naturais. É indubitável que a necessidade de uma fundamentação, à qual esse conceito deve responder, não pode ser satisfeita por uma continuação impensada de um alto título da tradição. E isso vale, sobretudo, no que diz respeito a um conceito de razão transcendental de cunho kantiano, apartado da natureza, do qual se pode tomar o que Kant havia prévia e sub-repticiamente introduzido como competência autojudicativa[49]. Só se pode estranhar a facilidade e a liberdade contextual com que, em nossos dias, se pode dispor dessas rubricas, e as quais podem ser introduzidas como *stop* para reflexão ou com as quais é feito uso indevido para o reforço de meros postulados[50]. É precisamente o conceito de direito natural — que acompanhou o surgimento da ordenação jurídica

---

49. Sobre isso, cf. Joachim Lege, "Wie juridisch is die Vernunft? Kants ‚Kritik der reinen Vernunft' und die richterliche Methode", *Archiv für Rechts- und Sozialphilosophie* 79 (1990), p. 203-26.

50. Para uma visão geral crítica desses problemas, cf. Norberto Bobbio, *Giusnaturalismo e positivismo giuridico*, 2. ed., Milão, sobretudo p. 159 ss. A conclusão de Bobbio sobre o constante renascimento presente na teoria do direito natural é a de que evidentemente ele não deve crescer (p. 190).

medieval, a transição para o Estado territorial "soberano", para o absolutismo, para o absolutismo esclarecido e, por último, para o processo jurídico constitucional de positivação dos direitos humanos — que se comprovou capaz de adaptação política. Agora, se hoje se espera extrair daí uma garantia contra um imaginável retorno do nacional-socialismo ou de algum outro regime de terror semelhante, tudo o que podemos responder a isso é que a história dessa fórmula autodescritiva do sistema do direito ensina o contrário. Ainda que alguém se apegue firmemente, como faz Habermas, à legitimação razoável do direito para nossa época "pós-convencional" e trate de indicar o caminho que a tal conduza servindo-se de uma teoria do discurso, não é possível conciliar isso com uma fundamentação jusnaturalista (e, nessa medida, rígida) do direito[51].

Abstraindo-se da obsolescência da semântica, encontram-se ausentes também os fundamentos socioestruturais que em dada ocasião pareceram tornar plausível o acoplamento entre o direito natural, o bem comum e a justiça. No mundo antigo das sociedades nobiliárquicas era possível encontrar na justiça os fundamentos do ordenamento jurídico. A justiça, por um lado, era a atitude idônea (virtuosa) no tocante à convivência social. Por outro lado, era o que correspondia ao indivíduo, de acordo com o lugar que ele ocupava na sociedade — e esses lugares eram vistos como algo fixo. Desse modo, a justiça representava a perfeição racional da natureza (urbana, política, civil) social do ser humano, podendo assim constituir objeto de

---

51. De acordo com isso, de maneira explícita, Jürgen Habermas, *Faktizität und Geltung: Beiträge zu einer Diskurstheorie des Rechts und des demokratischen Rechtsstaats*, Frankfurt, 1991 (numerosas reimpressões).

conhecimento no qual certamente poderiam ser cometidos erros, mas que não se podia avaliar de outra maneira. De um ponto de vista socioestrutural, pressupunha-se que mesmo que houvesse conflitos sociais, com relação ao direito seria possível discernir e distinguir como e, se fosse o caso, com quais regras as terceiras partes neutras poderiam avaliar esses conflitos — e isso mesmo quando conhecimento jurídico especializado fosse requerido para a formulação de uma decisão. Dadas tais condições, seria também possível encontrar razões puramente fictícias para a validade do direito, por exemplo, os mitos de fundação ou as suposições acerca de uma origem ancestral do direito, a qual desde então se fez provar na prática[52].

Esse mundo conceitual perdeu suas suposições socioestruturais na transição para a sociedade moderna. Em que pesassem todos os esforços para conservá-lo e retificá-lo[53], em sua forma original ele não é reprodutível. Em caso de dúvida, a reflexividade social remete não ao consenso, mas ao dissenso. "A reflexão subverte a razão", afirma Giddens de maneira lapidar[54]. Tampouco a polêmica desencadeada por Hobbes no início dos tempos modernos, sobre se a razão residiria nas regras e nos princípios do direito, ou se unicamente na observação do direito instituído pela autoridade, não sobrevive ao século XIX[55].

---

52. Clichê retórico que se manteve na Inglaterra do *Common Law* avançando pelo século XVIII.

53. Cf., por exemplo, Otfried Hoffe, *Politische Gerechtigkeit: Grundlegung einer kritischen Philosophie von Recht und Staat*, Frankfurt, 1987.

54. Cf. Anthony Giddens, *The Consequences of Modernity*, Stanford Cal., 1990, p. 39.

55. Sobre isso, cf. Gerald J. Postema, *Bentham and the Common Law Tradition*, Oxford, 1986.

A teoria do direito da sociedade moderna, em seu lugar, oferece dois modelos distintos de autodescrição, e o que primeiramente se deveria notar é que não pode haver acordo a respeito. Cada uma das partes dessa controvérsia, que na teoria do direito também poderíamos chamar de "polêmica positivista", orienta-se pelos defeitos da outra parte, mas não pelos seus próprios.

IV

A necessidade de uma nova concepção, adequada à época, evidencia-se já no século XVI, tendo como ensejo a reconstrução da ordem dos estados políticos após a destruição da unidade religiosa e de sua realização política na ideia do império. Como nunca antes, com tudo isso o próprio direito se converte em garante da ordem nacional e internacional — ou, em todo caso, é a isso que aspiram inovadores como Vitoria e Suárez. Desse ponto de vista, a teoria, a unidade aspirada entre as ordens política e jurídica, só poderia se fundamentar com os velhos meios do voluntarismo[56]. As teorias do contrato social e do contrato de domínio, das quais se faz uso intensivo, deparavam com o problema de serem incapazes de eliminar o direito de oposição de maneira definitiva. Assim apareceu uma alternativa, à qual muito passou a se recorrer, fundada nas teorias da imediaticidade teologicamente fundamentadas: de

---

56. Essa história é narrada com frequência. Cf. somente I. André-Vincent, "La notion moderne de droit et le voluntarisme (de Vitoria et Suárez à Rousseau)", *Archives de Philosophie du Droit* 7 (1963), p. 238-59; Michel Villey, *La formation de La pensée juridique moderne (Cours d'histoire de la philosophie du Droit)*, Paris, 1968; Juan B. Vallet de Goytisolo, *Estudios sobre Fuentes del Derecho y método jurídico*, Madri, 1982, p. 939 ss.

maneira imediata, Deus proveu o soberano do exercício imediato da violência. O duplo uso da palavra "imediato" é aqui decisivo: não se trata de um poder delegado a residir apenas na instituição do soberano por parte do povo, tampouco seu exercício se encontra de algum modo ligado a um consenso ou apenas à participação ativa das classes sociais. Mas essa solução, por sua vez, comporta o risco de depender inteiramente da cooperação dos teólogos-juristas e de se encontrar sob o peso da questão sobre o que na realidade estaria pensando Deus ao impor soberanos parvos, belicosos, injustos ou incompetentes.

Uma variante importante, com consequências de amplo alcance, foi encontrada nas reflexões sobre o *Common Law*, celebrado na Inglaterra como conquista nacional desde o século XVII (independentemente do quanto possam dever ao direito canônico e ao direito civil). Essas reflexões se iniciaram com Edward Coke e com o rechaço de pretensões de regulamentação por parte da Coroa. Ela equivale a uma teoria positivista do direito, ainda que numa roupagem histórica[57]. Pela primeira vez, encontramos um raciocínio explicitamente histórico para a validade do direito. Em face de uma ampla e ininterrupta tradição do direito, essa validade não pode ser reduzida a uma origem histórica passível de ser fixada, devendo, isso sim, ser encontrada na sucessão histórica da decisão ao pesar regras já

---

57. A exposição na qualidade de positivismo dos primórdios pode parecer estranha. Mas o cerne do argumento consiste no fato de se tratar de uma prática de decisão, histórica e sempre racional, e isso pode convencer, sobretudo, com todos os discursos sobre exposição, declaração e publicação da lei, quando, dadas as possibilidades, se tiver encontrado outras soluções de caso, mesmo as tendo comprovado, o juiz as rechaça. Para a dificuldade de entender o *Common Law* como direito positivo no sentido do século XIX, cf. A. W. B. Simpson, "The Common Law and Legal Theory", in id. (org.), *Oxford Essays in Jurisprudence* (Second Series), Oxford, 1973, p. 77-99.

dadas quando se apresentam novos casos[58]. Independentemente de quais tenham sido as fontes primeiras do direito, o exame contínuo deste por parte dos tribunais converte o direito num *Common Law*.

A partir da segunda metade do século XVIII, o positivismo toma impulso, semântica e estruturalmente[59]. Exceção feita à Inglaterra, ele reside na suposição de uma unidade entre Estado e direito[60]. O direito natural e o direito de razão vivem, por assim dizer, "de segunda mão", ou seja, vivem de todas as reservas justificadas que podem ser mobilizadas contra essa solução do problema do ordenamento. Por volta de 1800, também a teoria do direito se adapta ao positivismo[61] — situação que não exclui (e mesmo hoje continua não excluindo) que, diante de movimentos excessivamente erráticos do legislador — por exemplo, com leis injustas — vão se considerar necessários os

---

58. O argumento é bastante claro no Capítulo IV, "Touching the original of the Common Law of England", do texto póstumo de *Sir* Mathew Hale, *The History of the Common Law of England*, citado segundo a nova edição de Charles M. Gray, Chicago, 1971, p. 39 ss. De modo semelhante no texto direcionado contra Hobbes: *Reflections*, in op. cit. O argumento desarma a questão sobre uma possível origem estrangeira do *Common Law* (p. 42 s. e 47 s.). A temporalização do argumento é notável também sob outro aspecto. Por um lado, a conquista de um país confere legitimidade ao conquistador (a guerra é "o mais alto Tribunal que poderia ser"). Mas então se pergunta *desde quando* existe esse direito, *a contar de quando* se considera que a conquista se efetivou. E a resposta: quando os conquistados começaram a reconhecer a ordem do direito do conquistador e a utilizá-la (1971, p. 48 ss.).

59. Para a atual situação, cf., por exemplo, Werner Krawietz, *Recht als Regelsystem*, Wiesbaden, 1984, sobretudo p. 166 e s.

60. Isso deve explicar a facilidade com que os protestantes aceitaram as teorias primevas do catolicismo espanhol. Cf., por exemplo, Ernst Reibstein, *Johannes Althusius als Forsetzer der Schule von Salamanca: Untersuchungen zur Ideengeschichte der Rechtsstaates und zur altprotestantischen Naturrechtslehre*, Karlsruhe, 1955; Dreitzel, *Protestantischer Aristotelismus und absoluter Staat*, p. 188 ss.

61. Olhando-se retrospectivamente, não é fácil avaliar a situação da época, sobretudo porque nem mesmo Kant usa todo seu potencial crítico na doutrina jurídica sobre a metafísica dos costumes. É preciso ler a doutrina jurídica de Kant com Kant e contra Kant.

critérios jurídicos próprios do autocontrole do direito[62].

Em nossos dias, após a erosão sofrida por seus fundamentos cosmológicos, o partido da razão extrai a autodescrição do sistema dos meios argumentativos próprios desse sistema e, com base nisso e fundamentando-se no próprio sistema, afirma que, de fato, existe algo como boas (e não tão boas) razões, princípios racionais ou valores últimos como obrigatórios do sistema[63]. Na atualidade, o debate está centrado nos escritos de Ronald Dworkin[64]. A dificuldade consiste em que a esperança depositada nos fundamentos decisórios baseados na razão colide com a reflexividade da sociedade moderna altamente desenvolvida[65]. Isso porque, à medida que aumenta a compreensão no que diz respeito a perspectivas diversas e converte-se numa exigência de comportamento civilizado, decresce também a esperança na força de expressão dos fundamentos comuns das convicções. Dessa maneira, à teoria da razão cabe justificar seus enunciados de maneira cada vez mais polêmica e advertir que a renúncia aos últimos substratos ou valores comuns acaba sujeita à arbitrariedade. Quem o negar será caracterizado como destrutivo, niilista, anarquista, decisionista, oportunista,

---

62. Tanto na escola histórica do direito como na filosofia positivista do direito, desde o início havia uma desconfiança em relação ao legislador — e isso porque na Alemanha não havia legislador nacional. Cf., além de Savigny, o discurso de posse de Paul Johann Anselm von Feuerbach, *Die hohe Würde des Richteramtes*, 1817.

63. Cf., por exemplo, Ralf Dreier, *Recht-Moral-Ideologie: Studien zur Rechtstheorie*, Frankfurt, 1981.

64. Cf. *Taking Rights Seriously*, Cambridge Mass., 1978; *The Law's Empire*, Cambridge Mass., 1986. Cf. também o debate crítico em Habermas, op. cit. (1992), p. 248 s.

65. Cf., por exemplo, Giddens, *The Consequences of Modernity*, Stanford Cal., 1990, p. 39: "[...] que a reflexividade da modernidade realmente subverte a razão, pelo menos onde a razão é entendida na obtenção de determinados conhecimentos".

positivista. É natural então insinuar ou afirmar abertamente que tais teorias se encontram em condições — e a depender das condições podem conduzir a isso — de legitimar qualquer crime na sociedade e, sobretudo, legitimar juridicamente qualquer crime político.

O partido dos positivistas considera tais afirmações uma simples manobra de desvio de atenção dos adeptos dos princípios. E estes guardam silêncio precisamente no que diz respeito ao que interessa para o positivista. Eles pretendem não ver as dificuldades com que eles próprios deparam quando se trata de reespecificar os princípios que abstraíram da prática do sistema. O que se tem em tal caso é a falha na *reduction ad unum* [redução a uma única espécie], resultando numa série de boas razões e valores conflitantes, tornando necessário proceder, e é horrível dizê-lo, de maneira oportunista. Os adeptos da razão não têm capacidade de reação ante a falta da função unificadora da razão, ante a não dedutibilidade lógica do sistema. Não têm uma resposta pronta para o problema de como decidir entre vários princípios ou entre mais valores (por exemplo, responsabilidade a partir de um contrato ou responsabilidade a partir de uma dúvida). O positivista a tem e é a referência ao direito vigente.

É claro que isso prontamente conduz à seguinte questão: o que tem ou não validade como direito? Na realidade, a nosso modo tínhamos respondido a essa questão com a teoria do símbolo de validade circulante no sistema fechado. Porém, essa é uma descrição externa, e não uma autodescrição que se pode fazer justiciável no sistema. É necessário, portanto, distinguir entre o caráter positivo do direito e o positivismo teórico-jurídico como autodescrição atuante no sistema[66]. Um positivismo dessa índole oferece uma resposta ao problema da validade, valendo-se do conceito de fonte do direito[67]. Na verdade, a metáfora das fontes foi usada na antiguidade, e não só na aplicação ao direito, mas, de modo geral, em referência a questões de direito natural[68]. Contudo, parece que, assim, pensava-se mais na existência de soluções casuísticas[69]. Para o pensamento jurídico romano e medieval, a regra foi somente uma *brevis rerum narratio* [breve narração das coisas][70]. O decisivo era o *ius* que residia no próprio assunto em tela, isto é, o direito que se achava justo. Por isso, tampouco se poderia dizer que a própria regra, como condição para a decisão que dela deriva, demandou, por sua vez, uma fonte de direito que a legitimasse. Foi somente nas teorias contratuais da modernidade (Grotius e Hobbes) e com a autoridade impositiva do direito

---

66. Cf. Hendrik Philip Visser's Hooft, "Pour une mise en valeur non positiviste de la positivité du droit", *Droits* 10 (1989), p. 105-8.

67. Para um tratado exaustivo, cf. Alf Ross, *Theorie der Rechtsquellen: Ein Beitrag zur Theorie des positiven Rechts auf Grundlage dogmenhistorischer Untersuchungen*, Copenhague-Leipzig, 1929. Um debate mais antigo e mais convencional pode ser encontrado em *Le Problème des Sources du Droit Positif,* Annuaire de l'Institut de Philosophie du Droit et de Sociologie Juridique, Paris, 1934.

68. Autores posteriores citam Cícero, *De legibus* LVI, 20. Porém, o que se tem aí é um emprego ocasional e apenas metafórico do termo "fons", com significado equivalente ao de "caput" (I.VI.18). Para a equivalência entre a metáfora da fonte e a metáfora corporal, cf. René Sève, "Brèves reflexions sur Le Droit et ses métaphores", *Archives de philosophie du droit* 27 (1982), p. 259-62. Fora isso, há bem poucas explorações detalhadas da história dos conceitos legais. Há muitas referências à coleção de ensaios de Vallet de Goytisolo, *Estudios*. Cf. também Enrico Zuleta Puceiro, *Teorie del derecho: una introducción crítica*, Buenos Aires, 1987, p. 107.

69. Cf. Vallet de Goytisolo, *Estudios*, 60.

70. Cf. Paulus, *Digesten* 50.17.1. E por isso, *non ex regula ius sumatur, sed ex iure quod est regula fiat* [não seja o direito estabelecido a partir da regra, mas o que é regra se faça a partir do direito].

do Estado — não se podendo desprezar a crescente importância das codificações e novas regulamentações — que a referência se altera e, também, o sentido da metáfora das fontes do direito[71]. E só então esta se converte num conceito a demandar que se considere um conceito significativo para a validade fundamentada das normas jurídicas abstratas.

As vantagens teóricas são evidentes. O conceito de fontes do direito permite uma identificação simples do direito válido, tornando supérflua qualquer outra questão sobre a natureza do direito, sobre a essência do direito ou até mesmo sobre os critérios de delimitação entre o direito e o costume, entre o direito e a moral[72]. O conceito possibilita a identificação do direito como algo vigente, independentemente de como sejam as situações de cada caso particular a que se aplique e das pessoas participantes[73]. (Muito embora seja evidente que o direito não pode se aplicar aqui a pessoas da classe mais alta[74], tal circunstância não diz respeito à validade, mas à possibilidade de impor o direito.) A metáfora de uma fonte, contudo, sugere um dis-

---

71. Cf. Sève, op. cit., que observa a crescente importância dessa metáfora no século XVIII em conexão com os interesses dos Estados territoriais em oferecer uma visão completa, uma unidade e uma simplificação do direito. Comparar com Hans Erich Troje, "Die Literatur des gemeinen Rechts unter dem Einfluss des Humanismus", in Helmut Coing (org.), *Handbuch der Quellen und Literatur der neuren europäischen Privatrechtsgeschichte* II.I, Munique, 1971, p. 611-795, sobretudo p. 700 s.

72. Para isso, cf. Atias, in op. cit., p. 80 s.

73. É o que se lê em Pierre Ayrault, *Ordre, formalité et instruction judiciaire* (1576), 2. ed., Paris, 1598, p. 10: "Porque as leis são como rios. Para se considerar o que são, não podemos olhar para os países onde passam, mas para suas fontes e origens".

74. E não só a literatura sobre razões de Estado, mas também a dos juristas como Ayrault (op. cit., p. 111).

tanciamento das origens da fonte[75]. Funciona somente quando *não* se pergunta o que há entre o "antes da fonte" e o "depois da fonte". É difícil que, com o passar do tempo, esse estratagema se mostre satisfatório, mas ele é útil para um período de transição. No entanto, a insuficiência se mostra já no fato de uma distinção muito semelhante ter sido introduzida, com uma metáfora que lhe é notavelmente semelhante assumindo o ônus da justificação, ou seja, a distinção entre razão e argumento. Esse ponto de partida, ao que parece, oferece melhores condições de refinamento que o direito de razão e não exclui, ao contrário, inclui a cultura argumentativa, como demonstram de maneira explícita os positivistas do *Common Law*.

O próprio desenvolvimento do direito, sobretudo o desenvolvimento de uma vinculação precedente no *Common Law* no século XIX[76] como reação à plena positivação do direito, demandou uma ampliação do conceito de fontes do direito[77]. Não apenas a legislação, com todas as suas competências delegadas, mas também a jurisdição passava a ser vista como fonte do direito. Agora podem ser distinguidos o direito estatutário e o direito jurisprudencial. Isso significa, sobretudo, que o positivismo jurídico se desfaz de sua relação com uma

---

75. Por essas razões, Jacques Derrida distingue entre pena e fonte em *Marges de la philosophie*, Paris, 1972, p. 325-63, com referência à distinção de Valéry entre fonte e origem — e isso, sobretudo, para poder visualizar com mais apuro que o problema da posição da diferença se repete na origem.

76. Para o momento exato e seus desdobramentos no século XVIII, comparar com Jim Evans, "Change in the Doctrine of Precedent during the Nineteenth Century", in Laurence Goldstein (org.), *Precedent in Law*, Oxford, 1987, p. 35-72.

77. De uma perspectiva diferente, estritamente do conceito. Sobretudo pela rejeição da opinião segundo a qual o direito consuetudinário era em si uma fonte efetiva do direito, além de válida, mesmo sem ser reconhecida pelas decisões nos tribunais.

fonte do direito externa ao direito, isto é, com um poder político capaz de aplicação, em seu lugar passando a incluir uma nova fonte do direito, que poderia ser usada como tal somente se pudesse decidir de maneira "fundamentada" — independentemente do que isso possa significar[78]. Daí para a aceitação de uma dogmática jurídica também como fonte do direito foi um pequeno passo, pois esta se aferrava às fundamentações e as avaliava de maneira crítica, uma vez que os tribunais — em alguns países, mais do que em outros — fazem referência a produtos como material de ensino, manuais e outras publicações de respeitados acadêmicos de direito, permitindo seu envolvimento como testemunhas sob certas circunstâncias.

A doutrina das fontes do direito possibilita que se evite a questão da natureza do direito. Contudo, um substituto para cobrir o inteiro escopo dessa questão deve então ser oferecido, e assim o próprio conceito de fontes do direito se torna pouco claro. Como no caso dos princípios de razão, estamos aqui nos confrontando com o problema da unidade de uma pluralidade. Em contraste com a teoria dos princípios de razão, a teoria positivista pode reagir a esse problema formulando regras de colisão com prioridades claras. No caso de uma contradição, que não raras vezes pode ser resolvida por interpretação, isto é, por uma argumentação razoável (!), o que vale é a lei, e não a decisão judicial; o que vale é a jurisprudência, não a doutrina jurídica. Mas também esse problema é passível de ser resolvido.

---

78. Precisamente isso é o que foi criticado pelos proponentes dos "estudos críticos legais" e grupos semelhantes, que argumentam segundo o seu próprio entendimento sociológico. Seu argumento é o de que os positivistas do direito, que entendem prover argumentos sociológicos, dotados de compreensões relevantes, ocultam a sua verdadeira dependência política (independentemente do que isso possa significar).

Primeiramente, o conceito de fontes do direito designa o ponto em que a autodescrição se detém e não permite que se continue perguntando. A amplitude de aplicação desse conceito leva até o limiar em que se pode também afirmar que o sistema do direito é a fonte do direito. Mas, é claro, tal só pode ser dito na condição de observador externo. O sistema do direito está orientado para as assimetrias, para a regra da contenção, para fazer que as assimetrias que acompanham a metáfora de "fonte" se detenham. E isso sem que essa intenção (ou "função"), por sua vez, seja nomeada como fundamento ou protofonte. Não se deve argumentar de maneira tautológica, isto é, estéril. No que diz respeito à validade, a metáfora da fonte do direito tem a função de fórmula de contingência — assim como, visto a partir da teoria racional do direito, o conceito tem uma legalidade material. A metáfora das fontes do direito transforma uma tautologia em uma sequência de argumentação e permite que algo externo, artificial e contingente apareça à visão interna do sistema como natural e necessário.

Enquanto as Constituições estiverem em vigor, sendo, portanto, incontroversas, o positivismo pode se referir à Constituição e, desse modo, evitar as fontes do direito. Essa parece ser uma solução que se impõe quando as remissões externas já tiverem sido esgotadas, sendo elas: religião (Deus); economia (maximização do bem-estar); política (poder do Estado capaz de implementação); e ciência (condições de possibilidade do conhecimento do direito). A Constituição é, como já foi demonstrado no capítulo anterior, um texto autológico e, além disso, a autodescrição de uma operação autológica. Ambas coincidem à medida que não podem evitar seu autoalinhamento dentro do objeto, que é o sistema do direito. A consequência que advém dessa síntese é a de que a interpretação da Constituição conduz a uma dupla linguagem. Fala-se em "direitos fundamentais" quando se têm em vista o aparato técnico dos direitos subjetivos, o direito, a capacidade de impetrar ação judicial e a responsabilidade limitada — em suma: quando se tem em vista a justicialidade; e fala-se de valores fundamentais quando se trata do enaltecimento semântico que pareça necessário para uma autolegitimação do sistema jurídico. A referência à justicialidade corresponde à posição central dos tribunais das cortes no sistema jurídico. A semântica dos valores deixa claro que o sentido da validade do direito não é exaurido, mas pode reivindicar um nível de sentido acima das validades de flutuação — na era moderna, a vida em comum pautada pela liberdade —, nível em que as fundamentações necessárias podem ser formuladas. A fim de comunicar nesse nível e incorporar essa comunicação no sistema jurídico, há aqueles que chegam a ponto de elevar a Constituição acima de si mesma e chamá-la de supraconstitucionalidade[79]. Porém, isso não foi muito além da autoconfirmação da concepção segundo a qual tem de haver algo incondicional acima de todo condicional, algo necessário para além de todo o contingente.

A teoria da razão e a teoria positivista podem ser identificadas como autodescrições do sistema jurídico pelo fato de não evitarem a responsabilidade pelos resultados, mas comprometerem-se com o sistema — de maneira, a bem dizer, "prá-

---

79. Cf. também, por exemplo, Stéphane Rials, "Supraconstitutionalité et systématicité du droit", *Archives de Philosophie du Droit* 31 (1986), p. 57-76.

tica". Nas elevadas alturas da razão, como que de paraquedas, encontram-se as indicações que se referem ao verdadeiro direito; em terra, com a ajuda de binóculo, essas indicações podem ser observadas. Invocando a razão, o decoro e o pensamento justo — ou as fórmulas parecidas —, fica-se com a impressão de que o direito é um procedimento que necessariamente produz um consenso. Assim, por esse caminho, não se vai muito longe. Por isso, inevitavelmente se chega aos pontos fixos do direito positivo. Mas quais são os textos que possibilitam chegar a esses fundamentos? Os positivistas creem nas fontes do direito, no sentido de um conceito que possibilita a distinção entre direito válido e direito não válido. Quão longe do ponto de partida e a quão diversos resultados podem levar essas duas construções diferentes é algo que só se pode responder em cada caso específico. Sabe-se hoje que o texto é o resultado de uma interpretação, mas esta, por sua vez, tem de ser provada com base no texto. Trata-se, em todo caso, de descrições externas, e não de teorias sociológicas.

Por fim, devemos mencionar um apreciável deslocamento no debate, que se fez notável nas últimas décadas. Tal como antes, formaram-se dois partidos — algo indispensável em uma controvérsia —, mas o tema deslocou-se da questão da razão para a da validade jurídica. O que antes era uma posição positivista passa a ser esposado pelos que insistem em que decisões devem, em última instância, ser justificadas pelo ponderar de suas consequências. Isso costuma ser chamado de ponderação de bens ou de interesses. Isso é positivista à medida que a decisão, independentemente de ser tomada pelo juiz ou promulgada pelo legislador, é válida mesmo que se reconheçam interesses e consequências distintos dos que se teve quando a decisão foi tomada. A parte contrária argumenta haver conteúdos de direito que não foram arrolados nas tais ponderações, mas devem ser mantidos em cada caso. Winfried Hassemer dá o exemplo da proibição da tortura, que deve ser respeitada mesmo quando, pela tortura de possíveis testemunhas, se pudesse evitar um mal[80]. Nesse sentido existe, pois, um fundamento jurídico "indisponível" de uma cultura jurídica — por mais que essa cultura seja histórica e, em si, contingente. O que se tem aqui já não é o positivismo das fontes do direito ou de uma fundamentação que invoque a natureza ou a razão, mas parece ser mais um argumento pela necessidade de redundâncias no direito ou, em todo caso, de valores próprios que expressem a referência do direito a pessoas e não mais estejam disponíveis como fórmulas para o equilíbrio de referências internas e externas.

Também com o intuito de avaliar essas teorias reflexivas, sempre controversas, de um ponto de vista externo, é útil relacionar teorias positivistas e teorias da razão, ou aquelas do monismo de ponderação e da insistência na indisponibilidade da fundamentação do direito em *regras*[81]. Isso permitiria usar um conceito correlativamente limitado de sistema como

---

80. Cf. Winfried Hassemer, "Unverfügbares im Strafprozess", in *Festschrift Werner Maihofer*, Frankfurt, 1988, p. 183-204.

81. Nesse caso, mesmo a generalização do conceito de fontes do direito, já discutido, torna-se aceitável. Por exemplo, MacCormick, op. cit., escreve, seguindo Hart: "É útil, para considerá-lo uma característica definidora do positivismo jurídico, que cada genuíno positivista assegure que todas as regras que são regras de direito assim são porque satisfazem aos critérios de reconhecimento operatório dentro desse sistema como uma ordem de trabalho eficaz" (p. 61). Também Hart insiste em "regras de reconhecimento", muito embora a dada explicação faça pensar nas práticas de reconhecimento. Para uma crítica dessa limitação com referência a regras, cf. N. E. Simmonds, *The Decline of Juridical Reason: Doctrine and Theory in the Legal Order*, Manchester, 1984, p. 99 ss.

modelo para a observação do sistema no sistema. Em contraste, o observador externo ao sistema, do qual ele não toma parte, pode definir o sistema por seu modo particular de *operar* (incluindo auto-observação/autodescrição). Não se deve descartar que o próprio sistema virá a retomar, em sua autodescrição, um conceito de autopoiese operativa como compensação a todas as demais formas de externalização de interrupção de simetrias. Mas nesse caso seria mais difícil identificar, no sistema, a maneira pela qual ele resolve seu próprio paradoxo/tautologia lançando mão da validade de normas, e a relação das teorias de reflexão com as operações restantes do sistema teriam de ser novamente determinadas. Em todo caso, não é objetivo específico da descrição externa resolver tais repercussões. Como descrição científica, a descrição externa encontra suas premissas e seus objetivos no sistema da ciência.

Desconsiderando essas duas possibilidades, até hoje não testadas, de ultrapassar a diferença entre descrições internas e externas, vale notar que aparentemente existem duas diferentes teorias de reflexão no sistema jurídico moderno: a teoria da razão e a teoria do direito positivo, e as diferenças entre elas não podem ser sobrepujadas: trata-se de uma diferença entre princípios (ainda que apenas recentemente tenham se transformado em princípios segundo procedimento) e segundo fontes do direito. Em uma das abordagens, o defeito está na ausência de uma razão de validade em uma decisão entre princípios conflitantes. O defeito da outra está na ausência de uma justificação última para o que é praticado como direito válido. Nenhuma dessas abordagens da autodescrição do sistema pode ser abordada para a unidade do sistema no sistema. Validade e raciocínio justificador não podem ser reconciliados, e, portanto, é preciso optar por uma versão ou por outra.

Contudo, isso só vem a ser um problema para a autodescrição do sistema. A descrição externa pode se contentar com o enunciado: é assim que é.

V

O caráter aberto dessa questão polêmica pode se mostrar adequado para descrever seu estado atual. No entanto, não é preciso que seja uma resposta última ao problema relativo ao modo como o sistema jurídico reflete a sua própria unidade. Positividade e razão são (ou eram), de sua parte, formas tradicionais com as quais o século XVIII procurava compreender uma nova situação (com o conhecimento de seu caráter de novidade). Isso se deu há dois séculos. Hoje, as fórmulas autodescritivas da tradição se nos apresentam como obstáculos epistemológicos no sentido de Bachelard[82]. Caracterizam-se por um grau excessivamente baixo de complexidade, pela uniformidade e pela superestimação das opiniões diretrizes. É provável que hoje possam ser adotadas outras perspectivas em relação às quais uma vez, de início, esteve aberta a questão de seu uso para uma autodescrição do sistema ou (como é o caso aqui) para uma descrição heterorreferente do sistema.

Diante da comprovação de ambas as fórmulas — positividade e razão — no uso interno ao sistema, o observador

---

82. Cf. também Ost/Michel van de Kerchove, *Jalons*, op. cit., p. 121, sobre a tese de um legislador racional e soberano.

externo, antes de qualquer outra coisa, buscará uma explicação. Salta aos olhos, de modo geral, que na era do direito positivo o conhecimento jurídico continental seja transmitido pela forma da observação de observadores. No direito europeu continental trata-se de uma interpretação da vontade do legislador. A forma da lei, a forma de uma *modificação* de circunstância jurídica anterior é suficiente para supor uma intenção. Ao legislador não cabe apenas a promulgação da lei; ele quer chegar a algo determinado e, por isso, observa o mundo valendo-se de uma ou mais distinções. Isso conduz a um problema metodológico: como pode a observação dessa observação ser avaliada e, acima de tudo, como ela pode ser transferida a circunstâncias modificadas, quando as leis envelhecem? De modo algum se tem aí uma investigação factual (sociológica) de motivos, mas sempre e somente dos fundamentos que podem proporcionar um sentido jurídico e podem ser apresentados de maneira razoável.

No *Common Law* anglo-saxônico, a transição para a positividade completa do século XIX se realiza por meio do reconhecimento do poder vinculativo do precedente. Não se pretende aqui uma compulsão mecânica em aceitar premissas para decisões. Em vez disso, as decisões, passíveis de ser consideradas precedentes, são observadas em casos posteriores em relação à *ratio decidendi*, que determina se, ou em que medida, elas podem ser seguidas[83]. Na versão americana do *Common Law*, a ideia que prevalece é a de que os advogados têm sempre de observar os juízes para identificar como eles observam e decidem

---

83. Evans, op. cit., p. 71 s., observa, quanto a isso, que a flexibilidade assim alcançada debilita consideravelmente a ruptura com a tradição, que representa a transição para a vinculação de precedência, portanto, na positivação do *Common Law*.

casos[84]. Essa é uma mensagem do realismo jurídico (representado com muitas variantes). Nenhuma dessas versões da positividade do direito exclui uma orientação por princípios jurídicos. Contudo, princípios jurídicos podem agora ser compreendidos somente à medida que se mantêm estáveis durante a observação da observação. Os princípios jurídicos são então os valores próprios de um sistema que garante a sua autopoiese no nível da observação dos observadores. E como poderia ser de outra forma? Se já não se pode saber como os outros se orientam no direito, cessa todo o conhecimento do direito. Um horizonte de tempo ampliado — seja na forma de leis antigas, seja na de futuras decisões de tribunais — pode ser percebido somente por uma observação de segunda ordem e num momento particular. De outro modo, pode-se meramente continuar a fazer o que normalmente se faz, que é confiar na interação entre os presentes e esperar pelo melhor.

    O substrato dessa divergência de perspectivas dos observadores é encontrado na diferenciação do sistema — acima de tudo, na diferenciação de advogados, escritórios de advocacia, departamentos jurídicos em organizações e órgãos legisladores com diferentes limites externos e com a sociedade como seu ambiente. O nível observacional e a possibilidade de entendimento com extensões diferentes encontram-se garantidos por uma formação comum dos juristas e pela correspondente socialização profissional. No entanto, seria muito limitado explicar o

---

84. Os estímulos para tal derivam do pragmatismo da virada do século. Cf. Oliver W. Holmes, "The Path of the Law", *Harvard Law Review* 10 (1897), p. 417-78. Para o ponto alto na década de 1930, cf. sobretudo Jerome Frank, *Law and the Modern Mind*, Nova York, 1930.

ganho estrutural unicamente por uma "profissionalização"[85]. A formação de profissões tenderia a parecer uma solução limitada, cuja origem remontaria a antigas formações sociais. O problema do sistema jurídico reside hoje no fechamento operativo, na autonomia inevitável a que ele conduz e no deslocamento de um plano observacional (que se autossatisfaz) de segunda ordem. Um observador adicional observará convencionalismo (ou construtivismo), o que de modo algum significa que o que se lhe dá a ver é arbitrário.

Portanto, hoje as condições atuais da autodescrição do sistema podem ser descritas estruturalmente como a diferenciação de um sistema de funcionamento fechado em si mesmo e operativamente dependente de si e como uma construção contínua de uma observação de segunda ordem no sistema. Ambos os casos se encontram relacionados. Uma vez que o sistema é fechado, ele tem de submeter todas as suas operações, com cujas questões jurídicas é constituído e observado, a suas próprias observações.

Assim, a razão se torna o símbolo da autorreferencialidade do sistema. A positividade se torna a fórmula pela qual os observadores dos observadores podem se pôr de acordo quanto a observar a mesma coisa, que é o direito vigente. E, no sentido inverso, com a positividade evidencia-se que todo direito repousa em decisões que podem ser observadas e recordadas

---

85. Tendências desse tipo apareceram, sobretudo, nos anos 1940 e 1950, relacionadas a Talcott Parsons, "The Professions and Social Structure", *Social Forces* 17 (1959), p. 457-67. Mas a direção desse impulso visa preencher um vazio explicativo deixado pelas teorias utilitaristas do comportamento social (e hoje se diria: as teorias da escolha racional). No texto, substituímos a perspectiva então predominante da realização de relações de valor (Rikert, Weber) pelo problema da condição de possibilidade de uma observação de segunda ordem.

como tais, isto é, em relação a outras possibilidades. E a razão inclui então a referência à circunstância segundo a qual — dado o ônus de selecionar — tem de haver razões que, em última instância, a si próprias justifiquem como razoáveis. A fim de servir à finalidade de autodescrição, ambas as fórmulas ocultam o fato de que o sistema opera sem apoio transcendental, sem aquele *periéchon* cósmico e sem intervenções de Deus. Ao mesmo tempo, ocultam também o fato de que o sistema depende, em vez disso, de incontáveis acoplamentos estruturais diretos e indiretos, que por razões de validade jurídica não são aproveitados. As exceções que têm sido testadas — o sujeito e sua consciência da razão e a constituição para a positividade do direito — encobrem tanto as dependências sociais quanto, num sentido mais amplo, as dependências ecológicas do sistema jurídico. A fim de proporcionar um fundamento para a reflexão, elas têm de condensar o problema da unidade da autorreferência e da heterorreferência a um grau extremo. Contudo, tão logo se perceba que esse problema também pode ser observado e descrito, as fórmulas perdem o apoio que têm em si mesmas e voltam-se umas contra as outras, como se a polêmica pudesse substituir a justificação.

A razão se torna uma citação, e isso encobre o fato de já não se saber como continuar e, não obstante, bem se gostaria de saber que existem certas concepções consideradas corretas. Ao apelar à razão comum — em vez de fazê-lo, por exemplo, à própria experiência —, o indivíduo se coloca em posição de ser observado. "Meu argumento", diz-se, "está aberto a exame", e sem dúvida esse pode ser o caso. Mas também a positividade da validade do direito possui essa função. Enquanto se toma o direito vigente como ponto de partida, está-se exposto a ser objeto de observação. As observações se dividem de acordo com a distinção *lege lata/lege ferenda* [pela lei promulgada/pela lei que deve ser promulgada], e todos os observadores que divergem em ampla medida ou que são "críticos" demais podem ser referidos a uma mudança no direito. Por isso, a positividade do direito pode ser entendida também como aceitação de modificações jurídicas. A velha fórmula de vinculação com algo "mais elevado" é substituída por uma combinação de vinculação e modificação. A distinção entre *lege lata/lege ferenda* desenvolve o paradoxo segundo o qual o direito tem validade precisamente em razão de seu caráter modificável.

Tão logo o sistema se feche autorreferencialmente no plano de observação de segunda ordem, essas fórmulas tornam-se reconhecíveis também como diretivas para a observação dos observadores. As questões últimas devem se traduzir pelas formas "que" e "como". A pergunta já não é "o que diz a razão?" ou "o que deve valer como direito positivo com base nas fontes de direito determinantes para tal?", mas deve ser "como faz o sistema, o que ele faz? Como se encadeia operação sob a irritação duradoura pelo ambiente?".

Desse modo, o fechamento do sistema do direito se converte no ponto de partida para uma nova compreensão das relações entre sistema e ambiente. A teoria jurídica tem de lidar com as condições sociais da autonomia funcional do sistema — em seus próprios termos, é claro, e guiada pela unidade de seu próprio sistema. Em todo caso, pode-se ver a unidade do sistema no interior do próprio sistema somente da perspectiva do ambiente[86]. Contudo, não se pode chegar a isso nem com a fórmula final de razão, nem com a fórmula final da positividade da validade do direito, se for o caso de se realizar uma comparação favorável com os resultados da reflexão da tradição em filosofia do direito.

VI

Até agora temos partido de um problema que tradicionalmente é tratado como problema das fontes do direito. A teoria das fontes do direito permite que se faça a distinção entre direito vigente e direito não vigente, e, com o auxílio dessa distinção, concentre-se no primeiro destes — como se fosse "o direito". Outra distinção, de igual importância para os novos tempos, é a que diz respeito ao direito material e ao direito processual. Em especial, a velha distinção entre diferentes fontes do direito perde importância quando existe somente o direito positivo, enquanto o problema da relação entre o direito material e o direito processual, com vistas à realização da unidade do ordenamento jurídico, adquire-a em maior medida no

---

[86]. Para citar novamente Spencer Brown, que faz ocultar o problema com a mui obscura formulação segundo a qual "podemos notar também que os lados de cada distinção esboçada têm dois tipos de referência. A primeira ou explícita referência é o valor de um lado, de acordo com a maneira com que é marcado. A segunda ou implícita referência é para um observador externo. Isso significa que o lado de fora é o lado a partir do qual uma distinção deveria ser vista..." (op. cit., p. 69). Mas o sistema de que falávamos é, ao mesmo tempo, o sistema que produz a diferenciação, que a si mesmo se marca, e é, tendo criado o seu próprio lado exterior, o único ambiente a partir do qual a unidade pode ser observada. Portanto, o sistema tem de observar a si mesmo com suas próprias operações de auto-observação e autodescrição *como se fosse uma observação de fora*.

que diz respeito à autodescrição do sistema[87]. Não por acaso, a invenção da categoria de pretensão ao direito[88] surgiu na época do florescimento do positivismo legal. Ela substitui a distinção entre o *jus* e o *actio* por um conceito unitário com a dupla função jurídico material e de direito processual.

     Trata-se também de uma consequência da proibição da denegação da justiça, que discutimos anteriormente[89]. Se toda e qualquer questão jurídica pode se apresentar para a sua decisão a um tribunal, é preciso que haja um acoplamento geral correspondente entre o direito material e o direito processual. Esse acoplamento se produz por meio de conceitos de enlace, como a pretensão ao direito, direito subjetivo e sujeito do direito. As tentativas de determinar com precisão esse conceito em seu conteúdo significativo reconhecem-se já na segunda metade do século XIX, uma vez que se trata somente de uma disposição subjetiva relativa à demanda de proteção jurídica[90]. A alguém lesado em seus direitos não se pode obrigar a entrar com ação e ir aos tribunais, já que ele pode perfeitamente preferir não o fazer por motivos extrajurídicos. Em outras palavras, o conceito de direito (subjetivo) relaciona-se com a diferença entre as

---

87. Dotado de consequências para a autodescrição! De um ponto de vista técnico-jurídico (por exemplo, em sistemas baseados em ações jurídicas), isso sempre foi importante, o que é evidente.

88. Cf. Bernhard Windscheid, *Die Actio des römischen Zivilrechts vom Standpunkut des heutiges Rechts*, Düsseldorf, 1856.

89. Cf. Capítulo 7, III e IV.

90. Cf., por exemplo, August Thon, *Rechtsnorm und subjektives Recht: Untersuchungen zur allgemeinen Rechtslehre*, Weimar, 1978. Isso vale, sobretudo, para o recém-criado sistema de proteção jurídica do direito público, que deve ser novamente reformulado, onde as circunstâncias jurídicas de modo geral requerem uma clarificação na medida mesma em que se concede a proteção jurídica.

condições jurídicas e extrajurídicas da juridificação da comunicação — portanto, nos limites do sistema jurídico. E sabe-se que na segunda metade do século XIX é possível distinguir de maneira clara entre esse problema da técnica jurídica e a "filosofia individualista".

No entanto, as descrições sonoras e enfáticas quanto ao seu valor atrelam-se ao sujeito do direito subjetivo. O direito serve à liberdade do homem diante das pressões sociais, fazendo-o capaz de tomar suas próprias decisões — é o que se tem no século XIX. No século XX, o direito serve à realização de "valores" que lhes são dados de antemão e que se tenham convertido em algo positivo na forma de direitos fundamentais como um condensado de uma longa tradição humanística do direito. Os direitos fundamentais são sobreavaliados em sua interpretação de sua função jurídico-constitucional e entendidos como documentos de uma atitude valorativa geral com a qual o direito se compromete ao serviço do homem. Desse modo, os enunciados acerca do sentido do direito são formulados de maneira que satisfaçam às exigências técnico-jurídicas. A unidade do sistema evidencia o seu sentido na diferença entre direito material e direito processual, no acoplamento entre esses dois componentes do sistema jurídico e no elevado significado dos conceitos que permitem esse acoplamento, garantindo ao mesmo tempo a inclusão do homem no sistema jurídico.

Foi só nas últimas duas décadas que se pôde ver mais claramente e, sobretudo, com maior dose de ceticismo as exclusões que tudo isso implica. Se todo querelante deve aparecer como "sujeito", ainda que seja como sujeito corporativo (como pessoa jurídica com a possibilidade de direito), os interesses que se devem sustentar juridicamente têm de ser individualizados de maneira artificial. À medida que não se pode partir dos indivíduos, isso supõe uma organização. Contudo, nem todo interesse coletivo é passível de organização, ao menos não aqueles dos "afetados", e tampouco o são num ambiente protegido contra os efeitos da técnica[91]. A forma, cujo lado interno encontra-se constituído pelo sujeito dotado de possibilidade jurídica, qualificado tanto para reclamar quanto para ser reclamado, possui, portanto, um lado externo com todas as situações e interesses que, sob o regime do sujeito, não podem se tornar relevantes no sistema jurídico, a menos que sejam componentes de direitos ou deveres subjetivos. Essa unilateralidade pode conduzir a uma maior exigência de organização quando se trata de articular interesses que devem ser considerados juridicamente relevantes, podendo conduzir também a uma tendência a declarar as organizações como qualificadas para impetrar ação quando, num sentido técnico-jurídico, não se pode falar de "seus direitos". Mas assim se afrouxa o grampo que mantinha ligados direito material e direito processual, podendo-se então colocar a questão relativa a por que uma organização pode, em sua qualidade de pessoa jurídica, promover direitos sobre os quais não poderá dispor. E acima de tudo: por que uma pessoa jurídica deveria ter liberdade tal qual um indivíduo para fazê-lo — ou para não fazê-lo.

Do ponto de vista sociológico, poder-se-ia tratar tão somente de dotar os agentes de um poder de negociação.

---

91. Sobre isso, cf. Christian Sailer, "Subjektives Recht und Umweltschutz", *Deutsches Verwaltungsblatt* 91 (1976), p. 521-32.

Estes poderiam ameaçar com ações na Justiça, conseguir moratórias, obrigando seus oponentes jurídicos a se pôr de acordo com eles, ainda que de modo algum se trate de seus direitos. Isso pode ter sentido de uma perspectiva jurídico-política, sobre tal não temos como nos pronunciar aqui. Contudo, por meio disso violenta-se a focalização autodescritiva do sistema ao sujeito "sujeito jurídico". A focalização teria de se ajustar, como afirma Karl-Heinz Ladeur, a um pluralismo de organização[92]. Porém, nesse caso, o homem individual não passaria de um resíduo de interesses cuja organização não valeria a pena. A autodescrição do sistema jurídico poderia, como antes, remeter-se a valores e externar-se por meio deles. Mas, por meio das organizações, os valores estariam dotados de uma dinâmica própria, e o homem já não seria objeto de consideração empírica como ser individual que vive para si mesmo, mas tão só como ponto de fuga para o qual convergem, no indeterminável, todos os valores.

Seja como for, porém, tratando-se de seres humanos individuais ou de organizações, o sistema jurídico está obrigado a ajustar sua autodescrição a um ambiente no qual os sistemas autorreferenciais produzem turbulências que não podem ser controladas de posição alguma e, com maior razão, não podem ser hierarquicamente ordenadas. É precisamente essa a base a partir da qual devem se reproduzir as expectativas em forma de normatividade contrafactual — e se isso não ocorria antes, hoje efetivamente já se aplica. O sistema do direito em si reagiu a

---

92. Cf. "Gesetzesinterpretation, ",Richterrecht' und Konventionsbildung in kognitivistischer Perspektive: Handeln unter Ungewissheitsbedingungen und richterliches Entscheiden", *Archiv für Rechts- und Sozialphilosophie* 77 (1991), p. 176-94, cf. também, do mesmo autor, *Postmoderne Rechtstheorie: Seblstreferenz-Selbsorganisation-Prozeduralisierung*, Berlim, 1992, sobretudo as observações sobre a discussão dos direitos básicos, p. 176 s.

isso de diferentes maneiras: por meio da positivação da validade do direito; por meio da dogmática dos direitos subjetivos que se desprende das relações de reciprocidade previamente dadas; por meio de listas de valores (quase se poderia dizer: listas de espera), que, em todos os casos que demandam uma decisão, garantem a unidade em forma de princípio que requeira uma "ponderação"; e por meio de um deslocamento dos principais focos — na direção de um *due process*, ou seja, em direção a garantias processuais que pressuponham que a decisão ainda não seja definitiva e, portanto, baseiem-se, do ponto de vista institucional, na incerteza autogerada do futuro, cumprindo, apesar disso, com sua função.

  Querer manter ou não o conceito da "positividade" do direito e a teoria da positividade do direito nessa situação é mais ou menos uma questão de tática semântica. A se manter afirmativa a resposta, seria o caso de abandonar a ideia de uma composição baseada na autoridade do direito, a ideia de uma fonte de validade por trás dela (a transcender o direito para cima). Nem o Estado, nem a razão, nem a história legitimam o direito. Deve haver teorias que o proponham, tanto hoje como no passado. Mas, se são descritas como autodescrições, exige-se delas uma inserção ao *modus* do observador de segunda ordem. Devem aprender a pensar nelas próprias como autodescrições de um sistema que se descreve a si mesmo. De outro modo, convertem-se em algo anacrônico (esta é uma das mais significativas realizações da teoria jurídica de Jürgen Habermas, que justamente demonstra o caráter anacrônico de todo recurso à história natural, aos princípios morais ou à razão prática). O que se mantém, então, é o reconhecimento da diversidade inevitável de observadores e suas perspectivas — também em um e no mesmo sistema. O que se mantém é a substituição do passado conhecido pelo futuro desconhecido como uma premissa constante, em operação contínua. O que se mantém é a contínua criação de contingências como valores próprios estáveis, como valores recursivamente renovados do sistema jurídico. Sob esse arcabouço circunstancial, faz-se necessário encontrar autodescrições capazes de se sustentar mesmo em nossos dias.

VII

Sem dúvida, é muito cedo para fazer um juízo final das possibilidades de uma autorreflexão do direito da sociedade moderna. Isso vale também no tocante ao papel que uma teoria sociológica pode desempenhar nesse contexto. Neste momento, multiplicam-se os signos de insegurança que possuem fontes muito distintas. O problema que acabamos de tratar, de que a atribuição subjetiva do direito não é satisfatória, ainda que dela não se possa prescindir, constitui apenas uma das razões para isso. Outra consiste no fato de que as decisões jurídicas cada vez mais se ajustam e se adaptam à previsão das consequências e à justificação das decisões por suas consequências, sem que possa superar, de acordo com a dogmática jurídica, os problemas que a ela estão ligados. Em vez disso, o que se faz é reduzir os aspectos jurídico-dogmáticos e substituí-los pelo paradigma que nada diz, que vai desde o flexível até o inexpressivo, da ponderação dos interesses e dos valores. Mas também a teoria do direito, na qual se haviam depositado tantas esperanças, tem contribuído no momento para declarar a situação como "pós-moderna"[93]. No entanto, tudo isso não faz mais do que confirmar o que de um modo ou de outro se vê: que o sistema jurídico da atualidade produz uma maioria de autodescrições e suscita, assim, problemas de inconsistência, em relação aos quais já não se podem acordar as diferentes correntes.

Em todo caso, o conceito de "pós-moderno" leva a um caminho equivocado. Ele subestima a continuidade estrutural da sociedade moderna, sobretudo a continuidade dos efeitos, que, tal como antes, são interrompidos na forma de diferenciação orientada por funções. E, de resto, esse conceito permite que o passado e, de maneira concreta, também as autodescrições até agora apresentadas do sistema jurídico da sociedade moderna, apareçam como algo mais fechado do que efetivamente têm sido[94]. A dupla perspectiva de positivismo e razão (ou legalidade e legitimidade) mostra que, desde que se teve de renunciar ao modelo hierárquico das fontes do direito, não houve nenhuma outra descrição equânime e harmônica. De acordo com essa versão, é evidente que a semântica da pós-modernidade se diferencia da semântica da modernidade unicamente porque esta última busca a unidade no futuro, enquanto aquela a busca no

---

93. Cf. o n. 13 (1989) da revista *Droit et Société*, dedicada ao pós-modernismo. Desde então, por exemplo, Boaventura de Sousa Santos, "Toward a Post-Modern Understanding of Law", *Oñati Proceedings* 1 (1990), p. 113-23; André-Jean Arnaud, "Legal Interpretation and Sociology of Law at the Beginning of the Post-Modern Era", *Oñati Proceedings* 2 (1990), p. 173-92. Com problemas bastante próximos, também Karl-Heinz Ladeur, ",Abwägung' — ein neues Rechstparadigma? Von der Einheit der Rechtsordnung zur Pluralität der Rechtsdiskurse", *Archiv für Rechts- und Sozialphilosophie* 69 (1983), p. 463-83; do mesmo autor, „Abwägung" — *Ein neues Paradigma des Verwaltungsrechts: Von der Einheit der Rechtsordnung zum Rechtspluralismus*, Frankfurt, 1984, e, de maneira mais explícita, id., op. cit. (1992).

94 Cf., sobretudo, Arnaud, op. cit. (1990).

passado, que tem de ser rechaçado em sua condição de tradição. E a consequência seria que, com isso, é preciso admitir que a unidade só pode ser buscada em pontos de fuga insuficientes; porém, em todo caso, já não como um presente atual.

Hoje em dia pouco se fala em favor da expectativa de que a teoria sociológica de um modo geral e a teoria da sociedade em particular possam ter, aqui, alguma utilidade e contribuir com algo digno de menção para a autodescrição do sistema. Em comparação com a situação que se tinha por volta de 1900, em ambos os campos o que houve foi mais um processo de redução de esperanças que podem ser postas em relação a uma grande teoria. As reflexões anteriores permitem que isso se faça compreensível, ainda que não obriguem a ver aí uma resposta conclusiva.

Como se evidenciou na seção II, a autodescrição do sistema do direito toma como ponto de partida o seu código. De maneira já bem diversa, a descrição sociológica usual do aparato jurídico desenvolveu enfoques completamente distintos (e, a se levar em conta o parecer dos juristas, subversivo). Nessa descrição, o interesse encontra-se centrado, sobretudo, nas diferenças na prática jurídica que *não* se encontram previstas no próprio direito e juridicamente não podem ser legitimadas *sem ser, por essa mesma razão, identificáveis como juridicamente improcedentes*. Nela se violentam — na verdade, se ignoram — as metas do código binário, a esquematização em lícito e ilícito da totalidade das operações do sistema jurídico. Para isso, na maioria dos casos se recorre a métodos estatísticos que permitam preservar o caso singular e sua boa consciência; o conjunto desses métodos, porém, mostra um tipo de relações inteiramente diferentes do que seria o resultado da generalização das decisões dos casos individuais ou das regras válidas para tal. Com relação a isso, uma boa visão de conjunto é proporcionada por Donald Black[95]. A sociologia estabelece então, por exemplo, que a ampla maioria dos debates jurídicos de modo algum é decidida em processos formais, sendo solucionados "de algum outro modo"; que o *status* social tem seus efeitos, que se manifestam de maneira diversa, a depender de os participantes que se enfrentam terem o mesmo estatuto ou serem de classes diferentes; que os problemas jurídicos sejam abordados de maneira diversa em relações de vida densas e contínuas (íntimas) do que onde se tem uma distância social maior; que há diferenças em os reclamantes ou reclamados serem indivíduos, organizações ou alguma outra coisa. Se o jurista se apega às normas quando se trata de predizer decisões, o sociólogo investiga as características sociais do caso. Se o jurista, encorajado pela autodescrição do sistema jurídico, trabalha com o objetivo de que os mesmos casos sejam decididos da mesma maneira, mobilizando, de modo análogo,

---

[95]. Sociological Justice, Nova York — Oxford, 1989, p. 3 ss. Faço constar aqui a tabela para que se tenha uma visão geral (p. 21), uma vez que ela evidencia a discrepância de maneira bastante nítida.

	Modelo jurisprudencial	Modelo sociológico
Foco	Regras	Estrutura social
Processo	Lógico	Comportamento
Contexto	Universal	Variável
Perspectiva	Participante	Observadora
Propósito	Prático	Científico
Objetivo	Decisão	Explicação

Talvez ainda se pudesse fazer notar que com "estrutura social" o que se quer dar a entender são as relações entre os traços característicos sociais de pessoas.

razões juridicamente sustentáveis para as diferenças, o que o sociólogo faz é estabelecer que, de um ponto de vista estatístico, aparecem diferenças não explicáveis juridicamente, e para elas é necessário buscar uma explicação sociológica. E se o jurista se interessa pelo prognóstico e pela influência argumentativa das decisões de casos particulares, o sociólogo se conforma com prognósticos estatisticamente certificados; não o interessa nem o irrita saber que os casos individuais sejam decididos de acordo com a lei.

A jurista algum deixará de se evidenciar que essa diversidade das descrições certamente está relacionada a uma sensibilidade diferenciada para as diferenças. Para suas análises estatísticas, o sociólogo necessitará de categorias brutas, que produzam muitos casos iguais. Ele tem de desconsiderar filigranas. O jurista, ao contrário, pratica uma elaborada arte de distinção para poder chegar a resultados que pareçam justos. Para ele, o homicídio não é igual homicídio, o estupro não é igual estupro. Portanto, para ele não fica difícil julgar de maneira diversa a violação de uma mulher negra perpetrada por um branco e a violação por um negro cometida contra uma mulher branca, e nos casos ele é capaz de encontrar diferenças que não necessariamente sejam diferenças de raça e que tornem a decisão sustentável. Aqui se poderá dizer que o jurista pode ocultar seus preconceitos ocultando-se por trás de outras categorias. Certamente sim. Mas com certeza é também um preconceito que o sociólogo opere com base em critérios que em dado tempo produzam número suficiente de casos iguais, e que sejam adequados para uma análise de crítica social.

De resto, ainda que se conceda a qualidade científica

das análises sociológicas (e isso só pode ocorrer adentrando-se nas investigações particulares), sua compreensão do objeto continua a ser insuficiente, e isso justamente em relação ao aspecto que não nos interessa neste momento. Ela não leva em conta a circunstância segundo a qual no sistema jurídico se trate de um sistema operativamente fechado, autopoiético, que a si mesmo descreve. O sistema jurídico não pode obter nenhum benefício das análises sociológicas; de sua parte, não pode se valer de dados estatísticos como regras que se deva levar em conta ao tomar decisões. Não é necessária uma justificação adicional do fato de o sistema jurídico não "utilizar"[96] os descobrimentos da sociologia, tampouco essa circunstância pode ser motivo de "crítica" — por exemplo, no sentido do movimento dos chamados estudos críticos. Todo uso de distinções tem como pressuposto um ponto cego específico; e, se de modo geral isso é válido, faz pouco sentido reprová-lo em outros e evitar a consequência autopoiética em relação a si mesmo.

Portanto, a análise empírica convencional da sociologia do direito de modo algum descreve o sistema jurídico como sistema jurídico. Ela apreende seu objeto de maneira apenas parcial. Essa parece ser, é bem possível, a razão pela qual o abismo entre descrição interna e descrição externa pareça maior do que realmente tenderia a ser. Em todo caso, uma teoria sociológica mais complexa, que reflita sobre a diferença como uma consequência da diferenciação do sistema, poderia bem tornar compreensível

---

96. Deparamo-nos aqui com a exigência de Black, op. cit., p. 3 s., de que, como consequência da especificidade de sua pretensão de obter caráter científico, a análise sociológica do direito teria de renunciar a uma crítica (implicando rechaço) do aparato jurídico e conformar-se com a exposição e com o uso reiterado dos resultados de sua pesquisa.

o porquê de isso ser assim e ao mesmo tempo oferecer conceitos de mediação provenientes da concepção externa (sociológica). Uma análise conceitual de noções como a de reflexão ou autodescrição torna compreensível a necessidade de se abandonar a expectativa de uma única descrição correta do objeto quando a descrição mesma é parte de seu próprio objeto e esse objeto, assim, experimenta uma modificação ao que aquela se realiza. Mediante a produção de uma teoria do sistema no sistema, o próprio sistema se modifica; o objeto da descrição se altera ao se efetuar a descrição; consequentemente se farão possíveis outras descrições, que possivelmente serão corretas. Isso se aplica tanto à execução sociológica da autodescrição da sociedade como à execução da teoria jurídica de uma autodescrição do sistema do direito. Em ambos os casos depara-se, justamente em razão das condições da operação, com uma pluralidade imprescindível de identificações possíveis: "fragmentando-se em versões", como as denomina Jonathan Potter[97]. Ao menos quanto a isso, teria de resultar possível um acordo, e isso significa, em termos práticos, que não existe autoridade do saber refletido que seja um saber correto para todos os casos. Em seu lugar, uma comunicação de pretensões mais elevadas é transferida para o plano da observação das observações, ao plano da observação de segunda ordem. Isso permite grandes (grandes demais?) liberdades, quando então cada qual poderá usar o esquema que melhor lhe convier

---

97. Cf. "What is Reflexion about Discourse Analysis? The case of Readings", in Steve Woolgar (org.), *Knowledge and Reflexivity: New Frontiers in the Sociology of Knowledge*, Londres, 1988, p. 37-53 (43 ss.), com referência à sociologia da ciência. Cf. também os capítulos sobre "Vielfältige Versionen der Welt" e sobre "Vielfältige Versionen von Beziehungen" in Gregory Bateson, *Geist und Natur: Eine Notwendige Einheit*, trad. alemã, Frankfurt, 1982.

para observar o que lhe parece digno de ser notado nos outros. É assim que se pode desenvolver um interesse sociológico na procedência dos juízes, de estrato social ou de algo semelhante à classe; ainda que isso possa levar a algumas conclusões exatas, não deve ser usado no raciocínio jurídico[98]. Tudo isso é interessante somente para o sociólogo já interessado em tais questões, e, se se procura transpô-lo para a política (que nesse caso seria chamada "reforma"), provavelmente entraria em colisão com o princípio jurídico de independência dos tribunais e com o acesso formalmente igualitário aos cargos.

Contudo, novos desenvolvimentos teóricos poderiam dar um passo além. Seria possível imaginar que a *teoria* em si, enquanto *forma de acoplamento estrutural do sistema da ciência, é utilizada conjuntamente com as teorias da reflexão dos sistemas funcionais*. Isso suporia que se chegasse a realizar, nesse ponto de contato, o mecanismo formal do acoplamento estrutural — portanto, a canalização da irritação mediante a inclusão/exclusão de possibilidades. É fácil visualizar que esse seria um procedimento autológico, já que o conceito de acoplamento estrutural é, por sua vez, um conceito da teoria que desse modo se aplica a si mesma. A separação entre fechamento operativo e autonomia funcional dos sistemas individuais — no presente caso, o sistema do direito e o da ciência — poderia ser mantido. Tal como antes, no sistema do direito trata-se de cultivar as expectativas normativas, ao passo que, no da ciência, as da condição da pesquisa. Como antes, continuaria a valer que de fatos

---

98. O problema das duas verdades era também a dificuldade que paralisava a sociologia da ciência clássica. Para um panorama sobre essa discussão, cf. Volker Meja/Nico Meja (org.), *Der Streit und die Wissenssoziologie*, 2 vols., Frankfurt, 1982.

não se poderia concluir normas e que toda e qualquer fraude quanto a essa questão poderia ser evitada. De qualquer modo, com uma conceituação escolhida de maneira apropriada, poder-se-ia instaurar um mecanismo de acoplamento estrutural. O sistema da ciência ver-se-ia confrontado com a permanente pergunta sobre como se pode lidar com os sistemas autodescritivos. O sistema jurídico, por sua vez, poderia se prover da própria autorreflexão quanto às conquistas conceituais da teoria dos sistemas autorreferenciais, à medida que tal teoria funcione de maneira cientificamente normal. Mas também nesse caso a seleção deve estar reservada ao sistema receptor. Os sociólogos gostam de propagandear suas teorias. Mas os juristas sabem que a propaganda de um produto não necessariamente significa a aceitação da responsabilidade de seus possíveis efeitos.

Sendo assim, tenhamos em mente que a ideia de a teoria ser um mecanismo de acoplamento estrutural entre o sistema da ciência e as teorias da reflexão dos subsistemas funcionais não necessariamente obriga a aceitar determinada versão da teoria. Certamente, no próprio conceito de acoplamento estrutural podem ser encontradas condições de idoneidade; e, em todo caso, com ele se tem em vista um problema cuja solução não pode ser arbitrária. Porém, se de algum modo é possível mostrar que existem aparatos teóricos adequados para tal tarefa, isso sugere que poderia haver também outras possibilidades, pois, de modo geral, o que é possível se faz possível também de outra maneira.

VIII

Nem as formas da autodescrição do sistema jurídico, que já discutimos, nem sua localização por meio do observador externo chamado sociologia remontam a um problema a que já aludimos em diversas ocasiões: o problema do paradoxo. A própria autodescrição se constitui uma empreitada paradoxal, pois trata da descrição interna, como se fosse de índole externa e pudesse proporcionar informação sobre conteúdos objetivos. Mas essa é apenas uma entre muitas outras versões desse problema fundamental. Já tínhamos visto que o código do sistema se converte em algo paradoxal quando se aplica a si mesmo e que os esforços em torno da fórmula de contingência chamada justiça ocultam que o que ali está em jogo é o desdobramento de um paradoxo. Essas análises não pretendem ser compreendidas como uma "desconstrução" de todos os princípios do direito. Todavia, elas ressaltam o fato fundamental de que toda pergunta pela unidade de uma distinção ou, em outras palavras, toda tentativa de observar o esquema da observação conduz a um paradoxo, isto é, a uma oscilação entre duas posições opostas (lícito/ilícito, interno/externo, igual/desigual), que nem conformam uma memória, nem geram complexidade estrutural, nem podem garantir uma capacidade de enlace. Em outras palavras, assim o sistema jurídico não pode operar.

Todavia, o sistema do direito está obrigado a incluir — e a não incluir — precisamente a negação dessa autonomia e a negação de todas as convenções que a sustentam, se é que pretendem garantir a própria autonomia[99]. Dito de outra maneira:

---

99. A esse respeito, cf. Jean-Pierre Dupuy, "Zur Selbst-Dekonstruktion von Konventionen", in Paul Watzlawick/Peter Krieg (org.), *Das Auge des Betrachters zum Konstruktivismus: Festschrift von Foerster*, Munique, 1991, p. 85-100.

é preciso incluir o excluído, e assim iludir exigências da lógica, como o princípio do terceiro excluído, ou o de não contradição ou mesmo a suposição de identidades livres de oscilação. A reconstrução do que aqui ocorre (se é que ocorre) demanda ou lógicas transclássicas, por exemplo, no sentido de Gotthard Günther, ou uma análise suficientemente precisa da maneira pela qual o próprio sistema lida com aquilo para o qual ele tem de manter latente. Ela demanda ou uma disposição sobre os valores de rejeição que permitam suspender as distinções sugeridas primariamente (como do ponto de vista lógico-veritativo de verdadeiro e falso ou o da teoria dos sistemas, com sistema e ambiente, supondo a referência ao sistema)[100]; ou então a admissão do ponto cego de toda operação observacional, a qual indubitavelmente pode ser deslocada, mas não eliminada, por outro instrumental de observação.

Também daqui se podem analisar as abreviações, que são imprescindíveis, se é que se deve representar a unidade do sistema no sistema. Os textos só são levados em conta quando têm vigência. Em última instância, figuras de fundamentação têm uma base dogmática. A justiça não se afirma se sua função vale como fórmula de contingência, mas como valor. Tudo isso provoca a interrupção do círculo mesmo de autoafirmação e autonegação no sistema. A autonegação é excluída. Para o sistema fica evidente, por exemplo, que a orientação pela distinção entre lícito e ilícito é lícita, e não ilícita. Essa é a premissa da qual se deve partir.

---

100. A esse respeito, cf. Gotthard Günther, "Cybernetic Ontology and Transjunctional Operations", in id., *Beiträge zur Grundlegung einer operationsfähigen Dialektik*, vol. 1, Hamburgo, 1976, p. 249-328 (287 ss.).

Tal como Jacques Derrida mostrou ao analisar a relação entre filosofia e escrita, o imprescindível é implicado não como algo da mesma classe, mas como algo secundário, suplemento[101]. Uma relação simétrica se hierarquiza como primária e secundária. Certamente, essa solução pode ser "desconstruída" quando se desvela o segredo de sua arbitrariedade. Mas nesse caso a própria desconstrução pode ser desconstruída, provando que um retrocesso desse tipo só conduz ao paradoxo de origem (ou de início), algo que qualquer sistema sempre já deve ter deixado atrás de si[102]. Por isso, preferimos representar as formas do desdobramento do paradoxo como formas de invisibilização do paradoxo, bem sabendo que o próprio sistema não o pode manejar desse modo. Nós nos mantemos na posição de um observador de terceira ordem, de um observador da auto-observação e da autodescrição do sistema. Descobre-se então que o ilógico desse corte fundacional (ou desse passo fundacional) dessas *différences/différance*, no sentido de Derrida, é ao mesmo tempo o ponto no qual se dá a ver com evidência a capacidade de adaptação história, a atualidade da semântica[103].

Um sistema só pode se fundamentar, e não se fundamentar, de maneira paradoxal. Mas é possível salvar-se com uma *re-entry* da diferença entre sistema e ambiente como diferencia-

---

101. Cf. *De la grammatologie*, Paris, 1967; id., "Le supplément de copule: La philosophie devant la linguistique", in Jacques Derrida, *Marges de la philosophie*, Paris, 1972, p. 209-46.

102. Cf. Niklas Luhmann, "Sthenographie und Euryalistik", in Hans Ulrich Gumbrecht/K. Ludwig Pfeiffer (org.), *Paradoxien, Dissonanzen, Zusammenbrüche: Situationen offener Epistemologie*, Frankfurt, 1991, p. 58-82.

103. Cf. também Niklas Luhmann, "The Third Question: The Creative Use of Paradoxes in Law and Legal History", *Journal of Law and Society* 15 (1998), p. 153-65.

ção no sistema. É possível, então, com o auxílio da própria distinção, reproduzir o *tertium non datur* [não se dá o terceiro] e deixar ao observador de terceira ordem os problemas de uma lógica polivalente, que seria necessária para refletir sobre a unidade do sistema e seus limites. No entanto, tudo o que disso se segue tem validade somente para o próprio sistema.

Esse problema não pode ser vislumbrado no plano das *teorias e dos textos* das autodescrições, como até agora viemos tendo em mente de maneira exclusiva, porque o paradoxo não pode ser celebrado como uma solução de todos os problemas. A seletividade e o "desacordo" de todas as autodescrições retornam ao sistema como problema de comportamento cotidiano. A realidade, sobretudo a realidade dos processos jurídicos nos tribunais e parlamentos, aparta-se consideravelmente do que se diz, se deseja e se quer. Os tribunais, por exemplo, caracterizam o sentido de sua atividade como aplicação do direito. A realidade tem um aspecto completamente distinto[104]. Por exemplo, a atividade de uma empresa provoca a impressão de que nela o mais importante é cuidar de seus próprios despachos. Citações e prazos, ações e perturbações absorvem a atenção. Contudo, é preciso sempre ter de fazer algo para que algo possa ser feito. O que se torna perceptível para os participantes distingue-se tão radicalmente do que corresponderia à autodescrição, que uma análise sociológica da forma que se aborda o paradoxo fundamental do sistema teria sua atenção atraída para mecanismos bastante distintos do puro e simples "passar e engomar" metódico das contradições.

---

104. Para isso e o que segue, cf. Klaus A. Ziegert, "Courts and the Self-concept of Law: The Mapping of the Environment by Courts of the First Instance", *Sydney Law Review* 14 (1992), p. 196-229.

Os participantes leigos se verão frustrados — não só quando obtêm o benefício da justiça, mas também a propósito da forma com que isso ocorre. Deste lado da linha divisória entre juristas e clientes, o sistema se auxilia com a ausência de consequências das frustrações. Ainda que certo *recycling* dos clientes nada tenha de extraordinário, o sistema não pode partir de casos individuais. As pessoas que por vocação e por profissão se ocupam do trabalho no sistema jurídico desenvolvem outras formas de lidar com esse encargo. De certo modo, dispõem de melhores possibilidades de comparação, mesmo entre elas e, portanto, têm menos motivos para partir de uma afetação pessoal. Por isso, deste lado da linha divisória a comunicação se dá de outra forma, possui outras características e é também de outra maneira que se espera compreensão. Um importante marco de referência é constituído pelas jornadas e condições de trabalho. Além disso, a ênfase no que é importante pode se transferir para formalismos, pois, nesse âmbito, as falhas fazem-se especialmente evidentes. Uma boa dose de cinismo, de ironia e mesmo de humor deve ser considerada um dos aparatos característicos de certas profissões. Nessas formas, é como se se pudesse pôr à prova a compreensão. E, não menos importante, nesse plano o sistema gera o desejo, constantemente repetido, de um melhor aparato e de reformas, e nesse outro lado do desejo podem se reunir os bodes expiatórios, que trazem a culpa por não acontecer nada.

A discrepância entre as formas textuais-teóricas da dissolução do paradoxo do sistema e as formas cotidianas de comunicação, que têm caráter mais oral ou que se comunicam como comportamentos, é tão grande que não se pode esperar que uma retificação (sociologização) no plano das teorias da reflexão possa oferecer uma solução. A adaptação nesse plano às irritações do sistema assumirá sempre a forma de idealizações que não podem ser ao mesmo tempo representadas como algo que "não é pensado assim". As reformas não podem ser fundamentadas de um modo que lhes institua como auto-ocupação de um *establishment* jurídico, como eliminação das dissonâncias cognitivas da profissão ou como demonstração de uma atitude "crítica" ao "sistema". Isso poderia bem ser o caso, se essa discrepância e a separação dos planos de comunicação correspondentes fossem tomadas como expressão da necessidade de o sistema ter de operar de maneira "acrítica", ou seja, como expressão de que não dispõe de poder suficiente sobre si mesmo[105].

IX

Não importa a semântica que se venha a preferir como autodescrição do sistema jurídico e as distinções que para tal tenham de ser retocadas. Há uma condição fundamental que não é possível evitar: o sistema não pode prever posições que, *caso a caso*, tenham razão ou às quais se conceda sempre a razão. "Em todos os casos" significa: sem levar em conta as condições do sistema. Tal posição especial do Grande Líder do partido etc. eliminaria a distinção entre codificação e programação. Pode

---

105. Para reflexões paralelas sobre o sistema educacional e os pedagogos, cf. Niklas Luhmann/Karl Eberhard Schorr, "Strukturelle Bedingungen von Reformpädagogik: Soziologische Analysen zur Pädagogik der Moderne", *Zeitschrift für Pädagogik* 34 (1988), p. 463-88.

haver direitos especiais condicionais, direitos de emergência condicionados, direitos de exceção condicionados. O que não pode haver é um direito incondicionado de autoexceção, pois, para tal "direito", não poderia se decidir se seria o caso de situá-lo no sistema ou fora dele.

Em outras palavras: a autonomia não pode ser entendida como arbitrariedade; ela contém uma proibição da autoisenção que impede a discricionariedade e força o sistema a se submeter à lei da autoespecificação histórica.

A concepção oposta aparece com bastante frequência no contexto das polêmicas teóricas, sob a palavra-chave "decisionismo". Não obstante, a insuficiência na análise dessa posição torna-a suscetível de refutação bem fácil.

Capítulo 12

A SOCIEDADE E SEU DIREITO

I

A relação entre o sistema do direito e o sistema social é o tema deste livro. A reflexão e não reflexão dessa relação no sistema jurídico da sociedade foi o tema de um capítulo particular. Se, agora, mesmo que ao final de nossas reflexões quisermos dedicar a essa questão ainda um capítulo, o intuito não será realizar uma sumária recapitulação. A questão é que até o momento manteve-se irresoluto o problema referente a que conceito de sociedade estaria na base de nossa reflexão, e isso tem consequências para a análise das relações entre sociedade e direito. Sabemos: o direito opera na sociedade, nela se executa, desempenha uma função social e se faz diferenciado para satisfazer a essa função por sua reprodução autopoiética própria. Ou ao menos é o que diz a teoria aqui apresentada. Mas, para além disso, devemos nos perguntar sobre a maneira pela qual se deve apreender a sociedade em que isso acontece.

Uma teoria da sociedade suficiente para esse propósito até o momento não existe. A chamada teoria crítica e, em particular, o movimento dos estudos críticos legais têm contribuído com algumas ideias, mas a elaboração destas acabou por conduzir a simplificações insustentáveis, destinadas a poder sustentar a visão de uma sociedade alternativa. Aqui não nos deteremos em comentar mais a respeito, pois o que nos interessa de modo primordial é, ainda, a questão de se a teoria pode descrever a sociedade moderna, que é também o problema de onde devem partir também os que a desejem modificar, total ou parcialmente.

De nossa parte, simplificamos a tarefa ao tomar como ponto de partida uma modificação do paradigma condutor da teoria dos sistemas. Se se compreende a sociedade como sistema que abarca todas as operações sociais (independentemente de como sejam concebidas), a teoria, já clássica em nossos dias, dos sistemas abertos, considera a sociedade um sistema aberto, adaptativo, com autorregulações internas (por exemplo, cibernéticas)[1]. Os enunciados teórico-evolucionistas conduziram, então, a que se aceitasse uma adaptação cada vez melhor da sociedade a seu ambiente, representado, por exemplo, por um uso sempre aperfeiçoado dos recursos naturais para a melhoria das condições de vida (e hoje quase não mais se pode dizer "a perfeição moral") dos homens. Os progressos da ciência e da técnica, a produção orientada para o mercado, mas também a melhor adaptação da política às opiniões individuais das pessoas graças à democracia, pareceriam ser a comprovação de tal indício, que teria de ser complementada pelo planejamento. Porém, hoje, ainda se lê: "Claramente, a sociedade é um sistema aberto que procura atingir um estado

---

1. Cf., por exemplo, para perspectivas futuras e com exigências de melhor adaptação (adaptação ativa, planejamento adaptativo), Fred Emery, *Futures we are in*, Leiden, 1977.

estacionário por meio de um processo de adaptação progressiva ao seu ambiente"[2].

Partindo desse conceito de sociedade, o direito se apresenta como um mecanismo regulador a serviço da adaptação da sociedade a seu ambiente; mas isso de uma posição secundária, uma vez que a própria sociedade (precisamente pelos preços de mercado, pelas consultas democráticas, pelas investigações "empíricas"), por si só, já garanta a adaptação a seu ambiente. Pode-se evocar a ideia cibernética de um "sistema pós-conectado", que torna a regular a sociedade em caso de perturbações[3] ou representar o direito, como fazem os antropólogos, como uma segunda institucionalização das instituições já existentes, ao modo de uma "reinstitucionalização em outro nível"[4]. O direito pode ser então entendido como uma máquina cibernética dentro de uma máquina cibernética, como uma máquina programada para manter constantes

---

2. Essas palavras foram escritas com a pena ou com o computador de um sociólogo, que reprova o escasso interesse da teoria da reprodução autopoiética pelas questões empíricas, mas se coloca a si mesmo claramente em flagrante contradição com fatos empíricos realmente evidentes. A citação é de William M. Evan, *Social Structure and Law: Theoretical and Empirical Perspectives*, Newbury Park, 1990, p. 219.

3. Cf., por exemplo, Ottmar Ballweg, *Rechtswissenschaft und Jurisprudenz*, Basel, 1970.

4. Segundo Paul Bohannan, "Law and Legal Institutions", *International Encyclopedia of the Social Sciences* vol. 9, Chicago, 1968, p. 73-8 (75). Na sequência, fala-se então de uma dupla institucionalização. Do mesmo autor, cf. "The Differing Realms of the Law", *American Anthropologist* 67/7 (1965), p. 33-42. Crítico a respeito se mostra Stanley Diamond, "The Rule of Law Versus the Order of Custom", in Robert P. Wolff (org.), *The Rule of Law*, Nova York, 1971, p. 115-44.

determinadas condições⁵. Independentemente de como seja a execução em detalhe, o direito sustenta e confirma uma sociedade que é descrita de fora como adaptada e que só tem de se haver com conflitos internos, dos quais ou se pode fazer pouco, de um ponto de vista moral-conformista, ou afirmá-los como estrutura a partir da perspectiva da teoria crítica das classes.

Outro conceito de sociedade produz consequências bem distintas. Outros conceitos, outras distinções, outros modos de ver e de posicionar os problemas. Com base no conceito geral dos sistemas autopoiéticos, tomamos como ponto de partida o fato de que também o sistema social é um sistema operativamente fechado, que se reproduz a si mesmo e apenas com suas próprias operações. Isso equivale a dizer que também a sociedade não está em condições de se pôr em contato com seu ambiente por meio de suas próprias operações. As operações sociais, ou seja, as comunicações, não têm o sentido de possibilitar os contatos entre o sistema e o ambiente; servem unicamente para manter disponíveis as condições para a continuação das operações próprias ao sistema. Mas tampouco o ambiente pode incorporar operações de outro tipo na rede da autopoiese do sistema — como se uma transformação química ou a replicação de uma célula pudessem atuar como uma oração na concatenação da comunicação linguística. Como consequência disso, tem-se que a cognição já não pode ser conceituada como

---

5. Cf. Jay A. Sigler, An Introduction to the Legal System, Homewood Ill, 1968, e também "A Cybernetic Model of the Judicial System", *Temple Law Quarterly* 41 (1968), p. 398--428. Se considerarmos ademais, com Siegler, que o *output* do sistema pode se converter em *input* do mesmo sistema, nós nos encontraremos na transição para uma teoria dos sistemas operativamente fechados.

representação e evolução, nem como aperfeiçoamento da capacidade de adaptação (ou mesmo da própria adaptação) dos sistemas[6].

Partindo daí, a sociedade já não pode ser descrita no sentido da antiga teoria dos sistemas, como um sistema capaz de adaptação[7]. Na verdade, a comunicação se dá *através* de seu ambiente, mas *não com* seu ambiente. Sendo assim, encontra-se limitada a suas próprias operações, e na geração de outras operações de enlace só pode se apoiar na realidade delas. Até onde é possível, ela o faz com o grau de complexidade que deve a suas próprias operações[8]. Seu ambiente pode irritá-la ou mesmo destruí-la, mas não pode determinar o curso que a comunicação deve seguir. "Podemos fazer qualquer coisa que não se oponha ao mundo", formula Ernst von Glaserfeld[9], mas com isso está-se afirmando que não sabemos o que se opõe ao mundo. Tudo

---

6. Para essa crítica paralela à representação e à adaptação como modos de comportamento dos sistemas, cf. Francisco J. Varela, "Living Ways of Sense-Making: A Middle Path for Neuro-Science, in Paisley Livingston" (org.), *Disorder and Order: Proceedings of the Stanford International Symposium* (Set. 14-6, 1981), Stanford, 1984, p. 208-24 (220).

7. Existem muitas outras razões, ainda que nenhuma seja mais radical do que esta, para a adoção de uma atitude cética diante do adaptacionismo — mesmo na biologia. Cf., por exemplo, Stephen J. Gould, Darwinism and the Expansion of Evolutionary Theory, *Science*, 216 (1982), p. 380-7; Richard M. Burian, "Adaptation", in Marjorie Green (org.), *Dimensions of Darwinism*, Cambridge Engl., 1984, p. 287-314. Sobre se Darwin seria "originalmente" adaptacionista, é investigação que muito bem se pode deixar a cargo da pesquisa histórica especializada. Também na sociologia há vozes que tomam a devida distância do caso, mesmo se opondo, de modo geral, à teoria dos sistemas. Cf., por exemplo, Anthony Giddens, *The Constitution of Society: Outline of the Theory of Structuration*, Berkeley Cal., 1984, p. 233 ss.

8. Assim, ao mesmo tempo se afirma que também a construção de complexidade (como, na biologia, a reprodução polimorfa da vida, a diversidade das espécies) não pode ser entendida como uma melhor adaptação ao ambiente.

9. Nas "Siegener Gespräche über Radikalen Konstruktivismus", in Siegried J. Schmidt (org.), *Der Diskurs des Radikalen Konstruktivismus*, Frankfurt, 1987, p. 401-40.

o que sabemos é resultado de comunicação acerca do mundo.

Mas isso exige também uma série de correções de nossa compreensão do futuro. A autopoiese não é nenhuma garantia de existência, muito menos um conceito de progresso. O conceito pertence a um contexto mais amplo, com a teoria da catástrofe ou do caos. A invenção singular da vida evolutiva demonstrou ser espantosamente estável no curso de milhões de anos, e isso sob condições ambientais muito distintas. A pergunta se tal será válido também para o descobrimento singular da comunicação plena de sentido não encontra resposta. Em todo caso, o conceito teórico não exclui destruições de grandes dimensões nem regressões catastróficas ou perdas de complexidade — e, na verdade, fala-se de uma catástrofe que poderia eliminar todo e qualquer sinal de vida no globo terrestre[10]. No entanto, ao mesmo tempo se acentuam a dinâmica própria e a capacidade de uma rápida variação estrutural. Em resumo, essa teoria, mais do que a antiga teoria dos sistemas, admite experiências resultantes do perigo ecológico reconhecível, de seu caráter não prognosticável e das estruturas temporais específicas da sociedade moderna. Assim o futuro, no presente, surge como um risco.

Que consequências tem tudo isso para a compreensão do papel do direito na sociedade moderna?

Como diversas vezes já ressaltamos[11], é necessário supor a possibilidade de conformar outros sistemas autopoiéticos no

---

10. Sobre conceitos teóricos, cf. Walter Bühl, *Sozialer Wandel im Ungleichgewicht*, Stuttgart, 1990.

11. Cf. Capítulo 1, V.

interior dos sistemas autopoiéticos[12]. É evidente que o sistema jurídico opera dentro do sistema da sociedade. Mas, com cada operação de suas operações próprias, ele realiza a autopoiese do sistema jurídico ao renovar a comunicação e delimitá-la em relação a todo o restante. Mas também o sistema do direito realiza a sua própria autopoiese ao seguir única e exclusivamente o código jurídico ou não seguir código algum, delimitando-se, assim, em relação ao ambiente interno da sociedade. Os processos de diferenciação fazem as vezes de condições para diferenciações, e os sistemas se convertem em outros sistemas quando outras diferenciações são evolucionariamente bem-sucedidas. Tudo isso, e é o que implica o conceito de autopoiese, pode ser alcançado com base nos resultados próprios do fechamento operativo, e não na forma de uma decomposição de um todo em partes[13].

Poder-se-ia dizer que a sociedade tolera tais processos de diferenciação quando eles mantêm uma referência funcional com problemas do sistema social. Os enunciados relativos à função do direito não devem ser modificados como estabi-

---

12. Uma crítica a respeito encontra-se em Jürgen Habermas, *Faktizität und Geltung: Beiträge zur Diskurstheorie des Rechts und des demokratischen Rechtsstaats*, Frankfurt, 1992, p. 73 ss. Porém, Habermas parece reconhecer que com autopoiese trata-se da reprodução da *diferença* entre sistema e ambiente. Quando isso é levado em conta, teoricamente não se está a excluir que as operações comunicativas reproduzam o limite externo da sociedade (em relação à não comunicação) e o limite socialmente interno entre comunicações juridicamente codificadas e outras comunicações. Aliás, não conheço nenhuma outra construção teórica que procure dar conta tanto da autonomia do direito como do pertencimento do direito à sociedade. A solução corrente, que se vale do conceito de "autonomia relativa", não pode ser nem teórica, nem empiricamente satisfatória, pois ela, de modo algum, discrimina.

13. Tampouco como no caso de Parsons, como desdobramento do conceito (!) de ação em componentes cada vez mais independentes.

lização sistêmica das expectativas normativas (contrafactuais)[14]. Tais enunciados servem, pelo contrário, como constantes com as quais podem se fazer visíveis as consequências para se entender a sociedade como um sistema social operativamente fechado. Recordemos: na distinção entre expectativas cognitivas e expectativas normativas, o problema era se e em que medida a sociedade podia se instituir como dotada de disposição para aprender, e sobre como ela poderia adaptar suas expectativas às constantes frustrações; em outras palavras: em que medida a estabilidade estrutural se dava somente nos limites da capacidade de se reconhecerem as consequências de impulsos de aprendizagem ou em que medida deviam ser acrescentadas expectativas normativas que se mostram explicitamente pouco afeitas ao aprendizado. Para uma teoria dos sistemas fechados em sua operação, isso se apresenta como problema puramente interno. Não há nenhuma transferência de informações do ambiente para o sistema. O sistema reage unicamente a estados e condições próprios e, evidentemente, com uma distinção de uso interno entre sistema e ambiente, ou seja, com uma bifurcação de atribuições causais. A questão é: quais são os arranjos estruturais que aumentam ou debilitam a irritabilidade do sistema, entendendo-se aqui irritabilidade como um estado próprio e dependente do sistema.

À primeira vista tende-se a privilegiar as expectativas

---

[14]. Karl-Heinz Ladeur também parece aceitá-lo ao afirmar: "A função do direito consiste em possibilitar a constituição de expectativas numa sociedade que cada vez mais se converte num problema para si mesma" — assim em "Gesetzinterpretation, ‚Richterrecht' und Koventionsbildung in kognitivestischer Perspektive: Handeln unter Ungewißheitsbedingungen und richterliches Entscheiden", *Archiv für Rechts- und Sozialphilosophie* 77 (1991), p. 176-94 (176).

cognitivas, ou seja, as expectativas suscetíveis de aprendizagem. De fato, são elas que marcaram a tendência de consolidação da sociedade do mundo[15]. Contudo, hoje em dia ainda é possível ter sistemas jurídicos nacionais (mesmo em termos das ligas internacionais em que haja reconhecimento recíproco — com as reservas que impõe o ordenamento intraestatal e com relações do "direito internacional", com as reservas de uma ruptura do direito); pelo contrário, quase não é possível pensar em ciências nacionais ou em sistemas econômicos nacionais. Onde as expectativas se caracterizam como sensíveis à aprendizagem torna-se cada vez mais difícil evitar as pressões internas da sociedade, como também as pressões para uma aprendizagem ecológica. Mas o direito estaria, assim, perdendo a importância?

É pouco provável que um problema posto de forma tão geral possa receber uma resposta única. Há uma série de elementos a indicar que um mecanismo conspícuo de sustentação do direito — a expectativa normativa da expectativa normativa — perdeu importância. Já não se exige incondicionalmente (se é que isso foi feito em alguma ocasião[16]) que alguém advogue por seus próprios direitos. Todavia, para os "direitos humanos" tem-se uma conjuntura com uma espécie de programa de recuperação como nunca se viu, e mesmo as atitudes valorativas não se sustentam unicamente na forma de mera preferência de valores, isto é, como uma "despreferência"

---

15. Cf. Niklas Luhmann, "Die Weltgesellschaft", in id., *Soziologische Aufklärung* vol. 2, Opladen, 1975, p. 51-71.

16. Aqui se faria apropriada uma investigação sobre a história das mentalidades. Em todo caso, o puro e simples levantamento de "opiniões sobre o direito", "prestígio da lei" etc. pode dar mostras do estado atual.

dos não valores, mas exigem de maneira extensiva e normativa. Não se trata apenas de ter valores; deve-se tê-los e, além disso, pressupor que os outros também os tenham. A institucionalização normativa das atitudes valorativas estende-se aos programas de exigência de motivação moral. De acordo com isso, só se deve estender os valores próprios aos valores dos outros (no interesse dos pobres, dos despossuídos, dos famintos, do "Terceiro Mundo"), mas deve-se exigir também que os outros se solidarizem com esse programa de valores. No entanto, essa forma da expectativa normativa reside, em ampla medida, fora do mundo das formas jurídicas e tem orientação contrária ao direito. Lícito ou ilícito — é a humanidade que conta.

Se todas essas impressões e conjecturas se deixam confirmar por investigações empíricas, ficaria demonstrado que o direito praticado no sistema jurídico novamente se aparta do "direito vivo". Porém, aqui, "direito vivo" não seria o direito consuetudinário de grupos populacionais locais. Não seria o caso de buscar na Bukowina, mas nas subculturas ou nas atitudes daqueles jovens, hoje não mais jovens, que, ao insistir no direito de usar *jeans*, tentavam se impor contra os costumes estabelecidos.

II

O próprio sistema jurídico parece reagir ao que aparentemente se apresenta como transformação dos valores, mas que no fundo vem a ser um processo muito mais amplo, condicionado não só pela diferença entre gerações, mas de distintas maneiras. Se se toma como critério a constância da função normativa (sem a qual o direito não seria direito), delineia-se uma tendência que se poderia referir como *temporalização da validade normativa*. As normas e a validade, que em cada caso as sustenta, já não se ancoram nas constantes religiosas ou naturais ou nas de uma estrutura social inquestionada, mas são vivenciadas e tratadas como projeções temporais. Elas têm uma validade "até segunda ordem". Assim, são experimentadas como algo meramente contingente, convertendo-se também em algo cognitivamente dotado de sensibilidade. É claro que isso não significa, ao contrário do que pensam críticos da distinção cognitivo/normativo[17], que a própria distinção desmorone ou que não se sustente na pesquisa empírica. Em nenhuma instância se pode afirmar que o direito reaja a puros fatos e à mera frequência de um comportamento desviante mediante uma alteração da norma. Na verdade, não haveria nenhuma instância que estivesse autorizada a tomar tais decisões e pudesse levar a cabo os respectivos procedimentos. O que se quer dizer é tão só que as normas se encontram providas de suposições reais que podem ser evidenciadas *no próprio sistema jurídico* como erro ou resultar inadequadas como alteração das condições. Isso se evidencia, sobretudo, em face da dinâmica dos desenvolvimentos técnico e científico; em face das inovações de vital relevância no âmbito da tecnologia farmacêutica e na tecnologia dos aparelhos médicos; em face da difusão dos

---

17. Por exemplo, Richard Lempert, "The Autonomy of Law: Two Visions Compared", in Gunther Teubner (org.), *Autopoietic Law: A New Approach to Law and Society*, Berlim, 1988, p. 152-90, sobretudo p. 178 ss; Arthur J. Jacobson, "Autopoietic Law: The New Science of Niklas Luhmann", *Michigan Law Review* 87 (1989), p. 1647-89; Evan, op. cit. (1990), p. 41 s.

processos de informática, das crescentes discrepâncias entre formação educacional e a aplicabilidade profissional vitalícia em cargos protegidos de demissões; e das muitas mudanças no sistema da ciência, mas também em áreas "privadas" como a dependência de opções de carreira em relação à classe social do indivíduo.

Numa sociedade com esse tipo de dinâmica, as expectativas direcionadas ao direito se modificam. À medida que a própria sociedade aparece como a causa do que antes tinha de ser aceito como destino individual e, para todos os efeitos, convertia-se em objeto de tematização religiosa, espera-se da sociedade também prevenção, ajuda e compensação das desvantagens individuais. Por tudo isso se faz responsável o sistema político e, sobretudo, o sistema jurídico[18]. Todavia, e pela mesma razão, é cada vez mais difícil exigir "legitimidade" no sentido de uma orientação dirigida por princípios ou valores indubitáveis e que tenham também, por isso mesmo, constância temporal. Mesmo os que se aferram ao termo "legitimidade" e, consequentemente, aos fundamentos transpositivos da validade jurídica, têm limitado com o passar do tempo suas expectativas aos procedimentos; eles têm feito do problema da legitimidade um problema de procedimento[19]. Portanto, um problema temporalizado! A exemplo de todos os positivistas, também os positivistas da razão se veem obrigados a garantir o futuro

---

18. Cf., Lawewncw M Friedman, *Total Justice*, Nova York, 1985, em especial p. 45 es.

19. Cf., por exemplo, as contribuições de Klaus Eder e Karl-Heinz Lader in Dieter Grimm (org.), *Wachsende Staatsaufgaben – sinkende Steuerungsfähigkeit des Rechts*, Baden-Baden, 1990; Karl-Heinz Lader, *Postmoderne Rechtstheorie: Selbstreferenz – Selbstorganisation – Prozeduraliesirung*, Berlim, 1992; e agora também Habermas, op. cit.

exclusivamente no presente e, por isso, trabalham com a suposição de que, ao manter determinados critérios de procedimento, cedo ou tarde é preciso que apareça um razoável consenso sobre o resultado. Pode-se bem suspeitar que também essa posição é apenas provisória, que se encontra exposta à prova do tempo: ou seja, pergunta-se sobre se os procedimentos satisfazem às expectativas neles depositadas quando, efetivamente, são instituídos ou implementados, ou se aqui se tem trabalhado mais sob a suposição de possibilidades reais. Essas possibilidades, de fato, podem funcionar como "condições de laboratório", como as que foram esboçadas por Habermas, mas não podem fazê-lo na realidade objetiva, determinada tanto pela organização como pelo fator humano. Isso faz alusão a um legalismo, que já foi estritamente rechaçado, no qual, numa espécie de ficção legal, a manutenção de procedimentos jurídicos do Estado é vista como base de legitimidade.

Desse modo, e é precisamente aí que se evidencia seu caráter socialmente dependente, o direito da sociedade moderna *deve subsistir sem um futuro certo*[20]. Os parâmetros naturais, enquanto se referem à sociedade, não podem ser aceitos como algo constante (ainda que, evidentemente, possamos partir de que o sol continuará a brilhar por muito tempo); nem os valores podem ser projetados para o futuro, à medida que proporcionam instruções para a decisão, devendo, pois, funcionar como regras de colisão. Todo futuro se expõe no meio do (mais ou menos) provável e do (mais ou menos) improvável.

---

20. Isso vale, aliás, para os sistemas de signos de modo geral, ou seja, para tudo aquilo que, como signo, alcance uma inteligibilidade imediata ou uma aceitação praticamente necessária. Segundo Josef Simon, *Philosophie des Zeichens*, Berlim, 1989.

Porém, isso significa que as estimativas para o futuro podem divergir[21] e que tampouco existe uma linha geral como "história sagrada", "progresso" ou "fim do mundo" a que se pudesse se ater.

Precisamente porque assim é, e é assim que tal se torna cada vez mais irrefutável, as expectativas normativas mantêm sua importância, e também a estabilização mantém sua importância por meio do direito. Mas desse modo não se altera a condição segundo a qual a comunicação corrente tem de ser orientada dependente da capacidade de determinar quais expectativas são cobertas pelo direito e quais não são. Há também o princípio geral da proteção de confiança para casos nos quais as pessoas depositaram sua confiança no direito válido. Não há mudança em relação às exigências altamente específicas para se ter acesso ao uso do simbolismo de validade para a mudança do direito, seja na forma de contratos, seja na forma de legislação. No entanto, existe uma intensificação do problema que pode ser definida como distinção entre o futuro do presente e o presente do futuro. O direito não pode se estabilizar no tempo no sentido de que o que é válido uma vez será válido para sempre. Se se quiser confiar no direito, pode-se contar com o apoio contra resistência e desapontamentos, mas não se pode esperar que o direito se mantenha imutável. Nesse sentido chegamos a um *ius vigilantibus scriptum* [o direito foi escrito para

---

21. Aqui, pode-se fazer referência a inúmeras investigações sobre as atitudes cotidianas com relação a probabilidades, avaliações de risco etc., mas o conhecimento desse problema é quase tão antigo quanto o próprio cálculo de probabilidades. Jean Paul já sabia que "o coração humano [...] nas questões relativas ao acaso próprio *calcula*, em oposição ao cálculo de probabilidades" (Siebenkäs, Capítulo 7, citado segundo Jean Paul, *Werke*, vol. 2, Munique, p. 226 s.). Esperanças e temores demonstram ser mais fortes.

os sempre vigilantes] mais amplo. Quem casa deve contar com a possível modificação tanto do direito ao divórcio como da regulamentação jurídica das consequências desse direito. Quem faz um investimento de longo prazo não pode levar em conta que, durante o período de amortização, tanto o direito fiscal como o direito ambiental etc. se mantenham tal como quando a decisão foi tomada. É preciso também sempre apresentar uma compensação para o caso de que o direito em que se confia venha a sofrer uma alteração. E quando se apresenta uma modificação jurídica deve-se evitar não só os efeitos retroativos, como também proteger as pessoas que foram particularmente afetadas pelas disposições resultantes de mudanças no direito.

O problema, aliás, não é assim tão novo. Já foi debatido dos pontos de vista do direito de expropriação, quando se inquiriu, por exemplo, se aquele que construiu um posto de gasolina em uma via bastante movimentada pode exigir indenização se vier a ser invertido o sentido do fluxo daquela via. Em nossos dias, tais problemas seriam apenas agravados, podendo aparecer, sobretudo, nos casos em que sejam postas em questão não disposições objetivas, mas disposições legais. O problema fica mais evidente quando a mudança do direito não ocorre mediante uma legislação, que poderia então ser acatada, mas por meio de administração da justiça das instâncias mais altas que passem a servir como orientação, com poucas — ou, em todo caso, ambíguas — possibilidades compreensíveis de incorporar essas questões na decisão dos casos particulares.

Assim, a comunicação está obrigada — e nesse sentido se dão essas ponderações — a considerar em maior medida o *risco próprio do direito*. Os problemas de risco não surgem em razão de o direito julgar o comportamento de risco como algo em conformidade com o direito ou contrário a ele. É claro que esta última circunstância vem a ser também um problema que em muitos âmbitos conduziu, como deve ainda fazê-lo, a mudanças no direito. Cada vez mais se trata aqui de vincular a esfera que vai da responsabilidade até a obrigação relativa às possibilidades de controle de risco, formando-se assim um contrapeso à ilusão do controle tão característica aos que tomam decisões. No entanto, um problema que vai mais além disso é saber se e de que modo o direito pode aceitar seu próprio risco. Tal pergunta encontra-se diretamente relacionada à diferenciação, ao fechamento operativo e à especificação do sistema jurídico. Quanto a isso, o sistema se constitui numa imagem que reflete o sistema social: o direito é arriscado porque a sociedade é arriscada. Ou, em termos mais precisos, o direito encontra-se obrigado a observar-se e a descrever-se como algo arriscado pura e simplesmente porque isso, enquanto tal, vale para a sociedade.

No modelo da teoria dos sistemas, a fórmula de risco assume o lugar da fórmula de adaptação, tanto no nível do sistema da sociedade em sua totalidade como no de seus sistemas funcionais. As consequências de décadas de uma política de bem-estar contribuíram para codeterminar a deriva estrutural do sistema do direito. Essas consequências se inscrevem no próprio sistema do direito e se evidenciam tanto na indeterminação das tarefas legislativas como nas medidas impositivas do ativismo judicial (sobretudo na jurisprudência constitucional) nas valorações sociais consideradas plausíveis. De modo geral, fez-se aumentar o uso das presumidas consequências como critério para decisões jurídicas. No entanto, isso não teve como efeito uma adaptação do sistema a seu ambiente social, muito menos um apoio à adaptação do sistema social a seu ambiente — por exemplo, no sentido de uma maior satisfação das pessoas com a sociedade. O que se teve, muito mais, foram discrepâncias maiores entre pretensões e realizações e, ao mesmo tempo, decepções no que diz respeito a esperanças politicamente exacerbadas[22]. Com sua produção de bens de consumo de massa orientada para o mercado, é provável que a economia tenha feito mais para compensar as desigualdades do que um direito politicamente pressionado nessa direção.

Tudo isso incide agora na perspectiva de uma elevada instabilidade temporal da disposição normativa. O direito não pode garantir segurança quando a própria sociedade compreende seu futuro como um risco que depende de decisões. No sistema do direito os riscos adquirem uma forma especificamente jurídica. Em perspectivas heteronomamente diferentes, isto é, referidas aos interesses, o risco imanente à conduta decisional e o perigo que advém daí são problemas do direito por excelência. Em uma perspectiva autorreferencial, que, portanto, refere-se a conceitos, o direito encontra-se obrigado a refletir sobre seu próprio risco. Mas isso não significa pura e simplesmente

---

22. As decepções quanto a esse aspecto têm sido objeto de intensa reflexão em nossos dias. Como um exemplo entre muitos, cf. Marc Galanter, "Why the 'Haves' Come out Ahead: Speculations on the Limits of Legal Change", *Law and Society Review* 9 (1974), p. 95--160. Nesse contexto, é especialmente notável que a sociologia do direito se interesse de maneira prática somente pelo direito dos pobres — como se essa desigualdade de condições jurídicas pudesse ser compensada por meio da investigação (pensamento que é espantosamente antirrealista para os sociólogos). Sobre isso, cf. o levantamento feito por Maureen Cain, "Rich Man's Law or Poor Man's Law?", *British Journal of Law and Society* 2 (1975), p. 61-6.

aceitar como fato a sua própria não confiabilidade, mas, muito mais, de encontrar formas jurídicas que se mostrem compatíveis, do ponto de vista do risco e do perigo, com a autopoiese do sistema do direito, sua função específica e a peculiaridade de seu código.

De uma perspectiva realista, é claro que um desenvolvimento desse tipo não pode ser implementado pela via de um planejamento total com base em novos princípios, tampouco, é claro, na forma de uma codificação do direito já certificado. Evidencia-se aqui a elaboração de problemas particulares, um modo de procedimento pelo "incremento" que, estreitamente dependente do acaso e de uma forma que tende à assistematicidade, intenta resolver os problemas à medida que se imponham, quer se devam a impulsos políticos ou à administração da justiça. Se algum dia se chegar a ter conceitos jurídicos adequados à sociedade[23], tal o será pela via da tentativa e erro aplicada às soluções de problemas, que nos levarão ao descobrimento dos possíveis valores próprios do sistema jurídico da sociedade moderna.

Porém, poderia bem fazer sentido a omissão de princípios, e servimo-nos do plano de discussão da teoria do direito a fim de introduzir uma consideração mais vigorosa da dimensão temporal na autodescrição do sistema do direito. Podemos, então, mais uma vez, resumir os principais resultados das investigações anteriores desse ponto de vista:

1. A função do direito como estabilização normativa

---

23. Com relação a essa perspectiva, cf. Niklas Luhmann, *Rechtssystem und Rechtsdogmatik*, Stuttgart, 1974, p. 49 ss.

de expectativas de conduta pode ser referida ao problema geral dos custos sociais dos vínculos temporais, sem que essa referência tenha, ela própria, de aparecer nos textos normativos, e, assim, sem que tenha de perturbar sua interpretação. Mas só podemos nos acercar das raízes do problema discutido nos textos normativos quando vemos que toda a extensão temporal das expectativas constitui uma carga para quem tiver seu futuro restringido por ela. Nesse caso, então, não constituiria um risco geral, inerente à fundamentação de todo direito, tratarmos de fazer que um infrator seja um infrator, ainda que situações e motivos não possam ser previstos?

2. Convertemos o conceito de validade jurídica e convertemo-lo de algo estático e relativamente invariável em algo dinâmico. A validade do direito faz as vezes de símbolo circulante, com o qual o sistema do direito marca momentaneamente seu próprio estado, do qual inevitavelmente se tem de partir, se é que, em um ou outro aspecto, deve-se alterar o fundamento da validade. Desse modo, expande-se também o conceito de validade do direito. Como ponto de partida, podemos considerar as situações jurídicas, enquanto não se alterem; podemos mesmo com boas razões, pois elas podem se alterar, ainda que até agora evidentemente não tenha havido motivo para tal. As condições de modificação poderiam gerar uma pressão excessiva, capaz de, em última instância, abrir caminho com violência. Os ensinamentos das revoluções se orientam no sentido de uma positivação do direito e da democracia política.

3. Além disso, também o critério de decisão da avaliação de consequências transfere validade jurídica ao tempo e, na verdade, torna a fazê-lo — para o futuro. Isso vale em duplo

sentido, um deles, como suposição da constância de valorações, e o outro, tendo em vista a probabilidade/improbabilidade da materialização das consequências. Nessa perspectiva, o sistema jurídico padece da ausência de uma consciência de risco. A razão para isso pode estar no fato de existir, de modo geral, um menosprezo pelos problemas cronológicos; mas também poderia ser o caso de os textos de decisão dos juristas não oferecerem oportunidade alguma de expressar insegurança e uma consciência de risco, o jurista tendo aprendido a produzir tão somente as informações necessárias para a justificação de suas decisões. Assim, seria tanto mais aconselhável não fazer exigências excessivas à probabilidade das consequências no plano dos programas de decisão, pois assim o sistema jurídico assume riscos, para cuja avaliação ele não tem nem métodos, nem procedimentos à disposição.

4. Em última instância, tudo isso tem consequências para a compreensão da peculiar racionalidade do direito. No próprio sistema jurídico, tradicionalmente se pensa racionalidade como racionalidade do legislador[24]; porém, hoje se tende a pensar mais como racionalidade, e racionalidade como possibilidade de fundamentação de decisões[25] — seja com referência a princípios (Dworkin), à inteligibilidade cultural (Parsons),

---

[24]. Cf. a discussão sobre essas premissas com indicações para a literatura pertinente em François Ost/Michel van de Kerchove, *Jalons pour une théorie critique du droit*, Bruxelas, 1987, p. 116 ss. Ost e Van de Kerchove tratam essa premissa como um obstáculo epistemológico (Bachelard) da investigação da crítica jurídica posterior.

[25]. Assim — como representativa da opinião geral —, Heino Garrn, *Zur rationalität rechtlicher Entscheidungen*, Stuttgart, 1986. Será discutida a insuficiência das teorias fundacionistas puramente lógicas, axiomático-dedutivas, em face dos problemas de interpretação "abertos".

ou seja com referência, por fim, a um consenso estabelecido sem coações (Habermas). Isso deixa aberta a questão da determinação do que ocorrerá após a fundamentação (independentemente do quanto seja plausível). Se se incluir a dimensão temporal, assomar-se-ão as vantagens da temporalização da complexidade[26] ao mesmo tempo que a racionalidade é entendida como multiplicação das possibilidades restringidas, como ampliação da margem de manobra de decisão com aumento das limitações decisionais dependentes do tempo.

Essas elucidações deixam clara a razão pela qual o sistema jurídico se encontra impedido de dar a expressão adequada ao risco próprio nos textos normativos. Sua função normativa corresponde à pretensão de segurança da fundamentação da decisão. Os textos normativos devem ser utilizáveis em concordância com essa função hermenêutica, e com essa função devem ser interpretativamente valoráveis. E todos os resultados da reflexão do sistema do direito encontram-se atrelados aos textos normativos. Assim, o risco próprio "se externaliza". Isso é algo que pode ser observado por uma descrição externa – mas não pode ser reprovado.

No entanto, pode-se imaginar o plano de abstração da "teoria" como um mecanismo de acoplamento estrutural, que conecta os resultados da reflexão do sistema jurídico, que aqui recebem o nome de "teoria jurídica", com os resultados teóricos do sistema da ciência. Disso resulta, para o sistema da ciência, a irritante experiência segundo a qual o sistema jurídico trabalha

---

26. A esse respeito, cf. Niklas Luhmann, "Temporalisierung von Komplexität: Zur Semantik neuzeitlicher Zeitbegriffe", in id., *Gesellschaftsstruktur und Semantik*, vol. I, Frankfurt, 1990, p. 235-313.

com uma dinâmica própria e, em todo caso, não o faz no sentido de uma "ciência aplicada" (independentemente de como se possa encarar a ciência do direito em tradições de pensamento especificamente alemãs). No sistema da ciência, esse problema é abordado pela teoria dos sistemas autopoiéticos, ou, mais precisamente, a descrição da diferenciação funcional da sociedade moderna como liberação dos sistemas funcionais para uma autorreprodução autônoma, autopoiética. O fato de existirem sistemas que observam e descrevem a si mesmos restringe (se é que não se pode contestar e refutar no plano empírico) as possibilidades teóricas do sistema da ciência. É precisamente por isso que uma teoria sociológica que persiga a realização de suas próprias ambições na dissecção de uma teoria da sociedade moderna não pode esperar que seus resultados sejam registrados como juridicamente relevantes ou, em certo sentido, como fundamentos do direito vigente. De modo semelhante, a teoria sociológica e suas abordagens derivadas de um sistema específico funcionalmente diferenciado não contribuem com nenhum conhecimento útil para as autodescrições do sistema do direito, que têm de ser baseadas nas normas do direito válido; mas, possivelmente, contribui com irritações, pois se poderia pensar que o próprio sistema do direito, após o colapso dos fundamentos jusnaturalistas, transcendentais ou lógico-axiomáticos, tivesse a possibilidade de estar interessado na busca de diretrizes da teoria social.

III

Se vemos o sistema do direito como arte e modo de introduzir e vincular um futuro aberto à sociedade, podemos entendê-lo também como o "sistema imunológico" da sociedade. Assim como no caso da autopoiese (e em estreita relação com ela), também aqui se trata de um fato descoberto em primeiro lugar pela biologia, mas cujo significado é muito mais geral. Portanto, nossa argumentação não se dá por analogia, tampouco utilizamos o conceito de maneira puramente metafórica. Trata-se mais de um problema de caráter bastante geral e característico dos sistemas que sustentam a construção de sua própria complexidade numa redução da complexidade do ambiente, na forma de um fechamento operativo e de um acoplamento estrutural. Sempre que isso acontece, um sistema se vê incapaz de amparar sua defesa diante das perturbações, numa probabilidade da perturbação. Ele não pode dispor ponto por ponto de remédios, uma vez que isso, em proporção intolerável, viria a espelhar no sistema a complexidade do ambiente. As relações ponto por ponto entre sistema e ambiente não se fazem possíveis nem positiva, nem negativamente, já que isso reduziria a diferença entre sistema e ambiente a uma relação de espelhamento. Em resumo, o sistema imunológico compensa a falta de uma variedade de requisitos[27].

O sistema imunológico não demanda conhecimento do ambiente. Ele apenas registra conflitos internos e elabora

---

27. No sentido de W. Ross Ashby, *An Introduction to Cybernetics*, Londres, 1956. Cf. também, do mesmo autor, "Requisite Variety and Its Implications for the Control of Complex Systems", *Cybernetica* 1 (1958), p. 83-99.

soluções passíveis de serem generalizadas, ou seja, soluções com capacidade excedente para casos futuros. Em vez de investigar o ambiente, o que esse sistema faz é generalizar experiências consigo mesmo, que lhe servem como sinais das fontes de perturbação remanescentes e desconhecidas. Desse modo, o sistema se ampara em acoplamentos estruturais específicos e altamente seletivos, que lhe permitem se omitir quanto a todos os demais, com a possibilidade — que não deve ser excluída — de a perturbação ter lugar na forma de destruição — como fim do mundo. Só mesmo no âmbito (que, se visto de maneira global, é bastante estreito) dos acoplamentos estruturais um sistema imunológico autônomo se desenvolve para a intercepção e neutralização de perturbações não previstas. A sociedade como sistema de comunicação depende da consciência cooperativa, e em casos normais a consciência acompanha a comunicação, toma-a por verdadeira, provoca a colaboração sensório-motora equivalente por parte do organismo, recorda suficientemente o comunicado ou supõe, para efeitos de comunicação, que outros dele se recordem. Em todo caso, é completamente normal que assim sejam emitidas expressões que contradigam expectativas pressupostas ou (e isso já será mais delicado) já manifestadas. Tais casos, de importância mínima, convertem-se em perturbação da comunicação quando não se responde a um "não" com uma contranegação, pois isso traz consigo a tentação a permanecer na negação e reforçar o "não" de ambas as partes por meio da comunicação. Em tais casos, falamos de conflito[28]

---

28. Cf., com mais detalhes, Niklas Luhmann, *Konflikt und Recht*, in id., *Ausdifferenzierung des Rechts: Beiträge zur Rechtssoziologie und Rechtstheorie,* Frankfurt, 1981, p. 92-112; id., *Soziale Systeme*, op. cit., p. 488 ss.

(outra palavra possível seria "disputa"). Assim, conflitos são sempre sistemas na sociedade, sistemas parasitários que dependem de a sociedade ter estabelecido estruturas (expectativas) e poder continuar sua autopoiese em conformidade com essas estruturas, mas também de maneira inovadora e, em última instância, também na forma de conflitos. Mas não existem conflitos contra a sociedade e nenhuma disputa com ela[29].

O sistema imunológico não se presta à correção de erros, mas ao enfraquecimento de riscos estruturais. Ele não segue o ideal de uma prática razoável, livre de calamidades. Sua função não é eliminar falsas concepções a respeito do que é lícito, pois nesse caso a tarefa, de pronto, seria executada (sem importar os critérios). O sistema imunológico permite ao sistema social fazer frente ao risco estruturalmente determinado de uma contínua reprodução de conflitos. A necessidade de um sistema imunológico não é consequência de uma inadequada adaptação com o ambiente, mas de uma consequência da recusa à adaptação.

E também isso se encontra em consonância na teoria do sistema imunológico: o direito aprende por ocasião dos conflitos. Sem conflitos ele não surgiria, ou então não se renovaria e seria esquecido. Ao se falar de conflitos também se pode tratar de conflitos provocados pelo direito — como os conflitos por ocasião de regulamentações estatais. De qualquer modo, o direito não provém da natureza das coisas ou da natureza das

---

29. Para citar mais uma vez a teoria rival, não se trata de uma descrição da situação dos indivíduos participantes — assim como a biologia elabora e desenvolve sua imunologia na forma de uma descrição do estado das células participantes. Cf. N. M. Vaz/F.J. Varela, "Self and Non-Sense: An Organism-centered Approach to Immunology", *Medical Hypotheses* 4 (1978), p. 231-67.

pessoas, como antes se entendia, mas surge e se desenvolve da busca de soluções para conflitos, contanto que essas soluções não sucedam *ad hoc* (incluindo o uso da violência), mas sejam válidas para mais de um caso. A resposta imunológica se utiliza de efeitos de vinculação temporal de regras normativas. Desse modo, a formação de regras é uma espécie de criação de anticorpos, com uma especificidade obtida de maneira casuística. Quando o sistema imunológico da sociedade não é aproveitado, ele também não aprende nem constrói os dispositivos apropriados para os casos de perturbação. O sistema imunológico armazena, assim também podemos expressá-lo, uma história própria ao sistema; mas ele não adapta o sistema a seu ambiente. Não há nenhuma "semelhança" entre motivos e defesa. Pelo contrário: a regra jurídica não constitui um conflito. E se ela se constitui motivo para outros conflitos, que não sejam bastante característicos para o caso do sistema jurídico, surgem novas regras ou, ao menos, novas interpretações, textualmente fixadas, dessas regras.

Uma imunologia jurídica desenvolvida pressupõe o fechamento e a reprodução autopoiética do sistema imunológico. Só assim torna-se compreensível que se chegue a um desenvolvimento sempre histórico, autorregulativo e, ao mesmo tempo, em forma de cascata no interior desse sistema imunológico[30]. Entre outras coisas, em razão desse fechamento necessário e também a fim de evitar uma autoagressão excessiva do sistema, faz-se importante uma diferenciação entre direito e política. Outros pressupostos teóricos teriam de conduzir à conclusão de

---

30. Para uma representação biológica paralela, cf. novamente Vaz/Varela, op. cit. (1978).

que a resposta imunológica se perde no ambiente circundante, e isso significaria que o sistema não pode aprender de si mesmo. Não é necessário, mais uma vez, ressaltar que isso não exclui relações causais entre sistema e ambiente (direito e sociedade e seu ambiente), mas as pressupõe.

IV

No contexto social da sociedade e do direito, sob condições modernas aparecem tensões até agora pouco analisadas e ainda menos compreendidas. Talvez o problema mais importante esteja nas exigências cada vez maiores de uma autorrealização individual, diante das quais parecem fracassar os meios de formação clássicos, liberais. Fica cada vez mais claro que se pode obedecer a qualquer lei, mas não se pode obedecer a todas elas. As violações do direito convertem-se em algo necessário à vida, se vida deve significar viver segundo a autodeterminação individual. Assim, de modo algum se trata do problema clássico do inevitável desconhecimento do direito. Práticas como a sonegação fiscal e o trabalho ilegal indicam que as coisas não funcionam sem violações ao direito — certamente, isso não vale para todo indivíduo (já que nem todos trabalham ou têm de pagar impostos), mas para muitos deles. Setores destacados da economia entrariam em colapso se o direito fosse ali implementado. Sobretudo, porém, inúmeras possibilidades que conferem sentido à vida individual seriam cortadas caso a burocracia conseguisse impor seu programa de implementação jurídica. Sem o trabalho clandestino, locatários não conseguiriam cumprir com suas obrigações para com os inquilinos; sem contrabando, haveria milhares de desocupados nas cidades costeiras da Itália; sem "compra de votos", praticamente não haveria participação eleitoral no ambiente rural ou nas favelas da Tailândia[31]. Como bem se sabe, a observância do direito serve aos sindicatos como programa de greve, ao mesmo tempo que a sua violação nas organizações não raro é a única conduta trabalhista provida de sentido[32]. Uma maior eficácia quanto à perseguição legal criaria dificuldades nas prisões[33], ainda que a polícia, bem como uma série de atividades profissionais terapêuticas, se depare com o problema de que a estrita observação do direito restringe radicalmente a sua eficácia, podendo até conduzir à desculpa da inatividade. O "direito de graça", na prática, não é exercido pelo chefe de Estado, mas pela polícia. O direito tem a capacidade de retardar operações importantes e fazê-lo de modo tal que já não seja possível distingui-las de um estado de estagnação. Mas sobretudo o individualismo (emancipação, autorrealização etc.), que é objeto de tão alta valoração pela semântica social, tornar-se-ia insustentável se fosse esperada uma observação irrestrita do direito. E ainda não mencionamos as destrutivas consequências secundárias para o indivíduo, sobretudo o desânimo e a autoexclusão de esferas de atividade de forte motivação, que surgiriam como consequência da estrita observação do direito.

---

31. A esse respeito cf., em especial, Ananya Bhuckongkul, Vote-Buying: More Than a "Sale", *Bangkok Post* de 23 fev. 1992, p. 8.

32. Cf., na condição de um conhecido estudo de caso, Joseph Bensmann/Israel Gerver, "Crime and Punishment in the Factory: The Function of Deviance in Maintaining the Social Sytem", *American Sociological Review* 28 (1963), p. 558-93.

33. Comparar Heinrich Popitz, *Über die Präventivwirkung des Nichtwissens: Dunkelziffer, Norm und Strafe*, Tübingen, 1968.

No entanto, não se deve supervalorizar esse argumento. Evidentemente, não queremos dizer que hoje em dia só mesmo como criminosos podemos ter chance na vida. Não raro se faz útil uma "interpretação ativa" e, também, uma identificação com ideias jurídicas "defensáveis", ainda que não sejam "dominantes". Mas deve-se atentar mais para o fato de que objetivos de perfeição socialmente complacentes no âmbito dos indivíduos, mesmo que também no âmbito dos sistemas funcionais (incluindo o próprio direito), já não podem ser alcançados sem uma ruptura do direito. Em outras palavras, a sociedade também se serve do direito para se refutar a si mesma.

Já mencionamos que esse problema não só não pode ser resolvido, como sequer pode ser adequadamente compreendido com os meios clássicos da teoria liberal do direito. A forma jurídica dos "direitos subjetivos" como instrumento de liberação da arbitrariedade no direito não basta como corretivo, e isso tampouco se dá quando em nossas considerações inclui-se a circunstância que permite, a quem possui a razão de direito, aceitar violações a seus direitos. A determinação da função do direito, como instrumento da garantia da liberdade, a exemplo de todas as determinações de função, quase não tem valor interpretativo. Isso vale também para os direitos humanos, dos quais nos ocuparemos em seguida e que, de resto, não podem ser postos à disposição do indivíduo, que tampouco pode compreendê-los como direitos subjetivos. Os direitos humanos são, sabidamente, resultado do individualismo moderno, mas a desobediência ao direito é resultado igualmente importante.

Se se prestasse atenção a essa problemática, viria à luz um importante motivo para diferenças regionais. O lado positivo do direito, portanto, a distinção nas normas e modos de interpretação entre as "culturas jurídicas" particulares, mostra-se insuficiente para um estudo sociológico e comparativo do direito. Ao menos para a sociologia, é no problema das violações ao direito estruturalmente induzidas que se encontra o maior valor informativo. Essas infrações ao direito têm, precisamente na sociedade moderna, a sua própria lógica como indicadores de relações sociais diversificadas — para problemas do Estado de bem-estar, para problemas da dependência das organizações, de dependência inflacionária das economias regionais ou da aparentemente crescente falta de motivação social dos indivíduos.

Essa mudança de orientação em favor da inclusão que inclui as transgressões autoinduzidas do direito é algo que se encontra implícito já na ideia de que o direito tem de ser identificado por sua codificação binária (em vez de sê-lo pelo próprio estado de perfeição). Mas, tendo em vista essa disseminação fenomenal das violações ao direito e suas diversidades regionais, dificilmente se poderia falar num sistema jurídico unitário e mundial como sistema funcional da sociedade mundial. Atentaremos para esse aspecto na seção a seguir.

V

Seja qual for o conceito de sociedade que se queira utilizar, podendo ser o conceito tradicional de autarquia, isto é, de autarquia nas condições necessárias para uma vida perfeita (feliz) dos seres humanos, ou o conceito de fechamento do operar comunicativo, sem dúvida, os traços característicos desse conceito só se mostram com toda nitidez quando se formula uma teoria social adequada: a sociedade mundial. Enquanto não se formula suficientemente uma teoria da sociedade, esse conceito tem contornos pouco claros[34]; no entanto, isso não é motivo para se preferir o conceito, muito mais indeterminado, de um "sistema internacional", em relação ao qual não está claro nem o que deve significar "nação", nem o que se deve entender por "inter". Ainda que a maior parte dos sociólogos negue a esse sistema global o título de "sociedade"[35], mais do que nunca é impossível designar os sistemas sociais como sistemas nacionais (se é que o conceito de sistema pode aqui ser empregado)[36]. Para tanto, carece-se de qualquer critério de delimitação, o que é necessário ao se omitir as fronteiras estáveis, que para essa questão são extremamente inapropriadas.

Nem em contextos regionais, nem em contextos da sociedade mundial pode resultar decisiva a semelhança das condições de vida; se fosse assim, nem mesmo Manhattan seria uma sociedade. Para nossos propósitos, a rede recursiva da comuni-

---

34. Como ressaltou, por exemplo, Kurt Tukyka, ",Weltgesellschaft' – Unbegriff und Phantom", *Politische Viertelhajresschrift* 30 (1989), p. 503-8 em diante.

35. Cf., com especial proeminência, Talcott Parsons, *The System of Modern Societies*, Englewood Cliffs, N. J., 1971. Outros falam de "resposta a globalidades" no plano dos sistemas sociais regionais, como se o Estado de uma única sociedade mundial se anunciasse com certeza, ainda que não se o alcançasse. Cf., por exemplo, Roland Robertson/Frank Lechner, "Modernization, Globalization and the Problem of Culture in World Systems Theory", *Theory, Culture and Society* 11 (1985), p. 105-18; Margaret S. Archer, "Forword", in Martin Albrow/Elisabeth King (org.), *Globalization, Knowledge and Society*, Londres, 1990, p. 1; Roland Robertson, "Globality, Global Culture, and Images of the World Order", in Hans Haferkamp/Neil J. Smelser (org.), *Social Change and Modernity*, Berkeley Cal., 1992, p. 395-441; id., *Globalization*, Londres, 1992.

36. Porém, desse modo, tomando como ponto de partida a política, de maneira bastante decidida o faz Anthony Giddens, *The Nation-State and Violence*, Cambridge Engl., 1985; id., *The Consequences of Modernity*, Stanford Cal., 1990, p. 12 ss.

cação se faz decisiva como condição para a tradutibilidade das línguas e, ademais, para a comunicação em âmbito mundial dos meios de comunicação de massa, assim como das redes de comunicação "privadas", bem como a unidade dos esforços cognitivos no sistema da ciência — não importando quais pontos de concentração ou quais interesses especiais cultural-regionais possam vir a se constituir — e, além disso, o sistema político mundial, que insere os Estados numa dependência recíproca indissolúvel, em face de consequências ecológicas das guerras modernas com uma lógica coercitiva de prevenções e intervenções[37]. A disseminada queixa com relação à exploração pós-colonial dos países da periferia por parte das nações industriais e das teorias sob títulos como da dependência e da marginalidade são uma evidência a favor, e não em sentido contrário à sociedade mundial, independentemente da opinião que se tenha de seus conteúdos. O entretecimento mundial de todos os sistemas funcionais é algo difícil de contestar.

Tratando-se de uma diferenciação dos sistemas, a sociedade mundial encontra-se caracterizada por um primado da diferenciação funcional. Politicamente, sua economia não pode ser controlada[38], sua ciência se deixa incentivar pela economia,

---

37. Diga-se de passagem, só aqui faz sentido ver a sociedade do mundo a partir das "relações internacionais", a exemplo de John Burton, *World Society*, Cambridge Engl., 1972.

38. O que fica demonstrado assim é não apenas o fracasso da realização política de uma "economia socialista", mas também o fracasso econômico em virtude do isolamento econômico nacional por razões de autopreferência política (como ocorreu, por exemplo, no Brasil ou no México); a perda de crédito como uma evidência *per se* aplicável a quase todos os Estados no sistema financeiro internacional (e de consequências consideráveis para esse sistema) ou também o grotesco erro de cálculo das consequências econômicas da reunificação alemã, que em si constituía meta digna de ser alcançada. Sem dúvida, a política pode tomar decisões partindo de bases políticas inteligíveis, mas é a economia que, na realidade, decide sobre suas consequências.

mas não produz resultados cientificamente sustentáveis. Dos surpreendentes *revivals* religiosos das últimas décadas é possível tirar proveito político (como, em seu tempo, ocorrera com a Reforma protestante), mas não podem ser praticados como política. Contudo, a diferenciação por funções de modo algum significa o equilíbrio regional do desenvolvimento, muito menos de uma evolução convergente. Precisamente quando se tem de partir da consideração de que os sistemas funcionais são sistemas autopoiéticos, operativamente fechados, deve-se esperar que seus efeitos recíprocos produzam consequências completamente diversas, a depender das condições de partida e da situação mundial. Também aqui são válidas as concepções da teoria dos sistemas (incluindo suas variantes matemáticas): a de que perturbações e rupturas do sistema podem ter efeitos muito diferentes, conforme suas peculiaridades regionais. Uma sociedade funcionalmente diferenciada é algo completamente diverso de uma sociedade harmônica com garantias de estabilidade inerentes.

Sob uma série de pontos de vista, o sistema jurídico da sociedade mundial constitui um caso especial. Com efeito, também aqui se estabelece um sistema funcional em âmbito mundial[39], no qual, em cada uma das regiões, é possível distinguir problemas jurídicos em relação a quaisquer outros problemas, em que as regras podem ser traduzidas de um ordenamento jurídico para outro, sobretudo na forma do

---

39. Ao contrário da opinião predominante entre os juristas. Como representante de muitos deles, cf. Werner Krawietz, *Recht als Rechtssystem*, Wiesbaden, 1984, sobretudo p. 51 ss. Mas é claro que os próprios juristas têm a coragem de viajar e, assim, transpor o território no qual seu ordenamento jurídico seja válido.

direito privado internacional, de modo que, normalmente, ao se adentrar um terreno estranho, nem por isso há que se esperar ser tratado como estrangeiro desprovido de direitos[40]. Tampouco precisamos temer, tal como os comerciantes na Alta Idade Média, ser responsabilizados por dívidas contraídas por conterrâneos. Além disso, uma forte equifinalidade quanto aos fins dos institutos jurídicos fez que as disposições dos diferentes ordenamentos jurídicos fossem mais semelhantes do que se podia pensar em princípio. Existe uma legislação, existe uma diferença entre direito civil e direito penal, existe a propriedade, os contratos, os processos judiciais etc. Apesar das conexões e coincidências formais já mencionadas aqui, não se deve ignorar as enormes diferenças existentes nas diferentes regiões do globo terrestre; para as sociologias do direito, a questão seria como descrevê-las e como compreendê-las. Mas que a sociedade mundial possui um ordenamento jurídico, mesmo sem uma legislação e sem uma jurisdição centrais, é algo de que não se pode duvidar[41].

---

40. Existem exceções — lugares nos quais não se pode entrar sem proteção especial, por exemplo, as favelas das grandes cidades brasileiras. Tampouco fica excluída a possibilidade de que no futuro possa haver Estados nos quais o indivíduo, como pessoa de pele branca, não desfrutará de fato de nenhuma proteção jurídica.

41. Eventualmente, esse ordenamento jurídico é comparado com as relações jurídicas numa sociedade tribal. Cf. Michael Barkun, *Law Without Sanctions: Order in Primitive Societies and the World Community*, New Haven, 1968. Porém, essa circunstância dificilmente faz justiça aos instrumentos do moderno direito de trânsito. Poder-se-ia pensar com Gerhart Niemeyer, *Law Without Force: The Function of Politics in International Law*, Princeton, 1941, numa sociedade de economia burguesa sem o Estado correspondente. E também do direito judeu é possível extrair experiências de dois mil anos de uma cultura jurídica apátrida (que se ampara em casos estrangeiros). Poder-se-ia então observar como se elaborou conceitualmente essa situação (por exemplo, sobre o conceito de dever e não sobre o conceito de direitos individuais) e o que se poderia pensar sobre o conceito dos direitos individuais; e, também, como se poderia imaginar uma "anarquia" política que não necessariamente equivalesse a um ordenamento jurídico ausente. Cf., por exemplo, Robert

Entre os principais indicadores da existência de um sistema jurídico da sociedade mundial está a crescente atenção dispensada às violações dos direitos humanos[42]. A ideia dos direitos humanos (em seu sentido moderno) surge com a decadência do antigo direito natural europeu e encontra-se em estreita conexão com as construções sociocontratuais[43]. Até o século XVIII, o "contrato" representa a forma do desdobramento do paradoxo dos direitos naturais, uma vez que eles não contêm nenhuma exceção a si mesmos e, desse modo, a si mesmos conduzem *ad absurdum*[44]. Mas, assim, o paradoxo é apenas deslocado, vindo a surgir na construção do contrato. Ora, nesse caso, a validade do contrato, que é o que justifica a regra segundo a qual são os contratos que obrigam, só pode ser fundamentada

---

M. Cover, "The Folktales of Justice: Tales of Jurisdiction", *The Capital University Law Review* 14 (1985), p. 179-203. Mas é claro que os fundamentos desse direito não podem ser institucionalizados num âmbito mundial numa unidade religiosa e étnica, tampouco numa tradição comum baseada em textos.

42. Sobre o desenvolvimento da ideia, não faltam exposições descritivas e de amplo escopo. Cf., por exemplo, Günter Birtsch (org.), *Grund- und Freiheitsrechte vom Ausgang des Mittelalters bis zur Revolution von 1848*, Göttingen, 1981; id. (org.), *Grund- und Freiheitsrechte von der ständischen zur spätbürgelichen*, Göttingen, 1987, ou, com interesse mais centrado em problemas atuais, Ludger Kühnhardt, *Die Universalität der Menschenrechte: Studien zur ideengeschichtlichen Bestimmung eines politischen Schlüsselbegriffs*, Munique, 1987. No entanto, em tudo isso não fica clara a contextualização teórica. O fato de surgir, na formulação dessa ideia do direito, o conceito de "humanidade" já demandaria uma análise específica que ultrapassaria muito o nosso contexto. Aqui bastará lembrar, com Foucault, a invenção semântica do indivíduo, de fins do século XVIII, talvez o mesmo que, aparentemente, do ponto de vista filosófico, se apresenta como o irresistível "retorno ao humano" — por exemplo, na reantropologização do sujeito no início do século XIX e na reantropologização do "Dasein" heideggeriano na França. Em todo caso, de um ponto de vista jurídico, fica claro que tudo isso inclui também os estrangeiros.

43. Segundo doutrina hoje bem aceita. Cf., por exemplo, Gregorio Peces-Barba Martines, *Tránsito a la modernidad y derechos fundamentales*, Madri, 1982, esp. p. 159 ss.

44. Nas Constituições atuais, essa função de contrato é adaptada mediante as reservas legais.

de maneira paradoxal. Mas precisamente aí reside a superioridade dessa construção na relação com o antigo direito natural, pois a *validade* do contrato deve então residir no fato de que nele se *renuncia* aos direitos naturais[45]. Solucionado o problema da fundamentação da ordenação social sobre as teorias do contrato social (no sentido de *pactum unionis*, não apenas no de *pactum subiectionis*), seria possível retrospectivamente prover de direitos naturais indivíduos requeridos para celebração do contrato, e nesse caso o único problema estaria em determinar a forma desse direito no estado civil. O intento de Pufendorf de dispor sob o mesmo denominador comum ideias muito distintas sobre a situação de partida do estado natural (Grotius, Hobbes, Spinoza) conduziu a formulações que contribuíram para a difusão da ideia de direitos humanos inatos (ainda que não necessariamente associais). Desse modo, as distinções tradicionais poderiam passar despercebidas ou ser representadas como meros produtos do direito civil. É desse modo que deixa de existir a distinção, comum na tradição de sociedades nobiliárquicas, entre pessoas com e sem *dignitas*, mas agora se tem que a dignidade é própria a todo ser humano, e é por isso que constitui uma barreira aos esforços de diferenciação do direito civil[46].

---

45. Com relação à origem dessa ideia em representações religiosas de um sacrifício exigido e praticado pelo próprio Deus, cf. Peter Goodrich, *Languages of Law: From Logics of Memory to Nomadic Masks*, Londres, 1990, p. 56 ss.

46. *In ipso hominis vocabulo iudicatur inesse aliqua dignatio* [Julgou-se haver, no próprio vocábulo do homem, alguma consideração de sua dignidade], diz-se em Samuel Pufendorf, *De jure naturae et gentium libri octo* 3.11.1, citado segundo a edição Frankfurt-Leipzig, 1744, vol I, p. 313. Cf. também, com o mesmo sentido, *De officio hominis & civis iuxta legem naturalem libri duo* 1.VII., citado segundo a edição Cambridge, 1733, p. 143. Chama a atenção, e isso revela uma intenção de diferenciação historicamente consciente, diferenciação em que não se fala em *dignitas*, mas em *dignatio*.

Na segunda metade do século XVIII, com a crítica e a recusa a tais construções contratuais no curso de uma consciência histórica mais profunda, acreditou-se encontrar a solução para o problema na textualização e positivação de tais direitos individuais providos pelo Estado — fosse na forma de *bills of rights* especiais, nos reconhecimentos declaratórios ou, em última instância, nas próprias leis constitucionais[47]. Hoje em dia, também essa solução perdeu sua força de convencimento. Seu problema está em considerar o direito supostamente suprapositivo como direito vigente, algo que as vantagens dos fundamentos interpretativos explicam apenas em parte; ela tem, sobretudo, a desvantagem de que o aparato integral de validade textual-formal só com dificuldade pode ser traduzido e só de maneira insuficiente pode sê-lo no plano do sistema do direito da sociedade mundial. O que se mantém é o Estado de direito, ou seja, o direito com base nos contratos estatais. Por isso, aos Estados exige-se uma responsabilidade política no que diz respeito à observação, em seu território, dos direitos humanos, enquanto os próprios direitos aparecem como exigências de composição e de implementação do direito.

Não faltam textos, convenções e acordos[48] na literatura e nas manifestações positivas de expressões. A discussão pormenorizada acerca das controvérsias entre universalistas e relativistas não fez ninguém contestar o sentido de uma proteção

---

47. Para a versão alemã, que se encarrega de tais reflexões após a Revolução Francesa e que, por falta de perspectivas revolucionárias e de uma Constituição, espera ainda uma vez uma solução do "direito natural", cf. Diethelm Klippel, *Politische Freiheit und Freiheitsrechte im deutschen Naturrecht des 18. Jahrhunders*, Paderborn, 1976, p. 178 ss.

48. Cf. como coletânea, por exemplo, Wolfgang Heidelmeyer (org.), *Die Menschenrechte: Erklärung, Verfassungsartikel, Internationale Abkommen*, 2. ed., Paderborn, 1977.

jurídica última contra a arbitrariedade do Estado[49]. Na verdade, essa ideia surge na Europa em movimento paralelo com a formação dos Estados territoriais modernos e *essa diferença*, não necessariamente a argumentação histórica baseada no direito natural, que, com a expansão do sistema político em forma de Estados, fez-se mais urgente do que era sob as condições culturais ainda relativamente unitárias da Europa pré-constitucional. Precisamente nesse momento evidencia-se, em todo o mundo, o quanto de sentido há em diferenciar de maneira segmentária o sistema político em Estados regionais, com o intuito de uma melhor acomodação às condições locais e de melhor aproveitamento das oportunidades de consenso. Mas ao mesmo tempo fica claro quão insuportável seria abandonar o sistema do direito à arbitrariedade dos processos políticos regionais. A discrepância entre política e direito, da qual, na Europa, só se vem a ter experiência com a formação do Estado moderno, amplia-se e adquire uma forma consideravelmente modificada.

Nessa situação, o direito dos direitos humanos quase não poderá tirar proveito da clareza dos fundamentos de validade e da precisão dos textos correspondentes, por mais que pareça fazê-lo evidência das violações ao direito. As cenas de horror dos mais diversos gêneros tornam supérfluas quaisquer discussões que se vier a ter a respeito[50]. Não foi possível identificar

---

49. "Diferenças culturais [...] não podem explicar ou justificar a barbárie e a repressão" é o que pensa a respeito Louis Henkin, *The Rights of Man Today*, Boulder Col., 1978, p. 129 (cit. segundo Kühnhardt, op. cit., 1987, p. 140).

50. Hoje em dia pode soar como cinismo, mas quando se tem diante dos olhos a teoria da construção de Kant e a posição da *Crítica do juízo* no contexto das três críticas, pode-se apelar também para a capacidade de julgar em questões de gosto jurídico — para deixar claro que ali não se trata nem de um problema puramente cognitivo, nem de uma aplicação da razão prática na forma da lei moral.

com certeza até o momento quais normas e, sobretudo, quais textos subjazem a isso[51]. Em ampla medida se deu continuidade à tradição liberal da sociedade burguesa e seus direitos constitucionais. Tal como antes, direitos fundamentais como liberdade e igualdade gozam de reconhecimento — mesmo que acompanhados do saber da intensidade com que podem ser legalmente modificados[52] e de quão pouco correspondem a condições que efetivamente existem. Como anteriormente se mostrou aqui[53], eles servem para a geração e o desenvolvimento de um paradoxo do sistema ao introduzir a autorreferência no sistema, obtendo, desse modo, significado prático apenas como direito positivo. Onde essa tradição liberal é transgredida — e isso vale hoje, em ampla medida, para o âmbito dos "direitos coletivos", sobretudo do direito à independência e autodeterminação das nações, etnias e etnias no território de outras etnias —, adentra-se um terreno pouco claro, onde a violência pareceria atuar, mais uma vez, como tribunal supremo.

Uma das razões para essa situação altamente insatisfatória reside no fato de o desenvolvimento para um Estado de bem-estar depois da Segunda Guerra Mundial ter arrastado consigo a formulação dos direitos humanos. Hoje em dia, cada vez mais se entende por direitos humanos não só os direitos de proteção, mas também os direitos assistenciais, sobretudo nos casos de flagrante desabastecimento. O fundamento para

---

51. Isso se altera somente pelo fato de a ONU adotar as resoluções correspondentes.

52. Nessas modificações podemos ver, com Hasso Hofmann, "Menschenrechtliche Autonomiansprüche: Zum politischen Gehalt der Menschenrechtserklärungen", *Juristenzeitung* 47 (1992), p. 162-73 (171), assim como nas conexões jurídico-estatais dos direitos humanos, o real sentido de sua positivação, que vai além do direito natural.

53. Capítulo 5, IV.

isso proporciona um conceito antropológico que atribui ao ser humano em geral (portanto, independentemente de diferenças regionais ou culturais) um complexo de necessidades, em parte materiais e em parte espirituais, e também interesses, os quais são extensivos ao desenvolvimento pessoal e à autorrealização[54]. Desse modo, as graves discrepâncias referentes a oportunidades de abastecimento e de vida podem ser caracterizadas como "experiências exemplares de injustiça", sendo tomadas como ponto de partida para o problema dos critérios de delimitação[55]. No entanto, nessa ampliação existe o perigo de inflacionar ou ideologizar a discussão[56], além do problema de que os destinatários já não são os transgressores do direito, mas aqueles que poderiam ajudar. O problema dos direitos humanos funde-se com um desejo imensamente expandido de trabalho social e auxílio para o desenvolvimento. A diferença entre economia (preventiva) e auxílio social (assistencial) não pode ser convertida, no caso de diversidades regionais flagrantes, em pretensões jurídicas claras e aplicáveis. A inflação arruína o valor do meio simbólico, e as intromissões realmente grosseiras, indignantes e ativas na zona do que, de maneira incondicional, merece ser protegido — palavra-chave: dignidade humana — já percebem,

---

54. A insuficiência (jurídica) de tais fundamentações antropológicas não passou despercebida. Cf. por exemplo Eibe H. Riederl, *Theorie der Menschenrechtsstandards*, Berlim, 1986, p. 205 ss., 346 ss.

55. Assim Winfried Brugger, "Menschenrechte im modernen Staat", *Archiv des öffentlichen Rechts* 114 (1989), p. 537-88; id., "Stufen der Begründung von Menschenrechten", *Der Staat* 31 (1992), p. 19-38

56. Cf. Brugger, op. cit. (1992), p. 30 s.

sem mostrar surpresa, que em parte alguma os direitos humanos são observados[57].

Em face desse problema, a atenção parece se deslocar para as *violações dos direitos humanos inequivocamente evidentes* — ao desaparecimento de pessoas acobertado pelo Estado, a deportações forçadas e aos banimentos, à morte, apreensão e tortura (juridicamente improcedentes) perpetrados com o conhecimento e sob a proteção dos órgãos do Estado. A garantia de um Estado de direito em funcionamento faz-se então, por sua vez, um equivalente funcional para o reconhecimento de direitos humanos, tornando-os quase supérfluos de um ponto de vista técnico-jurídico[58]. Apenas onde o Estado de direito não se encontra garantido e onde os Estados se mostram incapazes de enfrentar as violações dos direitos humanos com os meios normais do Estado de direito é que são estas compreendidas como violações aos *direitos humanos.* Tais violações se disseminam amplamente, para não dizer: na maioria dos Estados elas são comuns, e o problema então reside, em primeiro lugar, no caráter inequívoco das formulações textuais que poderiam

---

57. Por razões semelhantes, Heiner Bielefeldt, "Die Menschenrecht als Chance in der pluralistischen Weltgesellschaft", *Zeitschrift für Rechtspolitik* 21 (1988), p. 423-31, concentrou uma discussão sobre o problema das violações à dignidade humana.

58. Isso vem lembrar, de longe, o tratado de Kant *A paz perpétua*, onde se tem que uma ordem internacional pacífica só pode ser esperada de uma federação de Estados republicanos, isto é, de Estados baseados internamente nas regras do direito. Uma vez que esse argumento se refere aos direitos dos indivíduos, ele vai contra a opinião amplamente sustentada segundo a qual a paz mundial pode ser alcançada como uma ordem "internacional" ordenada por tratados entre Estados. Sobre a relevância desse conceito para o presente, cf. Fernando R. Tesón, "The Kantian Theory of International Law", *Columbia Law Review* 92 (1991), p. 53-102.

possibilitar uma decisão entre o juridicamente procedente e o que não o é. No momento, será o caso de atentarmos para as situações mais graves. Ao mesmo tempo, porém, em face do pensamento jurídico clássico-moderno, o problema sofre um deslocamento. Por um lado, não basta remeter-se ao direito positivo do Estado (por exemplo, na forma de Constituições), pois o direito positivo também pode ser utilizado para cobrir violações aos direitos humanos ou — como quando da decisão da Suprema Corte dos Estados Unidos no caso de Álvarez Marchain (1992) — a fim de justificar um sequestro ao arrepio do direito internacional[59]. Por outro lado, não basta compreender os direitos como direitos subjetivos, com a consequência de que a decisão de fazê-los valer ou não deve caber ao indivíduo, pois não raro essa decisão, sob dadas condições políticas, não é tomada de maneira livre[60]. Por isso, é tentador conceber o sistema do direito mundial não com base nos direitos, mas nas obrigações. Por último, a sanção continua sendo um problema. Que os Estados tomados individualmente — incluindo aqui os Estados Unidos — se conduzam como juízes e como poder de sanção (ainda que eles próprios tenham recusado submissão à Corte

---

59. Devemos acrescentar que isso se deve à falta de fundamentação jurídica positiva, que tem a possibilidade de apresentar como apelação diante dos tribunais estatais o caráter violatório do direito que se tem no sequestro. O caso evidencia de maneira muito clara que o estatismo jurídico não constitui nenhuma defesa eficaz diante de atos "indignantes". O turbulento Estado de direito mundial mostra-se, precisamente nesse caso, de especial evidência: uma vez sendo recusada a transformação do direito internacional em direito nacional, a resistência ao direito passa a ser tratada como conformidade ao direito, pois de outro modo uma imposição do próprio direito não pode se garantir.

60. Também Hofmann, op. cit., p. 166 s, põe em dúvida, ainda que com outros argumentos, que os direitos humanos sejam direitos individuais.

Interamericana de Direitos Humanos[61]), seria algo bem difícil de aceitar. Deve-se mais contar com uma internacionalização da atenção devida a esse problema e talvez, da mesma forma, com uma maior atenção a respeito no contexto dos aportes de auxílio em políticas de desenvolvimento. Com o fim da Guerra Fria passou-se a vislumbrar novas perspectivas nesse sentido.

Do caráter flagrante das violações só se pode falar com referência à dignidade humana. As restrições dos direitos à liberdade e à igualdade, que também são considerados direitos humanos, são tão normais e tão indispensáveis que é preciso se concentrar em ordenamentos jurídicos estatais com uma ampla margem de manobra ("reserva legal"). Trata-se aqui, no fundo, não de uma unidade de uma norma (de uma ideia, de um valor), mas de paradoxos formais inerentes a distinções liberdade/limitação e igualdade/desigualdade, que então poderiam ser desdobrados em ordenamentos jurídicos particulares de maneiras bastante diversas; ou, em outras palavras, em perspectivas de futuro, que venham a convergir no indeterminável. Não obstante, também aqui parece se tratar de uma sensibilidade de aplicação mundial. Pode-se reconhecê-la em casos nos quais as *assimetrias de papéis são tratadas e fixadas por meio de uma referência externa*[62]. Isso vale em especial quando se usa a raça como fator para a atribuição de papéis (sobretudo como ponto de vista para atribuição ou classificação à vida e morte ou à fome ou boa alimentação). Existe a tendência de que também

---

61. Cf. o primeiro "Annual Report of the Inter-American Court of Human Rights 1989", Washington, 1989.

62. Devo essa ideia a um manuscrito de Vessela Misheva.

sistemas de inspiração religiosa ou ideológica possuam essa inclinação a fazer depender a atribuição de oportunidades específicas dos papéis de um fator não disponível nos próprios papéis. As assimetrias dos papéis atribuídos, que segundo concepções modernas são aceitáveis somente em sistemas de função (médico/paciente, produtor/consumidor, reclamante/reclamado em relação ao juiz etc.), são generalizadas mediante uma referência externa, fazendo daí resultar desvantagens estruturais, que atravessam de maneira transversal sistemas funcionais de tipo muito distintos. O caráter de violação de tais relações sob pontos de vista modernos encontra-se estruturado de maneira mais estrutural do que casuística. Por isso, torna-se difícil não apenas destacar motivos para a indignação e para a intervenção, mas também delimitá-los em relação ao que se deve aceitar. Ao que parece, contudo, pelo menos o ponto de vista racial já é claramente aceito como violação dos direitos humanos.

Em uma visão geral acerca da elaboração e do desenvolvimento da doutrina dos direitos humanos, revela-se que aqui apenas farejamos o assunto, uma vez que se trata sempre do desdobramento de um paradoxo fundamental, cuja determinação histórica se dá na pergunta pela relação entre os indivíduos e o direito. As doutrinas do contrato social deram a esse paradoxo a forma de um círculo: que os indivíduos que tomam parte no contrato devem ser por ele obrigados não é algo que possa ser explicado pelo próprio contrato. Também as teorias do direito natural conservam esse caráter circular, uma vez que só se faz referência à natureza humana nos casos dos quais se deseja denunciar uma violação ou, com base neles, constituir uma norma correspondente. O fato de o direito de sobreposição demandar positivação é um paradoxo evidente, que as deliberações puramente pragmáticas acerca da utilidade dos textos estabelecidos por escrito procuram, sem êxito, ocultar. Mas é claro que também se tem um paradoxo quando se diz que a validade dos direitos se inicia com a sua violação e a correspondente indignação (a indignação pública de Durkheim). Mas talvez seja precisamente *esse* paradoxo, nas turbulentas relações mundiais da atualidade e em face da perda de relevância dos ordenamentos estatais clássicos, o paradoxo *adequado ao nosso tempo*. Se *todas* essas ideias de fundamentação em última instância desembocam num paradoxo, a discussão sobre o alcance dos conteúdos da tradição especificamente europeia acaba por cessar, podendo-se bem esperar que a sociedade mundial em boa medida se escandalize em razão de tudo aquilo que for drasticamente insuportável, com o propósito de constituir interesses políticos regionais e estatais independentes do aparato normativo do direito.

Essa instauração do direito mundial não elimina os desenvolvimentos regionais diversificados do direito. Um de seus principais desencadeadores pertence à diferenciação dual segmentária do sistema político mundial em "Estados", isto é, em sistemas políticos especializados na organização estatal de decisões coletivamente vinculantes. Isso tem como consequência que o acoplamento estrutural dos sistemas político e jurídico sobre as Constituições não encontra correspondência alguma no nível da sociedade mundial. Desse modo, no entanto, não se explica o motivo de se chegar a desenvolvimentos regionais tão diversificados, visto que a capacidade funcional e a diferenciação da orientação no direito podem ser postos em questão.

É possível supor que o problema tomado como ponto de partida consiste na deficiente inclusão de grandes estratos da população na comunicação dos sistemas funcionais, ou, dito de outra maneira, numa diferenciação aguda entre inclusão e exclusão, que na verdade vem a ser produzida por diferenciação funcional, mas, no resultado que se produz, mostra-se incompatível com ela e acaba por solapá-la[63]. Na falta de outros conceitos, sociólogos tendem a apresentar esse fato como uma estratificação social claramente caracterizada, quando não como uma "comunicação de classe" (amparada internacionalmente). Porém, esses conceitos remetem a um ordenamento social que deve ser reconhecido ou mesmo aceito e que, de maneira precisa, faz as vezes de ordenação da inclusão (mesmo que esta seja extremamente diversa)[64]. Pensa-se na ordenação de classe de famílias e seus domicílios (incluindo dependentes) ou na organização de manufaturas do século XIX como modelo de

---

63. "Inclusão" é definida por Talcott Parsons da seguinte maneira: "Ela se refere ao padrão de ações em questão, ou complexo de tais padrões, e aos indivíduos e/ou grupos que agem de acordo com esse padrão, que vem para ser aceito num status de mais ou menos plena adesão num sistema social-solidário mais amplo" — é o que se tem em "Commentary on Clark", in Andrew Effrat (org.), *Perspectives in Political Sociology*, Indianapolis o. J., p. 299-308 (306).

64. A reflexão tradicional sobre essa inclusão especificamente estamentária se deu em parte pelas características dos atributos antropológicos do ser humano (sobretudo a razão) — dos quais todos, independentemente de sua vontade social, são participantes — e em parte graças a uma filosofia da felicidade, que, em conformidade com a vontade divina, é acessível a todos. Este último aspecto tem lugar, sobretudo, no século XVIII, numa situação de transição para outros princípios de inclusão, então traduzidos com liberdade e igualdade. Sobre a felicidade do compatriota e a reflexão das classes superiores quanto aos limites da própria felicidade, cf., por exemplo, o capítulo "Conversation avec un laboureur", in Jean Blondel, *Des hommes tels qui'ils sont et doivent* être: *Ouvrage de sentiment*, Londres-Paris, 1758, p. 119 ss. Em todos esses escritos sempre se está a pressupor a estratificação como esquema da inclusão, enquanto a exclusão é determinada pelo pertencimento ou não pertencimento a uma família ou a um domicílio familiar.

dominação de classes. A diferença flagrante entre inclusão e exclusão tem consequências bastante graves, pois, sob o regime de diferenciação funcional, todo e qualquer sistema funcional regulamenta a inclusão social por si e para si, e, no que diz respeito às relíquias do antigo ordenamento social estamentário, é possível diferenciar apenas segundo inclusão/exclusão. Com a acelerada urbanização e a demolição de todas as certezas proporcionadas por uma economia de autoabastecimento não monetária, o problema só se faz agravar. Os afetados por ele agora dependem da economia monetária, mas não podem fazer parte dela de maneira significativa. A criminalidade e a participação em organizações mafiosas acabam tomando o lugar da economia autossuficiente.

Certamente, não se pode dizer que sob tais circunstâncias não há nenhum direito (jamais existiu sociedade onde não houvesse direito). Igualmente equivocado seria supor que para o direito positivo não haveria nenhuma aplicação ou que as relações internacionais — trânsito, comércio etc. — carecessem de um fundamento jurídico. A descrição dos fenômenos deve ser elaborada conceitualmente de um modo bastante diferenciado. O acesso supostamente melhor é obtido com a tese segundo a qual a diferença entre inclusão e exclusão faz as vezes de uma espécie de metacódigo, que mediatiza todos os demais códigos. É verdade que existe diferença entre lícito e ilícito, como há também programas jurídicos (leis) que regulamentam o modo como os valores lícito ou ilícito vão se distribuir pelos estados de coisas. Mas, para os grupos populacionais excluídos, essa questão tem pouco significado se a compararmos com o que sua exclusão lhes impõe. Eles são tratados em conformidade ou desacordo com o direito e, de modo correspondente, comportam-se em conformidade ou em desacordo com ele, a depender de situações e acasos. O mesmo vale para os incluídos, sobretudo para os políticos e burocratas. E mais uma vez: não se tem aí uma questão de estratificação social, que viria a proporcionar substitutos para o direito, mas isso acaba por minar o próprio ordenamento jurídico. Não se pode saber se tal será aplicada ou não, *e mesmo a coordenação entre comunicações e o esquema inclusão/exclusão em nada altera nessa circunstância*, pois de ambos os lados desse esquema (ainda que de modos "fatalmente" muito diferentes) pode-se optar por uma conduta em conformidade ou não com o direito, sem considerar essas "*labels*"[65]. Em outras palavras: a diferença entre codificação e programação não funciona (ou funciona de maneira reduzida), já que outras preferências assumem a prioridade. O caráter dominante da distinção inclusão/exclusão modifica as expectativas que o sociólogo comumente associa com o conceito de integração (e, mediante esse conceito, muitas vezes com o direito)[66]. Se definimos a integração como uma restrição do grau de liberdade das partes integrantes, veremos de pronto que sobretudo o âmbito de exclusão funciona de maneira *altamente integrada*. A integração negativa à sociedade é praticamente perfeita. Quem carece de endereço não pode enviar os filhos à escola. Quem não tem documentos não pode casar nem requerer serviços

---

65. Para evidências das relações da política brasileira com o direito constitucional, cf. Marcelo Neves, *Verfassung und Positivität des Rechts in der peripheren Moderne: Eine theoretische Betrachtung und eine Interpretation des Falles Brasilien*, Berlim, 1992.

66. Cf. Capítulo 3, I, onde havíamos nos distanciado dessas expectativas com relação à função do direito.

sociais. Analfabetos, sejam eles formalmente excluídos ou não, são impedidos de participar, de maneira consciente, da política. A exclusão de um âmbito funcional impede sua inclusão em outros. E ao contrário, a inclusão permite uma integração *reduzida*, portanto, maiores liberdades, e isso corresponde, desse modo, à lógica da diferenciação funcional. A diferenciação funcional demanda um "acoplamento solto" dos sistemas funcionais, o impedimento das inferências de um papel em outro; e assim encerra também possibilidades de corrupção e violação do direito. As oportunidades que a inclusão proporciona podem se transformar em vantagens pessoais, em melhorias da situação pessoal, em carreiras.

Em certa medida, isso é normal. Porém, quando a inclusão repousa na exclusão de outros, essa diferença subverte o funcionamento normal dos sistemas funcionais. Sobretudo o direito é então o afetado pela situação, pois o sistema do direito não reside apenas em sanções próprias ao sistema, na condenação a pagar indenização ou na condenação a alguma pena, mas também na ressonância social da violação constatada do direito, que, além disso, motiva a aderir ao direito. No âmbito da exclusão, altamente integrado, nada se tem a perder, à parte o controle sobre o próprio corpo. No âmbito de inclusão, menos integrado, as consequências do que é conforme ou não ao direito não são transmitidas, e tampouco vale se preocupar com a observação desses valores de acordo com critérios provenientes de programas jurídicos específicos. Em casos extremos (que não são raros), não chega a ter alguma importância para a política e para a reputação dos políticos a sua ação estar em conformidade com o direito ou ser contrária a ele. Também a organização do controle da sociedade, que é a polícia, orienta-se fundamentalmente pelo estatuto, conferindo inclusão ou exclusão, nem sempre de acordo com o direito. Certamente, seria exagerado concluir daí a irrelevância ou o não funcionamento do sistema do direito como um todo (exceção feita à situação extrema de uma guerra civil), mas o problema das razões para o código jurídico ser ou não utilizado e o das razões para fazê-lo orienta-se de acordo com outra diferença, que é a que se tem entre inclusão e exclusão.

  Em uma perspectiva de desenvolvimento político poder-se-ia ter a impressão de que o não acesso da maior parte da população às vantagens do desenvolvimento fosse condição passageira do próprio desenvolvimento. Poder-se-ia argumentar que não seria possível deixar que todos participassem instantaneamente e ao mesmo tempo de todas as vantagens das sociedades modernas. Mas permanece a questão sobre se uma realização em nível mundial do grau atual de bem-estar de alguns países industrializados seria — por razões puramente ecológicas — possível. É preciso pensar também na forte dependência histórica de todos os sistemas autopoiéticos. A operação de tais sistemas ocorre sempre numa situação de partida já estruturada e pode ter efeitos que reforcem os desvios (com um *feedback* positivo) ou também com efeitos que os diminuam (com *feedback* negativo). Por fim, a longo prazo, não é possível supor que o sistema dominante no momento atual mantenha por muito tempo a avaliação estrutural de seus sistemas de funcionamento. Diferentemente do que se tem com a teoria do sistema geral da ação de Parsons, vemos a diferenciação funcional como um produto evolucionário e não como consequência lógica da análise do conceito de ação. Por isso, é bastante possível que a proeminência atual do sistema do direito e a dependência da própria sociedade e da maioria de seus sistemas funcionais para o funcionamento do código jurídico nada mais sejam do que uma anomalia europeia, que, com a evolução da sociedade mundial, tem paulatinamente perdido a força.

ÍNDICE REMISSIVO

A

abertura/fechamento 102, 239
absorção de incerteza 121, 131
ação 601
ação popular 388, 391
aceleração 572 e s.
acesso ao direito 156, 256, 561, 599 (cf. inclusão)
acidente 62, 189, 276, 352, 380, 509, 658
acontecimentos (cf. operação)
acoplamento (cf. acoplamento fraco)
acoplamento fraco 480
acoplamentos (cf. acoplamentos estruturais)
operativos 590
acoplamentos estruturais 33, 60, 271n, 308n, 452, 502, 589 e s., 732 e s., 761 e s., 785
acrasia 739
actio 164, 386, 415
acusação 344
adaptação 62, 127, 160, 200, 250, 257 e s., 321, 334, 336, 340, 342, 347, 350, 368, 482, 556, 618, 739

aequitas 304, 502n, 683n, 684 e n
afetados 187 e s., 722
aceitação 133 e s.
amparo social do direito 162 e s., 195 e s., 390, 749
amplificação 14
analógico/digital 320 e s.
anomia 170, 202
aprender 275, 502, 765
arbitrariedade (cf. arbítrio)
arbítrio 52 e s., 170, 257, 639 e s., 694, 702
argumentação 69, 256, 350 e s., 411, 423, 451 e s., 677, 707
função da 496 e s.
argumentos formais/substanciais 524 e s.
artes divinatórias 327, 329 e s., 347
assimetrias de papéis 784
assimetrização 232 e s., 250, 409 e s.
cf. hierarquia
atrator 473 e s.
atualidade 60 e s., 148, 189, 263, 412, 727
autodescrição (cf. observar; reflexão) 71 e s., 100, 248, 667 e s., 758

externalização da 678 e s., 709, 711
descrição externa 21 e s., 32, 100 e s., 667 e s.
autoespecificação 293
autologia 383n, 459, 635
autonomia 23, 25, 31, 37, 38, 47, 60, 83 e s., 103 e s., 120 e s., 156, 310, 324n, 325, 342, 401, 404, 430, 545, 566, 601, 637, 647, 662 e s., 671, 716, 734 e s., 740
auto-organização 25, 60, 93n, 276, 478n, 502n, 525, 593n
autopoiese 40, 59n, 60 e s., 84, 87, 94, 108, 111 e s., 124 e s., 145 e s., 157n, 162, 202, 225, 250, 270, 277, 281, 322 e s., 440 e s., 467 e s., 533, 545, 584 e s., 669n, 712 e s., 744 e s.
autoridade 413, 486, 552, 724
autorreferência/heterorreferência 44, 69 e s., 85n, 88, 103 e s., 233 e s., 385, 533, 717
autorreferência, autodescrição 15, 35, 60, 69 e s., 98 e s., 259, 285 e s., 352, 498 e s., 527 e s., 638 e s., 716 e s.
autorrejeição 240
auxílio ao desenvolvimento 780
axioma 459

B

banco central 447-448, 646
bancos 446
biestabilidade 235
bifurcação 153, 173 e s., 188--189, 221, 316

C

capacidade de decisão 239, 271, 275, 418, 496, 676 e s.
capacidade jurídica comum 388, 556, 648
capital 612
carreiras 441, 789
casos (cf. casos em direito)
casos difíceis (*hard cases*) 419
casos em direito 303, 351 e s., 361 e s., 436, 466 e s., 499 e s.
catástrofe 336
causa 81, 617 e s.
centro/periferia 197, 428 e s., 445 e s.
circulação simbolicamente generalizada
circularidade 76, 82, 338, 409, 421, 484n
civilização 37, 384
codificação binária 81 e s., 88 e s., 170, 384, 512 e s., 563

e s., 609, 770 e s. (cf. lícito/ilícito)
programação 125, 219 e s., 286 e s.
código
 autodescrição 277
 rejeição 229 e s., 240 e s.
comparação do direito 16 e s.
complexidade
 aumento de 174 e s., 310 e s., 449, 570
 redução de 71, 83, 134, 142, 217, 301, 340, 398, 473, 590, 761 e s.
 temporalização da 263, 275, 761
complexidade adequada 108, 300 e s.
comprovação 25 e s., 379, 394
comunicação 46, 68, 73, 168 e s., 393
conceito de fim 263 e s.
conceito de direito 351 e s., 359, 513 e s., 526 e s.
 adequado ao direito 758
 indeterminado 371
conceito de sistema 54 e s.
conceitos 35 e s., 462 (cf. conceitos jurídicos, fatos)
concepções dominantes 341, 487
conclusão por analogia 361, 462, 466, 481, 518, 529

concorrência 624
condensar/confirmar 169, 285, 329, 342, 354, 376, 464, 492, 568, 717
confiança 110, 175
conflito/solução de conflitos 184 e s., 210 e s., 347 e s., 370 e s., 426, 557, 763 e s.
conhecimento de especialistas, uso no direito
consciência 348, 534, 550, 648, 764
consciência do direito 198
consenso/dissenso 159 e s., 173 e s., 312 e s., 430 e s., 609, 699
consideração de consequências 24, 373n, 113, 413, 422 e s., 441, 505 e s., 711, 725 e s., 757, 759
constituição 53, 128 e s., 145, 213, 341n, 370, 377, 387n, 553, 604 e s., 628, 631 e s., 692, 708 e s.
constitucionalidade 635n, 646
constitutio 633 e s.
construtivismo 21, 32, 56, 483
contingência 170, 243, 316, 511
contrário à constituição/conforme à constituição 637 e s.
contrato 89 e s., 100, 123, 135, 144 e s., 187, 202,

226, 316, 354, 368, 403, 410, 423 e s., 598, 602 e s., 615 e s.
controle de conduta 209 e s.
controle social 167 e s., 206, 208
controvérsias 341, 494, 676 e s.
convulsões (cf. paz)
corporações 202, 368
correção, problemas de 256
corrupção 109 e s., 228 e s., 302, 390, 552 e s., 570, 597, 601, 631 e s., 660
criminalização 377
critérios 252, 288; cf. programa
crítica 253
cruzar de fronteiras 236, 244, 495

D

decisionismo 52, 740
decisões 408 e s., 486 e s., 694 coletivamente vinculativas 568, 628, 786
decisões jurídicas contrárias ao direito 108, 553 e s., 585 e s.
declaração da vontade 618 e s.
delegação 88, 516
democratização 370, 449, 558, 567, 588

dependência (cf. interdependência)
deriva estrutural 155, 565, 665, 756
derrogação 239, 402
desconstrução 233n, 495 e n, 734 e s.
desdobramento de uma tautologia/paradoxo 136 e s., 161, 166, 223 e s., 234, 252 e s., 271 e s., 294, 295n, 298, 313, 388, 428 e s., 450, 734 e s., 775, 784
desigualdade (cf. igualdade)
desobediência civil 229
determinação de estrutura 66 e s.
Deus 142, 150n, 291, 296, 302, 335, 359, 504, 550n, 554 e n, 634n, 640, 677 e s., 688, 700, 708, 717, 776n
diferenciação
  funcional 8, 131, 155, 200, 205, 209 e n, 249, 255, 326, 571, 597 e s., 643 e s., 679, 762, 772, 786 e s.
  interna ao sistema 397 e s., 433
dignidade humana 637n, 781 e n, 783
dignitas/dignatio 776, 777n

direito
  abstração, sistematização 11 e s., 362 e s.
  análise econômica 19, 29 e s., 373n, 382n, 625, 693
  calculabilidade 77 (cf. garantia do direito)
  como capacitação 181, 211 e s. (cf. normas de permissão)
  como unidade 26 e s., 29 e s., 40, 54n, 60, 68, 98 e s., 105, 125 e s., 132, 134, 138, 193 e s., 209, 222, 234 e s., 279, 372, 374, 389, 394, 414, 546, 549 e s., 552 e s., 630, 701
  e moral 53 e s., 106n, 115n, 551
  e política 200, 203, 550, 553 e s., 572, 631, 766
  erros 121n, 124, 245, 373, 440, 456 e s., 472, 476 e s., 490, 501, 519, 535, 671, 698, 765
  forma (distinção) 40
  ilícito (cf. codificação) 36, 81 e s., 91, 93 e s., 97, 99, 101, 108, 118, 125, 147, 149, 154, 174, 196, 325, 414, 458, 551, 554, 582, 585, 597, 609, 659, 736
  mutável/imutável 52 e s., 258, 401, 505, 636, 646, 686, 754
  positivo, positividade 27, 37, 51 e s., 93, 99, 145n, 202, 255, 258, 288, 293, 304, 310, 373, 386, 399, 403, 415n, 505n, 553 e s., 631, 634, 636, 659, 686 e s.710, 718, 779, 782, 787
  supralegal 42, 696
direito ambiental 755
direito consuetudinário 118, 326n, 386, 706n, 750
direito de delito 226
direito de razão 35 e s., 312 e s.
direito de resistência 16, 550 e s., 553 e s.
direito escrito/não escrito 198, 335n, 341, 491
direito nas culturas clássicas 76 e s., 196, 201, 221, 292n
direito natural 27 e n, 35 e s., 43, 52 e s., 146, 152 e s., 164, 201, 239 e s., 254 e s., 258, 292 e s., 307, 310 e s., 348, 361n, 365, 375, 504, 533, 546, 550 e n, 554n, 558, 598n, 603, 611, 619, 633, 636, 650, 653, 659 e s., 671, 682 e s., 704, 775 e s.

direito privado/direito público 181, 399, 605n, 620, 629, 636, 649, 774
direito público 213, 366, 375, 399, 547, 652, 687n, 720n
direito subjetivo 388 e n, 389, 562, 648, 654 e s., 672, 720 e s.
direitos civis (*civil rights*) 91, 126, 207, 555, 650
direitos humanos 54n, 145n, 155, 180, 255, 311, 313, 343n, 648n, 650, 657, 691 e n, 694, 697, 749, 769, 775 e s.
direitos naturais 554n, 685, 775 e s.
dispensa 240 e s., 553
dispositio 614
dissenso (cf. consenso)
distinção (cf. observar, forma)
diversidade 154
divisão de poderes 112, 405, 552
dogmática do direito 14 e s., 206, 228, 354, 357, 364 e s., 372, 376, 385 e s., 425, 489 e s., 517 e s., 530, 532, 581, 644, 652, 657, 707, 724 e s., 735
domicílio 551, 786n, 787
dominação de classes 787
domínio 548 e s., 661 e s., 786 e s.

doutrina das questões políticas 418, 566

E

edito 353
educação como incumbência do Estado 556
engenharia social 259
ensino do direito 11 e s., 98, 515n
entendimento 723
entropia/entropia negativa 56, 541
episódios 238, 349; cf. procedimentos
equidade (*equity*) 105, 304, 505, 553n; cf. justiça
erros 245, 440, 456 e s., 472, 476 e s., 535
escassez 186 e s., 291, 296, 300n
escolhas trágicas 278
escrita 62, 159 e s., 217, 261, 281 e s., 324n, 327 e s., 465, 490, 501, 547, 551, 618n, 673, 736
especificação funcional 81, 96, 163, 218
esquecimento como adaptação (cf. memória) 62 e s., 159, 327
estabilização, evolucionária 323, 361 e s.

Estado 545 e s., 557, 566, 585, 631, 642, 777 e s., 786
Estado de bem-estar 130, 217, 307, 645 e s., 652, 665, 770, 780
Estado de direito 129, 136, 326n, 355, 555 e s., 558 e s., 565 e s., 657, 777, 781
estado de natureza/estado civil 526, 776; cf. civilização
estatística 28, 68, 118, 266, 444n, 509, 729
estratificação 36, 299n, 337, 351, 440, 600, 659, 683n (cf. sociedades)
estratificação social 78, 156, 213, 443, 604, 786, 788
estrutura/operação 48 e s., 55 e s., 60 e s., 66 e s., 84, 281 e s.
estudos críticos legais 14n, 126, 482, 498n, 707n, 741
ética 33, 182, 199, 281, 288 e s., 303, 310, 352n, 378, 462 e s., 477, 499, 501, 510n, 651
evolução 156, 162 e s., 182, 184, 196, 218, 221, 223, 263, 278, 292 e s., 319 e s., 398, 403, 438, 469, 481e n, 500, 537, 547 e s., 617
   como aumento de complexidade 320
   da evolução 342 e s.

de sistemas autopoiéticos 65 e s., 181 e s., 300 e s., 324, 391
do direito 77, 153, 158, 185, 226, 231, 319 e s.
exclusão de um terceiro valor 236
exemplos 467
expectativas 14, 30, 42, 62, 82, 94 e s., 143, 158, 695; cf. normativo/cognitivo
   contrafactuais 172 e s., 338 (cf. normas)
expectativas normativas/cognitivas 96, 107, 141, 157, 170, 175, 180, 182 e s., 598, 732, 748
experiência 285 e s.
expropriação 610n, 755

F

família 195n, 205, 211 (cf. domicílio)
fatos/conceitos 43
fechamento operativo 46, 51 e s., 192, 218, 248, 283, 322, 324, 342, 385, 410, 435, 463 e s., 469, 555, 589, 608, 626, 642 e s., 647, 658, 716, 732, 747, 756, 763
fisiocratas 627

fontes do direito 134 e s., 386, 399, 409, 433, 498, 559, 705 e s.
força do direito 242, 422
forma 35, 139 e s., 149, 178, 232, 273, 299, 451, 457 e s., 591
formalismo 92, 394, 738
fórmula de contingência 291 e s., 708, 734 e s.
função 43, 81
   de atuação 209 e s.
   do direito 81, 156, 165 e s., 219 e s., 265, 520 e s., 546, 595, 661, 747, 759, 769
funcionalismo de estrutura 219
futuro 29 e s., 124, 144, 147, 155, 172 e s., 262, 435 e s., 512 e s., 574, 635 (cf. consideração de consequências; risco)
   passado 158 e s., 184, 262, 282 e s., 413, 435, 465, 635, 682
   simbolização do 172

G

garantia de/ponto de referência para crédito 355, 601
garantia do direito 26, 91, 258; cf. máquinas triviais/não triviais
generalização simbólica 172
generalizações temporais/objetivas/sociais 175
governo/oposição 564, 583
gratidão (cf. reciprocidade)
guerra 218

H

hegemonia 664
hermenêutica 337, 465
heterarquia 480
hierarquia 27, 35 e s., 72, 147, 194, 206, 223, 245, 258, 316, 398, 404, 407, 422, 428, 432 e s., 448, 450, 474, 636, 659
hierarquia das fontes do direito 27, 53, 258, 637, 659, 726
homens como indivíduos 46n, 65n, 156, 165, 723

I

idealização 739
ideias 281, 292
identidade 101, 285; cf. autodescrição
Igreja 239, 354, 376, 388n, 546, 549, 601
igualdade 130, 148 e s., 206 e s., 297 e s., 302, 309, 603, 690, 779, 782
imparcialidade do juiz 279 (cf. preconceito)

imperativo de justificação pactuada 407
império (*imperium*) 546, 548n, 613n
implementação pactuada 230n
implementação do direito 180, 203, 563, 777
impostos 91, 211, 274, 557, 605, 612, 614, 627, 654, 767
imprensa/tipografia 360 e s., 551
improbabilidade 225, 384n
incerteza autoproduzida 275, 424, 444, 724 (cf. futuro)
inclusão 99, 155 e s., 206, 208, 213, 243, 307, 345, 388 e s., 404, 422, 429, 460, 548n, 556, 594, 645, 654671, 721, 770, 786 e s.
  exclusão 732, 786 e s.
inconstitucional 128, 531, 637
independência profissional 84 e s., 444n
indeterminável/determinável 294
indiferença 471 e s. (cf. autonomia)
indivíduo 550 e s., 651, 653 e s., 691 e s., 767 e s.
informação 114, 339, 470 e s., 595, 616
início 184, 282
  origem/fim 276
input/output 57 e n, 78, 592 e n, 658
institucionalização (cf. fundação)
instituição 39n, 475 e s., 490, 691
integração 167, 207, 788 e s.
interdependência causal 58 e s., 87, 102 e s., 565, 574, 588
interdição/proibição de denegação da Justiça 115n, 240, 271 e s., 307, 405, 409, 414 e s., 515n, 720
interesses 525 e s., 534, 606, 619
  ponderação de 227n, 357, 523, 529 e s., 711
  jurisprudência de 519 e s., 528 e s.
interpenetração 120
interpretação 108 e s., 329, 340 e s., 371, 405 e s., 417, 437, 454 e s., 483 e s., 563, 709 (cf. hermenêutica)
irritação, irritabilidade 31, 60, 200, 231, 280, 301, 368, 370, 380, 430, 482, 500, 535, 541, 584, 592 e s., 606, 611, 628 e s., 640 e s., 653, 658, 663, 665, 718, 729, 732, 739, 745, 748, 762
ius 649, 704

ius gentium 599n, 683, 692n,
iurisdictio 201, 254n, 386, 401 e s., 412n, 505, 547, 627

J

juiz (cf. tribunal)
juízo divino 220, 421
juramento, os que prestam 350, 375, 598
jurisprudência 29, 63, 97, 113n, 188, 208, 261, 266, 267, 270, 304n, 305 e s., 353, 358, 360, 407, 422, 453, 468, 471, 491, 621, 707
jurisprudência cautelar 26
jurisprudência conceitual 365, 490n, 515, 521n
juristas 245, 349, 353, 401, 542, 579 e s., 715, 738; cf. profissão
jus eminens 240
justiça 14, 77, 110, 149, 153, 158, 234, 237 e s., 279, 288 e s., 400 e s., 480, 485n, 498 e s., 505, 510n, 511, 527, 529n, 548, 587 e s., 611630, 635, 669, 697, 720, 723, 734 e s., 755, 758; cf. igualdade
  equidade 105, 254n, 304 e s., 505, 553, 603n, 684n
justificações 497, 551

L

latência 735
legalidade/legitimidade 38, 752
legislação 38, 79, 120, 136, 156, 162, 244, 305 e s., 316, 341, 369 e s., 385 e s., 429 e s., 487 e s., 541, 549, 562, 573 e s., 577, 581 e s., 627, 636, 638, 644 e s., 686706, 754 e s., 774
  e jurisprudência 385 e s., 399 e s., 429 e s., 487 e s., 496, 557, 574,
legítima defesa, estado de emergência 380
legitimação, legitimidade 14, 28, 51 e s., 76, 88, 131, 256, 288, 307, 310, 350, 364, 420, 424, 512, 558, 586, 635n, 651, 690, 697
ler 483 e s.
letra/espírito da lei 407, 455 e s., 483, 486
liberdade, direito como garantia de 211, 522, 550, 555 e s., 563 s., 603, 721
liberdade como direito 312 e s., 388, 651, 691 e s., 779, 583; cf. direito subjetivo
liberdade contratual 202, 602, 622 e s., 627 e s.

lícito/ilícito (cf. direito – ilícito)
limites do sistema do direito 19, 45, 88 e s., 199
lógica 76, 116, 136, 155, 169, 198, 223 e s., 231 e s., 308n, 404, 415, 417, 421, 436 e s., 457 e s., 485, 513, 518, 534 e s., 638, 641, 675 e s., 735, 770
binária 36, 241n, 248, 278n

M

maioria/minoria 161
mão invisível 474 e s.
máquinas triviais/não triviais 78, 260n,
mediação 213 e s., 222 e s., 345
meio/forma 257, 339 e s., 395, 570
memória 62, 158 e s., 327, 528 e s. (cf. escrita, esquecimento como adaptação)
metáfora do organismo 659
métodos jurídicos 407, 436n, 441 (cf. interpretação)
moeda/dinheiro, economia financeira 144n, 446 e s., 512, 607, 612, 615, 627 e s.,
moral (cf. direito)
código/programa 105 e s.

motivo 577, 618, 620 e s., 626, 648
como ponto de vista da interpretação 119, 713
cumprir as normas 178 e s.
movimentos sociais 90, 126n, 199, 636n
mudança das normas 63, 109, 111, 126, 173 (cf. mudança de estrutura)
mudança de estrutura 747 (cf. evolução)
observação de 61
mudança de função 206 e s.
mudança no direito 127, 139, 535, 718 (cf. mudança das normas)
mundo 232 e s., 236, 512

N

necessidade de consistência 24 e s., 105, 131, 237, 297, 300 e s., 317, 333, 354, 366 e s., 369, 371 e s., 387, 437, 464, 476 e s., 491 (cf. justiça; redundância)
necessidade de justificação 351
negação 251, 734
neocorporativismo 563
neutralização do ilícito 344n
nobre/nobiliárquica 548n, 551, 629, 692

norma de competências 195, 270, 312, 365
norma fundamental (Kelsen) 137 e s.
normalidade 183
normas de permissão 262 e s.
normas do direito, estritas/não estritas 220, 310, 468
normas, normatividade 65, 82, 107 e s., 170, 177 e s., 200 e s., 295 e s., 338 e s., 595, 723
   aplicabilidade 179 e s.
   fatos (cf. autorreferência/ heterorreferência) 15, 38, 43, 112, 115 e s., 535, 674 e s.
novo 573

O

objetos/conceitos 35, 70, 513
obligatio 226, 361n, 368
observação de segunda ordem 20n, 21, 82, 94 e s., 103, 107 e s., 147, 192, 198, 223, 243, 249, 287, 314 e s., 317, 325, 346, 358, 404, 437, 454 e s., 461, 495, 498, 502, 511, 538 e s., 693, 715 e s., 731
observar, observador 20, 61, 67 e s., 233 e s., 251, 457 e s., 469

interno/externo 20 e s., 70 e s., 100
obstáculos epistemológicos 713
obiter dicta 421
oíkos 598 (cf. domicílio)
operação 55, 66 e s., 590 e s. (cf. estrutura)
   observação 68, 418, 680
   elementar 60, 323
oportunismo 702
ordem, diretriz, comando 219
organização 193, 429, 440 e s., 722 e s.
organização do Estado 448 e s.
origem 76, 385, 700, 705

P

pagamentos 607
paradoxos 30, 94, 97, 119, 136, 139 e s., 161, 223 e s., 227, 231, 234 e s., 241 e s., 250 e s., 271 e s., 277, 280, 287 e s., 294 e s., 298, 304, 306, 308, 313 e s., 378 e s., 388, 411 e s., 423, 426 e s., 432, 446, 448, 450, 458 e s., 511, 513, 559 e s., 638 e s., 651, 672, 692 e s., 712, 718, 734, 736 e s., 775, 779, 783 e s.
paronímias 360
partidos políticos 557, 564

pax et iustitia 587 (cf. razão de Estado)
paz 229, 374 e s., 551, 554, 586 e s.
pena, punibilidade 377, 390
perda de função 205 e s.
perfeição do ordenamento jurídico 407, 418
permitido/proibido 246
personalização das condições do direito 388 e s., 475, 722
pertencimento ao Estado 556
pesquisa das fontes do direito 38
pesquisa empírica 157n
pessoa jurídica 181, 368, 389, 479, 721 e s.
pluralismo 372
poder 200, 584
polícia 161n, 577
política, simbólico/instrumental 642
ponderação de interesses 12, 227n, 357, 530 e s., 710 e s.
ponderação de valores 308 e s., 496, 531, 544 e s., 711, 723
pós-moderno 726
posse da terra 600, 614
possibilidade de litígio de todas as ações legais 386
potencialização 58n, 529
potestas 547, 548
preconceito 501; cf. imparcialidade
pretor 163, 401
princípios 152, 288, 408, 419 e s., 459 e s., 472, 482, 489 e s., 637, 641, 644, 652, 677, 683, 689 e s., 698, 702 e s., 707, 712, 715, 724, 734, 752, 758, 786
probabilidade 266, 754n, 760 (cf. improbabilidade)
problemas ecológicos 746
proceduralização 444n
produção 59n
profissão 440 e s., 715 e s.; cf. juristas
programa condicional 112 e s., 253 e s., 270
programa de fins 259 e s., 263, 307 e s., 309, 506 e s.
programas, programação 125, 252; cf. programa condicional; programa de fins
progresso 27, 37, 381
proibição de modificação do direito 139 e s.
proibido (cf. permitido)
propriedade 154, 181, 187 e s., 202, 248, 255, 271, 283, 299n, 354 e s., 366, 381, 385, 399, 514, 518, 552, 555, 594, 598 e s., 624 e s., 636, 650, 654, 660 e s., 664 e s., 683, 774
posse 355

R

racionalidade
  individual 693
  jurídica 13, 245, 438, 510, 693, 760
racionalidade orientada para fins 263 e s.
ratio (cf. regra de decisão)
razão 245, 374, 385, 458 e s., 463, 489, 502 e s., 684 e s., 596, 701 e s., 716 e s.
razão de Estado 228, 240, 554n, 586
razões 457 e s., 488 e s., 495 e s., 702 e s., 705n
  que produzem diferenças 491
realismo do direito 520, 715
reciprocidade 301 e s., 598, 648, 650
recursividade 55, 108, 142n, 298, 467, 507, 527; cf. autopoiese
redundância 470 e s., 494 e s., 521, 663
  variedade 24 e s., 224, 347, 373, 387 e s., 464, 478 e s., 495 e s., 511, 533, 644
  re-entry 103n, 119, 231 e s., 273, 285, 313 e s., 428, 686, 737

referência empírica 41 e s.
reforço de desvio 364
regra de decisão 351 e s., 360 e s., 419, 436, 455, 467, 487 e s., 704, 711 e s.
regra da lei (*rule of law*) 566 (cf. estado de direito)
regra "ofensiva" (*mischief rule*) 369
regras (cf. regra de decisão)
  esquema-exceção 14, 150, 274, 346, 378n, 494
  ato 342 e s.
regras de reconhecimento (*rules of recognition*) (Hart) 137, 146, 280
referência legislativa (*référé législatif*) 402n, 405, 415n, 553n
reflexão (cf. autodescrição) 86, 670
reflexividade 192 e s., 216, 280
religião 158n, 160, 172, 218, 335, 657n, 688
repetição 158, 286, 332 e s., 337, 464, 467 e s., 513
representação política 627, 630
responsabilidade estrita 227 e s., 480 e s., 490 e s., 655
responsividade do direito 300, 374, 511
ressonância 591 (cf. irritação)
retórica 407, 460, 465 e s., 485

revolução 689, 759
rex/tyrannus 552, 650
ridículo como sanção, evitar o 490
risco 30, 33, 188 e s., 228, 265, 655, 746, 756 e s., 759

S

sanções 179, 203
seleção evolucionária 323, 348 e s.
seleção natural 322
semântica 168
sentido 168, 285, 340
sequência de argumentos 492n
ser/validade (cf. validade)
signos 170 e s., 338 e s.
símbolo operativo 132 e s., 172, 335
simbologia do dever 172, 675
simetria/quebra de simetria 232, 339, 708
simultaneidade 61, 124, 147 e s., 412, 432, 436, 481, 502, 590, 592, 612
sinalagma 302, 356, 616; cf. contrato
sincronização 594
sistema
  aberto/fechado 57, 102 e s.
  ambiente 30 e s., 55 e s., 70 e s., 103 e s., 123 e s., 191, 235 e s., 397, 500, 589 e s., 680 e s., 722 e s., 748, 763 e s.,
  autorreferencial 67 e s.
sistema científico/da ciência 44, 511, 749
sistema do direito
  autodescrição 279, 289, 357, 385, 400, 667 e s.
  como sistema parcial da sociedade 44 e s., 74, 165 e s., 190, 193, 248 e s., 300 e s., 323 e s., 595 e s., 680, 746 e s.
  diferenciação 44, 77 e s., 96n, 98 e s., 177, 182 e s., 205 e s., 216 e s., 351, 397, 595 e s., 747; cf. evolução
  diferenciação interna 397 e s.
  historicidade 77 e s., 173, 364, 381, 667 e s., 700 e s.
sistema econômico/da economia 354, 446 e s., 601 e s., 607 e s., 757
sistema imunológico, sistema como 215, 763 e s.
sistema político 375, 390, 448, 545 e s., 627 e s.
sistema social 44 e s., 73, 165 e s., 249, 596, 741 e s.

sistemas orientados para fins 236 e s.
sistemas psíquicos 64 (cf. consciência)
sistematização (cf. direito)
soberania do direito 194, 272, 360-361n, 548 e s.
sociedade como relação jurídica 659
sociedades, estratificada 150, 254, 299, 302, 336 e s., 349, 399, 599 e s., 604, 629 e s.
segmentária 213 e s., 301, 336, 347, 375, 597
sem escrita 159, 332, 336, 344 e s.
sociologia do direito 7, 18, 21, 22, 38 e s., 41, 44, 48 e s., 167, 203, 245, 439, 574, 606, 675, 730
sujeito 694, 717, 720 (cf. indivíduo)
sujeito do direito 550, 562, 720 e s.
suplemento 252, 287, 308, 736
suum cuique 299, 683n

T

técnicas jurídicas 529
tecnicização 233, 244 e s.
teleologia 237, 263, 279, 503
teocracia 546

teoria da evolução 320 e s., 742 e s.
teoria do direito 14 e s., 194, 198, 288, 671, 678, 725, 758 e s.
teoria dos sistemas 19 e s., 30 e s., 502, 741 e s.
teoria social 8, 32, 661 e s., 741 e s.
teorias
  jurídicas 11 e s.
  científicas 18
terapia 267
terror 632
texto 339 e s., 451 e s., 483 e s., 496 e s., 513, 542, 670, 710
tópico como método 407, 453n, 465 e s.
Torá 160 e s.
trabalho 187
trabalho social 780
tradição 152 e s., 160 e s., 207
transação 608, 611, 625
tratamento de doenças 314n
tribunal 163, 198, 306 e s., 315 e s., 397 e s.
  como organização 429 e s.

U

ultraestabilidade 536
unidades emergentes 72, 83

universal/específico 488
universalismo 96, 150, 194, 395, 418
uso do direito 720
utilidade 505 (cf. consideração de consequências)
utilitarismo 29

V

validade 42, 132 e s., 281, 286, 289, 336, 338, 348, 373, 414, 451 e s., 488, 498, 542, 626, 651, 704 e s., 759
   temporalização da 751
validade do direito (cf. validade)
valor de rejeição 240, 249, 735
valores 28, 129 e s., 242, 292, 297, 306, 308, 474, 524, 537, 646, 662 e s., 701 e s., 709 e s., 721, 723, 749
valores próprios 136, 159, 662, 711, 715, 725, 758
variação 343 e s., 369 e s.
variação/seleção/estabilização 320, 322, 342 (cf. evolução)
variedade 478 (cf. redundância)
vinculação 43
vinculação de precedentes 373, 420, 487 e s., 494n, 706, 714
vinculação dos tribunais pela lei 405, 442
vinculação jurídica da administração pública 567, 575 e s.
vinculação temporal 43, 168 e s., 758 e s., 761, 766,
violação ao direito 272 e s.
violência 375 e s., 570, 598, 609 e s.
   civilização 37
   em famílias 211
   soberania (cf. *potestas*)
virtude 292, 295, 303
voluntarismo 699

1ª edição 2016 | **1ª reimpressão** abril de 2019 | **Fonte** Adobe Garamond
Papel Offwhite LD RB 65 g/m² | **Impressão e acabamento** Imprensa da Fé